김진환·유성용·전성일·황선필

제4판

IFRS 회계원리

신영사

머리말

본 제4판은 제3판의 내용 중 수정이 필요한 부분을 수정 및 보완하였고, 아울러 제1장의 설명을 대폭 수정하였으며 회계순환과정을 설명하는 제3장, 제4장 그리고 제5장의 본문 내용을 대폭 수정하였다. 또한 제8장 금융자산(Ⅱ)의 설명 중 명확하지 않은 부분을 보다 명확하게 수정하였다. 본서의 수정은 국제회계기준위원회(IASB)의 개정 작업에 맞추어 충실하게 최신 내용을 반영하고자 하였다. 그리고 이번 제4판에서는 집필진에 새로이 황선필 교수님이 참여하여 젊은 시각으로 책을 수정하는 데 많은 노력을 하였다.

개정판에서는 기존 책의 흐름을 유지하면서 교수님들이 지적해주셨던 강의과정에서의 불편함을 최소화하는 데 초점을 두었다. 이번 개정판의 중요한 변화는 다음과 같다.

1. 제1장, 제2장, 제3장, 제4장, 제5장의 내용을 수정함으로써 학생들이 회계에 대한 기초를 확실히 이해할 수 있도록 내용을 좀더 단순화하여 설명했다.
2. 연습문제와 관련하여 많은 학생들이 회계사 및 세무사 시험문제를 더 많이 포함해줄 것을 요구해 왔다. 이에 한국공인회계사 및 세무사의 최근 시험문제를 대폭 포함시켰다.
3. 그동안 저자들이 발견하거나 본서를 이용해주신 교수님들과 학생들이 지적해준 오자와 오류를 수정하였다. 특히 연습문제의 해답에 있는 오류를 수정하는 데 많은 시간을 투입하였다.

본서의 개정과 관련하여 저자들이 책을 새로 쓰는 마음으로 열심히 노력하였다고 생각하나, 미진한 부분들이 남아 있을 수도 있다. 이 부분에 대해서는 독자 여러분의 많은 지적을 기대하며, 지적된 내용에 대해서는 겸허히 받아들여 계속 다듬어 갈 것을 약속드린다.

본서의 개정을 위해 도움을 주신 많은 분들께 감사를 드린다. 특히 신영사 권영섭 사장님, 김종복 전무님, 그리고 본서의 개정을 지속적으로 독려해준 권오석 상무님, 이전과는 달리 새롭게 편집해주신 박지영 국장님과 편집부 직원들께도 깊은 감사를 드린다.

2025년 1월
저자들 씀

차 례

제 1 장 현대사회와 회계

제2장 재무제표의 이해

제 3 장 회계거래의 분석과 기록

제 4 장 회계순환과정의 종료

제 5 장 재고자산

제 6 장 현금과 내부통제

제 7 장 금융자산(Ⅰ) : 수취채권과 지급채무

제10장 비유동부채

제11장 자 본

제12장 현금흐름표

제13장 재무제표분석

chapter

1

현대사회와 회계

학습목표

1-1 기업조직의 유형과 경영활동

1-2 조직에서 회계의 역할

1-3 재무회계정보의 특성

1-4 회계의 사회적 역할

1-5 지속가능성, 사회적 책임 그리고 트리플 바텀 라인

1-6 회계원칙과 규제환경

1-7 회계에서 윤리의 중요성

1-8 회계를 배워야 하는 이유

Contemporary Society and Accounting

기업조직의 유형과 경영활동

1. 조직의 유형

경영활동을 식별, 기록 및 보고하는 조직은 영리조직, 비영리조직 및 정부기관 등 세 가지 범주로 분류할 수 있다. 이들 조직은 몇 가지 측면에서 유사하다. 예를 들어, 이러한 각 조직에는 관리해야 하는 다양한 자원(예 : 장비, 비품 그리고 토지)과 현금의 유입 및 유출이 있다. 또한 이들 모든 조직은 특정 목적이나 사명(mission)을 위해 조직되어 활용가능한 자원을 효율적으로 사용하기 위해 노력한다. 즉, 조직은 수익성을 전제로 좋은 관리인(stewards)이 되기 위해 노력한다. 마지막으로, 각 조직은 사회에 독특하고 가치 있는 기여를 하는데 이들 조직의 유사성을 고려할 때, 모든 조직에는 회계정보가 필요하고 회계담당자가 필요한 정보를 제공해야 한다. 반면, 이들 조직간에는 몇 가지 차이점이 있는데, 이들 조직을 구별하는 주요 차이점에 대해서는 아래에서 설명한다.

영리조직(for-profit organization) 영리조직은 구성원의 경제적 이익을 위하여 설립되어 이익을 구성원에게 분배하는 것을 목적으로 하는 법인을 말한다. 상법상 회사인 주식회사, 유한회사, 합명회사, 합자회사 등이 이에 해당된다. 영리조직이 이윤을 얻으려고 하는 이유는 여러 가지가 있다. 영리조직에서 창출된 이익은 기존 직원의 임금 인상과 직원의 추가 채용 형태로 직원의 가치를 창출하는데 사용될 수 있다. 또한 이윤을 사업에 재투자하여 연구개발, 설비 개선, 시설 확장 등 사업의 경쟁력을 높이는 다양한 활동을 통해 가치를 창출할 수 있다. 기업은 지속가능성(sustainability) 활동의 일환으로 지역사회에 돈이나 상품을 기부하거나, 지역사회를 위한 자선활동을 한다. 마지막으로 이익은 사업주가 사업에 투자한 것에 대한 보상과 직원의 노력의 대가로 상여금이나 기타 다양한 형태로 공유할 수 있다.

영리조직에서 회계정보는 조직의 재무성과를 측정하고 자원이 효율적으로 사용되고 있는지 확인하기 위해 사용된다. 조직의 자원의 효율적인 사용은 제공되는 재화 및 용역의 품질을 개선하고, 시장에서 경쟁력을 유지하며, 필요에 따라 조직을 확장하고, 사업의 존속에 기여한다. 영리조직은 그 사업이 제공하는

영리조직은 그 사업이 제공하는 재화 및 용역의 유형에 따라 제조기업, 상품매매기업(소매기업), 서비스기업 등으로 분류된다.

재화 및 용역의 유형에 따라 제조기업, 상품매매기업(또는 소매기업), 그리고 서비스기업 등 세 가지로 분류된다.

- 제조기업(manufacturing businesses) 제조업은 특정한 제품을 만들기 위해 고안된 영리사업이다. 제조기업은 가장 기본적인 형태(대개 원재료라고 함)로 부품을 조달하고 부품을 완제품으로 변환하는 것을 목적으로 한다. 우리가 매일 사용하는 제품들을 생각해보면, 아마도 이미 제조기업에서 만든 제품에 익숙할 것이다. 예를 들면, 제조기업이 만든 제품에는 자동차, 의류, 휴대폰, 컴퓨터, 그리고 수백만 명의 소비자가 매일 사용하는 많은 다양한 제품들이 있다.
- 상품매매기업(또는 소매기업)(mechandising or retail businesses) 제조업과 상품매매업 모두 소비자에게 제품을 판매하는 영리사업이라는 점에서 유사하다. 제조업의 경우 직접재료, 직접노동 그리고 제조간접비(소모품, 임대료, 감가상각 등)를 추가함으로써 원재료를 소비자에게 판매하는 제품으로 전환한다. 반면 상품매매업은 상품을 구매하여 상품을 변경하지 않고 재판매하는 영리사업이다. 상품매매기업의 예는 많다. 자동차, 의류, 휴대폰, 컴퓨터 등은 모두 상품매매기업들이 구매하고 판매하는 일상용품의 예이다. 제조기업과 소매기업의 차이는 소매기업은 제품을 구입하여 제품을 구입한 그대로 판매한다는 것이다. 즉, 제품을 더 이상 변경하지 않는다.
- 서비스기업(service businesses) 말 그대로 서비스(용역)업은 고객에게 서비스를 제공하는 사업이다. 제조업 및 소매업과 서비스업 사이의 주요 차이점은 서비스업에는 고객에게 판매되는 실질적인 제품이 없다는 것이다. 대신 서비스업은 고객에게 유형상품을 판매하는 것이 아니라 무형의 혜택(용역)을 제공한다. 서비스업은 영리사업 또는 비영리사업일 수 있다.

서비스업의 예로는 호텔, 택시 서비스, 엔터테인먼트, 회계 및 세무 서비스 등이 있다. 기업이 고객에게 제공하는 서비스의 이점 중 하나가 효율성이다. 예를 들어, 납세자는 스스로 세금신고서를 작성한 후 사진 신고를 할 수 있지만, 많은 사람들은 세금신고서를 작성하는 전문적인 지식과 경험을 가진 전문가에게 세금신고서를 맡긴다. 비록 그렇게 하는 것이 더 비용이 발생하지만, 많은 사람들은 세무 전문가가 시간을 투자하고 양식을 적시에 적절하게 준비할 수 있는 지식을 가지고 있기 때문에 그것이 가치 있는 투자라고 생각한다. 세금 납부에 세무사를 활용하는 것은 세무사가 양식을 준비하는 데 많은 시간을 투자하지 않고도 필요한 양식을 제출할 수 있기 때문에 납세자에게는 이러한 결정이 더 효율적이기 때문이다. 서비스업의 회계처리는 제조업이나 소매업의 회계처리와 유사하다. 사실, 서비스업에 대한 회계처리는 한 가지 측면에서 더 쉽다. 서비스업에서는 유형상품을 판매하지 않기 때문에 판매중인 상품에 대한 회계처리가 필요 없다. 즉, 재고자산에 대한 회계처리가 필요 없다.

비영리조직(not-for-profit organization) "비영리"라는 이름은 "영리적인" 조직들과 마찬가지로, 그 이름은 조직의 주요 목적이나 미션을 나타낸다. 비영리조직은 영리 아닌 사업을 목적으로 설립된 법인으로 이익을 분배받을 주인이 존재하지 않는 조직을 말한다. 예를 들면, 학술, 종교, 자선, 기예, 사교 등의 사단 또는 재단 법인을 말한다. 비영리조직은 기부금, 보조금 및 창출된 수익에 기초하여 재정적 수명을 의존하는 경향이 있다. 비영리단체는 특정이익을 제공하는 것이 주요 목적인 동시에 재정적 지속가능성도 필요하다는 점에 유의해야 한다. 비영리조직이라고 해서 조직 운영에 손실의 발생을 당연시할 필요는 없다. 즉, 비영리조직은 자원의 유입이 유출보다 많거나 최소한 같을 수 있게 자원이 효율적으로 사용되도록 해야 한다. 이를 통해 조직은 가치 있는 사명을 계속하고 확장할 수 있기 때문이다.

비영리조직의 예는 수없이 많다. 푸드뱅크는 음식을 수집, 보관 및 필요한 사람들에게 나누어주는 것을 주요 목적으로 한다. 자선재단은 독서 및 방과 후 프로그램과 같은 특정

지역사회의 필요를 지원하는 지역기관에 자금을 제공하는 것을 주요 목적으로 한다. 또한 많은 대학들은 교육과 연구 기회를 제공하는 것이 주된 목적이기 때문에 비영리조직으로 분류된다. 비영리조직에서 사용되는 특정 회계처리는 전통적인 회계기준과 약간 다르지만 의사결정에 유용한 신뢰할 수 있고 편향되지 않은 재무정보를 제공하는 목표는 매우 중요하다.

정부기관(governmental organization) 정부기관은 일반 대중에게 서비스를 제공한다. 정부기관은 정부, 시 · 도 및 지방 수준에 존재한다. 이들 기관은 세금을 통해 자금을 조달한다. 정부기관에서 일하는 회계담당자는 영리사업에서 일하는 회계담당자와 동일한 기능을 수행한다. 회계담당자들은 납세자들의 돈의 출납에 대한 회계처리를 대중에게 제공함으로써 공공의 이익을 위해 봉사하는 것을 돕는다. 정부 지도자들은 납세자들에게 책임이 있고, 회계담당자들은 세금이 효율적으로 사용되고 있다는 것을 대중에게 확신시키는 것을 돕는다.

정부기관에서 사용되는 특정 회계처리는 전통적인 회계기준과는 다르지만 의사결정에 유용한 정확하고 편향되지 않은 재무정보를 제공한다는 목표는 영리조직과 동일하다. 정부 회계기준(국가회계기준에 관한 규칙, 기획재정부령 제871호)은 기획재정부가 관리한다.

2. 기업의 경영활동

기업은 영업활동, 투자활동, 그리고 재무활동을 통해 현금을 벌기도 하고 쓰기도 한다.

모든 기업은 재무활동, 투자활동, 영업활동 등 세 가지 활동에 의해 현금을 벌기도 하고 쓰기도 하는데, 이를 경영활동이라고 한다. 예를 들면, 여러분들이 대학 졸업 후 사업을 시작하기로 결정하고 소규모의 개인기업을 설립하였다고 하자. 이 기업을 시작하고 사업을 성장시키기 위해서는 자금이 필요하다. 이 자금은 개인이 저축한 돈일 수도 있고, 은행이나 타인으로부터 차입한 것일 수도 있다. 이렇게 취득한 현금은 사업을 운영하는 데 필요한 설비에 투자하게 된다. 그리고 이 설비를 이용하여 제품을 만들어 판매하는 영업활동을 하게 된다. 회계시스템(accounting system)은 이들 다양한 활동에 의한 결과를 추적하여 기록하는 것이다. 이들 활동에 대해 간단히 살펴보면 다음과 같다.

재무활동(financing activities)은 영업이나 투자 활동에 소요되는 자금을 조달하거나 상환하는 활동이다. 재무활동의 핵심은 기업이 영업 및 투자 활동에 필요한 자금을 얼마나 저렴하게 조달할 수 있는가이다. 기업의 활동에 필요한 자금을 단기자금과 장기자금으로 구분하여 조달해야 하며, 금융기관을 이용할 것인가 아니면 증권시장을 이용하여 주식이나 사채를 발행할 것인가 등을 고려하여 재무활동이 이루어진다.

투자활동(investing activities)은 영업활동을 영위하기 위해서 각종 경제적 자원을 취득하거나 처분하는 활동을 말한다. 기업이 영업활동을 위해서 취득하는 자원으로는 건물, 토지, 기계설비, 차량, 각종 사무용 가구 등을 예로 들 수 있으며, 일시적으로 현금에 여유가 있어 금융기관에 현금을 예입하거나 주식, 사채 등의 증권을 보유하는 것도 투자활동에 속한다.

영업활동(operating activities)은 기업 본연의 목적을 달성하기 위한 활동으로 기업의 가장 핵심적인 활동이다. 예를 들면 전자제품을 제조하는 기업의 경우 원재료를 구입하여 제품을 제조하고 이를 고객에게 판매하는 활동이 영업활동이며, 은행의 경우에는 자금의 여유가 있는 예금자에게 예금을 받아서 이를 자금이 필요한 개인이나 기업에 대출하는 활동이 영업활동이다. 따라서 영업은 기업을 영위하는 목적이 무엇이냐에 따라서 달라진다. [도표 1-1]은 경영활동에 의한 현금의 유입과 유출을 보여준다.

도표 1-1
경영활동에 의한 현금의 유입과 유출

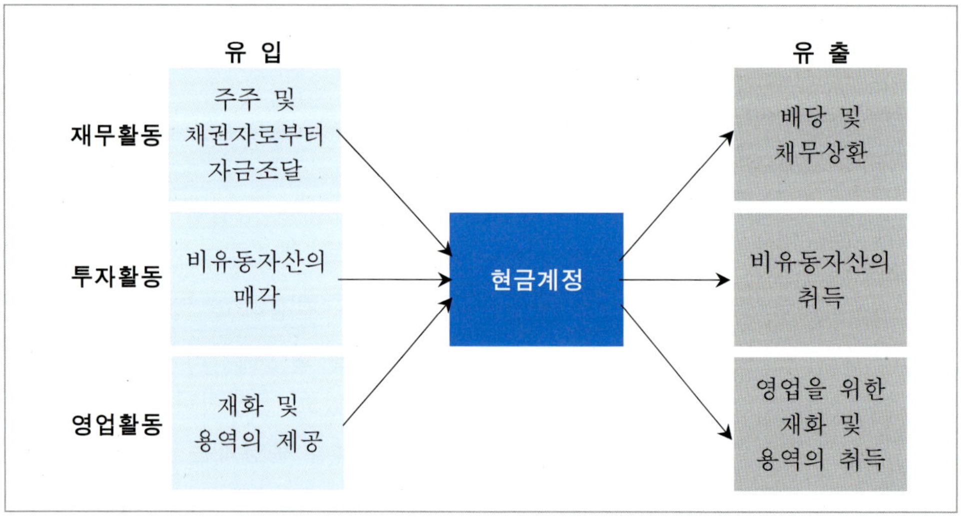

조직에서 회계의 역할

1. 회계의 정의

회계(會計, accounting)는 시간이 지나면서 다양한 형태로 정의되어 왔다. 회계에 대한 정의 중 초기 형태의 정의는 부기기능을 강조하였다. 부기(簿記, book-keeping)는 장부에 기록한다는 의미로 이는 "기업의 경제적 사건을 식별·측정·기록하는 것"을 의미한다. 이 정의는 회계를 의사결정에 활용하는 정보로 보기보다는 단지 사건을 기록하는 데 초점을 둠으로써 회계의 영역을 매우 좁게 보고 있다는 한계가 있다.

다른 정의로는 1941년 미국공인회계사회(American Institute of Certified Accountants, AICPA)에서 "회계는 거래를 기록·분류·요약하고, 그 결과를 해석하는 기술이다"라고 정의한 바 있다. 이 정의는 실무자들의 기관인 미국공인회계사회에서 자신들의 업무에 비추어 회계를 실무적 관점에서 정의함으로써 정보의 산출을 강조한 반면, 정보의 이용을 역시 소홀히 하고 있다는 문제점을 갖고 있다. 따라서 현대적 의미의 정보적 관점이 간과됨으로써 현대의 회계정의로 받아들여지지 않고 있다.

이후 1966년 미국회계학회(American Accounting Association, AAA)의 기초적 회계이론에 관한 보고서(A Statement of Basic Accounting Theory, ASOBAT)에서 회계를 다음과 같이 정보시스템으로 새롭게 정의하였다.

"회계는 정보이용자가 사정을 잘 알고서 판단이나 의사결정을 할 수 있도록 경제적 정보를 식별·측정·전달하는 과정이다(Accounting is the process of identifying, measuring, and communicating economic information to permit informed judgements and decisions by users of the information)."

미국회계학회의 ASOBAT 정의에서는 미국공인회계사회의 실무적 관점을 포괄하고, 정보적 관점을 도입함으로써 회계를 이용을 전제로 한 정보시스템으로 포괄적으로 정의하였다. 이 정의는 회계정보의 이용자와 산출자의 입장을 동시에 고려함으로써 현대적 의미의 정보시스템으로서의 역할을 강조하고 있다.

2. 정보시스템으로서의 회계

조직에서 회계의 역할은 두 개 영역에서 이루어진다. 하나는 조직운영에 있어서 경영자들의 의사결정에 필요한 회계정보를 제공해주는 것이며, 다른 하나는 외부이용자들에게 조직의 경제적 성과와 경영상태에 대한 정보를 제공해주는 것이다. 따라서 회계는 조직의 경제적 활동과 경영상태에 대해 조직의 이해관계자들에게 정보를 제공해주는 정보시스템으로 정의할 수 있다. 회계는 기업의 언어(language of business)로 불리는데, 이는 회계는 기업의 재무정보를 회계정보이용자들에게 전달하는 수단이기 때문이다.

회계는 조직의 경제적 활동과 경영상태에 대해 이해관계자들에게 정보를 제공해주는 정보시스템이다.

정보시스템은 투입(input), 변환(transformation), 산출(output) 등의 세 가지 요소로 구성되는데, 회계정보시스템에서 투입은 기업의 경영활동 결과로 발생되는 경제적 사건(economic event)이다. 경제적 사건은 회계적인 변환과정을 거쳐 의미 있는 정보로 산출되고, 이러한 정보는 다양한 이해관계자에게 전달된다. 이 과정에서 회계는 다음과 같은 세 가지 기능을 수행한다. 첫째, 인식 또는 식별(identification) 기능은 어떤 사건이 기록의 대상이 되는가를 밝히는 것이다. 기업에서는 많은 사건이 발생하지만 모두가 기록의 대상이 되지는 않는다. 둘째, 측정(measurement)기능은 경제적 사건에 화폐가치를 부여하는 과정을 말한다. 회계는 사건이 중요하더라도 화폐액으로 측정가능한 것만을 대상으로 한다. 셋째, 전달(communication)기능은 정보이용자에게 경제적 사건을 상징화(symbolization)하여 알려주는 행위를 말한다. [도표 1-2]는 정보시스템으로서 회계처리과정을 보여주고 있다.

회계는 인식 또는 식별 기능, 측정기능 그리고 전달기능을 수행한다.

도표 1-2
정보시스템으로서의 회계처리과정

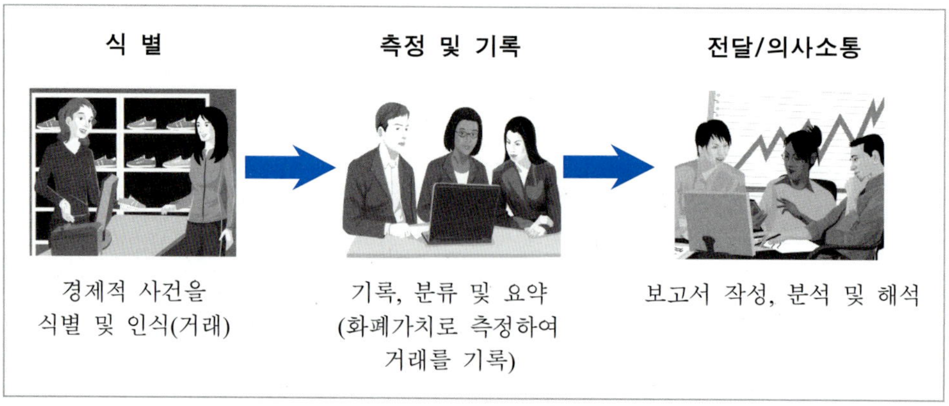

3. 회계정보이용자

회계정보이용자는 내부이용자와 외부이용자로 구분되며, 내부이용자는 관리회계를 통해서 그리고 외부이용자는 재무회계를 통해서 정보가 제공된다.

회계의 궁극적인 목표는 의사결정에 유용한 정보를 제공하는 것이다. 회계정보이용자는 일반적으로 내부 정보이용자와 외부 정보이용자로 구분된다. 내부이용자(internal users)는 조직 내에서 다양한 회계정보를 사용하여 일상적인 결정을 내리는 사용자이다. 내부이용자에는 재무정보를 사용하여 과거 결과를 확인하고 향후 활동을 조정할 수 있는 관리자 및 기타 직원이 포함된다.

외부이용자(external users)는 의사결정을 하거나 기업의 성과를 평가하기 위해 재무정보를 사용하는 조직 외부의 이용자이다. 예를 들어, 투자자, 재무분석가, 대출담당자, 국세청과 같은 정부 감사인 및 지역사회 등 기타 이해관계자는 여전히 조직의 재무정보에 대한 관심을 가지고 있는 상태에서 외부이용자로 분류된다.

- **주주 또는 투자자** 기업의 주식을 소유하는 주주 또는 투자자의 경우 수익원은 배당과 시세차익이다. 즉, 자신이 투자한 기업이 미래에 얼마의 배당을 지급할 것이며, 향후 주식의 가격이 어떻게 될까에 관심을 가진다. 주식에 투자한 투자자의 경우 회계정보를 통해 해당주식을 보유할 것인지, 처분할 것인지, 추가로 취득할 것인지 등에 대해서 의사결정을 하게 된다.
- **채권자 또는 금융기관** 채권자나 금융기관은 기업에 자금을 대출하여 이자를 받는 것을 그 수익원으로 한다. 따라서 이들은 원금의 회수가능성과 약정한 이자를 받을 가능성에 초점을 둔다. 이들은 회계정보를 통해 대출의 지속여부, 추가대출, 대출금의 회수 등에 관한 의사결정을 한다.
- **경영자** 경영자는 회계정보를 세 가지 측면에서 사용한다. 첫째, 자신이 경영하는 조직이 얼마나 목표달성을 위해서 효과적이고, 효율적으로 운영되는지에 대한 경영의사결정에 사용한다. 둘째, 경영자는 주주로부터 자원을 위임받아 관리할 책임인 수탁책임(受託責任, stewardship responsibilities)의 보고에 회계정보를 사용한다. 셋째, 경영자의 보상에 관한 의사결정에 회계정보를 사용한다. 회계정보를 통해 자신이 경영능력을 평가받게 되고, 전문경영인으로서 연봉 및 보너스 계약에 회계정보가 이용된다.
- **종업원** 종업원은 자신의 발전에 도움을 줄 수 있는 우수한 기업에서 일하기를 원한다. 종업원이 구직하는 동안 우수한 기업인지를 판단하는 데 있어서 핵심적인 정보가 회계정보이다. 또한, 임금 및 근로조건에 관한 협상에서도 회계정보를 사용한다.

- **공급업자** 기업간의 거래가 거의 신용으로 이루어지고 있는 것을 전제하면 외부공급업자의 경우 물품대금을 회수할 가능성에 많은 관심을 가지게 될 것이다. 따라서 이들도 대금의 회수가능성이 낮은 기업에는 물품을 신용으로 공급하지 않으려 할 것이며, 이러한 판단의 준거로 회계정보를 사용할 수 있다.
- **정부** 정부는 국가 전체적인 측면에서 경제정책을 수립하고 실행하며, 이 과정에서 여러 가지 규제에 관한 정책을 수립한다. 예를 들어 물가안정을 위하여 공공요금을 규제할 때 해당 서비스를 생산하는 기업의 회계정보를 토대로 기업이 도산하지 않고 유지될 수 있는 선에서 규제되어야 한다. 또한, 정부의 중요한 재원은 세금이다. 세수의 확보를 위해서는 각 개인 및 기업의 소득에 관한 정보를 필요로 하게 되는데, 이러한 정보가 회계정보이다.
- **고객 및 지역사회** 소비자들은 소비의사결정에 회계정보를 사용한다. 만약, 자신이 구입한 제품이 제조기업의 도산으로 A/S를 받지 못하게 되는 것을 생각해보면 소비의사결정에도 회계정보가 중요하게 사용되어야 함을 느낄 수 있을 것이다. 기업에 이웃하고 있는 인근주민들도 기업의 경영에 관심을 가진다. 기업이 성장하는 경우에는 고용을 늘릴 것이며, 이로 인해 고용의 기회가 확대될 수 있을 뿐만 아니라 이웃한 상인들의 매출에도 영향을 미친다. 또한, 여러 가지 공해물질의 배출이 이루어지는 제품을 생산하는 기업의 경우에는 공해방지를 위한 노력을 얼마나 하는지에 관심을 가지게 된다. 이러한 모든 정보는 회계정보를 통해서 유추할 수 있다.

재무회계정보의 특성

조직은 화폐단위로 재무성과를 측정한다. 재무성과를 화폐단위로 측정하면 관리자는 조직의 성과를 이전 기간, 기대치 및 다른 조직 또는 업계 표준과 용이하게 비교할 수 있다. 재무회계는 회계학의 넓은 범주 중 하나이다. 일부 산업과 조직의 유형에 따라 재무정보의 작성과 전달 방법에 차이가 있지만, 회계담당자들은 일반적으로 재무정보를 작성하기 위해 동일한 방법론(회계기준이라고 함)을 사용한다. 재무보고를 위해 회계기준에 의해 작성되는 재무제표는 재무상태표, 포괄손익계산서, 자본변동표, 현금흐름표 그리고 주석을 통해 재무정보를 전달한다. 이러한 재무제표에 의해 전달되는 정보는 기간마다 일관되고 조직간에 비교가능하다는 것을 보장한다. 또한 회계기준에 의해 제공된 정보는 신뢰할 수 있고 사용자에게 관련성이 있음을 보장한다.

실제로 사업에서 발생하는 모든 활동 및 사건(event)은 관련 비용 또는 가치를 가지며, 이는 거래(transaction)로 불린다. 회계담당자의 책임 중 일부는 이러한 활동과 사건을 수치화하는 것이다. 본 책에서는 사업 내에서 발생하는 다양한 거래 유형에 대해 알아본다. 또한 이러한 거래가 기업의 재무상태에 미치는 영향을 포함하여 이러한 거래의 영향을 학습하게 될 것이다.

회계담당자들은 종종 재무보고서를 기록하고 요약하기 위해 전산화된 회계시스템을 사용하는데, 이는 많은 이점을 제공한다. 전산화된 회계시스템의 주요 이점은 거래를 기록하고 요약할 수 있는 효율성이다. 따라서 쉽게 재무보고서를 작성할 수 있게 해준다. 또한, 전산화된 회계시스템은 자료를 저장하기 때문에 조직이 과거 재무정보를 쉽게 추출할 수 있다.

재무회계정보는 대부분 역사적 성격을 띤다. 회계담당자들은 조직에서 이미 발생한 일을 요약한 재무보고서를 작성한다. 이 정보는 피드백 가치를 제공한다. 이미 발생한 것을 보고하는 것의 이점은 정보의 신뢰성이다. 회계담당자들은 과거 활동과 관련된 조직의 재무성과를 정확하게 보고할 수 있다. 회계정보가 제공하는 피드백 가치는 내부이용자에게 특히 유용하다. 즉, 과거에 조직이 경영활동을 어떻게 수행했는지 검토하면 관리자 및 직원들이 미래 활동에

Focus On 회계는 어떻게 발전되어 왔는가?

회계는 매우 오래된 학문분야이다. 회계의 형태는 5,000년 전부터 상거래에 있어서 필수적으로 있어왔다. 오늘날 우리가 알고 있는 회계와 가장 근접한 회계는 이탈리아에서 1400년대에 광범위하게 이용되었던 것으로, 특히 해운, 무역, 건설 그리고 상업 등의 발전에 유효한 수단이었다. 복식부기시스템은 수학자이고, 고전학자이며 철학자로 유명한 이탈리아의 루카 파치올리(Fra Luca Pacioli)에 의해 체계화되었다. 1494년 11월 10일에 그가 지은 "산술・기하・비율 및 비례 통감"에는 그 시대의 회계처리에 대해 자세하게 설명되어 있다. 이 책은 유럽 전역에 복식부기를 확산시키고 주식회사의 출범과 근대적 자본의 축적을 이끌었으며, 이는 그를 "회계의 아버지"로 확고하게 만들어주었다. 그러나 아쉽게도 파치올리보다 200년이나 앞선 우리나라의 "송도사개치부법(松都四介治簿法)"은 희미한 흔적만 남아 있는 상태이다.

대한 더 나은 의사결정과 조정에 도움이 될 수 있기 때문이다.

그러나 재무정보는 예측도구로서는 한계가 있다. 사업에는 많은 불확실성이 수반되며, 회계담당자들이 조직이 미래에 어떤 성과를 거둘지 정확히 예측하기는 어렵다. 그러나 과거 재무정보를 관찰함으로써 정보이용자는 기업의 미래 재무성과를 추정하는 데 유용할 수 있는 패턴이나 추세를 탐지할 수 있다. 일련의 과거 재무자료를 수집하고 분석하는 것은 내부 및 외부 이용자 모두에게 유용하다. 예를 들어, 내부이용자는 조직의 장기적인 재무성과가 조직의 장기적인 전략적 목표와 일치하는지 여부를 평가하기 위한 예측도구로 재무정보를 사용할 수 있다.

외부이용자도 조직의 재무성과에 대한 과거 패턴을 예측도구로 사용한다. 예를 들어, 어떤 조직에 돈을 빌려줄지 결정할 때, 은행은 특정연도의 재무제표와 그 밖의 다른 재무정보를 그 조직에 요구할 수 있다. 은행은 조직의 대출금 상환능력과 이자에 대해 정보에 입각한 결정을 내리기 위해 역사적 성과를 평가할 것이다. 이와 유사하게, 잠재적 투자자는 기업에 돈을 투자할지 여부를 평가하기 위해 기업의 과거 재무성과를 살펴볼 수 있다. 이 시나리오에서 투자자는 조직이 충분하고 일관된 투자수익을 제공할 수 있는지 알고자 한다. 이러한 시나리오에서 재무정보는 부족한 자원(돈)을 할당하는 과정에 가치를 제공한다. 잠재적 대출자와 투자자들이 가치 있는 투자라고 판단하면 자금이 조직에 제공될 것이고, 모든 것이 잘되면 그 자금은 그 돈의 대체 용도보다 더 큰 비율로 추가 가치를 창출하기 위해 조직에 의해 사용될 것이다.

회계의 사회적 역할

정보이용자가 기업실체의 경제적 활동에 관하여 합리적인 의사결정을 할 수 있도록 유용한 정보를 제공하는 것이 회계이므로, 회계의 목적은 정보이용자에게 유용한 정보를 적시에 제공하는 데 있다고 할 수 있다. 즉, 회계는 회계실체의 이해관계자들이 합리적 판단과 의사결정을 하는 데 필요한 정보를 제공해주고,

이해관계자들은 회계실체와 관련하여 합리적 의사결정을 함으로써 다음과 같은 사회적 효과를 보게 된다.

1. 희소한 자원의 효율적 배분

인간이 필요로 하는 자원으로서 자본, 기술, 노동력 등은 한정되어 있으므로 한정된 자원을 어떻게 하면 효율적으로 활용할 수 있는지의 문제가 경제학, 경영학, 회계학 등을 연구하는 우리 모두의 당면과제가 되고 있다. 희소한 자원을 효율적으로 활용한다는 의미는 한정된 자원이 생산성이 높은 업종 또는 기업에 배분됨으로써 그 자원을 이용하여 얻어지는 생산물은 그것이 생산성이 낮은 업종 또는 기업에 배분되는 경우에 비하여 크게 되어 사회 전체적으로 더 많은 부와 복지를 가져오는 것을 말한다.

그런데 회계는 바로 이러한 과제를 해결하는 데 중요한 역할을 담당한다. 회계가 제공하는 순이익에 관한 정보는 자원의 흐름에 신호(signal)의 역할을 하게 된다. 즉, 일정기간별로 각 업종 또는 기업별 재무보고서가 공표됨으로써 각 업종별 평균순이익 및 기업별 순이익은 이해관계자들의 합리적 의사결정을 위한 정보가 된다.

이에 따라 기업의 주주나 채권자 등은 순이익이 큰 업종이나 기업에 투자 또는 대출을 하고, 순이익이 작은 업종이나 기업으로부터 순이익이 큰 업종이나 기업으로 자금이 이동하게 된다. 물론 노동력이나 기술도 더 많은 대가를 제공해주는 순이익이 큰 업종이나 기업으로 이동하게 될 것이다. 이러한 현상은 당연한 것으로서 희소한 자원은 모든 조건이 동일하다면 순이익을 가장 많이 내는 업종이나 기업에서 이용되어야 하는 것이다.

이와 같이 순이익에 관한 정보를 중심으로 하는 회계정보는 자원의 이동에 대한 신호역할을 하게 되는데, 이를 회계정보의 신호효과(signalling of accounting information)라고 한다.

2. 자원의 효율적 관리

회계정보는 기업, 학교, 관청 등의 회계실체의 경영자나 관리자들이 그들에게 위탁된 자원을 효율적으로 관리하기 위한 의사결정에 도움을 주게 된다. 경영자들은 한정된 인적·물적 자원을 효율적으로 관리하기 위한 경영의사결정을 계속적으로 수행해야 하는데, 경영자들의 합리적 의사결정을 위해서는 당해기업에 관한 정보가 수시로 요청된다.

경영자들은 기업의 각 부문별 또는 각 기간별로 제공되는 회계정보에 입각하여 인적·물적 자원의 관리에 관한 의사결정을 하게 된다. 예를 들면, 인적 자원을 관리하기 위해서 경영자들은 각 부문(사업부서)의 경영실적을 요약한 실적평가에 관한 회계정보(이를 회계책임보고서라고 한다)에 의해 각 부문책임자(사업부서장)를 비롯한 부문구성원의 성과를 평가하게 된다. 또한, 경영계획 수립과정에 각종 원가정보나 재무정보를 이용함으로써 미래의 불확실성을 줄이고 최대의 이익을 가져올 수 있는 대체안을 선택할 수 있게 된다.

3. 소유와 경영의 분리촉진

근래에 들어 주식회사가 일반화되고 대규모기업이 출현하게 됨에 따라 소유와 경영의 분리문제가 중요시되고 있다. 자본을 소유한 사람은 스스로 기업을 경영하지 않고, 전문경영인에게 자기의 자본을 위탁함으로써 보다 효율적인 경영이 이루어질 수 있다고 보는 것이다.

자본을 소유한 사람(주주)과 자본을 수탁하여 대신 운용해주는 사람(경영자)의 분업을 소유와 경영의 분리라고 하는데, 이러한 문제는 그들 사이에 위탁된 자본의 운용내용에 관한 보고수단이 있기 때문에 가능한 것이다. 즉, 자본을 위탁받은 사람은 자기에게 맡겨진 자본의 관리 및 운용에 관하여 충실하게 기록한 후, 일정시점에서 이를 요약하여 자본을 위탁한 사람에게 보고해야 하는 수탁책임(stewardship responsibilities)이 있다. 회계정보는 자본을 수탁받은 경영자가 관리 및 운용에 대한 내역을 주주들에게 보고하기 위한 수단이 된다.

4. 사회적 기능의 수행 및 통제

회계는 위에서 설명한 것 이외에도 다양한 사회적 기능(social function)을 수행한다. 사회적 기능의 수행 및 통제라 함은 과세나 각종 부정의 방지 및 산업의 일반적인 규제와 촉진을 위한 정부활동, 노사관계 및 이해관계자를 위한 경제활동 등에 필요한 정보를 제공하는 것을 의미한다. 즉, 은행의 기업에 대한 대출금관리에 대한 여신규제, 자본시장의 규제 및 세무당국의 과세결정을 위한 정보제공, 공공요금 결정을 위한 원가 및 재무 정보제공은 물론 정부의 산업정책 및 기업정책을 수행하는 데 있어서 회계정보는 필수불가결한 정보가 되고 있다.

최근에 작성 및 감사가 의무화된 기업집단에 대한 종합재무정보로서의 연결재무제표는 그 대표적인 예이다. 다시 말하면, 기업에 관한 정보를 이용하지 않고서는 기업에 관련된 정부정책이 합리적으로 이루어질 수 없으며, 회계정보야말로 기업의 모든 내용을 가장 잘 반영하고 있는 체계적인 정보임에 틀림없는 것이다. 따라서 모든 경제정책수립 담당자들이 회계의 중요성을 인식하여 회계정보를 효율적으로 활용하는 것이 요구된다.

지속가능성, 사회적 책임 그리고 트리플 바텀 라인

최근 몇 년간 소비자와 기업 모두의 지속가능성과 사회적 책임에 대한 인식과 관심이 높아지고 있다. 지속가능성(substantiality)의 사전 정의는 "시스템이 자체 생존가능성을 유지하거나 방해받지 않고 견디거나 자원을 사용하여 고갈되거나 영구적으로 손상되지 않도록 하는 능력"을 말한다. 다시 말해, 시스템이 무기한으로 계속 작동할 수 있는 능력을 의미한다. UN은 지속가능성을 "미래 세대가 자신의 요구를 충족시키는 능력을 손상시키지 않으면서 현재의 요구를 충족시키는 능력"으로 정의했다.[1)]

[도표 1-3]에서 볼 수 있듯이 지속가능성에는 환경, 사회 및 경제의 세 가지

1) 1987 World commission on Environment and Development, www.un.org/documents/ga/res/42/ares42-187.htm

기둥이 있다. 사업 결정을 내릴 때 이 세 가지 요소를 모두 고려하면 기업은 장기적으로 생존할 수 있다. 예를 들어, 기업은 자신이 의존하는 천연자원(예 : 공기, 물, 토양, 광물, 식물, 연료 공급 등)이나 사람(예 : 공급업체, 고객, 직원, 커뮤니티)들이 위험에 처하게 되면 장기적으로 살아남을 수 없게 된다. 따라서 지속가능성은 [도표 1-4]에서 보듯이 세 가지 요소의 교차점으로 간주된다. 그 결과 많은 기업들이 트리플 바텀 라인(triple bottom line, TBL)이라는 개념을 고수하기 시작했다. TBL은 기업의 성과가 전통적으로 그랬던 것처럼 소유자에게 경제적 이익을 창출할 수 있는 능력뿐만 아니라 사람과 지구에 미치는 영향으로 볼 수 있다는 점을 인식하고 있다.

도표 1-3

지속가능성의 3축

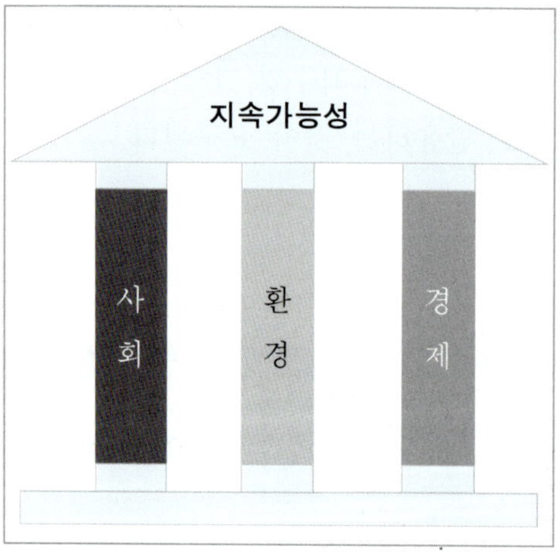

도표 1-4

세 가지 요인의 교차점으로서의 지속가능성

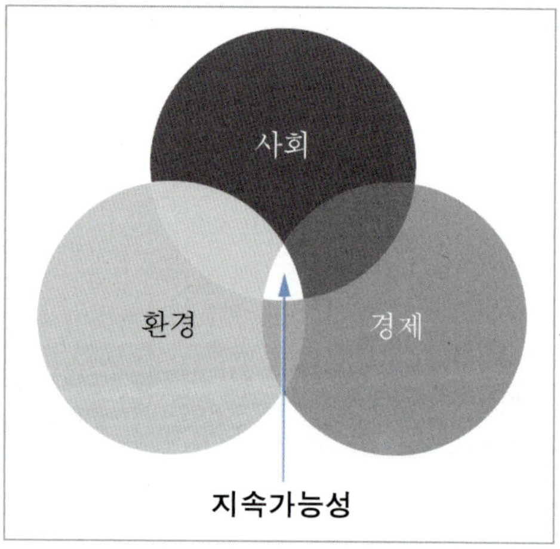

지속가능성으로 나아가기 위해 기업들은 지구 자원에 부정적인 영향을 미치지 않는 사업을 수행하는 "녹색 이니셔티브(green initiatives)"를 도입하고 있다. 그들은 매립지로 가는 폐기물의 양을 줄이기 위해 재활용 재료를 사용하는 새로운 제품과 제조공정을 혁신하고 있다. 또한 사업이 직원, 소비자, 시민 및 전체 커뮤니티에 미치는 영향을 신중하게 고려하여 사회적 책임이 필요하다는 사실을 인식하고 있다. 많은 기업들이 지역학교, 직원의 자원봉사 및 자선단체를 금전적으로 지원함으로써 지역사회에 환원하는 수단을 도입했다. 세계 대부분의 주요 기업들은 이제 사회적·환경적 영향을 전달하는 기업의 ESG(Environment, Social, Governance) 혹은 CSR(corporate social responsibility) 보고서를 발행하고 있다. 기업들은 이제 지속가능성과 사회적 책임을 혁신과 사업개발의 기회로 보고 있다. 이러한 이니셔티브는 기업이 "올바른 일"을 할 수 있게 해줄 뿐만 아니라 기업의 제품과 서비스에 대한 수요를 늘리고 비용을 줄임으로써 경제적 이익을 가져올 수 있다.

회계원칙과 규제환경

1. 회계의 기본가정

재무제표는 일정한 기본가정(basic assumptions)하에서 작성된다. 이들에 대한 가정은 회계를 바라보는 시각이나 시대에 따라서 변화한다. 과거 기업회계기준에서는 회계의 기본가정으로 화폐가치안정의 가정, 기업실체가정, 계속기업가정 그리고 기간별 보고가정 등을 사용해왔다. 그러나 현행 기업회계기준서에서는 국제회계기준에 따라 계속기업의 가정 한 가지만을 기본가정으로 사용하고 있다.

계속기업의 가정은 기업은 반증이 없는 한 경영활동을 영구적으로 수행한다는 가정이다.

기업은 반증이 없는 한 경영활동을 영구적으로 수행한다고 하는 전제하에서 운영되고 있다. 이것을 계속기업의 가정(繼續企業의 假定, postulate of going concern)이라고 한다. 물론 기업은 어느 정도 투기적인 요소가 포함되고 있는 관계로 기업의 영속성은 절대적으로 보장되는 것은 아니다.

재무보고를 위한 개념체계

한국회계기준원
회계기준위원회

회계의 기본가정 : 계속기업의 가정

재무제표는 일반적으로 기업이 계속기업이며 예상가능한 기간 동안 영업을 계속할 것이라는 가정하에 작성된다. 따라서 기업은 그 경영활동을 청산하거나 중요하게 축소할 의도나 필요성을 갖고 있지 않다는 가정을 적용하며, 만약 이러한 의도나 필요성이 있다면 재무제표는 계속기업을 가정한 기준과는 다른 기준을 적용하여 작성하는 것이 타당할 수 있으며 이때 적용한 기준은 별도로 공시하여야 한다.

그러나 기업을 영속적인 것으로 파악할 때 기업의 생애기간을 인위적으로 구분하여 기말에 회계기록을 마감하고, 일정기간의 경영성과와 기말의 재무상태를 기업의 이해관계자에게 보고할 수 있게 된다. 즉, 계속기업이라는 가정의 전제하에서 기간별 보고가 가능해지며, 회계원칙에 있어서의 비교성·계속성·안전성 등 여러 원칙과 자산의 평가, 유형자산의 감가상각, 각종 충당금의 설정 등과 같은 회계문제도 모두 성립되는 것이다.

경영진은 재무제표를 작성할 때 계속기업으로서의 존속가능성을 평가해야 한다. 경영진이 기업을 청산하거나 경영활동을 중단할 의도를 가지고 있지 않거나, 청산 또는 경영활동의 중단 외에 다른 현실적 대안이 없는 경우가 아니면 계속기업을 전제로 재무제표를 작성한다. 계속기업으로서의 존속능력에 중대한 의문이 제기될 수 있는 사건이나 상황과 관련된 중요한 불확실성을 알게 된 경우, 경영진은 그러한 불확실성을 공시해야 한다.

2. 회계의 규제환경

외부이해관계자들의 의사결정에 이용하기 위해 준비되는 회계정보가 재무회계 정보이다. 재무회계(financial accounting)는 외부이해관계자들을 위해 회계정보를 준비하고, 보고하며, 해석하는 중요한 역할을 담당한다. 재무회계는 기업의 투자자 및 채권자들을 위한 가장 중요한 정보 원천의 하나이다. 따라서 기업이 외부이해관계자들로부터 자원을 조달하고자 할 때 재무회계는 매우 중요하다. 외부이해관계자들은 재무회계정보를 이용할 때 제공되는 회계정보의 신뢰성(reliability) 및 도덕적 해이(moral hazard)에 깊은 관심을 갖기 때문에 회계정보를 준비하는 기업의 경영자들은 일반적으로 인정된 회계원칙(generally accepted accounting principles, GAAP)에 따라 작성해야 한다.

GAAP는 다수의 권위 있는 지지를 받은 회계원칙으로 회계실무자가 회계정보를 산출할 때 지켜야 하는 원칙이다.

기업의 외부이해관계자들을 위해 제공되는 기업의 회계정보는 독립된 감사인으로부터 감사(audit)를 받은 것이어야 한다. 감사인은 기업이 작성한 회계정보가 적절한 내부통제시스템하에서 기업의 경영사항을 정확하게 담고 있는지를 조사해야 한다. 감사의 목적은 외부이해관계자들에게 보고되는 정보가 GAAP에 의해 기업의 경제적 활동을 정당하게 표현하고 있는지의 여부를 합리적 확신에 기초해 인증(attestation)하는 것이다. 이러한 업무를 수행하는 사람을 독립된 감사인(auditor)이라고 하며 이 일은 공인회계사(certified public accountants, CPAs)가 담당한다. 공인회계사가 되기 위해서는 국가에서 정한 일정한 시험을 통과해야 한다.

많은 기업들은 공개된 시장에서의 주식거래를 위해 한국거래소(Korea Exchange, KRX)에 상장을 한다. 한국거래소는 기업의 재무보고가 GAAP와 한국거래소에서 요구하는 수준을 충족하고 있는지를 확인한다. 만일 기업의 보고가 GAAP의 기준을 충족하지 못하는 것으로 확인되면 기업에 대해 법률적인 제재를 가한다. 또한 기업의 감사인이 부주의 혹은 그들과의 동조에 의해 기업의 왜곡된 보고내용을 발견해 내지 못했거나 무시했다면 감사인도 법적인 책임을 부담하게 된다.

도표 1-5

한국의 회계기준체계

■ 한국의 회계기준체계 3Tier

회계기준	적용대상	외부감사	관련법령
1. 한국채택국제회계기준	주권상장법인 및 금융회사	의무	주식회사 등의 외부감사에 관한 법률
2. 일반기업회계기준	외부감사대상 주식회사		
3. 중소기업회계기준	외부감사대상 이외의 주식회사	면제	상법

■ 비영리조직회계기준
- 비영리조직의 회계투명성 제고가 필요하다는 사회적 인식에 대응
- 근거 법령의 법제화 등을 고려하여 제정

Focus On 일반적으로 인정된 회계원칙

재무회계는 일반적으로 인정된 회계원칙(Generally Accepted Accounting Principles, GAAP)으로 알려진 개념과 규칙을 따른다. GAAP는 정보가 관련성이 있고 충실하게 표현되기를 원한다. 관련 정보는 사용자의 결정에 영향을 미친다. 충실한 표현은 정보가 사업 결과를 정확하게 반영한다는 것을 의미한다.

한국회계기준원/한국회계기준위원회(Korea Accounting Instutitute/Korea Accounting standards Board)는 금융감독위원회(Financial supervisory Commission)로부터 기업회계기준의 제정 · 개정 · 해석과 질의회신 업무를 수행할 수 있는 임무를 부여받았다.

국제회계기준(International Accounting Standards) 세계 경제가 회계보고서의 비교가능성을 요구함에 따라 국제회계기준위원회(International Accounting standards Board, IASB)는 국제회계기준(IFRS)을 제정한다. 우리나라 상장기업은 국제회계기준을 사용해야 하기 때문에 IASB에 의하여 제정 또는 개정된 회계기준을 원문에 충실하게 한글로 번역하여 이를 '한국채택국제회계기준(K-IFRS)'이라고 부르고 있다.

회계에서 윤리의 중요성

윤리는 사회생활의 규범이고 규칙이다. 특히, 많은 이해관계자들과 관계를 맺고 있고 국가경제에 지대한 영향을 미치는 기업에 있어서의 윤리경영은 매우 중요한 문제이다. 우리는 종종 윤리적이지 못한 경영활동의 결과 국가 전체에 막대한 자원의 낭비를 초래한 사건들을 뉴스를 통해 듣고 있다. 경영자들이 자신들의 활동을 속이거나 왜곡해서 보고한다면 기업의 이해관계자들은 기업의 성과가 얼마나 잘 수행되고 있는지를 정확하게 파악하기가 어려워진다. 예를 들면, 이익의 과대보고는 투자자들로 하여금 그 기업이 올바른 실제 성과를 보고했을 때보다 더 많은 자원을 배분하도록 하며, 이는 결국 국가자원의 낭비뿐만 아니라 기업의 재무적 위험이라는 문제를 야기하기도 한다.

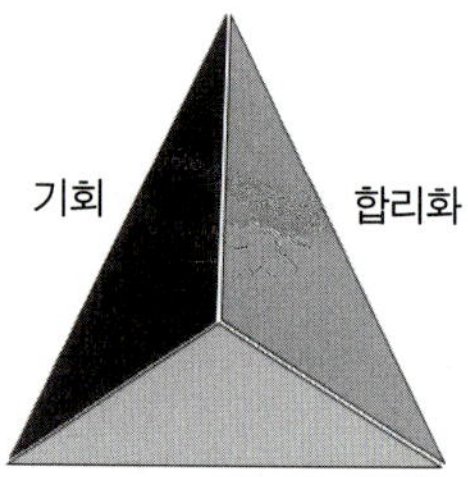

사람이 회계분식이나 부정을 저지르도록 만드는 데에는 세 가지 요소가 있다. 그 하나는 기회(opportunity)이다. 적발될 위험이 낮다고 생각될 때 부정을 저지를 가능성이 높다. 둘째는 압력 또는 인센티브(pressure or incentive)이다. 부정을 저지르려는 압력을 느끼거나 동기가 있어야 한다. 셋째는 합리화 또는 태도(rationalization or attitude)이다. 부정을 정당화하거나 범죄의 본질을 보지 못하는 것이다.

부정을 방지하는 핵심은 예방에 집중하는 것이다. 부정을 탐지하는 것보다 부정을 예방하는 것이 비용이 적게 들고 더 효과적이기 때문이다. 부정을 방지하기 위해 조직은 내부통제를 구축한다. 내부통제는 자산을 보호하고, 신뢰할 수 있는 회계를 보장하며, 효율성을 촉진하고, 조직의 정책을 유지하기 위한 절차이다. 올바른 기록, 물리적 통제, 독립적인 검토가 그 예이다.

지난 2001년 세계를 놀라게 했던 엔론(Enron)과 월드컴(Worldcom) 사건은 분식회계(window dressing settlement)가 얼마나 큰 사회적 문제를 야기하는지를 여실히 보여주었다고 할 수 있다. 이러한 문제는 우리나라도 예외는 아니다. 기업의 이러한 행동은 사회적 자원의 낭비를 초래하고 이는 결국 국가경제에 피해를 가져오게 마련이다. 따라서 기업들은 경영자나 종업원들이 비윤리적인 행동이나 기업활동을 과대보고하는 것이 어렵도록 통제시스템을 잘 만들어 운영하는 것이 요구된다.

회계를 배워야 하는 이유

"왜 회계를 배워야 하는가?" 비록 여러분들이 모두 대학을 졸업하고 취업하여 회계담당자가 되지는 않지만, 현대사회에서 결코 회계와의 관계를 끊고 살지는 못한다. 이 말에 많은 사람들이 이렇게 말할 수 있다. "나는 전공이 공학인데, 나는 영문학인데, 나는 경영학이지만 마케팅 관련 일을 할 건데 등등" 다양한 말을 할 수 있다. 물론 사회 초년생일 때에는 회계 관련 업무를 하지 않는 이상 직접적으로 회계와 관계를 맺을 일은 많지 않다. 또 여러분이 평생 일선의 말단 직원으로만 살아간다면 더욱 그럴 수도 있다(그렇다고 기업에서 업무를 하면서 완전히 회계와 단절되는 것도 아니지만).

그러나 시간이 지나면서 기업 내에서 승진하게 되고 한 부문을 책임지게 된다. 한 부문의 관리자가 된다는 것은 그 사람의 배경이 무엇이든지 간에 주된 업무는 결국 이익관리가 된다. 수익과 비용의 관리라는 문제에 직면하게 되고, 이때 비로소 회계의 필요성이 다가오게 된다. 많은 사람들이 기업에서 승진하여

Focus On 재무제표 작성 관련 외부감사인 의존

회계투명성 확보를 위해서는 기업 스스로 재무제표를 적정하게 작성하는 능력을 확보하는 것이 중요하다. 이에 따라 「공인회계사법」 및 「외감법」 등은 회계법인이 피감사기업의 재무제표를 대신 작성하는 것을 금지하고 있다. 그럼에도 현재 우리나라 기업의 재무제표 직접 작성 수준이 아직 미흡하다는 평가이다. 2014년 3월 금융감독원의 조사에 의하면 상당수의 기업들이 특정 회계법인과의 장기 감사계약 등으로 외부 감사기능의 독립성이 약화되고 있고, 재무제표 작성 관련 외부감사인의 의존이 우려할 만한 상황이라는 보고이다. 금융기관을 대상으로 한 조사에 의하면 일부 은행·증권·보험사는 회계 전문인력이 확보되어 있지 않고 회계 전산시스템이 제대로 갖추어져 있지 않는 등 회계 관련 인프라가 취약한 것으로 나타났다. 18개 국내은행과 10대 대형 증권사·보험사의 회계 전문인력(3년 이상 경력 공인회계사)은 평균 1~2명에 불과하고 특히, 1개 은행과 1개 증권사, 4개 보험사는 결산 담당 회계 전문인력이 한 명도 없는 것으로 나타났다. 이러한 회계 전문인력 등 회계 관련 인프라의 취약은 재무제표 작성을 외부감사인에게 의존할 우려가 있으며, 특히 재무제표 중 주석은 분량이 방대하고 일부 주석내용은 회계 전문지식이 필요함에 따라 외부감사인이 주석의 일부를 대신 작성할 소지가 있는 것으로 파악되고 있다. 이와 같이 외부감사인이 재무제표를 대신 작성할 경우 회계감사 기능이 제대로 작동하지 않아 회계오류를 발견하기 어렵고 결과적으로 회계투명성을 확보할 수 없게 된다.

자료 : 금융감독원, 재무제표 작성 관련 외부감사인 의존 근절방안, 2014.3.

임원이나 관리자가 된 후에 가장 먼저 부딪치는 어려움이 기업 재무제표를 이해하는 문제라고 토로하는 데에서도 알 수 있다.

만약 스스로 창업을 꿈꾸고 있다면 회계에 대한 지식은 더욱 필요하다. 많은 창업자들이 좋은 아이디어를 가지고 사업을 시작하면서 회계의 지식 부족을 외부 전문가, 즉 회계사나 세무사를 통해 해결하려고 한다. 물론 전문가의 도움을 받는 것은 중요하다. 그러나 그들의 도움은 일부 문제에 국한될 뿐이지 기업의 모든 회계업무로까지 확대되어서는 안 된다. 외부 전문가에의 지나친 의존은 자신의 기업이 어떻게 돌아가고 있는지를 파악할 수 없게 해준다. 이는 결국 사회에서 흔히 하는 말로 "앞으로 남고 뒤로 밑지는" 현상을 가져오게 된다. 이러한 현상은 많은 중소기업들에서 나타나는 문제이기도 하다.

여러분들이 회계에 대한 기초적이나마 지식을 가지고 있다면, 현대사회를 살아가는 데에 있어서 분명히 남보다는 유리한 출발선상에 있다고 말할 수 있을 것이다.

요즘 들어 회계의 중요성이 더욱 강조되고 있다. 회계를 이해하지 못하면 기업에서 성장해 나갈 수 없으며, 자신의 사업도 꾸려가기가 어려워진다.

용어해설

계속기업의 가정(postulate of going concern) 기업은 반증이 없는 한 경영활동을 영구적으로 수행한다는 전제하에서 운영됨

기업(business) 소비자가 원하는 재화를 제공함으로써 이익을 창출하는 조직체로 기업유형에는 상품매매기업, 제조기업, 서비스기업 등이 있음

내부이용자(internal users) 조직의 경영과 운영에 직접적으로 관여하는 사람으로 경영자와 종업원이 해당됨. 이들을 위한 회계정보는 대개 관리회계를 통해 이루어짐

상품매매기업(merchandising businesses) 상품을 구입하여 더 이상의 추가 가공 없이 소비자에게 재판매하는 기업

서비스기업(service businesses) 무형의 서비스를 제공하는 기업

수탁책임(stewardship responsibilities) 자본을 위탁받은 사람이 자기에게 맡겨진 자본의 관리 및 운용에 관하여 충실하게 기록한 후, 일정시점에서 이를 요약하여 자본을 위탁한 사람에게 보고해야 하는 책임

영업활동(operating activities) 기업의 본연의 목적을 달성하기 위해 하는 활동으로 기업의 가장 핵심적인 활동

외부이용자(external users) 조직의 경영과 운영에 직접적으로 관여하지 않는 사람들로 투자자, 채권자, 고객, 정부 그리고 지역사회 등이 이에 해당됨. 이들 위한 회계정보는 재무회계를 통해 이루어짐

일반적으로 인정된 회계원칙(generally accepted accounting principles, GAAP) 다수의 권위 있는 지지를 받은 회계원칙으로 회계실무자가 회계정보를 산출할 때 지켜야 하는 원칙

재무활동(financing activities) 영업이나 투자 활동에 소요되는 자금을 조달하거나 상환하는 활동

재무회계(financial accounting) 재무제표를 작성하는 것을 주요 목적으로 하는 회계의 분야

제조기업(manufacturing businesses) 원재료를 구입하여 노동력과 설비시설을 투입하고 추가 가공하여 다른 형태의 재화를 만들어 판매하는 기업

지속가능성(sustantiality) 시스템이 자체 생존가능성을 유지하거나 방해받지 않고 견디거나 자원을 사용하여 고갈되거나 영구적으로 손상되지 않도록 하는 능력

투자활동(investing activities) 영업활동을 영위하기 위해서 각종 경제적 자원을 취득하거나 처분하는 활동

chapter

2

재무제표의 이해

학습목표

Understanding of Financial Statements

재무제표

재무제표는 기업의 경영활동을 재무적으로 표현한 여러 회계보고서를 통칭하는 말이다.

재무제표(財務諸表, financial statements)란 기업이 다양한 정보이용자에게 경제적 의사결정을 할 수 있도록 기업의 재무상태, 경영성과 그리고 재무상태 변동에 관한 정보를 제공하는 것을 목적으로 하는 회계보고서를 의미한다. 기업회계기준서(한국채택국제회계기준)에서는 재무상태표, 포괄손익계산서, 현금흐름표, 자본변동표, 주석 등을 기본 재무제표로 규정하고 있다.

오늘날 기업들은 이해관계자의 의사결정을 지원하기 위해 유용한 재무정보를 제공하는데, 이를 재무보고(財務報告, financial reporting)라 한다. 기업은 이해관계자의 요구수준에 따라 다양한 형태로 재무보고를 한다. 예를 들면 경영자 서한을 이용한다거나, 경제신문 등의 기사를 이용하는 방법 등이 있을 수 있다. 그러나 그중에서도 핵심적인 정보는 재무제표를 통해 이루어진다.

재무보고를 위한 개념체계(2019년)

한국회계기준원 회계기준위원회

재무보고의 목적 : 일반 목적

일반목적재무보고의 목적은 현재 및 잠재적 투자자, 대여자와 그 밖의 채권자가 기업에 자원을 제공하는 것과 관련된 의사결정을 할 때 유용한 보고기업 재무정보를 제공하는 것이다. 그 의사결정은 (1) 지분상품 및 채무상품을 매수, 매도 또는 보유, (2) 대여 및 기타 형태의 신용 제공 또는 결제, (3) 기업의 경제적 자원 사용에 영향을 미치는 경영진의 행위에 대한 의결권 또는 영향을 미치는 권리 행사를 포함한다.

재무제표를 구성하고 있는 각 보고서들은 각자가 담고 있는 정보내용이 서로 다르다. 일정시점에 있어서 기업의 재무상태를 나타내는 재무상태표, 일정기간 동안에 기업이 달성한 경영성과를 표시하는 포괄손익계산서, 주주지분의 변동을 표시하는 자본변동표, 기업이 경영활동을 통해 현금을 어떻게 벌고 쓰는지를 보여주는 현금흐름표 등 각 보고서는 자신들만의 고유한 특징을 가지고 있다.

이들 보고서가 모두 의미가 있고 중요하지만 회계원리 수준에서 가장 중요한 것은 재무상태표와 포괄손익계산서의 이해라 할 수 있다. 따라서 본서에서는 이들 두 가지 재무제표를 중심으로 설명한다. 한편, 재무보고의 기초가 되는 개념들을 정리한 개념체계에 대한 설명은 [보론 2B]를 참고하기 바란다.

재무상태표의 의의와 구성항목

1. 재무상태표의 의의

재무상태표는 일정시점에 있어서 기업의 재무상태를 나타내는 재무보고서이다.

재무상태표(財務狀態表, statement of financial position)는 일정시점(snapshot)에 있어서 기업의 재무상태를 나타내는 재무보고서이다. 재무상태표는 자산(資産, assets), 부채(負債, liabilities), 자본(資本, stockholders' equity) 세 가지 요소로 구성된다. 이를 식으로 표현하면 다음과 같다.

자산(assets) ＝ 부채(liabilities) ＋ 자본(stockholders' equity)

상기 식을 재무상태표 등식이라고 한다. 식에서 보듯이 자산은 부채와 자본의 합계액으로서 기업이 사용할 수 있는 경제적 가치가 있는 자원을 의미한다. 부채는 기업이 채무자에게 갚아야 할 빚을 의미한다. 자본은 기업의 주인인 주주가 가져갈 수 있는 몫을 의미한다. 기업회계기준서에서는 재무상태표의 구성항목을 [도표 2-1]과 같이 분류하도록 규정하고 있다.

도표 2-1 재무상태표의 구성항목 및 분류

재무상태표

××주식회사	20×1.12.31 현재
자 산 :	부 채 :
유동자산	유동부채
비유동자산	비유동부채
투자자산	자 본 :
유형자산	자 본 금
무형자산	이익잉여금

이러한 분류는 기업이 채무를 상환하기 위한 충분한 자산을 가지고 있는지 혹은 기업의 총자산에 대한 단기 및 장기 채권자들의 청구권이 얼마나 되는지 등에 대한 것을 이해하는 데에 도움을 준다. 성격이 유사한 자산 및 부채를 함께 묶어서 보고함으로써 재무상태표 이용자들은 기업의 재무상태를 보다 잘 이

도표 2-2

(주)송정의 재무상태표

재무상태표

20×2년 12월 31일 현재
20×1년 12월 31일 현재

(주)송정 (단위 : 원)

	20×2	20×1
자 산 :		
유 동 자 산		
현금 및 현금성자산	₩3,200	₩2,500
단기금융자산	2,700	2,100
매 출 채 권	3,700	2,400
재 고 자 산	5,400	3,500
기타유동자산	1,500	1,300
유동자산계	16,500	11,800
비유동자산		
투 자 자 산	17,400	15,000
유 형 자 산	29,700	31,800
토 지	2,900	2,900
건 물(순액)	5,900	6,500
기 계 장 치(순액)	17,500	18,000
기타유형자산	3,400	4,400
무 형 자 산	540	600
영 업 권	10	10
산업재산권	300	340
기타무형자산	230	250
기타비유동자산	100	200
비유동자산계	47,740	47,600
자산총계	₩64,240	₩59,400
부 채 :		
유 동 부 채		
매 입 채 무	12,900	14,500
미 지 급 금	6,900	7,700
기타유동부채	5,940	4,900
유동부채계	25,740	27,100
비유동부채		
사 채(순액)	5,000	5,500
기타비유동부채	1,500	2,500
비유동부채계	6,500	8,000
부채총계	32,240	35,100
자 본 :		
자 본 금	5,000	5,000
자본잉여금	0	0
자 본 조 정	0	0
기타포괄손익누계액	5,300	4,000
이익잉여금	21,700	15,300
자본총계	32,000	24,300
부채와 자본총계	₩64,240	₩59,400

해할 수 있게 된다. 한편, 재무상태표를 작성할 때에는 **보고서의 명칭, 기업명, 작성일자**, 그리고 **화폐단위**를 꼭 표시해야 한다. 재무상태표는 일정시점의 재무상태를 표시하므로 일자 뒤에는 현재라는 표시를 해야 한다. [도표 2-2]는 (주)송정의 재무상태표이다.

2. 재무상태표의 구성항목

자 산

자산은 과거 사건의 결과로 기업이 통제하는 현재의 경제적 자원이다.

자산(assets)은 과거 사건의 결과로 기업이 통제하는 현재의 경제적 자원이다. 경제적 자원은 경제적 효익을 창출할 수 있는 잠재력을 지닌 권리를 의미한다. 즉, 자산은 기업이 독점적이고 배타적인 권리를 소유한 상태에서 이를 이용함으로써 기업의 미래 용역잠재력(service potential)을 제공해줄 수 있는 능력을 가지고 있어야 한다. 회계학상의 자산이 되기 위해서는 다음과 같은 세 가지 요건을 갖추어야 한다.

① 물리적 대상에 대한 법적 소유권을 가질 것(권리)
② 경제적 효익을 창출할 잠재력을 지니고(경제적 효익 창출 잠재력)
③ 해당자원의 미래 경제적 효익이 당사자 기업에게 직접 또는 간접으로 유입될 것(통제)

자산은 기업이 영업활동을 위해 사용할 수 있는 자원으로서 이는 채권자로부터 차입을 한 것이든 혹은 주주가 기업에 출자한 것이든 상관이 없다. 기업이 독점적이고 배타적인 권리하에서 자유롭게 사용할 수 있다면 자산으로 보고한다.

자산은 1년 이내에 현금화가 가능한가의 여부에 따라 유동자산과 비유동자산으로 구분된다.

기업회계기준서에서는 자산을 1년 이내에 현금화가 가능한 유동자산(current assets)과 1년 이내에 현금화가 어려운 비유동자산(non-current assets)으로 분류한다. 비유동자산은 다시 장기적인 투자목적으로 취득한 투자자산(investment assets), 영업활동에 장기적으로 사용하면서 물리적인 형체가 있는 유형자산(tangible assets), 영업활동에 장기적으로 사용되지만 물리적인 형체가 없는 무형자산(intangible assets)으로 분류된다.

대표적인 자산항목들을 간략히 살펴보기로 하자. 여기서 언급된 자산항목들은 회계를 이해하는 데 기초적인 항목들이므로 잘 기억해 둘 필요가 있다.

유동자산

- **현금 및 현금성자산** 통화 및 통화대용증권으로, 예를 들면 은행에서 발행한 자기앞수표, 타 기업이 발행한 당좌수표, 만기가 3개월 이내에 도래하는 금융상품 등을 말한다.
- **단기금융상품** 금융기관이 취급하는 정형화된 상품으로, 단기자금 운용목적으로 보유하거나 기한이 1년 이내에 도래하는 정기예금, 정기적금, 양도성예금증서(certificate of deposits, CD) 등을 말한다.
- **당기손익-공정가치측정금융자산** 기업이 여유자금을 활용하기 위해 타사가 발행한 시장성이 있는 주식이나 사채에 투자한 것으로서 단기자금 운용목적으로 투자한 것을 말한다. 당기손익인식항목으로 분류되는 금융자산은 공정가치로 측정된다.
- **외상매출금** 상품과 같은 영업목적물을 외상으로 판매한 금액으로 그 받을 권리를 말한다.
- **받을어음** 상품과 같은 영업목적물을 판매하고, 그 대가를 어음으로 수취한 경우를 말한다. 외상매출금과 받을어음을 합하여 재무상태표에는 매출채권으로 보고한다.
- **단기대여금** 타사 또는 타인에게 1년 이내의 범위에서 빌려준 금액을 말한다.
- **미수금** 비품이나 토지와 같은 영업목적물 이외의 물건을 외상으로 판매한 금액으로 그 받을 권리를 말한다.
- **선급금** 상품 등을 매입하기 위해 선금이나 계약금으로 지불한 금액을 말한다.
- **상 품** 판매를 목적으로 타사가 제조한 물건을 매입하여 보유하고 있는 것으로 의류를 판매하는 기업은 의류, 전자제품을 판매하는 기업은 전자제품 등을 예로 들 수 있다. 만약, 사무실에서 사용할 냉장고를 보유하고 있는 것은 상품이라고 하지 않으며, 비품으로 기록한다.
- **제 품** 판매를 목적으로 원재료 등을 투입하고 제조과정을 거쳐 완성한 완성품을 말한다.

비유동자산

- **투자부동산** 부동산을 취득하여 영업활동에 사용하는 것이 아니라 부동산의

가격이 상승하면 처분할 목적으로 보유하는 것을 말한다.

- **토 지** 영업활동에 장기적으로 사용할 목적으로 취득하여 보유하는 땅을 말한다. 따라서 투자목적이나 비업무용으로 취득하여 보유하는 땅은 투자부동산이라는 별도의 계정으로 기록해야 한다.
- **건 물** 영업활동에 장기적으로 사용할 목적으로 취득한 건물을 말한다. 따라서 투자목적이나 비업무용으로 취득하여 보유하는 건물은 투자부동산이라는 별도의 계정으로 기록해야 한다. 또한, 건설회사가 분양할 목적으로 건물을 건설하였다면 이는 건물이 아니라 제품으로 기록해야 한다.
- **영업권** 타사를 취득하여 합병한 경우 취득 대상기업 순자산의 공정가치를 초과하여 지급한 금액을 말한다.
- **산업재산권** 특허권, 상표권 등과 같이 기술이나 상표, 도안 등을 배타적으로 사용할 수 있는 권리를 말하며, 법적인 보호를 받고 있다.

부 채

부채는 과거 사건의 결과로 기업이 경제적 자원을 이전해야 하는 현재 의무를 말한다.

부채(liabilities)는 과거 사건의 결과로 기업이 경제적 자원을 이전해야 하는 현재 의무를 말한다. 즉, 부채는 자산에 대한 채권자의 청구권으로서 기업은 채권자에 대해 채무 및 의무가 존재해야 하며, 채무 및 의무를 이행함으로써 기업의 미래 용역잠재력의 감소를 가져와야 한다.

일상에서는 '빚'이라는 말로 표현이 되나 회계학에서는 부채라는 용어를 사용한다. 부채를 부담하는 기업이나 개인을 채무자라고 하며, 부채에 대한 청구권자를 채권자라고 한다. 회계학상의 부채가 되기 위해서는 다음과 같은 세 가지 조건을 모두 충족해야 한다.

① 기업에게 의무가 있을 것
② 의무는 경제적 자원을 이전하는 것
③ 의무는 과거 사건의 결과로 존재하는 현재 의무일 것

부채는 1년 이내에 의무를 이행해야 되느냐에 따라 유동부채와 비유동부채로 구분된다.

기업회계기준서에서는 부채를 1년 이내에 만기가 도래하면 유동부채(current or short-term liabilities), 만기가 1년 이후에 도래하면 비유동부채(non-current liabilities 또는 long-term liabilities)로 분류한다. 대표적인 부채항목들을 간략히 살펴보기로 하자.

유동부채

- **외상매입금** 판매를 목적으로 영업목적물인 상품 등을 외상으로 매입한 금액을 말한다. 따라서 미래에 현금으로 상환해야 하며, 외상매출금과 반대되는 계정이다.
- **지급어음** 판매를 목적으로 영업목적물인 상품 등을 외상으로 매입하고, 어음을 발행해주었을 경우를 말한다. 따라서 어음의 만기일에 현금으로 상환해야 하며, 받을어음과 반대되는 계정이다. 외상매입금과 지급어음을 합하여 재무상태표에는 매입채무로 보고한다.
- **단기차입금** 단기적으로 현금이 부족한 경우 1년 이내의 범위에서 남에게 현금을 빌린 금액으로, 나중에 상환해주어야 하는 의무이다. 자산의 단기대여금과 반대되는 계정이다.
- **선수금** 상품을 구입하고자 하는 사람으로부터 선금이나 계약금의 형태로 미리 받은 금액을 말하며, 이후에 상품을 인도해주어야 한다. 자산의 선급금과 반대되는 계정이다.
- **미지급금** 토지, 비품, 건물 등과 같이 영업목적물 이외의 자산을 외상으로 구입하였거나 어음을 발행해주고 구입한 금액을 말한다. 자산의 미수금과 반대되는 계정이다.

비유동부채

- **사 채** 타인으로부터 자금을 조달하기 위해 일정한 형태의 증권을 발행하여, 장기적 자금을 조달한 금액을 말한다. 사채를 발행한 기업은 증권에 표시된 약정이자와 만기일에 액면에 표시된 금액을 변제해주어야 한다.
- **장기차입금** 현금이 부족한 경우 1년보다 긴 기간 이후에 변제하기로 하고 남에게 현금을 빌린 금액으로, 나중에 상환해주어야 하는 의무이다. 자산의 장기대여금과 반대되는 계정이다.

자 본

자본은 기업의 자산에서 부채를 차감한 후의 잔여지분을 말한다.

자본(stockholders' equity 또는 capital)은 기업의 자산에서 부채를 차감한 후의 잔여지분을 말한다. 기업의 경제적 자원에 대한 청구권(equities) 중에서 채권자 청구권(creditors' equity)을 제외한 나머지 부분이라는 의미로 잔여지분(殘餘持分, residual equity)이라고 한다. 또한 기업이 보유하고 있는 총자산에 대한 주주의 청구권으로, 주주지분 또는 소유주지분(owners' equity)이라고도 하며, 자본은 총자산에서 총부채를 차감한 부분이므로 순자산(net assets)이라고도 한다. 자본은 독립적으로 측정할 수 있는 성질의 것이 아니라 먼저 자산총계와 부채총계를 각각 측정하고, 자산총계에서 부채총계를 차감하여 측정한다. 이 관계를 자본등식이라 한다.

자 본 = 자 산 − 부 채

자본은 납입자본과 이익잉여금으로 구성된다.

자본은 크게 납입자본(納入資本, paid-in capital)과 이익잉여금(利益剩餘金, retained earnings)으로 구성된다. 납입자본은 주주들이 출자한 금액을 말하며, 이는 법정자본금(=주식액면금액×발행주식수) 및 주식발행초과금과 주식할인발행차금으로 구성된다. 이익잉여금은 주주들이 출자한 자본금을 이용하여 영업활동을 수행하는 과정에서 창출된 이익을 주주들에게 배당 등으로 유출하지 않고, 기업내부에 적립해놓은 금액을 말한다. 따라서 이익잉여금은 누적적 금액이다.

3. 재무상태표의 작성기준

기업회계기준서에서는 정보이용자의 이해가능성을 높이고자 다음과 같이 재무상태표의 작성기준을 규정하고 있다. 이들을 간략히 소개하면 다음과 같다.

- **자산, 부채, 자본을 구분 표시한다** 자산은 유동자산과 비유동자산으로 구분하고, 부채는 유동부채와 비유동부채로 구분하며, 자본은 자본금(=법정자본금), 자본잉여금, 자본조정, 기타포괄손익누계액, 이익잉여금으로 구분하여 표시해야 한다.
- **자산, 부채, 자본은 총액으로 표시한다** 자산, 부채, 자본은 총액으로 기재함을 원칙으로 한다. 자산항목과 부채 또는 자본 항목을 서로 상계함으로써 그 전부 또는 일부를 재무상태표에서 제외해서는 안 된다.
- **1년 기준으로 구분한다** 유동자산과 비유동자산, 유동부채와 비유동부채의 구분은 1년을 기준으로 해야 한다.

- **유동성 배열 기준에 의해 기록한다** 재무상태표에 기재하는 자산과 부채의 항목배열은 유동성 배열법에 따라 유동성이 높은 것을 먼저 기재한다. 이는 보다 짧은 시간 안에 현금화될 자산이나 만기일이 보다 빨리 도래하는 부채를 먼저 기재하고, 장시간 후에 현금화될 자산이나 만기일이 보다 나중에 도래하는 부채를 뒤에 기재해야 한다는 것이다.
- **자본잉여금과 이익잉여금은 구분 표시한다** 자본거래에서 발생한 자본잉여금과 손익거래에서 발생한 이익잉여금은 구분해서 표시해야 한다. 이들을 구분 표시하는 이유는 자본잉여금과 이익잉여금의 발생원천이 서로 다르기 때문이다. 이에 대해서는 제11장 자본에서 보다 자세하게 설명한다.
- **미결산 항목을 표시해서는 안 된다** 가지급금 또는 가수금 등의 미결산 항목은 그 내용을 나타내는 적절한 과목으로 표시하고, 대조계정 등의 비망계정은 재무상태표에 자산 또는 부채 항목으로 표시해서는 안 된다.

포괄손익계산서

1. 포괄손익계산서의 의의

일정기간 동안의 경영성과를 표시하는 재무보고서를 포괄손익계산서라고 한다.

일정기간 동안의 경영성과를 나타내는 보고서를 손익계산서(損益計算書, income statement)라고 한다. 즉, 손익계산서는 기업이 한 회계기간 동안의 영업활동 결과에 대한 성적표라고 말할 수 있다. 손익계산서의 마지막에 당기순손익이 보고되는데, 최근에는 당기순손익의 하단에 기타포괄손익항목을 추가하여 표시하는 포괄손익계산서(包括損益計算書, statement of comprehensive income)를 작성하여 보고하고 있다. 포괄손익계산서에는 보고서 **명칭**, **기업명**, **회계기간**(~부터 ~까지) 그리고 **화폐단위**를 반드시 표시해야 한다. 정보이용자들은 포괄손익계산서를 통해 당기 영업활동에 대한 성과를 측정할 수 있고, 미래 현금에 대한 흐름을 예측할 수 있으며, 경영계획과 배당정책의 자료를 얻을 수 있다. 또한, 주주들이 경영자의 업적을 평가하는 자료로도 사용된다.

포괄손익계산서는 두 가지 양식으로 작성할 수 있다. 하나는 단일포괄손익계산서로, 기존의 당기순손익 다음에 기타포괄손익을 당기손익으로 재분류가능한 부분과 당기손익으로 재분류불가능한 부분으로 구분하여 하나의 보고서로 작성하는 것이다. 다른 하나는 두 개의 보고서를 작성하는 것으로, 당기순손익의 구성요소를 배열하는 보고서인 별개의 손익계산서와 당기순손익에서 시작하

도표 2-3 (주)송정의 포괄손익계산서

손익계산서

20×2년 1월 1일부터 12월 31일까지
20×1년 1월 1일부터 12월 31일까지

(주)송정 (단위 : 원)

	20×2	20×1
매 출 액	₩63,000	₩59,000
매 출 원 가	(46,000)	(43,000)
매출총이익	17,000	16,000
판매비와관리비	(10,400)	(10,800)
급 여	3,800	3,800
퇴 직 급 여	1,000	1,000
지급수수료	2,800	3,200
감가상각비	1,400	1,400
기타판매비와관리비	1,400	1,400
영 업 이 익	6,600	5,200
영업외손익	1,400	2,000
기 타 수 익	3,200	3,300
기 타 비 용	(1,400)	(1,100)
금 융 수 익	250	300
금 융 비 용	(650)	(500)
법인세비용차감전순이익	8,000	7,200
법인세비용	(1,600)	(1,440)
당기순이익	₩6,400	₩5,760

포괄손익계산서

20×2년 1월 1일부터 12월 31일까지
20×1년 1월 1일부터 12월 31일까지

(주)송정 (단위 : 원)

	20×2	20×1
당기순이익	₩6,400	₩5,760
기타포괄손익	1,300	300
재평가손익	1,000	
기타포괄손익-공정가치측정금융자산평가이익	300	300
총포괄이익	₩7,700	₩6,060

여 기타포괄손익의 구성요소를 배열하는 보고서인 포괄손익계산서를 작성하는 것이다([보론 2A] 참조). [도표 2-3]은 다단계 보고형식에 의한 (주)송정의 포괄손익계산서이다.

2. 포괄손익계산서의 구성항목

수 익

수익은 영업활동의 결과 주주지분의 증가를 가져오는 것을 말한다.

수익(收益, revenues)은 기업이 일정기간 동안 고객에게 재화나 용역을 제공한 가치를 화폐액으로 표시한 금액이다. 즉, 수익은 기업이 고객에게 재화나 용역을 제공하고 그 대가로 받은 현금이나 현금으로 받을 권리를 말한다. 예를 들면, 고객에게 상품을 판매하고 그 대가로 받은 현금이라든지, 서비스를 제공하고 받는 수수료 등이다. 상품을 매매하는 기업과는 달리 서비스업에서는 수수료수익, 금융업에서는 자금을 대여하고 생기는 이자수취액, 보험업에서는 수취한 보험료가 수익의 원천이 된다.

수익이 발생하면 기업의 순자산인 자본이 증가된다. 수익은 회계기간 동안의 기업실체의 주요 경영활동으로 인한 경제적 효익의 총유입으로 정의된다. 수입은 현금의 수취액을 표현하므로 수익과는 차이가 있다. 수익은 그것이 기업의 주된 영업활동에서 발생하였는가 아니면 부차적인 활동에 의해 발생하였는가에 따라 영업수익과 영업외수익으로 분류된다.

- 영업수익(operating revenue) 기업의 주된 영업활동에서 발생한 수익으로서 상품매매업의 경우 상품의 판매액, 즉 매출액이 된다.
- 기타수익 기업의 주된 영업활동이 아닌 다른 활동에서 발생한 수익으로서, 주로 이자수익, 배당금수익, 임대수익, 당기손익-공정가치측정금융자산처분이익, 당기손익-공정가치측정금융자산평가이익, 유형자산처분이익 등이 있으며, 영업활동과 관계없이 비경상적이고 비반복적으로 발생하는 거래나 사건의 결과로 발생하는 순자산의 증가로, 자산수증이익, 채무면제이익, 보험차익 등을 예로 들 수 있다.

비 용

비용은 영업활동의 결과 주주지분의 감소를 가져오는 것을 말한다.

비용(費用, expense)은 기업이 일정기간 동안 수익을 얻기 위하여 소비 또는 희생한 재화나 용역의 가치를 금액으로 표시한 것이다. 즉, 기업이 영업활동을 수행하는 과정에서 판매한 상품에 대한 매출원가나 판매관리비에 속하는 급여, 임차비용, 이자비용 등이 비용의 대표적인 형태이다. 비용이 발생하면 기업의 순자산인 자본이 감소하는 결과를 초래한다. 비용과 유사한 개념으로 지출이라는 용어가 있다. 지출은 현금의 유출을 의미하는 개념으로 반드시 현금의 유출을 수반하지 않는 비용과는 다른 개념임에 유의할 필요가 있다. 비용도 수익과 마찬가지로 영업비용과 영업외비용으로 분류할 수 있다.

- 매출원가(cost of goods sold) 상품매매업에 있어서는 매출한 상품의 매입원가이며, 제조기업에 있어서는 판매한 제품의 제조원가를 말한다.
- 판매비와관리비(selling and administrative expenses) 상품과 용역의 판매활동 또는 기업의 관리와 유지를 위하여 발생하는 비용으로서 급여, 퇴직급여, 복리후생비, 임차비용, 광고선전비 등 매출원가에 속하지 않는 모든 영업비용이 이에 속한다.
- 금융비용(financing expense) 기업의 주된 영업활동이 아닌 다른 활동에서 발생하는 비용으로서 이자비용과 같은 재무활동에서 발생하는 비용이 이에 속한다.
- 기타비용 기업실체의 주된 경영활동을 제외한 부수적인 사건이나 거래로서 소유주에 대한 분배가 아닌 거래나 사건의 결과로 발생하는 순자산의 감소분이며, 당기손익-공정가치측정금융자산처분손실, 당기손익-공정가치측정금융자산평가손실, 유형자산처분손실 등을 예로 들 수 있다. 또한 영업활동과 관계없이 비경상적이며 비반복적으로 발생하는 것으로 재해손실 등도 이에 속한다.
- 법인세비용(income tax expenses) 주식회사와 같은 법인기업의 소득에 대하여 부과되는 세금을 말하는데, 여기에는 법인세에 부가되는 각종 세액도 포함된다.

이 익

손익계산서의 매출액에서 매출원가를 차감한 것을 매출총이익(gross profit)이라고 하며, 상품이나 제품의 부가가치를 알려주는 정보이다. 즉, 매출총이익이 크면 해당기업이 취급하는 상품이나 제품이 고부가가치 상품이나 제품이며, 반대로 매출총이익이 낮으면 저부가가치 상품이나 제품으로 볼 수 있다.

- **법인세비용차감전순이익**(income before income taxes) 매출총이익에 기타수익을 더하고, 판매비와관리비, 금융비용 그리고 기타비용을 차감하여 계산한다.
- **당기순이익**(net income) 모든 비용을 차감하고, 기업의 소유주인 주주에게 귀속되는 이익으로 한 회계기간 동안의 기업의 모든 활동결과를 종합한 성과측정치이다.
- **기타포괄손익**(other comprehensive income) 자본의 증가나 감소를 초래하며 광의의 수익이나 비용의 정의에 해당하지만 국제회계기준이 요구하거나 허용함으로써 당기순손익으로 인식하지 않는 수익과 비용 항목을 의미한다. 재평가차익, 투자금융자산평가손익, 파생금융상품평가손익, 외화재무제표환산손익 등이 그 예이다.
- **당기총포괄손익**(comprehensive income) 당기순이익에 기타포괄손익을 가산하여 계산한다.

3. 포괄손익계산서의 작성기준

기업회계기준서에서는 다음과 같이 포괄손익계산서의 작성기준을 규정하고 있다. 이들을 간략히 소개하면 다음과 같다.

- **수익과 비용은 발생주의 기준에 의한다** 모든 수익과 비용은 그것이 발생한 기간에 배분되어야 한다. 다만, 수익은 실현시기를 기준으로 계산하고 미실현수익은 당기의 손익계산에 포함시키지 않는다.
- **수익과 비용은 대응 표시해야 한다** 수익과 비용은 그 발생원천에 따라 명확하게 분류하고 각 수익항목과 이와 관련되는 비용항목을 대응 표시해야 한다.
- **수익과 비용은 총액으로 표시한다** 수익과 비용은 각각 총액으로 표시함을 원칙으로 한다. 따라서 수익과 비용을 서로 상계해서 표시해서는 안 된다.
- **이익은 구분 표시한다** 포괄손익계산서는 매출총손익, 영업손익, 법인세비용차감전순손익, 당기순손익으로 구분 표시해야 한다. 이익의 구분 표시는 기업이 이익을 얻기 위해 수행한 다양한 노력들을 정보이용자들에게 상세하게 알려줌으로써 기업의 미래 이익창출능력을 예측하는 데 실질적인 도움을 줄 수 있기 때문이다.

자본변동표 및 현금흐름표

1. 자본변동표

자본변동표는 한 회계기간 동안 발생한 소유주지분의 변동을 표시하는 재무보고서이다.

자본변동표(資本變動表, statement of changes in equity)는 한 회계기간 동안 발생한 소유주지분의 변동을 표시하는 재무보고서이다. 자본을 구성하고 있는 자본금, 자본잉여금, 이익잉여금, 자본조정 등의 변동에 관한 포괄적인 정보를 제공한다. 자본의 각 구성항목에 대한 기초잔액, 변동사항 및 기말잔액을 표시하도록 하고 있다. 종전의 재무제표의 한 보고서였던 이익잉여금처분계산서에 비해 보다 포괄적인 정보를 제공하는 보고서이다. 자본변동표는 기업의 소유주인 주주가 주된 관심을 가지는 보고서로, 주주지분이 어떠한 항목에 의해서 증감되었는지를 나타내준다는 측면에서 중요한 정보를 제공해준다고 볼 수 있다. [도표 2-4]에서 보듯이, (주)송정의 자본변동표는 20×2년 한 해 동안의 자본의 변동내용을 보여주고 있다. (주)송정은 20×2년 한 해 동안 영업활동 결과 ₩6,400의 순이익을 벌었다. 따라서 (주)송정의 이익잉여금은 20×2년 1월 1일 ₩15,300에서 ₩21,700으로 증가하였다. 또한 기타포괄손익누계액 중 기타포괄손익 ₩1,300이 발생하였다. 따라서 (주)송정의 20×2년 12월 31일 현재 자본총계는 ₩32,000이 된다.

도표 2-4

(주)송정의 자본변동표

자본변동표

(주)송정 20×2년 1월 1일부터 12월 31일까지 (단위 : 원)

	자본금	기타포괄손익누계액	이익잉여금	총 계
20×2. 1. 1	₩5,000	₩4,000	₩15,300	₩24,300
당기순이익	–	–	6,400	6,400
유상증자	–	–	–	–
기타포괄손익-재평가손익	–	1,000	–	1,000
기타포괄손익-공정가치측정금융자산평가이익	–	300	–	300
20×2. 12. 31	₩5,000	₩5,300	₩21,700	₩32,000

2. 현금흐름표

회계를 기록하는 방법에는 두 가지가 있다. 하나는 현금주의 회계(現金主義 會計, cash basis accounting)로 현금의 유입과 유출이 있는 시점에서 장부에 기록하는 방법이고, 다른 하나는 발생주의 회계(發生主義 會計, accrual basis accounting)로 현금의 유출입과는 관계없이 중요한 사건이 완성된 시점에서 장부에 기록하는 방법이다(이에 대해서는 제4장에서 자세히 설명한다). 현행 회계는 두 번째인 발생주의 회계로 당기의 경영성과를 계산한다. 발생주의 회계방법이 당기의 경영성과를 정확히 계산한다는 측면에서 포괄손익계산서가 중요한 정보를 준다. 그런데 발생주의로 계산한 당기순이익은 기업으로 현금이 유입되었다는 의미가 아니므로 현금을 관리하는 데 포괄손익계산서의 정보는 한계가 있다. 즉, 흑자도산(黑字倒産, insolvency)이라는 말에서 알 수 있듯이, 포괄손익계산서상으로는 이익이 발생했음에도 불구하고 기업이 일시적으로 현금이 부족하여 도산하는 경우 등에 대한 정보를 제공해주지 못한다. 이러한 한계점을 극복하고자 보충적으로 현금주의로 당기의 경영성과를 계산한 보고서가 현금흐름표이다. 현금흐름표는 재무상태표의 기초현금에서 기말현금으로의 현금 변화의 원인을 설명해준다.

+ / −	영업활동 현금흐름
+ / −	투자활동 현금흐름
+ / −	재무활동 현금흐름
	현금의 변화

현금흐름표는 일정기간 동안 기업 현금흐름, 즉 현금의 유입과 유출을 나타내는 보고서이다.

현금흐름표(statement of cash flow)는 일정기간 동안 기업 현금흐름, 즉 현금의 유입과 유출을 나타내는 보고서이다. 기업의 활동을 영업활동, 투자활동, 재무활동으로 구분하고, 다음의 [도표 2-5]와 같이 각각의 활동에 따른 현금의 유입과 유출에 대한 정보를 나타내준다.

[도표 2-5]를 보면 (주)송정은 20×2년에 영업활동을 통한 현금유입 ₩63,000이 발생하고 현금유출 ₩58,930이 발생함으로써 영업활동에 의해 현금 ₩4,070이 순유입되었다. 또한 유형자산의 처분과 취득을 통한 투자활동에 의해 현금 ₩2,300의 순지출이 있었으며, 사채의 발행을 통해 현금 ₩1,500을 조달하였고 사채이자비용 지급, 사채상환 그리고 장기차입금 상환 등으로 현금 ₩2,570을 지급

도표 2-5
(주)송정의 현금흐름표

현금흐름표

20×2년 1월 1일부터 12월 31일까지
(주)송정 20×1년 1월 1일부터 12월 31일까지 (단위 : 원)

	20×2	20×1
영업활동 현금흐름	₩4,070	₩5,200
매출로 인한 현금유입	63,000	59,000
영업비용에 대한 현금유출	(58,930)	(53,800)
투자활동 현금흐름	(2,300)	700
투자활동으로 인한 현금유입액	100	1,100
유형자산의 처분	100	1,100
투자활동 현금유출액	(2,400)	(400)
유형자산의 취득	(2,400)	(400)
재무활동 현금흐름	(1,070)	(4,300)
재무활동으로 인한 현금유입액	1,500	500
사채의 발행	1,500	500
재무활동으로 인한 현금유출액	(2,570)	(4,800)
사채이자비용 지급	(70)	(70)
사채상환	(1,500)	(3,000)
장기차입금 상환	(1,000)	(1,730)
현금의 증가	700	1,600
기초의 현금	2,500	900
기말의 현금	₩3,200	₩2,500

함으로써 재무활동에 의해 현금 ₩1,070의 순유출이 있었다. 이러한 과정을 통해 (주)송정은 20×2년 한 해 동안 현금 ₩700의 순증가가 발생하였음을 알 수 있다.

현금흐름표는 포괄손익계산서와 보완적으로 사용함으로써 기업의 미래 현금창출능력을 보다 잘 평가할 수 있으며, 기업의 부채상환능력, 배당지급능력, 자금조달에 대한 필요성 등에 대한 정보를 알게 해준다. 또한 당기순이익과 현금흐름 사이에 차이가 발생한 원인에 대해서도 설명해준다.

재무제표들 사이의 관계

우리는 앞서 (주)송정의 재무상태표, 포괄손익계산서, 자본변동표 그리고 현금흐름표에 대해서 설명하였다. 이들 보고서 각각은 서로 다른 시각에서 작성되었다는 한계를 가지고 있다. 그러나 이 문제는 이들 재무제표를 통합해봄으로써 해결할 수 있다.

도표 2-6 재무제표들 사이의 관계

재무상태표 20×2/1/1	
현 금	₩2,500
기 타	56,900
합 계	₩59,400
부 채	₩35,100
자본금	5,000
이익잉여금	15,300
기타포괄이익	4,000
합 계	₩59,400

현금흐름표	
영업활동	₩4,070
투자활동	(2,300)
재무활동	(1,070)
순증가	700
기초현금	2,500
기말현금	₩3,200

포괄손익계산서	
수 익	₩66,450
비 용	60,050
순이익	₩6,400

자본변동표	
자본금	₩5,000
기초이익잉여금	15,300
순이익	6,400
배당금	–
기말이익잉여금	₩21,700
기타포괄이익누계액	5,300
합 계	₩32,000

재무상태표 20×2/12/31	
현 금	₩3,200
기 타	61,040
합 계	₩64,240
부 채	₩32,240
자본금	5,000
이익잉여금	21,700
기타포괄이익누계액	5,300
합 계	₩64,240

(주)송정은 20×2년 1월 1일과 12월 31일에 작성한 재무상태표를 통해 기업의 재무상태를 보여준다. 여기서 1월 1일의 재무상태표와 12월 31일의 재무상태표 간에는 수치에 차이가 있음을 알 수 있다. 그러나 이들 재무상태의 변화가 어떻게 일어났는지에 대해서는 알 수가 없다. 이에 대해서는 포괄손익계산서와 자본변동표 그리고 현금흐름표를 통합해봄으로써 이들 기간에 있어서의 재무상태표들 사이의 차이와 이들 기간 동안에 발생한 중요한 차이의 원인이 무엇인지를 설명하는 데 도움을 준다. 이에 대해서는 제13장 재무제표분석에서 도움을 받을 수 있다.

만일 우리가 (주)송정의 현재 재무상태를 잘 이해할 수 있고, 회계기간 동안에 기업의 이익이 어떻게 발생했으며(포괄손익계산서), 현금이 어떻게 유출되고 유입되었는지(현금흐름표) 그리고 이를 통해 발생한 변화를 이해한다면 우리는 (주)송정의 미래 현금흐름을 보다 잘 평가할 수 있게 될 것이다.

재무상태표, 포괄손익계산서, 자본변동표, 현금흐름표 등은 같은 재무자료로부터 만들어지기 때문에 이들 각자는 서로 밀접한 연결 관계를 갖고 있다. [도표 2-6]은 이들 재무제표들 사이의 연결관계를 보여준다. 포괄손익계산서는 수익과 비용의 거래를 통해 창출된 이익이 자본에 추가됨으로써 주주지분에 변화를 가져와 재무상태에 변화를 가져왔음을 설명해준다. 현금흐름표에서는 영업활동, 투자활동 그리고 재무활동을 통한 현금의 증가 및 감소를 설명해준다. (주)송정은 영업활동을 통해 현금 ₩4,070이 증가하고, 투자활동에서는 신규로 유형자산을 취득함으로써 현금 ₩2,300이 감소했다. 또한 재무활동에서는 사채상환 등 부채를 상환함으로써 현금 ₩1,070이 감소했다. 이들 경영활동을 통해 현금 ₩700이 증가함으로써 기초현금 ₩2,500이 기말현금 ₩3,200으로 변화되었음을 설명해준다.

보론 2A 기업회계기준서의 포괄손익계산서 양식

최소한의 내용 – 포괄손익계산서

하나의 보고서 작성

- 수익
- 영업이익
- 금융원가
- 지분법손익
- 법인세비용
- 중단영업손익(세후)
- 당기순이익

- 기타포괄손익
  - 당기손익으로 재분류가능
    - FVOCI금융자산평가손익
    - 해외사업외화환산손익
    - 현금흐름위험회피파생상품평가손익
  - 당기손익으로 재분류불가능
    - 자산재평가손익
    - 확정급여제도 재측정요소
- 총포괄손익

두 개의 보고서 작성

- 수익
- 영업이익
- 금융원가
- 지분법손익
- 법인세비용
- 중단영업손익(세후)
- 당기순이익

- 당기순이익
- 기타포괄손익
  - 당기손익으로 재분류가능
    - FVOCI금융자산평가손익
    - 해외사업외화환산손익
    - 현금흐름위험회피파생상품평가손익
  - 당기손익으로 재분류불가능
    - 자산재평가손익
    - 확정급여제도 재측정요소
- 총포괄손익

보론 2B 재무보고를 위한 개념체계

1. 개념체계의 본질 및 구성

전 세계의 많은 기업들은 외부 정보이용자를 위하여 재무제표를 작성하고 표시한다. 이 재무제표가 국가마다 비슷해 보이지만 각국의 사회적, 경제적 및 법률적 환경의 다양성에 의해, 그리고 재무제표 이용자의 요구에 의해 규정을 정할 때 각국마다 차이가 발생한다. 이러한 환경은 재무제표요소의 다양한 정의와 재무제표 내 항목 인식에 대한 서로 다른 기준의 사용과 서로 다른 측정기준 그리고 재무제표 범위와 공시 내용에도 영향을 미쳤다.

재무보고 개념체계는 개별 회계기준들의 뼈대 또는 근간을 제공하는 역할을 한다.

국제회계기준위원회(IASB)는 이러한 차이를 좁히기 위해 재무보고의 기초가 되는 개념들을 정리한 개념체계(the conceptual framework for financial reporting)를 제시하고 있다. 개념체계는 개별 회계기준들의 뼈대 또는 근간을 제공하는 역할을 한다. 개념체계는 외부이용자를 위한 재무보고의 기초개념을 정립하는 것을 목적으로 한다.

[도표 2B-1]은 재무보고 개념체계의 각 요소간의 연관관계를 보여준다. 개념체계의 1단계는 재무보고의 목적으로서, 왜 재무보고를 해야 하는가에 대한 개

도표 2B-1
재무보고 개념체계의 구성

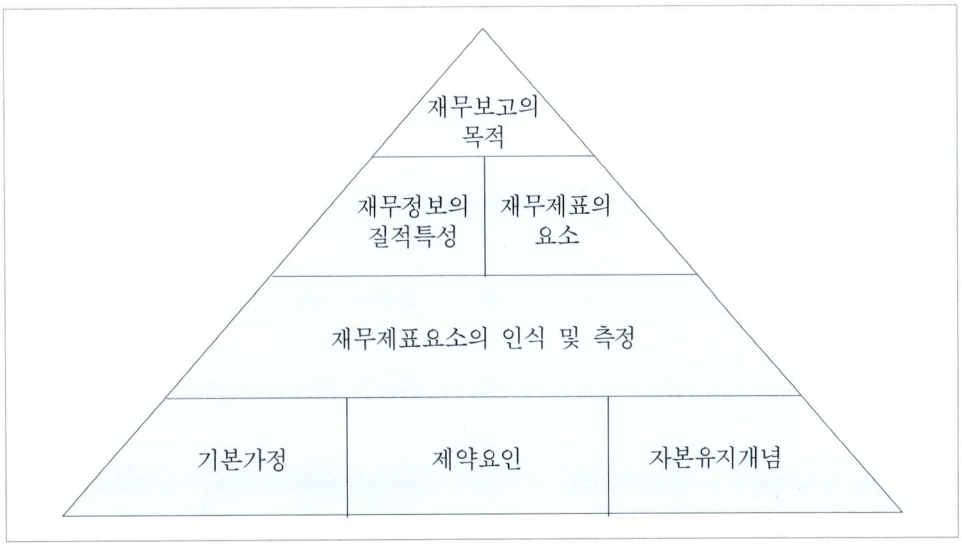

념을 다루며, 2단계에서는 재무정보의 질적특성과 재무제표의 요소에 대해 다루는데, 이는 재무보고목적과 구체적인 측정을 연결시키는 역할을 한다. 3단계에서는 재무제표요소를 어떻게 인식하고 측정할 것인가에 대한 개념을 다룬다. 재무제표요소는 기본가정과 자본유지개념에 근거하여 인식하고 측정하는데, 여기에는 근본적으로 제약요인이 있을 수밖에 없음을 밝히고 있다.

2. 회계정보의 질적특성

회계정보의 질적특성은 회계정보가 이용자에게 유용하기 위해서 갖추어야 할 속성을 말한다.

회계정보가 이용자에게 유용하기 위해서 갖추어야 할 속성을 회계정보의 질적특성(qualitative characteristics)이라고 한다. 회계정보의 질적특성은 회계기준제정기구가 회계기준을 설정할 때 대체적 회계처리방법들을 비교 평가할 수 있는 판단기준이 된다. 또한 회계정보의 질적특성은 경영자와 감사인이 회계정책을 선택 또는 평가하거나 재무정보이용자가 기업에서 사용한 회계처리방법의 적절성을 평가할 때 판단기준을 제공한다. [도표 2B-2]는 회계정보의 질적특성에 대한 개념체계를 보여준다.

도표 2B-2 회계정보의 질적특성

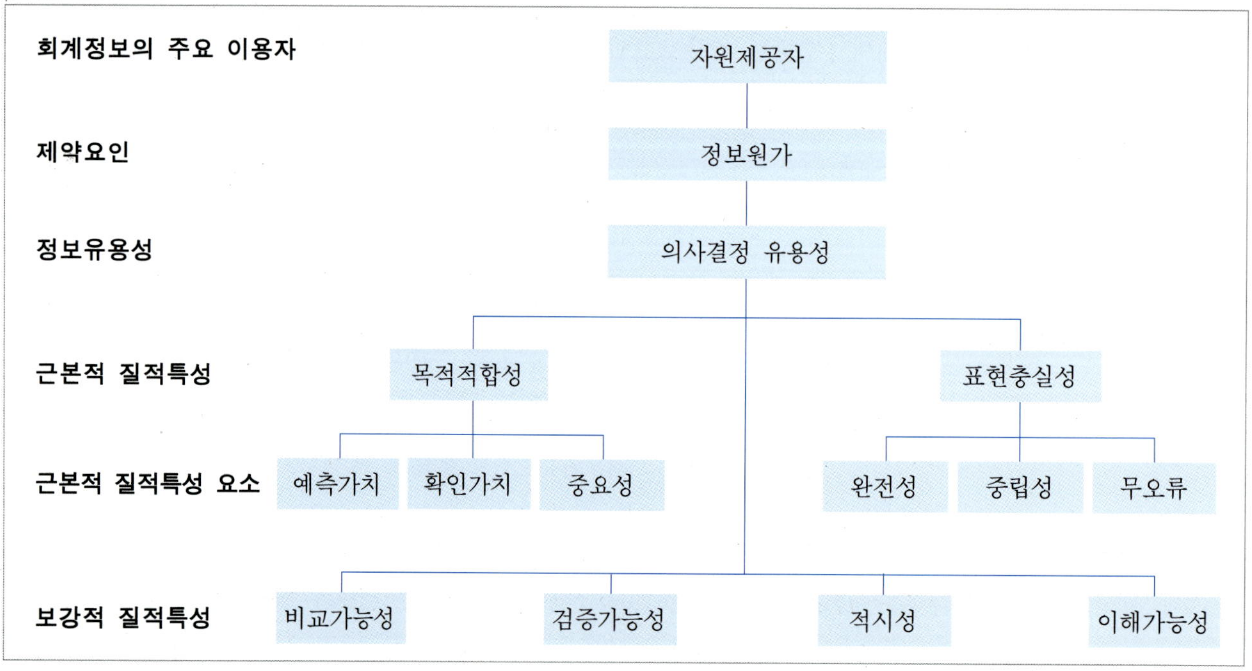

근본적 질적특성

재무정보가 유용하기 위해서는 목적적합해야 하고 나타내고자 하는 바를 충실하게 표현해야 한다. 근본적 질적특성(fundamental qualities)으로는 목적적합성과 표현충실성이 있다.

목적적합성(relevance) 목적적합성은 회계정보를 이용하지 않고 의사결정을 하는 경우와 회계정보를 이용하여 의사결정을 하는 경우에 의사결정의 내용에 차이가 발생하는 속성을 말한다. 목적적합한 회계정보는 재무정보에 예측가치 또는 확인가치를 가져야 한다.

정보이용자들이 미래 결과를 예측하기 위해 사용하는 요소로 재무정보가 사용될 수 있다면 그 재무정보는 예측가치(predictive value)를 갖는다. 재무정보가 과거 평가에 대해 피드백을 제공한다면(과거 평가를 확인하거나 변경시킨다면) 확인가치(feedback value)를 갖는다. 재무정보의 예측가치를 갖는 정보는 확인가치도 갖는 경우가 많다. 예를 들어, 미래 연도 수익의 예측 근거로 사용할 수 있는 당해연도 수익 정보를 과거 연도에 행한 당해연도 수익 예측치와 비교할 수 있다. 그 비교 결과는 정보이용자가 그 과거 예측에 사용한 절차를 수정하고 개선하는 데 도움을 줄 수 있다.

중요성(materiality)은 정보가 누락되거나 잘못 기재된 경우 특정 보고기업의 재무정보에 근거한 정보이용자의 의사결정에 영향을 줄 수 있는 것을 의미한다. 중요성은 재무제표의 표시와 관련된 임계치나 판단기준으로 회계항목을 재무제표에 구분하여 표시하기 위한 조건으로 본다. 따라서 중요성은 기업마다 다를 수 있다.

표현충실성(representational faithfulness) 표현충실성은 재무정보가 나타내고자 하거나 나타낼 것으로 기대되는 거래나 사건을 충실히 표현해야 한다는 것을 의미한다. 완벽하게 표현충실성을 위해서는 서술은 완전하고, 중립적이며, 오류가 없어야 한다.

완전성(completeness)은 재무보고에 대한 서술이 필요한 기술과 설명을 포함하여 정보이용자가 서술되는 현상을 이해하는 데 필요한 모든 정보를 포함하는 것을 의미한다. 예를 들어, 자산에 대한 기술이 완전성을 갖기 위해서는 자산의 특성(질 및 성격 포함), 수량(수량결정에 사용된 절차 포함), 내용(원가, 상각후원가, 공정가치 등 포함)에 대한 기술이 포함되어야 한다.

중립성(neutrality)은 재무보고에 대한 서술이 재무정보의 선택이나 표시에 편의가 없어야 한다는 것을 의미한다. 즉, 중립성은 미리 의도된 결과나 성과를 유도할 목적으로 재무제표상에 특정정보를 표시함으로써 정보이용자의 의사결정이나 판단에 영향을 미쳐서는 안 된다는 것을 의미한다. 중립적 정보는 목적이 없거나 행동에 대한 영향력이 없는 정보를 의미하는 것은 아니다. 오히려 목적적합한 재무정보는 정의상 정보이용자의 의사결정에 차이가 나도록 할 수 있는 정보를 말한다.

무오류(free from error)는 경제적 현상의 기술에 오류나 누락이 없고, 정보를 생산하는 데 사용되는 절차의 선택과 적용시 절차상 오류가 없음을 의미한다. 그러나 오류가 없다는 것은 모든 면에서 완벽하게 정확하다는 것을 의미하지는 않는다. 예를 들어, 관측가능하지 않은 가격이나 가치의 추정치는 정확한지 또는 부정확한지 결정할 수 없다. 그러나 추정치로서 금액을 명확하고 정확하게 기술하고, 추정 절차의 성격과 한계를 설명하며, 그 추정치를 도출하기 위한 적절한 절차를 선택하고 적용하는 데 오류가 없다면 그 추정치의 표현은 충실하다고 본다.

보강적 질적특성

보강적 질적특성(enhancing qualities)은 그 자체로서 유용성을 갖는 것은 아니지만 근본적 질적특성을 가진 정보의 유용성을 더욱 보강시켜주는 역할을 한다. 보강적 질적특성은 만일 어떤 두 가지 방법이 현상을 동일하게 목적적합하고 충실하게 표현하는 것이라면 이 두 가지 방법 가운데 어느 방법을 현상의 서술에 사용해야 할지를 결정하는 데 도움을 준다. 목적적합하고 충실하게 표현된 정보의 유용성을 보강시키는 질적특성으로는 비교가능성, 검증가능성, 적시성 및 이해가능성이 있다.

비교가능성(comparability) 비교가능성은 정보이용자가 항목간의 유사점과 차이점을 식별하고 이해할 수 있게 하는 질적특성이다. 비교가능성은 일관성과 같은 개념은 아니며, 통일성을 의미하는 것도 아니다. 일관성(consistency)은 비교가능성과 관련은 되어 있지만 동일하지는 않다. 일관성은 보고기업 내에서 기간간 또는 같은 기간 동안에 기업간, 동일한 항목에 대해 동일한 방법을 적용하는 것을 말한다. 통일성(uniformity)은 비슷한 것은 비슷하게 보여야 하고 다른 것은 다르게 보여야 함을 의미한다. 동일한 경제적 현상에 대해 대체적인(다른 방법의) 회계처리방법을 허용하면 비교가능성은 감소한다.

검증가능성(verifiability) 검증가능성은 합리적인 판단력이 있고 독립적인 서로 다른 관찰자가 어떤 측정대상에 대한 기술이 충실한 표현이라는 데에 대하여 의견을 같이할 수 있는 정도를 의미한다. 검증가능성은 정보가 나타내고자 하는 경제적 현상을 충실히 표현하는지를 정보이용자가 확인하는 데 도움을 준다.

적시성(timeliness) 적시성은 의사결정에 영향을 미칠 수 있도록 의사결정자가 정보를 제때에 이용할 수 있어야 한다는 것을 의미한다. 일반적으로 정보는 오래될수록 유용성이 낮아진다. 그러나 일부 정보는 보고기간 말 후에도 오랫동안 적시성을 유지할 수 있는데, 그 이유는 과거 정보가 미래의 추세를 식별하고 평가하는 데 사용될 수도 있기 때문이다.

이해가능성(understandability) 이해가능성은 정보가 명확하고 간결하게 제공되어서 정보이용자가 이를 이해할 수 있어야 한다는 것을 의미한다. 일부 현상은 복잡하여 이해하기 어려울 수 있다. 그러나 그 현상에 대한 정보를 재무보고서에서 제외하면 얼핏 보기에는 쉬워 보일지 모르지만 그 보고서는 완전성이 결여되어 정보이용자를 오도할 가능성이 있다. 재무보고서는 사업활동과 경제활동에 대해 합리적인 지식이 있고, 부지런히 정보를 검토하고 분석하는 정보이용자를 위해 작성된다. 때로는 박식하고 부지런한 정보이용자도 복잡한 경제적 현상에 대한 정보를 이해하기 위해 전문가의 도움을 받는 것이 필요할 수 있다.

용어해설

무형자산(intangible assets) 영업활동에 장기적으로 사용하면서 물리적인 형체가 없는 자산

부채(liabilities) 과거 사건의 결과로 기업이 경제적 자원을 이전해야 하는 현재 의무

비용(expense) 기업이 일정기간 동안 수익을 얻기 위하여 소비 또는 희생한 재화나 용역의 가치를 화폐액으로 표시한 금액

비유동부채(non-current liabilities 또는 long-term liabilities) 유동부채 이외의 부채

비유동자산(non-current assets) 유동자산 이외의 자산

손익계산서(income statements) 일정기간 동안의 경영성과를 나타내는 보고서

수익(revenues) 기업이 일정기간 동안 고객에게 재화나 용역을 제공한 가치를 화폐액으로 표시한 금액

유동부채(current or short-term liabilities) 1년 혹은 정상영업주기 이내에 만기가 도래하는 부채

유동자산(current assets) 1년 이내 혹은 정상영업주기 내에 현금화가 가능한 자산

유형자산(tangible assets) 영업활동에 장기적으로 사용하면서 물리적인 형체가 있는 자산

자본(stockholder' equity 또는 capital) 기업의 자산에서 부채를 차감한 후의 잔여지분

자본변동표(statement of changes in equity) 한 회계기간 동안 발생한 소유주지분의 변동을 표시하는 재무보고서

자산(assets) 과거 사건의 결과로 기업이 통제하는 현재의 경제적 자원

재무보고(financial reporting) 기업이 이해관계자의 의사결정을 지원하기 위해 유용한 재무정보를 제공하는 것

재무상태표(statement of financial position) 일정시점에 있어서 기업의 재무상태를 나타내는 재무보고서로 자산, 부채, 자본 등 세 가지 요소로 구성됨

재무제표(financial statements) 기업의 경영활동을 재무적으로 표현한 여러 회계보고서를 통칭

포괄손익계산서(statement of comprehensive income) 당기순손익에 기타포괄손익항목을 추가하여 총포괄손익을 표시함

현금흐름표(statement of cash flows) 재무상태표의 기초현금에서 기말현금으로의 현금 변화의 원인을 설명해주는 재무보고서

연습문제

문제 A형

2-1 재무상태표는 어떠한 정보를 담고 있는지 설명하고, 재무상태표를 작성할 때 머리 부분에 반드시 포함되어야 할 요소들을 설명하시오.

2-2 자산이란 무엇인지 설명하고, 자산이 되기 위한 세 가지 요건에 대해 설명하시오.

2-3 유동자산과 비유동자산의 구분기준에 대해 설명하고, 비유동자산에는 어떤 것들이 있는지 설명하시오.

2-4 부채란 무엇인지 설명하고, 부채가 되기 위한 특성에 대해 설명하시오.

2-5 자본이란 무엇인지 설명하고, 자본은 어떤 다른 이름으로 불릴 수 있는지 설명하시오.

2-6 재무상태표 작성기준에 대해 설명하시오.

2-7 포괄손익계산서 작성기준에 대해 설명하시오.

2-8 현금흐름표는 어떤 정보를 주는 보고서인지 설명하시오.

2-9 다음의 계정과목을 자산은 (A), 부채는 (L)로 표시하시오.

현 금 ( )	외상매입금 ( )	건 물 ( )	차 입 금 ( )
대 여 금 ( )	외상매출금 ( )	미 지 급 금 ( )	비 품 ( )
토 지 ( )	선 급 금 ( )	선 수 금 ( )	받을어음 ( )

2-10 다음의 빈칸을 적절한 금액으로 채우시오.

자산	부채	자기자본
(①)	₩18,000	₩11,000
₩50,000	(②)	₩28,000
₩35,000	₩7,000	(③)

2-11 1월 5일 그린마트는 ₩200짜리 상품(재고자산)을 ₩300에 판매하고 대금은 현금으로 받았다. 1월 4일 재무상태표가 다음과 같다면 1월 5일의 재무상태표는 어떻게 변해야 하는가?

재무상태표

그린마트 20×1. 1. 4

자 산 :		부채 및 자본 :	
현 금	₩13,000	매 입 채 무	₩5,000
재 고 자 산	2,000	자 본 금	10,000
		???	???
합 계	₩15,000	합 계	₩15,000

2-12 다음의 항목 중에서 손익계산서에 나타나는 계정은 어느 것인가?

① 임 차 비 용	② 토 지	③ 자 본
④ 수수료수익	⑤ 배 당 금	⑥ 급 여
⑦ 자 본 금		

2-13 다음은 디즈니여행사의 20×1년 1월 1일부터 9월 30일까지의 수익과 비용에 대한 자료이다.

용역수익(매출)	₩950,000
임 금	478,000
임 차 료	222,000
잡 비	16,000

20×1년 9월 30일의 손익계산서를 작성하시오.

2-14 다음의 각 활동들이 현금흐름표에서 영업활동, 투자활동, 재무활동으로 분류되는지 아니면 현금흐름표에 나타나지 않는 항목인지를 구분하시오.

(1) 건물구입대금 현금지급
(2) 상품외상구입대금 현금지급
(3) 소유주가 현금을 개인용도로 인출
(4) 상품매출하고 고객에게서 현금수취
(5) 소유주가 추가로 출자하여 현금을 받음
(6) 건물을 처분하여 현금을 받음
(7) 은행에서 현금을 차입

2-15 다음 자료는 20×1년 9월 30일 디즈니여행사의 현금흐름에 대한 요약이다.

현금유입	
고객으로부터의 현금수취	₩920,000
소유주로부터의 추가 투자금액	60,000
현금유출	
운영비용의 현금지급	710,000
토지구입대금 현금지급	208,000
소유주에게 배당금 현금지급	36,000

20×1년 8월 31일의 현금잔액은 ₩130,000이다.
20×1년 9월 30일 디즈니여행사의 현금흐름표를 작성하시오.

문제 B형

2-16 다음 세 개의 재무제표는 각각 독립적이다. 자료 중 빈칸에 알맞은 숫자를 채우시오.

	Set A	Set B	Set C
[손익계산서]			
수익	₩1,100	₩ g	₩240
비용	a	5,200	m
순이익	₩ b	₩ h	₩80
[자본변동표]			
기초잔액	₩2,900	₩24,400	₩340
순이익	c	1,600	n
배당금	200	i	o
기말잔액	₩3,000	₩ j	₩ p
[재무상태표]			
총자산	₩ d	₩31,000	₩ q
부채	₩1,600	₩5,000	₩ r
자본	e	k	380
부채와 자본	₩ f	₩ l	₩380

2-17 다음의 자료를 이용하여 20×1년 12월 31일 회계기말 (1) 순이익, (2) 기말이익잉여금, (3) 자산총계를 계산하시오.

소 모 품	₩500	용 역 수 익	₩15,000
영 업 비 용	10,000	현 금	16,000
미 지 급 금	11,000	배 당 금	8,000
외상매출금	4,000	지 급 어 음	2,000
자 본 금	10,000	비 품	3,500
기초이익잉여금	4,000		

2-18 다음은 제리서비스의 20×1년 10월의 자료이다. 아래의 자료를 참고하여 10월 31일의 손익계산서를 작성하고, 기말이익잉여금을 계산하시오. 또한, 재무상태표를 작성하시오.

이익잉여금(10월 1일)	₩15,000	보통주자본금	₩30,000
외상매입금	7,000	비품	30,000
용역수익	25,000	배당금	6,000
소모품비	3,500	현금	11,000
수도광열비	700	소모품	2,800
급여	7,000	외상매출금	14,000
임차비용	2,000		

chapter

3

회계거래의 분석과 기록

학습목표

3-1 회계거래

3-2 회계등식을 이용한 회계기록

3-3 계정을 이용한 회계기록

3-4 회계순환과정 : 분개와 분개장

3-5 회계순환과정 : 원장 전기

3-6 회계순환과정 : 시산표의 작성 및 이해

Analyzing and Recording Transactions

회계거래

1. 회계거래의 정의

회계상의 거래란 기업의 재무상태에 변화를 가져오는 경제적 사건을 말한다.

회계정보를 창출하기 위해 가장 먼저 해야 할 일은 기업의 경영활동 결과로 발생하는 경제적 사건(economic events)들을 식별하는 것이다. 식별(identification)이란 회계정보의 대상이 되는 사건과 그렇지 않은 사건을 구분하는 일이다. 식별결과 회계정보의 대상이 되는 사건을 회계상의 거래(accounting transactions)라고 한다. 예를 들어, 롯데리아의 한 매장에서 새로운 아르바이트 학생을 고용하기로 했고 또한 업무를 위해 새로운 자동차를 한 대 구입했다고 할 때 이들 사건은 회계상의 거래가 되는가? 첫 번째 사건은 아르바이트 학생의 고용을 통해 아직 서비스를 제공받거나 그에 대한 대가를 지불하지 않았으므로 거래로 기록되지 않는다. 하지만 두 번째 사건은 기업이 자동차를 구입하여 기업의 관리하에서 사용하기 때문에 거래로 기록된다. 우리는 재무제표에 회계거래로 기록되는 것만을 경제적 사건이라고 부른다.

기업이 경영활동을 계속적으로 수행하게 되면 재무상태표의 구성요소인 자

도표 3-1 회계에서 거래의 식별과정

산, 부채 그리고 자본에 증감변화를 일으킨다. 이와 같이 경제적 사건의 결과로서 자산, 부채 그리고 자본의 상태에 변화를 가져올 때 회계상의 거래가 발생한다. 현대자동차가 업무를 위해 컴퓨터를 구입하거나, 신한은행이 지점 임차료를 지급하거나, 제일기획이 광고를 판매하는 것 등은 기업의 자산, 부채 그리고 자본의 상태에 변화를 가져오는 사건들이다. [도표 3-1]의 의사결정과정은 경제적 사건으로 기록할 것인가 혹은 기록하지 말 것인가를 결정하는 데에 이용된다. 여기서 중요한 판단기준은 "그 사건이 기업의 재무상태(financial position)에 변화를 가져오는가?"이다.

2. 거래의 이중성

어떤 거래이든지 자산, 부채 그리고 자본의 변화를 초래하는 원인과 결과라는 두 가지 속성이 함께 내재되어 있는 것을 거래의 이중성이라고 한다.

거래의 이중성(duality of accounting transaction)이란 모든 거래는 기본적인 회계등식에서 최소한 두 개 이상의 영향을 미치는 것을 의미한다. 이는 자산, 부채 그리고 자본에 변화를 초래하는 원인과 결과라는 속성이 함께 들어 있는 것을 말한다. 예를 들어, 현금 ₩50,000으로 토지를 취득하였다고 하면 다음과 같은 두 가지 내용이 함께 들어 있음을 알 수 있다.

첫째, 토지 ₩50,000이 증가하였다(자산의 증가).
둘째, 현금 ₩50,000이 감소하였다(자산의 감소).

Focus On 복식부기의 성립 : 회계혁신의 시작

복식부기의 성립에 대해서는 고대 로마설과 중세 이탈리아설이 있다. 고대 로마설에 대해서는 뒷받침이 될 만한 사료가 발견되지 않았다. 중세 이탈리아설은 현존하는 13~14세기의 장부에 의해 복식부기의 성립이 확인되었으므로 복식부기의 기원에 대한 통설로 인정받고 있다. 십자군시대(1096~1291)를 거쳐 지중해무역의 중심지로서 북이탈리아의 상업도시가 발전하였다. 환어음에 의한 결제를 포함하는 신용거래의 광범위한 이용은 금융업을 중심으로 채권과 채무에 관하여 정확하게 정리된 기록이 필요하게 되었다. 피렌체의 피니상회(商會)의 장부(1296~1305)에는 채권과 채무에 관하여 인명계정, 이식이나 비용에 관한 명목계정, 출자자인 피니계정의 상호간 복식기입이 되어 있다. 그러나 거기에는 장부를 상하로 2분하여 사용하고 있고 계정의 마감절차가 완성되어 있지 않은 점에서 복식부기의 기원은 일반적으로 1340년의 제네바시(市) 재무관의 장부로 보고 있다. 거기에는 좌우대조식(T자형)의 계정의 복식기입이 나타나 있는데 이 T자형 계정에 의해 계정의 마감과 계정잔액의 대체절차가 완성되어 있다. 또 이 장부에는 상품계정의 마감에 따르는 손익계정의 설정 등에서 체계화를 볼 수 있다.

즉, 토지 ₩50,000이 증가하는 대신 현금이 같은 금액만큼 감소하였으며, 토지의 증가가 원인이 되어 현금의 감소라는 결과가 얻어진 것임을 알 수 있다. 모든 거래는 이처럼 원인과 결과가 함께 내재되어 있으며, 원인과 결과의 금액도 같게 된다. 회계에서는 이러한 사실에 주목한다. 즉, 거래의 이중성에 따라 모든 거래를 원인과 결과로 나누어 이중으로 기록한다. 이러한 회계기록방법을 복식부기(複式簿記, double entry book-keeping)라고 한다. 복식부기는 거래를 양면적으로 파악하고 각 거래요소를 유기적으로 관련지어 처리한다. 복식부기에서의 양면적 파악은 계정의 복식기입과 밀접하게 결부되어 거래를 차변(借邊, debit)요소와 대변(貸邊, credit)요소로 분해하는 형태로 하고 있다(차변과 대변에 대해서는 다음 절의 '계정에 의한 기록'에서 보다 자세하게 설명된다). 복식부기는 원인과 결과를 함께 기록하므로 노력이 요구되지만, 사건의 원인을 알게 해준다는 측면에서 장점이 있다. 또한 원인에 기록된 금액과 결과에 기록된 금액이 서로 일치하는 대차평형의 원리(principle of equilibrium)에 의해 스스로 오류를 점검해주는 자기검증(self-verifiability)기능이 작용하게 된다.

복식부기는 거래의 이중성에 따라 모든 거래를 원인과 결과로 나누어 이중으로 기록한다.

복식부기와 대조되는 회계기록방법이 단식부기(singe entry book-keeping)이다. 단식부기는 거래를 단면적으로 파악하거나 양면적으로 파악하여도 유기적 관련성이 없다. 이는 단식부기가 일정한 원칙에 의하여 장부를 기록하는 것이 아니라 거래사실만을 단순히 기록하기 때문이다. 단식부기의 대표적인 예로는 현금의 입출금 등을 단순 기록하는 가계부, 현금출납부 등을 들 수 있다.

회계등식을 이용한 회계기록

1. 거래분석

제2장에서는 재무상태표의 구성요소들간의 관계를 나타내는 회계등식(accounting equation)에 관해 설명하였다.

자산(assets) = 부채(liabilities) + 자본(stockholders' equity)

거래분석은 회계등식에 의해 경제적 사건의 특정한 효과를 식별하는 과정을 말한다.

본장에서는 자산, 부채 그리고 자본의 효과를 파악하기 위해 거래분석을 하는 방법에 대해 배우며, 거래분석을 한 후 회계등식을 이용하여 거래를 기록하는 방법에 관해 설명한다. 거래분석(transaction analysis)이란 회계등식에 의해 경제적 사건의 특정한 효과를 식별하는 과정을 말한다.

모든 회계거래는 회계등식의 구성요소에 변화를 가져온다. 그러나 회계등식은 항상 균형(balance)을 이룬다. 따라서 각 거래는 이중효과를 갖는다. 예를 들면, 자산이 증가한 경우에 다른 한쪽에서는 다음과 같은 상황이 발생한다.

다른 자산이 감소하거나, 혹은
부채가 증가하거나, 혹은
자본이 증가하게 된다.

자산이 증가하였을 때 하나 혹은 그 이상의 항목에 영향을 미칠 수 있다. 예를 들어 한 회사가 업무용 책상을 ₩10,000에 구입하면서 ₩6,000은 현금으로 지급하고 나머지 ₩4,000은 외상으로 거래를 한 경우에, 자산(비품) ₩10,000이 증가하고 다른 자산(현금) ₩6,000은 감소하며 부채(미지급금) ₩4,000이 증가한다. 이 결과 회계등식에는 자산 ₩4,000과 부채 ₩4,000이 증가한 것으로 표시된다. 이를 회계등식으로 표시하면 다음과 같다.

자 산	=	부 채	+	자 본
+ ₩10,000		+ ₩4,000		
− 6,000				
₩4,000		₩4,000		

다음 예를 이용하여 회계상의 거래가 회계등식에 어떻게 영향을 미치는지 살펴보도록 하자.

거래 (1) : 주식의 발행 20×1년 1월 3일, 문방사우(주)는 자본금으로 현금 ₩30,000을 투자받았다.

거래분석 : 문방사우(주)는 현금을 받았고 주주는 회사에 투자를 했으므로 이 거래를 기록해야 한다. 문방사우(주)는 현금을 받았으므로 현금이 증가한 것으로 기록해야 한다. 회사가 주식을 발행하면 주주가 현금을 내고 주식을 매입한다.

주식의 발행은 자본에 영향을 미친다. 따라서 문방사우(주)는 보통주 자본금의 증가를 기록해야 한다.

재무제표에 미치는 영향 : 이 사건은 자산에 ₩30,000이 증가하고 자본에 ₩30,000이 증가하는 영향을 미친다. 이 사건은 모두 재무상태표에만 영향을 미치며 손익계산서에는 영향을 미치지 않는다.

자 산	=	부 채	+	자 본
+₩30,000		0		+₩30,000
₩30,000		0		₩30,000

거래 (2) : 선급보험료 지급 20×1년 1월 4일, 화재보험에 가입하고 보험료 ₩2,400을 현금으로 지불했다. 단 보험 개시는 1월 1일부터 시작한다.

거래분석 : 보험에 가입한 후 서비스를 받기 전까지는 자산으로 기록된다. 회사는 화재보험에 가입하면서 대가 ₩2,400을 즉시 지급하였으나, 보험 서비스는 1년에 걸쳐 나누어서 제공받는다. 따라서 회사는 보험 서비스를 제공받을 권리가 생기므로 이는 자산의 증가를 가져온다.

재무제표에 미치는 영향 : 이 거래는 자산의 증가와 자산의 감소를 가져온다. 이는 재무상태표에는 영향을 미치나 손익에는 영향을 미치지 않는다.

자 산	=	부 채	+	자 본
+₩2,400 −₩2,400		0		0
₩0		0		0

거래 (3) : 외상으로 유형자산을 취득 20×1년 1월 5일, 문방사우(주)는 ₩5,000에 설비를 구입하고 한 달 안에 대금을 지불하기로 했다.

거래분석 : 이 거래는 설비라는 자산을 증가시킨다. 문방사우(주)의 설비의 구입은 이전보다 더 많은 설비를 보유하게 한다. 따라서 설비의 구입은 자산의 증가로 ₩5,000을 기록한다. 회사는 설비를 구입하였으나 구입대금을 바로 지급하지 않고 한 달 안에 지급하기로 했다. 따라서 이 거래는 미지급금이라는 부채를 ₩5,000 증가시킨다.

재무제표에 미치는 영향 : 이 거래는 자산과 부채에 각각 ₩5,000이 증가하는 영향을 미치나, 손익에는 영향을 미치지 않는다.

자 산	=	부 채	+	자 본
+ ₩5,000		+ ₩5,000		0
₩5,000		₩5,000		0

거래 (4) : 서비스 대금 선수 수취 20×1년 1월 9일, 프린터 및 복사 서비스를 다음 달에 제공하기로 하고 고객으로부터 서비스 대금 ₩6,000을 선불로 받았다.

거래분석 : 문방사우(주)는 고객으로부터 현금을 받았으므로 현금이라는 자산이 ₩6,000 증가한다. 그러나 문방사우(주)는 서비스를 아직 제공하지 않았으므로 수익을 인식하지 못한다. 회사는 고객에게 서비스를 제공할 의무가 발생했으므로 이는 부채이다. 따라서 문방사우(주)는 선수금이라는 부채의 증가로 ₩6,000을 기록한다.

재무제표에 미치는 영향 : 이 거래는 자산과 부채에 각각 ₩6,000의 증가를 가져오나, 손익에 미치는 영향은 없다.

자 산	=	부 채	+	자 본
+ ₩6,000		+ ₩6,000		0
₩6,000		₩6,000		0

거래 (5) : 외상으로 서비스 제공 20×1년 1월 10일, 프린터 서비스를 제공하고 대금 ₩5,000은 한 달 후에 받기로 했다.

거래분석 : 회사는 고객에게 서비스를 제공했으므로 수익을 인식해야 한다. 서비스에 대한 수익은 자본에 영향을 미친다. 따라서 자본의 증가로 ₩5,000을 기록한다. 고객은 서비스를 받았으나 대금을 바로 지급하지 않고 한 달 후에 지급하기로 했다. 따라서 문방사우(주)는 현금을 미래에 받게 되는데 이를 외상매출금이라 하고 자산의 증가로 ₩5,000을 기록한다.

재무제표에 미치는 영향 : 회사는 서비스 제공에 대한 대가 ₩5,000을 수익으로 인식한다. 이 수익의 증가는 이익잉여금의 증가를 가져온다. 이익잉여금은 자본을 구성한다. 따라서 이 거래는 자본 ₩5,000의 증가를 기록하며, 회사는 아직 서비스 대금을 받지 않았으므로 외상매출금이라는 자산의 증가를 기록한다.

자 산	=	부 채	+	자 본
+₩5,000		0		+₩5,000
₩5,000		0		₩5,000

거래 (6) : 회사 운영비용의 지급 20×1년 1월 12일, 회사는 ₩1,000의 가스요금을 현금으로 납부했다.

거래분석 : 회사는 가스요금을 현금으로 납부했으므로 현금 ₩1,000이 감소했다. 현금의 감소는 자산의 감소로 기록한다. 가스요금은 회사를 운영함에 있어 지급해야 하는 관리비용이다. 비용의 증가는 자본의 감소로 기록한다.

재무제표에 미치는 영향 : ₩1,000의 비용 증가는 순이익을 감소시키며, 이는 이익잉여금을 줄여주는 역할을 한다. 이익잉여금은 자본을 구성하므로, 이 거래는 ₩1,000의 자본이 감소하는 것으로 기록한다. 한편, 가스요금 ₩1,000을 현금으로 납부했으므로 현금이라는 자산이 ₩1,000 감소하는 것으로 기록한다.

자 산	=	부 채	+	자 본
−₩1,000		0		−₩1,000
₩1,000		0		₩1,000

거래 (7) : 배당금의 지급 20×1년 1월 14일, 주주에게 배당금으로 현금 ₩300을 지급했다.

거래분석 : 현금으로 배당금을 지급했으므로 현금이 감소한다. 따라서 현금의 감소는 자산의 감소로 기록한다. 주주에 대한 배당금의 지급은 미래에 주주가 가져갈 몫을 현재 지급하는 것으로 자본의 감소를 가져온다. 그러므로 배당금의 지급은 자본의 감소로 기록한다.

재무제표에 미치는 영향 : 배당금 ₩300의 지급은 자본 ₩300이 감소한 것으로 기록된다. 또한 현금으로 배당금을 지급했으므로 현금의 감소는 자산의 감소로 ₩300을 기록한다. 한 가지 주의할 점은 배당금의 지급은 주주에 대한 이익의 배분이지 비용의 발생이 아니다. 따라서 배당금의 지급은 당기순이익에 영향을 미치지 않는다.

자 산	=	부 채	+	자 본
− ₩300		0		− ₩300
₩300		0		₩300

거래 (8) : 서비스 제공 20×1년 1월 17일, 고객으로부터 서비스 제공에 대한 대가로 현금 ₩2,000을 받았다.

거래분석 : 서비스를 제공받은 고객은 대가로 회사에 현금을 지급한다. 따라서 회사의 현금은 증가하고 이는 자산의 증가로 기록된다. 고객에 대한 서비스의 제공은 문방사우(주)의 수익으로 인식된다. 수익은 자본을 구성하는 항목으로 수익의 증가는 자본의 증가로 기록된다.

재무제표에 미치는 영향 : 수익은 손익에 영향을 미치는데, 수익은 이익을 증가시키며, 이는 이익잉여금의 증가를 가져온다. 따라서 수익의 증가는 자본 ₩2,000의 증가로 기록한다. 회사는 서비스 제공의 대가로 현금을 받았으므로 자산 ₩2,000 증가로 기록한다.

자 산	=	부 채	+	자 본
+ ₩2,000		0		+ ₩2,000
₩2,000		0		₩2,000

거래 (9) : 미지급금의 지급 20×1년 1월 18일, 1월 5일에 설비를 구입하고 미지급한 대금을 전액 현금으로 지불했다.

거래분석 : 문방사우(주)는 1월 5일에 발생한 부채인 미지급금을 현금으로 지급했다. 따라서 부채가 감소한다. 한편, 미지급금을 현금으로 지급했으므로 현금 ₩5,000이 감소하며 이는 자산의 감소로 기록한다.

재무제표에 미치는 영향 : 이 거래는 재무상태에만 영향을 미치며, 회사의 손익에는 영향을 미치지 않는다.

자 산	=	부 채	+	자 본
− ₩5,000		− ₩5,000		0
₩5,000		₩5,000		0

거래 (10) : 급여의 지급 20×1년 1월 20일, 직원들에게 급여로 현금 ₩4,000을 지급했다.

거래분석 : 종업원에 대한 급여를 현금으로 지급했으므로 현금이 감소한다. 종업원에 대한 급여 지급은 회사의 비용 증가로 기록된다.

재무제표에 미치는 영향 : 문방사우(주)의 급여 ₩4,000의 기록은 회사 손익에 영향을 미치며 이는 순이익의 감소를 가져온다. 이러한 순이익의 감소는 이익잉여금의 감소를 가져오며, 이는 자본 ₩4,000의 감소로 기록한다. 또한 급여를 현금으로 지급했으므로 현금의 감소를 가져오며, 이는 자산의 감소로 기록한다.

자 산	=	부 채	+	자 본
− ₩4,000		0		− ₩4,000
₩4,000		0		₩4,000

거래 (11) : 외상매출금 현금 회수 20×1년 1월 23일, 1월 10일 거래에 대해 고객으로부터 ₩3,000을 현금으로 회수하였다.

거래분석 : 현금을 받았으므로 현금이 증가한다. 한편, 고객에게 제공한 서비스에 대한 대가를 미래에 받기로 한 것을 외상매출금이라 한다. 이 외상매출금을 고객으로부터 회수하였으므로 외상매출금이 감소한다. 외상매출금의 감소는 자산의 감소로 기록한다.

재무제표에 미치는 영향 : 이 거래는 현금이라는 자산의 증가와, 반대로 외상매출금이라는 자산의 감소를 가져온다. 이 의미는 자산의 증가와 감소가 동일한 금액으로 나타나므로 총자산의 변화가 ₩0이라는 것이다. 또한 이 거래는 부채와 자본에는 영향을 미치지 않으며, 손익에도 영향을 미치지 않는다.

자 산	=	부 채	+	자 본
+ ₩3,000 − ₩3,000		0		0
0		0		0

거래 (12) : 소모품 구입 20×1년 1월 30일, 소모품 ₩500을 구매하고 3개월 이내에 대금을 지불하기로 했다.

거래분석 : 소모품은 구입한 후 사용하기 전까지는 자산으로 기록된다. 회사는 소모품을 구입하면서 대가 ₩500을 즉시 지급하지 않고 3개월 이내에 지급하기로 했으므로 이는 미지급금의 증가를 가져온다. 미지급금의 증가는 부채의 증가로 기록된다.

재무제표에 미치는 영향 : 이 거래는 부채의 증가와 자산의 증가를 가져온다. 이는 재무상태표에는 영향을 미치나 손익에는 영향을 미치지 않는다.

자 산	=	부 채	+	자 본
+₩500		+₩500		0
₩500		₩500		0

2. 거래요약

[도표 3-2]에는 문방사우(주)의 거래의 누적효과가 요약되어 있는데, 이 도표를 통해 세 가지 사실을 알 수 있다. 첫째, 각 거래가 자산, 부채 그리고 자본에 미치는 효과를 분석할 수 있다는 것이다. 둘째, 회계등식의 양쪽은 항상 일치한다는 것이다. 셋째, 자본은 주주의 투자에 의해서 증가하며, 수익에 의해 증가하고 비용에 의해 감소한다는 것이다.

회계등식에 의한 거래기록은 몇 가지 문제점을 가지고 있다. 첫째, 거래가 많아질수록 그리고 사용해야 하는 항목이 많아질수록 기록이 복잡해지고 어려워진다. 둘째, 회계등식에 의한 기록은 거래의 결과는 알 수 있으나 결과에 이르는 과정을 알 수 없다. [도표 3-2]에서 보듯이, 새로운 거래의 결과가 추가되기 전의 잔액은 총액으로 표시되기 때문에 개별항목의 변화 내용은 보여주나 그 원인이 무엇 때문인지는 알려주지 못한다. 따라서 변화의 내용을 살펴보려면 장부를 모두 다시 살펴보아야 한다.

도표 3-2 문방사우(주)의 회계등식에 의한 거래의 요약

문방사우(주)

20×1년 1월 1일~1월 31일

거래번호	자산: 현금	자산: 외상매출금	자산: 선급보험료	자산: 소모품	자산: 설비	=	부채: 미지급금	부채: 선수금	+	자본: 자본금	−	자본: 이익잉여금: 배당금	+	자본: 이익잉여금: 수익	−	자본: 이익잉여금: 비용
(1)	₩30,000									₩30,000						
(2)	−₩2,400		₩2,400													
잔액	₩27,600		₩2,400							₩30,000						
(3)					₩5,000		₩5,000									
잔액	₩27,600				₩5,000		₩5,000			₩30,000						
(4)	₩6,000							₩6,000								
잔액	₩33,600		₩2,400		₩5,000		₩5,000	₩6,000		₩30,000						
(5)		₩5,000												₩5,000		
잔액	₩33,600	₩5,000	₩2,400		₩5,000		₩5,000	₩6,000		₩30,000				₩5,000		
(6)	−₩1,000															−₩1,000
잔액	₩32,600	₩5,000	₩2,400		₩5,000		₩5,000	₩6,000		₩30,000				₩5,000		−₩1,000
(7)	−₩300											−₩300				
잔액	₩32,300	₩5,000	₩2,400		₩5,000		₩5,000	₩6,000		₩30,000		−₩300		₩5,000		−₩1,000
(8)	₩2,000													₩2,000		
잔액	₩34,300	₩5,000	₩2,400		₩5,000		₩5,000	₩6,000		₩30,000		−₩300		₩7,000		−₩1,000
(9)	−₩5,000						−₩5,000									
잔액	₩29,300	₩5,000	₩2,400		₩5,000		0	₩6,000		₩30,000		−₩300		₩7,000		−₩1,000
(10)	−₩4,000															−₩4,000
잔액	₩25,300	₩5,000	₩2,400		₩5,000		0	₩6,000		₩30,000		−₩300		₩7,000		−₩5,000
(11)	₩3,000	−₩3,000														
잔액	₩28,300	₩2,000	₩2,400		₩5,000		0	₩6,000		₩30,000		−₩300		₩7,000		−₩5,000
(12)				₩500			₩500									
잔액	₩28,300	₩2,000	₩2,400	₩500	₩5,000		₩500	₩6,000		₩30,000		−₩300		₩7,000		−₩5,000
합계	₩38,200						₩38,200									

계정을 이용한 회계기록

1. 계정의 의의

기업의 규모가 커지고 거래내용이 복잡해짐에 따라 매일 발생하는 거래내용이 많아진 상황에서 회계등식에 의해 이 모든 것을 기록한다는 것은 매우 어려운 일이다. 따라서 회계시스템은 개별적 거래들이 재무제표의 항목들을 증가 혹은 감소시키는지를 보여줄 수 있도록 기록되어야 하며, 이 기록에 이용되는 것이 계정이다.

계정은 재무제표의 구성요소들을 각각 구분하여 증가 혹은 감소를 기록하는 장소이다.

계정(計定, account)이란 재무제표의 구성요소인 자산, 부채, 자본, 수익, 비용에 속하는 여러 항목들을 각각 구분하여 증가 혹은 감소를 기록하는 장소라고 할 수 있다. 재무제표의 구성요소 하나하나마다 계정을 설정하여 기록함으로써 아무리 많은 거래를 기록한다고 하더라도 각각의 계정을 찾아봄으로써 특정항목의 발생내역과 잔액을 쉽게 파악할 수 있다. 이는 복식부기의 원리인 거래의 이중성에 의해 거래내용이 각 계정에 기록되기 때문이다.

계정의 기본 양식은 세 가지로 구성된다. ① 계정의 이름, ② 차변(debit side)이라고 불리는 왼쪽, 그리고 ③ 대변(credit side)이라고 불리는 오른쪽으로 구성된다. 이 계정의 형태를 T-계정이라고 하는데, 그 이유는 계정의 모양이 영문자의 T자와 같기 때문이다. 이를 표현하면 [도표 3-3]과 같다. 이 양식은 본서를 설명하는 과정 전반에 걸쳐서 이용되므로 꼭 기억해둘 필요가 있다.

도표 3-3
T-계정

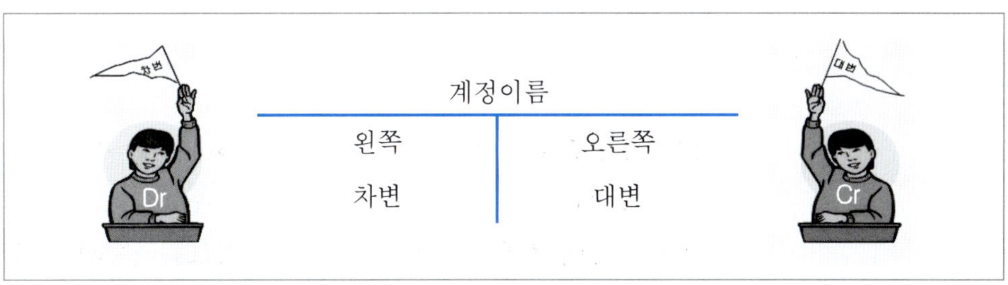

기업에서는 일상적인 거래에 사용되는 모든 계정과목에 계정번호를 부여하여 일관성 있게 사용할 수 있도록 일람표의 형태로 유지하는데, 이를 계정과목표

(chart of accounts)라고 한다. 각 회사는 자신의 비즈니스 유형과 거래에 적합한 계정과목표를 작성한다. [도표 3-4]는 계정과목표를 예시하고 있다. 계정과목표에는 재무상태표 계정부터 시작하여 손익계산서 계정 순으로 재무제표에 표시되는 순서대로 계정이 표시된다. 계정과목표의 정보는 잘 구성된 회계시스템의 기초가 된다.

도표 3-4
계정과목표

재무상태표	손익계산서
1. 자산	4. 수익
11. 유동자산	41. 매출액
111. 현금	411. 국내매출
112. 매출채권	412. 해외매출
113. 소모품	42. 기타수익
12. 비유동자산	421. 금융수익
121. 토지	5. 비용
122. 건물	51. 판매관리비
2. 부채	511. 급여
21. 유동부채	512. 임차료
211. 매입채무	
22. 비유동부채	
221. 사채	
222. 장기차입금	
3. 자본	
31. 자본금	
32. 자본잉여금	
33. 이익잉여금	

2. 차변과 대변

회계기록에 있어서 표(tabular) 형식을 이용하는 경우에 하나의 열에 증가와 감소를 플러스(+)와 마이너스(−)로 표시하였다. 그러나 현대 회계에서는 계정을 이용해 증감부호를 대신하여 증가와 감소를 왼쪽과 오른쪽으로 구분하여 기록한다. 이러한 방법은 계정의 증가와 감소에 대한 거래를 일목요연하게 확인할 수 있게 해준다. 계정에서 왼쪽은 차변(debit)을, 오른쪽은 대변(credit)을 의미한다. 일반적으로 실무에서는 차변을 (차)로 표시하고, 대변을 (대)로 표시한다. 이것은

차변은 계정의 왼쪽을 의미하며, 대변은 계정의 오른쪽을 의미한다.

단지 방향을 나타내는 부호일 뿐이지 증가나 감소를 의미하는 것은 아니다. 회계의 초기 발전단계에서는 이들이 의미를 갖는 용어였지만 지금은 전혀 의미 없이 사용되고 있다. 그리고 어떤 계정에 무엇을 기록하든 간에 왼쪽에 기록하는 것을 차변기입(debit entry)이라고 하고 오른쪽에 기록하는 것을 대변기입(credit entry)이라고 한다.

계정의 왼쪽과 오른쪽에 모든 거래를 기록한 다음에 양쪽의 합계액을 비교해서 큰 쪽의 금액이 적은 쪽의 금액을 초과하는 부분을 잔액(殘額, balance)이라고 부른다. 만일 차변 쪽 합계가 대변 쪽 합계를 초과하면 잔액은 차변에 생긴다. 반대로 대변 쪽 합계가 차변 쪽 합계를 초과하면 대변에 잔액이 생긴다.

[도표 3-5]는 앞서 거래분석의 예에 사용하였던 문방사우(주)의 현금계정 기록내용이다. 이 도표에서 보듯이 표 형식에서는 한 열에 모든 현금거래를 기록하면서 증가는 +로 표시하고 감소는 −로 기록하고 있다. 그러나 이러한 방식은 현금의 총 증가액이나 감소액을 한 번에 파악할 수 없다는 단점이 있다. 반면, 계정을 이용한 기록에서는 현금의 증가를 왼쪽에 기록하고 현금의 감소를 오른쪽에 구분하여 기록함으로써 현금의 증가와 감소를 한 번에 파악할 수 있으며, 잔액이 어느 쪽에 발생하였는지를 일목요연하게 파악할 수 있다는 장점이 있다.

도표 3-5

표 형식과 계정에 의한 현금계정의 기록

표 형식

현 금
₩30,000
−2,400
6,000
−1,000
−300
2,000
−5,000
−4,000
3,000
₩28,300

계정형식

현 금			
(차변)	30,000	(대변)	2,400
	6,000		1,000
	2,000		300
	3,000		5,000
			4,000
(잔액)	28,300		

3. 계정의 증가와 감소

모든 거래는 거래의 이중성에 의해 적어도 두 개 이상의 계정에 기록된다. 이는 또한 각 거래에 의한 차변의 금액과 대변의 금액이 같다는 것을 의미한다. 따라서 모든 계정의 차변의 합계와 대변의 합계는 일치하고, 모든 계정의 차변잔액의 합계는 모든 계정의 대변잔액의 합계와 일치한다. 이러한 거래기록의 관계는 회계등식에서 이미 살펴보았다.

자산(assets) = **부채**(liabilities) + **자본**(owner's equity)

위의 회계등식에서 한 가지 기억할 것은 왼쪽의 자산계정의 합계와 오른쪽의 부채 및 자본 계정의 합계는 모두 계정의 잔액을 의미한다는 것이다. 이는 재무상태표가 "일정시점에서의 기업의 재무상태를 나타내는 보고서"라는 정의와 연결지우면 더욱 쉽게 이해할 수 있을 것이다. 회계등식의 내용을 계정을 이용해서 재무상태표에 표시하면 다음과 같다.

재무상태표

자 산	부 채
	자 본

상기 재무상태표 계정의 왼쪽은 자산을 표시하고, 오른쪽은 부채와 자본을 표시한다. 이는 회계등식에서 표시된 바와 같이 자산, 부채 및 자본을 구성하는 각 개별 계정들의 잔액의 합을 의미한다. 이들 관계를 좀더 자세하게 표시하면 다음과 같다.

재무상태표

자 산	
(차)	(대)
증가(+)	감소(−)
잔액	

부 채	
(차)	(대)
감소(−)	증가(+)
	잔액

자 본	
(차)	(대_
감소(−)	증가(+)
	잔액

재무상태표 계정

재무상태표 계정의 차변과 대변의 기록은 다음과 같이 이루어진다.

재무상태표 계정

자 산		=	부 채		+	자 본	
(차)	(대)		(차)	(대)		(차)	(대)
증가(+)	감소(−)		감소(−)	증가(+)		감소(−)	증가(+)

손익계산서 계정

손익계산서 계정의 차변과 대변은 자본계정의 관계에 기초한다. 재무상태표 계정의 자본계정에서 보듯이 증가는 대변에 나타난다. 따라서 수익은 자본의 증가를 가져오므로 수익계정은 대변에 증가를 기록하고 차변에 감소를 기록한다. 한편 자본계정의 감소는 차변에 나타난다. 따라서 비용은 자본의 감소를 가져오므로 비용계정은 차변에 증가를 기록하고 대변에 감소를 기록한다. 그러므로 수익과 비용 계정의 차변과 대변에 대한 기록은 다음과 같이 표시된다.

수 익		−	비 용	
(차)	(대)		(차)	(대)
감소(−)	증가(+)		증가(+)	감소(−)

배당금계정

배당금계정에 대한 차변과 대변의 기록은 자본의 감소 효과에 기초한다. 배당금의 지급은 자본의 감소를 가져오므로 배당금계정은 차변에 증가를 기록하고 대변에 감소를 기록한다. 따라서 배당금계정의 차변과 대변에 대한 기록은 다음과 같이 표시된다.

배당금	
(차)	(대)
증가(+)	감소(−)

정상잔액

정상잔액이란 특정계정의 잔액이 통상적으로 나타나는 방향의 잔액을 말한다.

계정의 증가의 합은 대개 계정의 감소의 합과 같거나 크다. 따라서 계정의 정상잔액(正常殘額)은 계정의 증가 혹은 감소가 기록되는 위치에 영향을 받는다. 즉, 계정의 증가가 차변에 기록되면 정상잔액은 차변에 나타나며, 반대로 계정의 증가가 대변에 나타나면 정상잔액은 대변에 나타난다. 예를 들면, 자산계정은 증가가 차변에 나타나고 감소가 대변에 나타나므로 정상잔액은 차변에 나타난다.

[도표 3-6]은 다양한 계정들의 차변과 대변 그리고 정상잔액의 위치를 요약한 것이다.

도표 3-6 확장된 회계등식에 의한 계정기록

자산 = 부채 + 자본금 + 이익잉여금

자 산	
(차)	(대)
(+)	(−)
정상잔액	

부 채	
(차)	(대)
(−)	(+)
	정상잔액

자본금	
(차)	(대)
(−)	(+)
	정상잔액

이익잉여금	
(차)	(대)
(−)	(+)
배당금	순이익
	정상잔액

순이익 = 수익 − 비용

수 익	
(차)	(대)
(−)	(+)
	정상잔액

비 용	
(차)	(대)
(+)	(−)
정상잔액	

회계순환과정 : 분개와 분개장

앞에서는 계정의 의미와 기록하는 절차에 대해서 살펴보았다. 이 과정을 통해 우리는 계정의 유용성에 대해 알게 되었다. 이제 실제로 거래를 분석하여 장부에 기록하는 과정에 대해 알아보자. 지금부터는 회계순환과정, 분개, 전기 그리고 시산표의 준비에 대해서 학습한다.

1. 회계순환과정

계속기업의 가정에 따라 기업의 수명은 영원하다고 가정한다. 이에 기업은 이해관계자들에 대한 재무보고를 위해 회계기간을 인위적으로 구분하고(기간별 보고), 각 회계기간마다 회계정보를 산출하고 보고하게 된다. 기업은 기업의 재무상태에 영향을 미치는 수많은 거래들을 분개와 전기(轉記)를 통해 모두 장부에 기록한 후, 회계기말에 이를 요약하여 재무제표로 만드는 과정을 반복한다. 이렇게 거래를 기록하고 요약하여 재무제표를 작성하는 과정을 매 회계기간마다 순환적으로 반복하는 것을 회계순환과정(accounting cycle)이라고 한다.

거래를 기록하고 요약하여 재무제표를 작성하는 과정을 매 회계기간마다 순환적으로 반복하는 것을 회계순환과정이라고 한다.

회계의 순환과정은 [도표 3-7]과 같이 요약할 수 있으며, 재무제표를 얻기 위해서 해야 하는 절차를 이해할 수 있도록 도와준다. 회계순환과정은 크게 두 부분으로 구분된다. 하나는 회계기간 중에 발생한 거래를 식별하고, 분개장에 분개하여 총계정원장의 해당계정에 전기하는 일이다. [도표 3-7]에서 보듯이, 분개는 거래가 발생하는 즉시 이루어지나, 원장에의 전기는 정기적으로 이루어진다(혹은 전산화된 시스템을 이용하는 경우에는 분개와 동시에 이루어진다).

다른 하나는 회계기간 말에 이르러 회계기간 중의 거래에 대한 기록들을 요약하여 최종적인 회계정보인 재무제표를 작성하게 되는데, 이러한 절차를 결산(closing)이라고 한다. 이 과정에서는 [도표 3-7]에서 보듯이, 기중의 거래기록이 올바른지를 점검하는 일이다. 이러한 점검절차는 시산표(trial balance)를 통해 이루어진다. 점검이 끝나면 결산시점에서 장부상 잔액을 수정해야 하는 항목이 있는지를 점검하고 이를 적절히 수정하기 전과 후에 각각 시산표를 작성하게 되

도표 3-7
회계순환과정 단계

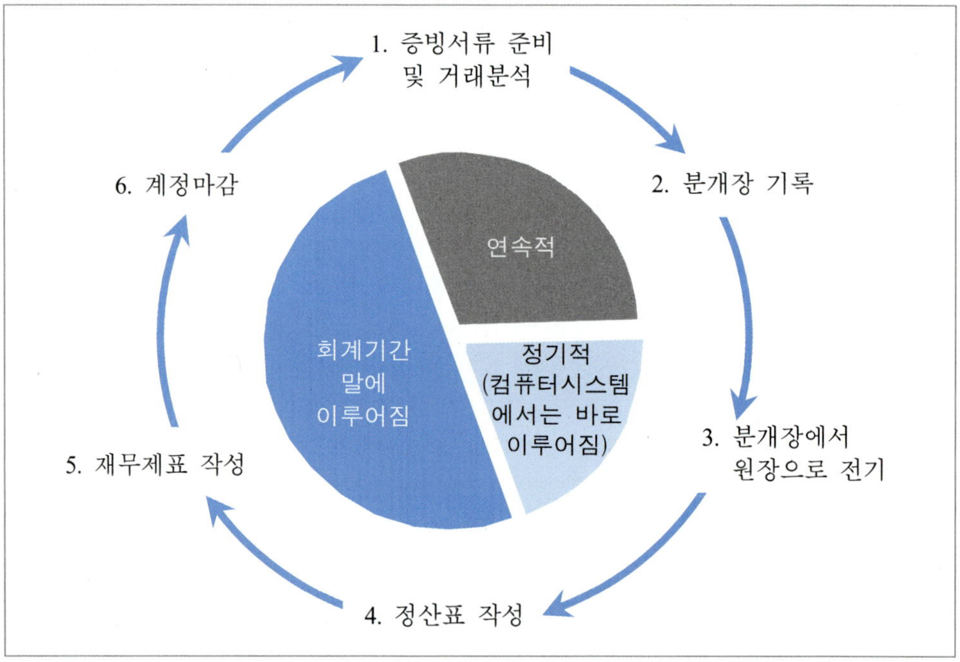

는데, 이를 수정전시산표(unadjusted trial balance)와 수정후시산표(adjusted trial balance)라고 한다. 수정전시산표에 원장의 수정사항을 반영하기 위한 분개를 하게 되는데, 이를 수정분개(adjusting entries) 혹은 결산정리분개라고 한다. 결산정리분개를 총계정원장에 전기하면 이전의 계정잔액들이 변화된다. 수정후시산표가 완료되면 이로부터 포괄손익계산서와 재무상태표 등의 재무제표를 얻는다. 이러한 절차들은 각각의 단계별로 실행해야 하나, 결산의 과정을 쉽게 하기 위해 수정전시산표부터 재무제표의 작성에 이르는 단계를 하나의 표로 작성할 수 있다. 이를 정산표(work sheet)라고 한다. 즉, 정산표를 작성하면 거의 모든 결산과정을 끝낼 수 있다. 재무제표의 작성과정이 완료되면 다음 회계기간에 장부를 사용하기 위해 총계정원장의 각 계정들을 마감하는 절차를 수행하고, 다음 회계기간에 발생하는 거래들을 다시 기록해 나간다.

2. 거래기록과정

회계거래의 기록과정이란 기업의 영업활동에서 회계거래가 발생했을 때 이를 회계장부에 기록하거나 회계시스템에 입력하는 과정을 말한다. 몇몇 기업들은 거래가 발생했을 때 계정에 바로 거래정보를 입력하기도 한다. 그러나 대부분의 기업들은 다음과 같은 기본적인 거래기록과정을 따른다.

- 각 거래를 분석하여 계정(자산, 부채, 자본, 수익 및 비용 등)에 미치는 영향을 파악한다.
- 분개장에 거래정보를 기입한다.
- 분개장에 기록된 정보를 총계정원장의 적절한 계정의 위치(차변 혹은 대변)에 전기한다.

모든 기업들에서 거래기록과정의 기본단계들은 반복적으로 발생한다.

3. 분개와 분개장

분개는 거래에 내재된 원인과 결과를 서로 구분하여 차변과 대변에 기록하는 행위를 말한다.

분개장은 분개를 기록하는 주요 장부로, 거래의 내용을 거래의 이중성에 따라 차변과 대변으로 나누어 분개하여 기록한다.

분개(分介, journalizing)는 거래에 내재된 원인과 결과를 서로 구분하여 차변과 대변에 따로따로 기록하는 행위를 말한다. 즉, 분개는 분개장(分介帳, journal)에 거래내역을 기록하는 것을 말한다. 분개장의 예는 다음과 같다.

분개장			
일 자	계 정	차 변	대 변

기업은 거래가 발생하면 어느 계정의 어느 쪽(차변 또는 대변)에 얼마의 금액을 기록할 것인가를 결정해야 하는데, 이러한 절차가 곧 분개인 것이다. 분개를 하기 위해서는 먼저 다음과 같은 세 가지를 판단해야 한다.

첫째, 거래에 내재된 자산, 부채, 자본을 어떤 계정에 기록해야 하는가?
둘째, 그 각각을 얼마의 금액으로 기록해야 하는가?
셋째, 각 계정의 차변과 대변 중 어느 쪽에 기록해야 하는가?

거래를 분개하면 거래의 이중성에 따라 차변금액과 대변금액은 반드시 일치하게 된다. 따라서 회계기록이 정확하게 이루어지려면 분개를 정확히 해야 한다. 다시 말해 분개는 거래에 대한 최초의 기록인 것이다. 회계의 순환과정에서 처음 단계인 분개가 이루어지면, 이를 근거로 다음의 여러 과정을 거쳐서 최종적으로 회계보고서가 작성된다. 만약 분개가 잘못 이루어지면, 그 다음의 모든 과정이 전부 잘못되어 최종적으로는 회계보고서도 잘못 작성되는 결과를 가져올 수 있다.

간단한 예를 가지고 분개에 대해 알아보자. 문방사우(주)는 20×1년 1월 3일, 보통주 100주를 1주당 ₩300에 발행하고 현금 ₩30,000을 받았다.

분개장			
일 자	계 정	차 변	대 변
20×1. 1. 3	현금	30,000	
	자본금		30,000
	보통주를 발행하고 현금을 받았다.		

문방사우(주)는 보통주 주식을 발행하여 교부하고 현금 ₩30,000을 받았다. 따라서 문방사우(주)는 자산 중 현금계정 차변에 증가를 기록한다. 또한 회사는 주식을 발행하여 소유지분이 증가하였으므로 자본 중 자본금계정 대변에 증가를 기록한다.

거래분석을 통해 거래의 내용을 식별하고 거래가 각 계정에 미치는 효과를 파악하여 분개를 한 후에는 이를 장부에 기록한다. 회사는 거래가 발생하면 거래의 이중성에 따라 차변과 대변으로 나누어 분개한 후 계정에 그 내용을 기록한다. 이 경우 거래내용을 계정에 바로 기입할 수도 있으나, 그렇게 하면 착오나 오류가 발생하기 쉬우므로 먼저 분개장에 기입하고, 이를 다시 계정에 옮겨 적게 된다. 분개장은 분개를 기록하는 주요 장부로서 회사가 원장과 함께 보유해야 될 장부 중 하나이다.

분개장에는 다음의 내용을 포함하고 있어야 한다.

① 일자 칸에는 거래일자를 기록한다.

② 계정 칸에는 거래분석을 통해 영향을 받는 계정의 명칭을 표시한다. 여기서 첫 번째 칸에 기록되는 계정은 차변에 기록되는 것을 의미하며 다음 칸에 기록되는 계정은 대변에 기록되는 것을 의미한다. 그리고 차변

에 기록되는 계정은 왼쪽에 기록하며 대변에 기록되는 계정은 약간 오른쪽으로 옮겨서 기록한다. 또한 분개를 하고 난 후에는 간단한 거래내용을 표시함으로써 전체적인 거래내용을 알 수 있도록 한다.

③ 차변과 대변 칸에는 거래분석을 통해 각 계정에 영향을 미치는 금액을 기록한다.

분개장은 거래를 발생순서(chronological order)에 따라 기록하는 최초의 장부이다. 분개장에는 모든 거래가 발생한 날짜순서로 기입되므로 언제든지 특정한 날짜에 있어서 영업활동의 전체 내용을 파악할 수 있다. 그리고 분개장은 거래가 처음 기록되는 장부이다(book of original entry). 이러한 분개장은 다음과 같은 기능을 가지고 있다.

- 거래를 발생순서대로 기록하므로 영업일지의 역할을 한다.
- 거래를 장부에 기록하기 위한 매개적 역할을 한다.
- 각 거래의 모든 경제적 효과를 한눈에 볼 수 있게 한다.
- 거래의 기입에서 발생한 오류의 추적 및 검증자료가 된다.
- 거래를 재분류·분석하는 데 있어서 기초 자료가 된다.

회계순환과정 : 원장 전기

1. 원 장

원장은 자산, 부채, 그리고 자본 등의 계정 잔액의 변화에 대한 모든 정보를 한곳에 모아서 관리하는 장부를 의미한다.

분개장에 분개기입이 끝나면 자산, 부채, 자본 및 수익, 비용에 속하는 각 해당 계정에 옮겨 기록해야 하는데, 이들 계정을 모아서 관리하는 장부를 원장(元帳, ledger)이라고 하며, 총계정원장(general ledger, G/L)이라고도 한다. 원장은 계정잔액의 변화에 대한 모든 정보를 한곳에 모아서 기록한다. 총계정원장의 개별 계정은 다음과 같으며, 일반적인 학습목적으로는 T-계정을 주로 사용한다.

총계정원장					
현 금					계정번호 111
일 자	적 요	분 면	차 변	대 변	잔 액

총계정원장의 개별 계정에는 다음의 내용을 포함하고 있어야 한다. 계정 이름인 "현금"과 할당된 계정번호인 "111"이 표시된다. 이 계정과 관련된 각 거래의 날짜, 거래에 대한 가능한 설명, 분면(거래 관련 분개장의 쪽 번호)이 포함된다. 각 거래의 금액을 기록하는 차변 및 대변 열과 모든 거래 후 계정의 잔액 합계가 표시되는 잔액 열이 있다.

2. 전 기

전기(posting)는 분개장의 거래내용을 해당계정에 옮겨 적는 것을 말한다.

분개는 각 계정에 거래내용을 오류 없이 기록하기 위한 중간적 절차이다. 분개가 완료되면 분개장의 거래내용을 해당계정에 옮겨 적어야 하는데, 분개장의 기록들을 각 계정에 옮겨 기록하는 절차를 전기(轉記, posting)라고 한다. 자산, 부채, 자본, 수익 그리고 비용에 속하는 항목들을 각각의 계정에 전기할 때 원칙적으로 자산계정은 재무상태표의 차변을 구성하는 항목으로서 그 잔액이 차변에 표시된다. 따라서 자산의 증가는 그 계정의 차변에 기입하고 감소는 그 반대쪽인 대변에 기입한다. 또 부채와 자본 계정은 재무상태표의 대변을 구성하는 항목으로서 그 잔액이 대변에 표시되므로 부채 및 자본의 증가는 그 계정의 대변에 기입하고 감소는 그 반대쪽인 차변에 기입한다. 다음은 분개장에서 해당계정으로 전기되는 과정을 보여주고 있다.

분개장			
일 자	계 정	차 변	대 변
20×1. 1. 3	현금 　　자본금 보통주를 발행하고 현금을 받았다.	30,000	 30,000

총계정원장					
현 금					계정번호 111
일 자	적 요	분 면	차 변	대 변	잔 액
20×1. 1. 3	자본금		30,000		30,000

총계정원장					
자본금					계정번호 301
일 자	적 요	분 면	차 변	대 변	잔 액
20×1. 1. 3	현금			30,000	30,000

3. 원장으로의 전기 예시

이제 거래분석에서 분개 및 원장으로의 전기 과정을 좀더 자세히 살펴보기 위해 앞서 회계등식을 설명할 때 이용했던 문방사우(주)의 사례를 가지고 설명하도록 한다. 이 과정은 거래분석, 분개 그리고 원장으로의 전기를 학습하는 데에 도움을 줄 것이다. 사례의 번호는 거래 순서를 의미한다.

문방사우(주)의 사례

(1) 20×1년 1월 3일, 보통주 100주를 1주당 ₩300에 발행하고 현금 ₩30,000을 받았다.

(2) 20×1년 1월 4일, 화재보험에 가입하고 보험료 ₩2,400을 현금으로 지불했다. 단 보험 개시는 1월 1일부터 시작한다.

(3) 20×1년 1월 5일, ₩5,000에 설비를 구입하고 한 달 안에 대금을 지불하기로 했다.

(4) 20×1년 1월 9일, 프린터 및 복사 서비스를 다음 달에 제공하기로 하고 고객으로부터 서비스 대금 ₩6,000을 선불로 받았다.

(5) 20×1년 1월 10일, 프린터 서비스를 제공하고 대금 ₩5,000은 한 달 후에 받기로 했다.

(6) 20×1년 1월 12일, ₩1,000의 가스요금을 현금으로 납부했다.

(7) 20×1년 1월 14일, 주주에게 배당금으로 현금 ₩300을 지급했다.

(8) 20×1년 1월 17일, 고객으로부터 서비스 제공에 대한 대가로 현금 ₩2,000을 받았다.

(9) 20×1년 1월 18일, 1월 5일에 설비 구입 대금을 전액 현금으로 지불했다.

(10) 20×1년 1월 20일, 직원들에게 급여로 현금 ₩4,000을 지급했다.

(11) 20×1년 1월 23일, 1월 10일 거래에 대해 고객으로부터 현금 ₩3,000을 회수하였다.

(12) 20×1년 1월 30일, 소모품 ₩500을 구매하고 3개월 이내에 대금을 지불하기로 했다.

문방사우(주)의 거래내용을 분석, 분개 그리고 원장에의 전기를 하면 다음과 같다.

거래 (1) : 20×1년 1월 3일, 보통주 100주를 1주당 ₩300에 발행하고 현금 ₩30,000을 받았다.

자산	=	부채	+	자본
+30,000				+30,000

분개장

일 자	계 정	차 변	대 변
20×1. 1. 3	현금	30,000	
	보통주 자본금		30,000
	보통주 주식을 발행했다.		

현 금

차변		대변	
1. 3	30,000		
잔액	**30,000**		

보통주 자본금

차변		대변	
		1. 3	30,000
		잔액	**30,000**

분개장의 차변(왼쪽)에 현금 ₩30,000을 기입하고, 이를 현금계정 왼쪽에 전기한다. 대변(오른쪽)에는 보통주 자본금 ₩30,000을 기입하고, 이를 보통주 자본금계정 오른쪽에 전기한다.

거래 (2) : 20×1년 1월 4일, 화재보험에 가입하고 보험료 ₩2,400을 현금으로 지불했다. 단 보험 개시는 1월 1일부터 시작한다.

자산 = 부채 + 자본
+2,400
−2,400

분개장			
일 자	계 정	차 변	대 변
20×1. 1. 4	선급보험료 현금 화재보험에 가입하고 보험료를 지급했다.	2,400	 2,400

선급보험료

1. 4	2,400		
잔액	**2,400**		

현 금

1. 3	30,000	1. 4	2,400
잔액	**27,600**		

분개장의 차변에는 선급보험료 ₩2,400을 기입하고, 이를 선급보험료계정 왼쪽에 ₩2,400을 전기한다. 분개장의 대변에는 현금 ₩2,400을 기입하고, 이를 현금계정 오른쪽에 전기한다.

거래 (3) : 20×1년 1월 5일, ₩5,000에 설비를 구입하고 한 달 안에 대금을 지불하기로 했다.

자산 = 부채 + 자본
+5,000 +5,000

분개상			
일 자	계 정	차 변	대 변
20×1. 1. 5	설비 미지급금 설비를 외상으로 구입했다.	5,000	 5,000

설 비

1. 5	5,000		
잔액	**5,000**		

미지급금

		1. 5	5,000
		잔액	**5,000**

분개장의 차변에 설비 ₩5,000을 기입하고, 이를 설비계정 왼쪽에 전기한다. 대변에는 미지급금 ₩5,000을 기입하고, 이를 미지급금계정 오른쪽에 전기한다.

거래 (4) : 20×1년 1월 9일, 프린터 및 복사 서비스를 다음 달에 제공하기로 하고 고객으로부터 서비스 대금 ₩6,000을 선불로 받았다.

자산 = 부채 + 자본
+6,000 +6,000

분개장			
일 자	계 정	차 변	대 변
20×1. 1. 9	현금	6,000	
	선수금		6,000
	서비스를 제공하기로 하고 대금을 미리 받았다.		

현 금			
1. 3	30,000	1.4	2,400
1. 9	6,000		
잔액	**33,600**		

선수금			
		1. 9	6,000
		잔액	**6,000**

분개장의 차변에 현금 ₩6,000을 기입하고, 이는 현금계정 왼쪽에 전기한다. 현금계정에는 1월 3일과 1월 4일의 거래가 이미 기록되어 있음을 알 수 있다. 따라서 1월 3일 거래 기록 아래에 ₩6,000을 기록한다. 분개장 대변에는 선수금 ₩6,000을 기입하고, 이를 선수금계정 오른쪽에 전기한다.

거래 (5) : 20×1년 1월 10일, 프린터 서비스를 제공하고 대금 ₩5,000은 한 달 후에 받기로 했다.

자산 = 부채 + 자본
+5,000 +5,000

분개장			
일 자	계 정	차 변	대 변
20×1. 1.10	외상매출금	5,000	
	용역수익(혹은 매출)		5,000
	서비스를 제공했으나 대금은 한 달 후 받기로 했다.		

외상매출금			
1.10	5,000		
잔액	**5,000**		

용역수익(혹은 매출)			
		1.10	5,000
		잔액	**5,000**

분개장의 차변에 외상매출금 ₩5,000을 기입하고, 이를 외상매출금계정 왼쪽에 전기한다. 분개장 대변에는 용역수익(혹은 매출) ₩5,000을 기입하고, 이를 용역수익(또는 매출)계정 오른쪽에 전기한다.

거래 (6) : 20×1년 1월 12일, ₩1,000의 가스요금을 현금으로 납부했다.

자산 = 부채 + 자본
−1,000 −1,000

분개장

일 자	계 정	차 변	대 변
20×1. 1.12	수도광열비	1,000	
	현금		1,000
	가스요금을 현금으로 지급했다.		

수도광열비

1.12	1,000	
잔액	**1,000**	

현 금

1. 3	30,000	1. 4	2,400
1. 9	6,000	1.12	1,000
잔액	**32,600**		

분개장의 차변에 수도광열비 ₩1,000을 기입하고, 이를 수도광열비계정 왼쪽에 전기한다. 분개장 대변에는 현금 ₩1,000을 기록하고, 이를 현금계정 오른쪽에 전기한다. 현금계정에는 1월 3일과 1월 4일 그리고 1월 9일의 거래가 기록되어 있다. 1월 12일 거래 ₩1,000은 1월 4일 기록 아래인 대변에 기록한다.

거래 (7) : 20×1년 1월 14일, 주주에게 배당금으로 현금 ₩300을 지급했다.

자산 = 부채 + 자본
−300 −300

분개장

일 자	계 정	차 변	대 변
20×1. 1.14	배당금	300	
	현금		300
	배당금을 현금으로 지급했다.		

배당금

1.14	300	
잔액	**300**	

현 금

1. 3	30,000	1. 4	2,400
1. 9	6,000	1.12	1,000
		1.14	300
잔액	**32,300**		

분개장의 차변에 배당금 ₩300을 기입하고, 이를 배당금계정 왼쪽에 전기한다. 분개장 대변에는 현금 ₩300을 기록하고, 이를 현금계정 오른쪽에 전기한다. 현금계정에는 1월 3일, 1월 4일, 1월 9일 그리고 1월 12일의 거래가 기록되어 있

다. 1월 14일 거래 ₩300은 1월 12일 기록 아래인 대변에 기록한다.

거래 (8) : 20×1년 1월 17일, 고객으로부터 서비스 제공에 대한 대가로 현금 ₩2,000을 받았다.

자산 = 부채 + 자본
+2,000 +2,000

분개장			
일 자	**계 정**	**차 변**	**대 변**
20×1. 1.17	현금	2,000	
	용역수익(또는 매출)		2,000
	용역제공(서비스제공)으로 현금을 받았다.		

현 금			
1. 3	30,000	1. 4	2,400
1. 9	6,000	1.12	1,000
1.17	2,000	1.14	300
잔액	**34,300**		

용역수익(혹은 매출)			
		1.10	5,000
		1.17	2,000
		잔액	**7,000**

분개장의 차변에 현금 ₩2,000을 기입하고, 이를 현금계정 왼쪽에 전기한다. 현금계정에는 1월 17일 이전의 거래들이 기록되어 있다. 1월 17일 거래 ₩2,000은 차변에 기록된다. 따라서 1월 9일 거래 기록 아래에 ₩2,000을 기록한다. 분개장의 대변에는 용역수익(또는 매출) ₩2,000을 기록하고, 이를 용역수익(또는 매출)계정 오른쪽에 전기한다. 용역수익계정에는 1월 10일 거래가 이미 기록되어 있다. 따라서 1월 17일 거래 ₩2,000은 1월 10일 기록 아래인 대변에 기록한다.

거래 (9) : 20×1년 1월 18일, 1월 5일에 설비 구입 대금을 전액 현금으로 지불했다.

자산 = 부채 + 자본
−5,000 −5,000

분개장			
일 자	**계 정**	**차 변**	**대 변**
20×1. 1.18	미지급금	5,000	
	현금		5,000
	설비 구입 대금을 현금으로 지급했다.		

미지급금					현 금			
1.18	5,000	1. 5	5,000		1. 3	30,000	1. 4	2,400
					1. 9	6,000	1.12	1,000
					1.17	2,000	1.14	300
							1.18	5,000
		잔액	**0**		잔액	**29,300**		

이 거래와 관련하여 분개장의 차변에 미지급금 ₩5,000을 기입하고, 이를 미지급금계정 왼쪽에 전기한다. 미지급금계정에는 1월 5일 거래가 대변에 기록되어 있으며, 1월 5일 설비 구입 대금을 1월 18일에 전액 결제하였으므로 이를 미지급금계정 차변에 기록한다. 분개장의 대변에는 현금 ₩5,000을 기록하고, 이를 현금계정 오른쪽에 전기한다. 현금계정에는 이미 6건의 거래가 기록되어 있음을 알 수 있다. 이에 추가하여 1월 18일 거래는 1월 14일 거래의 아래에 기록한다.

거래 (10) : 20×1년 1월 20일, 직원들에게 급여로 현금 ₩4,000을 지급했다.

자산 = 부채 + 자본
−4,000 −4,000

분개장

일 자	계 정	차 변	대 변
20×1. 1.20	급여	4,000	
	현금		4,000
	종업원 급여를 현금으로 지급했다.		

급 여					현 금			
1.20	4,000				1. 3	30,000	1. 4	2,400
					1. 9	6,000	1.12	1,000
					1.17	2,000	1.14	300
							1.18	5,000
							1.20	4,000
잔액	**4,000**				잔액	**25,300**		

분개장의 차변에는 급여 ₩4,000을 기입하고, 이를 급여계정 왼쪽에 전기한다. 그리고 분개장의 대변에는 현금 ₩4,000을 기입하고 이를 현금계정 대변에 1월 18일 기록 아래에 ₩4,000을 전기한다.

거래 (11) : 20×1년 1월 23일, 1월 10일 거래에 대해 고객으로부터 현금 ₩3,000을 회수하였다.

자산 = 부채 + 자본
+3,000
−3,000

분개장			
일 자	**계 정**	**차 변**	**대 변**
20×1. 1.23	현금	3,000	
	외상매출금		3,000
	1월 10일 거래 대금을 현금으로 받았다.		

현 금

1. 3	30,000	1. 4	2,400
1. 9	6,000	1.12	1,000
1.17	2,000	1.14	300
1.23	3,000	1.18	5,000
		1.20	4,000
잔액	**28,300**		

외상매출금

1.10	5,000	1.23	3,000
잔액	**2,000**		

이 거래에서 분개장 차변에 현금 ₩3,000을 기입하고, 현금계정 차변으로 ₩3,000을 전기한다. 분개장 대변에는 외상매출금 ₩3,000을 기입하고, 외상매출금계정 대변에 ₩3,000을 전기한다. 이 기록으로 인해 외상매출금계정의 잔액은 ₩2,000이 된다.

거래 (12) : 20×1년 1월 30일, 소모품 ₩500을 구매하고 3개월 이내에 대금을 지불하기로 했다.

자산 = 부채 + 자본
+500 +500

분개장			
일 자	**계 정**	**차 변**	**대 변**
20×1. 1.30	소모품	500	
	미지급금		500
	소모품을 구입하고 대금은 3개월 이내에 지급하기로 했다.		

소모품			
1.30	500		
잔액	**500**		

미지급금			
1.18	5,000	1. 5	5,000
		1.30	500
		잔액	**500**

분개장의 차변에는 소모품 ₩500을 기입하고, 이를 소모품계정 차변에 ₩500을 전기한다. 분개장의 대변에는 미지급금 ₩500을 기입하고, 이를 미지급금계정 대변으로 전기한다. 미지급금계정에는 이미 1월 5일과 1월 18일 거래가 기록되어 있다.

도표 3-8 문방사우(주)의 분개장에서 원장으로 전기 후의 원장 계정

자 산 = **부 채** + **자 본**

자 산

현 금			
(1)	30,000	(2)	2,400
(4)	6,000	(6)	1,000
(8)	2,000	(7)	300
(11)	3,000	(9)	5,000
		(10)	4,000
잔액	28,300		

외상매출금			
(5)	5,000	(11)	3,000
잔액	2,000		

소모품			
(12)	500		
잔액	500		

선급보험료			
(2)	2,400		
잔액	2,400		

설 비			
(3)	5,000		
잔액	5,000		

부 채

미지급금			
(9)	5,000	(3)	5,000
		(12)	500
		잔액	500

선수금			
		(4)	6,000
		잔액	6,000

자 본

자본금			
		(1)	30,000
		잔액	30,000

배당금			
(7)	300		
잔액	300		

수 익

용역수익			
		(5)	5,000
		(8)	2,000
		잔액	7,000

비 용

급 여			
(10)	4,000		
잔액	4,000		

수도광열비			
(6)	1,000		
잔액	1,000		

회계순환과정 : 시산표의 작성 및 이해

대차평형의 원리는 원장의 모든 계정잔액의 차변합계와 대변합계가 반드시 일치하는 것을 말한다.

시산표는 일정시점에서의 원장의 차변잔액과 대변잔액을 한곳에 모아 놓은 집계표를 말한다.

거래의 이중성에 의해 분개를 올바르게 하고 총계정원장에 바르게 전기되었다면 총계정원장의 모든 계정잔액의 차변합계와 대변합계는 반드시 일치한다. 이를 대차평형의 원리(principle of equilibrium)라고 한다. 시산표는 이러한 상황을 검증하는 수단으로 이용된다. 시산표(試算表, trial balance, T/B)는 일정시점에 있어서의 총계정원장의 차변합계액과 대변합계액 또는 잔액을 한곳에 모아 놓은 집계표이다. 시산표는 재무제표는 아니지만 계정의 차변과 대변 잔액이 같음을 확인해주는 유용한 도구이다.

시산표 등식

자산 + 비용 + 배당금 = 부채 + 자본금 + 수익

[도표 3-9]에서 보듯이 시산표의 차변에는 자산, 비용 그리고 배당금의 잔액을 표시하고 대변에는 부채, 자본 그리고 수익의 잔액을 표시한다. 시산표의 대변과 차변의 금액이 일치하지 않으면 분개장이나 전표에서 총계정원장으로 전기하는 과정에서 오류가 있었음을 나타내는 것이다. 즉, 시산표는 분개장이나 전표에서 원장으로 전기가 정확하게 이루어졌나를 검증하고, 또 결산 전에 경영성과와 재무상태의 개요를 미리 파악한다는 목적을 가지고 작성된다.

시산표의 차변합계액과 대변합계액이 일치하지 않으면, 계산이나 기록 등 어딘가에 오류가 있는 것이므로 그 원인을 조사하여 잘못을 정정해야 한다. 시산표의 오류는 대개 다음과 같은 이유에서 발생한다.

- 분개장이나 전표에서 대변과 차변 금액이 일치하지 않는 기입상의 오류 또는 금액집계상의 오류가 있을 수 있다.
- 원장에서는 전기의 누락, 잘못된 금액의 기입, 대변과 차변의 잘못된 전기, 이중전기, 계정집계상의 오류 등이 있을 수 있다.

도표 3-9 문방사우(주)의 수정전시산표

수정전시산표

문방사우(주) 20×1년 1월 31일 현재 (단위 : 원)

계정과목	차변	대변
현　　금	₩28,300	
외상매출금	2,000	
선급보험료	2,400	
소 모 품	500	
설　　비	5,000	
미지급금		₩500
선 수 금		6,000
자 본 금		30,000
배 당 금	300	
용역수익		7,000
급　　여	4,000	
수도광열비	1,000	
합 계	43,500	43,500

현 금

(1)	30,000	(2)	2,400
(4)	6,000	(6)	1,000
(8)	2,000	(7)	300
(11)	3,000	(9)	5,000
		(10)	4,000
잔액	28,300		

외상매출금

(5)	5,000	(11)	3,000
잔액	2,000		

선급보험료

(2)	2,400		
잔액	2,400		

소모품

(12)	500		
잔액	500		

설 비

(3)	5,000		
잔액	5,000		

미지급금

(9)	5,000	(3)	5,000
		(12)	500
		잔액	500

선수금

		(4)	6,000
		잔액	6,000

자본금

		(1)	30,000
		잔액	30,000

용역수익

		(5)	5,000
		(8)	2,000
		잔액	7,000

배당금

(7)	300		
잔액	300		

급 여

(10)	4,000		
잔액	4,000		

수도광열비

(6)	1,000		
잔액	1,000		

• 시산표 자체에서도 원장에서 시산표로 옮겨 적을 때 잘못 기입하거나, 계정에서 옮겨 적을 때 대변과 차변을 반대로 기입한 경우 및 시산표의 계산상 오류 등이 있을 수 있다.

이러한 오류는 다음과 같은 순서에 의해 그 원인을 찾을 수 있다.

① 시산표의 차변과 대변 합계액을 검산한다.
② 총계정원장의 각 계정 합계액이 시산표에 올바르게 전기되었는가를 확인한다.
③ 총계정원장의 각 계정의 대변합계액과 차변합계액 또는 잔액을 검산한다.
④ 분개장에서 총계정원장으로 전기가 정확히 이루어졌는가를 확인한다.
⑤ 분개장의 기입에 오류가 있는지 확인한다.

위와 같은 절차에 따라 조사하여 분개장의 기록이 잘못된 경우에는 다시 수정분개를 하여 원장에 전기하며, 원장전기의 누락, 이중전기 등의 오류는 직접적으로 추가 기입하거나 또는 차감 기입한다. 이때 차감 기입은 대변과 차변을 반대로 분개한다.

그런데 시산표에는 이상과 같은 절차에 의해서도 발견할 수 없는 오류가 있을 수 있는데, 이를 살펴보면 다음과 같다.

① 거래 전체의 분개가 누락되거나 전기가 탈락된 경우
② 거래를 이중으로 분개하였거나 대변과 차변 양쪽에 이중으로 전기한 경우
③ 대변과 차변 양쪽에 같은 금액을 다르게 분개하거나 전기한 경우
④ 다른 계정과목에 잘못 전기한 경우
⑤ 오류가 우연히 상계된 경우 등

용어해설

거래분석(transaction analysis) 회계등식에 의해 경제적 사건의 특정한 효과를 식별하는 과정

거래의 이중성(duality of accounting transaction) 모든 거래는 기본적인 회계등식에서 최소한 두 개 이상의 영향을 미치는 것

계정(account) 재무제표의 구성요소인 자산, 부채, 자본, 수익, 비용에 속하는 여러 항목들을 각각 구분하여 증가 혹은 감소를 기록하는 장소

대변(credit right) 계정의 오른쪽을 표시

대차평형의 원리(principle of equilibrium) 총계정원장의 모든 계정잔액의 차변합계와 대변합계는 반드시 일치하게 되는 것

복식부기(double entry book-keeping) 모든 거래를 원인과 결과로 나누어 이중으로 기록하는 방법

분개(journalizing) 거래에 내재된 원인과 결과를 서로 구분하여 차변과 대변에 따로따로 기록하는 행위

시산표(trial balance, T/B) 일정시점에 있어서의 총계정원장의 차변합계액과 대변합계액 또는 잔액을 한 곳에 모아 놓은 집계표

식별(identification) 회계정보의 대상이 되는 사건과 그렇지 않은 사건을 구분하는 것

전기(posting) 분개장의 기록들을 각 계정에 옮겨 기록하는 절차

정상잔액(normal balance) 특정계정의 잔액이 통상적으로 나타나는 방향의 잔액

차변(debit right) 계정의 왼쪽을 표시

회계거래(accounting transaction) 식별결과 회계정보의 대상이 되는 사건

회계순환과정(accounting cycle) 거래를 기록하고 요약하여 재무제표를 작성하는 과정을 매 회계기간마다 순환적으로 반복하는 것

연습문제

문제 A형

3-1 회계등식에서 다음의 빈칸을 채우시오.

	자산	=	부채	+	자본
(1)	₩260,000		₩?		₩98,000
(2)	178,000		73,000		?
(3)	?		202,000		310,000

3-2 다음의 거래가 회계등식에 미치는 영향을 분석하시오. 증가는 +로 감소는 −로 표시하시오.

자산 = 부채 + 자기자본

(1) 서비스를 제공하고 현금으로 받다.
(2) 비품을 외상으로 구입하다.
(3) 종업원에 대해 급여를 현금으로 지급하다.
(4) 고객에게서 서비스 제공에 대한 외상대금을 현금으로 회수하다.
(5) 전화요금을 현금으로 지급하다.
(6) 비품의 외상구입대금을 현금으로 지급하다.
(7) 소모품을 외상으로 구입하다.
(8) 배당금을 현금으로 지급하다.
(9) 은행에서 현금을 단기간 차입하다.
(10) 서비스를 제공하고 대금은 외상으로 하다.

3-3 다음의 각 항목이 차변에 기재되어야 하는가 아니면 대변에 기재되어야 하는가를 빈칸에 차변은 Dr., 대변은 Cr.로 표시하시오.

번호	항목	Dr. 또는 Cr.
①	사채의 감소	
②	배당금의 증가	
③	자본금의 증가	
④	선수용역수익의 증가	
⑤	이자비용의 감소	
⑥	선급보험료의 증가	
⑦	급여의 감소	
⑧	소모품의 감소	
⑨	용역수익의 증가	
⑩	외상매출금의 감소	

3-4 다음은 계정의 차변(debit)과 대변(credit)의 규칙을 요약한 표이다. (1)에서 (12)의 각 항목에 대해 차변과 대변의 적절한 답을 적으시오.

	증가	감소	정상잔액
〈재무상태표〉			
자산	(1)	대변	(2)
부채	대변	(3)	(4)
자본			
자본금	대변	(5)	(6)
이익잉여금	(7)	(8)	(9)
〈손익계산서〉			
수익	대변	(10)	(11)
비용	(12)	대변	차변

3-5 다음에 예시된 계정에 대해 물음에 답하시오. (1) 각각의 계정에서 변화가 차변에 기록되어야 하면 "Dr."로, 대변에 기록되어야 하면 "Cr."로 표시하고, (2) 각 계정의 정상잔액이 차변에 남으면 "Dr."로, 대변에 남으면 "Cr."로 표시하시오.

		(1)	(2)
번호	항목	기록	정상잔액
①	자본금의 증가		
②	배당금의 증가		
③	외상매출금의 감소		
④	지급어음의 증가		
⑤	외상매입금의 증가		
⑥	소모품의 감소		
⑦	급여의 증가		
⑧	외상매출금의 증가		
⑨	현금의 증가		
⑩	토지의 감소		

3-6 다음의 거래가 회계등식에 어떠한 영향을 미치는지 분석하여 아래의 보기에 표시된 적절한 번호를 기입하시오.

① 자산, Dr. ;	자산, Cr.	② 자산, Dr. ;	자본, Cr.
③ 자산, Dr. ;	부채, Cr.	④ 자산, Dr. ;	수익, Cr.
⑤ 부채, Dr. ;	자산, Cr.	⑥ 인출금, Dr. ;	자산, Cr.
⑦ 비용, Dr. ;	자산, Cr.	⑧ 비용, Dr. ;	부채, Cr.

(1) 소모품을 이전에 외상으로 구입한 대금 ₩225을 현금으로 지급하다.
(2) 서비스를 제공하고 대금 ₩1,050은 외상으로 하다.
(3) 기업이 사용한 전기요금 ₩195에 대한 청구서를 받았으나, 다음 달에 납부할 예정이다.
(4) 기업의 소유주가 개인용도로 소모품 ₩50을 사용하다.
(5) 급여 ₩305을 종업원들에게 현금으로 지급하다.
(6) 외상매출금 ₩725을 거래처에서 현금으로 회수하다.

3-7 다음의 8개의 거래가 T-계정에 기록되어 있다. 각각의 거래를 분석하여 자산, 부채, 자본, 배당금, 수익, 비용에 어떠한 영향을 미치는지 +, −로 나타내시오.

현 금

(1)	35,000	(2)	3,500
(7)	22,500	(3)	1,950
		(4)	2,225
		(6)	8,000
		(8)	4,500

외상매출금

(5)	27,500	(7)	22,500

급 여

(4)	2,225		

소모품

(3)	1,950		

비 품

(2)	13,500		

자본금

		(1)	35,000

용역매출

		(5)	27,500

미지급금

(6)	8,000	(2)	10,000

배당금

(8)	4,500		

3-8 다음의 계정에 대해 (1) 계정의 유형(자산, 부채, 자본, 수익, 비용)을 구분하고 (2) 차변과 대변의 영향(해당계정의 증가 또는 감소), (3) 정상잔액이 어느 쪽에 남는지를 밝히시오.

번호	항목	(1) 계정유형	(2) 차변 또는 대변	(3) 정상잔액
①	현 금	자산계정	차변증가, 대변감소	차변
②	미지급금			
③	외상매출금			
④	자 본 금			
⑤	배 당 금			
⑥	용역수익			
⑦	보 험 료			
⑧	단기차입금			
⑨	비 품			

3-9 다음의 거래를 분개하시오.

(1) 주식회사 형태로 부동산 중개업을 하기 위해 투자자가 ₩35,000의 주식을 발행하여 영업을 시작하다.
(2) 소모품 ₩400을 외상으로 구입하다.
(3) 비품 ₩6,000을 구입하고 현금 ₩2,500을 지급하고 나머지는 나중에 주기로 하다.
(4) 부동산 중개서비스를 수행하고 대금 ₩4,000은 나중에 받기로 하다.
(5) 사무실 임차비용 ₩700을 현금으로 지급하다.
(6) 소모품 외상 구입대금 ₩200을 현금으로 지급하다.
(7) 광고를 하고 광고대금 ₩500은 나중에 주기로 하다.
(8) 급여 ₩2,200을 현금으로 지급하다.
(9) 주주들에게 현금 ₩1,200을 배당금으로 지급하다.
(10) 부동산 중개서비스에 대한 외상대금 ₩3,000을 현금으로 회수하다.

3-10 다음은 개인기업인 노엘서비스사의 3월중 거래이다. 적절한 분개를 하시오.

(1) 현금 ₩30,000을 출자하여 영업을 개시하다.
(2) 사무용 비품을 ₩35,000에 구입하고, 현금 ₩10,000을 지급하고 나머지는 나중에 주기로 하다.
(3) 3월분 사무실 임차비용으로 현금 ₩1,000을 지급하다.
(4) 사무용 소모품 ₩8,500을 외상으로 구입하다.
(5) 서비스를 제공하고 대금 ₩2,500은 나중에 받기로 하다.
(6) 서비스를 제공하고 대금 ₩11,000을 현금으로 받다.
(7) 소모품 외상구입대금 ₩200을 현금으로 지급하다.
(8) 급여 ₩1,250을 현금으로 지급하다.
(9) 서비스를 제공하고 나중에 받기로 한 금액 중에서 ₩1,150을 현금으로 회수하다.
(10) 기업의 소유주가 현금 ₩1,850을 인출하다.

3-11 다음의 물음에 답하시오.

(1) 다음의 자료에 기초하여 5월 한 달 동안 현금수취액은 얼마인가?

5월 동안 현금지급	₩42,500
5월 1일 현금 잔액	3,750
5월 30일 현금 잔액	7,000

(2) 다음의 자료에 기초하여 5월 동안 고객에게서 외상매출금을 회수한 금액은 얼마인가?

5월 1일 외상매출금 잔액	₩11,500
5월 30일 외상매출금 잔액	8,250
5월 동안 새로이 발생한 외상매출금	27,000

문제 B형

3-12 다음의 거래를 회계등식을 이용하여 기록하시오.

	자산	=	부채	+	자본
	현금				자본금
1일	+₩3,000				+₩3,000

3월 1일 현금 ₩3,000을 출자하여 영업을 시작하다.
5일 사무용가구 ₩400을 취득하고 대금은 현금으로 지급하다.
9일 은행에서 현금 ₩400을 단기간 차입하다.
12일 소모품 ₩600을 구입하고 현금으로 지급하다.
17일 서비스를 제공하고 대금 ₩700을 나중에 받기로 하다.
25일 급여 ₩300을 현금으로 지급하다.

3-13 다음은 디즈니여행사의 20×1년 1월 7일 첫 주간에 이루어진 6개의 거래이다.

계정	6개의 거래효과						잔액
	1	2	3	4	5	6	
현금	₩15,000	₩75,000	(₩5,000)	(₩4,000)	(₩9,500)		
대여금(6개월)				4,000			
비품					9,500		
토지			16,000			₩4,000	
지급어음(3개월)		75,000	11,000			4,000	
자본금	15,000						

(1) 각 거래에 대한 내용을 간략히 기술하시오.

(2) 20×1년 1월 7일에 재무상태표를 작성하기 위한 각 계정의 잔액을 표시하시오.

3-14 디즈니여행사는 여행대행사이다. 사업을 시작한 20×1년 9월 첫 달에 9건의 거래가 있었으며, 거래는 다음의 T-계정에 기록되어 있다.

현 금

(1)	40,000	(2)	2,000
(7)	10,000	(3)	18,000
		(4)	2,700
		(6)	9,000
		(9)	4,000

설 비

(3)	18,000		

배당금

(9)	4,000		

매출채권

(5)	18,500	(7)	10,000

매입채무

(6)	9,000		

용역수익

		(5)	18,500

소모품

(2)	2,000	(8)	1,050

자본금

		(1)	40,000

영업비용

(4)	2,700		
(8)	1,050		

9건의 거래가 자산, 부채, 자본, 수익, 그리고 비용에 어떤 영향을 미쳤는지에 대해 아래에 제시된 형식에 따라서 적절한 답을 하시오.

	차변		대변	
거래	유형	효과	유형	효과
(1)	자산	+	자본금	+

3-15 다음은 멜론서비스사의 20×1년 9월의 거래내용을 분개한 것이다. 이를 해당 T-계정에 전기한 후 시산표를 작성하시오.

			차변	대변
9월	1일	(차) 현 금	15,000	
		(대) 자 본 금		15,000
	4일	(차) 차량운반구	30,000	
		(대) 현 금		10,000
		미 지 급 금		20,000
	8일	(차) 임 차 비 용	1,000	
		(대) 현 금		1,000
	15일	(차) 선급보험료	400	
		(대) 현 금		400
	18일	(차) 현 금	2,500	
		(대) 용 역 수 익		2,500
	20일	(차) 급 여	500	
		(대) 현 금		500

25일	(차) 수도광열비	100	
	(대) 미 지 급 금		100
30일	(차) 배 당 금	750	
	(대) 현 금		750
30일	(차) 외상매출금	1,000	
	(대) 용 역 수 익		1,000

3-16 다음의 자료는 파브코서비스의 20×1년 6월 동안의 거래를 기록한 원장이다.

현 금

차변		대변	
(1)	20,000	(3)	7,500
(7)	6,900	(5)	2,600
(9)	4,700	(6)	5,500
		(8)	2,000

자본금

차변		대변	
		(1)	20,000

미지급금

차변		대변	
(5)	2,600	(2)	4,500

외상매출금

차변		대변	
(4)	4,900	(9)	4,700

배당금

차변		대변	
(8)	2,000		

소모품

차변		대변	
(3)	7,500		

용역수익

차변		대변	
		(4)	4,900
		(7)	6,900

비 품

차변		대변	
(2)	4,500		

영업비용

차변		대변	
(6)	5,500		

위의 자료와 아래의 주어진 답안 형식을 참조하여 각각의 거래가 자산, 부채, 자본, 수익, 비용 중 어디에 영향을 미치는지 표시하시오. 각 계정의 증가는 "+"로, 감소는 "−"로 표시하시오.

거래	차변계정		대변계정	
	계정유형	영향	계정유형	영향
(1)				
(2)				
(3)				
(4)				
(5)				
(6)				
(7)				
(8)				
(9)				

3-17 이전 문제인 3-16의 자료를 이용하여 파브코서비스의 20×1년 6월 30일 시산표를 작성하시오.

3-18 다음은 S&T컨설팅(주)의 20×1년 6월 30일 각 계정의 잔액이다. 아래의 자료를 참조하여 S&T컨설팅(주)의 20×1년 6월 30일 잔액시산표를 작성하시오.

계정	금액	계정	금액
미지급금	₩2,100	임차비용	₩10,500
외상매출금	1,450	급여	13,000
현금	5,375	용역수익	46,600
자본금	15,800	소모품	1,125
배당금	13,500	선급보험료	1,400
비품	13,500	수도광열비	4,400
잡비	250		

3-19 다음에 제시된 오류에 대해 세 가지 물음 각각에 대해 답하시오. 각 문제는 독립적이며, 아래의 답안 양식을 사용하여 답하시오.

① 소유주에 의한 현금 ₩1,000의 인출이 차변에 급여 ₩1,000, 대변에 현금 ₩1,000으로 기록되다.
② 외상으로 소모품 ₩950을 구입한 거래가 차변에 비품 ₩1,950, 대변에 미지급금 ₩1,950으로 기록되다.
③ 비품 ₩4,500을 외상으로 구입한 거래가 기록되지 않았다.
④ 외상매출금 ₩630을 현금으로 회수한 거래가 차변에 현금 ₩630, 대변에 외상매출금 ₩360으로 기록되다.
⑤ 미지급금 ₩1,030을 지급한 거래를 기록하면서 대변에 현금 ₩1,030만을 기록하다.
⑥ 용역을 제공하고 현금 ₩9,500을 받은 거래를 기록하면서 차변에 현금 ₩9,500, 차변에 용역수익 ₩9,500으로 기록하다.
⑦ 외상매출금 ₩5,000을 현금으로 회수한 거래를 기록하면서 차변을 두 번 전기하고, 대변은 한 번 전기하다.
⑧ 미지급금 ₩800을 현금지급 한 거래를 기록하면서 대변은 두 번 전기하고 차변은 한 번 전기하다.
⑨ 외상매출금의 차변잔액 ₩9,400을 시산표에 옮기면서 차변에 ₩9,300으로 기록하다.

(1) 해당오류가 시산표의 합계금액의 불일치를 야기하는가?
(2) 시산표상의 합계금액의 차이는 얼마인가?
(3) 시산표상의 합계금액이 차변 쪽이 더 큰가 아니면 대변 쪽이 더 큰가?

번호	(1) 합계일치 유무	(2) 차이금액	(3) 더 큰 쪽
①			
②			
③			
④			
⑤			
⑥			
⑦			
⑧			
⑨			

3-20 다음의 물음에 답하시오.

(1) 아래의 시산표에서 오류를 지적하시오. 모든 계정의 잔액은 정상잔액이다.

(2) 오류를 수정한 후 외상매출금의 잔액은 얼마인지를 밝히시오.

시 산 표

허브자동차서비스 20×1년 9월 1일부터 30일까지

계정과목	차변	대변
현 금		₩19,475
외상매출금	₩?	
소 모 품		1,000
비 품	15,000	
선급보험료		500
미 지 급 금		2,500
자 본 금	17,000	
인 출 금		1,000
용 역 수 익		49,600
급 여	14,500	
임 차 비 용		9,000
수도광열비	1,400	
소 모 품 비	3,900	
잡 비	250	
합 계	₩55,000	₩81,575

3-21 다음은 프로이드서비스사의 20×1년 6월 30일 시산표이다. 작성된 시산표에는 차변과 대변의 합계액이 일치하지 않는다. 잔액이 일치하지 않는 이유를 조사한 결과 다음과 같은 오류가 발견되었다. 오류를 수정하여 올바른 시산표를 작성하시오.

시 산 표

프로이드서비스 20×1년 6월 30일

계정과목	차변	대변
현 금	₩2,600	
외상매출금	7,600	
소 모 품	600	
비 품	8,300	
미 지 급 금		₩9,766
자 본 금		1,941
배 당 금	1,500	
용 역 수 익		15,200
급 여	3,800	
수 선 비	1,600	
합 계	₩26,000	₩26,907

오류사항 검토 중에 다음과 같은 사실이 밝혀졌다.

(1) 위에 제시된 계정잔액은 모두 정상잔액이다.

(2) 고객에게서 외상대금 ₩350을 받은 거래가 차변에 현금 ₩530, 대변에 외상매출금 ₩530으로 기록되어 있다.

(3) 배당금 ₩300을 현금으로 지급한 거래를 전기하는 과정에서 배당금계정 대변에 ₩300, 현금계정 대변에 ₩300으로 기록하였다.

(4) 급여 ₩300을 시산표에 누락하였다.

(5) 비품 ₩700을 외상으로 구입한 거래를 차변에 수선비 ₩700, 대변에 미지급금 ₩700으로 기록하였다.

(6) 고객에게 서비스를 제공하고 대금 ₩510을 외상으로 한 거래를 차변에 외상매출금 ₩510, 대변에 용역수익 ₩51으로 기록하였다.

(7) 미지급금 ₩215을 현금으로 지급한 거래를 대변에 현금 ₩215, 대변에 미지급금 ₩251으로 기록하였다.

3-22 다음의 오류는 시산표에서 차변과 대변의 합계액이 일치하지 않도록 하는 문제를 발생시킨다. 다음의 네 가지 경우에 대하여 시산표에서 어떤 오류가 합계액의 불일치를 가져오는지를 설명하시오. 만약 오류가 합계액의 불일치를 야기한다면 차변과 대변의 차액이 얼마이고 어느 쪽이 더 큰지를 설명하시오. 단, 각각의 경우는 독립적인 것으로 간주하시오.

(1) 단기차입금을 변제하면서 단기차입금계정의 차변에 ₩60, 현금계정의 대변에 ₩600으로 기록하였다.

(2) 비품 ₩480을 구매하고 비품계정의 차변에 ₩48, 현금계정의 대변에 ₩48이라고 기록하였다.

(3) 외상매출금 ₩2,000이 현금으로 회수되었다. 이를 현금계정의 차변에 ₩2,000, 미지급금계정의 차변에 ₩2,000으로 기록하였다.

(4) 미지급금 ₩800을 당좌수표를 발행하여 지급하였다. 이를 기록하면서 미지급금계정의 차변에 ₩800, 외상매출금계정의 대변에 ₩800을 기록하였다.

chapter

4

회계순환과정의 종료

학습목표

4-1 발생주의 회계
4-2 결산수정분개의 개념 및 절차
4-3 정산표의 개념 및 작성절차 : 서비스업
4-4 상품매매업의 결산
4-5 장부의 마감

Completing the Accounting Cycle

발생주의 회계

1. 현금주의 대 발생주의

이 장에서는 수정항목 기록(분개 및 전기), 수정후시산표, 재무제표 준비 과정에 대해서 살펴본다.

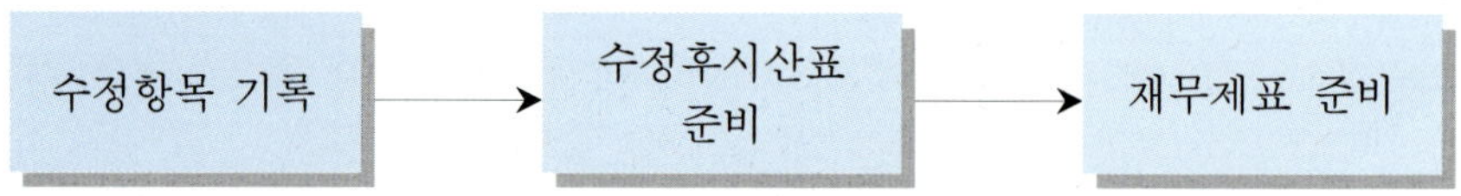

이 과정을 통해 우리는 회계순환의 이 단계에서의 시산표를 "수정후"시산표라고 하는 이유를 알게 된다. 또한 항목 수정의 목적과 필요를 뒷받침하는 회계 개념에 관해서도 설명한다. 우리가 설명하는 첫 번째 개념 중 하나는 발생주의 회계이다.

현금주의 회계는 현금을 수취 및 지불하였을 때에만 수익과 비용을 인식한다.

일정기간 동안의 경영성과를 보고하려면 회계기간별 수익과 비용을 확정지어야 한다. 회계기간의 수익과 비용을 인식하는 방법에는 현금주의 회계와 발생주의 회계 두 가지가 있다. 현금주의 회계(現金主義 會計, cash basis accounting)에서는 현금을 수취하였을 때 수익을 인식하고, 현금을 지출하였을 때 비용을 인식한다. 즉, 현금주의에서는 회계적 사건 여부를 현금이 실제로 수반되었는가에 따라서 판단한다. 현금주의에서 한 회계기간의 순이익은 현금수입액의 합계에서 현금지출액의 합계를 차감하여 계산하게 된다. 현금주의는 적용이 간편하다는 장점이 있다. 그러나 한 회계기간 동안에 발생한 수익과 그 수익을 얻기 위해 지출된 비용을 기간별로 적절히 대응시키지 못함으로써 경영성과를 왜곡시킬 우려가 있기 때문에 대부분의 기업은 이를 채택하고 있지 않다. 또한 현행 회계제도에서도 현금주의 회계는 일반적으로 인정된 회계원칙이 아니다.

발생주의 회계는 현금의 수입 및 지출과 관계없이 수익은 가득되었을 때, 비용은 발생되었을 때 인식한다.

발생주의 회계(發生主義 會計, accrual basis accounting)에서는 현금의 수입과 관계없이 수익은 가득(earned)되었을 때 인식하고, 비용은 현금의 지출 여부와는 관계없이 발생(incurred)되었을 때에 인식한다. 일반적으로 인정된 회계원칙에 의하면 수익과 비용은 현금의 수취나 지급에 상관없이 비용이 실제로 발생했느냐에 초점을 맞추어 인식한다.

17세기 이전의 기업들은 대부분 단기간에 폐쇄되든가 혹은 청산되었기 때문에 기업이익은 기업이 청산될 때 계산이 이루어졌다. 이러한 시대에는 회계기간의 개념이나 기업의 계속성이 존재하지 않았기 때문에 현금주의 회계로 경영성과를 계산하는 데 아무런 문제가 발생되지 않았다. 그러나 계속기업을 전제로 한 현대적 경영에서는 인위적으로 회계기간을 구분하여 경영성과를 보고할 필요가 발생하였다. 이에 따라 현금의 수취 여부와는 관계없이 수익과 비용의 당기 발생 여부를 기준으로 경영성과를 계산하는 발생주의가 도입되었다. 한편, 발생주의 회계는 회계기간간의 재무제표의 비교가능성(comparability)을 증가시켜준다.

현금주의 회계와 발생주의 회계의 차이는 수익과 비용의 인식시기의 차이에 있다. 예를 들어 제3장에서 설명한 문방사우(주)의 예를 생각해보자. 문방사우(주)는 프린터 출력 및 복사 서비스 제공을 통해 수익이 생긴다. 20×1년 1월 10일 문방사우(주)가 프린터 서비스를 제공하고 대금 ₩5,000을 청구한 사실을 상기하자. 이를 현금주의 회계로 처리하면, 문방사우(주)는 프린터 서비스 요금 ₩5,000을 받지 못했으므로 수익으로 인식하지 않는다.

반면, 이를 발생주의 회계로 처리하면, 문방사우(주)는 프린터 서비스 대금 ₩5,000을 현금으로 회수하지 못했으나 프린터 서비스는 제공되었으므로 포괄손익계산서에는 ₩5,000을 수익으로 인식한다. 한편, ₩5,000은 현금으로 회수될 때까지 외상매출금(매출채권)으로 기록한다.

도표 4-1 현금주의와 발생주의의 비교

	현금주의	발생주의
수익의 인식	수취시점	가득시점
비용의 인식	지급시점	발생시점

2. 수익의 인식

수익의 인식이란 수익이 귀속되는 회계기간의 결정을 의미한다. 즉, 발생된 수익을 어느 시점(회계기간)의 장부에 기록하여 보고할 것인가를 결정하는 과정을 의미한다. 수익인식의 원칙(收益認識의 原則, revenue recognition principle)에 의하면 수익은 실현(realization)되었거나 실현가능성(realizable)이 있으며, 가득과정(earning process)이 완료되었을 때, 즉 실현기준과 가득기준 두 가지 기준을 동시에 충족하였을 때 인식한다. 일반적으로 수익은 재화가 판매되거나 용역이 제공되었을 때 실현되었다고 본다.

- **실현기준** 수익은 실현되었거나(realized) 또는 실현가능한(realizable) 시점에서 인식한다. 기업이 영업활동으로 재화나 용역을 제공하고 그 대가로 현금 또는 현금청구권을 수취하였을 경우 수익이 실현되었다고 말한다. 즉, 수익의 실현이란 거래와 관련된 경제적 효익의 유입가능성이 높은 경우를 말한다.
- **가득기준** 기업이 고객에게 재화를 인도하였거나 용역을 제공함으로써 자신의 의무를 모두 완료하였을 때 수익이 가득(earned)되었다고 할 수 있다. 가득과정의 완료란 수익획득과정이 사실상 완료되었다고 단정할 수 있을 정도로 명확하고 객관적인 시점을 의미한다.

문방사우(주)의 수익인식기준

20×1 사업보고서

(8) 수익인식

당사는 상품에 대하여 재화의 소유에 따른 중요한 위험과 보상이 이전된 시점에 수익으로 인식하고 있습니다. 이에 따라 상품은 고객에게 통제가 이전된 시점에 수익으로 인식하고 있습니다.

3. 수익과 비용의 대응

비용의 인식은 수익의 인식과 마찬가지로 비용이 귀속되는 회계기간의 결정을 의미한다. 이익을 측정하기 위해서 수익을 보고(인식)할 회계기간을 결정해야 하는 것처럼 재화 또는 서비스의 소멸도 그것이 어느 회계기간에 소멸되었는가를 결정하지 않으면 안 된다. 이와 같이 비용을 보고할 회계기간, 즉 비용의 귀속기간을 결정하는 것을 비용의 인식이라고 한다. 전통적으로 회계에서 비용의 인식은 수익과의 대응에 의해 이루어진다. 이를 수익·비용 대응의 원칙(matching principle)이라고 한다.

사실 비용의 인식은 간단한 규칙을 따르면 된다. 즉, 비용의 인식은 수익의 인식과 연계되어 있다. 예를 들어, 문방사우(주)는 기업의 재난에 대비해 보험에 가입하고 연간 보험료 ₩2,400을 현금으로 지급하였다. 문방사우(주)는 보험서비스를 받기 전까지는 자산계정인 선급보험료에 기록한다. 차후 보험서비스를 받으면 서비스를 받을 기간에 해당하는 금액을 비용계정인 보험료계정으로 보고하면 된다. 따라서 문방사우(주)는 보험서비스가 이루어진 첫 달의 포괄손익계산서에 비용으로 보험료 ₩200을 보고하고, 재무상태표에 선급보험료 ₩2,400을 ₩2,200으로 보고한다. [도표 4-2]는 한 회계기간에 있어서 수익과 비용의 인식시기를 잘 보여준다.

도표 4-2 수익과 비용의 대응

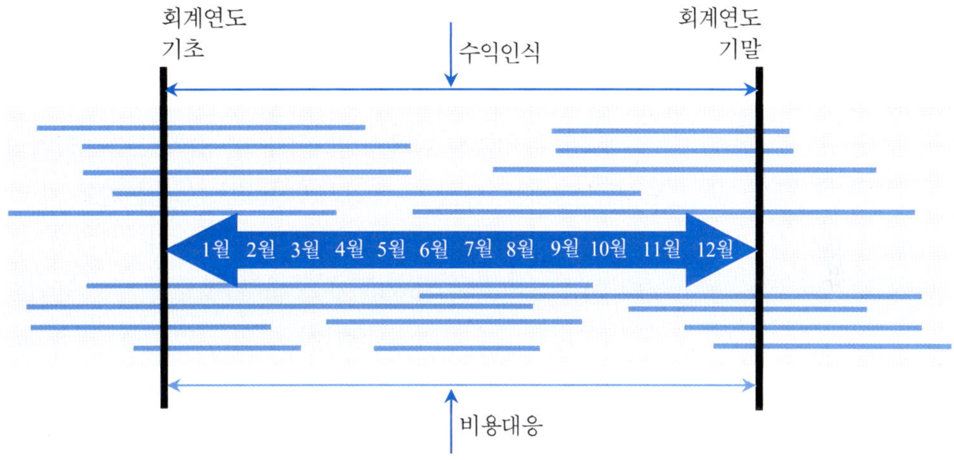

수익인식－비용대응＝순이익(순손실)

결산수정분개의 개념 및 절차

1. 결산수정분개의 의의

현금주의 회계에서는 현금의 수입 및 지급이 이루어져야만 회계적 사건으로 기록되기 때문에 결산시 별도의 작업 없이 각 계정의 잔액으로 이익을 계산할 수 있다. 그러나 발생주의 회계에서는 현금의 수입 및 지급이 없어도 사건이 재무상태의 변화에 영향을 미친다면 회계적 사건으로 기록하게 된다. 따라서 한 회계기간의 정확한 이익을 계산하기 위해서는 한 회계기간에만 영향을 미치는 수익과 비용을 결정할 필요가 있다. 원장의 많은 계정들은 회계기간 말에 기록된 그대로 보고된다. 그러나 몇몇 계정들의 경우는 수익과 비용의 발생이 한 회계기간 이상에 걸쳐서 영향을 미치는 경우가 있다. 이러한 경우에는 수익과 비용 중 일정한 회계기간에 영향을 미치는 부분만을 구분하여 보고할 필요가 있다. 이와 같이 발생주의를 반영하여 재무제표에 정확하게 보고하기 위해서 계정의 기말잔액을 결산시점에 수정하는 것을 기말수정 혹은 기말정리라고 하며, 이를 위한 분개를 수정분개(修整分介, adjusting entries) 혹은 결산정리분개(決算整理分介, year-end adjustment entries)라고 한다.

수정분개는 계정의 기말잔액을 결산시점에 수정하는 것을 말한다.

모든 수정분개는 최소한 한 개 이상의 포괄손익계산서 계정잔액과 재무상태표 계정잔액에 영향을 미친다. 따라서 수정분개는 수익 혹은 비용 계정 그리고 자산 혹은 부채 계정과 항상 관련을 맺는다. 이러한 수정분개가 필요한 이유는 첫째, 재무상태표에 기말의 자산 및 부채를 올바른 금액으로 표시하기 위해서이며, 둘째, 포괄손익계산서에 당기의 수익과 비용을 정확하게 표시하기 위해서이다.

[도표 4-3]에서 보는 바와 같이 기업의 수정분개 유형은 이연(移延, deferral)과 발생(發生, accruals)으로 분류할 수 있다.

도표 4-3 수정분개의 네 가지 유형

재무상태표

		자 산	부 채
손익계산서	비용	1. 두 개 이상의 회계기간 사이에 비용을 배분해서 기록	2. 비용이 발생했으나 미기록된 것을 인식
	수익	3. 수익이 발생했으나 미기록된 것을 인식	4. 두 개 이상의 회계기간 사이에 미실현된 수익을 배분해서 기록

2. 선급에 대한 수정분개

선급은 기업이 재화 및 용역의 제공 전에 대가를 미리 현금으로 받았거나 지불한 경우에 발생한다.

선급(先給, prepayment)은 재화 및 용역의 제공 전에 대가를 미리 현금으로 받았거나 지급한 경우에 발생한다. 따라서 기업은 재무제표 작성일에 정확한 이익을 계산하기 위해서는 선급된 금액 중 현행 회계기간의 수익 및 비용에 영향을 미친 부분만을 구별하는 수정분개를 실행해야 한다.

선급비용

선급비용은 비용에 대가를 현금으로 지불하였으나 아직 서비스를 제공받지 못한 부분을 의미한다.

선급비용(先給費用, prepaid expenses) 또는 이연비용(移延費用, deferred expenses)은 업무수행 중 일상적으로 발생하는 비용에 대한 대가를 현금으로 지불하였으나 아직 서비스를 제공받지 못한 부분을 의미한다. 말 그대로 서비스를 제공받기 전에 대가를 먼저 지불한 것이다. 예를 들면, 자동차를 구입한 후 자동차 보험에 가입하고 보험료 일 년분을 현금으로 지급하였으나 그에 대한 서비스를 제공받지 못한 부분을 선급비용으로 보고한다.

이는 서비스를 제공받을 목적으로 대가를 현금으로 지급하였으나 아직 서비스를 제공받지 않았으므로 서비스를 받을 권리를 자산인 선급비용계정 차변에 기록한다. 이후에 서비스가 제공되면 권리가 소멸되므로 선급비용계정 대변에 기록하고 이에 대응해서 비용의 보험료계정 차변에 동일한 금액을 기록한다. 만약 결산시점에 이러한 수정이 이루어지지 않으면 자산은 과대평가되고, 비용은 과소평가되어 이익은 과대평가된다. 일반적인 선급비용의 종류로는 보험료, 소모품, 광고비 그리고 임차료 등이 있다. 선급비용에 대한 회계처리는 두 가지

도표 4-4 선급(이연)비용에 대한 수정분개

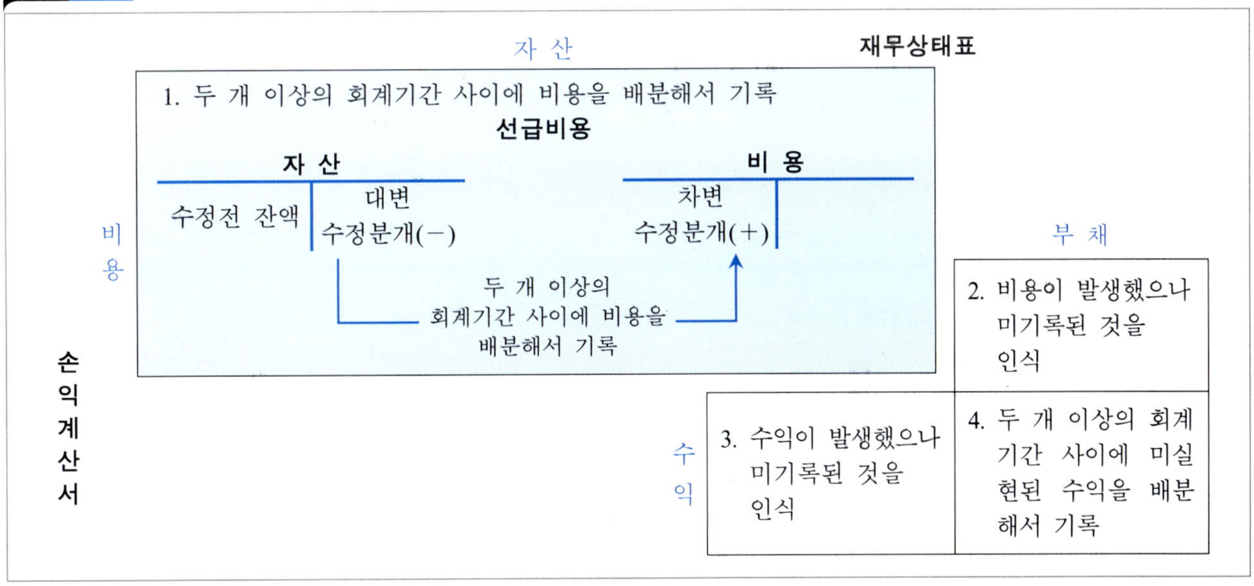

방법이 있다. 하나는 현금지급 전액을 자산계정에 기록하였다가 서비스를 제공받은 부분을 비용으로 인식하는 방법이고, 다른 하나는 현금지급 전액을 비용으로 기록하였다가 서비스가 이루어지지 않은 부분을 파악하여 자산계정으로 재분류하는 방법이다. 본장에서는 자산으로 처리하는 방법을 먼저 설명하고 뒤에 다른 회계처리방법에 대해 설명한다.

보험료 문방사우(주)는 보험료 1년분을 현금으로 전액 지급하였으나 실제로 보험서비스를 받은 기간은 20×1년 1월 한 달이므로 1월 포괄손익계산서에는 ₩200을 보험료로 기록한다. 나머지 금액 ₩2,200은 아직 보험서비스를 제공받지 못하였으므로 재무상태표에 선급보험료라는 자산계정으로 보고한다. 이에 대한 수정분개를 다음과 같이 할 수 있다.

자산 = 부채 + 자본
−200 −200

분개장

일 자	계 정	차 변	대 변
20×1. 1.31	보험료	200	
	선급보험료		200
	보험서비스 수취 부분 인식		

보험료

차변		대변	
1.31	200		
잔액	**200**		

선급보험료

차변		대변	
1. 4	2,400	1.31	200
잔액	**2,200**		

20×1년 1월 31일 선급보험료 수정을 정리하면 다음과 같다.

수정 전	수 정	수정 후
선급보험료 = ₩2,400	선급보험료에서 ₩200을 감소 보험료에 ₩200을 증가	선급보험료 = ₩2,200
1년분 보험료 ₩200을 보고	월간 보험료 ₩200을 보고하고 선급보험료 ₩200을 차감	남은 11개월에 대한 보험료 ₩2,200을 보고

소모품 기업들은 대부분 일정기간 사용할 소모품을 미리 구입하게 된다. 이 경우에 소모품을 구입하면 자산의 소모품계정 차변에 증가로 기록하고, 소모품을 사용하면 소모품계정 대변에 감소로 기록함과 동시에 비용의 소모품비계정의 차변에 증가로 기록한다. 문방사우(주)는 월말에 소모품을 확인해보니 ₩200의 소모품이 남아 있는 것을 확인하였다. 따라서 소비된 소모품 ₩300을 자산의 소모품계정의 대변에 감소로 기록하고 소비된 소모품은 비용의 소모품비계정에 증가로 기록한다.

자산 = 부채 + 자본
−300 −300

분개장

일 자	계 정	차 변	대 변
20×1. 1.31	소모품비	300	
	소모품		300
	소모품 사용 부분 인식		

소모품비

1.31	300		
잔액	**300**		

소모품

1.30	500	1.31	300
잔액	**200**		

소모품 수정을 정리하면 다음과 같다.

수정 전	수 정	수정 후
소모품＝₩500	소모품에서 ₩300을 감소 소모품비에 ₩300을 증가	소모품＝₩200
소모품 ₩500을 보고	소모품 사용 ₩300을 보고하고 소모품비 ₩300을 보고	소모품 ₩200을 보고

선수수익

선수수익(先受收益, unearned revenues) 또는 이연수익(移延收益, deferred revenues)은 재화 및 용역을 제공해주기로 하고 그에 대한 대가를 미리 현금으로 받은 경우에 발생한다(기업의 정상적인 영업활동에서 발생한 선수액은 부채의 선수금계정으로 기록한다). 선수수익은 현금을 받음으로써 상대방에게 서비스를 제공해주어야 할 의무가 생기므로 부채의 증가로 기록한다. 이후에 기업이 서비스를 제공하면 선수수익을 수익으로 인식한다. [도표 4-5]에서 보듯이 선수수익에 대한 수정분개는 수익의 증가와 부채(선수수익)의 감소를 가져온다. 만약 수정분개가 이루어지지 않는다면 부채는 과대평가되고 수익은 과소평가되어 이익은 과소평가된다.

도표 4-5 선수(이연)수익에 대한 수정분개

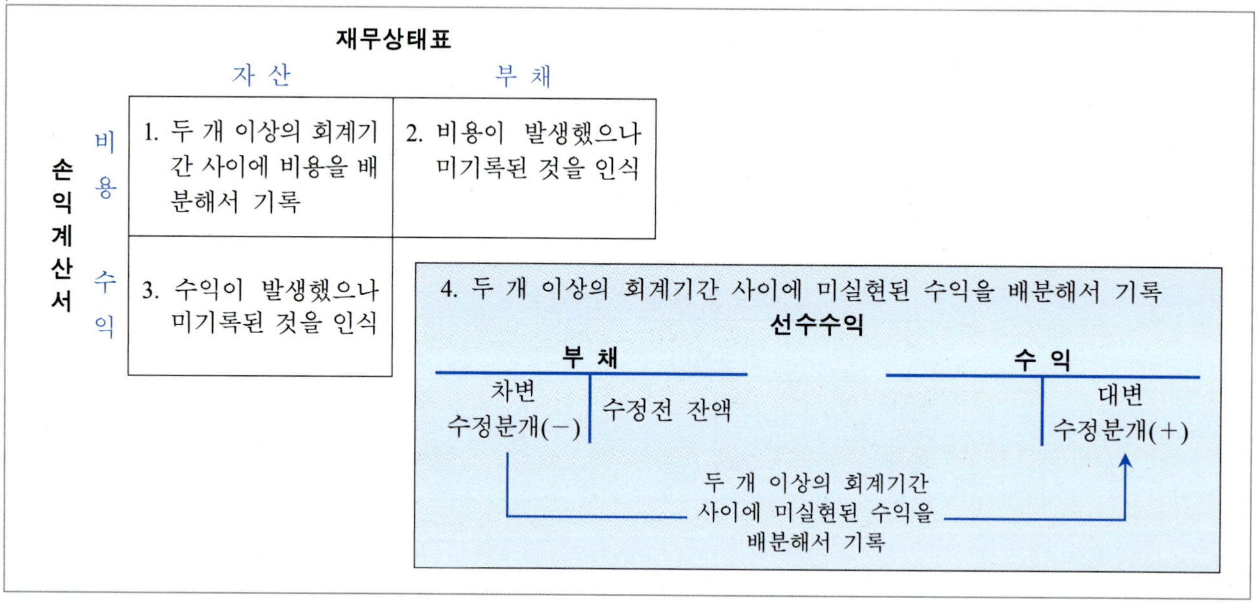

선수금 문방사우(주)는 20×1년 1월 9일 고객으로부터 미리 받은 서비스 대금 ₩6,000에 대해 ₩4,000에 해당하는 서비스를 제공해준 것을 미기록하고 있었다. 문방사우(주)는 서비스를 제공해주었으므로 부채가 감소하게 되고 부채의 감소분만큼 수익으로 인식한다. 따라서 선수금계정 차변에 ₩4,000을 기록하고 수익은 용역수익(매출)계정 대변에 ₩4,000 증가를 기록한다. 선수금 중 나머지 금액은 아직 서비스가 제공되지 않았으므로 계속 부채로 기록한다.

자산 = 부채 + 자본
−4,000 +4,000

분개장			
일 자	계 정	차 변	대 변
20×1. 1.31	선수금	4,000	
	용역수익(매출)		4,000
	서비스 제공 부분 수익으로 인식		

선수금

1.31	4,000	1. 9	6,000
		잔액	**2,000**

용역수익(혹은 매출)

		1.10	5,000
		1.17	2,000
		1.31	4,000
		잔액	**11,000**

선수금 수정을 정리하면 다음과 같다.

수정 전	수 정	수정 후
선수금 = ₩6,000	선수금에서 ₩4,000을 감소 용역수익에 ₩4,000을 증가	선수금 = ₩2,000
선수금 ₩6,000을 보고	프린터 및 복사 서비스 제공 ₩4,000을 보고하고 용역수익 ₩4,000을 보고	선수금 ₩2,000을 보고

3. 발생에 대한 수정분개

발생은 재화 및 용역을 제공했거나 혹은 제공받았으나 대가를 아직 수취 혹은 지급하지 않았거나 권리 및 의무를 기록하지 않은 경우에 발생한다.

수정분개에서 중요한 또 다른 하나가 발생이다. 발생(accruals)은 기업이 재화나 용역을 제공하였으나(또는 제공받았으나) 그에 대한 대가를 수취(또는 지급)할 기일이 되지 않아서 대가를 수취(또는 지급)하지 않았거나, 그에 대한 권리 및 의무를 기록하지 않은 경우에 발생한다. 발생은 수익과 비용 계정에 대해 발생하며, 이는 자산과 부채 계정에 영향을 미친다. 따라서 수정분개가 이루어지기 전에는 수익과 관련된 자산계정 그리고 비용과 관련된 부채계정이 과소평가되어 이익이 과대표시된다.

미수수익

미수수익은 기업이 재화 및 용역을 제공하였으나 이를 회계기간의 수익으로 인식하지 않은 경우에 발생한다.

미수수익(未收收益, accrued revenues)은 회계기간 동안에 재화 및 용역을 제공하였으나 회계기간 말까지 대가를 현금으로 받지 않았거나 또는 그에 대한 권리를 아직 기록하지 않은 것이다. 미수수익에 대한 수정분개는 재무상태표 작성일에 채권이 있는 것으로 기록함과 동시에 회계기간 동안에 발생한 수익을 기록한다. 이러한 수정분개에 따라 자산계정의 증가를 차변에 기록하고 수익계정의 증가를 대변에 기록한다. 만일 수정분개가 이루어지지 않는다면 재무상태표에 자산은 과소표시되며 또한 포괄손익계산서에는 수익이 과소표시된다. 이는 결국 이익의 과소표시로 나타난다.

도표 4-6 미수(발생)수익에 대한 수정분개

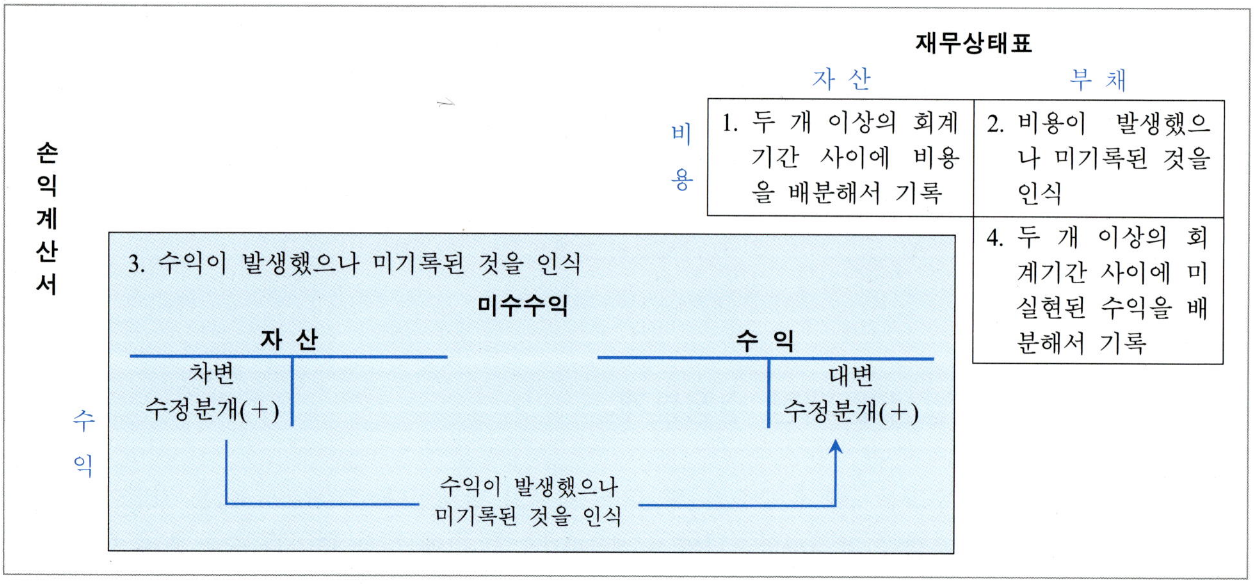

이자수익 문방사우(주)는 현금을 보통예금에 가입해서 보관하고 있다. 보통예금에 대한 1월 한 달 이자가 ₩500 발생했다. 그러나 발생한 이자는 은행의 정책에 따라 매 분기 말일에 현금으로 입금된다. 문방사우(주)는 발생한 보통예금에 대한 이자를 수익인 이자수익으로 인식한다. 그러나 아직 이자를 현금으로 받지는 않았으므로 현금을 받을 수 있는 기업의 권리로서 자산 중 미수이자계정의 차변에 증가로 기록한다.

자산 = 부채 + 자본
+500 +500

분개장			
일 자	계 정	차 변	대 변
20×1. 1.31	미수이자수익 이자수익 보통예금에 대한 이자 발생	500	 500

미수이자수익

1.31 500	
잔액 **500**	

이자수익

	1.31 500
	잔액 **500**

미수수익 수정을 정리하면 다음과 같다.

수정 전	수 정	수정 후
미수이자=₩0	미수이자에 ₩500을 증가 이자수익에 ₩500을 증가	미수이자수익=₩500 이자수익=₩500
수익이 발생하였으나 아직 수취시기가 되지 않아 ₩0으로 보고	미수이자수익 ₩500 증가를 보고하고 이자수익 발생 ₩500을 보고	미수이자수익 ₩500을 보고하고 이자수익 ₩500을 보고

미지급비용

미지급비용은 기업이 재화 및 용역을 제공받아 비용은 발생하였으나 이를 회계기간의 비용으로 인식하지 않은 경우에 발생한다.

미지급비용(未支給費用, accrued expense)은 비용이 발생하였으나 아직 그에 대한 기록이 안 된 경우이다. 즉, 재화 및 용역의 제공을 받았으나 대가를 지급하기로 한 기일이 되지 않아 아직 대금을 지급하지 않은 상태를 의미한다. 예를 들면, 휴대폰을 사용하고 사용대금을 사용한 달의 다음 달에 지급하는 경우를 들 수 있다. 미지급비용의 일반적인 예로는 이자비용, 임차료 혹은 급여 등이 있다. 미지급비용의 수정분개에서는 비용이 발생하였음을 기록하고(비용계정의 차변에 증가로 기록), 재무상태표 작성일의 의무로서 부채의 증가를 기록한다. 만일 이러한 수정분개가 이루어지지 않으면 비용은 과소표시되고 또한 부채도 과소표시되어 이익은 과대표시된다.

도표 4-7 미지급(발생)비용에 대한 수정분개

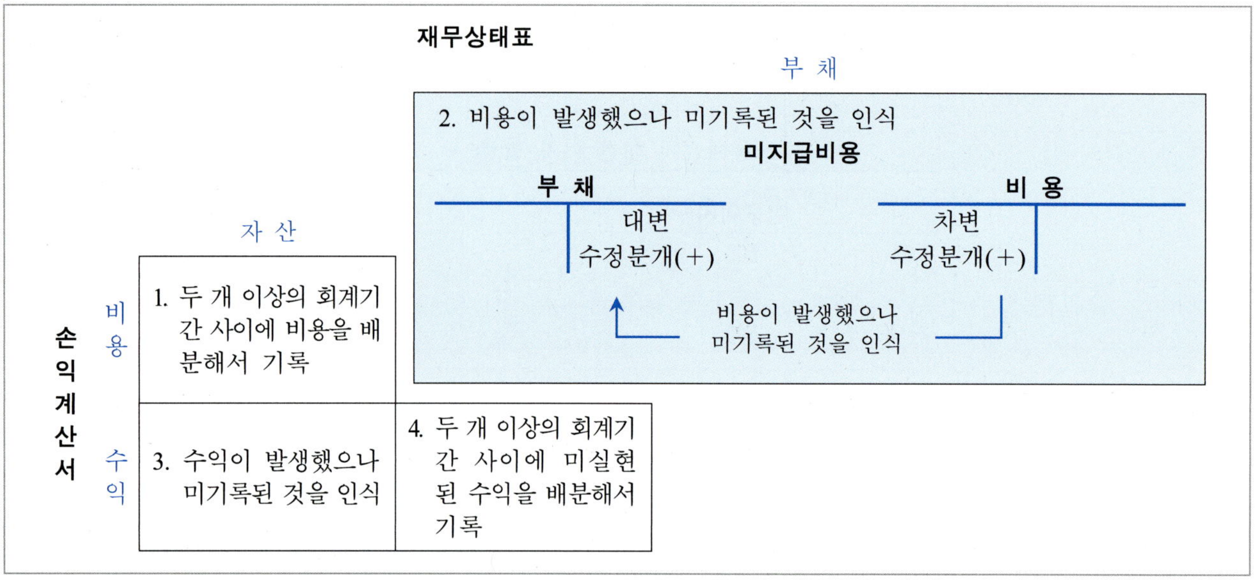

미지급급여 문방사우(주)는 1월 15일에 새로 직원을 2명 고용하였다. 직원에 대한 급여는 매달 10일에 지급하기로 하였다. 문방사우(주)는 새로 고용한 직원의 1월분 급여 ₩4,000을 아직 지급하지 않았다. 따라서 문방사우(주)는 1월분 급여에 대한 회계처리를 하지 않았다. 문방사우(주)는 급여가 발생하였으나 기록하지 않았으므로 비용의 급여계정 차변에 증가로 기록한다. 한편, 급여를 지급할 기일이 되지 않아 급여계정의 대변에 증가로 기록한다.

자산	=	부채	+	자본
		+4,000		−4,000

분개장

일 자	계 정	차 변	대 변
20×1. 1.31	급여	4,000	
	미지급급여		4,000
	종업원에 대한 급여 미지급		

급 여

1.20	4,000		
1.31	4,000		
잔액	**8,000**		

미지급급여

		1.31	4,000
		잔액	**4,000**

미지급급여 수정을 정리하면 다음과 같다.

수정 전	수 정	수정 후
미지급급여 = ₩0	급여에 ₩4,000을 증가 미지급급여에 ₩4,000을 증가	급여 = ₩8,000 미지급급여 = ₩4,000
급여가 발생하였으나 아직 지급시기가 되지 않아 ₩0으로 보고	급여 ₩4,000 증가를 보고하고 미지급급여 ₩4,000 증가를 보고	급여 ₩8,000을 보고하고 미지급급여 ₩4,000을 보고

미지급임차료 문방사우(주)는 사무실 비품을 임차해서 사용하고 있다. 비품에 대한 임차비용은 매달 10일에 지급한다. 문방사우(주)는 비품에 대한 1월분 사용료 ₩1,000을 아직 지급하지 않았다. 따라서 문방사우(주)는 1월분 비품임차료에 대한 회계처리를 하지 않았다. 이에 대한 수정분개를 하면 다음과 같다.

자산 = 부채 + 자본
+1,000 −1,000

분개장

일 자	계 정	차 변	대 변
20×1. 1.31	임차료	1,000	
	미지급임차료		1,000
	임차료 미지급분에 대해 인식		

임차료

차변		대변	
1.31	1,000		
잔액	**1,000**		

미지급임차료

차변		대변	
		1.31	1,000
		잔액	**1,000**

문방사우(주)는 임차료가 발생하였으나 기록하지 않았으므로 비용인 임차료계정 차변에 증가로 기록한다. 한편, 임차료를 지급할 기일이 되지 않아 비용을 지급하지는 않았으나 지급의무는 발생하였으므로 부채인 미지급임차료계정의 대변에 증가로 기록한다.

미지급임차료 수정을 정리하면 다음과 같다.

수정 전	수 정	수정 후
미지급임차료＝₩0	미지급임차료에 ₩1,000을 증가 임차료에 ₩1,000을 증가	임차료＝₩1,000 미지급임차료＝₩1,000
임차료가 발생하였으나 아직 지급시기가 되지 않아 ₩0으로 보고	미지급임차료 ₩1,000 증가를 보고하고 임차료 ₩1,000을 보고	미지급임차료 ₩1,000을 보고하고 임차료 ₩1,000을 보고

4. 기타 자산평가에 대한 수정분개

앞서 설명한 선급 및 발생에 대한 수정분개 이외에 추가적으로 이루어져야 할 수정분개는 자산평가와 관련한 것이다. 자산 중에는 장기간 보유하면서 수익창출에 이용하는 자산이 있다. 예를 들면, 건물, 설비 그리고 비품 등과 같은 자산은 장기간 보유하면서 수익창출에 사용한다. 이 과정에서 중요한 것 중 하나는 자산평가에 대한 수정분개이다.

감가상각비 기업은 다양한 유형자산을 가지고 그 자산의 내용연수(useful life) 동안 이용하여 수익을 창출해낸다. 수익 · 비용 대응에 의하면, 자산이 수년에 걸쳐서 수익을 창출하고 있다면 수익을 창출하기 위해 사용된 자산의 소멸 부분을 자산의 내용연수 동안에 비용으로 보고해야 한다. 감가상각비(減價償却費, depreciation) 인식은 자산의 내용연수에 걸쳐서 원가를 비용으로 배분하는 과정이다. 감가상각에 대한 자세한 설명은 제9장에서 다루어진다.

문방사우(주)는 사업을 위해 20×1년 1월 2일에 내용연수 2년, 잔존가치 ₩200의 설비를 ₩5,000에 구입하였다. 문방사우(주)는 이 설비를 이용하여 수익을 창출했으므로 설비의 원가를 감가상각비라는 비용으로 보고해야 한다. 이 설비는 2년간 사용할 수 있을 것으로 기대되며 사용이 끝나고 나면 취득원가의 4%에 해당하는 금액으로 처분할 수 있을 것으로 예상된다. 따라서 실제로 설비가 2년에 걸쳐서 수익창출에 기여하는 부분은 ₩4,800(＝₩5,000－₩200)이 된다. 문방사우(주)는 ₩4,800을 설비의 내용연수 동안에 걸쳐서 감가상각비라는 비용계정에 배분하게 된다. ₩4,800을 24개월로 나누면 월별 비용은 ₩200(＝₩4,800/24)이 된다. 이에 대한 수정분개를 하면 다음과 같다.

자산 = 부채 + 자본
−200 −200

분개장			
일 자	계 정	차 변	대 변
20×1. 1.31	감가상각비 감가상각누계액-설비 설비에 대한 감가상각비 인식	200	 200

감가상각비

차변		대변	
1.31	200		
잔액	**200**		

감가상각누계액-설비

차변		대변	
		1.31	200
		잔액	**200**

감가상각비 수정을 정리하면 다음과 같다.

수정 전	수 정	수정 후
감가상각비＝₩0	감가상각비에 ₩200을 증가 감가상각누계액에 ₩200을 증가	감가상각비＝₩200 감가상각누계액＝₩200
감가상각비는 일정기간을 두고 인식하므로 아직 인식시기가 되지 않아 ₩0으로 보고	감가상각비 ₩200 증가를 보고하고 감가상각누계액 ₩200을 보고	감가상각비 ₩200을 보고하고 감가상각누계액 ₩200을 보고

감가상각의 결과는 비용의 증가를 가져오므로 감가상각비계정의 차변에 기록하며, 자산이 수익창출에 기여한 부분을 감가상각누계액으로 표시한다. 따라서 자산의 취득 이후 현재까지 자산의 감가상각이 이루어진 부분을 감가상각누계액계정의 대변에 기록한다. 이러한 결과를 재무상태표에 표시하면 [도표 4-8]과 같다.

도표 4-8
문방사우(주)의 1월 31일 재무상태표의 설비의 감가상각누계액

부분재무상태표(자산)		
현 금		
:		
설 비	₩5,000	
(−)감가상각누계액-설비	(200)	₩4,800

부분재무상태표에서 보듯이, 자산의 취득 이후 현재까지 자산이 사용되어 비용으로 배부된 부분을 감가상각누계액(accumulated depreciation)이라는 계정으로

기록한다. 이는 자산의 평가계정(contra account)으로서 자산계정의 아래에 차감하는 형식으로 보고한다. 만약 유형자산에 대한 수정분개가 이루어지지 않으면 자산이 과대평가되고 비용이 과소표시되어 이익이 과대표시된다. 감가상각비에 대한 보다 자세한 회계처리는 제9장에서 설명한다.

손상차손 기업이 보유하고 있는 수취채권 중 일부는 회수불능의 위험이 존재한다. 거래처가 파산되거나 혹은 고객이 채무이행을 불성실하게 함으로써 기업이 수취채권을 받을 수 없게 되었을 때 발생하는 손실을 손상(impairment)이라고 한다. 이러한 손상의 발생은 기업이 재화 및 용역을 제공하고 그에 대한 대가를 바로 수취하지 않고 이후로 연기함에 따라 발생하게 된 것이다. 그러므로 수익·비용 대응에 의하면 이들 손상에 대한 인식은 실제로 손상이 발생한 시점이 아닌 수취채권이 발생한 회계기간에 보고되어야 한다. 손상은 대금수취를 이연한 것에 따른 비용으로 손상차손(損傷差損, impairment gain or loss)계정의 증가로 보고된다. 기대신용손실액은 실제로 발생된 것이 아니고 미래에 발생할 가능성이 있는 금액을 추정해서 보고하게 된다.

20×1년 1월 31일 현재 문방사우(주)의 수취채권인 외상매출금의 잔액은 ₩2,000이다. 문방사우(주)는 외상매출금 잔액 중 10%는 받지 못할 것으로 예상한다. 문방사우(주)는 서비스를 제공해주었으나 아직 대금이 회수 안 된 부분이 ₩2,000이 있으나 이들은 이미 20×1년도 1월의 수익에는 반영되어 있다. 그러나 이들 수익 ₩2,000을 미래에 회수하는 데에는 추가적으로 비용(손상차손) ₩200(=₩2,000×10%)의 발생이 예상된다. 따라서 이들 손상차손 ₩200을 외상매출금(매출채권)이 발생한 회계기간의 비용으로 보고한다. 이에 대한 수정분개를 하면 다음과 같다.

자산 = 부채 + 자본
−200   −200

분개장

일 자	계 정	차 변	대 변
20×1. 1.31	손상차손	200	
	손실충당금		200
	외상매출금 잔액에 대한 손상차손 인식		

손상차손

	차변	대변
1.31	200	
잔액	**200**	

손실충당금

차변	대변	
	1.31	200
	잔액	**200**

손상차손 수정을 정리하면 다음과 같다.

수정 전	수 정	수정 후
손상차손=₩0	손상차손에 ₩200을 증가 손실충당금에 ₩200을 증가	손상차손=₩200 손실충당금=₩200
손상차손의 사전 인식을 하지 않아 ₩0으로 보고	손상차손 ₩200 증가를 보고하고 손실충당금 ₩200을 보고	손상차손 ₩200을 보고하고 손실충당금 ₩200을 보고

기대신용손실추정의 결과는 비용의 증가를 가져오므로 손상차손계정의 차변에 기록하며, 손상을 추정한 금액을 손실충당금(loss allowance)으로 표시한다. 따라서 외상매출금 중 미래에 회수가 되지 않을 것으로 추정된 부분을 손실충당금계정의 대변에 기록한다. 이러한 결과를 재무상태표에 표시하면 [도표 4-9]와 같다.

도표 4-9 문방사우(주)의 1월 31일 재무상태표의 외상매출금 및 손실충당금

부분재무상태표(자산)		
현 금		
⋮		
외상매출금	₩2,000	
(−)손실충당금	(200)	₩1,800

부분재무상태표에서 보듯이, 외상매출금 중 미래에 회수가 되지 않을 것으로 예상된 부분을 손실충당금계정의 대변에 기록한다. 이는 자산의 평가계정(contra account)으로서 자산계정의 아래에 차감하는 형식으로 보고한다. 만약 외상매출금에 대한 수정분개가 이루어지지 않으면 자산이 과대평가되고 비용이 과소표시되어 이익이 과대표시된다.

수정분개와 관련한 각 수정항목은 하나 이상의 손익계산서(수익 또는 비용) 계정과 하나 이상의 재무상태표(자산 또는 부채) 계정에 영향을 주지만 현금계정에는 영향을 미치지 않는다.

♠ 선급에 대한 대체적인 회계처리

선급에 대한 회계처리는 재무상태표를 강조하는 회계처리와 손익계산서를 강조하는 회계처리 두 가지로 할 수 있다. 물론 결과는 동일하다. 이 중 본문에서 설명한 방법은 재무상태표를 강조하는 회계처리방법이다. 반면, 손익계산서를 강조하는 대체적인 회계처리방법은 다음과 같다.

보험료 제3장의 문방사우(주)의 사례를 다시 검토해보기로 하자. 문방사우(주)는 보험료 1년분을 현금으로 전액 지급하였으므로 보험료계정 차변에 1년분인 ₩2,400을 기록한다. 그러나 실제로 보험서비스를 받은 기간은 20×1년 1월 한 달이므로 1월 포괄손익계산서에는 ₩200을 보험료비용으로 기록한다. 나머지 금액 ₩2,200은 아직 보험서비스를 제공받지 못하였으므로 보험료를 취소하는 분개를 하고 보험료 중 취소된 부분을 재무상태표에 선급보험료라는 자산계정으로 보고한다. 이에 대한 수정분개를 다음과 같이 할 수 있다.

20×1. 1. 31	선급보험료 ·········	2,200	
	보험료 ·········		2,200

선급보험료

1.31	2,200		
잔액	2,200		

보험료

	2,400	1.31	2,200
잔액	200		

소모품 소모품을 사용할 때마다 구입한다는 것은 매우 번거로운 일이다. 그래서 기업들은 대부분 일정기간 사용할 소모품을 미리 구입하게 된다. 이 경우에 소모품을 구입하면 비용의 소모품비계정 차변에 증가로 기록하고 회계연도 말에 소모품 미사용분을 파악하여 소모품비계정의 회계처리를 취소하고 취소된 부분을 자산인 소모품계정의 차변에 기록한다. 문방사우(주)는 소모품을 구입하였을 때 소모품비계정 차변에 증가로 기록하였을 것이다. 그 다음 1월 31일 소모품을 확인해보니 ₩200의 소모품이 남아 있는 것이 확인되었으므로 미사용된 소모품 ₩200을 소모품비계정에서 취소하는 회계처리를 하고 그 금액을 소모품계정의 차변에 증가로 기록한다.

20×1. 1. 31

소모품

1.31	200		
잔액	200		

소모품비

	500	1.31	200
잔액	300		

선급에 대한 다른 회계처리의 결과는 같다. 그러나 이에 대한 수정분개가 이루어지지 않으면 서로 다른 효과를 가져온다.

정산표의 개념 및 작성절차 : 서비스업

1. 정산표의 이용

회계연도 말이 되면 회계담당자들은 매우 바쁜 시간을 보내게 된다. 회계기간 동안 이루어진 거래의 기록을 정리하고, 거기다가 재무제표를 작성하기 위한 준비를 위해 수정분개사항을 정리하게 되면 그들은 매우 제한된 시간을 갖게 된다. 이러한 상황에서 정산표(精算表, work sheet)의 이용은 수정분개사항을 실제로 계정에 전기하지 않고도 회계담당자로 하여금 결산작업에 필요한 정보를 수집 및 조직화할 수 있게 해준다. 정산표는 기본 재무제표는 아니다. 그러나 결산과정에서 재무제표를 작성하는 데 필요한 정보를 수집하는 데에 매우 유용한 수단이다. 정산표는 다음 몇 가지 효익을 제공해준다.

- 재무제표 작성에 도움을 준다.
- 많은 계정에 대한 수정분개 작업에서 오류의 가능성을 줄여준다.
- 재무제표에서 계정과 수정분개가 미치는 영향을 연결시켜준다.
- 재무제표 감사의 계획 및 조직화를 도와준다.

2. 정산표의 작성절차

정산표의 양식은 [도표 4-10]과 같다. 정산표에는 수정전시산표, 수정분개, 수정후시산표, 포괄손익계산서 그리고 재무상태표 등 5개 난이 있으며, 각각 차변과 대변이 있어서 금액을 기록할 수 있는 칸은 총 10개이다. 이를 10위식 정산표라 한다. 수정후시산표란을 제외하고 정산표를 작성하는 경우도 많은데, 이를 8위식 정산표라고 한다.

문방사우(주)의 정보를 이용하여 정산표 작성과정에 대해 설명하도록 한다. 정산표는 5단계를 거쳐 작성된다.

도표 4-10 정산표 양식

정 산 표

문방사우(주) 20×1년 1월 31일 현재 (단위 : 원)

계정과목	수정전시산표		수정분개		수정후시산표		포괄손익계산서		재무상태표	
	차변	대변	차변	대변	차변	대변	차변	대변	차변	대변
현 금										
외상매출금										
:										
장기차입금										
자 본 금										
용 역 수 익										
:										
영 업 비 용										
:										
합 계										

정산표 작성절차

1단계 : 수정전시산표 작성

원장의 모든 계정의 명칭을 첫 번째 칸에 기록한 다음, 그 계정의 잔액을 원장으로부터 옮겨 적고 차변과 대변의 합계액을 기록한다. 이때 계정잔액이 ₩0인 계정도 모두 옮겨 적는다. 계정잔액이 ₩0인 것은 아예 계정 자체가 없는 것과는 다르며, 수정분개과정에서 금액이 기록될 수도 있다. 수정전시산표의 차변과 대변의 합계액은 항상 일치해야 한다. 만약 차변과 대변의 합계액이 일치하지 않는다면 이는 회계기록상의 오류가 있음을 의미하는 것이다. [도표 4-11]의 정산표를 보면 문방사우(주)의 수정전시산표의 차변과 대변은 각각 ₩43,500으로서 일치하고 있다. 이 단계에서는 한 회계기간의 수익과 비용이 완전히 규명되지 않았으므로 정확한 이익을 알 수는 없다.

2단계 : 수정분개의 기입

정산표의 두 번째 칸에는 수정분개한 내용을 기록한다. 수정분개과정에서 새로 생겨난 계정과목이 있으면 계정과목 칸 하단에 새로이 계정과목을 추가하여 기재한다. 기존에 있는 계정과목은 차변과 대변을 구분하여 해당 계정과목의 차변과 대변에 기록한다. 이렇게 수정분개를 다 기록하고 나면 수정분개 칸의 차변과 대변의 합계는 상호 일치하게 된다. [도표 4-11]에서 보듯이 문방사우(주)의 수정분개의 차변과 대변의 합은 ₩10,400으로 일치한다. 정산표를 작성하고 난 후에 수정분개 내용은 분개장에 기록하고 원장에 전기해야 한다.

도표 4-11 문방사우(주)의 정산표

정 산 표

문방사우(주) 20×1년 1월 31일 현재 (단위 : 원)

계정과목	수정전시산표		수정분개		수정후시산표		포괄손익계산서		재무상태표	
	차변	대변	차변	대변	차변	대변	차변	대변	차변	대변
현 금	28,300				28,300				28,300	
외상매출금	2,000				2,000				2,000	
소 모 품	500			300	200				200	
선급보험료	2,400			200	2,200				2,200	
설 비	5,000				5,000				5,000	
미 지 급 금		500				500				500
선 수 금		6,000	4,000			2,000				2,000
자 본 금		30,000				30,000				30,000
배 당 금	300				300				300	
용 역 수 익		7,000		4,000		11,000		11,000		
급 여	4,000		4,000		8,000		8,000			
수도광열비	1,000				1,000		1,000			
합 계	43,500	43,500								
보 험 료			200		200		200			
소 모 품 비			300		300		300			
미 수 이 자			500		500				500	
이 자 수 익				500		500		500		
미지급급여				4,000		4,000				4,000
임 차 료			1,000		1,000		1,000			
미지급임차료				1,000		1,000				1,000
감가상각비			200		200		200			
설비감가상각누계액				200		200				200
손 상 차 손			200		200		200			
손실충당금				200		200				200
합 계			10,400	10,400	49,400	49,400	10,900	11,500	38,500	37,900
당기순이익							**600**			**600**
합 계							11,500	11,500	38,500	38,500

3단계 : 수정후시산표 작성

수정전시산표의 금액과 수정분개 칸의 금액을 통합하여 수정후시산표 칸에 기록한다. 이때 두 금액이 같은 변(차변 또는 대변)에 기록되어 있으면 합해서 적고, 두 금액이 반대편에 기록되어 있으면 큰 금액이 기록되었던 변에 차이금액을 적는다. 예를 들면, 선급보험료의 경우 수정전시산표에는 차변에 ₩2,400이 기록되어 있고 수정분개에는 대변에 ₩200이 기록되어 있다. 따라서 차변에서 대변의 금액을 차감하여 수정후시산표에는 차변에 ₩2,200을 기록한다. 이는 선급보험료계정이 자산계정으로 잔액이 차변에 생기기 때문이다. 수정후시산표의 차변합계와 대변합계를 구하여 일치하는지를 확인하고 합계란에 기록한다. [도표 4-11]의 수정후시산표 차변과 대변 합계액은 ₩49,400이 된다. 수정전시산표 잔액에 수정분개를 반영함으로써 한 회계기간의 정확한 이익을 알 수 있게 된다.

4단계 : 포괄손익계산서

수정후시산표는 재무제표를 작성하기 위한 기초가 된다. 정산표의 마지막 네 칸은 포괄손익계산서 및 재무상태표의 각 계정으로 분리하기 위한 것이다. 세 개의 수익계정 항목은 포괄손익계산서 칸의 대변에 옮겨 적는다. 6개의 비용계정 항목은 포괄손익계산서 칸의 차변에 옮겨 적는다. 이들 항목은 수정후시산표에 있는 금액을 그대로 옮겨 적으면 된다. 그 다음 차변과 대변의 합계액을 계산한다. 포괄손익계산서 대변의 합계액은 ₩11,500이고 차변의 합계액은 ₩10,900이다. 이들의 차이 ₩600은 문방사우(주)의 20×1년 1월의 순이익이 되며, 포괄손익계산서 칸의 차변에 기입한다. 이렇게 순이익을 보여주는 한 가지 목적은 두 칸의 균형을 맞추기 위한 것이다. 그리고 차변 칸에 기록하는 또 한 가지 이유는 순이익이 이익잉여금으로 옮겨져 재무상태표 대변에 기록된다는 것을 보여주기 위해서이다. 만일 수익이 비용보다 적다면 순손실이 되고 이는 포괄손익계산서 칸의 대변 칸에 기록될 것이다.

5단계 : 재무상태표

왜 정산표에서 재무상태표 칸 전에 포괄손익계산서 칸을 표시하는 걸까? 사실 포괄손익계산서는 재무상태표의 부분이기 때문이다. 이는 앞서 설명했던 확장된 회계등식을 다시 한 번 생각해보면 알 수 있다. 순이익은 이익잉여금을 통해 자산에 대한 주주의 청구권을 증가시키기 때문이다. [도표 4-12]의 포괄손익계산서의 순이익 ₩600은 재무상태표의 대변 칸으로 옮겨진다. 그 다음에 재무상태

도표 4-12 문방사우(주)의 재무제표

손익계산서

문방사우(주)	20×1년 1월 1일부터 1월 31일까지	(단위 : 원)
총수익		
용 역 수 익	₩11,000	
이 자 수 익	500	
합 계		₩11,500
총비용		
급 여	8,000	
보 험 료	200	
소 모 품 비	300	
손 상 차 손	200	
감가상각비	200	
임 차 료	1,000	
수도광열비	1,000	
합 계		10,900
당기순이익		₩600

자본변동표

문방사우(주) 20×1년 1월 1일부터 1월 31일까지 (단위 : 원)

	자본금	이익잉여금	총계
20×1. 1. 1	₩0	₩0	₩0
주 식 발 행	30,000		30,000
중 간 배 당	–	(300)	(300)
당기순이익	–	600	600
20×1. 1.31	₩30,000	₩300	₩30,300

재무상태표

문방사우(주) 20×1년 1월 31일 현재 (단위 : 원)

자 산			부 채	
현 금		₩28,300	미 지 급 금	₩500
외상매출금	2,000		선 수 금	2,000
(손실충당금)	(200)	1,800	미지급급여	4,000
소 모 품		200	미지급임차료	1,000
선급보험료		2,200	부채합계	7,500
미 수 이 자		500		
설 비	5,000		자 본	
(설비감가상각누계액)	(200)	4,800	자 본 금	30,000
			이익잉여금	300
			(당기순이익 : ₩600)	
			(배당금 : ₩300)	
			자본합계	30,300
자산합계		₩37,800	부채와 자본합계	₩37,800

표의 차변합계액과 대변합계액을 계산하여 두 금액이 일치하는지를 비교한다. 두 금액이 일치하면 정산표는 올바르게 작성되었음을 의미한다. 완벽하게 작성된 정산표는 포괄손익계산서, 자본변동표 및 재무상태표의 작성에 필요한 모든 정보를 제공해준다.

상품매매업의 결산

상품매매업과 제조업의 결산과정은 서비스업과 같다. 그러나 단 한 가지 차이점은 서비스업과는 달리 상품매매업과 제조업은 재고자산이 있다는 것이다. 따라서 이 절에서는 결산과정에서 재고자산의 회계처리에 대해서 설명한다. 재고자산에 대한 자세한 설명은 제5장에서 설명한다.

1. 매출원가

상품매매업의 결산과정에서 제일 중요한 것은 매출원가(賣出原價, cost of goods sold)를 계산하는 것이다. 매출원가는 주된 영업활동에서 수익을 획득하는 과정에서 희생된 자원이다. 매출원가는 포괄손익계산서에서 매출액에 대응되어 보고된다. 매출원가는 판매된 상품이나 제품의 매입원가 혹은 제조원가를 의미한다. 결산과정에서 매출원가의 계산과정은 기업이 재고시스템으로 실지재고조사법(periodic inventory system)과 계속기록법(perpetual inventory system) 중 어떠한 방법을 사용하고 있느냐에 따라 달라진다. 물론 현대에 와서는 이 두 가지 방법을 동시에 적용하기도 한다.

2. 매출원가의 계산

실지재고시스템은 상품의 구입에 대해 상품(재고자산)계정에 기록하지 않고 매입(買入)계정에 기록한다. 따라서 결산시점의 상품계정에는 전기에 판매되고 남은 상품금액이 남아 있고 기말상품금액은 창고에서 실사를 통해 상품금액을 확정한다. 그러므로 반드시 매출원가를 계산하는 과정이 필요하며, 이를 위한 수정분개가 필요하다. 매출원가는 다음과 같이 계산된다.

매출원가 = 기초재고자산금액 + 당기매입액 − 기말재고자산금액

(기초재고자산금액: 상품계정 기초금액, 당기매입액: 상품구입금액, 기말재고자산금액: 기말실사금액)

계속기록법에서는 상품 구입 및 판매에 대한 기록이 모두 상품(재고자산)계정에서 이루어진다. 따라서 상품계정의 기말잔액은 현재 실제 잔액을 의미한다. 한편, 매출원가는 상품을 판매할 때 바로 매출원가계정에 기록함에 따라 매출원가계정 잔액을 그대로 이용한다. 그러므로 결산과정에서 매출원가를 위한 별도의 수정분개가 필요하지 않다.

3. 매출원가의 계산 : 상품매매업

문방사우(주) 사례를 확장하여 상품매매업의 결산과정에 대해 살펴보기로 한다. 문방사우(주)는 프린터 출력 및 복사 서비스 외에 사무용품을 구입해 판매한다고 가정하자. 20×1년 1월 31일 문방사우(주)의 상품 구입 및 판매와 관련된 계정은 다음과 같다.

상품(재고자산)

차변		대변
1. 1	800	
잔액	**800**	

매 입

차변		대변
	8,000	
잔액	**8,000**	

매 출

차변	대변	
		19,800
	잔액	**19,800**

문방사우(주)의 현재 재고자산 금액은 ₩200으로 확인되었다. 이 자료를 이용하여 수정분개를 하면 다음과 같다.

분개장			
일 자	계 정	차 변	대 변
20×1. 1.31	매입	800	
	상품(기초상품)		800
	기초상품을 매입계정으로 전기		

매 입			
	8,000		
1.31	800		
잔액	**8,800**		

상 품			
1. 1	800	1.31	800
잔액	**0**		

먼저 기초상품금액을 매입계정으로 전기한다. 이는 1월의 판매가능금액을 계산하기 위해서이다. 이 과정을 통해 문방사우(주)의 1월 판매가능금액은 ₩8,800이 된다. 그런 다음 실사(實査)를 통해 판매되지 않은 상품을 확인한다. 이를 통해 확인된 금액이 ₩200이다. 이를 수정분개하면 다음과 같다.

분개장			
일 자	계 정	차 변	대 변
20×1. 1.31	상품(기말상품)	200	
	매입		200
	미판매분을 매입계정에서 기말상품계정으로 전기		

상 품			
1. 1	800	1.31	800
1.31	200		
잔액	**200**		

매 입			
	8,000	1.31	200
1.31	800		
잔액	**8,600**		

위의 분개를 통해 상품계정의 기말금액은 ₩200이 되며, 매출원가는 매입계정의 잔액인 ₩8,600이 된다. 이 수정분개 내용을 정산표의 작성을 통해 재무제표로 작성하면 다음과 같다.

도표 4-13 문방사우(주)의 정산표(상품매매업)

정 산 표

문방사우(주) 20×1년 1월 31일 현재 (단위 : 원)

계정과목	수정전시산표		수정분개		수정후시산표		포괄손익계산서		재무상태표	
	차변	대변	차변	대변	차변	대변	차변	대변	차변	대변
현 금	28,300				28,300				28,300	
외상매출금	2,000				2,000				2,000	
상 품	800		200	800	200				200	
소 모 품	500			300	200				200	
선급보험료	2,400			200	2,200				2,200	
설 비	5,000				5,000				5,000	
미 지 급 금		500				500				500
선 수 금		6,000	4,000			2,000				2,000
자 본 금		30,000				30,000				30,000
배 당 금	300				300				300	
매 출		15,800		4,000		19,800		19,800		
매 입	8,000		800	200	8,600		8,600			
급 여	4,000		4,000		8,000		8,000			
수도광열비	1,000				1,000		1,000			
합 계	52,300	52,300								
보 험 료			200		200		200			
소 모 품 비			300		300		300			
미 수 이 자			500		500				500	
이 자 수 익				500		500		500		
미지급급여				4,000		4,000				4,000
임 차 료			1,000		1,000		1,000			
미지급임차료				1,000		1,000				1,000
감가상각비			200		200		200			
설비감가상각누계액				200		200				200
손 상 차 손			200		200		200			
손실충당금				200		200				200
합 계			11,400	11,400	58,200	58,200	19,500	20,300	38,700	37,900
당기순이익							**800**			**800**
합 계							20,300	20,300	38,700	38,700

정산표에서 보듯이 앞서 상품매매기업으로서 재고자산의 기록을 실지재고시스템을 사용하는 문방사우(주)는 서비스 기업인 문방사우(주)와는 달리 정산표에 재고자산으로서 상품계정과 매입계정이 있으며, 용역수익계정 대신에 매출계정을 사용하고 있음을 알 수 있다.

도표 4-14 문방사우(주)의 재무제표

손익계산서

문방사우(주) 20×1년 1월 1일부터 1월 31일까지 (단위 : 원)

과목		금액
Ⅰ. 매출액		₩19,800
Ⅱ. 매출원가		
기초상품재고금액	800	
매 입 액	8,000	
판매가능금액	8,800	
기말상품재고금액	(200)	8,600
Ⅲ. 매출총이익		11,200
Ⅳ. 판매비와관리비		10,900
급 여	8,000	
보 험 료	200	
소 모 품 비	300	
손 상 차 손	200	
감가상각비	200	
임 차 료	1,000	
수도광열비	1,000	
Ⅴ. 영업이익		300
Ⅵ. 금융수익		500
이 자 수 익	500	
Ⅶ. 당기순이익		₩800

재무상태표

문방사우(주) 20×1년 1월 31일 현재 (단위 : 원)

자 산			부 채	
현 금		₩28,300	미 지 급 금	₩500
외상매출금	2,000		선 수 금	2,000
(손실충당금)	(200)	1,800	미지급급여	4,000
상 품		200	미지급임차료	1,000
소 모 품		200	부채합계	₩7,500
선급보험료		2,200		
미 수 이 자		500	자 본	
설 비	5,000		자 본 금	30,000
(설비감가상각누계액)	(200)	4,800	이익잉여금	500
			(당기순이익 : ₩800)	
			(배당금 : ₩300)	
			자본합계	30,500
자산합계		₩38,000	부채와 자본합계	₩38,000

장부의 마감

장부(계정)마감(closing the books) 또는 마감분개(close entries) 과정은 회계순환과정의 마지막 단계로서 재무제표 작성 후에 수행되는 중요한 단계이다. 장부마감이란 지금까지 기록해온 계정들에 대한 기술적인 마무리를 하는 절차를 말한다. 장부마감에는 두 가지 중요한 이유가 있다. 첫째는 회계기간 말에 수익, 비용 그리고 배당금(개인기업인 경우 인출금계정) 등의 임시계정의 잔액을 ₩0으로 만드는 것이다. 이는 수익 및 비용 계정의 잔액을 영(zero)으로 만듦으로써 다음 회계기간의 정확한 이익을 측정하기 위해서이다. 둘째는 회계기간의 수익과 비용을 요약하는 데 도움을 주기 때문이다. 이어서 장부마감에 대해서 설명한다.

1. 임시계정 대 영구계정

회계에서 이용되는 계정에는 한 회계기간 동안에만 이용되는 계정인 임시계정과 계정의 잔액이 미래 회계기간으로 연결되는 계정인 영구계정 등 두 종류가 있다. 임시계정(temporary accounts)은 한 회계기간에 관련된 자료를 집계하는 계정으로서 포괄손익계산서의 수익 및 비용 계정 그리고 배당금(개인기업에서는 인출금)계정이 이에 포함된다. 임시계정은 회계연도 초에 ₩0으로 시작하여 회계기간 동안의 거래기록에 이용된 후 회계기간 말에 계정을 마감하고 잔액을 ₩0으로 만든다. 반면, 영구계정(permanent accounts)은 하나 혹은 그 이상의 회계기간과 관계되는 활동들을 보고하는 데에 이용되는 계정이다. 이들 계정은 회계기간 말의 계정잔액을 다음 회계기간의 기초잔액으로 활용한다. 재무상태표에 속하는 계정들이 대부분 여기에 속한다. 여기서 중요한 것은 자산, 부채 그리고 자본 계정들은 마감(closed)되는 것이 아니라는 것이다.

2. 임시계정의 마감

포괄손익계산서와 관련된 수익 및 비용 계정은 한 회계기간 동안의 거래에서 발생한 경영성과를 파악하기 위하여 기록한 것이다. 그러므로 다음 회계기간의 경영성과를 파악하기 위해서는 영(zero)에서부터 출발하여 다시 새롭게 기록해나가야 한다. 즉, 새로운 회계기간에는 새로운 장부를 마련하고 여기에 새롭게 발생하는 수익과 비용을 기록하여 새로운 회계기간의 경영성과를 파악하는 데에 사용해야 한다.

임시계정에 기록된 거래들은 최종적으로는 재무상태표의 이익잉여금계정으로 대체된다. 이러한 대체과정을 통해 임시계정의 잔액은 ₩0이 된다. 임시계정의 마감은 다음 네 단계로 구분되어 이루어진다.

[도표 4-15]에서 보듯이 1단계와 2단계는 한 회계기간 동안의 경영성과를 파악하기 위한 과정으로, 비용과 수익 계정의 잔액을 한 곳에 모아서 이익 및 손실을 결정하는 단계이다.

도표 4-15
수익 및 비용 계정의 마감

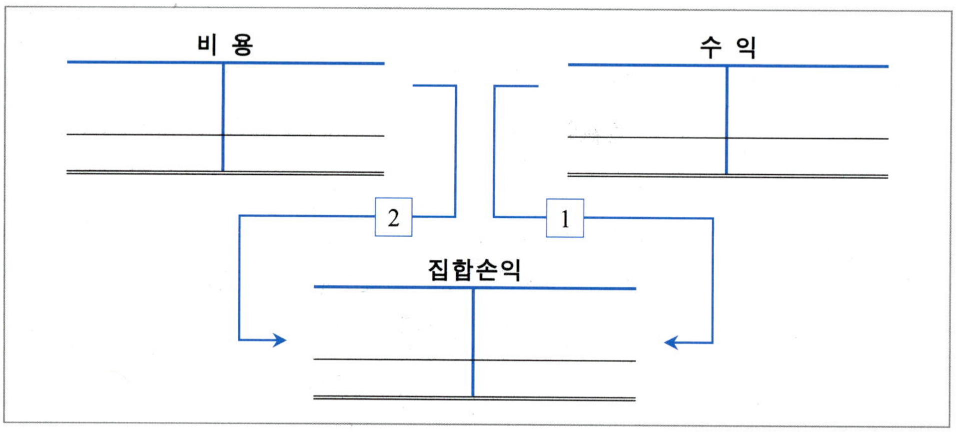

한 회계기간의 이익을 결정하기 위해서는 수익과 비용을 한 곳에 모으기 위한 계정을 새로이 만들어 이용하게 되는데, 이 계정을 집합손익(income summary) 계정이라고 한다. 집합손익계정은 수익과 비용 계정의 잔액을 한 곳에 모아 이익을 결정한 후 결정된 이익을 이익잉여금계정으로 대체함으로써 임무를 다하게 된다. 여기서 주목할 것은 집합손익계정은 결산 때에만 잠시 나타났다가 사라지는 계정으로서 임시계정이라는 것이다.

수익계정과 비용계정을 집합손익계정으로 대체하는 분개는 다음과 같다.

수익계정에서 집합손익계정으로			
분개장			
일 자	**계 정**	**차 변**	**대 변**
20×1. 1.31	수익	×××	
	집합손익		×××

비용계정에서 집합손익계정으로			
분개장			
일 자	**계 정**	**차 변**	**대 변**
20×1. 1.31	집합손익	×××	
	비용		×××

[도표 4-16]에서 보듯이 3단계에서는 집합손익계정에서 결정된 이익을 이익잉여금계정으로 대체하고 집합손익계정을 마감한다. 집합손익계정의 대변합계액이 차변합계액보다 크면 순이익이 발생하고, 반대로 차변합계액이 대변합계액보다 크면 순손실이 발생했음을 의미한다. 집합손익계정에서 결정된 순이익은 주주들에 대한 배당 및 사내유보를 위해 이익잉여금계정으로 대체된다.

집합손익계정에서 이익잉여금계정으로			
분개장			
일 자	**계 정**	**차 변**	**대 변**
20×1. 1.31	집합손익	×××	
	이익잉여금		×××

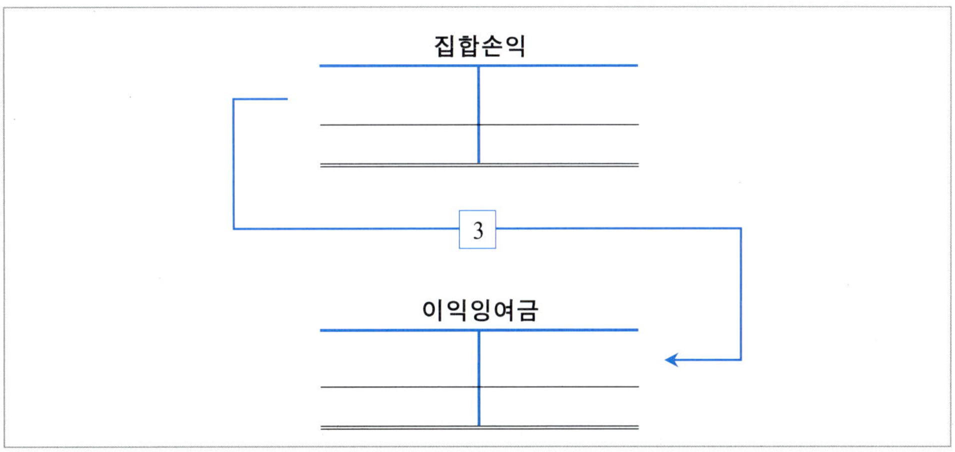

도표 4-16 순이익의 이익잉여금으로 대체

마지막 4단계에서는 배당금(인출금)계정의 잔액을 이익잉여금계정으로 전기한다. 배당금계정은 회계기말에 잔액을 ₩0으로 만드는 회계처리를 해야 한다. 배당금계정도 수익이나 비용 계정과 마찬가지로 임시계정이기 때문이다.

배당금(인출금)계정에서 이익잉여금계정으로

분개장			
일 자	계 정	차 변	대 변
20×1. 1.31	이익잉여금	×××	
	배당금(인출금)		×××

도표 4-17
배당금계정의
이익잉여금계정으로 대체

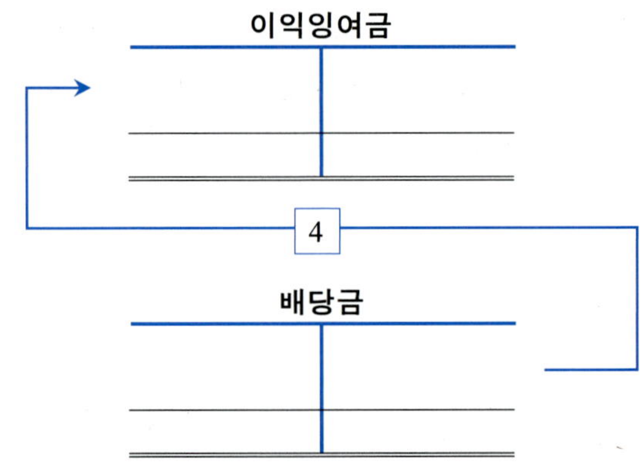

문방사우(주)의 임시계정 마감

[도표 4-18]은 20×1년 1월 31일 문방사우(주)의 임시계정에 대한 마감분개 및 원장에의 전기과정을 보여주고 있다. 먼저 수익계정과 비용계정의 잔액이 집합손익계정으로 옮겨지면서 수익과 비용 계정은 마감되며 잔액은 ₩0이 된다. 이에 대한 분개는 다음과 같다.

분개장			
일 자	계 정	차 변	대 변
20×1. 1.31	용역수익	11,000	
	이자수익	500	
	집합손익		11,500

도표 4-18 마감분개의 원장으로의 전기(문방사우(주), 서비스업)

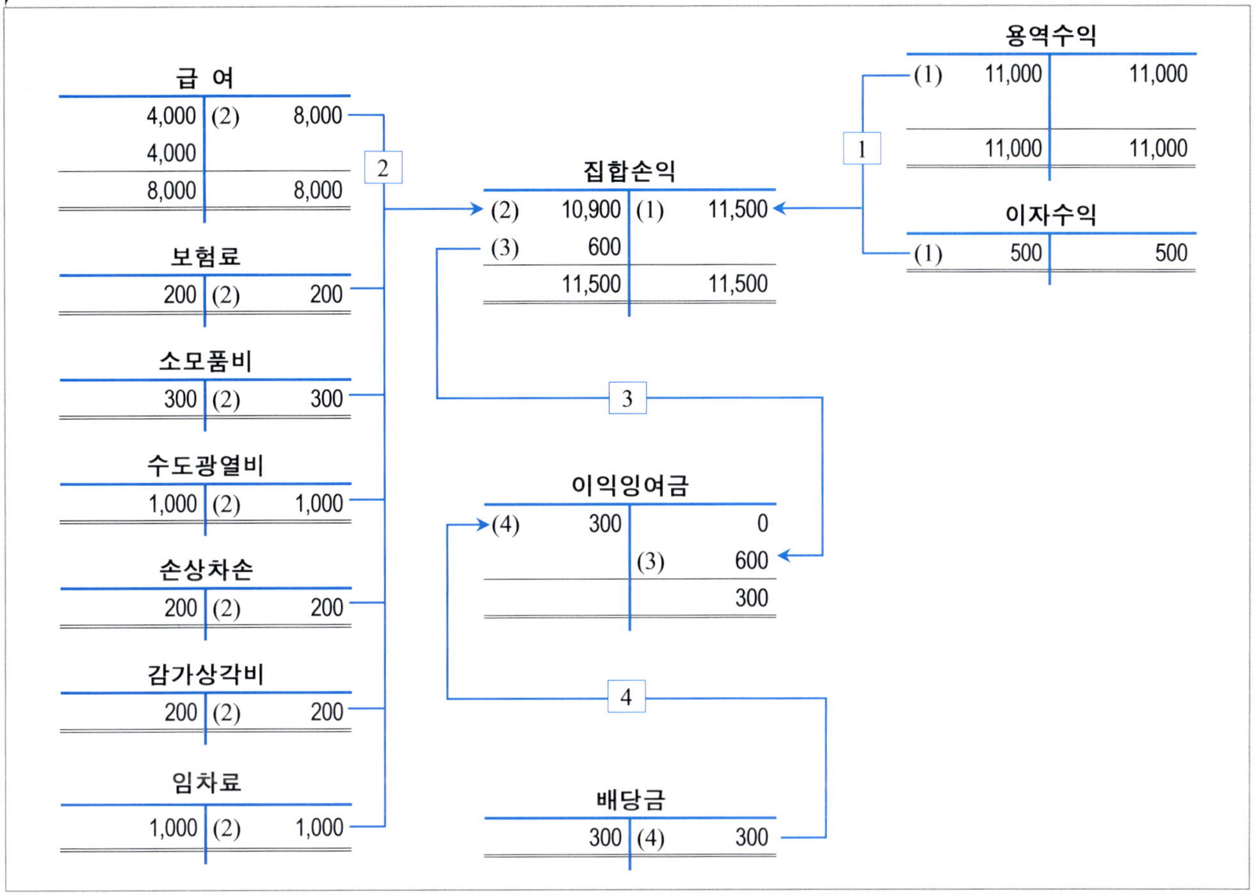

분개장			
일 자	계 정	차 변	대 변
20×1. 1.31	집합손익	10,900	
	급여		8,000
	보험료		200
	소모품비		300
	수도광열비		1,000
	손상차손		200
	감가상각비		200
	임차료		1,000

집합손익계정의 대변에는 ₩11,500이 표시되는데, 이는 문방사우(주)가 20×1년 1월 한 달 동안 영업을 통해 벌어들인 총수익을 의미한다. 반면 집합손익계

정 차변에는 ₩10,900이 표시되는데, 이는 문방사우(주)가 수익 ₩11,500을 벌기 위해 사용한 비용의 합계가 ₩10,900임을 의미한다. 집합손익계정은 ₩600(=수익 ₩11,500−비용 ₩10,900)의 대변잔액을 갖게 되는데, 이는 문방사우(주)의 20×1년 1월 한 달 동안의 순이익을 의미한다. 집합손익계정의 순이익 ₩600은 주주에게의 배당 및 사내유보를 위한 처분을 위해 이익잉여금계정으로 대체됨으로써 집합손익계정은 마감되고 잔액은 ₩0이 된다.

분개장			
일 자	계 정	차 변	대 변
20×1. 1.31	집합손익 이익잉여금	600	 600

마지막으로 배당금(인출금)계정도 임시계정이므로 배당금계정의 잔액을 이익잉여금계정으로 대체하여 계정을 마감하게 되고 잔액은 ₩0이 된다.

분개장			
일 자	계 정	차 변	대 변
20×1. 1.31	이익잉여금 배당금(인출금)	300	 300

이익잉여금계정은 당기순이익에 의하여 ₩600만큼 증가하고, 배당금으로 인하여 ₩300만큼 감소하기 때문에 이익잉여금의 당기 순증가분은 ₩300이 되며 이는 20×1년 1월 31일자 재무상태표의 이익잉여금 잔액으로 표시된다.

3. 재무상태표 계정의 마감

재무상태표의 자산, 부채, 자본은 영구계정이라고 한다. 재무상태표 계정을 마감하기 위해서는 잔액이 있는 반대편에 붉은색으로 적요 칸에 차기이월(또는 차월이월)이라고 기입하고, 금액란에는 잔액과 동일한 금액을 적어 차변과 대변의 금액을 일치시켜 마감한다. 이러한 방법으로 장부를 마감하는 경우 자산계정은 대변에, 부채와 자본 계정은 차변에 차기이월(또는 차월이월)이라고 기재한다. 다음 회계연도 초에는 차기이월(또는 차월이월)이라고 기재한 반대편에 전기이월(또는 전월이월)이라고 쓰고, 차기로 이월된 동일한 금액을 기재하여 사용한다.

문방사우(주)의 20×1년 1월 31일 재무상태표 계정을 마감하면 [도표 4-19]와 같다.

도표 4-19 재무상태표 계정의 마감(문방사우(주), 서비스업)

현 금			
(1)	30,000	(2)	2,400
(4)	6,000	(6)	1,000
(8)	2,000	(7)	300
(11)	3,000	(9)	5,000
		(10)	4,000
		1.31 차기이월	28,300
	41,000		41,000
2.1 전기이월	28,300		

외상매출금			
(5)	5,000	(11)	3,000
		1.31 차기이월	2,000
	5,000		5,000
2.1 전기이월	2,000		

손실충당금			
1.31 차기이월	200		200
	200		200
		2.1 전기이월	200

소모품			
(12)	500		300
		1.31 차기이월	200
	500		500
2.1 전기이월	300		

선급보험료			
(2)	2,400		200
		1.31 차기이월	2,200
	2,400		2,400
2.1 전기이월	2,200		

미수이자			
	500	1.31 차기이월	500
	500		500
2.1 전기이월	500		

설 비			
(3)	5,000	1.31 차기이월	5,000
	5,000		5,000
2.1 전기이월	5,000		

미지급금			
(9)	5,000	(3)	5,000
1.31 차기이월	500	(12)	500
	5,500		5,500
		1.1 전기이월	500

선수금			
	4,000	(4)	6,000
1.31 차기이월	2,000		
	6,000		6,000
		2.1 전기이월	2,000

미지급급여			
1.31 차기이월	4,000		4,000
	4,000		4,000
		2.1 전기이월	4,000

미지급임차료			
1.31 차기이월	1,000		1,000
	1,000		1,000
		2.1 전기이월	1,000

자본금			
1.31 차기이월	30,000	(1)	30,000
	30,000		30,000
		2.1 전기이월	30,000

이익잉여금			
(7)	300		600
1.31 차기이월	300		
	600		600
		2.1 전기이월	300

설비감가상각누계액			
1.31 차기이월	200		200
	200		200
		2.1 전기이월	200

용어해설

가득기준(earned principle) 기업이 재화나 용역을 제공함으로써 자신의 의무를 완료하였을 때를 말함

결산(closing) 거래의사가 있는 판매자와 구매자 사이의 정상적인 거래에서 합의된 가격

발생(accruals) 재화 및 용역을 제공했거나 혹은 제공받았으나 대가를 아직 수취 혹은 지급하지 않았거나 권리 및 의무를 기록하지 않은 경우에 발생함

발생주의 회계(accrual basis accounting) 현금의 수입과 관계없이 수익은 가득되었을 때 인식하고, 비용은 현금의 지출 여부와는 관계없이 발생되었을 때에 인식하는 회계처리제도

선급(prepayment) 기업이 재화 및 용역의 제공 전에 대가를 미리 현금으로 받았거나 지불한 경우에 발생함

수익·비용 대응의 원칙(matching principle) 수익이 인식되는 회계기간과 같은 기간에 관련된 비용을 인식하는 것

수정분개(adjusting entries) 발생주의를 반영하여 계정과목 및 잔액을 재무제표에 정확하게 보고하기 위해서 계정의 기말잔액을 결산시점에 수정하는 회계처리

실현기준(realization principle) 수익은 실현되었거나 또는 실현가능한 시점에서 인식함

영구계정(permanent accounts) 하나 혹은 그 이상의 회계기간과 관계되는 활동들을 보고하는 데 이용되는 계정으로 재무상태표에 속하는 계정이 이에 포함됨

임시계정(temporary accounts) 한 회계기간에 관련된 자료를 집계하는 계정으로서 수익, 비용 그리고 배당금(인출금) 계정이 이에 포함됨

장부마감(closing the books) 지금까지 기록해 온 계정들에 대한 기술적인 마무리를 하는 절차. 장부마감은 한 회계기간의 기록내용과 다음 회계기간의 기록내용을 구분하고 준비하기 위하여 이루어지는 결산과정임

정산표(work sheet) 수정전시산표로부터 결산수정분개 및 재무제표 작성(포괄손익계산서, 재무상태표)까지의 결산과정을 하나의 표로 정리한 것

집합손익계정(income summary account) 수익과 비용 계정의 잔액을 한 곳에 모아 이익을 계산하기 위해 임시로 사용하는 계정

현금주의 회계(cash basis accounting) 현금을 수취하였을 때 수익을 인식하고, 현금을 지출하였을 때 비용을 인식하는 회계처리제도

연습문제

문제 A형

4-1 다음 기록을 이용하여 수정분개를 하시오.

(1) 이 기간 동안 만료된 보험료는 ₩18,000이다.
(2) 자산의 감가상각비는 ₩4,800이다.
(3) 종업원에 대한 급여 중 ₩1,200이 미지급된 상황이다.

4-2 20×2년 C&T(주)의 포괄손익계산서에 임차비용은 ₩5,500이며, 급여는 ₩5,600이다. 당기 및 전기의 관련 재무상태표 자료는 다음과 같다.

	20×2년 12월 31일	20×1년 12월 31일
선급임차비용	₩800	₩200
미지급급여	200	400

C&T(주)의 자료를 참조하여 20×2년도 다음의 항목을 계산하시오.

(1) 임차비용으로 지출한 현금
(2) 급여로 지출한 현금

4-3 다음의 항목을 검토한 후에 자산이 과소평가되면 U, 과대평가되면 O, 영향이 없으면 NA로 표시하시오.

	영 향
(1) 용역제공을 완료하였으나 아직 받지 않은 금액을 기록하지 않음	___
(2) 선급임차비용이 소멸된 부분을 기록하지 않음	___
(3) 은행예금에 대한 발생이자를 기록하지 않음	___
(4) 감가상각비를 기록하지 않음	___
(5) 발생된 급여를 기록하지 않음	___
(6) 선수용역수익 중에서 용역제공이 완료된 부분을 기록하지 않음	___

4-4 인큐브(주)의 수정후시산표는 다음과 같은 수정이 요구되는 재무상태표 계정을 포함하고 있다. 각각의 계정에 대해 (1) 선급비용, 선수수익, 미지급비용, 미수수익 중에 어디에 해당하는가를 밝히고 (2) 수정분개에서 관련되는 계정을 밝히시오.

	계정분류	연관관계	수정분개 관련계정
1. 소 모 품	선급비용	비용 / 자산	소모품비
2. 외상매출금			
3. 선급보험료			
4. 감가상각누계액-비품			
5. 미지급이자			
6. 미지급급여			
7. 선수용역수익			

4-5 월말 결산정리를 하기 전 2월 28일 이스타코(주)의 시산표에 수익은 ₩9,000이고, 비용은 ₩4,400이다. 결산정리가 필요한 항목은 다음과 같다. 이스타코(주)의 포괄손익계산서에서 올바른 순이익은 얼마인가?

〈결산정리사항〉

① 2월의 감가상각비는 ₩1,300이다.

② 용역제공이 완료되었으나 아직 받지 않은 금액이 ₩2,800이다.

③ 발생된 이자비용이 ₩700이다.

④ 선수용역수익으로 받은 금액 중에서 용역제공이 완료된 금액은 ₩3,500이다.

⑤ 선급보험료 중에서 2월에 소멸된 부분은 ₩400이다.

4-6 20×1년 12월 31일 유앤젤(주)의 재무상태표와 포괄손익계산서에 다음과 같은 세 가지 결산정리사항이 반영되지 않았다. 수정사항을 반영하기 전의 순이익은 ₩40,000이고 재무상태표의 자산총계는 ₩120,000, 부채총계는 ₩50,000, 자본총계는 ₩70,000이었다. 수정사항을 모두 반영한 순이익, 자산, 부채, 자본의 금액은 각각 얼마인가?

〈결산정리사항〉

① 비품에 대한 감가상각비 ₩7,000을 기록하지 않았다.

② 12월에 발생되었으나 지급하지 않은 급여가 ₩8,000이 있는데 이를 기록하지 않았다.

③ 12월 1일에 두 달분 임차비용 ₩12,000을 지급하면서 전액을 임차비용으로 기록한 사실이 발견되었다.

4-7 회계연도 말에 다음과 같은 수정분개가 누락되어 있다.

① 자산계정에서 비용계정으로 옮겨야 하는 선급보험료 ₩2,500에 대한 수정분개를 하지 않았다.
② 고객에게 제공이 완료된 용역에 대해 ₩750이 기록되지 않았다.

이러한 오류가 발견되기 전에 재무제표가 작성되었다면, 다음의 각 빈칸에 알맞은 금액을 넣어 오류의 영향을 설명하시오. 만약 오류가 항목에 영향을 미치지 않는다면 영(zero)을 넣으시오.

번호	물음	오류 (a)		오류 (b)	
		과대평가	과소평가	과대평가	과소평가
(1)	12월 31일의 자산	₩	₩	₩	₩
(2)	12월 31일의 부채	₩	₩	₩	₩
(3)	당 연도의 순이익	₩	₩	₩	₩
(4)	12월 31일의 자기자본	₩	₩	₩	₩

4-8 다음은 정산표를 작성하는 과정에서 수정후시산표에 나타난 계정과목이다. 이후 각각의 계정과목에 해당하는 금액이 (1) 포괄손익계산서란으로 옮겨져야 하는가? 아니면 (2) 재무상태표란으로 옮겨져야 하는가?

① 미지급급여
② 용역수익
③ 외상매입금
④ 자본금
⑤ 소모품비
⑥ 선수임대수익
⑦ 인출금
⑧ 비품
⑨ 외상매출금
⑩ 감가상각누계액
⑪ 급여
⑫ 감가상각비

4-9 다음의 계정과목이 (1) 유동자산, (2) 유동부채, (3) 수익, (4) 비용 중 어디에 해당하는가?

① 소모품
② 선수용역수익
③ 선급광고선전비
④ 광고선전비
⑤ 소모품비
⑥ 선급보험료
⑦ 외상매입금
⑧ 용역수익

4-10 다음의 자료를 이용하여 12월 31일 회계기말에 원장의 계정잔액을 수정하기 위한 6개의 분개를 하시오. 계정 중 하나는 두 개의 다른 분개에 의해 영향을 받는다.

계정과목	수정전시산표		수정후시산표	
	차변	대변	차변	대변
현 금	₩3,000		₩3,000	
외상매출금	30,000		30,500	
소 모 품	1,700		100	
선급보험료	2,000		400	
비 품	9,000		9,000	
감가상각누계액				₩1,500
미지급급여				4,000
선수용역수익		₩6,000		1,500
자 본 금		20,000		20,000
용 역 수 익		62,000		67,000
급 여	42,300		46,300	
소 모 품 비			1,600	
보 험 료			1,600	
감가상각비			1,500	
합 계	₩88,000	₩88,000	₩94,000	₩94,000

4-11 다음은 브로드사의 20×1년 12월 31일 정산표를 작성하는 과정에서 수정후시산표에서 얻은 자료이다. 포괄손익계산서를 작성하시오.

계정과목	금액
감가상각누계액	₩25,000
용 역 수 익	85,000
감가상각비	9,500
임 차 비 용	44,000
선급보험료	7,000
소 모 품	500
소 모 품 비	2,500

4-12 다음은 클레이톤의 20×1년 12월 31일 기말 정산표의 재무상태표란에서 얻어진 자료이다. 이를 참조하여 재무상태표를 작성하시오.

계정과목	금액
감가상각누계액-차량운반구	₩25,000
선급임차비용	4,000
소 모 품	500
선수용역수익	4,300
차량운반구	29,000
현 금	2,000
자 본 금	?

4-13 랜드서비스사의 20×1년 결산정리사항을 반영하기 전 원장의 잔액이 다음과 같다.

계정과목	금액	계정과목	금액
현 금	₩8,500	소 모 품	₩4,150
선급보험료	8,700	인 출 금	2,900
비 품	42,000	자 본 금	30,000
감가상각누계액	10,200	기초이익잉여금	4,000
급 여	26,600	용 역 수 익	55,550
잡 비	1,900	임 차 비 용	5,000

〈결산정리사항〉

① 12월 31일 기말 현재 소모품 미사용액은 ₩1,000이다.

② 당기분 보험료 소멸액은 ₩900이다.

③ 당기분 비품에 대한 감가상각비는 ₩1,500이다.

④ 12월 31일 기말 현재 급여 미지급액은 ₩1,000이다.

(1) 10위식 정산표를 작성하시오.

(2) 작성된 정산표를 사용하여 ① 포괄손익계산서를 작성하고, ② 기중에 추가적인 투자는 없다고 할 때 기말 자본금을 구하시오. ③ 재무상태표를 작성하시오.

(3) 정산표 자료를 근거로 12월 31일 마감분개를 하시오.

4-14 다음은 (주)파워블랙의 20×1년 12월 31일 기말 현재 각 계정의 잔액과 기말결산정리사항이다. 아래의 자료를 이용하여 결산정리분개를 하고, 10위식 정산표를 작성하시오.

현 금	₩500	당기손익-공정가치측정금융자산	₩900	외상매출금	₩500
받을어음	300	선급보험료	600	상 품	700
건 물	1,000	감가상각누계액	200	외상매입금	800
지급어음	600	자 본 금	500	이익잉여금	600
매 출	4,500	이자수익	200	임대수익	300
매 입	2,600	급 여	600		

〈기말결산정리사항〉

① 상품의 기말재고금액 ₩300
② 당기손익-공정가치측정금융자산의 기말 공정가치 ₩800
③ 건물 당기분 감가상각비 ₩100
④ 당기분 이자수익 ₩300
⑤ 당기분 임대수익 ₩350
⑥ 당기분 급여 ₩630
⑦ 당기분 보험료 ₩420

문제 B형

4-15 스톤서비스기업의 재무상태표에 포함되어 있는 자료 중 일부는 다음과 같다.

	20×2년 12월 31일	20×1년 12월 31일
미수이자	₩6,300	₩0
소 모 품	5,000	3,500
미지급급여	3,600	3,800
선수용역수익	0	4,000

스톤서비스기업의 20×2년 12월 31일 포괄손익계산서에는 다음과 같은 비용이 포함되어 있다.

이자수익	₩15,400
용역수익	72,700
소모품비	8,700
급 여	37,000

스톤서비스기업의 자료를 참조하여 20×2년도 다음의 항목을 계산하시오.

(1) 이자수익으로 받은 현금　　(2) 소모품으로 지급한 현금
(3) 급여로 지급한 현금　　(4) 수익으로 받은 현금

4-16 다음 계정의 잔액(정상잔액으로 가정)과 정확한 잔액을 이용하여 12월 31일의 수정분개를 하시오.

	계정잔액	정확한 잔액
선수수수료	₩12,000	₩9,000
소 모 품	3,200	1,050
미지급이자	1,850	1,975

4-17 엘리스기업은 12월 31일 결산기말에 다음과 같은 결산정리사항을 발견하였다.

① 용역제공을 하지 않았으나 용역수익으로 기록된 금액이 ₩800 있다.
② 급여 미지급분이 ₩600 있다.
③ 임차비용 선급액 중에서 ₩450이 소멸되었다.
④ 소모품 ₩550이 사용되었다.
⑤ 용역제공을 완료하였으나 아직 받지 않은 금액이 ₩750 있다.
⑥ 수도광열비 ₩200이 미지급되었다.
⑦ 단기차입금에 대한 이자발생액이 ₩250 있다.

(1) 위의 일곱 가지 항목에 대해 다음의 물음에 답하시오.
　① 위의 각 항목은 선급비용, 선수수익, 미지급비용, 미수수익 중에 어디에 해당하는가?
　② 각각이 자산/부채, 부채/수익 등과 같은 계정에 어떤 연관관계를 가지는지 설명하시오.
　③ 결산정리를 하기 전에 각 계정이 과대 또는 과소 평가되는지를 설명하시오.
　④ 결산정리분개를 하시오.
(2) 결산정리를 하기 전에 순이익이 ₩16,500이었다면 수정된 순이익은 얼마인가?

4-18 다음의 결산정리사항에 대해 선급비용, 선수수익, 미지급비용, 미수수익 중 어디에 해당하는가를 밝히시오.

(1) 용역제공이 이루어지지 않았지만 미리 받은 대금
(2) 다음 회계연도에 사용될 남아 있는 미사용 소모품
(3) 대여금에 대한 이자를 미리 받은 부분, 즉 기간이 경과하지 않았음에도 미리 받은 이자
(4) 임대를 해주었으나 아직 임대료를 받지 못한 부분
(5) 비용이 발생하였으나 아직 지급하지 않아 기록하지 않은 부분
(6) 수익실현이 되었으나 아직 대금을 받지 못해 기록하지 않은 부분
(7) 비용발생이 되지 않았으나 미리 지급하여 비용으로 기록한 부분
(8) 비용발생이 되었으나 아직 지급하지 않아 기록하지 않은 부분

4-19 다음은 컨피던스서비스사의 20×1년 12월 31일 원장잔액 중 일부이다. 이를 참조하여 기말자본을 계산하시오.

자본금

12.31	15,000	1.1	20,000
		12.31	45,000

인출금

3.31	12,000	12.31	15,000
12.22	3,000		

집합손익

12.31	19,000	12.31	64,000
12.31	45,000		

4-20 다음은 어느 기업 회계기말 정산표의 수정후시산표란에서 얻어진 자료이다. 4개의 마감분개를 하시오.

계정과목	차변	대변
현 금	₩21,500	
외상매출금	45,200	
소 모 품	5,000	
비 품	169,900	
감가상각누계액		₩69,000
미 지 급 금		42,500
자 본 금		152,600
인 출 금	30,000	
용 역 수 익		404,500
급 여	300,500	
임 차 비 용	60,000	
감가상각비	25,000	
소 모 품 비	9,500	
잡 비	2,000	
합 계	₩668,600	₩668,600

4-21 어떤 기업의 수정분개 후 계정마감 전 원장의 잔액이 다음과 같다.

계정과목	금액	계정과목	금액
미 지 급 금	₩40,000	임 차 비 용	₩21,400
외상매출금	54,500	급 여	66,000
감가상각누계액	83,325	미지급급여	150
현 금	7,150	용 역 수 익	151,000
감가상각비	23,500	소 모 품	2,500
비 품	155,000	소 모 품 비	3,500
보 험 료	8,600	자 본 금	100,950
선급보험료	5,275	인 출 금	28,000

마감분개가 필요한 계정을 마감하기 위한 분개를 하시오.

4-22 다음 (주)NC서비스의 20×1년의 결산정리사항을 참조하여 10위식 정산표를 완성하고, 포괄손익계산서와 재무상태표를 작성하시오.

〈기말결산정리사항〉

① 당기손익-공정가치측정금융자산의 공정가치 ₩1,400
② 비품의 당년도분 감가상각비 ₩125
③ 기말 현재 임대수익 선수액 ₩65
④ 기말 현재 이자수익 미수액 ₩15
⑤ 기말 현재 광고선전비 미지급액 ₩60
⑥ 기말 현재 이자 미지급액 ₩33
⑦ 기말 현재 급여 선급액 ₩70

정 산 표

20×1년 1월 1일부터
20×1년 12월 31일까지

(주)NC서비스 (단위 : 원)

계정과목	수정전시산표		결산정리분개		수정후시산표		포괄손익계산서		재무상태표	
	차변	대변	차변	대변	차변	대변	차변	대변	차변	대변
현 금	954									
당기손익-공정가치측정금융자산	1,000									
외상매출금	4,500									
단기대여금	2,972									
비 품	1,200									
감가상각누계액-비품		430								
토 지	1,600									
외상매입금		2,916								
단기차입금		2,484								
선 수 금		186								
자 본 금		1,000								
이월이익잉여금		100								
용 역 매 출		7,000								
임 대 수 익		735								
이 자 수 익		100								
급 여	819									
복리후생비	591									
광고선전비	669									
임 차 비 용	469									
이 자 비 용	177									
합 계	₩14,951	₩14,951								

4-23 미래시스템(주)는 아산지역의 주민들에게 서비스를 제공한다. 다음 자료는 20×1년 12월 31일 회계연도의 원장에서 추출한 자료이다. 이 자료를 이용하여 20×1년 12월 31일 자본계정에 대한 부분재무상태표를 작성하시오.

자본금

12.31	42,000	1.1	398,500
12.31	10,000		

배당금(인출금)

5.31	2,500	12.31	10,000
6.30	2,500		
9.30	2,500		
11.30	2,500		

집합손익

12.31	402,000	12.31	360,000
		12.31	42,000

4-24 다음은 케이플러스(주)의 20×1년 12월 31일 기말 계정잔액과 결산정리사항이다. 아래의 자료를 참조하여 10위식 정산표를 작성하시오.

현 금	₩954	자 본 금	₩1,000
당기손익-공정가치측정금융자산	1,000	이월이익잉여금	100
외상매출금	4,500	매 출	7,000
단기대여금	2,972	임 대 수 익	735
상 품	500	매 입	2,516
비 품	1,200	이 자 수 익	100
감가상각누계액-비품	430	급 여	819
토 지	1,600	소 모 품 비	591
외상매입금	2,000	광고선전비	669
단기차입금	5,000	보 험 료	469
장기차입금	1,602	이 자 비 용	177

〈기말결산정리사항〉

① 기말상품재고액 ₩400

② 당기손익-공정가치측정금융자산의 공정가치 ₩1,400

③ 비품의 당년도분 감가상각비 ₩125

④ 기말 현재 임대수익 선수액 ₩65

⑤ 기말 현재 이자수익 미수액 ₩15

⑥ 기말 현재 광고선전비 미지급액 ₩60

⑦ 기말 현재 이자 미지급액 ₩33

⑧ 기말 현재 급여 선급액 ₩70

⑨ 기말 현재 보험료 미지급액 ₩30
⑩ 기말 현재 소모품 미사용액 ₩41

4-25 다음은 아프로마트(주)의 20×1년 12월 31일 기말 현재 각 계정의 잔액과 기말결산정리사항이다. 아래의 자료를 이용하여 결산정리분개를 하고, 10위식 정산표를 작성하시오.

현 금	₩300	당기손익-공정가치측정금융자산	₩600	외상매출금	₩500
선급보험료	500	상 품	500	건 물	1,000
감가상각누계액	400	외상매입금	600	자 본 금	300
이익잉여금	600	매 출	4,000	이 자 수 익	200
임 대 수 익	300	매 입	2,500	급 여	500

〈기말결산정리사항〉
① 상품의 기말재고금액 ₩400
② 당기손익-공정가치측정금융자산의 기말 공정가치 ₩700
③ 건물 당기분 감가상각비 ₩200
④ 당기분 이자수익 ₩150
⑤ 당기분 임대수익 ₩250
⑥ 당기분 급여 ₩480
⑦ 당기분 보험료 ₩470

4-26 문필기업은 필기도구를 생산하는 전문기업체이다. 작년에는 가장 큰 경쟁자가 급격한 혁신을 꾀하는 시장에서 시장점유율을 지키는 데 매우 어려운 한 해였다. 문필기업은 금년 후반에 제품에 대한 안전성 검증이 끝나지 않았음에도 불구하고 새로운 제품을 출시하였다. 신제품은 두 개의 심이 들어가는 볼펜으로 하나는 잉크가 들어 있고, 하나는 수정액이 들어 있다. 사용자들이 필기를 할 때 글씨를 쓰는 것과 잘못 기재하였을 때 수정이 용이하도록 고안된 제품이다. 이 제품은 광고가 집중된 상품은 아니며, 가격은 꽤 고가이다. CW-Pen이라고 이름 붙인 이 펜은 상당히 성공적이었다.

그러나 신제품이 성공하자 신제품 생산부분의 관리자인 김문필은 걱정거리가 생겼다. 그것은 다름 아닌 펜의 수명과 수정액의 안정성이 검증되지 않았으므로 신제품에서 품질문제가 발생할 것이라는 것이다. 김문필은 사용하다가 문제가 생길 수 있는 제품을 영업사원들이 공격적으로 판매할 수도 있었으므로 제시된 대로 보너스를 주는 것을 원하지 않았다. 그는 제품에 대한 자신감을 갖기 위해 먼저 펜의 성능을 검증해보는 것을 선호했다.

그러나 최고경영자는 검증을 거부했고, 김문필은 회계담당자에게 이번 회계연도의 남은 기간에 임차비용이나 소득세를 배분하지 말고 총액으로서 현재의 비용을 보여줄 것을 요구했다. 이런 방법으로 신제품이 수익성이 낮은 것처럼 보이게 할 것을 요구했다.

(1) 이런 상황에서 회계담당자가 취할 수 있는 대안에 대해 설명하시오.
(2) 어떤 대안이 최선인가?

chapter

5

재고자산

학습목표

5-1 상품매매기업의 특징

5-2 재고시스템 : 재고자산 기록방법

5-3 상품거래의 기록 : 계속기록법과 실지재고조사법

5-4 재고자산평가방법

5-5 기말재고자산의 평가

Inventory

분 류	계정명칭	기록방법	최초 인식	최초 인식	판 매
유동자산	재고자산	실지재고조사법	구입가격+거래원가	(차) 매 입 ××× (대) 현 금 ×××	(차) 현 금 ××× (대) 매 출 ×××
		계속기록법	구입가격+거래원가	(차) 상 품 ××× (대) 현 금 ×××	(차) 현 금 ××× (대) 매 출 ××× (차) 매출원가 ××× (대) 상 품 ×××

상품매매기업의 특징

1. 상품매매기업의 영업주기

상품매매기업(商品賣買企業, merchandising firm)은 무형(intangible)의 용역을 제공하는 서비스기업과는 달리 유형(tangible)의 재화를 고객에게 판매하며 이를 상품(goods)이라고 한다. 또한 이렇게 재판매를 목적으로 구입한 상품을 통칭하여 재고자산(在庫資産, inventory)이라고 한다.

회계시스템에서 재고자산은 다음의 자산을 말한다.

① 정상적인 영업과정에서 판매를 위하여 보유중인 자산
② 정상적인 영업과정에서 판매를 위하여 생산중인 자산
③ 생산이나 용역제공에 사용될 원재료나 소모품

[도표 5-1]은 상품매매기업의 영업주기를 보여준다. 상품매매기업의 영업주기는 현금으로부터 시작하여 결국 현금으로 돌아오는 과정이라고 할 수 있다. 먼저 판매할 상품을 현금으로 구입하여 회사 내에 보관한다. 이때 이 상품이 판매될 때까지 상품이라는 재고자산으로 표시한다. 그 다음 상품이 판매되면 판매에 대한 기록을 한다. 상품판매가 현금으로 이루어지면 현금계정에 바로 기록하며, 외상으로 판매가 이루어지면 대금이 회수되기 전까지 외상매출금 또는 받을

도표 5-1
상품매매기업의 영업주기

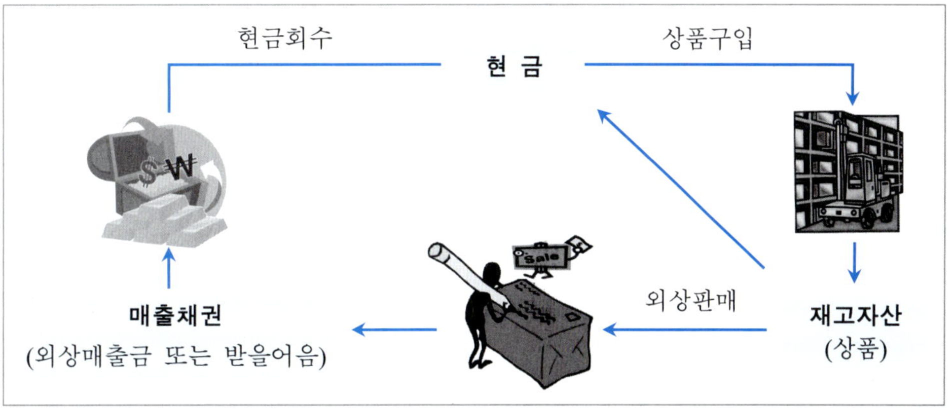

영업주기는 상품을 구입하여 판매한 후 대금을 현금으로 회수하는 데까지 걸리는 시간을 의미한다.

어음이라는 매출채권으로 기록한다. 마지막으로 매출채권은 일정한 기간 이후에 현금으로 회수하게 된다. 상품매매기업은 이와 같은 과정을 반복적으로 수행하게 되는데, 이를 영업주기(operating cycle)라고 한다. 이러한 상품매매기업은 서비스기업보다는 긴 영업주기를 갖고 있다. 영업주기는 기업의 유형마다 다르나 백화점의 경우는 2개월에서 5개월 정도이며, 소매점의 경우는 2주에서 8주 정도이다.

2. 상품매매기업의 재무보고

상품매매기업의 재무제표는 서비스기업의 재무제표와 본질적으로 같으나 재무상태표에 **재고자산**이라는 계정이 그리고 포괄손익계산서에 **매출원가**라는 계정이 추가된다는 점에서만 다르다. [도표 5-2]는 서비스기업과 상품매매기업의 재무상태표와 손익계산서 구조를 보여준다.

도표 5-2 서비스기업과 상품매매기업의 재무상태표와 손익계산서

서비스기업
재무상태표
20×1년 12월 31일

자 산	
유동자산	
현 금	₩ ×
단기금융상품	×
매출채권	×
선급비용	×

상품매매기업
재무상태표
20×1년 12월 31일

자 산	
유동자산	
현 금	₩ ×
단기금융상품	×
매출채권	×
재고자산	×
선급비용	×

서비스기업
손익계산서
20×1년 1월 1일~12월 31일

수 익	₩××
비 용	
급 여	×
감가상각비	×
이자비용	×
순 이 익	₩ ×

상품매매기업
손익계산서
20×1년 1월 1일~12월 31일

매 출 액	₩××
매출원가	××
매출총이익	×
영업비용	
급 여	×
감가상각비	×
이자비용	×
순 이 익	₩ ×

[도표 5-2]에서 보듯이 상품매매기업의 재무상태표에는 서비스기업에는 없는 재고자산계정이 있다. 재고자산계정에는 판매를 목적으로 구입한 상품을 기록하며, 상품의 판매가 이루어지면 손익계산서의 매출원가계정으로 옮겨져 비용으로 처리된다. 이는 앞서 제2장에서 설명했던 바와 같이, 자산의 소비는 비용으로 귀결되기 때문이다. 한편 손익계산서를 살펴보면 서비스기업의 손익계산서에서는 **수익**(revenue)에서 **비용**(expenses)을 차감하여 **순이익**(net income)을 계산하는 구조를 갖고 있다. 그러나 상품매매기업은 구조를 좀더 세분화하여 **매출액**(sales)에서 **매출원가**(cost of goods sold)를 차감하여 **매출총이익**(gross profit)을 계산한 후 **영업비용**(operating expenses)을 차감하여 **순이익**(net income)을 계산한다. 서비스기업과는 달리 상품매매기업에서 비용을 매출원가와 영업비용으로 구분하는 것은 상품매매기업의 영업주기에서 매출원가가 매우 중요한 비용항목이기 때문이다. 서비스기업에서는 매출원가 대신에 영업비용이라고 부르기도 한다.

3. 재고자산의 특성

재고자산 관리의 가장 중요한 목적은 재고자산 유지와 관련된 비용(생산, 보관, 진부화 그리고 관련 자금조달 등)을 최소화하면서 고객들의 요구를 충족시킬 수 있는 높은 품질의 재고를 충분히 보유하는 것이다. 낮은 품질에 대한 고객의 불만은 상품반환 및 미래 매출의 감소로 연결되기 때문이다. 또한, 고객 수요를 충족시키지 못하는 경우 매출은 감소되고, 이는 고객만족의 감소로 이어지며 종국에는 주주들의 주식처분으로까지 연결되기도 한다. 반대로 잘 안 팔리는 상품 혹은 제품을 많이 가지고 있는 경우에는 재고자산을 위한 차입자금의 이자비용뿐만 아니라 보관비용의 증가를 가져오게 된다.

재고자산(在庫資産, inventory)은 정상적인 영업활동과정에서 생산 또는 판매를 목적으로 보유하고 있는 자산을 말한다. 재고자산의 종류는 대개 기업의 유형에 따라 다르게 표시되는데, 상품매매기업과 같이 도매업자나 소매업자들이 판매를 목적으로 구입해서 보유하고 있는 재고자산은 상품(merchandise)계정으로 기록한다.

상품매매기업은 상품으로, 제조기업은 원재료, 재공품, 제품으로 재고자산을 구분한다.

반면, 제품을 직접 생산하고 판매하는 제조업의 경우에는 재고자산을 원재료, 재공품 그리고 제품 세 종류로 구분하여 기록한다. 원재료(raw materials)는 제품 생산에 사용되나 아직 제조과정에 투입되지 않은 기본 재료를 의미한다. 재공품

도표 5-3

재고자산의 분류 : 제조기업

(work-in-process)은 원재료를 제조과정에 투입하여 제품으로 전환되는 과정에 있어 부분적으로는 작업이 이루어졌지만 완전히 완성되지는 않은 제품이다. 제품(finished goods)은 판매를 할 수 있는 상태로 완성되었지만 아직까지 팔리지 않은 완성품을 말한다. 예를 들면, (주)기아자동차는 완성된 자동차 중 판매되지 않은 자동차를 제품 재고로, 다양한 단계에서 조립중에 있는 자동차를 재공품으로, 그리고 자동차 생산을 위해 구입한 부품을 원재료로 분류한다.

취득원가는 자산의 구입가격에 제반 부대비용을 가산한 금액으로 기록한다.

재고자산을 포함한 모든 자산은 원칙적으로 취득원가(acquisition cost)로 기록된다. 여기서 취득원가는 재고자산을 구입 또는 제조하기 위해 지출된 모든 금액을 포함할 뿐만 아니라 현재의 장소에 현재의 상태로 이르게 하는 데 발생한 직접적 혹은 간접적 부담액 모두를 포함한다.

재고자산 취득원가 = 매입원가 + 전환원가 + 기타원가

- 매입원가는 구입가격에 수입관세와 제세금(과세당국으로부터 추후 환급받을 수 있는 금액은 제외), 매입운임, 하역료 그리고 완제품, 원재료 및 용역의 취득과정에 직접 관련된 기타원가를 가산한 금액이다. 그리고 매입할인, 리베이트 및 기타 유사한 항목은 매입원가를 결정할 때 차감한다.
- 전환원가는 직접노무원가 등 생산량과 직접 관련된 원가를 포함한다. 또한 원재료를 완제품으로 전환하는 데 드는 고정제조간접원가 및 변동제조간접원가의 체계적인 배부액도 포함한다. 고정제조간접원가란 생산과정에서 사용되는 공장건물, 기계장치, 사용권자산의 감가상각비 및 수선유지비와 공장 관리비처럼 생산량과는 상관없이 비교적 일정한 수준을 유지하는 간접제조원가를 말한다. 변동제조간접원가는 간접재료원가나 간접노무원가처럼 생산량에 따라 직접적으로 또는 거의 직접적으로 변동되는 간접제조원가를 말한다(보다

자세한 내용은 원가회계에서 학습하기 바람).

• 기타원가는 재고자산을 현재의 장소에 현재의 상태로 이르게 하는 데 발생한 범위 내에서만 취득원가에 포함된다.

재고시스템 : 재고자산 기록방법

매출원가는 한 회계기간 동안에 고객에게 판매한 상품의 원가로서 상품매매기업의 포괄손익계산서에서 매우 중요한 비용항목이다. 이 비용의 결정은 기업의 이익을 계산하는 데 있어서 매우 중요한 역할을 한다. 따라서 상품의 판매가능금액이 얼마나 되고 얼마나 팔렸는지를 결정하기 위해서는 재고자산에 대한 정확한 기록 및 관리를 유지해야 한다. 기업에서 재고자산의 수량파악과 재고관리를 위한 방법에는 **계속기록법**과 **실지재고조사법** 등 두 가지 방법이 있다.

1. 계속기록법

계속기록법은 상품을 구입 및 판매할 때마다 재고자산 계정에 기록하는 방법이다.

계속기록법(perpetual inventory system)은 재고자산을 구입할 때뿐만 아니라 판매할 때마다 매번 재고자산(상품)계정에 기록하는 방법이다. 따라서 재고자산의 장부 숫자는 최신의 상태를 유지하며, 기업은 장부의 잔액을 통해 재고자산의 잔액을 즉시 파악할 수 있다.

계속기록법은 기본적으로 재무상태표를 강조하는 회계처리방법이다. 기업이 판매를 위해 상품을 구입했다면 이 상품에 대한 권리는 기업에 있게 되므로 기업은 상품의 구입을 재무상태표의 자산계정인 재고자산(상품)계정 차변에 기록한다. 또한 계속기록법에서는 상품의 구입과 관련한 제반 사건들에 대해서도 모두 재고자산(상품)계정에서 처리한다. 예를 들면, 매입환출과 에누리, 매입할인, 운반비 등이 발생하면 이들을 별도의 계정을 설정하지 않고 모두 재고자산계정에서 직접 가감하게 된다.

2. 실지재고조사법

실지재고조사법은 상품의 구입은 매입계정에 기록하나 판매시에는 재고자산과 관련된 계정의 회계처리는 하지 않는 방법이다.

실지재고조사법(periodic inventory system)은 한 회계기간 동안의 상품매입거래는 기록하지만 판매에 대한 거래를 재고자산계정에 기록하지 않는 방법이다. 따라서 결산시점에 매출원가를 파악하기 위해서는 별도의 매출원가계산을 위한 회계처리가 필요하다.

실지재고조사법은 기본적으로 손익계산서를 강조하는 회계처리방법이다. 따라서 기업은 판매를 위해 상품을 구입하는 경우 재고자산계정이 아닌 비용계정인 **매입(purchases)계정**에 기록한다. 그 이유는 상품이 판매되면 재무상태표 자산계정인 재고자산계정에서 포괄손익계산서의 비용계정인 매출원가계정으로 옮겨지게 된다. 상품의 구입 목적이 판매를 위한 것이라면 상품의 구입활동은 최종적으로 매출원가계정으로 귀결될 것이다. 따라서 상품의 구입 즉시 비용처리를 하기 위해 매입계정에 기록하는 것이다. 그런 다음 결산시점에 창고에 남아있는 재고자산을 실제로 확인하여 확인된 금액만큼 매입계정을 감소시키는 분개를 함으로써 매출원가를 계산한다. 또한 실지재고조사법에서는 상품의 구입과 관련한 제반 사건들에 대해서는 별도의 계정을 통해 기록한 후에 결산시점에 매입계정으로 옮겨서 순매입액을 계산한다. 예를 들어, 매입환출과 에누리, 매입할인, 운반비 등이 발생하면 이들을 별도의 계정을 설정하여 기록한 후 이들 계정의 잔액을 매입계정으로 옮기는 회계처리를 한다.

3. 계속기록법과 실지재고조사법의 장단점

계속기록법은 재고자산에 대한 구입 및 판매가 이루어지면 재고자산계정에 그 증가와 감소를 즉각적으로 기록하기 때문에 항상 현재 시점의 재고자산 잔액을 파악할 수 있다. 또한, 결산시점에 매출원가를 계산하기 위한 추가적인 회계처리가 필요 없다는 장점이 있다. 상품판매시마다 재고자산계정 대변에 기록해 왔으므로 결국 재고자산계정 대변합계는 매출원가가 된다. 그러나 이 방법은 다양한 상품을 취급하는 업종에서는 채택하기가 어렵고 상품의 구입 및 판매시마다 기록을 유지해야 하므로 기록을 유지하는 데에 비용이 많이 든다.

반면, 실지재고조사법은 기록의 효율성에서 장점을 갖는다. 이는 재고자산에 대한 거래가 발생할 때마다 지속적으로 기록하는 계속기록법보다는 매우 적은 작업을 하기 때문이다. 그러나 실지재고조사법은 창고에서 실제로 조사한 수량을 현재의 재고자산으로 결정하기 때문에 회계기간 중에 분실, 도난, 망실 등에 의해 사라진 재고자산까지도 판매된 것으로 봄으로써 매출원가를 과대평가하는 문제를 갖는다. 따라서 재고자산에 대한 정확한 파악을 위해서는 계속기록법과 실지재고조사법을 병행하여 이용하는 것이 이러한 문제를 해결할 수 있는 방법이 된다.

과거에는 이들을 병행하여 사용할 수 없었으나 최근의 컴퓨터 기술의 발전은 이러한 문제를 쉽게 해결해주고 있다. 전자스캐너(예를 들면, POS시스템(point of sales system))는 회계정보를 신속하고 효율적으로 파악할 수 있게 해준다. 컴퓨터 프로그램은 전자스캐너에 의해 파악된 자료를 즉각적으로 가장 최신의 자료로 갱신시켜준다. 이러한 컴퓨터 기술의 발전으로 기업들은 계속기록법을 쉽게 사용할 수 있게 되었다. 우리나라의 경우 최근에는 거의 대부분의 기업들이 재고자산에 대한 기록시스템으로 계속기록법과 실지재고조사법을 병행하여 이용하는 것으로 감사보고서 및 사업보고서에 나타나고 있다.

일렉트로 마트의 재고자산에 대한 회계정책

재고자산의 기록

재고자산의 수량은 계속기록법과 정기적으로 실시하는 실지재고조사에 의하여 확정되며, 원가는 이동평균법(원 · 부재료 및 재공품), 총평균법(상품 및 저장품) 및 개별법(미착상품)을 적용하여 결정하고 있습니다.

재고자산의 실사내역

■ 대형마트 부문 : 일렉트로 마트

(1) 실사일자

- 연간 1회(11~12월) 매장영업시간 종료 후 재고실사
- 재무상태표일 현재 재고자산과 실사일 현재 재고자산의 차이에 대하여 입출고 내역 확인절차 수행

(2) 재고실사시 독립적인 전문가 또는 전문기관, 감사인 등의 참여 및 입회 여부

- 매년 연말 재고조사시 외부감사인 참여, 입회하에 재고조사

※ 재고실사 관련 전문회사와 2005년 하반기부터 위탁계약 체결(2005.9.8)

상품거래의 기록 : 계속기록법과 실지재고조사법

1. 구입거래의 기록

상품의 거래는 구입과 판매라는 두 가지 범주로 구분된다. 일반적으로, 구입거래는 제조업자와 상품매매업자 간에 이루어진다. 반면, 판매거래는 상품매매업자와 고객 간의 관계에서 이루어진다. 본서에서는 상품매매업자의 입장에서 상품의 구입 및 판매에 대한 거래에 대해 설명한다.

상품구입거래의 기록

상품이 구입되면 이에 따른 현금의 지출 여부와는 상관없이 구매자의 장부에 기록된다. 이와 관련해서는 일렉트로 마트의 영업주기의 이해를 통해 상품구매와 관련한 재고자산의 기록에 대해 학습하기로 한다.

20×1년 1월 2일 일렉트로 마트는 29인치 모니터를 1개에 ₩1,200씩 50개를 ₩60,000에 외상으로 구입하였다. 대금은 30일 후에 지급하기로 하였으며 매입조건은 '2/10, n/30'이다. 이 거래에 대한 기록은 다음과 같다. 단, 20×1년 1월 2일 현재 상품의 재고는 ₩5,000이다.

분개장			
일 자	계 정	차 변	대 변
계속기록법			
20×1. 1. 2	상품	60,000	
	외상매입금(혹은 현금)		60,000
실지재고조사법			
20×1. 1. 2	매입	60,000	
	외상매입금(혹은 현금)		60,000

계속기록법을 적용하는 경우, 일렉트로 마트는 상품을 구입하였으므로 재고자산인 상품계정 차변에 기록하여 자산의 증가를 기록함과 동시에 상품대금을 30일 이후에 갚기로 하였으므로 부채인 외상매입금계정 대변에 기록하여 부

채의 증가를 표시한다. 그러나 구입금액을 현금으로 지급했다면 외상매입금계정 대신에 현금계정 대변에 기록하여 자산의 감소를 표시한다.

실지재고조사법에서는 매입계정 차변에 기록해서 계정의 잔액을 갱신하나 상품계정의 잔액은 회사가 실지재고 잔액을 확인할 때까지 변경되지 않는다.

매입환출과 에누리

상품을 구입했다가 구입한 상품이 마음에 들지 않거나 파손되어 판매자에게 반품하는 경우가 있다. 이 경우에 구입자는 반품내용을 기록하게 되는데, 이를 매입환출(purchase returns)이라고 한다. 한편, 구입한 상품의 파손 정도가 경미하여 반품하지 않는 대신에 구입대금을 감액시켜주는 경우가 있다. 이를 구매자는 매입에누리(purchase allowances)로 기록하게 된다. 매입환출과 매입에누리를 각각 별도의 계정으로 기록할 수 있으나 보통 두 개를 합쳐서 매입환출과 에누리라는 하나의 계정으로 기록한다. 우리나라 기업회계기준에서도 이들은 하나의 계정으로 기록한다.

20×1년 1월 4일 일렉트로 마트는 1월 2일에 구입한 모니터 중 문제가 있는 상품 4개 ₩4,800(=4개×₩1,200)을 반품 조치하였다. 이 거래에 대한 기록은 다음과 같다.

분개장			
일 자	계 정	차 변	대 변
계속기록법			
20×1. 1. 4	외상매입금	4,800	
	상품		4,800
실지재고조사법			
20×1. 1. 4	외상매입금	4,800	
	매입환출과 에누리		4,800

구입한 상품이 반품되는 경우 계속기록법에서는 상품계정의 대변에 직접 기록하여 상품의 잔액을 파악한다. 매입환출과 에누리된 금액을 상품계정 대변에 기록함으로써 현재 시점의 재고금액을 나타내준다. 여기서 한 가지 주의할 점은 매입환출의 경우에는 상품을 반품하므로 판매가능한 수량도 같이 감소하는 반면에 매입에누리의 경우에는 구입하는 가격을 깎아주는 것이므로 수량에

대한 감소 없이 구입액만 감소하게 된다는 것이다.

그러나 실지재고조사법을 적용하는 경우에는 상품계정 대신에 매입환출과 에누리계정 대변에 기록하여 반품된 사항을 나타내준다. 그 다음 회계기말이 되면 매입환출과 에누리계정의 잔액을 매입계정에서 차감하여 순매입액을 계산한다.

매입할인

상품은 인도 즉시 현금을 주고받는 조건으로 매매될 수도 있으나, 많은 거래가 일정한 신용조건에 따라 외상 혹은 어음거래 형태로 이루어지고 있다. 상품이 외상으로 거래될 때에는 신용기간(credit period)이라고 하는 특정기간 내에 현금 결제가 이루어지게 된다. 일반적으로 신용거래는 'n/신용기간'으로 표시한다. 예를 들면, 'n/30'은 외상으로 구입한 상품에 대한 결제를 30일 안에 해야 한다는 것을 의미한다.

이 경우에 매입자가 30일 시점에 상품대금을 결제한다면 판매자는 상품을 판매하고도 30일 동안 현금을 사용하지 못하게 된다. 이는 기업에 자금압박요인으로 작용하게 된다(특히 중소기업의 경우는 더욱 그렇다). 따라서 기업들은 현금의 회수를 촉진시키기 위해 약정한 신용기간보다 짧은 기간 내에 외상대금을 결제하면 송장금액(invoice amount)으로부터 일정금액을 공제해주는 할인기간(discount period)을 제시한다. 이와 같이 송장금액에서 공제되는 현금할인 금액을 매입할인(purchase discounts)이라고 한다. 할인기간 동안의 현금할인율은 '할인율/일자'로 표시된 기호를 이용한다. 예를 들면, '2/10, n/30'으로 표시된 것은 '10일 이내에 결제하면 결제금액의 2%를 현금할인해주고 최대의 신용기간은 30일이라는 것을 의미한다.

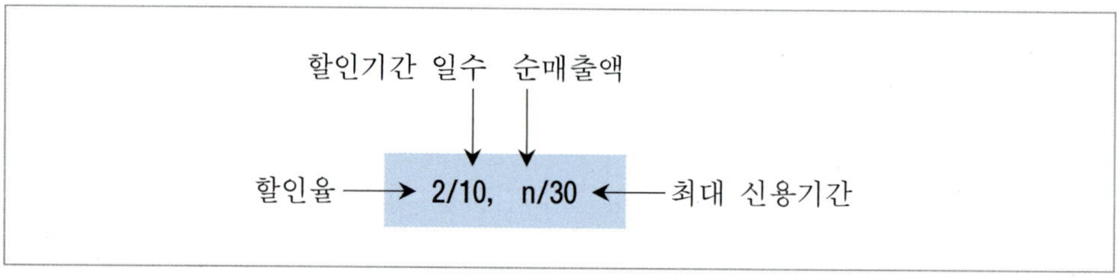

도표 5-4

신용공여조건

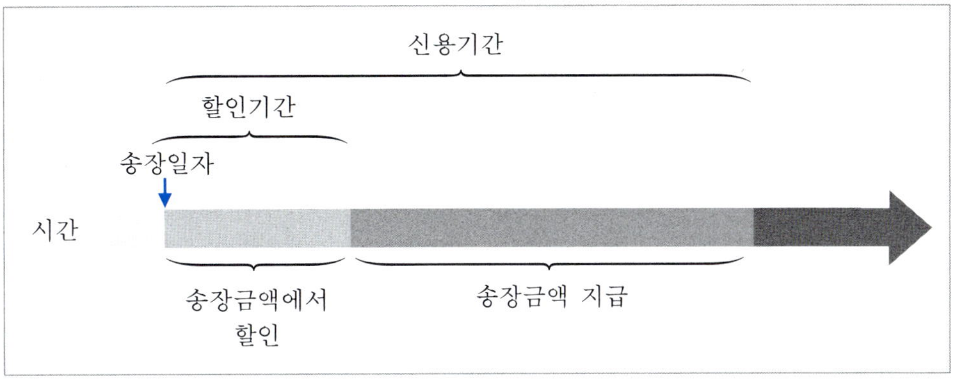

20×1년 1월 7일 일렉트로 마트는 1월 2일에 외상으로 구입한 모니터의 대금 중 80%를 현금으로 지급하였다. 동 상품의 매입조건은 '2/10, n/30'이었다. 이 거래에 대한 기록은 다음과 같다.

분개장			
일 자	계 정	차 변	대 변
계속기록법			
20×1. 1. 7	외상매입금	44,160	
	현금		43,277
	상품		883
실지재고조사법			
20×1. 1. 7	외상매입금	44,160	
	현금		43,277
	매입할인		883

일렉트로 마트는 상품 구입 후 6일째 되는 날에 외상대금의 전체 금액 중 80%를 현금으로 지급하였다. 따라서 상환해야 될 금액 ₩44,160(= ₩55,200 × 80%)에서 ₩883을 제외한 ₩43,277(= ₩44,160 × 98%)에 대해 현금을 지급하였다. 여기서 할인된 금액 ₩883이 매입할인이 된다. 일렉트로 마트가 재고시스템으로 계속기록법을 이용하는 경우, 이를 매입할인이라는 별도의 계정으로 기록하지 않고 상품(재고자산)계정 대변에 기록하여 상품의 잔액을 직접 차감하는 형식으로 기록한다. 이를 통해 1월 7일 현재 일렉트로 마트의 재고자산 판매가능금액은 ₩59,317(= ₩5,000 + ₩60,000 − ₩4,800 − ₩883)이 된다.

그러나 실지재고조사법을 적용하는 경우, 일렉트로 마트는 매입할인액도 매입환출과 에누리와 마찬가지로 별도의 매입할인계정을 설정하여 대변에 기록한다. 회계기말이 되면 이 계정의 잔액을 매입계정에서 차감하여 순매입액을 계산한다. 매입할인계정은 임시계정으로 정상잔액은 대변에 나타난다.

♠ 매입할인을 행사하는 것이 좋은가?

매입할인을 행사할 것인가의 결정은 구매자의 판단에 의해 이루어지며, 이 결정은 구매상품의 원가를 줄일 수 있게 해준다. 따라서 구매자는 자금을 차입해서 매입할인을 행사하는 경우에 할인의 혜택과 자금차입에 대한 비용의 비교를 통해 유리한 쪽을 선택해야 한다.

일렉트로 마트의 모니터 구매에 대한 자료를 보면 다음과 같다.

송장일자	송장금액	조건
1월 2일	₩60,000	2/10, n/30

할인기간의 종료일은 1월 12일(1월 2일+10일)이 된다. 1월 12일에 송장금액을 모두 갚으려면 일렉트로 마트는 할인액 ₩1,104[=(₩60,000−₩4,800)×2%]을 차감한 ₩54,096을 차입하면 된다. 만일 연이율 6%, 연일수 365일을 가정한 상태에서 외상대금 상환에 필요한 자금 ₩54,096을 30일간 차입하는 경우에 이자 ₩267(=₩54,096×6%×30/365)을 지불해야 한다.

일렉트로 마트의 매입할인 행사에 의한 절감액은 ₩837이 된다.

(₩60,000−₩4,800)에 대한 2%의 매입할인 금액	₩1,104
₩54,096에 대한 30일간의 6% 이자 금액	267
매입할인 행사에 의한 절감 금액	₩837

매입할인에 의한 절감액의 효과는 매입할인에 의한 이자율과 차입금에 대한 이자율의 비교를 통해서도 알 수 있다. 송장의 매입할인에 대한 이자율 2%를 30일 기간에 대한 연이율로 전환하면 다음과 같다.

$$2\% \times \frac{365\text{일}}{30\text{일}} = 2\% \times 12.17 = 24.34\%$$

따라서 일렉트로 마트는 ₩54,096을 연이율 6%로 자금을 차입해 매입할인을 받는 것이 유리하다. 만일 매입할인을 행사하지 않는다면 일렉트로 마트는 ₩55,200을 30일간 외상으로 이용하면서 연이율 24.34%의 이자율을 지급하는 것과 같게 된다.

2. 판매거래의 기록

상품판매거래의 기록

다음은 상품판매에 대해 계속기록법과 실지재고조사법에 의한 회계기록에 대해 학습하기로 한다.

20×1년 1월 11일 일렉트로 마트는 원가가 ₩1,200인 모니터를 1개에 ₩2,000씩 40개를 ₩80,000에 외상으로 판매하였다. 대금은 30일 후에 받기로 하였으며 판매조건은 '2/10, n/30'이다.

분개장			
일 자	계 정	차 변	대 변
계속기록법			
20×1. 1.11	외상매출금	80,000	
	매출		80,000
	매 출 원 가	48,000	
	상품		48,000
실지재고조사법			
20×1. 1.11	외상매출금	80,000	
	매출		80,000

계속기록법을 채택하고 있는 경우에 상품판매에 대한 기록은 두 개의 사건으로 구성되어 기록된다. 하나는 상품판매에 따른 수익인식에 대한 기록이다. 일렉트로 마트는 상품을 판매하고 대금을 30일 후에 받기로 하였으므로 외상매출금 차변에 ₩80,000 증가로 기록하고, 매출계정 대변에 ₩80,000 증가로 기록하여 수익을 인식한다. 이와 동시에 두 번째 거래로 상품판매에 따른 비용인식에 대한 기록을 한다. 따라서 비용계정인 매출원가계정 차변에 상품의 판매원가인 ₩48,000 증가로 기록하고 재고자산이 감소하였으므로 상품계정 대변에 ₩48,000 감소로 기록한다. 두 개의 기록은 상품판매가 일어날 때마다 항상 동시에 기록된다. 따라서 기업은 현재 시점의 매출액과 그에 따른 비용(매출원가)을 바로 확인할 수 있게 된다.

실지재고조사법을 채택하고 있는 경우에 상품판매에 대한 수익인식의 회계처리는 계속기록법과 동일하다. 그러나 판매된 상품의 매출원가는 회계기말에 수정분개를 통해 일괄해서 파악하기 때문에 매출원가에 대한 기록을 별도로 하지는 않는다.

매출환입과 에누리

판매된 상품에 하자가 있거나 구입한 사람의 기대에 못 미치는 경우 상품은 반품되기도 한다. 이 경우에 판매자는 이를 매출환입(sales returns)으로 기록하게 된다. 그러나 상품의 결함이 경미한 경우 판매자는 적당한 에누리를 해주는 조건으로 상품을 반품받지 않는 경우가 있다. 판매자는 이를 매출에누리(sales allowances)로 기록한다. 일반적으로 기업들은 이들 계정을 합쳐서 매출환입과 에누리라는 계정으로 기록한다.

20×1년 1월 12일, 1월 11일에 판매한 모니터 중 4개(₩8,000=4×₩2,000)가 반품 조치되었다. 이 거래에 대한 회계기록은 다음과 같다.

분개장			
일 자	계 정	차 변	대 변
계속기록법			
20×1. 1.12	매출환입과 에누리	8,000	
	외상매출금		8,000
	상품	4,800	
	매출원가		4,800
실지재고조사법			
20×1. 1.12	매출환입과 에누리	8,000	
	외상매출금		8,000

판매된 상품의 일부가 취소되었으므로 이를 매출환입과 에누리계정의 차변에 증가로 기록한다. 한편, 판매가 취소되었으므로 회수해야 할 외상대금이 감소하게 되므로 외상매출금계정 대변에 매출환입과 에누리액만큼 감소로 기록한다. 이와 동시에 상품이 반품되어 왔으므로 반품된 상품을 상품계정의 차변에 증가로 기록하여 판매가능금액을 증가시키며, 또한 동일한 금액을 매출원가 대변에 기록하여 비용을 취소하는 회계처리를 한다. 여기서 매출환입과 에누리계정은 매출계정의 차감계정(contra revenue account)이다. 이는 매출계정에서 직접 차감하지 않고 별도의 계정을 이용하여 기록함으로써 회계기간 동안의 총판매액과 반품된 상품 및 에누리 발생액을 모두 알 수 있기 때문이다. 이는 기업의 경영자나 이해관계자들에게 매우 중요한 정보를 제공해준다. 상품판매와 반품 및

에누리의 관계를 파악할 수 있게 함으로써 보다 세분화된 정보를 제공해줄 수 있기 때문이다. 과다한 매출환입과 에누리는 기업의 상품에 대한 고객의 불만족 또는 기업 상품에 문제가 있음을 간접적으로 시사하는 것이다.

실지재고조사법의 경우도 반품된 금액을 매출액계정에서 직접 차감하지 않고 매출환입과 에누리라는 매출계정의 차감계정을 이용하여 기록한 후 회계기말에 총매출액으로부터 동 금액을 차감한 순매출액을 기재한다. 그리고 반품된 금액만큼 외상매출금계정 대변에 감소로 기록하여 외상매출금 잔액을 감소시킨다. 그러나 매출원가에 대한 별도의 기록은 하지 않는다.

매출할인

매입할인에서 설명했던 바와 같이 판매자는 외상대금의 빠른 회수를 위해 고객에게 현금할인의 이용을 제안한다. 매입할인과 마찬가지로 매출할인(sales discount)은 송장금액에서 매출환입과 에누리금액을 차감한 금액에 기초한다.

20×1년 1월 17일, 1월 11일에 판매한 상품에 대한 외상매출금 중 75%가 현금으로 회수되었다. 이 거래에 대한 기록은 다음과 같다.

분개장			
일 자	계 성	차 변	대 변
계속기록법			
20×1. 1.17	현금	52,920	
	매출할인	1,080	
	외상매출금		54,000
실지재고조사법			
20×1. 1.17	현금	52,920	
	매출할인	1,080	
	외상매출금		54,000

1월 11일에 판매한 상품의 외상매출금 중 75%를 회수하였으므로 외상매출금계정의 대변에 ₩54,000[=(₩80,000−₩8,000)×75%]을 기록하고 외상매출금을 현금할인기간 내에 회수하였으므로 회수 외상매출금 중 ₩52,920(=₩54,000×98%)을 현금으로 받아 현금계정 차변에 증가로 기록하며, 회수 외상매출금의 2%인 ₩1,080(=₩54,000×2%)은 매출할인계정의 차변에 증가로 기록한다. 매출할인계정의 정상잔액은 차변이다. 매출환입과 에누리계정과 마찬가지로 매출할인계정

도 매출계정의 차감계정(contra revenue account)으로 회계기말의 포괄손익계산서에는 총매출액으로부터 동 금액을 차감한 순매출액(net sales)을 기재한다.

상품매매에 따른 운임

판매자와 구매자는 상품매매계약을 할 때 상품이 운송되는 동안의 운임 및 위험에 대한 책임을 누가 질 것인가에 대해 결정하게 된다. 운임의 부담조건은 일반적으로 선적지인도조건이나 도착지인도조건으로 명시된다. 상품인도조건이 선적지인도조건(FOB(free on board) shipping point)이면 판매를 위하여 상품을 선적하는 시점에 상품의 소유권이 구매자에게로 넘어가게 되며, 도착지인도조건(FOB destination 또는 CIF(cost, insurance, freight))이면 상품이 목적지에 도착해야 구매자에게 상품의 소유권이 넘어가게 된다.

도표 5-5
운송조건

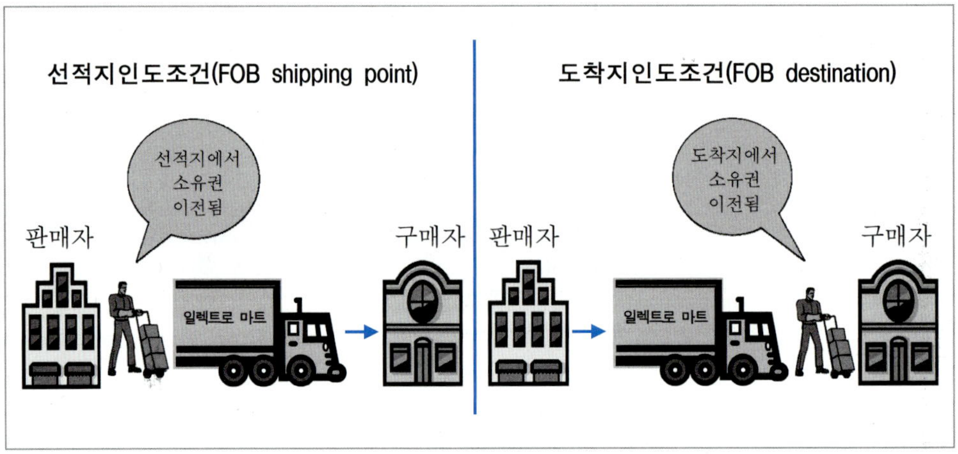

선적지인도조건의 경우에 구매자가 운임을 부담하게 되면 구매자는 이 운임을 상품의 구입원가에 포함시켜야 한다. 그 이유는 구매자가 상품을 판매하기 위해서는 본인의 영업장소로 운반해야 하고, 운반에 대한 책임과 비용을 구매자가 부담하기 때문이다. 이 비용을 매입운임(transportation-in)이라고 한다.

20×1년 1월 8일 일렉트로 마트는 1월 2일 구입한 모니터를 본사 창고로 운반하였다. 운반비용은 일렉트로 마트가 부담하기로 하였으며 운반비 ₩2,000을 현금으로 지급하였다. 이 거래에 대한 기록은 다음과 같다.

분개장			
일 자	계 정	차 변	대 변
계속기록법			
20×1. 1. 8	상품	2,000	
	현금		2,000
실지재고조사법			
20×1. 1. 8	매입운임	2,000	
	현금		2,000

상품 운반에 대한 책임과 비용을 일렉트로 마트가 부담하였으므로 이 비용에 대한 회계처리는 매입운임이라는 계정으로 처리해야 한다. 그러나 일렉트로 마트가 계속기록법을 채택하고 있으므로 지급된 운임은 상품의 취득원가에 가산해서 기록한다. 이는 운임이 상품을 판매가능한 상태로 만들기 위해서 발생한 것이기 때문이다. 1월 8일 현재 일렉트로 마트의 상품 잔액은 ₩61,317(=₩5,000+₩60,000-₩4,800-₩883+₩2,000)이 된다.

반면, 도착지인도조건의 경우 상품을 목적지까지 운반하는 데에 따른 책임과 비용을 판매자가 부담하게 된다. 따라서 매입자는 이 상품의 운임을 상품의 구입원가에 포함시키지 않는다. 그 이유는 구입자는 이 상품이 도착지에 도착하기 전까지는 상품에 대한 소유권을 가지고 있지 않을 뿐만 아니라 판매자는 판매가격에 이미 이 운임을 포함시켰기 때문이다. 이 경우에 이 운임에 대한 회계처리는 판매자가 하게 되며 이는 판매비와 일반관리비의 운반비(delivery expense)계정에 기록한다.

분개장			
일 자	계 정	차 변	대 변
판매자 부담(판매자가 회계기록)			
20×1. 1. 8	운반비	2,000	
	현금		2,000

도표 5-6 상품구입 및 판매에 대한 계속기록법과 실지재고조사법의 회계처리 비교

거 래	계속기록법			실지재고조사법		
일렉트로 마트의 상품매입에 대한 기록						
1. 2 외상으로 상품구입	상 품	60,000		매 입	60,000	
	외상매입금		60,000	외상매입금		60,000
1. 4 구입한 상품의 반품	외상매입금	4,800		외상매입금	4,800	
	상 품		4,800	매입환출과 에누리		4,800
1. 7 현금할인 기간 내에 외상대금 일부 지불	외상매입금	44,160		외상매입금	44,160	
	현 금		43,277	현 금		43,277
	상 품		883	매 입 할 인		883
1. 8 운반비 지급	상 품	2,000		매 입 운 임	2,000	
	현 금		2,000	현 금		2,000
일렉트로 마트의 상품판매에 대한 기록						
1.11 외상으로 상품판매	외상매출금	80,000		외상매출금	80,000	
	매 출		80,000	매 출		80,000
	매 출 원 가	48,000		매출원가에 대한 회계처리 없음		
	상 품		48,000			
1.12 판매된 상품의 반환	매출환입과 에누리	8,000		매출환입과 에누리	8,000	
	외상매출금		8,000	외상매출금		8,000
	상 품	4,800		회계처리 없음		
	매 출 원 가		4,800			
1.17 현금할인 기간 내에 외상대금 회수	현 금	52,920		현 금	52,920	
	매 출 할 인	1,080		매 출 할 인	1,080	
	외상매출금		54,000	외상매출금		54,000

3. 실지재고조사법에서 회계순환과정

매출원가(cost of goods sold)란 기업이 주된 영업활동을 통해 수익을 획득하는 과정에서 희생된 자원, 즉 비용으로서 이는 포괄손익계산서에 매출액과 대응되어 보고된다. 매출원가는 판매된 상품이나 제품 등의 매입원가 혹은 제조원가를 의미한다. 기업이 재고시스템으로 계속기록법을 적용하고 있다면 회계기말에 매출원가 계산을 위한 별도의 회계처리가 필요 없이 매출원가계정의 잔액을 이용하면 된다. 그러나 재고시스템으로 실지재고조사법을 적용하고 있다면 기업은 회계기간 중에는 매출원가를 알 수 없다. 따라서 기업은 수정분개 단계에서 매

출원가 계산을 위한 별도의 회계처리가 필요하게 된다.

실지재고조사법에서는 매출원가를 다음과 같이 계산한다.

매출원가 = 기초상품재고액 + 순매입액 − 기말상품재고액

여기서, 순매입액은 다음과 같이 계산한다.

순매입액 = 총매입액 − 매입환출 및 에누리 − 매입할인 + 매입운임

실지재고조사법에서는 상품매입과 관련하여 다양한 계정을 이용한다(예를 들면 매입환출과 에누리, 매입할인 그리고 매입운임 계정 등). 따라서 당기에 매입한 금액을 결정하기 위해서는 이들 계정의 잔액을 모두 매입계정으로 대체하는 수정분개가 필요하게 된다.

일렉트로 마트의 매입환출과 에누리 ₩4,800, 매입할인 ₩883 그리고 매입운임 ₩2,000을 매입계정으로 옮기는 분개를 하면 다음과 같다.

분개장			
일 자	계 정	차 변	대 변
실지재고조사법			
20×1. 1.31	매입환출과 에누리	4,800	
	매입할인	883	
	매입운임	2,000	
	매입		7,683

위의 수정분개를 통해 매입환출과 에누리 그리고 매입할인 계정의 잔액은 ₩0이 되어 계정이 마감되며, 이들 금액은 매입계정의 대변으로 옮겨져 총매입액을 감소시킨다. 이는 원하지 않는 상품의 반환이나 할인을 통해 지급해야 할 금액이 감소하게 되므로 총매입금액을 조정하는 것이다. 매입액은 ₩54,317(= ₩60,000 − ₩4,800 − ₩883)이 된다. 한편, 재고자산 구입과 관련하여 지급한 운반비는 재고자산의 원가에 가산한다. 따라서 매입운임계정 차변잔액을 매입계정 차변으로 옮기며 매입운임계정 잔액은 ₩0이 된다. 이 수정분개를 통해 20×1년 1

월 일렉트로 마트의 재고자산 순매입액은 ₩56,317(= ₩54,317 + ₩2,000)이 된다. 이를 표시하면 다음과 같다.

도표 5-7
일렉트로 마트의 포괄손익계산서 중 순매입액

포괄손익계산서(일부)		
일렉트로 마트 20×1. 1. 1~1. 31		
I. 매입액		₩60,000
1. 매입환출과 에누리	(₩4,800)	
2. 매입할인	(883)	(5,683)
3. 매입운임		2,000
순매입액		₩56,317

다음으로 매출원가를 계산하기 위해서는 순매입액에 기초재고자산을 가산하여 판매가능금액을 결정하고 판매가능금액에서 기말재고자산을 차감하여 매출원가를 계산하기 위한 수정분개를 하게 된다. 그 과정을 설명하면 다음과 같다. 일렉트로 마트는 창고의 실사를 통해 기말상품재고금액이 ₩18,000인 것이 확인되었다고 가정하자. 판매가능금액을 산정하기 위한 분개는 다음과 같다.

분개장			
일 자	계 정	차 변	대 변
실지재고조사법			
20×1. 1.31	매입	5,000	
	상품		5,000

먼저 상품계정의 기초금액을 매입계정의 차변에 기록하여 매입계정의 잔액을 증가시켜준다. 이 과정을 통해 상품계정의 잔액은 ₩0이 되고 매입계정의 금액은 판매가능금액이 된다. 즉, 기초상품재고금액에 당기의 순매입액을 더함으로써 기업이 판매할 수 있는 금액을 확정짓는다.

그 다음 판매가 되지 않은 기말상품재고금액을 실사를 통해 확인한 후 매입계정에서 차감하여 상품계정의 차변으로 옮기는 수정분개를 한다.

분개장			
일 자	계 정	차 변	대 변
실지재고조사법			
20×1. 1.31	상품	18,000	
	매입		18,000

위의 분개를 통해 상품계정의 기말잔액은 ₩18,000으로 표시되며 매출원가는 ₩43,317(= ₩61,317 − ₩18,000)으로 계산된다. 판매가능금액에서 기말상품금액을 차감하는 것은 상품구입이 전액 판매가 된 것으로 가정하여 비용으로 기록하였으나 기말에 판매가 되지 않은 부분이 확인되었으므로 비용을 취소하기 위한 것이다. 이 수정분개는 매출원가를 매입계정에서 산출하는 방법이다. [도표 5-8]은 포괄손익계산서 중 매출원가를 부분적으로 표시한 것이다.

도표 5-8 일렉트로 마트의 포괄손익계산서 중 매출원가

포괄손익계산서(일부)				
일렉트로 마트	20×1. 1. 1~1. 31			
매출원가				₩43,317
기초상품재고금액			₩5,000	
매입액		₩60,000		
1. 매입환출과 에누리	(₩4,800)			
2. 매입할인	(883)	(5,683)		
3. 매입운임		2,000		
순매입액			56,317	
판매가능금액			61,317	
기말상품재고금액			(18,000)	

재고자산평가방법

1. 재고자산원가의 흐름

기말재고자산금액은 현재 보유하고 있는 재고자산 수량에 단가를 곱하여 결정한다. 이 경우에 기말 현재 보유하고 있는 재고자산이 모두 동일한 가격으로 구입한 것이라면 기말재고자산의 단가 결정에는 별다른 문제가 발생하지 않는다. 그러나 현실적으로 기업은 서로 다른 시점에 서로 다른 가격으로 재고자산을 구입한다. 이런 이유로 기업의 기말재고자산은 서로 다른 가격으로 구입된 것들이 서로 혼재되어 있을 수밖에 없다. 따라서 기업은 현재 보유하고 있는 기말재고자산들의 구입가격을 결정해야 한다.

이에 회계에서는 원가흐름에 대한 가정(assumed cost flow)을 통해 이 문제를 해결하고 있다. 이러한 가정에 의해 기말재고자산금액을 결정하는 대표적인 방법으로는 선입선출법, 후입선출법, 평균법, 그리고 개별법 등이 있다. 2016년 KOSPI에 상장된 우리나라 제조기업들의 경우 상품 및 제품에 대한 재고자산평가방법으로 평균법 87%, 선입선출법 6%, 개별법 3%, 소매재고법 1% 그리고 기타 방법을 3% 사용하는 것으로 조사되고 있다. 후입선출법은 K-IFRS에서 일반적으로 인정된 회계원칙(GAAP)으로 인정하고 있지 않다(그러나 일반기업회계기준에서는 후입선출법을 인정하고 있다). 이들 각 방법을 간단히 소개하면 다음과 같다.

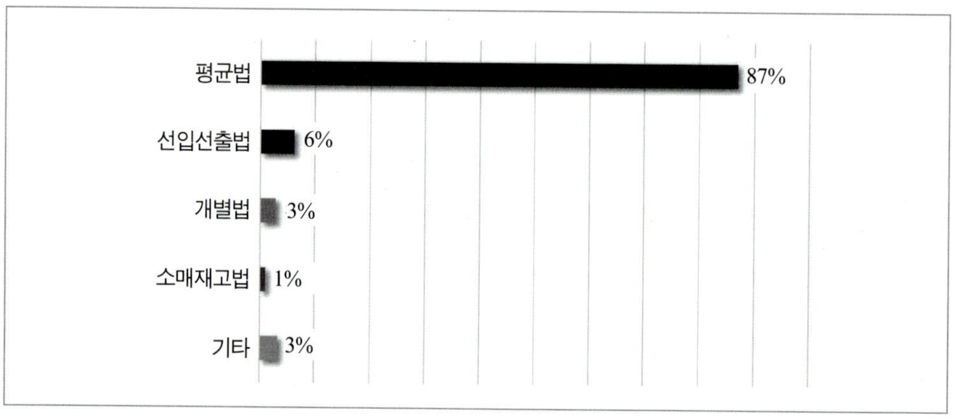

도표 5-9

재고자산의 흐름 : 선입선출법, 후입선출법, 평균법

선입선출법(FIFO)

후입선출법(LIFO)

평균법(Average)

* 그림의 번호는 입고와 출고 순서를 의미함.

재고자산 단위원가 결정방법(기업회계기준서 제1002호 : 재고자산)

일반적으로 상호 교환될 수 없는 재고자산항목의 원가와 특정 프로젝트별로 생산되는 재화 또는 용역의 원가는 개별법을 사용하여 결정한다. 개별법이 적용되지 않는 재고자산의 단위원가는 선입선출법이나 가중평균법을 사용하여 결정한다. 성격과 용도 면에서 유사한 재고자산에는 동일한 단위원가 결정방법을 적용하여야 하며, 성격이나 용도 면에서 차이가 있는 재고자산에는 서로 다른 단위원가 결정방법을 적용할 수 있다.

2. 원가흐름의 가정

선입선출법은 먼저 구입한 상품이 먼저 판매된다고 가정한다.

선입선출법(先入先出法, First-In, First-Out method, FIFO)은 먼저 구입한 상품이 먼저 판매된다고 가정한다. 기말재고자산은 가장 최근에 구입한 상품의 가격으로 표시되고 매출원가는 과거시점의 가격으로 기록된다. 따라서 재무상태표에 표시되는 재고자산의 가치는 최근의 시장가치를 반영한다.

반면, 포괄손익계산서에 표시되는 매출원가는 과거에 구입한 가격으로 표시됨으로써 최근의 시장가치로 표시되는 매출액과의 대응이 적절히 되지 않는다는 단점이 있다. 또한 가격이 상승하는 인플레이션 시점에는 높은 매출액에 낮은 매출원가가 대응되어 높은 당기순이익이 보고된다. 보수적인 회계처리 관점에서 보면 이러한 현상은 바람직하지 못하다는 지적을 받는다. 그러나 먼저 구입한 상품이 먼저 판매된다는 가정은 실물흐름과 원가흐름이 일치할 가능성을 높여준다.

후입선출법은 가장 최근에 구입한 상품이 먼저 판매된다고 가정한다.

후입선출법(後入先出法, Last-In, First-Out method, LIFO)은 최근에 구입한 상품이 먼저 판매된다고 가정한다. 이에 기말재고자산은 가장 과거에 구입한 상품의 가격으로 표시되고 매출원가는 가장 최근에 구입한 상품의 가격으로 표시된다. 따라서 재무상태표에 표시되는 재고자산은 과거의 가치로 표시됨으로써 시장가치를 제대로 반영해주지 못한다. 반면, 포괄손익계산서에 표시되는 매출원가는 최근에 구입한 상품의 가격으로 표시되어 최근의 시장가치로 표시된 매출액과 대응됨으로써 수익과 비용의 대응이 적절히 이루어진다는 장점이 있다. 또한 인플레이션시에는 선입선출법 때와는 반대로 매출원가가 높게 표시됨으로써 낮은 당기순이익을 보고하게 된다. 이는 기업이 부담할 세금을 줄여줌으로써 현금의 외부유출을 줄여주는 효과를 갖는다. 그러나 최근에 구입한 상품이 먼저 판매된다는 가정은 실물흐름과 원가흐름이 일치되지 않는다는 문제를 갖는다.

한편, 기말재고수량이 기초재고수량보다 감소하는 경우에는 과거에 낮은 가격에 구입했던 재고자산이 판매되어 높은 매출액에 지나치게 낮은 매출원가가 대응됨으로써 이익이 과대계상되어 세금과 배당이 커지게 되는 비자발적 청산문제가 발생되는데, 이를 **후입선출청산**(LIFO liquidation)이라고 한다. 그러나 후입선출법의 경우 우리나라 기업 중 이용하고 있는 기업이 극히 적으며, 기업회계기준서에서는 재고자산의 평가방법으로 후입선출법을 제외하고 있다.

평균법은 상품이 구입시점의 구별 없이 무차별하게 선택되어 판매된다고 가정한다.

평균법(平均法, Average cost method)은 판매되는 상품이 동질적(homogeneous)이라고 가정한다. 따라서 평균법에서는 상품이 구입시점의 구별 없이 무차별하게 선택되어 판매된다고 가정한다. 평균법은 판매가능한 상품의 총액을 판매가능한 수량으로 나누어 계산된 평균단가를 기말재고자산의 단가로 적용하는 방법이다. 평균단가를 구하는 방법에는 **총평균법**(gross average method)과 **이동평균법**(moving average method)이 있다. 총평균법은 **가중평균법**(weighted average method)이라고도 하며 일정기간에 판매되는 상품은 동일한 원가로 평가되어야 한다고 가정한다. 총평균법에서는 한 회계기간 동안 구입한 상품의 총액에 기초재고자산 금액을 합하여 판매가능금액을 구한 후 총수량으로 나누어 하나의 평균단가를 계산한다. 이렇게 구한 평균단가를 기말상품재고수량에 곱하여 기말상품재고금액을 계산한 후 판매가능금액에서 차감하여 매출원가를 계산한다. 따라서 총평균법에서는 매출원가에 대한 기록이 회계기말에 한 번만 이루어지는 간편함이 있다.

그러나 이동평균법은 총평균법과는 달리 상품을 새로 구입할 때마다 새로이 평균단가를 계산한다. 즉, 새로 상품을 구입하면 기존 재고금액에 새로 구입

Focus On IFRS와 후입선출법

IFRS에서는 재고자산의 단위원가 결정에 있어서 후입선출법의 사용을 금하고 있으며 우리나라도 같은 입장을 취하고 있다. 그러나 미국의 경우에는 재고자산 중 상이한 품목에 대해서 그리고 동일한 품목이라도 다른 위치에 있는 경우에 GAAP로서 후입선출법의 이용을 허용하고 있다. IFRS는 유사한 성격의 모든 재고자산은 같은 방법으로 평가하도록 요구하고 있다. 이러한 기준 적용의 차이는 한 다국적 기업이 국가간 비교를 할 때에 차이를 발생시킬 수 있다. 예를 들면, (주)기아자동차의 본사는 재고자산의 평가방법으로 평균법을 이용하나 미국의 판매 법인에서는 세금 목적상 후입선출법을 이용하는 경우에 재고자산의 비교가능성을 저해시킬 수 있게 된다. 개별 국가들의 세법은 세금 목적상 다른 재고자산방법을 선택하게 할 수 있다.

한 상품의 금액을 더하여 새로이 판매가능금액을 계산하고 기존 재고수량에 새로이 구입한 상품의 수량을 더하여 새로운 총판매가능수량을 구한다. 이렇게 구한 새로운 판매가능금액을 새로운 판매가능수량으로 나누어 새로운 평균단가를 구한다. 이렇게 구한 평균단가는 새로이 상품을 구입하기 전까지는 계속 유지된다. 이러한 평균법은 원가의 흐름을 물량의 흐름에 맞추고자 한 것이 아니기 때문에 실제 수익과 실제 원가가 대응된다는 보장은 없다. 그러나 계산이 쉽고 객관적이며 평균화된 금액을 이용함으로써 이익조장의 가능성이 어느 정도 배제된다는 장점이 있다.

개별법은 상품을 하나하나 개별적으로 파악하는 방법이다.

개별법(個別法, specific identification method)은 구입된 상품 각각을 구별하여 관리함으로써 판매된 상품과 기말재고자산의 상품을 하나하나 개별적으로 파악하는 방법이다. 개별법에서의 매출원가와 기말재고자산금액은 판매된 상품과 기말재고상품 하나하나의 구입가격을 합산하여 계산된다. 따라서 이 방법은 상품의 거래가 빈번하고 수량이 많은 경우에는 적용이 어려우며 거래수량이 적고 비교적 고가의 상품을 취급하는 업종에서 적용이 가능한 방법이다.

기말재고자산의 평가

1. 실지재고조사법에서의 기말재고자산 평가

본장에서는 일렉트로 마트(주)의 20×1년 9월 한 달 동안의 모니터 판매 자료를 이용하여 실지재고조사법에서 선입선출법, 후입선출법, 평균법에 의한 기말재고자산금액을 계산해본다. 20×1년 9월의 일레트로 마트의 모니터 구입 및 판매수량은 다음과 같으며, 실지재고조사를 통해 확인된 기말재고수량은 13대이다.

일자	거래유형	수량	단가	금액
9월 1일	기초재고	10	@₩200	₩2,000
9월 3일	구입	15	@₩220	₩3,300
9월 12일	구입	18	@₩240	₩4,320
9월 22일	판매	41	@₩300	₩12,300
9월 29일	구입	11	@₩250	₩2,750

선입선출법

선입선출법은 상품의 판매가 구입해온 순서대로 이루어진다고 가정하는 방법이다. 따라서 상품이 판매될 때 초기에 구입한 상품의 원가가 매출원가로 표시된다. [도표 5-10]은 일렉트로 마트의 20×1년 9월중 선입선출법에 의한 상품의 거래기록을 보여주고 있다.

도표 5-10
실지재고조사법 : 선입선출법

일자	거래유형	수량	단가	금액
9월 1일	기초재고	10	@₩200	₩2,000
9월 3일	구입	15	@₩220	3,300
9월 12일	구입	18	@₩240	4,320
9월 29일	구입	11	@₩250	2,750
	합계	54		₩12,370

1단계 : 기말재고자산

일자	수량	단가	금액
9월 29일	11	@₩250	₩2,750
9월 12일	2	@₩240	480
합계	13		₩3,230

2단계 : 매출원가

판매가능금액	₩12,370
차감 : 기말재고자산	3,230
매출원가	₩9,140

선입선출법에서는 가장 최근에 구입한 상품이 재고자산으로 남아 있게 되므로 실지재고조사법에서 실사로 확인된 기말재고수량은 9월 12일에 구입한 상품 18대 중 2대와 9월 29일에 구입한 11대가 남아 있게 된다. 따라서 기말재고금액은 ₩3,230(=2×@₩240+11×@₩250)이 되며 매출원가는 판매가능금액 ₩12,370에서 기말재고금액 ₩3,230을 차감한 ₩9,140이 된다.

후입선출법

후입선출법은 가장 최근에 구입한 것부터 판매가 이루어진다고 가정한다. 따라서 실지재고조사법에서 후입선출법을 적용하는 경우 기말재고수량은 가장 먼저 구입한 것이 재고로 남아 있게 된다. [도표 5-11]은 후입선출법에서의 기말재고금액과 매출원가를 보여준다.

도표 5-11
실지재고조사법 : 후입선출법

일자	거래유형	수량	단가	금액
9월 1일	기초재고	10	@₩200	₩2,000
9월 3일	구입	15	@₩220	3,300
9월 12일	구입	18	@₩240	4,320
9월 29일	구입	11	@₩250	2,750
	합계	54		₩12,370

1단계 : 기말재고자산

일자	수량	단가	금액
9월 1일	10	@₩200	₩2,000
9월 3일	3	@₩220	660
합계	13		₩2,660

2단계 : 매출원가

판매가능금액	₩12,370
차감 : 기말재고자산	2,660
매출원가	₩9,710

실지재고조사법에서 후입선출법을 적용한 일렉트로 마트의 기말재고수량은 9월 1일 기초재고수량 10대와 9월 3일에 구입한 15대 중 3대가 기말재고수량으로 남게 된다. 따라서 기말재고금액은 [도표 5-11]에서 보듯이 ₩2,660(=10×@₩200+3×@₩220)이 되며 매출원가는 판매가능금액 ₩12,370에서 ₩2,660을 차감한 ₩9,710이 된다.

총평균법

실지재고조사법에서의 총평균법(Gross average method, Weighted average method)은 한 회계기간 동안 구입한 상품의 판매가능금액을 총판매가능수량으로 나누어 하나의 평균단가를 계산한다. 이렇게 구한 평균단가를 기말재고수량과 판매수량에 곱하여 기말재고금액과 매출원가를 각각 계산한다. [도표 5-12]는 실지재고조사법에서 평균법에 의한 기말재고자산금액과 매출원가를 보여준다. 일렉트로 마트가 9월중 취득한 상품의 총액은 ₩12,370이고 총수량은 54대이다. 따라서 평균단가는 ₩229.1(=₩12,370÷54대)이 된다. 이 평균단가를 적용하면 일렉트로 마트의 기말재고금액은 ₩2,978(=13×@₩229.1)이 되고 매출원가는 ₩9,392(=41×@₩229.1)이 된다.

도표 5-12
실지재고조사법 : 평균법

일자	거래유형	수량	단가	금액
9월 1일	기초재고	10	@₩200	₩2,000
9월 3일	구입	15	@₩220	3,300
9월 12일	구입	18	@₩240	4,320
9월 29일	구입	11	@₩250	2,750
	합계	54		₩12,370

1단계 : 기말재고자산

₩12,370	÷	54	₩229.1
	수량	단가	금액
	13	@₩229.1	₩2,978

2단계 : 매출원가

판매가능금액	₩12,370
차감 : 기말재고자산	2,978
매출원가	₩9,392

개별법

개별법에서는 원가흐름에 대한 가정이 필요치는 않다. 대부분의 경우에 판매된 상품에 대해 기업은 개별적으로 추적이 가능하기 때문이다. 사례에서 재고수량 13대는 9월 3일 2대, 9월 29일 11대가 남아 있는 것으로 확인되었다고 가정하자. 이 경우에 재고수량에 단가를 곱하여 기말재고자산금액을 결정한 후 판매가능금액에서 차감하여 매출원가를 계산한다. [도표 5-13]은 실지재고조사법에서 개별법에 의한 기말재고자산금액과 매출원가를 보여준다.

일렉트로 마트의 기말재고수량은 13대로 9월 3일 2대, 9월 29일에 구입한 11대가 남아 있으므로 기말재고자산금액은 ₩3,190(=2대×@₩220+11대×@₩250)이 되며 매출원가는 ₩9,180(=₩12,370−₩3,190)이 된다.

그러나 개별법은 경영자가 의도적으로 보고이익을 조작하는 데 이용할 수도 있다. 예를 들면, 당기에 높은 이익을 보고하고자 할 때에는 재고상품 중 의도적으로 구입가격이 낮은 상품이 판매된 것으로 보고할 수 있기 때문이다. 이러한 이익조정의 잠재적 위험이 있기 때문에 업종의 특성상 어쩔 수 없는 경우를 제외하고는 많은 기업들에서 실무적으로 이를 광범위하게 이용하지는 않는다.

도표 5-13

실지재고조사법 : 개별법

일자	거래유형	수량	단가	금액
9월 1일	기초재고	10	@₩200	₩2,000
9월 3일	구입	15	@₩220	3,300
9월 12일	구입	18	@₩240	4,320
9월 29일	구입	11	@₩250	2,750
	합계	54		₩12,370

1단계 : 기말재고자산

일자	수량	단가	금액
9월 3일	2	@₩220	₩440
9월 29일	11	@₩250	2,750
합계	13		₩3,190

2단계 : 매출원가

판매가능금액	₩12,370
차감 : 기말재고자산	3,190
매출원가	₩9,180

2. 계속기록법에서의 기말재고자산 평가

앞서 실지재고조사법에서는 재고자산의 구입에 대해서는 기록하나 판매에 대해서는 기록하지 않는다. 그러나 계속기록법에서는 상품의 구입 및 판매에 대해서 거래가 발생할 때마다 기록하므로 동일한 재고자산평가방법하에서도 기말재고자산금액은 달라진다. 본장에서는 일렉트로 마트의 자료를 이용하여 계속기록법에서의 기말재고자산금액 평가에 대해 알아본다.

선입선출법

선입선출법에서는 판매가 이루어지면 먼저 첫 번째 재고층(layer)의 판매가 이루어지고 첫 번째 재고층이 모두 판매되면 그 다음 두 번째 재고층이 판매된다. [도표 5-14]에서 보듯이 9월 22일에 41대의 상품이 판매되었다. 이 경우 판매되는 상품의 재고층은 먼저 기초재고수량 10대(@₩200), 그리고 9월 3일에 구입한 15대(@₩220), 마지막으로 9월 12일에 구입한 18대 중 16대(@₩240)가 판매되어 매출원가는 ₩9,140으로 계산된다. 기말재고금액은 9월 12일에 구입한 2대(@₩240)와 9월 29일에 구입한 11대(@₩250)가 남아 기말재고자산금액은 ₩3,230이 된다. 여기서 한 가지 주의할 점은 선입선출법은 가장 최근에 구입한 상품이 재고로 남기 때문에 실지재고조사법과 계속기록법의 기말재고자산금액이 동일하

도표 5-14

계속기록법 : 선입선출법

일자	구입 수량	구입 단가	구입 금액	판매 수량	판매 단가	판매 금액	재고 수량	재고 단가	재고 금액
9월 1일							10	@₩200	₩2,000
9월 3일	15	@₩220	₩3,300				10	@₩200	5,300
							15	@₩220	
9월 12일	18	@₩240	₩4,320				10	@₩200	9,620
							15	@₩220	
							18	@₩240	
9월 22일				10	@₩200	₩2,000	2	@₩240	480
				15	@₩220	3,300			
				16	@₩240	3,840			
9월 29일	11	@₩250	₩2,750				2	@₩240	3,230
							11	@₩250	
					매출원가	₩9,140	기말재고금액		₩3,230

다는 것이다.

후입선출법

후입선출법은 가장 최근에 구입한 상품의 재고층부터 판매가 되는 것으로 가정한다. [도표 5-15]는 계속기록법에서의 후입선출법에 의한 기말재고자산금액을 보여준다. 9월 22일에 판매된 41대는 먼저 9월 12일에 구입한 18대(@₩240)가 판매되고 두 번째로 9월 3일에 구입한 15대(@₩220)가 판매된다. 그리고 부족한 수량 8대는 기초재고수량 중에서 8대(@₩200)가 판매되며 총매출원가는 ₩9,220이 된다. 한편, 9월 29일에 상품 11대(@₩210)를 새로 구입하였으므로 기말재고자산 수량은 기초재고수량 2대(@₩200)와 새로 구입한 상품 11대(@₩250)로 재고층을 이루게 되며 재고자산금액은 ₩3,150이 된다. 여기서 한 가지 주의할 점은 실지재고조사법과 계속기록법에서의 후입선출법에 의한 기말재고자산금액은 서로 다르다는 것이다([도표 5-11]과 [도표 5-15] 참조). 그 이유는 실지재고조사법에서는 총재고층에서 가장 먼저 구입한 것부터 재고로 남아 있는 것으로 파악하나 계속기록법에서는 기말재고자산의 재고층이 판매가 이루어지기 전의 재고층과 판매 이후에 새로이 구입한 재고층으로 구성되기 때문이다.

도표 5-15
계속기록법 : 후입선출법

일자	구입 수량	구입 단가	구입 금액	판매 수량	판매 단가	판매 금액	재고 수량	재고 단가	재고 금액
9월 1일							10	@₩200	₩2,000
9월 3일	15	@₩220	₩3,300				10	@₩200	5,300
							15	@₩220	
9월 12일	18	@₩240	₩4,320				10	@₩200	9,620
							15	@₩220	
							18	@₩240	
9월 22일				18	@₩240	₩4,320	2	@₩200	400
				15	@₩220	3,300			
				8	@₩200	1,600			
9월 29일	11	@₩250	₩2,750				2	@₩200	3,150
							11	@₩250	
					매출원가	₩9,220	기말재고금액		₩3,150

이동평균법

계속기록법하에서 기말재고자산의 평가에 평균법을 적용하는 경우 회사는 새로이 상품을 구입할 때마다 재고자산의 평균단가를 새로이 계산한다. 이를 이동평균법(moving average method)이라고 한다. 이렇게 구해진 평균단가는 판매된 상품의 매출원가와 기말재고자산금액 평가에 이용된다. [도표 5-16]에서 보듯이 일렉트로 마트는 9월 3일에 상품 15대를 구입함으로써 총재고수량은 25대가 된다. 9월 3일 현재 일렉트로 마트의 재고층은 기초재고수량 10대(@₩200)와 9월 3일 구입수량 15대(@₩220)로 구성되어 있으며 총판매가능금액은 ₩5,300이 된다. 따

도표 5-16
계속기록법 : 이동평균법

일자	구입 수량	구입 단가	구입 금액	판매 수량	판매 단가	판매 금액	재고 수량	재고 단가	재고 금액
9월 1일							10	@₩200	₩2,000
9월 3일	15	@₩220	₩3,300				25	@₩212.0	5,300
9월 12일	18	@₩240	₩4,320				43	@₩223.7	9,620
9월 22일				41	@₩223.7	₩9,172	2	@₩223.7	448
9월 29일	11	@₩250	₩2,750				13	@₩246.0	3,198
					매출원가	₩9,172	기말재고금액		₩3,198

라서 9월 3일 기말재고수량의 평균단가는 ₩212.0(=₩5,300÷25대)이 된다. 9월 12일에 새로이 18대(@₩240)를 구입하였으므로 새로운 평균단가는 ₩223.7(=₩9,620÷43대)이 된다. 일렉트로 마트는 9월 22일에 상품 41대를 판매했는데 매출원가는 ₩9,172(=41대×₩223.7)이 된다. 한편, 9월 29일에 상품 11대(@₩250)를 새로 구입했으므로 기말재고자산 수량은 13대가 되며 판매가능금액은 ₩3,198이 되어 새로운 평균단가는 ₩246.0(=₩3,198÷13대)이 된다.

개별법

[도표 5-17]은 계속기록법에서의 개별법에 의한 재고자산의 기록을 보여준다. 일렉트로 마트는 9월 22일에 @₩200짜리 10대, @₩220짜리 13대 그리고 @₩240짜리 18대를 판매하였다. 따라서 일렉트로 마트의 9월중 판매된 상품의 매출원가는 ₩9,180이 되고 기말재고자산금액은 ₩3,190이 된다. 개별법은 선입선출법과 마찬가지로 실지재고조사법이나 계속기록법 모두 기말재고자산금액이 같게 표시된다([도표 5-13]과 [도표 5-17] 참조). 이는 상품 하나하나를 개별적으로 추적해서 관리하기 때문이다.

도표 5-17
계속기록법 : 개별법

일자	구입			판매			재고		
	수량	단가	금액	수량	단가	금액	수량	단가	금액
9월 1일							10	@₩200	₩2,000
9월 3일	15	@₩220	₩3,300				10 15	@₩200 @₩220	5,300
9월 12일	18	@₩240	₩4,320				10 15 18	@₩200 @₩220 @₩240	9,620
9월 22일				10 13 18	@₩200 @₩220 @₩240	₩2,000 2,860 4,320	2	@₩220	440
9월 29일	11	@₩250	₩2,750				2 11	@₩220 @₩250	3,190
					매출원가	₩9,180		기말재고금액	₩3,190

3. 재고자산평가방법의 비교

앞서 설명한 바와 같이 재고자산평가방법에 따라 비록 기말재고수량이 동일하더라도 기말재고자산금액과 매출원가는 서로 다르게 평가된다. [도표 5-18]은 실지재고조사법에서 선입선출법, 후입선출법 그리고 평균법에 의한 기말재고자산의 평가가 기업의 이익에 어떻게 영향을 미치는지를 잘 보여주고 있다.

도표 5-18
재고자산평가방법의 비교

	선입선출법	평균법	후입선출법
매 출 액	₩12,300	₩12,300	₩12,300
매 출 원 가	9,140	9,392	9,710
매출총이익	₩3,160	₩2,908	₩2,590

Focus On 가열되는 400억 지불시비

"가열되는 400억 지불시비"라는 제목의 신문기사가 1981년 2월 23일자 주요 일간지에 소개되었다. 이 사건은 기업이 재고자산평가방법의 변경만으로 이익이 어떻게 영향을 받는지를 보여주는 대표적인 우리나라의 사례이다. 1980년 8월 걸프사가 우리나라에서 철수하면서 당초 계약대로 투자원금의 150%를 회수하기 위해 재고자산평가방법을 후입선출법에서 선입선출법으로 변경하여 상당한 흑자를 기록한 후 투자자금을 회수하여 한국을 떠났다. 1980년 12월에 대한석유지주주식회사로부터 경영권을 인수한 유공은 연말결산시 재고자산평가방법을 다시 선입선출법에서 후입선출법으로 변경하여 소급적용하기로 하였다. 이를 통해 유공은 400억원의 흑자에서 774억원의 적자로 반전된다. 유공은 이에 대해 앞서 걸프사가 재고자산평가방법을 변경해 장부상 가공이익을 만들어낸 것이므로 가공이익에 대한 문제를 원상회복하기 위한 것이라고 주장했다. 그러나 유공으로부터 400억원의 배당을 예상하고 있던 대한석유지주주식회사는 재고자산평가방법 변경으로 인해 한 푼도 받을 수 없게 됨에 따라 이의 부당함을 주장한 사건이다. 이 당시 다른 정유회사들(호남정유, 경인, 쌍용 등)은 재고자산평가방법으로 후입선출법을 적용하고 있었다.

加熱되는「400億지불」是非
決算日변경은不當-會計秩序파괴
架空利益배당하면 財務構造악화

자료 : 동아일보, 가열되는 400억 지불시비(1981.2.23)

일렉트로 마트는 20×1년 9월 한 달 동안 ₩12,300의 매출을 달성했으며, 후입선출법하에서 매출원가는 ₩9,710이 되어 ₩2,590의 매출총이익을 달성하였다. 그런데 재고자산평가방법으로 선입선출법을 이용하는 경우에 매출원가는 ₩9,140이 되며, 매출총이익은 ₩3,160이 된다. 따라서 일렉트로 마트는 재고자산평가방법을 후입선출법에서 선입선출법으로 변경만 하여도 ₩570의 이익을 더 얻을 수 있다. 그러나 이 이익의 증가는 단지 장부상 숫자의 변화일 뿐 실제 현금이 증가한 것은 아니다. 결과적으로 순이익은 실제보다 과대보고되고, 회사 밖으로 불필요한 현금유출(예를 들면, 배당 및 세금의 증가)이 나타나게 된다. 그래서 이러한 이익증가분을 가공이익(phantom or illusory profits)이라고 부른다.

용어해설

개별법(specific identification method) 구입된 상품 각각을 구별하여 관리함으로써 판매된 상품과 기말재고자산의 상품을 하나하나 개별적으로 파악하는 방법

계속기록법(perpetual inventory system) 재고자산의 구입과 판매 때마다 재고자산계정에 기록하는 방법

도착지인도조건(FOB destination) 상품이 구매자가 지정한 장소로 이전되었을 때 소유권이 구매자에게 이전되고, 상품에 대한 운송책임을 판매자가 지며, 운송비용은 판매자가 부담함. 따라서 운임은 상품의 구입원가에 포함시키지 않음

매입계정(purchase account) 실지재고조사법을 적용하는 경우 상품의 구입을 기록하는 계정

매입에누리(purchase allowances) 구입한 상품의 파손 정도가 경미하여 반품하지 않는 대신에 구입대금의 일부를 감액한 것

매입할인(purchase discounts) 외상으로 구입한 상품의 대금을 신용기간보다 짧은 기간 내에 결제하는 경우에 송장금액에서 공제되는 현금할인 금액

매입환출(purchase returns) 구입한 상품을 판매자에게 반품한 금액

매출에누리(sales allowances) 판매한 상품의 파손 정도가 경미하여 반품받지 않는 대신에 판매대금의 일부를 감액한 것

매출원가(cost of goods sold) 판매된 상품이나 제품 등의 매입원가 혹은 제조원가로 매출액과 대응되어 포괄손익계산서에 보고됨

매출할인(sales discounts) 외상으로 판매한 상품의 대금을 신용기간보다 짧은 기간 내에 회수하는 경우에 송장금액에서 공제되는 현금할인 금액

매출환입(sales returns) 판매한 상품이 구매자로부터 반품된 금액

선입선출법(first-in, first-out, FIFO) 먼저 구입 및 생산된 상품 혹은 제품이 먼저 판매된다고 가정

선적지인도조건(FOB shipping point) 상품의 소유권이 선적지에서 구매자에게 이전되며, 상품의 운송에 대한 책임을 구매자가 부담하게 되므로 운송비용은 상품의 구입가격에 포함됨

실지재고조사법(periodic inventory system) 한 회계기간 동안의 상품매입거래는 매입계정에 기록하지만 판매에 대한 거래를 재고자산계정에 기록하지 않는 방법

원재료(raw materials) 제품생산에 사용되나 아직 제조과정에 투입되지 않은 기본 재료

이동평균법(moving average method) 계속기록법에서 재고자산평가시 평균법을 이용하는 경우에 나타나는 방법으로 상품을 새로 구입할 때마다 새로이 평균단가를 계산함

재고자산(inventory) 정상적인 영업활동과정에서 생산 또는 판매를 목적으로 보유하고 있는 자산

재공품(work-in-process) 원재료를 제조과정에 투입하여 제품으로 전환되는 과정에 있어 부분적으로는 작업이 이루어졌지만 완전히 완성되지는 않은 제품

제품(finished goods) 판매를 할 수 있는 상태로 완성되었지만 아직까지 팔리지 않은 완성품

총평균법(gross average method 혹은 weighted average method) 일정기간에 판매되는 상품은 동일한 원가로 평가되어야 한다고 가정하여 하나의 평균단가를 계산하여 이용

취득원가(acquisition cost) 자산의 구입가격에 거래원가(부대비용)를 가산한 금액

후입선출법(last-in, last-out, LIFO) 나중에 구입 및 생산된 상품 혹은 제품이 먼저 판매된다고 가정

연습문제

문제 A형

5-1 다음은 어느 기업의 원장에서 발췌한 자료이다. 재고자산의 수량은 계속기록법을 사용하고 있다고 가정하고 마감분개를 하시오.

상　　품	₩55,500
매 출 원 가	512,500

5-2 (주)CKG의 포괄손익계산서에 다음과 같은 항목이 포함되어 있다.

순 매 출 액	₩800,000
매출총이익	320,000
기초상품재고금액	100,000
매 입 할 인	15,000
매입에누리와 환출	8,000
매 입 운 임	10,000
영 업 비 용	300,000
매　　입	520,000

위의 자료를 참조하여 다음을 계산하시오.

(1) 매출원가
(2) 판매가능상품액
(3) 기말재고금액

5-3 6월 1일에 할로윈 캔디는 1,250개의 캔디 상자를 상자당 ₩10의 판매가격으로 지역초등학교 구내 매점에 판매했다. 캔디 상자의 구입가격은 상자당 ₩5이다. 판매조건은 '2/10, n/60'이며 송장의 거래일자는 6월 1일이다. 할로윈 캔디는 재고자산거래에 계속기록법을 사용한다.

(1) 6월 1일 최초 판매거래에 대해 분개하시오.

(2) 6월 8일 할로윈 캔디가 거래처로부터 결제대금의 50%를 현금으로 받았을 때 이에 대한 분개를 하시오.

(3) 7월 12일 할로윈 캔디가 나머지 거래대금을 현금으로 결제했을 때 이에 대한 분개를 하시오.

5-4 (주)EGG는 실지재고조사법을 사용하며, 월별로 재무제표를 작성하고 있다. 아래의 정보 중에서 상품 관련 계정을 제외하고는 모든 계정이 결산정리사항을 반영하고 있다. 20×1년 11월 30일 실지재고조사를 한 결과, 기말상품재고금액은 ₩22,000으로 파악되었다. (주)EGG의 일부계정의 잔액은 11월 30일 현재 다음과 같다.

외상매출금	₩9,000
상　　품(20×1년 11월 1일)	30,000
수수료비용	600
매 입 운 임	2,000
매입에누리와 환출	3,500
매 출 할 인	1,800
매　　입	28,000
매　　출	65,000

(주)EGG의 20×1년 11월 부분포괄손익계산서를 매출총이익이 밝혀지도록 작성하시오.

5-5 (주)HMR은 실지재고조사법을 사용하며 월별로 재무제표를 작성한다. 아래의 정보 중에서 상품 관련 계정을 제외하고는 모든 계정이 결산정리사항을 반영하고 있다. 20×1년 11월 30일 실지재고조사를 한 결과 기말상품재고금액은 ₩2,000으로 파악되었다. (주)HMR의 일부계정의 잔액은 11월 30일 현재 다음과 같다.

외상매출금	₩8,000
기초상품재고금액(11월 1일)	1,500
매 입 운 임	2,500
매입에누리와 환출	1,500
매 출 할 인	750
매　　입	25,000
매　　출	50,000
영 업 비 용	17,500

(주)HMR의 20×1년 11월 부분포괄손익계산서를 영업이익이 밝혀지도록 작성하시오.

5-6 상품의 구매송장의 내용은 다음과 같다.

	상품	운송비	거래조건	반품과 에누리
(1)	₩900	₩35	FOB 선적지인도조건, 1/10, n/30	₩100
(2)	5,600		FOB 도착지인도조건, n/30	500
(3)	2,500	25	FOB 선적지인도조건, 2/10, n/30	200
(4)	8,000		FOB 도착지인도조건, 1/10, n/30	

거래조건에 따라 할인기간 이내에 대금결제가 이루어졌다고 가정하고, 각 송장에 대해 지급해야 할 금액은 각각 얼마인가?

5-7 (주)MJC의 한 회계기간 동안 판매가능한 상품의 자료가 다음과 같다.

1월 1일	기초재고	20개	@₩50
2월 4일	구입	10개	@₩52
7월 7일	구입	30개	@₩55
10월 15일	구입	15개	@₩60

12월 31일 기말 현재 재고자산을 실사한 결과 30단위의 상품이 남아 있다. 선입선출법(FIFO)을 사용하여 기말재고금액을 평가하면 얼마인가(재고자산의 수량은 실지재고조사법을 사용한다)?

5-8 (주)SSM의 상품 기초재고와 기중구입에 관한 자료가 다음과 같다.

기초재고	6개	@₩73
첫 번째 구매	10개	@₩72
두 번째 구매	18개	@₩74
세 번째 구매	10개	@₩75

회계기말에 실지재고조사를 한 결과 15개의 상품이 남아 있다. 다음의 방법을 사용하여 상품의 기말재고금액을 평가하시오(재고자산의 수량은 실지재고조사법으로 관리한다).

(1) 선입선출법
(2) 후입선출법
(3) 평균법

5-9 닉스기업은 실지재고조사법을 사용한다. 다음은 닉스기업의 상품매입과 관련된 자료이다.

일자	적요	수량	단가	금액
1월 1일	기초재고	100	₩4	₩400
1월 20일	매입	500	5	2,500
7월 25일	매입	100	7	700
10월 20일	매입	300	8	2,400
합 계		1,000		₩6,000

12월 31일 회계기말 실지재고조사를 한 결과 기말상품재고 수량은 350개로 파악되었다. 다음의 독립적인 물음에 대해 답하시오.

(1) 선입선출법을 사용하여 재고자산의 단가를 결정한다고 할 때 기말재고금액은 얼마인가?
(2) 평균법을 사용하여 재고자산의 단가를 결정한다고 할 때 기말재고금액은 얼마인가?
(3) 후입선출법을 사용하여 재고자산의 단가를 결정한다고 할 때 기말재고금액은 얼마인가?
(4) 선입선출법을 사용할 때와 후입선출법을 사용할 때의 각각의 매출총이익을 구하고 어느 방법이 더 높은 이익을 보고하는지를 밝히시오.

문제 B형

5-10 (주)한국의 회계담당자가 20×1년 12월 31일 재고자산을 실사한 결과, 창고에 보관하고 있는 상품은 ₩1,000,000이며 아래 항목은 반영되지 않은 상태이다.

- 선적지인도조건의 거래명세서 ₩200,000을 20×2년 1월 3일에 수령하여 매입거래로 기록하였다. 상품은 20×1년 12월 29일에 선적되어 20×2년 1월 3일에 입고되었다.
- 도착지인도조건의 거래명세서 ₩300,000을 20×1년 12월 28일에 수령하였다. 상품은 20×2년 1월 2일에 입고되었다.
- 20×1년 12월 26일 도착지인도조건으로 판매한 상품 ₩400,000(원가)이 20×1년 12월 31일 현재 운송 중이었다. 20×2년 1월 2일 고객으로부터 상품을 인수하였다는 통보를 받고 (주)한국은 동일자로 매출을 기록하였다.
- 20×1년 12월 31일 매출로 기록한 상품이 하역장에 보관되어 기말재고실사과정에서 누락되었다. 선적지인도조건이고 20×2년 1월 3일 선적되었으며, 상품원가는 ₩500,000이었다.

위의 자료를 반영한 후 (주)한국의 20×1년 올바른 기말상품재고액은? 단, 재고자산 감모손실 및 평가손실은 없다고 가정한다.

5-11 국제기업은 10월 동안 다음과 같은 거래를 하였다.

외상판매			매출환입		대금회수
일자	금액	거래조건	일자	금액	일자
10. 3	₩800	2/10, n/30			10. 8
10.11	1,200	3/10, n/30	10.14	₩500	10.16
10.17	7,000	1/10, n/30	10.20	1,200	10.29
10.21	1,700	2/10, n/60	10.23	400	10.27
10.23	2,500	2/10, n/30	10.27	500	10.28

(1) 각 거래에 대해 현금으로 회수할 금액을 계산하시오.
(2) 다음을 분개하시오.
  ① 10월 17일 판매. 판매된 상품의 원가는 ₩3,500이다.
  ② 10월 23일 반품회수. 회수된 상품의 원가는 ₩200이다.
  ③ 10월 28일 대금회수
  단, 국제기업은 재고자산의 관리를 계속기록법으로 한다.

5-12 (주)SSG는 실지재고조사법으로 재고자산을 관리한다. 상품의 매입과 관련된 정보는 다음과 같다.

일자	적요	수량	단가	금액
1월 1일	기초재고	15	₩4	₩60
1월 20일	매입	60	4.4	264
7월 25일	매입	30	4.2	126
10월 20일	매입	45	4.8	216
합 계		150		₩666

12월 31일 회계기말 실지재고조사를 한 결과 기말상품재고수량은 50개로 파악되었다. 다음의 독립적인 물음에 답하시오.

(1) 선입선출법을 사용하여 재고자산의 단가를 결정한다고 할 때 기말재고금액은 얼마인가?
(2) 평균법을 사용하여 재고자산의 단가를 결정한다고 할 때 기말재고금액은 얼마인가?
(3) 후입선출법을 사용하여 재고자산의 단가를 결정한다고 할 때 기말재고금액은 얼마인가?
(4) 선입선출법을 사용하여 재고자산의 단가를 결정한다고 할 때 매출원가는 얼마인가?

5-13 다음은 어떤 기업의 상품거래와 관련된 자료이다. 실지재고조사법을 사용한다고 할 때 아래의 자료를 활용하여 다음의 물음에 답하시오.

일자	적요	매입		매출	
		수량	단가	수량	단가
3월 1일	기초재고	100	₩60		
3일	매입	60	75		
4일	매출			70	₩120
10일	매입	200	82		
16일	매출			80	130
19일	매출			80	130
25일	매출			50	130
30일	매입	40	90		

(1) 선입선출법을 사용하여 매출원가를 계산하시오.
(2) 평균법을 사용하여 기말재고금액을 계산하시오.
(3) 후입선출법을 사용하여 기말재고금액을 계산하시오.

5-14 (주)YBM은 실지재고조사법으로 재고자산을 관리한다. 10월 31일 (주)YBM의 상품관련 자료가 다음과 같다. 다음의 물음에 답하시오.

일자	적요	수량	단가	금액
10월 1일	기초재고	400	₩10.0	₩4,000
8일	매입	800	10.4	8,320
16일	매입	600	10.8	6,480
24일	매입	200	11.6	2,320
합 계		2,000		₩21,120

(1) 기말재고수량이 400개이며, 선입선출법으로 단가를 평가한다고 할 때 10월 31일 기말재고금액은 얼마인가?
(2) 기말재고수량이 400개이며, 평균법으로 단가를 평가한다고 할 때 10월 31일 기말재고금액은 얼마인가?
(3) 기말재고수량이 400개이며, 후입선출법으로 단가를 평가한다고 할 때 10월 31일 기말재고금액은 얼마인가?

5-15 다음의 거래자료를 활용하여 물음에 답하시오.

일자	적요	수량	단가
9월 1일	기초재고	300	₩480
2일	매입	700	510
6일	매출	600	
8일	매입	300	540
23일	매출	400	
24일	매입	200	550

(1) [계속기록법+선입선출법]에 의한 기말재고와 매출원가는 각각 얼마인가?
(2) [계속기록법+후입선출법]에 의한 기말재고와 매출원가는 각각 얼마인가?
(3) [계속기록법+평균법(이동평균법)]에 의한 기말재고와 매출원가는 각각 얼마인가?
(4) [실지재고조사법+선입선출법]에 의한 기말재고와 매출원가는 각각 얼마인가?
(5) [실지재고조사법+후입선출법]에 의한 기말재고와 매출원가는 각각 얼마인가?
(6) [실지재고조사법+평균법(총평균법)]에 의한 기말재고와 매출원가는 각각 얼마인가?

5-16 (주)EGR은 20×1년 12월 31일 회계기말에 실지재고조사법을 사용하여 결산을 한다. (주)EGR은 선입선출법으로 재고자산의 단가를 결정하고 있는데, 기말상품재고금액은 ₩95,000으로 결정되었다. 회계감사를 받는 과정에서 독립적인 외부감사인은 다음과 같은 추가적인 정보를 발견하였다.

〈추가정보〉

(1) 20×1년 12월 31일 기말 현재 상품의 공급자에게서 FOB 도착지인도조건으로 운송중인 상품이 ₩10,000 있다. 상품이 아직 도착하지 않았으므로 실지재고조사를 한 상품 금액에 포함시키지 않았다.
(2) 20×1년 12월 27일에 한 고객이 상품 ₩1,000을 현금으로 구매하고, 20×2년 1월 4일에 가져가기 위해 남겨두었다. 이 상품의 원가는 ₩500이며, (주)EGR이 이 상품을 여전히 보유하고 있으므로 기말실지재고조사를 할 때 기말상품재고금액에 포함시켰다.
(3) (주)EGR이 기말상품재고를 실지조사하는 날에 FOB 선적지인도조건의 상품이 ₩4,000에 주문되어 20×1년 12월 31일 현재 운송중에 있다는 사실을 운송기업으로부터 통보받았다. (주)EGR에서는 이 상품이 아직 도착하지 않았으므로 기말상품재고금액에서 제외하였다.
(4) 20×1년 12월 31일 현재 원가 ₩800의 상품이 고객에게 FOB 선적지인도조건으로 판매되어 운송중에 있다. 이 상품은 20×2년 1월 8일에 고객에게 도착예정이다. (주)EGR은 이 상품의 선적을 완료하였으므로 기말상품재고금액에서 제외하였다.
(5) 20×1년 12월 31일 (주)EGR은 원가 ₩2,500의 상품을 고객에게 FOB 도착지인도조건으로 판매하기 위해 선적을 완료하고 운송중에 있다. 이 상품은 20×2년 1월 5일 고객에게 도착예정이다. (주)EGR은 이 상품을 보유하고 있지 않으므로 기말상품재고금액에서 제외하였다.
(6) 20×1년 12월 31일 현재 (주)EGR은 상품 ₩3,000을 다른 기업으로부터 위탁받아 매매하기 위해 보유하고 있다. (주)EGR에서는 이 상품을 보유하고 있으므로 기말상품재고금액에 이 상품을 포함하였다.

위의 정보를 분석하고 올바른 기말상품재고금액을 계산하시오.

5-17 (주)WBC의 20×1년 12월 31일 회계기말 요약된 자료가 다음과 같다.

매 출 액	₩1,600,000
매 출 원 가*	800,000
매출총이익	800,000
영 업 비 용	300,000
법인세차감전순이익	500,000

* 선입선출법의 기말재고 ₩250,000에 기초하여 계산됨

법인세율은 30%이고, 최고경영자는 선입선출법에서 후입선출법으로 재고자산평가방법을 변경할 것을 검토하고 있다. 후입선출법으로 재고자산을 평가하면 기말재고금액이 ₩150,000이다.

(1) 후입선출법을 사용하여 위의 정보를 다시 계산하시오.
(2) 이러한 변경이 (주)WBC의 법인세비용, 순이익, 현금흐름에 어떤 영향을 주는가?
(3) 당신이 기업의 소유주라면 이러한 변경에 대해 어떤 선택을 할 것인가?

5-18 김가정과 이행복은 각각 대형백화점인 선진백화점의 가정용품과 신발매장을 담당하는 관리자이다. 이행복은 김가정이 백화점의 가정용품을 돈을 지불하지 않고 자신의 가정으로 가져가는 것을 목격했다. 이행복은 조만간 승진이 예정되어 있고, 김가정의 추천이 필요하므로 김가정과 맞서는 것에 주저했다. 또한, 이행복은 김가정에게 하류층의 이미지를 줄 수도 있는 그의 과거 기록에 대한 윤리조사를 원하지 않았으므로 경영자에게 직접적으로 보고하는 것을 원하지 않았다. 이번 주에 김가정은 그에게 맞는 신발을 찾기 위해 고가의 운동화 몇 켤레를 신어보고 있었다. 그러나 그는 그것들을 사지는 않았다. 바로 그 신발이 오늘 아침에 분실한 신발이었다.

선진백화점은 최근 스캐너와 바코드를 사용하여 재고자산의 수량관리를 위해 예전의 실지재고조사법을 계속기록법으로 변경하였다. 또한, 1년에 한 번 하던 재고자산의 조사는 외부기업의 아웃소싱을 통해 월별로 조사하기로 하였다. 이러한 변경 소식을 듣고 이행복은 안심이 되었다. 그는 혼잣말로 "이러한 시스템이 김가정의 현재의 행태를 잡아낼 거야!"라고 중얼거렸다.

(1) 이행복의 태도는 정당한가를 설명하시오.
(2) 이행복은 어떠한 태도를 취해야 하는가?

chapter

6

현금과 내부통제

학습목표

6-1 현금 및 현금성자산

6-2 소액현금제도

6-3 기업의 은행 이용 : 은행계정조정표의 작성

Cash and Internal Control

현금 및 현금성자산

1. 현금 및 현금성자산

현금 및 현금성자산은 기업의 유동성 판단에 중요한 정보이므로 별도 항목으로 구분하여 표시한다. 일상생활에서의 현금이라 하면 우리는 주화 및 지폐로 통칭되는 화폐만을 현금으로 생각한다. 그러나 회계에서는 현금을 좀더 폭넓게 정의하고 있다. 현금(cash)은 통화인 주화와 지폐 및 통화와 마찬가지로 사용할 수 있는 통화대용증권(예를 들면, 은행이 발행한 자기앞수표, 거래처가 발행한 당좌수표, 배당증권, 송금환, 우편환증서, 지급일이 도래한 사채이자표 등)을 포함한다. 단, 즉시 예입이 불가능한 어음이나 차용증서는 현금에 포함되지 않는다.

현금은 통화 및 통화대용증권을 포함한다.

현금성자산(cash equivalents)은 투자나 다른 목적이 아닌 단기의 현금수요를 충족하기 위한 목적으로 보유하고 있는 유동자산을 말한다. 기업은 당장에 필요하지 않은 현금을 회사에서 보유하고 있기보다는 현금의 안전관리를 위해 은행에 예금하거나 혹은 단기금융상품에 투자하여 이자수익을 얻는다. 기업회계기준서(제1007호 현금흐름표)에서는 현금성자산에 대해 당좌예금 및 보통예금과 함께 큰 거래비용 없이 현금으로 전환이 용이하고 이자율 변동에 따른 가치변동의 위험이 중요하지 않은 금융상품(기업어음, 양도성예금증서, 어음관리계좌, 환매조건부채권, 금전신탁 등)으로서 취득 당시 만기일(또는 상환일)이 3개월 이내인 것으로 정의하고 있다.

현금성자산은 큰 거래비용 없이 현금으로 전환이 용이하고 이자율 변동에 따른 가치변동의 위험이 중요하지 않은 금융상품으로서 취득 당시 만기일이 3개월 이내인 것을 말한다.

도표 6-1
현금 및 현금성자산

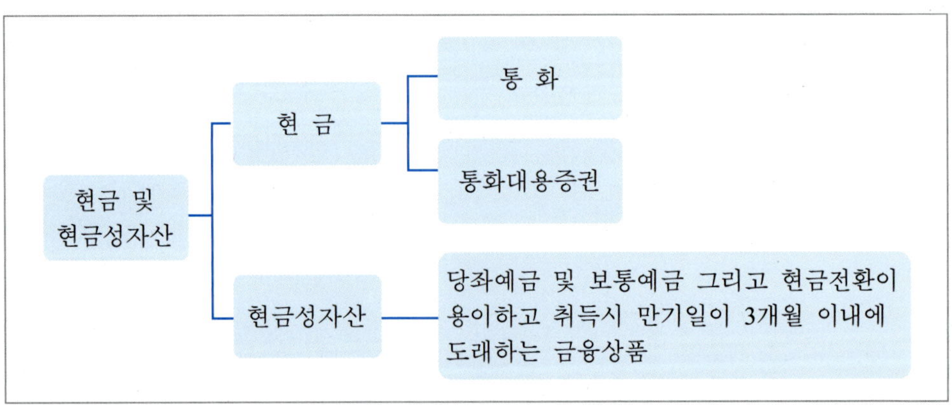

2. 현금관리

기업들은 일상적인 영업활동과정에서 많은 금액의 현금, 수표, 신용카드 등을 주고받는다. 현금은 자산들 중에서 기업 내 유입과 유출이 가장 빈번한 자산이며, 또한 도난을 당하거나 부당하게 사용될 가능성이 가장 높은 자산이다. 따라서 효과적인 현금관리가 되기 위해서는 도난, 사기 혹은 부주의에 의한 손실 등으로부터 현금을 보호하는 것보다 더 많은 것을 포함한다. 현금관리 책임에는 다음의 활동들이 포함되어야 한다.

- 정확한 현금흐름과 잔액을 보고할 수 있는 보고서를 작성할 수 있도록 정확한 회계처리를 해야 한다.
- 충분한 현금은 기업의 운영이나, 부채의 상환, 또는 예상치 못한 비상사태 등에 적절히 대응할 수 있게 해준다.
- 적정규모 이상의 현금보유를 막아야 한다. 왜냐하면, 기업이 그냥 현금 그 자체로 보유하는 것은 수익을 창출하지 못하기 때문이다. 따라서 기업은 현금이 기업운영에 필요하기 전까지는 대개 단기금융자산에 투자한다.

내부회계관리제도의 운영(주식회사의 외부감사에 관한 법률 제2조의2)

회사(주권상장법인이 아닌 회사로서 직전 사업연도 말의 자산총액이 1천억원 미만인 회사는 제외한다)는 신뢰할 수 있는 회계정보의 작성과 공시를 위하여 내부회계관리규정과 이를 관리·운영하는 조직(내부회계관리제도)을 갖추어야 한다.

3. 현금의 통제

기업이 철저하게 통제를 한다고 해도 현금의 특성상 사고가 발생할 여지는 많다. 따라서 기업에서는 현금에 대한 통제를 매우 중요하게 다룬다. 기업에서의 현금의 수취, 보관 및 지급과 관련한 내부통제의 절차를 살펴보면 다음과 같다.

- 업무분장을 해야 한다 현금을 취급하는 사람과 회계기록을 담당하는 사람을 분리함으로써 상호 견제가 가능하도록 해야 한다. 한 사람이 현금을 취급하

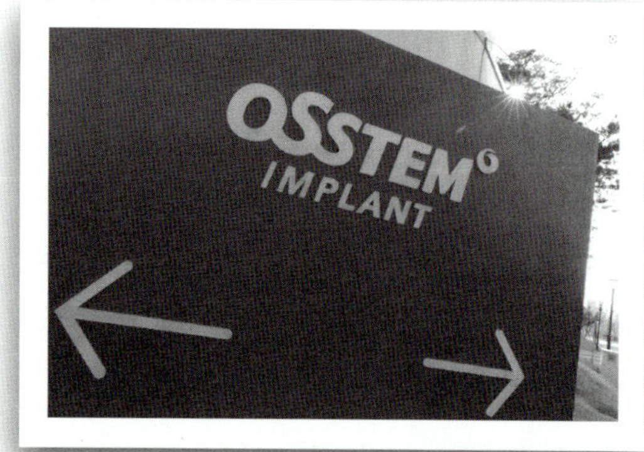

오스템임플란트는 2020년 11월부터 2021년 10월까지 재무팀장이 가족과 함께 2,000억원이 넘는 돈을 횡령한 사건에 휘말렸다(Chosun Biz, 2022.4.6 참고). 이로 인해 오스템임플란트는 2023년 8월 14일 코스닥시장에서 상장폐지되었다.

면서 동시에 회계기록에 관여하면 부정이 발생할 여지가 있게 된다.

- **현금수취액은 즉시 은행에 예입한다** 현금은 기업 내에 보유하고 있으면 도난이나 분실의 우려가 있다.
- **대금의 결제는 은행을 이용한다** 은행을 이용한 대금의 결제(예를 들면, 수표 또는 전자자금이체(electronic funds transfer))시스템은 항상 결제기록이 남게 되므로 누구에게 대금이 결제되었는지 알 수가 있게 된다.
- **현금지출 절차를 문서화한다** 반드시 회사가 정한 절차에 따라 승인된 거래에 대해서만 현금지출이 되도록 해야 한다. 절차의 문서화는 사건이 발생했을 때 증거가 되며 대금지출의 승인요청이 적법한 것인지를 확인시켜주는 역할을 하기 때문이다.
- **정기적으로 은행계정의 기록을 조정한다** 기업에서의 대부분의 자금 유출입은 은행을 통해 이루어지므로 회사측 장부잔액과 은행측 계정잔액이 일치하는지를 정기적으로 확인해야 한다. 만약 차이가 있다면 이의 원인을 밝히고 조정하는 작업을 해야 한다. 이를 통해 직원의 부정을 확인할 수 있기 때문이다. 그러나 이러한 작업은 독립된 제3자에 의해 이루어져야 한다.

Focus On **윤리와 내부통제의 필요성**

어떤 사람들은 잘 운영되는 기업에서 강력한 내부통제제도를 갖는 것에 대해 반대한다. 이들은 내부통제제도는 경영자들이 그들의 종업원들을 신뢰하지 못하기 때문에 운영하는 것이라고 믿기 때문이다. 하지만 대부분의 종업원들을 신뢰할 수 있지만 매년 종업원들에 의한 금융사고로 수천억원의 비용이 발생하고 있다. 금융 사고를 내 유죄판결을 받은 범죄자들과의 면담에 의하면, 회사 내에 내부통제절차가 없거나 있어도 제대로 작동하지 않음에 따라 회사 내 누구도 신경 쓰지 않았고, 따라서 그들이 회사 돈을 훔치는 일은 쉬운 일이었다고 답하고 있다.

우리은행 계약직 여직원 서모(31) 씨는 2002년 8월 21일 전산 단말기를 조작, 거액의 예금을 허위 입금한 뒤 몰래 빼돌리는 수법으로 18억 3,400만원을 횡령한 후 이 돈을 애인 임모 씨 통장으로 송금하였다. 서모 씨는 한번에 거액이 빠져나가면 은행 감시에 걸릴 염려도 있고 찾을 때도 의심을 살 염려가 있기 때문에 20여 차례에 걸쳐 나누어 송금하였다. 두 사람은 이 돈을 가지고 도망을 갔다가 1주일 후에 경찰에 붙잡혔다. 경찰조사 결과, 서씨는 차장급 직원이 관리해야 할 패스 카드(전산망에 접속하는 권한이 부여된 카드)를 수시로 무단 사용했던 것으로 밝혀졌다. 직원의 업무처리에 대한 은행의 내부통제시스템이 엉망이었기 때문에 범행이 가능했다고 경찰 관계자는 말했다.

(조선일보, 2002.8.30)

4. 현금계정의 조정 : 현금과부족

모든 거래가 정확히 기록되고 현금의 유출입이 정확히 이루어졌다면 항상 금고의 현금과 총계정원장의 현금계정 잔액은 일치해야 한다. 그러나 이 두 금액이 항상 일치하는 것은 아니다. 현금거래는 매우 빈번하게 이루어지기 때문에 거래가 누락되거나 혹은 중복되어 기록되기도 하고 때로는 도난이나 분실이 발생하기도 한다.

현금의 실제액과 장부상의 잔액이 일치하지 않으면 임시로 현금과부족계정을 설정하여 실제금액과 장부상 잔액을 일치시킨 후 추후에 원인을 파악하여 수정한다.

장부상의 기록과 실제금액의 차이가 발견되면 그 원인을 조사하여 장부의 잔액과 금고의 잔액을 일치시켜야 하는데, 그 과정에 임시로 현금과부족(現金過不足, cash over and short)계정을 설정하여 기록함으로써 일단 장부잔액과 금고의 잔액을 일치시킨다. 현금잔액이 장부잔액보다 부족하면 손실 성격으로 파악되므로 현금과부족계정 차변에 기록하는 한편 현금계정 대변에 기록하여 장부상의 현금잔액을 감소시킴으로써 실제금액에 일치시킨다. 반대로 현금잔액이 장부잔액보다 많으면 이익 성격으로 파악되므로 현금과부족계정 대변에 기록하는 한편 현금계정 차변에 기록하여 현금잔액을 증가시킴으로써 실제잔액과 일치시킨다. 추후에 차이의 원인을 밝혀 현금과부족계정을 제거해야 하며, 원인이 밝혀지지 않으면 결산일에 현금과부족계정의 잔액을 잡손실 또는 잡이익으로 처리한다. 현금과부족에 대한 회계처리는 [예제 6-1]과 같이 이루어진다.

예제 6-1 현금과부족

20×1년 1월 일렉트로 마트의 현금계정 잔액과 실제금액을 확인한 결과가 다음과 같다고 하자. 이에 대한 회계처리는 다음과 같다.

① 현금의 실제잔액이 현금계정 잔액보다 ₩10,000 더 많다.
② 이 중 ₩7,000은 이자수익을 기록하지 않은 것으로 확인되었다.
③ 결산일까지 ₩3,000의 원인이 밝혀지지 않았다.

풀이

계정	차변	대변
① 현금	10,000	
현금과부족		10,000
② 현금과부족	7,000	
이자수익		7,000
③ 현금과부족	3,000	
잡수익		3,000

현 금			
	×××		
①	10,000		

현금과부족			
②	7,000	①	10,000
③	3,000		

이자수익			
		②	7,000

잡이익			
		③	3,000

소액현금제도

비록 회사가 대부분의 자금결제를 은행을 이용해서 한다고 하더라도 회사 내에서 일상적으로 이루어지는 소액의 현금거래까지 수표를 이용하지는 않는다. 예를 들면, 직원들이 필요로 하는 간단한 사무용품의 구입이나, 시내 출장에 대한 시내교통비의 지급 등과 같이 빈번하면서도 소액으로 이루어지는 모든 지출에 대해 수표를 이용하지는 않는다. 이렇게 상대적으로 적은 금액의 일상적 지불을 효과적으로 관리하기 위한 수단으로 이용되는 것이 소액현금제도(petty cash system)이다. 이는 소액현금 지출이 필요한 부서에 수표나 현금을 이용하여 소액의 일정금액을 건네주고 한 명의 직원으로 하여금 이 금액 내에서 필요한 현금을 지출 및 관리하도록 하는 제도이다.

소액현금제도는 일상적으로 지출되는 소액현금에 대해 일정금액의 소액현금기금을 설정하고 그 기금에서 필요한 지출을 하도록 하는 제도이다.

소액현금제도는 대개 정액기금전도제도(imprest fund system)를 이용한다. 이 제도는 세 가지로 이루어진다. 첫째, 일정금액을 소액현금기금으로 사전에 설정하여 자금부서로부터 현금을 수령하여 관리한다. 둘째, 현금출납담당자는 이 기금을 이용하여 필요할 때마다 현금을 지급하고 그 지출내역을 기록해 놓는다. 셋째, 현금을 보충할 필요가 있을 때에는 원래 설정된 금액에서 사용된 금액만큼을 자금부서로부터 보충을 받는다. 이렇게 함으로써 기금은 사전에 설정된 일정금액으로 유지된다.

정액기금전도제도에서 회계처리는 다음 세 가지 시점에서 이루어진다. 첫째, 소액현금을 설정할 때이다. 소액현금이 필요한 부서로 일정한 금액을 전도시켜줄 때 자금 전도에 따른 회계처리가 이루어진다. 둘째, 소액현금을 보충할 때이다. 소액현금의 보충은 일정기간마다 정기적으로 이루어지거나 혹은 설정된 소액현금기금이 거의 소진되었을 경우에 이루어진다. 현금출납담당자는 소액현금기금을 보충받고자 할 때 현금지출에 대한 내역과 영수증을 보내주고 사용된 금액만큼을 보충받는다. 감독자가 소액현금의 충당을 승인할 때에는 보고받은 지출내역서를 개별적으로 검토하고 그 내용을 적절한 계정에 회계처리한다. 셋째, 소액현금의 규모가 변할 때 이루어진다. 설정된 소액현금기금의 규모가 변경되면 소액현금규모를 증가 혹은 감소시키는 회계처리를 한다. 한편, 회계기말에는 소액현금잔액의 유무에 관계없이 보충을 실시해야만 당기의 모든 비용이 동 회계기간의 비용으로 보고될 수 있음을 유의해야 한다.

예제 6-2 소액현금제도

1월 1일 (주)코스온은 영업부서에 대해 소액현금기금 ₩100,000을 설정하기로 하고 현금 ₩100,000을 영업부서에 지급해주었다. 이에 대한 회계처리는 다음과 같다.

소액현금	100,000	
현금		100,000

1월 31일 (주)코스온의 영업부서는 총 ₩85,000을 소액현금기금에서 지출하였으며, 소액현금기금을 보충받기 위해 현금출납담당자는 다음과 같은 지출내역서를 영수증과 함께 회계부서로 보냈다.

소 모 품	₩35,000	통 신 비	₩23,000
여비교통비	17,000	잡 비	10,000

감독자는 지출내역서를 확인하고 소액현금기금의 부족금액을 현금으로 재충당해주었다. 이에 대한 회계처리는 다음과 같다.

소모품	35,000	
통신비	23,000	
여비교통비	17,000	
잡비	10,000	
현금		85,000

소액현금기금이 보충되면 다시 소액현금기금의 잔액은 최초 설정액 ₩100,000과 같게 된다.

1월 31일 (주)코스온이 소액현금기금의 설정액을 ₩150,000으로 증가시키기로 한 경우에 회계처리는 다음과 같다.

소액현금 ······································	50,000	
현금 ······································		50,000

소액현금기금 증가분 ₩50,000을 지급하였으므로 (주)코스온의 소액현금기금의 잔액은 ₩150,000이 된다.

기업의 은행 이용 : 은행계정조정표의 작성

1. 당좌예금의 이용

기업이 현금통제를 하는 데에 가장 좋은 방법의 하나가 은행을 이용하는 것이다. 회사는 은행을 통해 대금을 지급하고 또한 거래처로부터 받을 돈을 은행을 통해 받음으로써 현금의 도난 및 분실의 위험을 최소화할 수 있다. 기업이 은행을 통해 거래상대방에게 대금을 지급하는 방법 중 가장 일반적인 것이 당좌수표를 발행해주는 것이다. 회사가 당좌수표를 발행하기 위해서는 은행과 당좌거래에 대한 약정을 체결하고 당좌예금계좌(當座預金計座, checking account)를 개설하여 현금을 예입한다. 그런 다음 은행으로부터 당좌수표 또는 어음책을 지급받아 은행의 당좌예금 잔액 범위 내에서 당좌수표 또는 어음을 발행한다. 당좌수표 혹은 어음을 받은 거래당사자는 이 수표 혹은 어음을 자신의 거래은행에 예금함으로써 대금을 받게 된다. 이러한 수표나 어음을 통한 거래는 거액의 대금결제에 일일이 현금을 가지고 다니는 불편함을 없애줄 뿐만 아니라 거래상대방간의 신용의 제고를 통해 거래를 활성화시켜주는 장점이 있다.

당좌예금계좌에 예금하면 당좌예금계정 차변에 기록하고, 당좌수표를 발행하여 거래상대방에게 지급하면 당좌예금

계정 대변에 기록한다. 그러나 은행의 당좌예금계좌에서 실제로 현금이 인출되는 시점은 그 수표가 은행에 제시되는 시점이지만 기업은 편의상 당좌수표의 발생시점에서 바로 차감한다. 그 이유는 수표는 대부분 발행일로부터 수일 내에 은행에서 인출되기 때문이다.

예제 6-3 당좌예금의 분개

(주)코스온의 다음 거래를 분개하시오.

① 신한은행과 당좌거래약정을 체결하고 현금 ₩400,000을 예금하였다.
② 상품 ₩100,000을 판매하고 대금은 거래처가 발행한 당좌수표로 받았다.
③ 위 당좌수표를 신한은행에 예금하였다.
④ 상품 ₩350,000을 매입하고 대금은 수표를 발행하여 지급하였다.

풀이

	계정	차변	대변
①	당좌예금	400,000	
	현금		400,000
②	현금	100,000	
	매출		100,000
③	당좌예금	100,000	
	현금		100,000
④	상품	350,000	
	당좌예금		350,000

당좌예금 잔액은 ₩150,000(= ₩400,000 + ₩100,000 − ₩350,000)이 된다.

기업은 당좌예금의 한도 내에서만 수표 및 어음을 발행할 수 있다. 이 한도를 초과해서 수표 및 어음을 발행한 경우 수표 및 어음의 소지자가 은행에 지급을 청구했을 때 은행은 당좌예금계정의 잔액을 초과하는 금액에 대해서는 지급을 거절하게 되고 결국 회사는 부도에 처하게 된다. 이렇게 되면 경제적으로 많은 혼란이 야기된다. 따라서 기업의 일시적인 자금흐름의 곤란으로 발생하는 문제를 해결하기 위해 은행은 기업과의 약정을 통해 당좌예금계정의 잔액이 ₩0이더라도 지급이 청구된 수표 및 어음의 대금을 결제해주게 되는데, 이를 **당좌차월**(當座借越, bank overdraft)이라고 한다. 이러한 제도는 기업이 발행한 수표 및 어음이 부도 처리되는 것을 막을 수 있고 기업 신용도의 하락을 막을 수 있다.

당좌차월은 기업과의 약정을 통해 당좌예금계정의 잔액이 0원이더라도 지급이 청구된 수표대금을 은행이 결제해주는 제도를 말한다.

이때 기업의 당좌예금계정의 잔액은 대변에 나타나게 된다.

기업은 일정기간 내에 부족한 잔액을 보충하여 당좌예금 잔액을 정상잔액으로 만들어야 한다. 만약 당좌예금계정 잔액이 대변(−)인 상태에서 결산을 맞게 되면 이는 은행으로부터 차입한 것이 되므로 이를 재무상태표의 유동부채 중 단기차입금계정에 포함하여 공시해야 한다.

2. 은행계정의 조정

기업은 대개 현금통제를 목적으로 은행계정을 이용한다. 은행계정을 이용한 현금통제가 제대로 되고 있는지를 확인하기 위해서 기업은 매월 말 및 회계기말에 예금에 대한 은행의 기록과 회사의 기록의 일치여부를 확인한다. 그러나 회사의 기록과 은행의 기록은 서로 일치하지 않는 경우가 흔히 발생되는데, 이는 서로 기록하는 시점이 다르기 때문이다.

기업과 은행의 기록 차이는 대개 시차와 오류에 의해 발생한다. 기업은 수표를 발행할 때에 즉시 당좌예금계정 대변에 감소를 기록하지만 은행은 지급요청을 위해 수표가 제시되는 시점까지 계좌 잔액을 차감하지 않는다. 또한 은행 입출금시 종업원의 부정이나 오류가 개입될 수도 있다. 이 외에도 은행은 부도수표에 대한 입금의 취소 혹은 이자지급 및 수령에 대한 내역의 통보를 기업에 개별적으로 하지 않는다. 이러한 사항들은 기업과 은행 간 은행계정의 잔액 차이를 가져오는 중요한 원인이 된다. 은행과 기업 간 기록시점의 차이가 발생하는 원인들을 살펴보면 다음과 같다.

- **미결제수표**(outstanding check) 기업이 수표를 발행하여 대금을 지급하고 관련 당좌예금계정을 감소시켰으나 은행에서는 아직 지급청구가 되지 않아 은행계정의 잔액을 감소시키지 않은 경우이다. 따라서 은행의 계정잔액이 과대계상되어 있다. 이는 은행의 조정사항으로 은행의 잔액을 줄여야 한다.
- **미기록예금**(deposit in transit) 기업은 은행에 예금을 하여 장부에 입금사항을 기록하였으나 아직 은행에서는 시차상의 문제로 당좌예금계정에 입금기록을 하지 않은 상태이다. 이는 은행의 조정사항으로 은행의 잔액을 증가시켜야 한다.
- **미통지예금**(deposit by third parties) 거래처가 회사의 예금계정에 입금을 하고서 회사로 입금사항을 통지하지 않은 경우에 발생한다. 은행의 계좌에는 입금사

항이 반영되어 있으나 회사에는 입금사실이 통보되지 않았으므로 회사장부에 이 사항이 반영되지 않은 상태이다. 이는 회사의 조정사항으로 회사장부 잔액을 증가시켜야 한다.

- **이자수익, 이자비용, 은행수수료**(interest revenue, interest expense, and bank service charges) 은행은 기말이 되면 기업의 예금 혹은 차입금에 대한 이자를 계산하고 이를 기업의 은행계좌에 입금시키거나 혹은 인출하게 된다. 또한 당좌거래를 이용하는 것에 대한 일정한 수수료를 기업에 요구하게 되는데, 이를 은행계좌에서 직접 인출하게 된다. 그러나 기업이 은행으로부터 이러한 사항을 통보받지 못하는 경우가 있다. 이는 회사의 조정사항으로 회사장부 잔액을 감소시켜야 한다.
- **부도수표**(not sufficient funds check, NSF check) 거래처로부터 받은 타인발행의 수표를 당좌계정에 예입하였으나 수표발행인의 예금잔액이 부족하여 지급이 거절됨에 따라 수표가 반송되어 올 경우 이를 부도수표라 한다. 회사는 수표를 예입하면서 당좌예금계정을 증가시켰으나 부도로 은행의 계좌에서는 입금이 취소되었는데 이를 아직 통보받지 못한 경우 회사의 당좌예금계정이 과대계상된다. 이는 회사의 조정사항으로 회사장부 잔액을 감소시켜야 한다.
- **기장오류**(entry error) 기업이나 은행의 회계기록 과정에서 오류가 발생할 수 있다. 이는 회사 및 은행의 잔액을 증가 혹은 감소시켜야 한다.

3. 은행계정조정표의 작성

대부분의 기업과 은행 간의 기록 차이는 시간이 지나면 자연스럽게 일치하게 되어 거의 문제가 안 된다. 그러나 회계기말의 결산시점에는 정확한 재무상태의 보고를 위해 양자간의 차이를 조정하여 일치시킬 필요가 있다. 이때 기업은 은행으로부터 관련 계좌의 은행계정명세서(bank statement)를 발급받아 양자간의 차이 원인을 파악하여 조정하게 된다. 이때 조정을 위해 작성하는 것이 은행계정조정표(bank reconciliation statement)이다. 은행계정조정표의 작성을 통해 회사측에서 잔액을 조정해야 할 사항으로 확인된 항목에 대해서는 수정분개를 통해 당좌예금계정 장부에 이를 반영한다. 즉, 수정분개까지 해야 은행계정조정 작업이 완료된다. [예제 6-4]에서 은행계정조정표 작성의 구체적인 예를 살펴보도록 한다.

은행계정조정표는 예금에 대한 회사와 은행의 잔액을 일치시키기 위해 작성하는 조정표이다.

도표 6-2
은행계정조정표 작성 형식

회사장부 잔액	₩×××	은행계정명세서 잔액	₩×××
±이자 및 수수료 미기록	××	＋예금 미기록	××
－부도수표	××	－미결제 수표	××
±회사측 오류	××	±은행측 오류	××
수정 후 회사 잔액	₩×××	수정 후 은행 잔액	₩×××

예제 6-4 은행계정조정표

(주)코스온의 20×1년 9월 30일 현재 당좌예금과 관련한 자료는 다음과 같다.

① 20×1년 9월 30일 현재 (주)코스온의 당좌예금계정 잔액은 ₩10,000이다.
② (주)코스온의 주거래은행인 신한은행으로부터 받은 은행계정명세서의 잔액은 20×1년 9월 30일 현재 ₩11,022이다.
③ (주)코스온이 9월 30일에 입금시킨 ₩1,000이 은행계정명세서에는 입금으로 기록되지 않았다.
④ 9월 15일 신한은행은 (주)코스트가 발행한 수표 ₩800을 회사이름을 잘못 보아 (주)코스온의 계좌에서 인출된 것으로 기록하였다.
⑤ (주)코스온이 발행한 다음 세 장의 수표(#0212 : ₩220, #0265 : ₩380, #0273 : ₩1,780)가 아직 은행에 지급이 청구되지 않았다.
⑥ 9월 20일 (주)코스온이 추심의뢰했던 A거래처의 받을어음 ₩450이 은행에 입금되었다.
⑦ 9월 20일 신한은행은 받을어음 추심수수료 ₩15을 인출해갔다.
⑧ 9월 25일 (주)코스온은 사무용 비품 수리비용으로 발행해준 수표 ₩548을 장부에 기록하면서 ₩845으로 잘못 기록하였다.
⑨ 9월 30일 신한은행은 (주)코스온의 당좌거래 서비스에 대한 수수료로 ₩40을 인출해갔다.
⑩ 9월 14일에 입금시킨 B거래처의 수표 ₩250이 은행계정명세서에 부도처리되었다.

풀이

1. (주)코스온의 은행계정조정표

은행계정조정표

(주)코스온 20×1년 9월 30일 현재 (단위 : 원)

회사장부상 잔액		₩10,000	은행계정명세서상 잔액		₩11,022
가산 :			가산 :		
⑥ 미통지예금(A거래처 어음추심)	₩450		③ 미기록예금	₩1,000	
⑧ 기장오류(수리비)	297	747	④ 기록오류	800	1,800
차감 :			차감 :		
⑦ 추심수수료(어음추심)	15		⑤ 미결제수표		
⑨ 은행수수료(당좌서비스)	40		#0212	220	
⑩ 부도수표(B거래처)	250	(305)	#0265	380	
			#0273	1,780	(2,380)
수정후 회사 잔액		₩10,442	수정후 은행 잔액		₩10,442

2. 은행계정조정표 작성 후 (주)코스온의 수정분개는 다음과 같다.

	차변	대변
① 당좌예금	747	
받을어음		450
수리비		297
② 지급수수료	55	
부도수표	250	
당좌예금		305

* 부도수표는 추후 거래처를 통해 그 성격을 확정한다. 만약 매출대금을 회수할 가능성이 전혀 없으면 이를 손실로 재분류한다. 반면, 현금으로 회수할 가능성이 있으면 이를 외상매출금으로 재분류한다.

	차변	대변
외상매출금	250	
부도수표		250

Focus On 법의학 회계사

법의학 회계사(forensic accountant)는 탈세, 내부자거래, 횡령과 같은 금융범죄를 조사한다. 법의학 회계사는 잠재적 범죄자를 기소할 단서를 찾기 위해 재무기록을 검토한다. 그들은 원본 문서를 포함하여 회계순환과정의 모든 부분을 고려하여 분개, 총계정원장 및 재무제표를 살펴본다. 그들은 법원으로부터 발견한 결과에 대해 법정에서 증언하도록 요청받을 수도 있다. 성공적인 법의학 회계사는 세심해야 하고 조직적이며 호기심이 많아야 한다. 이는 사기성 금융활동을 은폐하기 위해 용의자가 취한 조치를 추적해야 하기 때문이다. 회사 운영방식을 이해하면 회사의 입장에서 벗어나는 사기행위를 식별하는 데 도움이 될 수 있다.

용어해설

당좌차월(bank overdraft) 기업과의 약정을 통해 당좌예금계정의 잔액이 0원이더라도 지급이 청구된 수표대금을 은행이 결제해주는 제도로 초과된 금액은 단기차입금으로 회계처리함

소액현금제도(petty cash system) 일상적으로 지출되는 소액현금에 대해 일정금액의 소액현금기금을 설정하고 그 기금에서 필요한 지출을 하도록 하는 제도

은행계정조정표(bank reconciliation statement) 예금에 대한 회사와 은행의 잔액을 일치시키기 위해 작성하는 조정표

정액기금전도제도(imprest fund system) 소액현금제도 참조

현금과부족(cash over and short) 장부상의 현금 기록과 실제금액의 차이가 발견되면 그 원인을 조사하여 장부의 잔액과 금고의 잔액을 일치시켜야 하는데 그 과정에 임시로 설정하는 계정

현금성자산(cash equivalents) 큰 거래비용 없이 현금으로 전환이 용이하고 이자율 변동에 다른 가치변동의 위험이 중요하지 않은 금융상품으로 취득 당시 만기일이 3개월 이내인 금융상품

연습문제

문제 A형

6-1 다음의 실무가 내부통제제도를 강화시키는가 아니면 약화시키는가?

(1) 현금관리자가 재정보증이 되어 있지 않다.
(2) 모든 지급거래는 수표를 사용한다.
(3) 유급휴가제도를 운영함으로써 종업원들이 휴가를 사용하지 않는다.
(4) 같은 현금등록기를 두 사람이 사용하여 현금매출을 한다.
(5) 미리 번호가 인쇄된 판매전표를 사용한다.

6-2 다음의 거래를 분개하시오.

(1) BBK(주)의 외상매출금 ₩1,500,000을 우편환증서로 받다.
(2) 현금의 실제액이 장부상 금액보다 ₩26,000이 부족함을 발견하다.
(3) 위의 부족액 중 ₩20,000은 여비교통비를 지급한 것임을 밝혀내다.
(4) 위의 부족액 중 잔액 ₩6,000은 결산일에 원인불명으로 잡손실로 처리하다.

6-3 (주)TOC는 정액전도금 소액현금제도를 사용한다. 소액현금기금은 ₩200,000이고, 20×1년 12월 31일 소액현금과 관련된 자료는 다음과 같다. 각각의 내용에 대해 분개를 하시오.

12월 31일 현금잔액		₩93,600
12월중 사용 영수증 :		
	매 입 운 임	₩19,400
	통 신 비	40,000
	소 모 품 비	17,000
	접 대 비	25,000

(1) 12월 31일 기금을 보충하기 위해 당좌수표를 발행해 지급했다.
(2) 12월 31일 소액현금기금을 ₩50,000만큼 증액하기로 결정한 후 당좌수표를 발행해 지급했다.

6-4 20×1년 10월 1일 (주)FID는 정액전도금 소액현금제도를 운영하기로 하고 당좌수표 ₩150,000을 발행하였다. 20×1년 10월 31일 소액현금담당자는 다음과 같은 영수증을 제출하고, 소액현금 잔액이 ₩6,000이라고 보고하였다.

매 입 운 임	₩25,000
소 모 품 비	35,000
접　대　비	60,000
통　신　비	20,000

소액현금과 관련하여 소액현금기금을 설정하는 10월 1일과 기금을 보충하는 날인 10월 31일의 분개를 하시오.

6-5 다음 연속된 거래를 분개하고 당좌예금계정과 당좌차월계정에 전기하시오.

6월 1일 우리은행에 당좌거래계약을 맺고 현금 ₩700,000을 당좌예입하다(단, 당좌차월계약도 맺었으며 차월 한도액은 ₩500,000이다).
6일 (주)SAC로부터 상품 ₩600,000을 매입하고 대금은 수표(#1)를 발행하여 지급하다.
10일 (주)YDC로부터 상품 ₩300,000을 매입하고 대금은 수표(#2)를 발행하여 지급하다.
22일 (주)SCC에 상품 ₩300,000(원가 ₩280,000)을 매출하고 대금은 동점 발행수표로 받아 즉시 당좌예금하다.
25일 현금 ₩150,000을 당좌예금하다.

6-6 다음의 자료를 사용하여 (주)MTB의 20×1년 12월 31일 은행계정조정표를 작성하시오.

(1) 은행명세서상 잔액 :	₩2,306
(2) 현금계정의 잔액 :	₩2,930
(3) 미인출수표 합계 :	₩585
(4) 미기록예금 :	₩1,175
(5) 은행수수료 :	₩25
(6) 소모품을 구입하고 발행한 ₩98의 수표가 원장에 ₩89으로 기록됨	

6-7 20×1년 9월 31일 현재 (주)JHC의 당좌예금계정 잔액은 ₩252,000이고, 은행명세서상의 잔액은 ₩310,000이었다. 차이의 원인은 다음과 같다. 은행계정조정표를 작성하고 필요한 수정분개도 하시오.

9월 3일 거래처에 발행해준 수표 ₩77,000이 아직 은행에서 인출되지 않았다.
10일 거래처로부터 받아 예입한 수표 ₩62,000이 은행에서 입금처리되지 않았다.
18일 거래처로부터 외상매출금 ₩60,000이 당좌예금계좌에 입금처리되었으나, 회사는 이를 통지를 받지 못해 기록하지 않았다.

30일 당좌차월에 대한 이자 ₩1,000을 은행에서는 차감하였으나 회사에서는 이를 몰라 아직 기록하지 않았다.

31일 외상매출금을 수표로 받아 예입한 ₩69,000이 장부에는 ₩85,000으로 잘못 기록되었다.

6-8 은행계정의 조정에서 다음 각 거래가 어디에 해당하는지 표시하시오.

거래	은행 증가	은행 감소	회사 증가	회사 감소
미결제수표				
이자수익				
부도수표				
대출금 상환				
고객 입금				
은행수수료				

문제 B형

6-9 다음은 내부통제의 문제에 대한 설명이다. 각 물음에 대해 가장 잘 관련되는 내부통제원칙의 기호를 쓰시오.

기호	내부통제원칙
A	책임소재의 설정
B	업무의 분장
C	물리적, 기계적, 전자적 통제장치
D	업무절차의 문서화
E	독립적인 내부검증
F	기타통제

(1) 동일한 직원이 우편을 수신하고, 외상매출금 보조원장에 전기한다.

(2) 세 사람이 같은 현금등록기에서 현금매출을 다루고 있다.

(3) 사람들이 옷을 입어 본 다음 계산하지 않고 매장을 나가기 때문에 높은 재고수준을 유지하고 있다.

(4) 수표를 발행할 권한이 있는 사람이 구매에 대한 승인을 한다.

(5) 일부의 현금지출이 수표의 번호가 미리 매겨지지 않아 기록되지 않는다.

(6) 감독자가 매일 현금의 수량 확인을 하지 않아 현금부족분이 발견되지 않는다.

(7) 회계담당자가 20년 이상 휴가를 간 적이 없다.

6-10 다음의 거래를 분개하시오.

(1) IVY(주)의 외상매출금 ₩2,500,000을 신한은행이 발행한 자기앞수표로 받다.
(2) 현금의 장부상 금액이 현금의 실제 금액보다 ₩36,000이 부족함을 발견하다.
(3) 위의 부족액 중 ₩30,000은 거래처에서 외상매출금을 받은 것임을 밝혀내다.
(4) 위의 부족액 중 잔액 ₩6,000은 결산일에 원인불명으로 잡수익으로 처리하다.

6-11 20×1년 9월 1일 (주)HDS는 당좌수표 ₩250,000을 발행하여 정액전도금 소액현금제도를 이용하기로 하였다. 20×1년 9월 30일 소액현금기금담당자는 9월 30일 현재 소액현금 잔액이 ₩12,000이 남아 있다고 보고하고, 다음과 같은 사용 영수증을 제출하였다.

매입운임	₩25,000
소모품비	75,000
접 대 비	58,000
통 신 비	80,000

9월 1일과 9월 30일에 필요한 분개를 하시오.

6-12 다음의 거래를 분개하시오.

(1) (주)MWC에서 상품 ₩850,000을 매입하고, 대금은 수표를 발행하여 지급하다. 단, 당좌차월계약을 맺고 있으며 차월한도액은 ₩1,000,000이고, 이 거래 당시의 당좌예금 잔액은 ₩500,000이다.
(2) (주)BBC의 외상매출금 ₩600,000을 송금수표로 받아 곧 당좌예금하다. 단, 이 거래 당시의 당좌차월 잔액은 ₩350,000이다.
(3) 정액전도금제도를 사용하고 있는 (주)UBC는 전도금 보충일에 다음과 같은 지출영수증을 받고, 사용액을 수표를 발행하여 보충해주다. 단, 정액전도금은 ₩200,000이다.

〈지출내역〉

통신비 ₩75,000　　여비교통비 ₩50,000　　소모품비 ₩25,000

6-13 다음 중 어떤 거래에 분개 항목이 필요한가? 차변인지 대변인지, 어떤 계정으로 기록할 것인지 표시하시오.

거래	분개 불필요	분개 필요	차변	대변
미결제수표				
이자수익				
부도수표				
차입금 상환				
고객 입금				
은행수수료				

6-14 20×1년 12월 31일 현재 (주)JHC의 은행명세서상 당좌예금계정 잔액은 ₩2,400,000이나 기업 총계정원장의 당좌예금 잔액은 ₩2,390,000이었다. 당좌예금과 관련된 거래를 면밀히 조사해보니, 차이의 원인은 다음과 같았다.

> ① (주)JHC가 발행한 수표 중에서 다음의 수표는 은행에서 아직 지급되지 않았다.
>
> (주)KYC에 지급한 수표 ₩250,000　　(주)BMC에 지급한 수표 ₩300,000
>
> ② 12월 31일 현금 ₩650,000을 당좌예금계좌에 입금하였으나, 은행명세서에는 입금처리가 되지 않았고, 이후에 입금처리되었음을 확인하다.
>
> ③ 거래처로부터 외상매출금의 회수로 받은 당좌수표 ₩230,000을 당좌예금하면서 회사장부에는 ₩320,000으로 기록하였음을 확인하다.
>
> ④ 은행명세서에는 받을어음 ₩200,000이 추심되어 입금처리되어 있었으나, 회사는 이를 몰라 기록하지 않았다.

(1) 은행계정조정표를 작성하시오.
(2) 필요한 분개를 하시오.

6-15 (주)PCC는 20×1년 11월 30일 은행명세서를 발급받아 확인한 결과 보통예금 잔액은 ₩7,000이다. 기업의 보통예금 원장의 잔액은 ₩5,659이다. 불일치의 원인을 조사한 결과 다음과 같은 사실을 발견하였다.

> ① 11월 30일 은행 마감시간 후 ₩5,200을 입금하여 명세서상에 나타나지 않았다.
>
> ② 은행에서 수수료 ₩40을 부과하였음을 확인하다.
>
> ③ 11월 30일 현재 발행하였으나 아직 은행에서 인출되지 않은 수표가 ₩5,800이 있음을 확인하다.
>
> ④ 외상매입금을 지급한 수표 #138이 올바로 기재되어 은행에서 ₩409이 인출되었다. 그런데 수표 #138을 장부에 기록하면서 차변에 외상매입금 및 대변의 보통예금을 ₩490으로 기재하였다.
>
> ⑤ 외상매출대금으로 받아 은행에 예금한 수표 중 부도수표(NSF) ₩560이 발생하여 은행은 이를 차감하였다.
>
> ⑥ 은행명세서에 받을어음 원금 ₩1,200과 어음에 대한 이자 ₩60을 추심하는 데 성공하였다.

(1) 은행계정조정표를 작성하시오.
(2) 20×1년 11월 30일 (주)PCC에서 필요한 분개를 하시오.

6-16 태일정밀은 급속히 성장하는 의료기기 제조업체이다. 성장의 결과로 최근 경영진은 내부통제를 강화하기 위해 몇 가지 업무절차와 실무관행을 변화시켰다. 몇몇 종업원들은 이러한 변화에 당황했다. 내부통제를 강화하기 위해 이러한 업무절차의 변경과 실무관행을 변화시키는 것은 결국 회사가 더 이상 종업원들을 신뢰하지 않는다는 것을 보여줄 뿐이라며 종업원들은 불평한다.

내부통제제도는 대부분의 사람들을 신뢰할 수 없기 때문에 존재한다는 것이 사실인가? 이를 설명하시오.

chapter

7

금융자산(Ⅰ) : 수취채권과 지급채무

학습목표

7-1 수취채권의 인식 및 회계처리
7-2 지급채무의 인식 및 회계처리
7-3 수취채권의 평가
7-4 기타채권과 채무

Financial Assets(Ⅰ): Receivables and Payables

계정명칭	분류기준	최초 인식	최초 인식	보유(손상)	회수/지급
수취채권 (매출채권)	유동자산	판매가격 (공정가치)	(차) 외상매출금 ××× (대) 매 출 ×××	(차) 손 상 차 손 ××× (대) 손실충당금 ×××	(차) 현 금 ××× (대) 외상매출금 ×××
지급채무 (매입채무)	유동부채	구입가격 +거래원가	(차) 상 품 ××× (대) 외상매입금 ×××		(차) 외상매입금 ××× (대) 현 금 ×××

수취채권의 인식 및 회계처리

1. 수취채권

수취채권은 기업이 재화나 용역을 제공하고 대가를 미래에 현금으로 받기로 한 권리를 말한다.

수취채권(受取債權, receivable)은 금융자산의 하나로 기업이 재화나 용역을 고객에게 신용으로 판매 혹은 제공하고 그 대가를 미래에 수취하기로 함으로써 발생하는 권리를 의미한다. 회계실무에서 수취채권으로 지칭하는 자산들은 그 종류가 다양하다. 수취채권에 포함되는 자산으로는 외상매출금, 받을어음, 리스채권, 종업원 단기대여금, 미수금, 미수수익, 미수배당금 등 다양하다.

금융자산의 인식과 측정 (2013년)

한국회계기준원 회계기준위원회

금융자산의 인식과 측정 : 수취채권

지급금액이 확정되었거나 결정가능하며 활성시장에서 가격이 공시되지 않는 비파생금융자산을 말한다. 유동자산에 속하는 단기수취채권은 신용기간이 짧아서 이자가 차지하는 비중이 중요하지 않기 때문에 명목금액을 최초측정금액으로 인식한다. 그러나 장기의 신용기간을 가진 수취채권은 현재가치로 측정한다. 거래시점에 거래원가가 발생한다면 이를 가산한 금액을 최초측정금액으로 인식한다.

수취채권은 두 종류로 분류된다. 하나는 매출채권(trade receivable)으로서 기업의 주요 영업활동에서 재화나 용역을 제공하는 수익창출활동으로부터 비롯되는 채권이다. 매출채권 중 가장 중요한 것으로는 외상매출금(accounts receivable)과 받을어음(note receivable)이 있으며, 이들은 재무상태표에 보고할 때 매출채권이라는 계정으로 통합해서 보고할 수 있다. 다른 하나는 비매출채권(non-trade receivable)으로서 기업의 주된 영업활동이 아닌 거래에서 발생한 채권으로서 외상매출금과 받을어음을 제외한 수취채권을 의미한다. 이들은 매출채권과는 구분하여 재무상태표에 보고한다.

수취채권이 가지는 특징 중 하나는 회수불능위험이 있다는 것이다. 예금이나 국공채와 같은 금융자산에 대한 투자는 회수불능위험이 거의 발생하지 않으며, 사채의 경우 회수불능위험이 다소 있으나 이 위험은 이자율과 같은 거래조건을 통해 사전에 적절하게 반영한다. 따라서 이들 자산에 대해서는 별도의 회수불능에 따른 회계처리를 추가로 하지는 않는다. 그러나 수취채권은 거래상대방간의 신용에 의해 거래가 이루어지므로 정해진 날짜에 현금이 회수되지 않을 수도 있다. 이러한 문제를 해결하기 위해 추가적인 회계처리가 필요한데, 그것이 손상회계(impairment accounting)이다. 손상회계에 대해서는 이후에 자세하게 설명한다.

2. 매출채권

매출채권은 기업이 주된 영업활동을 통해 재화나 용역을 제공하고 대가를 미래에 받기로 함으로써 발생하는 권리를 말한다. 외상매출금과 받을어음이 이에 속한다.

매출채권(賣出債權, trade receivable)은 기업이 주된 영업활동을 통해 재화나 용역을 제공하고 그에 대한 대가를 미래에 받기로 함으로써 발생하는 권리를 의미한다. 이에는 거래상대방간의 구두 약속에 의해 이루어지는 외상매출금과 어음을 받는 받을어음 등이 있다.

일반적으로 매출채권에 대한 관리는 재화나 용역을 신용으로 거래하는 회사에 있어서는 매우 중요한 활동이다. 이는 기업에 눈에 보이지 않는 이자비용의 부담을 증가시키기 때문이다. 왜냐하면 매출채권이 발생했을 경우에 기업은 매출채권을 현금으로 회수하기 전까지는 현금을 사용할 수 없게 된다. 즉, 매출채권이 회수될 때까지 기업은 거래상대방에게 현금을 무이자로 대출해준 것과 같은 것이다. 많은 기업에서 매출채권은 자산 중 중요한 부분의 하나이나, 기업의 매출채권의 상대적 중요성은 기업의 영업유형에 크게 영향을 받으며 또한 기업의 자금조달정책 혹은 신용정책에 따라서도 영향을 받는다. 매출채권에 대한 부담은 중소기업의 경우 더 심각한데, 일반적으로 외상거래가 많은 중소기업의 경우 대기업에 비해 3~5%의 추가 이자비용을 부담하는 것으로 보고되고 있다.

매출채권의 발생은 재무상태표의 유동자산에 기록한다. 일반적으로 매출채권의 회수에는 약 60여일 정도가 소요되나 그보다 더 오래 걸리는 경우도 있다. 기업회계기준서에서 매출채권은 재무상태표일로부터 1년 이내에 회수가 되지 않더라도 유동자산으로 분류하도록 하고 있다.

외상매출금

외상매출금은 기업이 재화나 용역을 외상으로 제공한 경우에 발생하는 권리를 말한다.

기업이 주된 영업활동을 통해 재화나 용역을 외상으로 제공하게 되면 외상매출금(外上賣出金)계정 차변에 증가로 기록하고 외상매출금을 회수하면 외상매출금계정 대변에 감소로 기록한다. 상대방과의 거래조건에 따라 다르지만 일반적으로 외상매출금의 회수에는 30~60일이 소요된다. 외상매출금과 관련한 회계처리는 크게 외상매출금의 인식, 평가 그리고 회수(혹은 처분) 시점에 이루어진다. 외상으로 매출한 거래에 대한 분개를 표시하면 다음과 같다.

분개장			
일 자	계 정	차 변	대 변
	외상매출금	×××	
	매출		×××

위의 분개에서 보듯이 외상으로 매출이 발생하면 기업은 총계정원장의 외상매출금계정 차변에 기록되고 재무상태표에는 외상매출금계정의 잔액을 한 줄로 표시한다. 그러나 기업은 일반적으로 여러 거래처와 외상거래를 한다. 이런 경우에 기업은 거래처별 계정을 유지함으로써 고객에게 언제 얼마만큼 외상으로 판매하였고, 언제 얼마를 회수하였는지에 대한 정보를 관리할 필요가 있다. 이에 기업들은 외상매출금계정의 보조적인 기록을 위해 매출처원장(accounts receivable ledger)이라 불리는 **인명계정**을 두어 관리한다. 인명계정은 거래처 수만큼 존재하며 인명계정의 잔액 합계는 총계정원장의 외상매출금 및 받을어음 계정의 합계와 일치해야 한다. 만약 이 금액들과 거래처로부터 확인을 받은 잔액증명서가 서로 일치하지 않는다면 이는 기록상에 오류가 있거나 혹은 담당직원의 부정이 있다고 의심할 필요가 있다. 다음 [예제 7-1]은 외상매출금 거래에 대한 회계기록을 보여주고 있다.

예제 7-1 외상매출금의 발생

다음 두 건의 거래를 분개하시오.

① 1월 10일 (주)풀무원은 이마트에 유기농 음료를 판매하였으며, 대금 ₩10,000은 30일 후에 받기로 하였다.

② 1월 13일 (주)풀무원은 롯데마트에 생식제품을 판매하였으며, 대금 ₩5,000은 25일 후에 받기로 하였다.

풀이

① 1월 10일 :

	차변	대변
외상매출금 ······	10,000	
매출 ······		10,000

② 1월 13일 :

	차변	대변
외상매출금 ······	5,000	
매출 ······		5,000

[도표 7-1]은 [예제 7-1]의 거래 결과에 의한 (주)풀무원의 총계정원장의 외상매출금계정과 이마트와 롯데마트에 대한 인명계정 간의 관계를 보여주고 있다.

[도표 7-1]에서 보듯이 (주)풀무원의 외상매출금계정 잔액은 ₩15,000이며, 인명계정인 이마트계정에는 1월 10일에 잔액이 ₩10,000 그리고 롯데마트계정에는 1월 13일 잔액이 ₩5,000인 것으로 나타나 있다. 두 인명계정의 잔액의 합은

도표 7-1 총계정원장과 인명계정

총계정원장

외상매출금

일자	적요	차변	대변	잔액
1월 10일		10,000		10,000
1월 13일		5,000		15,000

매출처원장(인명계정)

외상매출금 — 이마트

일자	적요	차변	대변	잔액
1월 10일		10,000		10,000

외상매출금 — 롯데마트

일자	적요	차변	대변	잔액
1월 13일		5,000		5,000

잔액증명서

이마트	10,000
롯데마트	5,000
합계	15,000

총계정원장의 외상매출금계정의 잔액 합계와 일치해야 하며, 이를 통해 (주)풀무원은 거래처로부터 회수해야 할 외상대금이 얼마인지 그리고 언제 청구해야 할 것인지에 대한 정보를 제공받는다.

거래처로부터 외상매출금을 회수하게 되면 기업은 현금계정 차변에 증가로 기록함과 동시에 외상매출금계정 대변에 감소로 기록하여 외상매출금 잔액을 감소시킨다. 또한 외상대금을 갚은 기업의 인명계정의 대변에 기록하여 잔액을 감소시킨다. 이렇게 함으로써 외상매출금계정 잔액과 인명계정 잔액의 합을 일치시킨다. [예제 7-2]는 외상매출금 상환에 대한 회계처리 예를 보여준다.

예제 7-2 외상매출금의 회수

다음 두 건의 거래를 분개하시오.

① 1월 25일 (주)풀무원은 이마트로부터 외상매출금 중 ₩5,000을 현금으로 회수하였다.

② 1월 29일 (주)풀무원은 롯데마트에서 외상매출금 중 ₩3,000을 현금으로 회수하였다.

풀이

① 1월 25일 :

현금	5,000	
외상매출금		5,000

② 1월 29일 :

현금	3,000	
외상매출금		3,000

[도표 7-2]에서 보듯이 1월 25일 (주)풀무원은 이마트로부터 외상매출금 ₩5,000을 현금으로 회수함으로써 외상매출금계정 잔액은 ₩10,000이 되며, 이마트와 롯데마트의 잔액은 각각 ₩5,000이 된다. 또한 1월 29일 롯데마트로부터 외상매출금 ₩3,000을 현금으로 회수함으로써 (주)풀무원의 외상매출금계정 잔액은 ₩7,000이 되며, 이마트와 롯데마트의 외상매출금 잔액은 각각 ₩5,000과 ₩2,000이 된다. [도표 7-2]에서 보듯이 (주)풀무원의 총계정원장의 외상매출금계정 잔액, 개별 인명계정의 잔액 그리고 잔액증명서의 합계액은 항상 일치해야 한다.

도표 7-2 총계정원장과 인명계정 : 외상매출금 회수 후

총계정원장

외상매출금

일자	적요	차변	대변	잔액
1월 10일		10,000		10,000
1월 13일		5,000		15,000
1월 25일			5,000	10,000
1월 29일			3,000	7,000

매출처원장(인명계정)

외상매출금 이마트

일자	적요	차변	대변	잔액
1월 10일		10,000		10,000
1월 25일			5,000	5,000

외상매출금 롯데마트

일자	적요	차변	대변	잔액
1월 13일		5,000		5,000
1월 29일			3,000	2,000

잔액증명서

이마트	5,000
롯데마트	2,000
합계	7,000

받을어음

받을어음은 상품을 판매하고 그 대금을 어음으로 받은 경우에 발생하는 매출채권이다.

기업이 주된 영업활동을 통해 재화 및 용역을 제공하고 그 대금을 어음으로 받는 경우에 받은 어음을 받을어음(note receivable)이라고 한다. 어음은 발행인 혹은 지급인이 어음 소지인에게 일정한 금액을 지정한 기일에 지정한 장소에서 지급하기로 약속한 증권을 말한다. 어음은 어음의 발행, 지급 및 수취 등에 관련된 사람의 수에 따라 약속어음과 환어음으로 구분되나 회계에서는 이를 구분하여 표시하지 않고 모두 받을어음 혹은 지급어음으로 표시한다.

또한 어음은 경제적 사건의 내용에 따라 구분되는데, 실물을 거래하면서 수취한 어음을 **상업어음**(또는 진성어음)이라고 하여, 그 실물이 영업대상물인 경우 받을어음이라고 한다. 또한 실물이 영업대상물이 아닌 경우를 미수금으로 분류한다. 기업이 상대방에게 일시적으로 필요한 자금을 융통해주고 어음을 받은 경우 이 어음은 **융통어음**이라고 하며 기타채권의 대여금으로 기록한다. 이렇듯 어음채권을 취득하면 그 대상거래를 잘 알 수 있도록 적합한 계정을 사용하여 기록하면 된다. 예를 들어, 상품을 외상으로 매출하거나, 건물을 매각하거나 혹은

단기간의 자금을 대여해주고 어음을 받는 경우 각각 다음과 같이 분개한다.

분개장			
일 자	계 정	차 변	대 변
외상매출로 어음수취			
	받을어음	×××	
	매출		×××

분개장			
일 자	계 정	차 변	대 변
건물처분으로 어음수취			
	미수금	×××	
	건물		×××

분개장			
일 자	계 정	차 변	대 변
단기 자금대여로 어음수취			
	단기대여금	×××	
	현금		×××

위에서 기록한 계정들은 어음의 형식을 띠고 있지만 거래실질을 나타내는 계정명칭을 사용하였다. [예제 7-3]은 받을어음의 수취 및 회수에 대한 회계처리를 보여준다.

예제 7-3 받을어음 수취 및 회수

다음 두 건의 거래를 분개하시오.

① 1월 10일 (주)풀무원은 이마트에 유기농 음료를 판매하였으며, 대금 ₩10,000은 이마트가 발행한 90일 만기 어음을 받았다.

② 4월 9일 (주)풀무원은 이마트에서 발행한 어음을 거래은행에 추심의뢰하였으며, 어음이 정상적으로 결제되어 현금으로 받았다.

풀이

① 1월 10일 : 이마트

계정	차변	대변
받을어음	10,000	
매출		10,000

② 4월 9일 : 이마트

현금 ························	10,000	
받을어음 ························		10,000

지급채무의 인식 및 회계처리

지급채무는 기업이 재화나 용역을 제공받고 그 대가를 미래에 지급하기로 함으로써 발생하는 의무를 의미한다.

지급채무는 수취채권에 대립되는 개념이다. 지급채무(支給債務, payables)는 기업이 재화나 용역을 거래상대방으로부터 제공받고 그 대가를 미래에 현금으로 지급하기로 함으로써 발생하는 의무를 의미한다. 회계실무에서 지급채무로 지칭하는 부채들은 그 종류가 다양하다. 지급채무는 대표적인 유동부채로서 이에 포함되는 부채는 매입채무(외상매입금 및 지급어음), 단기차입금, 미지급금, 선수금 등 다양하다.

이러한 지급채무는 수취채권과 마찬가지로 두 종류로 분류된다. 하나는 매입채무(買入債務, trade payable)로서 기업의 주요 영업활동에서 재화나 용역을 제공하는 수익창출활동으로부터 비롯되는 채무이다. 지급채무 중 가장 중요한 것으로는 외상매입금(外上買入金, accounts payable)과 지급어음(note payable)이 있다. 다른 하나는 비매입채무(non-trade payable)로서 기업의 주된 영업활동이 아닌 거래에서 발생한 채무이며, 외상매입금과 지급어음을 제외한 지급채무를 의미한다. 이들은 매입채무와 구분하여 재무상태표에 보고한다. 본장에서는 매입채무를 중심으로 설명한다.

1. 외상매입금

외상매입금은 재화 및 용역을 제공받고 그 대금을 미래에 지급하기로 한 경우에 발생된 채무를 의미한다.

외상매입금은 외상매출금과는 반대되는 개념으로 외상매입금의 발생은 재무상태표에 유동부채 중 매입채무로 보고한다. 기업이 주된 영업활동을 통해 재화나 용역을 외상으로 제공받게 되면 외상매입금계정 대변에 증가로 기록하고 외상매입금을 지급하면 외상매입금계정 차변에 감소로 기록한다. 외상으로 매입한 거래에 대한 분개를 표시하면 다음과 같다.

분개장			
일 자	계 정	차 변	대 변
	매입 외상매입금	××× 	 ×××

기업은 일반적으로 여러 거래처와 외상거래를 한다. 이런 경우에 기업은 거래처별 계정을 유지함으로써 거래처별로 언제 얼마만큼 외상으로 구입하였고, 언제 얼마를 갚았는지에 대한 정보를 관리할 필요가 있다. 이에 기업은 외상매입금계정의 보조적인 기록을 위해 매입처원장(accounts payable ledger)이라 불리는 **인명계정**을 두어 관리한다. 인명계정은 거래처 수만큼 존재하며, 인명계정 잔액의 합계는 총계정원장의 외상매입금 및 지급어음 계정의 합계와 일치해야 한다. 만약 이 금액들과 거래처로부터 확인을 받은 잔액증명서가 서로 일치하지 않는다면 이는 기록상에 오류가 있거나 혹은 담당직원의 부정이 있다고 의심할 필요가 있다. [예제 7-4]는 외상매입금 거래에 대한 회계기록을 보여주고 있다.

예제 7-4 외상매입금의 발생

다음 두 건의 거래를 분개하시오.

① 1월 8일 (주)풀무원은 유기농 음료 생산에 필요한 과일을 가나안농장으로부터 ₩6,000어치 구입하고 대금은 40일 후에 지급하기로 하였다.

② 1월 10일 (주)풀무원은 생식제품 생산에 필요한 재료를 (주)한농으로부터 구입하고 대금 ₩3,000은 20일 후에 지급하기로 하였다.

풀이

① 1월 8일 : 가나안농장

	차변	대변
매입	6,000	
외상매입금		6,000

② 1월 10일 : (주)한농

	차변	대변
매입	3,000	
외상매입금		3,000

[도표 7-3]은 [예제 7-4]의 거래 결과에 의한 (주)풀무원의 총계정원장 외상매입금계정과 가나안농장, (주)한농에 대한 인명계정 관계를 보여주고 있다. [도표 7-3]에서 보듯이 (주)풀무원의 외상매입금계정 잔액은 ₩9,000이며 인명계정인 가나안농장에는 1월 8일에 잔액이 ₩6,000 그리고 (주)한농에는 1월 10일에 잔액이 ₩3,000인 것으로 나타나 있다. 두 인명계정 잔액의 합은 총계정원장의 외상매입금계정 잔액 합계와 일치해야 하며, 이를 통해 (주)풀무원은 거래처에 지급해야 할 외상대금이 얼마인지 그리고 언제 지급해야 할 것인지에 대한 정보를 제공받는다.

도표 7-3 총계정원장과 인명계정

총계정원장

외상매입금

일자	적요	차변	대변	잔액
1월 8일			6,000	6,000
1월 10일			3,000	9,000

매입처원장(인명계정)

외상매입금 가나안농장

일자	적요	차변	대변	잔액
1월 8일			6,000	6,000

외상매입금 (주)한농

일자	적요	차변	대변	잔액
1월 10일			3,000	3,000

잔액증명서

가나안농장	6,000
(주)한농	3,000
합계	9,000

거래처에 외상매입금을 지급하게 되면 기업은 현금계정 대변에 감소로 기록함과 동시에 외상매입금계정 차변에 감소로 기록하여 외상매입금 잔액을 감소시킨다. 또한 외상대금을 갚은 기업의 인명계정의 차변에 기록하여 잔액을 감소시킨다. 이렇게 함으로써 외상매입금계정 잔액과 인명계정 잔액의 합을 일치시킨다.

[예제 7-5]는 외상매입금 지급에 대한 회계처리 예를 보여준다.

예제 7-5 외상매입금의 지급

다음 거래를 분개하시오.

1월 29일 (주)풀무원은 가나안농장에 대한 외상매입금 중 ₩3,000을 현금으로 지급하였다.

풀이

1월 29일 : 가나안농장

계정	차변	대변
외상매입금	3,000	
현금		3,000

[도표 7-4]에서 보듯이 1월 29일 (주)풀무원은 가나안농장에 외상매입금 ₩3,000을 현금으로 지급함으로써 외상매입금계정 잔액은 ₩6,000이 되며, 가나안농장과 (주)한농의 외상매입금 잔액은 각각 ₩3,000이 된다. [도표 7-4]에서 보듯이 (주)풀무원의 총계정원장 외상매입금계정 잔액, 개별 인명계정의 잔액 그리고 잔액증명서의 합계액은 항상 일치해야 한다.

도표 7-4 총계정원장과 인명계정 · 외상매입금 지급 후

총계정원장

외상매입금

일자	적요	차변	대변	잔액
1월 8일			6,000	6,000
1월 10일			3,000	9,000
1월 29일		3,000		6,000

매입처원장(인명계정)

외상매입금 가나안농장

일자	적요	차변	대변	잔액
1월 8일			6,000	6,000
1월 29일		3,000		3,000

외상매입금 (주)한농

일자	적요	차변	대변	잔액
1월 10일			3,000	3,000

잔액증명서

가나안농장	3,000
(주)한농	3,000
합계	6,000

2. 지급어음

지급어음은 재화 및 용역을 제공받고 그 대금을 어음으로 지급하는 경우에 발생된 채무를 의미한다.

기업이 주된 영업활동에 필요한 재화 및 용역을 제공받고 그 대금을 어음으로 지급하는 경우에 발행된 어음을 지급어음(note payable)이라고 한다. 기업이 재화나 용역을 제공받고 어음을 발행해주면 유동부채의 지급어음계정 대변에 기록하며, 만기일에 이를 현금으로 지급하면 지급어음계정 차변에 기록하여 채무를 제거한다. [예제 7-6]은 지급어음과 관련된 회계처리 예를 보여준다.

예제 7-6 지급어음 발행 및 지급

다음 두 건의 거래를 분개하시오.

① 1월 10일 (주)풀무원은 유기농 음료 생산에 필요한 과일을 가나안농장으로부터 ₩6,000어치 구입하고 대금은 90일 만기 어음을 발행하였다.

② 4월 9일 (주)풀무원은 가나안농장에 발행한 어음대금을 현금으로 지급하고 어음을 회수하였다.

풀이

① 1월 10일 : 가나안농장

매입	6,000	
지급어음		6,000

② 4월 9일 : 가나안농장

지급어음	6,000	
현금		6,000

수취채권의 평가

1. 손상차손의 인식

K-IFRS 제1039호(금융상품 인식과 측정)에서는 금융자산에 대해 발생손실모형(incurred loss model)에 따라 손실발생의 객관적 증거가 있는 경우에만 손상을 인식하도록 했다. 그러나 새로운 기업회계기준서 K-IFRS 제1109호(금융상품)에서는 2018년 1월 1일부터 적용되는 회계연도부터 기대신용손실모형(expected credit loss impairment model)에 따라 손실을 인식하고 신용손실(대손)에 해당하는 금액만큼 손실충당금(대손충당금)을 설정하도록 하고 있다.

K-IFRS에서는 금융자산 최초 인식 후 신용위험의 증가 정도에 따라 다음 표와 같이 3단계로 구분하여 12개월 기대신용손실이나 전체기간 기대신용손실에 해당하는 금액으로 손실충당금을 측정하도록 하고 있어 K-IFRS 제1039호의 발생손실모형에 비해 신용손실을 조기에 인식할 수 있게 됐다.

신용손상상태		기대신용손실*의 추정	손실충당금
제1단계 : 신용위험이 낮음	최초 인식 후 신용위험이 유의적으로 증가하지 않은 경우	12개월 기대신용손실	보고기간 말 이후 12개월 내에 발생가능한 채무불이행 사건으로 인한 기대신용손실
제2단계 : 신용위험이 유의적으로 증가	최초 인식 후 신용위험이 유의적으로 증가한 경우	전체기간 기대신용손실	기대존속기간에 발생할 수 있는 모든 채무불이행 사건으로 인한 기대신용손실
제3단계 : 신용손상이 발생	신용이 손상된 경우		

* 개별 채무불이행 발생 위험으로 가중평균한 신용손실

(주) 매출채권의 경우 유의적인 금융요소(현재가치할인차금)가 없다면 전체기간 기대신용손실에 해당하는 금액으로 손실충당금을 정해야 하고, 유의적인 금융요소(예를 들면 대금회수기간이 긴 경우)가 있다면 전체기간 기대신용손실에 해당하는 금액으로 손실충당금을 측정하는 것을 회계정책으로 선택할 수 있다.

수취채권에 대한 손상차손의 발생을 실무적으로는 대손상각(bad debt)이라고 하며, 이는 대손상각비(貸損償却費, bad debt expense)라는 비용계정에 기록한다. 손상차손(대손상각비)이 주된 영업활동에서 발생한 외상매출금이나 받을어음 같은 매출채권과 관련하여 발생한 경우에는 관리비의 항목으로 보고하고, 기타의 수취채권과 관련하여 발생한 경우에는 금융비용(영업외비용)으로 분류하여 보고한다.

한편, 대변에는 손실충당금(loss allowance 또는 대손충당금)이라는 차감계정(contra account)을 사용하여 재무상태표상에 관련 수취채권을 차감하는 형식으로 보고한다.1)

2. 기대신용손실(손상차손추정액)의 측정방법

기대신용손실(손상차손추정액)은 해당자산의 총장부금액과 추정미래현금흐름을 최초 유효이자율로 할인한 현재가치의 차이로 측정한다. 기대신용손실액, 즉 대손금액은 현금부족액의 현재가치를 말한다. 이를 식으로 표현하면 다음과 같다.

기대신용손실 = 총장부금액 − 추정미래현금흐름의 현재가치
= 현금부족액의 현재가치

* 현재가치는 최초 인식시점의 유효이자율을 이용하여 산출한다.

손상금액을 추정하는 방법에는 채무불이행 발생확률접근법(probability of default approach), 손실률접근법(loss rate approach) 그리고 실무적간편법(충당금설정률표사용법) 등이 있다. 여기서는 비교적 계산이 간단하고 실무적으로 많이 사용하는 채무불이행 발생확률접근법과 실무적간편법을 중심으로 설명한다.2)

채무불이행 발생확률접근법

채무불이행 발생확률접근법은 수취채권의 총장부금액의 일정비율을 손상가능금액으로 추정하고 여기에 채무불이행 발생확률을 곱하여 기대신용손실액을 추정하는 방법이다.

채무불이행 발생확률접근법(probability of default approach)은 수취채권의 총장부금액의 일정비율을 손상가능금액으로 추정하고 여기에 채무불이행 발생확률을 곱하여 기대신용손실액(손상예상액)을 추정하는 방법이다. [예제 7-7]은 채무불이행 발생확률접근법의 예를 보여주고 있다.

1) 한편, 증권형 금융상품(지분상품 및 채무상품)의 손상차손에 대한 회계처리는 중급회계를 참조하기 바란다.
2) 손실률접근법은 중급회계에서 학습하는 것이 적합한 것으로 생각한다. 따라서 손실률접근법은 중급회계를 참조하기 바란다.

예제 7-7 손상추정 : 채무불이행 발생확률접근법

(주)한국철강은 외상매출금에 대해 채무불이행 발생확률접근법을 적용하여 기대신용손실액을 추정하고 있다. 1월 31일 현재 (주)한국철강의 외상매출금의 총장부금액은 ₩40,000이다. 회계담당자인 김군하는 신용위험이 비슷한 외상매출금, 채무자의 신용위험, 향후 12개월의 경제 전망에 대한 예상을 고려하여, 최초 인식시점에 외상매출금의 채무불이행 발생확률을 향후 12개월에 10.0%로 추정했다. 또한 보고기간 말에 12개월 채무불이행 발생확률에는 변동이 없었으며, (주)한국철강은 최초 인식 후에 신용위험이 유의적으로 증가하지 않았다고 판단된다. (주)한국철강은 외상매출금에 채무불이행이 발생할 경우에 총장부금액의 25%의 손실을 볼 것으로 판단한다. (주)한국철강의 기대신용손실에 해당하는 손실충당금을 계산하시오.

풀이

① 손실충당금 계산
총장부금액(₩40,000) × 10% × 25% = 손실충당금 설정대상액(₩1,000)

② 1월 31일

손상차손 ························	1,000	
손실충당금 ························		1,000

연령분석법(충당금설정률표사용법)

기대신용손실액을 추정하는 방법 중 실무적간편법은 매출채권 등에 적용할 수 있는 방법이다. 실무적간편법으로 많이 사용되는 방법은 연령분석법(충당금설정률표사용법)이다. 기업에서 영업을 하다 보면 수취채권 가운데 어느 정도가 손상이 되는지를 예상할 수 있게 된다. 이 경험적인 비율을 기말의 수취채권 잔액에 곱하여 기대신용손실액을 추산하는 방법을 연령분석법이라고 한다.

연령분석법은 매출채권의 경과일수에 따라 상이한 기대신용손실률을 적용하여 기대신용손실액을 계산하는 방법이다.

연령분석법(aging of accounts receivable method)은 회계기말의 수취채권 잔액을 각 수취채권의 기간 경과일수(number of days past due)에 따라 몇 개의 연령군으로 분류하는 연령분석표(aging schedule)를 작성하고, 각각의 연령군에 대해 상이한 기대신용손실률을 적용하여 기대신용손실액을 추정하는 방법이다. 이때 수취채권 발생일로부터 경과기간이 길어질수록 수취채권의 회수가능성은 낮아지므로 기대신용손실률을 높게 적용하고, 경과기간이 짧을수록 손상가능성은 낮아지므로 기대신용손실액을 낮게 적용한다. [예제 7-8]은 연령분석법의 예를 보여주고 있다.

예제 7-8 손상추정 : 연령분석법(충당금설정률표사용법)

(주)한국철강은 외상매출금에 대해 연령분석법을 적용하여 기대신용손실액을 추정하고 있다. 1월 31일 현재 (주)한국철강의 외상매출금은 ₩40,000이다. 회계 담당자인 김군하는 이들 외상매출금을 경과일수별로 재분류하여 다음과 같은 연령분석표를 작성하였다.

경과기간	외상매출금의 장부금액	채무불이행 발생확률(%)
회수일 미경과분	₩22,000	1.0
1~30일 경과	7,500	5.0
31~60일 경과	5,000	10.0
61~90일 경과	3,500	15.0
91일 이상	2,000	25.0
합계	₩40,000	

(주)한국철강이 1월 31일에 설정해야 할 손실충당금은 얼마인가? 단, 손실충당금 잔액이 ₩300이 있다.

풀이

① 기대신용손실추정액 계산

경과기간	외상매출금의 장부금액	채무불이행 발생확률(%)	기대신용손실 추정액
회수일 미경과분	₩22,000	1.0	₩220
1~30일 경과	7,500	5.0	375
31~60일 경과	5,000	10.0	500
61~90일 경과	3,500	15.0	525
91일 이상	2,000	25.0	500
기대신용손실액			₩2,120
손실충당금 잔액			300
설정대상액			₩1,820

손실충당금

차변	대변	금액	
	1. 1 기초잔액	300	
	1.31 손실충당금 설정대상액	?	=1,820
	1.31 기말잔액	2,120	기대신용손실액

② 1월 31일

	차변	대변
손상차손	1,820	
손실충당금		1,820

[예제 7-8]에서 보듯이 (주)한국철강은 1월 31일에 외상매출금 ₩40,000에 대해 연령분석법을 통해 기간 경과분에 따라 차등적으로 채무불이행 발생확률을 적용하여 ₩2,120의 기대신용손실액을 추정하였으나, 손실충당금계정에 잔액이 ₩300 있으므로 추가로 ₩1,820을 손실충당금으로 설정함으로써 손실충당금계정 잔액은 ₩1,820이 된다. 반대로 기대신용손실추정액보다 손실충당금계정의 잔액이 더 많을 때에는 손실충당금에서 기대신용손실추정액을 차감한 금액을 환입시키면 된다. 이때에 손상차손환입계정은 당기손익(영업외수익)으로 기록한다.

[도표 7-5]는 (주)한국철강의 외상매출금에 대한 손실충당금 보고와 관련된 부분재무상태표를 보여준다.

도표 7-5 손실충당금의 실정

부분재무상태표(자산)		
현 금		
:		
외상매출금	₩40,000	
손실충당금	(2,120)	₩37,880

손실충당금의 보고와 관련하여 기업회계기준서에서는 외상매출금에 대한 손실충당금은 해당자산에서 차감하는 형식으로 보고하도록 하고 있다. 그러나 이는 재무상태표의 양식이 복잡해질 수 있으므로 해당자산에서 직접 가감하여 표시하는 것도 허용하고 있다. 이 경우 가감한 금액을 주석으로 표시해야 한다.

3. 기대신용손실액 인식 후의 회계처리

손상확정과 수취채권의 제거

특정 수취채권을 받을 수 없게 되었을 때 이를 손상이 확정되었다고 한다. 이 경우 손상이 확정된 금액은 미리 설정해둔 손실충당금과 상계하게 된다. 즉, 손상이 확정된 금액은 해당 수취채권계정의 대변에 해당금액을 감소로 기록하고 동일한 금액을 미리 설정해두었던 손실충당금계정의 차변에 감소로 기록한다. 만약에 설정되어 있는 손실충당금 잔액보다 더 많은 금액이 손상으로 확정된다면 손실충당금을 초과하는 부실채권은 손상차손계정 차변에 기록함으로써 초과분을 당기의 비용으로 인식한다. [예제 7-9]는 손상확정과 관련된 회계처리 예를 보여준다.

예제 7-9 손상확정과 수취채권의 제거

다음 두 가지 사례에 대해 회계처리하시오. 단, 각 사건은 독립적이라고 간주하며, 손실충당금 잔액은 ₩2,120이 있는 것으로 가정한다.

① (주)한국철강은 20×1년 1월 10일 영풍철강에 대한 외상매출금 중 ₩2,000이 손상확정되었다.

② (주)한국철강은 20×1년 1월 10일 영풍철강에 대한 외상매출금 중 ₩2,200이 손상확정되었다.

풀이

① 1월 10일

	차변	대변
손실충당금	2,000	
외상매출금		2,000

② 1월 10일

	차변	대변
손실충당금	2,120	
손상차손	80	
외상매출금		2,200

[도표 7-6]은 손상이 확정된 경우에 회계처리 이후의 외상매출금과 손실충당금을 표시한 부분재무상태표이다. 도표에서 보듯이 손상이 확정되어 외상매출금을 제거함으로써 외상매출금 잔액이 ₩40,000에서 ₩38,000으로 감소하였으며, 손상금액을 손실충당금과 상계함으로써 손실충당금 잔액은 손상확정 전 ₩2,120에서 손상확정 후 ₩120으로 감소하였다. 그러나 외상매출금의 순실현가치는 손상확정 전이나 손상확정 후나 ₩37,880으로 동일하다. 이는 수취채권이 발생했을 때에 회수불능액을 미리 추정하여 비용으로 인식함과 동시에 충당금을 설정하여 수취채권에서 차감하고 순실현가치로 표시했기 때문이다. 따라서 비록 수취채권이 회수불능이 되었다고 하더라도 손실충당금 설정액 범위 내에서의 손상확정은 기업의 이익과 순실현가치에 영향을 미치지 않게 된다. 그러나 손실충당금 설정액을 초과해서 손상이 확정된 경우에는 손실충당금을 초과하는 금액만큼 손상차손으로 인식해야 한다. 따라서 기업의 이익은 감소하고 수취채권의 순실현가치는 감소하게 된다.

도표 7-6
손상의 확정

부분재무상태표(자산)		
현 금		
:		
외상매출금	₩38,000	
손실충당금	(120)	₩37,880

손상처리된 채권의 회수

손상이 확정되어 손상회계처리를 끝낸 수취채권이 추후에 회수된 경우에는 어떻게 해야 할까? 이때에는 장부에서 제거한 수취채권과 손실충당금을 다시 회복시키는 역분개를 하면 된다. 만약 거래처에서 손상처리된 수취채권을 다시 지불하겠다는 연락이 오면 먼저 제거한 수취채권과 손실충당금을 회복시키는 회계처리를 한다. 그 다음 수취채권을 현금으로 회수하게 되면 수취채권을 제거하는 회계처리를 하면 된다. 그리고 손실충당금 설정액이 부족하여 손상차손으로 회계처리한 부분이 있으면 손상차손을 취소하는 분개도 해야 한다. [예제 7-10]은 손상처리된 수취채권이 회수된 경우의 회계처리 예이다.

예제 7-10 손상처리된 채권의 회수

다음 사례에 대해 회계처리하시오.

① 20×1년 1월 19일 영풍철강으로부터 1월 10일에 손상처리한 외상매출금 ₩2,000을 상환하겠다는 연락이 왔다.

② 20×1년 1월 23일 영풍철강으로부터 손상처리했던 외상매출금 ₩2,000이 현금으로 회수되었다.

풀이

① 1월 19일

계정과목	차변	대변
외상매출금	2,000	
손실충당금		2,000

② 1월 23일

계정과목	차변	대변
현금	2,000	
외상매출금		2,000

기타채권과 채무

매출채권과 매입채무를 제외한 단기 채권과 채무는 금액의 크기가 작기 때문에 상대적으로 중요성은 떨어지나 기업의 일상적인 활동에서 빈번히 발생하므로 잘 알아둘 필요가 있다. 이들 채권에 대해서도 회수불능의 문제가 발생할 수 있으므로 손실충당금을 설정할 필요가 있다. 이때 발생하는 손상차손은 매출채권의 손상차손과는 달리 영업외비용에 기록한다. 이하에서는 기타채권과 채무에 대해서 간단히 설명한다.

1. 대여금과 차입금

타인에게 현금을 대여한 경우에 이를 자산계정인 대여금(貸與金)계정 차변에 기록한다. 반면, 타인으로부터 현금을 차용한 경우에는 부채계정인 차입금(借入金)계정 대변에 기록한다. 그리고 대여 및 차입 기간이 재무상태표 작성일로부터 1년 이내인 경우에는 유동자산인 단기대여금과 유동부채인 단기차입금으로 분류한다. 그러나 1년 이상인 경우에는 투자자산인 장기대여금과 비유동부채인 장기차입금으로 분류하여 보고한다.

예제 7-11 대여금과 차입금

(주)풀무원은 주요 거래처인 (주)시공사로부터 자금융통에 대한 부탁을 받고 수표 ₩10,000을 발행해주었다. (주)풀무원은 현금대여와 관련하여 (주)시공사가 발행한 액면 ₩10,000, 3개월 만기, 액면이자율 10%의 어음을 받았다. 이에 대해 (주)풀무원과 (주)시공사 입장에서 각각 분개하시오.

풀이

① (주)풀무원

계정	차변	대변
단기대여금*	10,000	
당좌예금		10,000

② (주)시공사

계정	차변	대변
현금	10,000	
단기차입금*		10,000

* 어음을 발행해주었으나 상품매매를 위한 어음발행이 아니므로 받을어음이나 지급어음으로 분개하지 않는다.

2. 선급금과 선수금

기업이 주된 영업활동을 통해 재화나 용역이 제공되기 전에 대금의 일부를 미리 받거나 지출하는 등 '일반적 상거래'에 발생한 채권이나 채무를 선급금 혹은 선수금이라 한다. 즉, 상품을 매입하기로 계약하고 계약금을 지불하였다면 선급금(先給金)으로 기록하였다가 상품을 인도받는 시점에 상품 매입대금과 상계한다. 반면에 상품을 판매하기로 계약하고 계약금을 수취하였다면 선수금(先受金)

으로 기록하였다가 상품을 인도하는 시점에 상품 판매대금과 상계한다.

선급금은 재화 및 용역을 공급받을 수 있는 권리로서 유동자산으로 분류하며, 선수금은 재화 및 용역을 공급해야 할 의무로서 유동부채로 분류한다. 한편, 상품권을 발행하는 경우에는 상품권 판매대금을 선수금으로 기록한다.

예제 7-12 선급금과 선수금

1월 10일 (주)동국제강은 판매용 상품 슬래브(slab)를 POSCO로부터 ₩100,000어치 구입하기로 하고 계약금으로 ₩10,000을 현금으로 지급하였다. 1월 25일 (주)동국제강은 POSCO로부터 슬래브(slab)를 인도받고 대금 ₩90,000을 현금으로 지급하였다. 이와 관련하여 (주)동국제강과 POSCO 입장에서 각각 분개하시오.

풀이

1. (주)동국제강

① 1월 10일

계정	차변	대변
선급금	10,000	
현금		10,000

② 1월 25일

계정	차변	대변
상품	100,000	
현금		90,000
선급금		10,000

2. POSCO

① 1월 10일

계정	차변	대변
현금	10,000	
선수금		10,000

② 1월 25일

계정	차변	대변
현금	90,000	
선수금	10,000	
매출		100,000

3. 가지급금과 가수금

기업이 현금은 지급하였으나 현금의 지출내역이 확정되지 않은 경우에 임시로 기록하는 계정이 가지급금(假支給金)계정이다. 반면, 기업이 현금은 수취하였으나 이유가 확인되지 않은 경우에 이유가 확인될 때까지 임시로 기록하는 계정이 가수금(假受金)계정이다. 따라서 가지급금과 가수금은 실제 계정이 확정되는 시점에서 적절한 계정으로 대체한다. 가지급금과 가수금에 대한 회계처리는 [예제 7-13]에 예시되어 있다.

예제 7-13 가지급금과 가수금

다음 일련의 거래를 분개하시오.

① 직원의 출장여비로 현금 ₩10,000을 지급하였다.
② 출장중인 직원으로부터 ₩12,000의 당좌예금 입금이 있었다.
③ 출장비용으로 ₩9,500이 소요됐음이 확인되었다. 잔액은 현금으로 반납되었다.
④ 출장중 입금된 ₩12,000은 거래처로부터 외상매출금을 회수한 것으로 확인되었다.

풀이

계정	차변	대변
① 가지급금	10,000	
현금		10,000
② 당좌예금	12,000	
가수금		12,000
③ 여비	9,500	
현금	500	
가지급금		10,000
④ 가수금	12,000	
외상매출금		12,000

4. 미수금과 미지급금

기업이 주된 영업활동을 통해 재화나 용역의 제공과 관련하여 발생하는 채권과 채무는 매출채권(외상매출금과 받을어음)계정과 매입채무(외상매입금과 지급어음)계정을 이용하여 기록한다. 그러나 상품 이외의 자산을 매각하고 대금을 받지 않은 경우에는 자산인 미수금(未收金)계정에 기록하고 상품 이외의 자산을 구입하고 대금을 지급하지 않은 경우에는 부채인 미지급금(未支給金)계정에 기록한다.

5. 미수수익과 미지급비용

실현주의 개념에 비추어볼 때 당기의 수익으로 인식해야 하나 아직 대가를 지급받지 못한 경우 유동자산인 미수수익(未收收益)으로 기록한다. 반면, 거래처로부터 서비스를 제공받았으나 아직 대가의 지급기일이 도래하지 않아 지급하지 않고 있는 경우 유동부채인 미지급비용(未支給費用)으로 기록한다. 이들 미수수익과 미지급비용은 결산시점에서 기록되지 않은 당기의 수익과 비용을 인식하는 과정에서 주로 발생한다. 미수수익의 예로는 미수이자, 미수임대료 등이 있다. 한편, 미지급비용의 예로는 미지급급여, 미지급임차료, 미지급이자비용 등이 있다.

6. 선급비용과 선수수익

수익과 비용의 대응개념에 비추어볼 때 차기의 비용으로 보고되어야 하나 그 대가를 미리 지급한 경우에는 유동자산인 선급비용(先給費用)으로 보고한다. 반면, 기업이 용역을 제공해주기로 약속하고 그에 대한 대가를 미리 수취한 경우에 유동부채인 선수수익(先受收益)으로 보고한다. 선급비용의 예로는 선급보험료, 선급임차료 등이 있고 선수수익의 예로는 선수이자수익이나 선수임대료 등이 있다.

7. 예수금

기업은 종업원의 급여에서 부담해야 할 근로소득세, 노동조합비, 건강보험료 등을 맡아 두었다가 일괄하여 세무서, 노동조합, 국민건강보험공단 등 관련기관에 대납한다. 이처럼 상품매매 이외의 거래에서 일시적으로 타인을 위해 맡아 둔 금액은 부채계정인 예수금(豫受金)계정 대변에 기록하였다가 후에 관련기관에 납부하는 시점에서 제거한다. 만약 그러한 금액이 클 경우에는 소득세예수금, 주민세예수금 혹은 건강보험료예수금 등으로 별도계정을 설정할 수 있다.

예제 7-14 예수금

(주)풀무원은 20×1년 1월 총급여액 ₩120,000 중에서 ₩7,200을 원천징수한 후 종업원에게 ₩112,800을 현금으로 지급하였다. 원천징수의 내역은 다음과 같다.

갑종근로소득세	₩6,000
주민세	600
건강보험료	600

풀이

① (주)풀무원의 급여지급 시점

급여	120,000	
현금		112,800
갑근세예수금		6,000
주민세예수금		600
건강보험료예수금		600

② (주)풀무원이 2월중 예수금을 해당기관에 납부한 시점

갑근세예수금	6,000	
주민세예수금	600	
건강보험료예수금	600	
현금		7,200

용어해설

기대신용손실(expected credit loss impairment model) 해당자산의 총장부금액과 추정미래현금흐름을 최초 유효이자율로 할인한 현재가치의 차이로 측정

매입채무(trade payable) 기업의 주요 영업활동에서 재화나 용역을 제공하는 수익창출활동으로부터 비롯되는 채무

매출채권(trade receivable) 기업의 주요 영업활동에서 재화나 용역을 제공하는 수익창출활동으로부터 비롯되는 채권

받을어음(note receivable) 상품을 판매하고 그 대금을 어음으로 받은 경우에 발생하는 매출채권

비매입채무(non-trade payable) 기업의 주된 영업활동이 아닌 거래에서 발생한 채무로서 외상매입금과 지급어음을 제외한 지급채무

비매출채권(non-trade receivable) 기업의 주된 영업활동이 아닌 거래에서 발생한 채권으로 외상매출금과 받을어음을 제외한 수취채권

손상차손(loss on impairment) 수취채권을 받을 수 없게 되었을 때 발생하는 손실

손실충당금(loss allowance) 회계연도 말에 수취채권에 대해 손상예상액으로 추정된 금액

수취채권(receivables) 기업이 재화나 용역을 제공하고 대가를 미래에 현금으로 받기로 한 권리

연령분석법(aging of accounts receivable method) 매출채권의 경과일수에 따라 상이한 기대신용손실률을 적용하여 기대신용손실액을 계산하는 방법

외상매입금(accounts payable) 재화 및 용역을 제공받고 그 대금을 미래에 지급하기로 한 경우에 발생된 채무

외상매출금(accounts receivable) 기업이 재화나 용역을 외상으로 제공한 경우에 발생하는 권리

지급어음(note payable) 재화 및 용역을 제공받고 그 대금을 어음으로 지급하는 경우에 발생된 채무

지급채무(payables) 기업이 재화나 용역을 제공받고 그 대가를 미래에 지급하기로 함으로써 발생하는 의무

채무불이행 발생확률접근법(probability of default approach) 수취채권의 총장부금액의 일정비율을 손상가능금액으로 추정하고 여기에 채무불이행 발생확률을 곱하여 기대신용손실액을 추정하는 방법

팩토링(factoring) 매출채권을 만기 전에 현금화하기 위해 금융기관에 일정비율의 수수료를 차감한 현금을 받고 채권에 대한 권리를 양도하는 것

연습문제

문제 A형

7-1 프레스코(주)는 알파(주)에 4월 5일에 만기가 도래하는 액면가 ₩15,000, 8% 이자율, 60일짜리의 어음을 발행하였다.

(1) 어음의 만기일은 언제인가?
(2) 어음의 만기가액은 얼마인가?
(3) 다음을 기록하기 위한 분개를 하시오.
① 알파(주)가 상품의 판매대금으로 어음을 수취하였을 때
② 알파(주)가 어음의 만기일에 어음대금을 수취하였을 때 (단, ₩1 미만은 절사함)

7-2 다음의 거래를 매입자와 매출자 입장에서 각각 분개하시오.

6월 1일	기린(주)는 유화(주)에서 30일 신용기간으로 상품 ₩60,000을 외상으로 매입하였다.
6월 30일	기린(주)는 위의 외상대금을 변제하기 위해 액면 ₩60,000, 연이자율 5%, 60일 기간의 약속어음을 발행하였다.
8월 29일	기린(주)는 위의 약속어음이 만기가 되어 어음대금을 현금으로 지급하였다.

7-3 다음은 마티니기업에서 발생한 수취채권이다. 다음의 수취채권이 재무상태표에 어떤 이름으로 보고되는지를 밝히시오.

(1) 급여일 이전에 종업원에게 ₩1,000을 가불해주다.
(2) 고객에게 상품을 판매하고 ₩2,000의 약속어음을 받다.
(3) 사용중이던 장부가 ₩30,000의 비품을 ₩30,000에 처분하고 대금은 약속어음으로 받다.
(4) 고객에게 상품 ₩5,000을 외상으로 매출하다.
(5) 대여금에 대한 발생이자 ₩500을 기록하다.
(6) 회사의 임원에게 ₩4,000을 대여하다.

7-4 세기미디어(주)의 1년 이내에 현금화가 가능한 다음의 자산에 기초하여 20×1년 12월 31일 부분재무상태표를 작성하시오.

현　　금	₩125,000
당기손익-공정가치측정금융자산	50,000
외상매출금	275,000
손실충당금	25,000
미 수 이 자	1,000

7-5 다음은 손상에 대한 회계기록이다. 각각 어떤 방법으로 기록된 것인가?

(1)　(차) 손상차손 ································· 450
　　　　(대) 외상매출금 ································· 450

(2)　(차) 손상차손 ································· 450
　　　　(대) 손실충당금 ································· 450

7-6 다음의 거래를 기업회계기준서에 따라 분개하시오.

1월 1일	손실충당금 기초잔액은 ₩400이다.
1월 1일	상품 ₩400을 외상으로 매출하다.
2월 1일	상품의 외상판매대금 ₩200을 현금으로 회수하다.
7월 1일	외상매출금 ₩200이 거래처 부도로 회수불가능한 것으로 판명되다.
9월 1일	7월 1일 손상처리했던 외상매출금 ₩200을 현금으로 회수하는 데 성공하다.

7-7 행복기업의 20×1년 12월 31일 재무상태표 관련계정인 외상매출금의 계정잔액은 ₩500,000이었으며, 손실충당금의 대변 잔액이 ₩33,000이었다. 20×2년중에 다음의 거래가 발생하였다.

외상매출액	₩1,450,000
매출에누리와 환입	100,000
고객에게서 외상매출금 회수	1,300,000
외상매출금 손상확정	30,000
이전에 손상처리한 외상매출금의 회수	4,000

(1) 20×2년에 발생한 거래를 분개하시오.

(2) 행복기업이 외상매출금 기말잔액의 6%가 손상될 것으로 추정하고 있는 경우 20×2년 12월 31일 결산정리분개를 하시오.

7-8 진성기업은 자동차 부품을 지역 자동차 정비업소에 공급하고 있으며, 부품 대금은 n/30 조건으로 회수하고 있다. 20×1년 7월 31일 현재 거래처에 대한 매출채권 만기일은 다음과 같다.

인명계정	만기일	금액
알파자동차	5월 15일	₩9,000
베스트 드라이버	7월 8일	3,000
오토그로스 정비소	3월 18일	7,500
한독자동차	6월 1일	5,000
신창정비소	6월 3일	750
애니콜서비스	4월 12일	13,000
SK스피드메이트	5월 31일	1,500
오토 큐	3월 2일	1,500

각 거래처의 매출채권 회수기간 경과일수를 계산하시오.

7-9 (주)송정의 매출채권 담당직원은 현재 매출채권의 상황을 파악하기 위해 20×1년 11월 30일 현재 매출채권의 연령분석표를 작성했다.

	A	B	C	D	E	F	G
1				회수기일 경과일수			
2	고객	잔액	미경과	1-30	31-60	61-90	90초과
3	신상(주)	3,000	3,000				
4	미림(주)	4,500		4,500			
…							
21	델타기업	5,000			5,000		
22	소계	950,000	550,000	210,000	90,000	55,000	45,000

다음은 연령분석표를 작성하는 과정에서 누락된 자료이다.

인명계정	만기일	금액
플러스마트	7월 10일	₩12,000
동북프라자	9월 20일	8,000
승인(주)	10월 17일	17,000
우성(주)	11월 4일	10,000
자연나라	12월 31일	23,000

(1) 추가자료의 거래처별 매출채권 회수기간 경과일수를 계산하시오.
(2) 누락된 자료를 추가하여 연령분석표를 정확하게 작성하시오.

7-10 미양기업은 20×1년 12월 31일 회계기말에 결산정리를 하기 전 손실충당금 잔액이 ₩600 있다. 외상매출금 잔액에 대해 연령을 분석한 결과는 아래의 표와 같다.

기간	금액	채무불이행 발생확률
회수기간 미경과분	₩120,000	1%
1일~30일	12,000	3%
31일~60일	10,000	6%
61일~90일	5,000	12%
90일 이상	8,000	30%
합 계	₩155,000	

(1) 20×1년 12월 31일 외상매출금과 관련하여 손상차손을 인식하는 결산정리분개를 하시오.

(2) 결산정리 전 손실충당금 잔액이 ₩500일 경우 20×1년 12월 31일 손실충당금에 대한 결산정리분개를 하시오.

(3) 결산정리 전 손실충당금 잔액이 ₩5,500일 경우 20×1년 12월 31일 손실충당금에 대한 결산정리분개를 하시오.

7-11 미소기업은 과거의 경험에 의하여 4.5%의 매출채권이 회수불가능한 것으로 추정하고 있다. 다음의 계정과목은 20×1년 12월 31일과 20×2년 12월 31일 회계기말의 매출채권과 관련된 계정의 잔액이다.

	20×1년 12월 31일	20×2년 12월 31일
순외상매출액	₩400,000	₩500,000
외상매출금	80,000	100,000
손실충당금	3,600	?

(1) 20×2년에 다음과 같은 사건들에 대해 분개를 하시오.

8월 10일 외상매출금 ₩500이 거래처의 부도로 손상차손이 확정되다.

9월 12일 또 다른 거래처의 부도로 외상매출금 ₩3,000이 손상차손이 확정되다.

10월 10일 8월 10일에 손상처리했던 외상매출금 ₩500을 현금으로 회수하는 데 성공하다.

(2) 20×2년 12월 31일 손실충당금 설정과 관련된 결산정리분개를 하시오.

(3) 20×2년 12월 31일 손실충당금 잔액은 얼마인가?

7-12 (주)SHC는 상환청구불능조건으로 외상매출금 ₩2,000,000에 대한 모든 권리와 의무를 금융기관에 양도하고, 수수료 ₩50,000을 제외한 잔액을 현금으로 받아 당좌예금했다. 다음의 각 일자에 적절한 분개를 하시오.

(1) 외상매출금 양도일
(2) 금융기관에서 대금회수를 확인한 날

문제 B형

7-13 일성기업은 어음과 관련하여 다음과 같은 거래가 발생하였다. 각각의 거래를 분개하시오.

12월 1일 액면가 ₩12,000, 1년 만기, 10% 이자율의 약속어음을 발행받고, 현금 ₩12,000을 대여하다.
15일 액면가 ₩2,400, 60일 만기, 12% 이자율의 약속어음을 받고 상품을 매출하다.
31일 12월 1일과 12월 15일에 받은 어음에 대한 발생이자를 기록하다.

7-14 다음의 거래를 분개하시오.

8월 15일 ₩16,000의 외상매출금을 2%의 금융비용을 부담하고 채권에 대한 모든 권리와 의무를 금융기관에 양도하다.
25일 상품 ₩800을 매출하고 카드회사 발행의 신용카드로 결제를 받다. 이 카드에 대한 수수료는 4%이다.
28일 25일에 받은 카드매출전표를 신용카드사에 제출하여 현금을 받다.

7-15 다음의 거래를 분개하시오.

6월 1일 상품 ₩6,000을 판매하고 대금은 약속어음으로 받다.
11월 1일 상품 ₩7,000을 '2/10, n/30' 조건으로 외상판매하다.
11월 5일 11월 1일에 외상판매한 상품 중 불량품이 있어 ₩1,000의 상품을 반품해오다.
11월 9일 11월 1일에 판매한 상품에 대한 대금 전액을 현금으로 회수하다.
12월 31일 6월 1일에 받은 어음이 만기가 되어 어음과 교환으로 ₩6,000과 이자 ₩300을 받다.

7-16 민수기업의 당 회계연도 말 외상매출금 잔액은 ₩150,000이다. 다음의 물음에 답하시오.

(1) 손실충당금 대변 잔액이 ₩4,000이며, 기말외상매출금 잔액의 10%가 손상될 것으로 추정하는 경우 기말결산정리분개를 하시오.
(2) 손실충당금 대변 잔액이 ₩4,000이며, 기말외상매출금 잔액의 2%가 손상될 것으로 추정하는 경우 기말결산정리분개를 하시오.

7-17 동묘기업에서 발생한 다음의 거래를 분개하시오. 단, 손실충당금의 잔액은 충분하다고 가정한다.

1월 5일	상품 ₩1,000을 외상으로 매출하다.
4월 15일	상품 외상판매대금 ₩300을 현금으로 회수하다.
8월 21일	거래처의 파산으로 상품 외상판매대금 ₩700에 대해 손상차손이 확정되다.
10월 5일	8월 21일 손상차손이 확정되었던 금액 중 일부인 ₩350을 회수하는 데 성공하다.

7-18 그레이기업은 20×1년에 ₩400,000의 외상매출을 하였으며, 회계기말 손실충당금 대변 잔액은 ₩500이다. 20×1년 12월 31일 외상매출금 ₩120,000은 여전히 회수하지 못한 상태로 있다. 회계기말에 남아 있는 외상매출금에 대하여 손상차손을 추산한 결과 ₩4,800이 회수되지 않을 것으로 추산하고 있다. 20×2년 3월 4일 거래처 중의 한 곳에서 부도가 발생하여 외상매출금 ₩1,000에 대해 손상차손이 확정되었다.

(1) 20×1년 12월 31일 손상차손 추산과 관련하여 결산정리분개를 하시오.

(2) 20×1년 12월 31일 외상매출금과 관련하여 부분재무상태표를 작성하시오.

(3) 20×2년 3월 4일 손상차손처리를 하기 전에 외상매출금 잔액이 ₩160,000이고, 손실충당금 대변 잔액이 ₩3,000이었다고 가정하고 손상차손 확정에 대한 분개를 제시하고, 손상차손 확정 전과 후의 부분재무상태표를 작성하시오.

7-19 김회계는 신입사원으로 대학에서 회계학을 충실히 학습하지 않아 다음과 같은 분개를 하였다. 각각의 경우에 대해 거래에 대한 설명은 올바로 된 것이다. 잘못된 분개를 수정하는 분개를 하시오.

〈12월 17일〉

(차) 현 금 ········· 2,450
　　매 출 할 인 ········· 50
　　(대) 외상매출금 ········· 2,500
　　('2/10, n/30' 조건으로 12월 2일 상품을 외상판매한 대금회수)

〈12월 27일〉

(차) 현 금 ········· 1,000
　　(대) 손 상 차 손 ········· 1,000
　　(이전에 상각한 외상매출금의 회수)

〈12월 31일〉

(차) 손 상 차 손 ········· 1,200
　　(대) 손실충당금 ········· 1,200
　　(회계기말에 외상매출금 ₩600,000의 2%를 손상차손 추산)

7-20 20×1년 12월 31일 회계기말 현재 (주)HJC는 외상매출금에 대한 연령분석법을 이용하여 회수불능 외상매출금을 추정하고 있다. 기말에 (주)HJC에서 작성한 외상매출금에 대한 연령분석표는 다음과 같다. 단, 수정전의 손실충당금 잔액은 ₩1,800이다.

구분	경과기간	금액	채무불이행 발생확률
1	결제일 미경과	₩54,000	1%
2	1~30일	30,000	3%
3	31~60일	13,000	10%
4	61~90일	3,000	20%
5	91일 이상	5,000	50%
합 계		₩105,000	

(1) 위의 자료를 이용하여 회수불능채권의 금액을 계산하시오.

(2) 회계기말 손실충당금 설정에 대한 분개를 하시오.

(3) 20×2년 1월 20일 거래처의 파산으로 외상매출금 ₩2,000에 대해 손상차손이 확정됐다. 이를 분개하시오.

(4) 20×2년 7월 25일, 20×2년 1월 20일에 거래처의 파산으로 손상차손처리했던 ₩2,000을 현금으로 회수하는 데 성공하다. 이를 분개하시오.

7-21 (주)블랙야크는 최근 아웃도어 시장의 팽창으로 급성장하고 있으며, 다양한 아웃도어 상품을 판매하고 있다. 다음은 (주)블랙야크의 매출채권 담당직원이 20×1년 12월 31일 현재 매출채권의 연령분석표를 작성한 것이다.

	A	B	C	D	E	F	G	G
1								
2	고객	잔액	미경과	1-30	31-60	61-90	90-120	120초과
3	크랙	15,000	15,000					
4	알프스	5,500			5,500			
21	네파	2,900		2,900				
22	소계	850,000	422,850	247,250	103,850	33,300	25,000	18,150

다음은 연령분석표를 작성하는 과정에서 누락된 자료들이다.

인명계정	만기일	금액
AAA 스포츠	20×1년 6월 14일	₩2,850
불랙몬 파일	20×1년 8월 30일	1,200
해양 낚시	20×1년 9월 30일	1,800
필라스포츠	20×1년 10월 17일	600
동강스포츠	20×1년 11월 7일	950
설악(주)	20×1년 11월 28일	2,200
K2	20×1년 12월 1일	2,250
자연나라	20×2년 6월 6일	6,550

(주)블랙야크는 과거 매출채권에 대한 연령별 분석을 통해 경과일수별 채무불이행 발생확률을 다음과 같이 정하고 있다.

연령별	채무불이행 발생확률
미경과	2%
1~30일	5
31~60일	10
61~90일	25
91~120일	45
120일 초과	90

(1) 추가자료의 거래처별 매출채권 회수기간 경과일수를 계산하시오.
(2) 누락된 자료를 추가하여 연령분석표를 정확하게 작성하시오.
(3) 연령분석표를 이용하여 손실충당금 설정액을 추정하시오.
(4) (주)블랙야크의 결산정리 전 손실충당금 잔액은 ₩13,700이다. 20×1년 12월 31일 손실충당금에 대한 결산정리분개를 하시오.

7-22 다음의 거래를 분개하시오.

(1) 비품 ₩600,000을 취득원가에 매각하고, 대금은 3개월 만기의 약속어음으로 받다.
(2) 어음의 만기가 되어 위의 비품 매각대금에 대한 어음을 현금으로 회수하다.
(3) 트럭 1대를 ₩1,000,000에 취득하고, 대금은 3개월 만기의 약속어음을 발행해주다.
(4) 위의 어음에 대한 만기가 도래하여 어음과 교환으로 ₩1,000,000의 수표를 발행해주다.
(5) 거래처에서 당좌예금에 ₩600,000의 입금이 있었으나, 지금으로서는 그 이유를 알 수 없다.
(6) 위의 입금이 상품의 외상대금의 결제인 것으로 거래처에서 연락이 오다.
(7) 종업원이 출장을 가게 되어 출장비 ₩100,000을 개략적으로 계산하여 수표를 발행해주다.
(8) 출장 갔던 종업원이 돌아와 여비 사용영수증 ₩80,000과 현금 ₩20,000을 반환하다.
(9) 종업원의 급여 중 일부인 ₩200,000을 수표를 발행하여 선급하다.
(10) 종업원 급여지급일에 총급여 ₩800,000 중에서 선급액 ₩200,000, 근로소득세 ₩60,000, 건강보험료 ₩15,000을 차감한 잔액을 현금으로 지급하다.
(11) 위의 예수금을 각각 세무서와 건강보험공단에 현금으로 납부하다.

7-23 만기까지 3개월이 남아 있는 매출채권을 금융기관에 상환청구가능조건으로 양도하고, 현금을 조달하였다. 다음 각 경우에 분개를 하시오.

(1) 외상매출금 양도 ₩500,000, 수수료는 양도금액의 5%
(2) 받을어음의 양도 ₩1,000,000, 수수료는 양도금액의 4%

7-24 소형 출판사인 경영출판사는 학교의 구내서점에 교재를 납품하고 있다. 그런데 구내서점들 중에서 재무서점과 곤경서점이 재무적 곤경에 처하여 이들에 대한 매출채권을 손상차손으로 처리했다. 이러한 손상차손처리에 대한 사실을 재무서점과 곤경서점에 통보하지 않았다. 경영출판사는 재무서점과 곤경서점에 단순히 청구서를 보내지 않았다. 손상차손처리 후 거의 1년이 지나서 재무서점에 새로운 투자자가 자금을 투자하게 되어 자금사정이 호전되었을 뿐만 아니라 정상적인 영업을 하게 되었다. 이러한 사정을 확인한 경영출판사는 즉시 재무서점에 대해 상각했던 매출채권계정을 회복시키고 그간의 이자를 포함한 청구서를 보냈다. 그러나 곤경서점은 여전히 영업을 하고 있으나 아무런 조치를 취하지 않았다.

경영출판사가 곤경서점에 대해서는 아무런 조치를 취하지 않고 재무서점에 대해서만 매출채권을 회복시키는 것이 윤리적으로 행동한 것인가를 설명하시오.

chapter

8

금융자산(Ⅱ) : 증권형 금융자산

학습목표

8-1 증권형 금융자산의 의의와 분류
8-2 증권형 금융자산의 측정과 기록
8-3 관계기업투자주식의 회계처리

Financial Assets(Ⅱ): Financial Instruments

	금융자산의 종류	금융자산의 분류 및 표시	분류기준	계정 분류	최초 인식	보 유		처 분
					최초 인식가치	후속측정	평가손익	처분손익
증권형 금융자산	채무상품 (채권)	상각후원가측정금융자산	원리금 수취 목적	비유동자산–투자자산	매입가격 +거래원가	상각후원가	없음	당기손익
		기타포괄손익–공정가치측정 금융자산	원리금 수취 및 매도 (장기보유)			공정가치	기타포괄손익 (처분시 당기손익으로 재순환)	당기손익
		당기손익–공정가치측정 금융자산	원리금 수취 및 매도 (단기매매)	유동자산–당좌자산	매입가격 (거래원가는 당기비용 처리)	공정가치	당기손익	당기손익
	지분상품 (주식)	당기손익–공정가치측정 금융자산	매도 (단기매매)	유동자산–당좌자산	매입가격 (거래원가는 당기비용 처리)	공정가치	당기손익	당기손익
		기타포괄손익–공정가치측정 금융자산	매도 (장기보유)	비유동자산–투자자산	매입가격 +거래원가	공정가치	기타포괄손익 (처분시 당기손익으로 재순환하지 않음)	당기손익
		관계기업투자주식	유의적인 영향력		매입가격 +거래원가	지분법	당기손익 혹은 기타포괄손익	당기손익

증권형 금융자산의 의의와 분류

1. 금융자산

K-IFRS 제1032호(금융상품 : 표시)에서는 금융상품(金融商品, financial instruments)에 대해 "한쪽 거래당사자에게 금융자산(financial assets)을 발생시키면서 다른 거래상대방에게 금융부채(financial liabilities)나 지분상품(equity instruments)을 발생시키는 계약"으로 정의하고 있다. 즉, 금융상품은 양면성을 지니는데, 한 거래당사자에게는 금융자산(권리)을 발생시키면서, 거래상대방에게는 금융부채(의무)나 지분상품(자본)을 발생시킨다. 한편, K-IFRS 제1039호(금융상품 : 인식과 측정)에서는 금융자산을 ① 현금, ② 다른 기업의 지분상품, ③ 거래상대방에게서 금융자산을 수취할 계약상 권리, ④ 기업 자신의 지분상품으로 구분하고 있다. 이 중 ①에 대해서는 제6장에서 설명했으며, ③에서 수취채권에 대한 것은 이미 제7장에서 설명했다. 본장에서 다루는 금융자산은 ②에 속하는 지분투자와 ④에 속하는 채권투자 중 증권형 금융자산에 대한 것이다.

증권형 금융자산이란 주식이나 채권과 같이 유가증권 형태를 갖고 있는 금융자산이다. 유가증권(securities)은 사법상의 재산권을 나타내는 증권으로서 권리의 발생 · 행사 · 이전을 원활히 하고 안전하게 하는 데에 필요한 증권을 말한

♠ K-IFRS 1039호(금융상품 : 인식과 측정) 금융자산의 정의

금융자산의 정의는 다음과 같다.

(1) 현금
(2) 다른 기업의 지분상품
(3) 다음 중 하나에 해당하는 계약상 권리
  ① 거래상대방에게서 현금 등 금융자산을 수취할 계약상 권리
  ② 잠재적으로 유리한 조건으로 거래상대방과 금융자산이나 금융부채를 교환하기로 한 계약상 권리
(4) 기업 자신의 지분상품으로 결제하거나 결제할 수 있는 다음 중 하나의 계약
  ① 수취할 자기지분상품의 수량이 확정되지 않은 비파생상품
  ② 확정수량의 자기지분상품에 대하여 확정금액의 현금 등 금융자산을 교환하여 결제하는 방법이 아닌 방법으로 결제되거나 결제될 수 있는 파생상품. 이 경우에 자기지분상품을 미래에 수취하거나 인도하기 위한 계약 자체는 자기지분상품에 해당하지 않는다.

다. 상법에서는 수표나 어음 등도 유가증권으로 인정하지만 회계에서는 경제적 실질을 더 중시하여 이들을 현금이나 받을어음 등으로 분류하고 유가증권으로 분류하지는 않는다.

회계에서 유가증권으로 분류할 수 있는 증권은 적절한 액면금액단위로 분할되고 시장에서 거래되거나 투자의 대상이 되는 것을 의미한다. 이러한 유가증권은 크게 채무증권과 지분증권으로 분류된다.

채무증권은 금전을 청구할 수 있는 권리를 표시하는 유가증권을 말한다.

채무증권(債務證券, debt securities)은 발행자에 대하여 금전을 청구할 수 있는 권리를 표시하는 유가증권을 말하는데, 이는 국채, 공채, 사채(전환사채 포함), 자산유동화채권 등으로 구분할 수 있다. 국채와 공채는 정부, 지방자치단체, 특별법으로 설립된 법인이 발행하며, 사채(社債, bond)는 주식회사가 상법의 규정에 의하여 발행하며, 자산유동화채권은 자산유동화회사가 발행한 채권이다.

지분증권은 회사의 순자산에 대한 소유지분을 나타내는 유가증권을 말한다.

지분증권(持分證券, equity securities)은 회사, 조합 또는 기금 등의 순자산에 대한 소유지분을 나타내는 유가증권으로서 일정금액으로 소유지분을 취득할 수 있는 권리 또는 소유지분을 처분할 수 있는 권리를 나타내는 유가증권이다.

2. 증권형 금융자산의 회계상 분류

K-IFRS 제1109호(금융상품)에서는 취득한 금융자산을 상각후원가, 기타포괄손익-공정가치, 그리고 당기손익-공정가치로 측정 분류하도록 하고 있다. 이 분류는 금융자산의 관리를 위한 사업모형(계약상 정해진 원금과 이자를 수취할 목적으로 금융자산을 보유하거나 혹은 경우에 따라서는 원리금을 수취하는 가운데 특정시점에 매도할 목적으로 금융자산을 보유하는 것)과 계약상 현금흐름 특성(금융자산으로 인한 현금흐름이 원리금만 발생하는 경우와 기타 현금흐름이 발생하는 경우)에 따라 분류한다. 일반기업회계기준에서는 이들 금융자산을 재무제표에 표시할 때 단기매매금융자산, 매도가능금융자산, 만기보유금융자산으로 표시한다.

증권형 금융자산은 현금흐름 특성과 기업의 사업모형에 따라 다르게 분류되며 이에 대한 회계처리도 다르게 이루어진다. 증권형 금융자산은 보유형태에 따라 재무상태표에 유동자산과 비유동자산으로 구분되어 기록된다. 대개 이들의 계정 성격이 다르기 때문에 장을 달리하여 설명하나, 본서에서는 증권형 금융자산에 대한 이해를 높이기 위해 본장에서 함께 설명한다.

♠ 일반기업회계기준에서 금융자산의 재무상태표 표시

단기매매증권(trading securities)은 단기적 이익획득을 위하여 단기간 내에 매각할 목적으로 취득한 주식 및 채권을 말한다. 단기매매증권은 재무상태표의 유동자산에 기록한다.

만기보유증권(held-to-maturity securities)은 만기가 고정되어 있고 지급금액이 확정되었거나 확정될 수 있는 채무증권을 만기까지 보유할 적극적인 의도와 능력이 있는 증권이다. 만기보유증권은 재무상태표의 비유동자산에 기록한다.

매도가능증권(available-for-sale securities)은 단기매매증권이나 만기보유증권으로 분류되지 아니한 유가증권은 매도가능증권으로 분류한다. 매도가능증권은 공정가치로 평가한다. 다만, 매도가능증권 중 시장성이 없는 지분증권의 공정가치를 신뢰성 있게 측정할 수 없는 경우에는 취득원가로 평가한다.

금융자산의 실무상 표시

삼성전자 정기공시 (2024년)

	2024년 6월말	2023년 12월말	2022년 12월말
[유동자산]	217,858,103	195,936,557	218,470,581
· 현금및현금성자산	49,844,405	69,080,893	49,680,710
· 단기금융상품	50,921,350	22,690,924	65,102,886
· 기타유동금융자산	29,758	635,393	443,690
· 매출채권	43,660,885	36,647,393	35,721,563
· 재고자산	55,566,613	51,625,874	52,187,866
· 기타	17,835,092	15,256,080	15,333,866
[비유동자산]	267,899,595	259,969,423	229,953,926
· 기타비유동금융자산	10,562,120	8,912,691	12,802,480
· 관계기업 및 공동기업 투자	12,176,730	11,767,444	10,893,869
· 유형자산	194,449,826	187,256,262	168,045,388
· 무형자산	23,623,280	22,741,862	20,217,754
· 기타	27,087,639	29,291,164	17,994,435

증권형 금융자산의 측정과 기록

1. 당기손익-공정가치측정금융자산

당기손익-공정가치측정 금융자산은 공정가치 평가에서 발생하는 평가손익을 당기손익으로 인식하는 금융자산을 말한다.

당기손익-공정가치측정금융자산(financial assets measured at fair value through profit or loss, FVPL금융자산)은 금융자산의 취득 이후의 가치 측정(후속측정)에서 발생하는 평가손익을 당기손익으로 인식하는 금융자산을 말한다. 당기손익-공정가치측정금융자산은 세분해서 단기매매금융자산과 당기손익-공정가치선택권으로 지정한 금융자산으로 구분한다. 단기매매금융자산(financial assets held for trading)은 ① 단기간에 매각하거나 재매입할 목적으로 취득한 금융자산이나, ② 공동으로 관리하는 특정 금융상품 포트폴리오의 일부로 운영형태가 단기적 이익획득 목적으로 거래가 있었던 금융자산 그리고 ③ 파생상품 등을 의미한다. 서로 다른 기준에 따라 자산을 측정하거나 그에 따른 손익을 인식하는 경우에 측정이나 인식의 불일치('회계불일치'라고 함)가 발생할 수 있다. 이 불일치를 제거하거나 유의적으로 줄일 수 있다면 상각후원가 또는 기타포괄손익-공정가치측정금융자산을 당기손익-공정가치측정금융자산으로 지정할 수 있다. 이를 당기손익-공정가치선택권(fair value option)이라고 한다.

당기손익-공정가치측정금융자산의 취득

당기손익-공정가치측정금융자산(FVPL금융자산)과 관련된 회계처리는 크게 당기손익-공정가치측정금융자산의 취득, 보유 그리고 처분시점에 이루어진다. 당기손익-공정가치측정금융자산의 취득원가는 증권의 매입가격을 최초 취득원가로 기록하고, 구입과 관련하여 지출이 이루어진 거래원가(부대비용)는 수수료비용으로 처리하여 당기손익에 반영한다.

취득원가 = 매입가격

여기서 매입가격이란 당기손익-공정가치측정금융자산의 취득을 위해 기업이 제공한 대가의 시장가격, 즉 공정가치를 의미한다. 한편 거래원가는 증권의 구입과 관련하여 발생한 부대비용으로서 대리인(판매대리인 역할을 하는 종업원을 포함), 고문, 중개인 및 판매자에게 지급하는 수수료와 중개수수료, 감독기관과 거래소의 부과금 및 양도세 등이 포함된다.

[예제 8-1]은 당기손익-공정가치측정금융자산의 취득에 대한 회계처리의 예를 보여준다.

예제 8-1 당기손익-공정가치측정금융자산(FVPL금융자산)의 취득

(주)솔샘전자는 20×1년 1월 2일에 여유자금의 운용목적으로 다음과 같은 주식을 현금으로 구입하였다. 주식거래내역은 다음과 같다.

일 자	취득주식수	주당가격	총부대비용
20×1년 1월 2일	(주)에이텍 주식100주	₩1,100	₩110
20×1년 1월 2일	(주)아이온 주식 50주	1,200	60

(주)솔샘전자는 이 주식들의 빈번한 매매를 통해 단기매매이익을 얻고자 한다. 이 주식취득에 대한 거래를 분개하시오.

풀이

계정	차변	대변
당기손익-공정가치측정금융자산(FVPL금융자산) ······	170,000*	
수수료비용 ······	170	
현금 ······		170,170

* (100주 × ₩1,100) + (50주 × ₩1,200) = ₩170,000

당기손익-공정가치측정금융자산의 보유

당기손익-공정가치측정금융자산을 보유하고 있는 가운데 증권의 발행회사가 배당을 실시하면 어떻게 회계처리해야 할까? 또는 당기손익-공정가치측정금융자산을 보유하고 있는 상황에서 결산을 맞게 되면 재무상태표에 당기손익-공정가치측정금융자산의 가치를 어떻게 기록해야 할까? 다음은 이들 사건에 대해서 설명한다.

배당수익

기업들은 결산일 현재의 주주들에게 배당금을 지급하는데, 만일 지분증권을 보유하고 있는 가운데 발행회사의 결산일을 맞는다면 기업은 발행회사로부터 배당금을 받게 된다. 이 경우 배당수익에 대한 인식은 주주로서 배당을 받을 권리가 확정된 시점에 인식하게 된다. 따라서 지분증권을 보유한 회사는 지분증권의 발행회사가 배당을 결의한 날에 배당수익을 인식하는 회계처리를 하게 된다.

분개장			
일 자	계 정	차 변	대 변
증권보유회사 : 현금배당 결의가 이루어진 날			
	미수배당금	×××	
	배당수익		×××

배당수익은 투자에 따라 발생한 수익으로서 영업외수익으로 기록한다. 그리고 추후 배당선언내용에 따른 현금을 수취하게 되면 수취채권인 미수배당금을 현금으로 회수한 사실을 다음과 같이 분개한다.

분개장			
일 자	계 정	차 변	대 변
증권보유회사 : 배당금 지급이 이루어진 날			
	현금	×××	
	미수배당금		×××

예제 8-2 당기손익-공정가치측정금융자산의 배당수익 인식

20×1년 1월 15일에 (주)에이텍은 주당 ₩55의 배당금을 지급할 것을 주주총회에서 결의하고 이에 대한 배당지급을 선언하였다. 배당금지급일은 20×1년 1월 22일이며 (주)솔샘전자는 (주)에이텍 주식 100주를 보유하고 있다. 배당금 수령과 관련된 분개를 하시오.

풀이

① 배당결의일(20×1년 1월 15일)

	차변	대변
미수배당금 ······	5,500*	
배당수익 ······		5,500

* (100주 × ₩55) = ₩5,500

② 배당금지급일(20×1년 1월 22일)

	차변	대변
현금 ······	5,500	
미수배당금 ······		5,500

당기손익-공정가치측정금융자산의 공정가치 평가

공정가치는 합리적인 판단력과 거래의사가 있는 독립된 당사자 사이의 거래에서 자산이 교환될 수 있는 금액을 말한다.

당기손익-공정가치측정금융자산의 보유중에 기말을 맞게 되면 보유중인 당기손익-공정가치측정금융자산은 기말시점의 공정가치(公正價値, fair market value)로 평가하여 새로운 장부가치로 기록한다. 여기서 공정가치란 거래의사가 있는 판매자와 구매자 사이의 정상적인 거래(arm's length transaction)에서 합의된 가격을 말하는 것으로서 한국거래소나 코스닥시장과 같은 활성거래시장의 공시가격이 곧 공정가치가 된다. 따라서 이들에 대해서는 결산일의 시장가격(폐장시점의 종가)을 파악하여 재무상태표에 기록하면 되며, 만일 결산일이 공휴일인 경우에는 직전거래일

♠ 공정가치와 공정가치선택권

공정가치(fair value) 현행 회계에서는 공정가치로 많은 금융자산과 금융부채를 측정하고 있으며 유형자산 및 무형자산 등 비재무적 자산의 가치가 손상되었는지를 판단할 때에도 공정가치를 사용한다. 이들에 대한 측정 특성의 복잡성과 중요성이 증가함에 따라 K-IFRS 제1113호(공정가치 측정)에서는 자산과 부채에 대한 '공정가치 측정'에 대해 규정하고 있다. K-IFRS 제1113호에서 공정가치는 "측정일로부터 시장참여자들 사이의 정상거래에서 자산을 매도할 때 받거나 부채를 이전할 때 지급하게 될 가격"으로 정의한다. 이 정의의 핵심적인 측면은 시장참여자들의 관점에 초점을 맞춘다는 것이다. 예를 들어, 기업이 사용하기 위해서가 아니라 경쟁업체가 이를 사용하지 못하도록 하기 위해서 경쟁자의 특허를 매입하는 경우, 시장참여자가 그 특허를 사용함에 있어 가치를 발견할 수 있기 때문에 회사는 자산에 가치를 부여해야 한다. 왜냐하면 비금융자산의 공정가치 측정에 있어서는 시장참여자가 경제적 효익을 창출하기 위해서 그 자산을 가장 효율적으로 사용할 것이라는 가정에 근거하여 측정하기 때문이다. 이를 최고 최선의 사용(highest and best use)이라고 한다.

공정가치를 시장에서 직접 입수할 수 없는 경우에는 가치평가기법(valuation techniques)을 사용할 수 있다. 일반적으로 많이 이용되는 가치평가기법에는 시장접근법(market approach), 이익접근법(income approach), 원가접근법(cost approach)이 있다. 시장접근법은 시장정보에 기초한 가치평가를 한다. 예를 들어, 활발하게 거래되지 않는 회사 주식의 가치는 그 회사의 수익에 유사한 회사의 P/E(주가/수익)배수를 곱해서 추정할 수 있다. 이익접근법은 우선 미래의 금액(예 : 소득이나 현금흐름)을 추정한 다음 수학적으로 그 금액을 단일 현재가치로 변환하여 공정가치를 추정한다. 원가접근법은 비슷한 품질과 조건을 가진 자산을 사거나 건설하는 데 필요한 금액을 추산함으로써 가치를 결정하는 방법이다. 기업은 정보의 활용가능성에 따라 이러한 평가접근법을 1개 이상 사용할 수 있으며, 상황의 변화가 가치평가기법의 변경을 필요로 하지 않는 한 일관되게 적용해야 한다.

이 정의를 적용할 때 일관성과 비교가능성을 높이기 위해, K-IFRS 제1113호에서는 공정가치를 측정하기 위하여 사용하는 가치평가기법에의 투입변수를 3수준으로 분류하는 공정가치 서열체계를 정하고 있다. 공정가치 서열체계는 동일한 자산이나 부채에 대한 활성시장의 (조정하지 않은) 공시가격(수준 1 투입변수)에 가장 높은 순위를 부여하며 관측할 수 없는 투입변수(수준 3 투입변수)에 가장 낮은 순위를 부여한다. 기업들은 또한 그들의 공정가치 측정 사용에 대한 상세한 정보를 제공해야 한다. 그 공시는 공정가치를 측정하기 위해 사용된 입력정보를 포함하고 있다. 유의적이지만 관측할 수 없는 투입변수(수준 3)를 사용하여 반복적으로 공정가치를 측정하는 경우에, 기업은 해당기간 중 그러한 측정치가 당기손익이나 기타포괄손익에 미친 영향을 공시해야 한다.

공정가치 서열체계

수 준	투입변수	예
1 가장 바람직함	활성시장의 공시가격(quoted prices)을 자산과 부채에 그대로 사용하는 투입변수를 말한다.	당기손익-공정가치측정금융자산은 공정가치로 보고된다. 이 경우에 공정가치는 KOSPI, KOSDAQ, 혹은 증권에 대한 기타 거래소의 공시가격을 이용하여 측정한다.
2	공시가격이 이용가능하지 않을 때 사용할 수 있는 시장변수로서 직접적 또는 간접적으로 관측가능한 투입변수(observable inputs)이다.	회사가 현금이 아닌 다른 자산으로 자산을 취득하는 경우에 거래의 각 요소는 공정가치로 기록된다. 예를 들어, 건물을 취득하는 경우에 최근 거래가 이루어진 건물에 대한 비슷한 시장가격을 사용하여 건물을 평가할 수 있으며, 최근에 거래된 유사한 건물이 없는 경우에는 관측가능한 시장자료를 이용하여 평가할 수 있다.
3 가장 바람직하 지 않음	평가대상항목에 대한 관측 불가능한 투입변수(unobservable inputs)이다.	특정한 금융상품에 대한 시장정보가 이용 불가능한 경우 가치평가를 위해 기업 자체의 자료를 이용하여 개발된 재무예측을 사용하는 것은 수준 3 투입변수에 해당된다. 수준 3은 서열체계에서 가장 하위에 있는 변수로서 측정오류를 줄이기 위해서는 그 사용이 최소화되는 것이 바람직하다.

IFRS하에서 공정가치 측정 속성의 사용이 증가하고 있다. 하지만 이런 추세는 논란의 여지가 있다. 공정가치의 지지자들은 그 타당성을 언급하며, 역사적 원가 정보가 많은 유형의 결정에 유용하지 않을 수 있다고 확신한다. 공정가치 추정에 반대하는 사람들은 특히 공정가치 수준 3의 투입변수에 기초할 경우 표현충실성이 결여될 수 있으며, 관리자는 이익관리를 위해 이러한 투입변수의 불확실성을 악용하려는 유혹을 받을 수 있음을 지적한다. 따라서 그들은 회계가 거래에서 실제로 실현되었거나 실질적으로 존재할 것이 확실한 이익 및 기타 공정가치의 증가만을 인식함으로써 검증가능성을 강조해야 한다고 주장한다.

공정가치선택권(fair value option) 대개 특정 재무제표 항목에 대해 사용하는 측정 속성은 선택의 대상이 아니다. 그러나 GAAP는 일부 상황(회계불일치가 발생하는 상황)에서는 기업이 공정가치로 금융자산 및 부채를 보고할지 여부를 선택할 수 있도록 허용하고 있는데 이를 '공정가치선택권'이라고 한다. 회계불일치(accounting mismatch)란 서로 다른 기준으로 자산이나 부채를 측정하거나 그에 따른 손익을 인식함으로써 발생할 수 있는 인식이나 측정상의 불일치를 말한다. 예를 들어, 금융부채인 사채를 발행하여 조달한 자금으로 금융자산인 당기손익-공정가치측정금융자산(FVPL금융자산)에 투자한 경우, 당기손익-공정가치측정금융자산의 공정가치 변동을 당기손익으로 인식하나 상각후원가측정금융부채(AC금융부채)로 분류된 사채는 공정가치 변동을 인식하지 않는다. 이 경우에 인식과 측정의 불일치(회계불일치)가 나타날 수 있다. 이에 해당 금융자산과 금융부채를 모두 당기손익-공정가치측정금융자산 항목으로 분류하면 재무제표가 더 목적적합한 정보를 제공할 수 있다. 공정가치선택권은 복잡한 헤지 회계기준을 준수하지 않고도 보고된 이익의 변동성을 완화할 수 있는 방법을 기업에 제공한다.

의 종가로 하면 된다.

당기손익-공정가치측정금융자산을 공정가치로 평가할 경우 기말의 공정가치가 장부가치보다 증가한 경우에는 증가한 금액을 당기손익-공정가치측정금융자산계정 차변에 가산하고, 동액을 당기손익-공정가치측정금융자산평가이익계정 대변에 기록한다. 반면, 공정가치가 장부가치보다 감소한 경우에는 감소한 금액을 당기손익-공정가치측정금융자산계정 대변에 기록하고 동액을 당기손익-공정가치측정금융자산평가손실로 기록한다. 당기손익-공정가치측정금융자산평가손익은 당기손익으로 인식하며 영업외손익 항목으로 기록한다. 이들에 대한 회계처리는 다음과 같다.

분개장			
일 자	계 정	차 변	대 변
증가액 : 장부가치<공정가치			
	당기손익-공정가치측정금융자산	×××	
	당기손익-공정가치측정금융자산평가이익		×××

분개장			
일 자	계 정	차 변	대 변
	감소액 : 장부가치 > 공정가치		
	당기손익-공정가치측정금융자산평가손실	×××	
	당기손익-공정가치측정금융자산		×××

[예제 8-3]은 당기손익-공정가치측정금융자산의 공정가치 평가에 대한 회계처리 예이다.

예제 8-3 당기손익-공정가치측정금융자산의 공정가치 평가

20×1년 1월 31일에 (주)솔샘전자의 현재 보유중인 당기손익-공정가치측정금융자산에 관한 자료는 다음과 같다. 결산정리분개를 하시오.

주 식	장부가치	공정가치	평가이익(손실)
(주)에이텍	₩110,000	₩114,900	₩4,900
(주)아이온	60,000	58,150	(1,850)
합 계	₩170,000	₩173,050	₩3,050

풀이

① 20×1년 1월 31일 : 개별기록

	차변	대변
당기손익-공정가치측정금융자산	3,050	
당기손익-공정가치측정금융자산평가손실	1,850	
당기손익-공정가치측정금융자산평가이익		4,900

② 20×1년 1월 31일 : 통합기록

	차변	대변
당기손익-공정가치측정금융자산	3,050	
당기손익-공정가치측정금융자산평가이익		3,050

* 여러 종류의 주식으로 구성된 포트폴리오를 보유하고 있는 경우 각 증권의 평가손익을 통합하여 단일금액으로 기록할 수 있다.

당기손익-공정가치측정금융자산의 제거

당기손익-공정가치측정금융자산을 처분하면 당기손익-공정가치측정금융자산의 처분가치와 처분시점의 장부가치 간의 차이를 당기손익-공정가치측정금융자산처분이익(혹은 당기손익-공정가치측정금융자산처분손실)으로 인식한다. 즉, 당기손익-공정가치측정금융자산의 처분가액이 장부가치보다 크면 그 차액은 당기손익-공정가치측정금융자산처분이익계정에 기록되며 영업외수익으로 보고한다. 반면 당기손익-공정가치측정금융자산의 처분가액이 장부가치보다 작으면 그 차액은 당기손익-공정가치측정금융자산처분손실계정에 기록되며 영업외비용으로 보고한다.

[예제 8-4]는 당기손익-공정가치측정금융자산의 처분에 대한 회계처리 예이다.

예제 8-4 당기손익-공정가치측정금융자산의 처분

20×1년 2월 6일 (주)솔샘전자는 당기손익-공정가치측정금융자산으로 회계처리하고 있는 (주)에이텍 주식 100주를 주당 ₩1,200에 처분하고 ₩120,000을 현금으로 받았다. (주)에이텍 주식처분과 관련된 분개를 하시오. 처분시 (주)에이텍 주식의 장부가치는 ₩114,900이었다.

풀이

20×1년 2월 6일

계정	차변	대변
현금	120,000	
당기손익-공정가치측정금융자산		114,900
당기손익-공정가치측정금융자산처분이익		5,100

* (₩1,200 − ₩1,149) × 100주 = ₩5,100

2. 기타포괄손익-공정가치측정금융자산

기업이 채무상품에 투자해 취득한 증권으로 당기손익-공정가치측정금융자산이나 상각후원가측정금융자산으로 분류되지 않은 경우 또는 지분상품에 대한 투자가 단기매매항목이 아닌 경우 최초 인식시점에 기타포괄손익-공정가치측정금융자산(financial assets measured at fair value through other comprehensive income, FVOCI 금융자산)으로 분류한다. 기타포괄손익-공정가치측정금융자산의 회계처리 문제는 기타포괄손익-공정가치측정금융자산의 취득, 보유기간중의 투자수익, 회계기말의 평가 그리고 처분 등을 들 수 있다.

기타포괄손익-공정가치측정금융자산의 취득

기타포괄손익-공정가치측정금융자산을 취득한 경우에도 일반적인 자산의 취득원가 결정에 대한 일반원칙이 적용된다. 즉, 기타포괄손익-공정가치측정금융자산의 순수한 매입가격과 매입할 때 부수되는 거래원가(부대비용)를 합한 금액을 취득원가로 한다.

취득원가 = 매입가격 + 거래원가

따라서 기타포괄손익-공정가치측정금융자산을 현금으로 취득할 때 기타포괄손익-공정가치측정금융자산의 가격과 취득 거래원가를 합하여 기타포괄손익-공정가치측정금융자산계정의 차변에 기록하고 현금유출액을 현금계정의 대변에 기록한다. 즉, 기타포괄손익-공정가치측정금융자산을 현금으로 취득한 경우 다음과 같은 분개가 이루어진다.

분개장			
일 자	계 정	차 변	대 변
	기타포괄손익-공정가치측정금융자산 　　현금	×××	 ×××

[예제 8-5]는 기타포괄손익-공정가치측정금융자산 취득에 대한 회계처리를 보여주고 있다.

예제 8-5　기타포괄손익-공정가치측정금융자산의 취득

20×1년 9월 1일 (주)솔샘전자는 장기투자목적으로 주당 액면가 ₩5,000인 (주)아바텍의 주식 100주를 주당 ₩7,600에 매입하였으며, 수수료 ₩4,000을 현금으로 지급하였다. 주식취득에 대한 분개를 하시오.

풀이

계정	차변	대변
기타포괄손익-공정가치측정금융자산 ························	764,000	
현금 ··		764,000

* (100주 × ₩7,600) + ₩4,000 = ₩764,000

** 1주당 가격 = ₩764,000 ÷ 100주 = ₩7,640

기타포괄손익-공정가치측정금융자산의 보유

배당과 이자수익

기타포괄손익-공정가치측정금융자산을 보유하고 있는 동안에 주식에 대한 배당을 받거나 채권에 대한 이자를 받았을 경우에는 이를 각각 당기의 배당금수익과 이자수익으로 처리하여 손익계산서상에 영업외수익으로 보고한다. 배당금수익은 배당이 선언되었을 때 수익으로 인식할 수 있으나 일반적으로 배당금을 수령했을 때 수익으로 인식하고 있다. 이자수익은 이자가 발생했을 때 인식하므로 주로 결산수정분개시나 이자수익을 받을 때 인식하게 된다. 배당금(혹은 이자)을 수령한 경우의 분개는 다음과 같다.

분개장			
일 자	계 정	차 변	대 변
	현금	×××	
	배당금(이자)수익		×××

[예제 8-6]은 배당금수익에 대한 회계처리를 보여준다.

예제 8-6 기타포괄손익-공정가치측정금융자산의 배당수익 인식

20×1년 12월 10일 (주)솔샘전자는 (주)아바텍으로부터 주당 ₩500의 현금배당을 받았다. 배당금 수령에 대한 분개를 하시오.

풀이

20×1년 12월 10일

현금	50,000	
배당금수익		50,000

* (100주×₩500)=₩50,000

기타포괄손익-공정가치측정금융자산이 채무증권으로 구성되어 있는 경우에는 배당금수익 대신에 이자수익으로 회계처리하면 된다.

기타포괄손익-공정가치측정금융자산의 공정가치 평가

기타포괄손익-공정가치측정금융자산을 취득하여 보유하고 있는 동안 회계기말이 되면 재무상태표에 이를 얼마의 금액으로 보고할지, 즉 새로운 장부가치를 결정해야 한다. 이때 보유하고 있는 기타포괄손익-공정가치측정금융자산에 대한 공정가치를 알 수 있는 경우에는 그 공정가치를 재무상태표에 새로운 장부가치로 보고한다. 그러나 비상장기업의 주식과 같이 회계기말에 공정가치를 알 수 없는 경우에는 가치평가기법을 사용하여 공정가치를 결정한다. 가치평가기법을 사용하는 목적은 독립된 당사자 사이의 정상적인 거래에서 형성된 거래가격을 추정하는 것이다.

기타포괄손익-공정가치측정금융자산의 기말결산시점에서 공정가치를 알 수 있는 주식의 경우에는 기말결산정리를 하기 전의 장부가치와 공정가치를 비교하여 그 차액을 기타포괄손익-공정가치측정금융자산평가손익으로 인식한다. 당기손익-공정가치측정금융자산평가손익은 보고기간 말로부터 짧은 시간 내에 현금화될 수 있는 이익이라는 점에서 당기손익으로 인식한다. 반면, 상대적으로 장기간 보유할 목적으로 취득한 기타포괄손익-공정가치측정금융자산의 경우 어떤 보고기간 말에는 그 공정가치가 증가하여 평가이익이 발생할 수도 있지만, 그 후속 보고기간 말에는 공정가치가 감소하여 오히려 평가손실이 발생할 가능성도 존재한다. 이 경우 보유기간 전체로 볼 때 한 보고기간의 평가이익은 다음 보고기간의 평가손실에 의하여 전부 또는 일부가 상계되므로 특정 보고기간 말에 평가한 이익이 그 금액만큼의 현금유입으로 실현될 것으로 간주하기 어렵게 된다. 따라서 기타포괄손익-공정가치측정금융자산평가손익은 재무상태표의 자본에 속하는 기타포괄손익누계액 중 일부로 누적시키며, 이는 손익계산서의 당기순이익을 결정할 때에는 포함되지 않고, 포괄손익계산서의 총포괄손익을 계산할 때 반영한다. 반면, 보유하고 있는 기타포괄손익-공정가치측정금융자산이 비상장기업의 주식 등이어서 공정가치를 알 수 없는 경우라면 재무상태표에 취득원가를 그대로 유지하게 된다.

예를 들어 회계기말에 결산을 하는 과정에서 기타포괄손익-공정가치측정금융자산의 공정가치가 직전 연도의 장부가치보다 높아진 것을 발견한 경우에는 그 차액을 기타포괄손익-공정가치측정금융자산평가이익계정의 대변에 기재하고, 동액을 기타포괄손익-공정가치측정금융자산의 차변에 기입하여 기타포괄손익-공정가치측정금융자산의 장부가치를 증가시키는 회계처리를 해야 한다. 반면 공정가치를 알 수 없는 경우는 아무런 회계처리를 하지 않게 된다.

분개장			
일 자	계 정	차 변	대 변
	공정가치를 알 수 있는 경우 : 공정가치>장부가치		
	기타포괄손익-공정가치측정금융자산	×××	
	기타포괄손익-공정가치측정금융자산평가이익		×××

* 기타포괄손익-공정가치측정금융자산평가이익은 포괄손익계산서의 기타포괄이익에 보고한 후 마감분개를 통해 자본항목인 기타포괄손익누계액에 대체한다.

분개장			
일 자	계 정	차 변	대 변
	공정가치를 알 수 있는 경우 : 공정가치<장부가치		
	기타포괄손익-공정가치측정금융자산평가손실	×××	
	기타포괄손익-공정가치측정금융자산		×××

* 기타포괄손익-공정가치측정금융자산평가손실은 자본항목인 기타포괄손익누계액에 보고한다.

(공정가치를 알 수 없는 경우 : 평가기법을 이용하여 공정가치를 결정함)

[예제 8-7]은 기타포괄손익-공정가치측정금융자산의 공정가치 평가에 대한 예를 보여준다.

예제 8-7 기타포괄손익-공정가치측정금융자산의 공정가치 평가

(주)솔샘전자가 20×1년 9월 1일에 취득한 (주)아바텍의 주식은 취득 후 기타포괄손익-공정가치측정금융자산으로 분류되었으며 20×1년 12월 31일 현재 공정가치는 ₩754,000이었다. 20×1년 12월 31일 (주)솔샘전자의 동 주식에 대한 적절한 분개를 하시오.

풀이

20×1년 12월 31일

	차변	대변
기타포괄손익-공정가치측정금융자산평가손익 …………	10,000	
기타포괄손익-공정가치측정금융자산 …………………		10,000

* 기타포괄손익-공정가치측정금융자산평가손익＝공정가치－장부가치
＝₩754,000－₩764,000＝－₩10,000

** 포괄손익계산서의 기타포괄이익에 기타포괄손익-공정가치측정금융자산평가손익 ₩10,000으로 보고한 후 마감분개를 통해 재무상태표 자본항목의 기타포괄손익누계액으로 대체한다.

기타포괄손익-공정가치측정금융자산평가이익(손실)을 인식할 때에 기존에 인식했던 기타포괄손익-공정가치측정금융자산평가손실(이익)이 있어도 그 금액을 상계하지 않은 채 기타포괄손익-공정가치측정금융자산평가손익을 인식한다. 그리고 이 금액은 회계연도 말에 기타포괄손익누계액에서 상계되어 표시된다. (주)솔샘전자는 20×1년에 (주)아바텍 주식에 대한 공정가치 평가에 의해 인식했던 기타포괄손익-공정가치측정금융자산평가손실 ₩10,000을 12월 31일에 포괄손익계산서에 평가손실(기타포괄이익)로 인식하고, 연말에 마감분개로 이를 재무상태표의 자본항목인 기타포괄손익누계액에 대체한다. 이로써 20×1년의 기타포괄손익누계액은 평가손실 ₩10,000이 남게 된다. 이를 부분재무상태표로 표시하면 다음과 같다.

부분재무상태표

20×1년 12월 31일

비유동자산	
기타포괄손익-공정가치측정금융자산	₩754,000
자본-기타포괄손익누계액	
기타포괄손익-공정가치측정금융자산평가손실	10,000*

기타포괄손익-공정가치측정금융자산의 제거

보유중인 기타포괄손익-공정가치측정금융자산의 처분과 관련한 회계처리는 제거되는 금융자산이 지분상품이냐 혹은 채무상품이냐에 따라 다르게 회계처리된다. 제거되는 금융자산이 지분상품으로 최초 취득시점에 후속측정에서의 공정가치 변동분을 기타포괄손익으로 인식하는 것으로 지정한 경우, 제거되는 금융자산의 공정가치와 장부가치의 차이는 기타포괄손익-공정가치측정금융자산처분이익(손실)으로 처리하며, 처분시점까지 누적된 평가손익은 당기손익으로 재순환조정(recycling adjustment)을 하지 않는다. 단, 자본의 다른 항목(예 : 이익잉여금)으로 재순환은 가능하다. 이에 대한 회계처리는 [예제 8-8]에 나타나 있다.

예제 8-8 기타포괄손익-공정가치측정금융자산의 처분(지분상품)

20×2년 2월 10일 (주)솔샘전자는 장부가치 ₩754,000인 (주)아바텍의 주식을 ₩850,000에 모두 처분하고 현금을 받았다. 처분시점에 동 주식에 대한 기타포괄손익-공정가치측정금융자산평가손실 ₩10,000이 있었다. 동 거래에 대한 적절한 분개를 하시오.

풀이

20×2년 2월 10일

계정	차변	대변
기타포괄손익-공정가치측정금융자산	96,000	
기타포괄손익-공정가치측정금융자산평가이익		96,000
현금	850,000	
기타포괄손익-공정가치측정금융자산		850,000

* 평가이익 ₩86,000(= ₩96,000 − ₩10,000)은 당기손익으로 재순환할 수 없다.

20×2년 2월 10일 : 기타포괄손익누계액 이익잉여금으로 재분류

계정	차변	대변
기타포괄손익-공정가치측정금융자산평가이익	86,000	
이익잉여금		86,000

* 지분증권에 대한 기타포괄손익-공정가치측정금융자산평가이익은 당기손익으로 재순환되지는 않으나 자본의 다른 항목으로는 이전할 수 있다.

[예제 8-8]에서 보듯이 (주)솔샘전자는 처분시점에 먼저 기타포괄손익-공정가치측정금융자산의 장부가치 ₩754,000을 처분시점의 공정가치 ₩850,000으로 평가하고 평가손익 ₩96,000(= ₩850,000 − ₩754,000)을 인식한다. 그 다음 기타포괄손익-공정가치측정금융자산의 처분에 대한 회계처리를 하는데 이 과정에서 평가손익의 누적액인 기타포괄손익누계액을 당기손익으로 대체하지 않는다. 즉, 당기손익으로 인식되는 처분손익을 인식하지 않는다. 왜냐하면 지분상품의 평가손익의 누계액인 기타포괄손익누계액은 재순환조정을 하지 않기 때문이다. 따라서 기타포괄손익-공정가치측정금융자산의 기타포괄손익누계액은 자본항목에 남아 있게 되며, 자본 내에서 다른 항목(예를 들면, 이익잉여금)으로 이전할 수 있다.

그러나 (주)솔샘전자가 가지고 있는 금융자산이 채무상품을 기타포괄손익-공정가치측정금융자산으로 분류한 것이라면 [예제 8-8]의 회계처리는 달라진다. (주)솔샘전자의 금융자산이 채무상품인 채권인 것으로 가정하면 [예제 8-9]처럼 회계처리가 이루어진다. (주)솔샘전자는 처분시점의 장부가치 ₩754,000(= ₩764,000

(취득원가) − ₩10,000(보유중 평가손실))인 (주)아바텍 채권을 처분시점의 공정가치로 평가하고 장부가치(상각후원가)와 공정가치의 차이를 기타포괄손익-공정가치측정금융자산평가손익으로 인식한다. 따라서 (주)솔샘전자는 ₩96,000(= ₩850,000 − ₩754,000)의 평가이익을 인식한다. (주)솔샘전자는 ₩850,000에 채무상품 금융자산을 처분하였으나 처분거래원가가 발생하지 않았으므로 금융자산의 처분손익은 발생하지 않는다. 그 다음에 해당 기타포괄손익-공정가치측정금융자산의 기타포괄손익누계액을 금융자산처분손익(당기손익)으로 대체시킨다. 이를 재순환조정이라고 한다.

예제 8-9 기타포괄손익-공정가치측정금융자산의 처분(채무상품)

20×2년 2월 10일 (주)솔샘전자는 장부가치 ₩754,000인 (주)아바텍의 채권을 모두 처분하고 현금 ₩850,000을 받았다. 처분시점에 동 채권에 대한 기타포괄손익-공정가치측정금융자산평가손실 ₩10,000이 있었다. 동 거래에 대한 적절한 분개를 하시오. (단, 이자수익에 대한 인식은 이미 반영되었다고 가정한다)

풀이

20×2년 2월 10일

계정	차변	대변
기타포괄손익-공정가치측정금융자산	96,000	
기타포괄손익-공정가치측정금융자산평가이익		96,000
현금	850,000	
기타포괄손익-공정가치측정금융자산평가이익	86,000	
기타포괄손익-공정가치측정금융자산		850,000
기타포괄손익-공정가치측정금융자산처분이익		86,000

* 처분시점에 평가이익 ₩86,000(= ₩96,000 − ₩10,000)을 당기손익으로 재순환한다.

3. 상각후원가측정금융자산

기업이 계약상 금융자산의 원금과 이자를 수취할 목적으로 채권에 투자한 경우 취득한 증권을 상각후원가측정금융자산(financial assets measured at amortized cost, AC금융자산)으로 분류한다. 상각후원가측정금융자산의 회계처리문제는 상각후원가측정금융자산의 취득, 보유기간중의 투자수익, 회계기말의 평가 그리고 처분 등을 들 수 있다.

상각후원가측정금융자산의 취득

상각후원가측정금융자산을 취득한 경우에도 일반적인 자산의 취득원가 결정에 대한 일반원칙이 적용된다. 즉, 상각후원가측정금융자산의 순수한 매입가격과 매입할 때 부수되는 거래원가(부대비용)를 합한 금액을 취득원가로 한다.

상각후원가측정금융자산 취득원가 = 매입가격 + 거래원가

따라서 상각후원가측정금융자산을 현금으로 취득할 때 상각후원가측정금융자산의 가격과 취득 거래원가를 합하여 상각후원가측정금융자산계정의 차변에 기록하고 현금유출액을 현금계정의 대변에 기록한다. 즉, 상각후원가측정금융자산을 현금으로 취득한 경우 다음과 같은 분개가 이루어진다.

분개장

일 자	계 정	차 변	대 변
	상각후원가측정금융자산	×××	
	현금		×××

[예제 8-10]은 상각후원가측정금융자산 취득에 대한 회계처리를 보여주고 있다.

예제 8-10 상각후원가측정금융자산의 취득

20×1년 1월 1일 (주)솔샘전자는 장기투자목적으로 (주)아이언이 발행한 사채(액면 ₩100,000, 이자율 10%, 만기 20×3년 말, 이자지급 매년 말 12월 31일)를 ₩95,196(당시 시장이자율 12%)에 취득하였다. (주)솔샘전자는 이 사채를 만기까지 보유할 의도를 가지고 있다. 이 사채 취득에 대한 회계처리를 하시오.

풀이

20×1년 1월 1일

상각후원가측정금융자산	95,196	
현금		95,196

* 사채 액면금액과 구입가격의 차이 ₩4,804(=₩100,000−₩95,196)은 사채의 표시이자율(10%)과 시장이자율(12%)의 차이 때문에 발생한 것이다. 이 ₩4,804은 시간이 경과(이자수익 인식시)함에 따라 상각후원가측정금융자산의 장부가치를 채권의 액면금액으로 일치시키는 증감액으로 이용된다.

상각후원가측정금융자산의 보유 및 평가

상각후원가측정금융자산도 최초 인식시점에서는 공정가치로 측정하지만 그 이후에는 공정가치로 평가하지 않고 유효이자율법을 적용하여 상각후원가(amortized costs)로 평가한다. 왜냐하면 상각후원가측정금융자산은 채권을 만기까지 보유할 목적으로 취득하므로 채권 보유자에게 공정가치의 등락이 별 의미가 없기 때문이다. 따라서 공정가치 평가로 인한 평가손익이 발생하지 않는다. 채무형 금융자산은 계약상 명목이자율과 최초 인식시의 시장이자율인 유효이자율이 다른 경우가 있다. 이 경우에는 금융자산의 장부가치에 유효이자율을 적용하여 이자수익을 인식하고 또한 유효이자율에 따라 장부가치를 조정함으로써 상각후원가로 계상한다. 이에 대한 자세한 내용은 제10장에서 설명한다.

상각후원가측정금융자산을 보유하고 있는 동안에 채권에 대한 이자를 받았을 경우에는 이를 당기의 이자수익으로 처리하여 손익계산서상에 영업외수익으로 보고한다. 이자수익은 이자가 발생했을 때 인식하므로 주로 결산수정분개시나 이자수익을 받을 때 인식하게 된다. 그러나 채권의 명목이자율과 시장이자율의 차이에 따라 이자수익 인식에 대한 회계처리가 달리 표현된다. 이자를 수령한 경우의 분개는 다음과 같다.

분개장			
일 자	계 정	차 변	대 변
채권의 명목이자율<시장이자율인 경우			
	현금	×××	
	상각후원가측정금융자산	×××	
	이자수익		×××

분개장			
일 자	계 정	차 변	대 변
	채권의 명목이자율>시장이자율인 경우		
	현금	×××	
	상각후원가측정금융자산		×××
	이자수익		×××

[예제 8-11]은 이자수익에 대한 회계처리를 보여준다.

예제 8-11 상각후원가측정금융자산의 이자수익 인식

20×1년 12월 31일 (주)솔샘전자는 (주)아이언으로부터 채권에 대한 이자 ₩10,000을 현금으로 수령하였다. 이자수령에 대한 분개를 하시오.

풀이

20×1년 12월 31일

계정	차변	대변
현금	10,000	
상각후원가측정금융자산	1,424*	
이자수익		11,424*

* 20×1년 12월 31일에 해당하는 유효이자만큼을 이자수익으로 인식하고, 20×1년 말에 수취한 현금이자와 유효이자의 차이만큼 상각후원가측정금융자산의 장부금액을 조정한다. 상각후원가측정금융자산의 유효이자율 상각표를 작성하면 다음과 같다.

	① 기초장부가액	② 유효이자	③ 액면이자	④ 상각액	⑤ 기말장부가액
20×1년	₩95,196	₩11,424	₩10,000	₩1,424	₩96,620
20×2년	96,620	11,595	10,000	1,595	98,215
20×3년	98,215	11,785#	10,000	1,785	100,000

단수조정

상각후원가측정금융자산의 제거

상각후원가측정금융자산의 장부에서의 제거는 두 가지 상황에서 발생한다. 하나는 상각후원가측정금융자산의 만기가 도래해 권리가 소멸되어 장부에서 제거하는 경우이고, 다른 하나는 만기 이전에 처분하는 경우이다. 전자의 경우에는 상각후원가측정금융자산을 만기까지 보유함으로써 채무자로부터 채권의 액면금액을 수령하게 됨에 따라 제거에 따른 손익이 발생하지 않는다. 반면, 후자의 경

우에는 만기 이전에 처분함으로써 처분시점의 상각후원가측정금융자산의 장부가치와 처분에 따른 수취금액 간에는 차이가 발생할 수 있으며, 이를 상각후원가측정금융자산처분이익(혹은 상각후원가측정금융자산처분손실)으로 인식한다. 즉, 상각후원가측정금융자산의 처분가액이 장부가치보다 크면 그 차액은 상각후원가측정금융자산처분이익계정에 기록되며 영업외수익으로 보고한다. 반면 상각후원가측정금융자산의 처분가액이 장부가치보다 작으면 그 차액은 상각후원가측정금융자산처분손실계정에 기록되며 영업외비용으로 보고한다. 상각후원가측정금융자산 처분에 대한 회계처리는 [예제 8-12]에 나타나 있다.

예제 8-12 상각후원가측정금융자산의 제거

다음 두 가지 상황은 각각 독립적이다. 각각의 상황에 대한 적절한 회계처리를 하시오.

① 20×3년 12월 31일 (주)솔샘전자는 상각후원가측정금융자산으로 보유하고 있는 (주)아이언의 채권이 만기가 되어 채권을 반환하고 채권의 액면금액 ₩100,000을 현금으로 받았다. 채권의 20×3년 이자수령과 채권상환에 대한 분개를 하시오.

② 20×2년 12월 31일 (주)솔샘전자는 상각후원가측정금융자산으로 보유하고 있는 (주)아이언의 채권을 ₩99,000에 처분하고 대금은 현금으로 수령하였다. 상각후원가측정금융자산 처분에 대한 분개를 하시오.

풀이

① 20×3년 채권 만기상환

20×3년 말 이자수령시

계정	차변	대변
현금	10,000	
상각후원가측정금융자산	1,785	
이자수익		11,785

* 이자수익 = ₩98,215 × 12% = ₩11,785
** 상각액 = ₩11,785 − ₩10,000 = ₩1,785

채권 만기상환시

계정	차변	대변
현금	100,000	
상각후원가측정금융자산		100,000

② 20×2년 채권처분

20×2년 말 이자수령시

계정	차변	대변
현금	10,000	
상각후원가측정금융자산	1,595	
이자수익		11,595

* 이자수익 = ₩96,620 × 12% = ₩11,595
** 상각액 = ₩11,595 − ₩10,000 = ₩1,595

20×2년 말 채권처분시

계정	차변	대변
현금	99,000	
상각후원가측정금융자산		98,215
상각후원가측정금융자산처분이익		785*

* 처분이익 = ₩99,000 − ₩98,215 = ₩785

[예제 8-12]에서 보듯이 상각후원가측정금융자산을 만기에 상환하는 경우에 채권의 상환금액과 액면금액이 같으므로 상각후원가측정금융자산 제거에 따른 손익이 발생하지 않는다. 한편, 만기 이전에 처분하는 경우에 상각후원가측정금융자산의 장부가치는 ₩98,215인데 채권을 ₩99,000에 처분함으로써 ₩785의 차액을 얻었다. 채권 처분에 따른 차액 ₩785은 상각후원가측정금융자산처분이익 계정(영업외손익)에 기록해 당기손익에 반영한다. 상각후원가측정금융자산을 중간에 처분할 때 주의할 점은 처분시점까지의 이자수익을 인식해야 하며, 유효이자율법에 의한 상각을 통해 상각후원가를 상각후원가측정금융자산의 새 장부가치로 인식해야 한다.

관계기업투자주식의 회계처리

다른 회사의 보통주 주식을 충분히 취득하게 되면 주식을 취득한 회사는 다른 회사를 지배 및 통제하거나 경영에 중대한 영향력을 행사할 수 있게 된다. 만일 기업이 직접 또는 간접(예 : 종속기업을 통하여)으로 다른 회사의 의결권의 20%

이상을 소유하고 있다면 경영에 중대한 영향력을 보유하는 것으로 보고 K-IFRS 제1028호(관계기업과 공동기업에 대한 투자)에서는 이에 대한 투자를 관계기업투자주식(investment in associates)으로 회계처리하도록 규정하고 있다. 일반적으로 다른 회사의 경영권을 완전하게 지배 및 통제하기 위해서는 다른 회사가 발행한 보통주식의 50% 이상을 보유해야 한다(이 경우 피투자기업을 종속기업(subsidiary)이라고 한다). 그러나 소유구조가 잘 분산된 현대의 지배구조하에서는 발행된 보통주식의 20% 이상만 직접 또는 간접으로 보유해도 피투자기업의 경영에 유의적인 영향력을 행사할 수 있다. 따라서 기업회계기준서에서는 피투자기업의 보통주식 20% 이상을 직접 또는 간접으로 보유하고 있으면 관계기업투자주식으로 보고하고 이에 대한 회계처리는 지분법을 적용하도록 하고 있다.

지분법은 투자주식을 취득할 때 원가로 인식하고 취득 이후 피투자기업의 순자산 변동액을 당해 투자주식에 가감하여 보고하는 방법이다.

지분법(equity method)은 투자주식을 취득할 때 원가로 인식하고, 취득시점 이후 발생한 피투자기업의 순자산의 변동액을 당해 투자주식 금액에 가감하여 보고하는 회계처리방법을 말한다. 지분법은 회계원리의 수준을 넘는 주제이므로 자세한 설명은 중급회계나 고급회계에서 다루기로 하고 본서에서는 핵심적인 내용만 간단하게 다루기로 한다.

관계기업투자주식의 취득

관계기업투자주식의 취득원가는 순수매입가격과 취득에 소요되는 부대비용을 합한 금액이 된다. 예를 들어 관계기업투자주식으로 분류되는 주식을 현금으로 취득한 경우 순수매입가격과 매입수수료 등의 거래원가를 합한 금액을 관계기업투자주식계정의 차변에 기입하고 동액을 현금계정의 대변에 기록한다. [예제 8-13]은 관계기업투자주식의 취득에 대한 회계처리를 예시하고 있다.

예제 8-13 관계기업투자주식의 취득

(주)솔샘전자는 20×1년 9월 10일에 반도체 저항기 제품을 생산 및 판매하는 (주)시공사의 경영에 참여하기 위해 (주)시공사가 발행한 의결권 있는 주식 중 25%에 해당하는 보통주 100주를 주당 ₩6,000에 현금으로 매입하였다. (주)솔샘전자의 주식취득과 관련한 분개를 하시오.

풀이

20×1년 9월 10일

	차변	대변
관계기업투자주식 ···	600,000	
현금 ···		600,000

* 관계기업투자주식 = ₩6,000 × 100주 = ₩600,000

[예제 8-13]에서 보듯이 (주)솔샘전자는 (주)시공사의 의결권 있는 주식 중 25%를 취득하였으므로 (주)시공사에 대해 중대한 영향력을 행사할 수 있게 되었다. 따라서 취득한 주식은 관계기업투자주식계정의 차변에 기록한다.

관계기업투자주식의 결산정리

타사를 지배하거나 통제할 목적으로 보유하는 관계기업투자주식은 피투자기업의 경제적 실상을 명확히 반영하기 위한 회계처리를 해야 한다. 따라서 관계기업투자주식에 대해 기업회계기준서에서는 피투자기업의 순자산변동을 관계기업투자주식의 장부가치에 연계하여 반영시키는 회계처리방법인 지분법(持分法, equity method)에 의해 회계처리하도록 하고 있다.

예를 들어 피투자기업이 당기순이익을 보고하면 피투자기업의 순자산이 당기순이익만큼 증가하므로 투자기업의 지분만큼 투자주식의 가치가 증가하게 된다. 따라서 투자기업은 투자주식의 가치증가액만큼 관계기업투자이익(지분법이익, 영업외수익)을 계상함과 동시에 관계기업투자주식의 장부가치를 증가시키고, 피투자기업이 순손실을 보고하면 피투자기업의 순자산이 그만큼 감소하게 됨으로써 투자기업이 부담해야 할 손실만큼 관계기업투자손실(지분법손실, 영업외비용)을 계상함과 동시에 관계기업투자주식의 장부가치를 감소시킨다. 또한 피투자기업이 배당금을 지급한다는 것은 이익잉여금의 감소를 가져와 순자산의 감소를 가져오므로 투자기업은 배당금을 받은 만큼 관계기업투자주식의 장부가치를 감소시켜야 한다.

[예제 8-14]는 지분법에 의한 회계처리의 예를 보여주고 있다.

예제 8-14 관계기업투자주식의 지분법에 의한 회계처리

(주)시공사는 20×1년 12월 31일 결산을 한 결과 ₩300,000의 순이익을 보고하였으며, 동일에 주주들에게 배당금 ₩100,000을 현금으로 지급하였다. (주)솔샘전자는 (주)시공사의 보통주 25%를 가지고 있다. (주)솔샘전자의 투자주식에 대한 분개를 하시오. 그리고 (주)솔샘전자의 관계기업투자주식의 장부가치는 얼마인가?

풀이

① 20×1년 12월 31일 : (주)시공사의 순이익 보고시

	차변	대변
관계기업투자주식	75,000	
관계기업투자이익		75,000

* 관계기업투자이익 = ₩300,000 × 25% = ₩75,000

② 20×1년 12월 31일 : (주)시공사의 배당금 지급시

	차변	대변
현금	25,000	
관계기업투자주식		25,000

* 배당금 수령액 = ₩100,000 × 25% = ₩25,000

③ 20×1년 12월 31일 : (주)솔샘전자의 관계기업투자주식의 장부가치

₩600,000 + ₩75,000 − ₩25,000 = ₩650,000

[예제 8-14]에서 보듯이 20×1년도에 (주)시공사가 ₩300,000의 순이익을 보고함으로써 (주)시공사의 순자산은 순이익만큼 증가하게 된다. 따라서 (주)솔샘전자가 (주)시공사에 투자한 투자주식의 가치도 (주)시공사의 순이익 ₩300,000 중 25%에 해당하는 ₩75,000만큼 증가하게 된다. 따라서 (주)솔샘전자는 관계기업투자주식계정 차변에 ₩75,000 증가로 기록하고 대변에 영업외수익인 관계기업투자이익계정 대변에 ₩75,000을 기록한다. 한편, (주)시공사가 ₩100,000의 배당금을 지급함으로써 (주)시공사의 순자산은 ₩100,000만큼 감소하게 된다. 따라서 (주)솔샘전자의 투자주식의 가치도 ₩25,000(= ₩100,000 × 25%)만큼 감소하게 된다. 이에 (주)솔샘전자는 배당금을 수령하였을 때 현금계정 차변에 ₩25,000 증가로 기록하고 동시에 관계기업투자주식계정 대변에 ₩25,000을 기록하여 관계기업투자주식의 장부가치를 감소시킨다. 이러한 과정을 모두 반영한 결과 (주)솔샘전자의 (주)시공사에 대한 관계기업투자주식의 새로운 장부가치는 ₩650,000이 된다.

관계기업투자주식의 처분

관계기업투자주식도 필요에 따라 주식을 처분할 수 있다. 관계기업투자주식을 처분하면 처분에 따라 받은 처분가액과 처분시점의 장부가치의 차이를 관계기업투자주식처분손익으로 보고하며 이는 영업외손익에 포함된다. 한편, 관계기업투자주식을 매각하여 피투자기업에 대한 중대한 영향력을 상실하면 지분법적용을 중단하고 해당 투자주식을 당기손익-공정가치측정금융자산이나 기타포괄손익-공정가치측정금융자산으로 재순환하고 공정가치로 평가한다.

예제 8-15 관계기업투자주식의 처분

(주)솔샘전자는 20×2년 1월 9일에 (주)시공사의 투자주식 100주를 주당 ₩6,700에 처분하였다. (주)솔샘전자의 주식처분과 관련한 분개를 하시오.

풀이

20×2년 1월 9일

	차변	대변
현금	670,000	
관계기업투자주식		650,000
관계기업투자주식처분이익		20,000

용어해설

공정가치(fair market value) 거래의사가 있는 판매자와 구매자 사이의 정상적인 거래에서 합의된 가격

관계기업투자주식(investment in associates) 기업이 다른 회사의 경영에 중대한 영향력을 행사하기 위한 목적으로 취득한 주식

금융상품(financial instruments) 한쪽 거래당사자에게 금융자산(financial assets)을 발생시키면서 다른 거래상대방에게 금융부채(financial liabilities)나 지분상품(equity instruments)을 발생시키는 계약

기타포괄손익-공정가치측정금융자산(financial assets measured at fair value through other comprehensive income) 금융자산의 공정가치 평가에서 발생하는 평가손익을 기타포괄손익으로 인식하는 금융자산으로 재무상태표에 매도가능금융자산으로 표시할 수 있음

단기매매증권(trading securities) 단기적 이익획득의 목적을 가지고 단기간 내에 매각할 목적으로 취득한 주식 및 채권

당기손익-공정가치선택권 단기매매금융자산은 아니나 회사의 결정으로 공정가치 변동을 당기손익으로 반영하는 금융자산으로 인식한 금융자산

당기손익-공정가치측정금융자산(financial assets measured at fair value through profit or loss) 금융자산의 공정가치 평가에서 발생하는 평가손익을 당기손익으로 인식하는 금융자산으로 재무상태표에 단기매매금융자산으로 표시할 수 있음

만기보유증권(held-to-maturity securities) 만기가 고정되어 있고 지급금액이 확정되었거나 확정될 수 있는 채무증권을 만기까지 보유할 적극적인 의도와 능력이 있는 경우의 증권

매도가능증권(available-for-sale securities) 단기매매증권이나 만기보유증권으로 분류되지 아니한 유가증권

상각후원가측정금융자산(financial assets measured at amortized cost) 계약상 정해진 이자와 원금을 수취하기 위한 목적으로 보유하는 금융자산으로 재무상태표에 만기보유금융자산으로 표시할 수 있음

지분법(equity method) 투자주식을 취득할 때 원가로 인식하고, 취득시점 이후 발생한 피투자기업의 순자산 변동액을 당해 투자주식에 가감하여 보고하는 방법

지분증권(equity securities) 회사, 조합 또는 기금 등의 순자산에 대한 소유지분을 나타내는 유가증권

채무증권(debt securities) 발행자에 대하여 금전을 청구할 수 있는 권리를 표시하는 유가증권으로, 국채, 공채, 사채, 자산유동화채권 등으로 구분할 수 있음

연습문제

문제 A형

8-1 다음 거래를 분개하시오.

(1) 단기적인 자금운용의 목적으로 (주)SIC의 주식 100주(액면 ₩5,000)를 주당 ₩8,000에 매입하고, 그 대금을 매입수수료 ₩20,000과 함께 수표를 발행하여 지급하다.
(2) 위의 주식 50주를 주당 ₩9,000에 처분하고, 대금은 수표로 받다.
(3) 단기자금운용의 목적으로 국채 100권(액면 ₩10,000)을 1권당 ₩9,800에 매입하고 대금은 수표를 발행하여 지급하다.

8-2 20×1년 12월 31일 현재 (주)MUC가 단기적인 자금운용의 목적으로 소유하고 있는 주식은 다음과 같다. 이를 평가하여 분개하시오.

종목	액면금액	주식수	취득원가	시가
(주)KPC 주식	₩5,000	100주	₩450,000	₩470,000
(주)ODC 주식	10,000	100	1,200,000	900,000
합 계			₩1,650,000	₩1,370,000

8-3 MKK(주)는 단기투자목적으로 다음과 같이 사채거래를 하였다.

1월 1일	JBC(주)가 발행한 사채 액면 ₩1,000, 이자율 10%, 매년 7월 1일과 1월 1일 두 차례 이자를 지급하는 조건의 사채 30권을 ₩30,000과 증권사 수수료 ₩400을 현금으로 지급하고 취득하였다.
7월 1일	위 사채에 대해 6개월분의 이자를 현금으로 수취하였다.
9월 1일	JBC(주)가 발행한 사채 15권을 ₩16,000과 발생이자에 처분하고 증권사 수수료 ₩300을 차감한 잔액을 현금으로 수취하다.

(1) 위의 거래를 분개하시오.
(2) 12월 31일 기말결산정리분개를 하시오.

8-4 GNC(주)는 단기투자목적으로 다음과 같은 주식에 대한 거래가 있었다.

1월 1일	RCM(주)의 주식 800주를 ₩9,600에 취득하고, 증권사 수수료 ₩1,440을 합한 모든 금액을 현금으로 지급하다.
6월 1일	RCM(주)에서 현금배당으로 주당 ₩5을 현금으로 수취하다.
9월 15일	RCM(주)의 주식 400주를 ₩5,500에 처분하고, 증권사 수수료 ₩100을 차감한 잔액을 현금으로 받다.
12월 1일	RCM(주)에서 주당 ₩5의 현금배당을 수취하다.

(1) 위의 거래를 분개하시오.

(2) 위의 거래가 포괄손익계산서에 미치는 영향은 얼마인가?

8-5 20×1년 12월 31일 DCC(주)는 다음과 같은 단기투자목적의 상장주식을 보유하고 있다.

증권	취득원가	공정가치
A사 주식	₩19,000	₩16,000
B사 주식	22,000	26,000
C사 주식	32,000	28,000
합 계	₩73,000	₩70,000

20×2년 1월 22일에 DCC(주)는 긴급한 자금이 필요하여 C사 주식을 현금 ₩29,000을 받고 처분하였다.

(1) DCC(주)가 20×1년 12월 31일 회계기말에 해야 할 결산정리분개를 하시오.

(2) 20×1년 12월 31일 재무상태표에 보고되는 당기손익-공정가치측정금융자산은 얼마이며, 손익계산서에 보고되는 금액은 얼마인가?

(3) 20×2년 1월 22일 주식매각에 대한 분개를 하시오.

8-6 송정(주)는 20×1년 3월 1일 삼양(주)의 발행주식 4,000주를 주당 ₩7,000에 매입하였으며, 이 주식은 장기투자목적으로 보유하려고 한다. 송정(주)의 결산일은 12월 31일이다.

(1) 삼양(주)의 주식은 한국거래소에 상장되어 있다. 각 결산일의 시가가 다음과 같을 때 기말시점에서 필요한 회계처리를 하시오.

	시가(주당)
20×1년 12월 31일	₩6,800
20×2년 12월 31일	7,200

(2) 송정(주)는 20×3년 1월 1일에 삼양(주)의 주식 중 2,000주를 주당 ₩7,400에 양도하였다. 이에 대한 회계처리를 하시오.

8-7 20×1년 1월 1일 HMC(주)가 기타포괄손익-공정가치측정금융자산으로 보유하고 있는 포트폴리오가 다음과 같이 구성되어 있다.

① MCC(주)의 주식 2,000주, 주당 ₩41에 취득
② HKK(주)의 주식 1,500주, 주당 ₩60에 취득

20×1년 12월 31일 MCC(주) 주식의 공정가치는 주당 ₩36, HKK(주) 주식의 주당 공정가치는 ₩64으로 판명되었다.

(1) 20×1년 12월 31일 HMC(주)가 보유하고 있는 포트폴리오에 대한 원가와 공정가치를 대비하는 표를 작성하시오.
(2) 20×1년 12월 31일 HMC(주)가 보유하고 있는 포트폴리오에 대한 결산정리분개를 하시오.

8-8 FDC(주)는 20×1년중에 LLK(주)의 채권을 장기투자목적으로 ₩95,000에 현금으로 취득하였다. 취득시의 거래수수료는 ₩5,000이었다. 각 연도 말의 공정가치는 다음과 같다.

취득원가	20×1년 말	20×2년 말	20×3년 말
₩100,000	₩130,000	₩90,000	₩120,000

(1) 채권의 취득과 각 연도 말에 필요한 결산정리분개를 하시오.
(2) FDC(주)가 LLK(주)의 채권을 20×4년중에 현금 ₩110,000에 처분하였다. 처분시의 거래를 분개하시오.

8-9 20×1년 1월 1일 (주)아산은 액면금액 ₩100,000, 표시이자율 9%, 5년 만기(만기일 20×5년 12월 31일), 이자지급일 매년 12월 31일의 사채를 만기까지 보유할 목적으로 사채가격 ₩88,783과 수수료 ₩400을 지급하고 취득하였다. 수수료를 포함한 동 사채의 유효이자율은 12%이다.

(1) 20×1년 1월 1일 사채취득일의 분개를 하시오.
(2) 20×1년 12월 31일 이자수령에 따른 분개를 하시오.

8-10 LCC(주)는 20×1년 1월 1일 PCC(주)의 전체 발행주식의 25%를 현금 ₩300,000에 취득하였다. 20×1년 12월 31일 PCC(주)는 ₩20,000의 현금배당을 선언하고 지급하였으며, 당기순이익으로 ₩100,000을 보고하였다.

(1) 위의 주식투자 거래를 분개하시오.
(2) 20×1년 12월 31일 LCC(주)의 재무상태표에 투자주식으로 기록하게 되는 금액은 얼마인가?

8-11 다음은 20×1년 WQC(주)의 주식투자와 관련된 정보이다.

1월 1일	ASC(주)는 전체 발행주식 250,000주의 15%에 해당하는 주식을 주당 ₩8에 현금으로 취득하였다.
7월 1일	ASC(주)는 주당 ₩2의 현금배당을 선언하고 지급하였다.
12월 31일	ASC(주)는 당기순이익 ₩654,000을 보고하였다.
1월 1일	WEB(주)는 전체 발행주식 100,000주의 30%에 해당하는 주식을 주당 ₩24에 현금으로 취득하였다.
6월 15일	WEB(주)는 주당 ₩1.5의 현금배당을 선언하고 지급하였다.
12월 31일	WEB(주)는 당기순이익 ₩300,000을 보고하였다.

20×1년 WQC(주)에서 필요한 모든 분개를 하시오.

문제 B형

8-12 다음은 (주)송정의 20×1년 한 해 동안 이루어진 거래이다. 필요한 분개를 하시오.

3월 15일	단기투자목적으로 상장기업인 (주)SSC의 주식 1,500주를 취득하고, 대금 ₩39,000,000은 수표를 발행하여 지급하였다.
5월 12일	단기투자목적으로 상장기업인 (주)DBC의 주식 5,200주를 취득하고 대금 ₩83,200,000은 현금을 지급하였다.
9월 6일	단기투자목적으로 상장기업인 (주)BBC의 주식 1,000주를 취득하고, 대금 ₩27,000,000은 수표를 발행하여 지급하였다.
10월 5일	(주)SSC의 주식 1,000주를 주당 ₩18,000에 처분하고, 대금은 현금으로 받았다.
12월 16일	(주)DBC로부터 현금배당을 주당 ₩1,200씩 현금으로 받아 즉시 당좌예금계좌에 입금하였다.
12월 26일	(주)SSC로부터 배당금을 주당 ₩1,000씩 500주에 대해서 현금으로 받았다.
12월 31일	현재의 당기손익-공정가치측정금융자산의 시가는 다음과 같다.

(주)SSC의 주식 : ₩28,000(500주), 취득원가 ₩26,000
(주)DBC의 주식 : ₩15,500(5,200주), 취득원가 ₩16,000
(주)BBC의 주식 : ₩26,500(1,000주), 취득원가 ₩27,000

8-13 HKC(주)의 20×1년 12월 31일 현재 재무상태표에 보고되어야 하는 당기손익-공정가치측정금융자산의 공정가치는 ₩47,000이다. HKC(주)의 당기손익-공정가치측정금융자산 포트폴리오는 20×1년 12월 31일 현재 다음과 같이 구성되어 있다.

증권	주식수	취득원가
MJC(주)	200주	₩30,000
GMC(주)	400	6,000
FPC(주)	300	9,000
합 계	900주	₩45,000

20×2년에 다음과 같은 증권관련 거래가 발생하였다.

2월 5일	MJC(주)의 주식 50주를 현금 ₩9,000에 처분하다.
9월 9일	FPC(주)의 주식 50주를 현금 ₩2,000을 지급하고 취득하다.
12월 31일	보유한 포트폴리오에 대한 공정가치는 다음과 같다.

증권	주당 공정가치
MJC(주)	₩148
GMC(주)	14
FPC(주)	25

(1) 20×1년 12월 31일 당기손익-공정가치측정금융자산에 대한 결산정리분개를 하시오.
(2) 20×2년의 거래를 기록하기 위한 분개를 하시오.
(3) 20×2년 12월 31일 당기손익-공정가치측정금융자산에 대한 결산정리분개를 하시오.
(4) 20×2년 12월 31일 재무상태표에 당기손익-공정가치측정금융자산은 얼마로 보고해야 하는가?

8-14 20×1년 1월 5일 LKC(주)는 장기투자목적으로 다음과 같은 투자주식을 취득하였다.

증권	주식수	취득원가
MRC(주)	300주	₩4,200
TCC(주)	500	10,000
SOC(주)	550	19,250
합 계	1,350주	₩33,450

LKC(주)는 지분이 충분치 않아 피투자기업에 중대한 영향력을 행사할 수 없고, 피투자기업의 주식은 모두 상장기업의 주식이다. 20×1년 6월 30일 LKC(주)는 피투자기업에서 다음과 같은 현금배당을 수취하였다.

증권	주식수	주당배당
MRC(주)	300주	₩2
TCC(주)	500	1
SOC(주)	550	2.5

20×1년 11월 15일 LKC(주)는 SOC(주)의 주식 100주를 현금 ₩4,000을 받고 처분하였다. 20×1년 12월 31일 기말 현재 LKC(주)가 보유한 증권의 공정가치는 다음과 같다.

증권	주당 공정가치
MRC(주)	₩10
TCC(주)	16
SOC(주)	32

다음의 일자에 LKC(주)가 해야 하는 분개를 하시오.

(1) 20×1년 1월 5일
(2) 20×1년 6월 30일
(3) 20×1년 11월 15일
(4) 20×1년 12월 31일

8-15 송정(주)는 이전에 ₩175,000에 구입한 기타포괄손익-공정가치측정금융자산을 가지고 있으며, 20×2년 한 해 동안에는 기타포괄손익-공정가치측정금융자산을 추가로 구입하거나 처분한 일은 없다. 20×2년 연초와 연말의 기타포괄손익-공정가치측정금융자산의 공정가치는 각각 ₩215,000과 ₩150,000이었다. 20×2년도에 순이익은 ₩110,000이었으며, 배당은 실시하지 않았다. 20×1년 12월 31일 송정(주)의 재무상태표에서 자본부분은 다음과 같다.

재무상태표(일부)

송정(주)	20×1년 12월 31일
보통주 자본금	₩50,000
주식발행초과금	350,000
이익잉여금	265,000
기타포괄손익누계액 : 기타포괄손익-공정가치측정금융자산평가이익	40,000
합 계	₩705,000

20×2년 12월 31일 재무상태표 중 자본부분을 작성하시오.

8-16 (주)대한은 20×1년 1월 1일에 (주)민국이 발행한 사채(액면금액 ₩1,000,000, 만기 3년, 표시이자율 연 6%(매년 12월 31일에 이자지급), 만기 일시상환, 사채발행시점의 유효이자율 연 10%)를 ₩900,508에 취득(취득시 신용이 손상되어 있지 않음)하여 기타포괄손익-공정가치측정금융자산(FVOCI 금융자산)으로 분류하였다. 20×1년 말과 20×2년 말 동 금융자산의 공정가치는 각각 ₩912,540과 ₩935,478이며, 손상이 발생하였다는 객관적인 증거는 없다. 한편 (주)대한은 20×3년 1월 1일에 동 금융자산 전부를 ₩950,000에 처분하였다.

(1) (주)대한의 동 금융자산이 20×2년도 포괄손익계산서의 기타포괄이익에 미치는 영향은 얼마인가?
(2) 20×3년도 포괄손익계산서의 당기순이익에 미치는 영향은 얼마인가?

8-17 RCC(주)는 장기투자목적으로 비상장기업인 TMC(주)의 주식 42,000주를 현금 ₩1,000,000을 주고 취득하였다. 주식을 취득한 회계연도에 TMC(주)는 당기순이익 ₩200,000을 보고하였고, 현금배당 ₩200,000을 지급하였다.

(1) TCC(주)가 취득한 TMC(주)의 주식이 TMC(주) 전체 발행주식의 15%일 때, 다음 물음에 답하시오.
   ① TCC(주)가 TMC(주)의 주식취득에 대해 해야 할 분개를 하시오.
   ② TCC(주)가 TMC(주)의 주식을 취득한 이후 해야 할 분개를 하시오.
   ③ TCC(주)가 회계기말 투자주식의 금액으로 얼마를 보고해야 하는가?
(2) TCC(주)가 취득한 TMC(주)의 주식이 TMC(주) 전체 발행주식의 25%임을 가정하고, 위의 물음들에 대해 답하시오.

chapter

9

비유동자산 : 유형자산과 무형자산

학습목표

Non-Current Assets: Plant Assets and Intangibles

계정명칭	거래상황	취득원가	최초 인식	보유(감가상각 및 재평가)	처 분
유형자산	유형자산 구입	구입가격 (공정가치) +거래원가	(차) 유형자산 ××× (대) 현 금 ×××	(차) 감가상각비 ××× (대) 감가상각누계액 ×××	(차) 현 금 ××× 감가상각누계액 ××× 유형자산처분손실 ××× (대) 유형자산 ××× 유형자산처분이익 ×××
	재평가	공정가치 >장부금액	(차) 유형자산 ××× (대) 현 금 ×××	(차) 유형자산 ××× (대) 재평가잉여금 ××× (AOCI)	(차) 현 금 ××× 감가상각누계액 ××× 유형자산처분손실 ××× (대) 유형자산 ××× 유형자산처분이익 ××× (차) 재평가잉여금(AOCI) ××× (대) 이익잉여금 ×××
		공정가치 <장부금액	(차) 유형자산 ××× (대) 현 금 ×××	(차) 재평가손실(PL) ××× (대) 유형자산 ×××	(차) 현 금 ××× 유형자산처분손실 ××× (대) 유형자산 ××× 유형자산처분이익 ×××
무형자산	무형자산 구입	구입가격 (공정가치) +거래원가	(차) 무형자산 ××× (대) 현 금 ×××	(차) 감가상각비 ××× (대) 무형자산 ×××	(차) 현 금 ××× 무형자산처분손실 ××× (대) 무형자산 ××× 무형자산처분이익 ×××
	재평가	공정가치 >장부금액	(차) 무형자산 ××× (대) 현 금 ×××	(차) 무형자산 ××× (대) 재평가잉여금 ××× (AOCI)	(차) 현 금 ××× 무형자산처분손실 ××× (대) 무형자산 ××× 무형자산처분이익 ××× (차) 재평가잉여금(AOCI) ××× (대) 이익잉여금 ×××
		공정가치 <장부금액	(차) 무형자산 ××× (대) 현 금 ×××	(차) 재평가손실(PL) ××× (대) 무형자산 ×××	(차) 현 금 ××× (대) 무형자산 ×××

유형자산

1. 유형자산의 특징

유형자산(有形資産, tangible assets 또는 plant and equipment; property, plant, and equipment; fixed assets)은 물리적 형체가 있는 자산으로서, 재화의 생산, 용역의 제공, 타인에 대한 임대 또는 자체적으로 사용할 목적으로 한 회계기간을 초과하여 사용할 것이 예상되는 자산이다. 유형자산은 기업의 전략이나, 가격결정 및 수익성 등에 광범위하게 영향을 미친다. 많은 기업들은 유형자산에 대한 투자정책 발표를 통해 기업의 장기 전략에 대한 방향과 실현의지를 보이곤 한다.

LG전자 2023~2024년 지속가능경영보고서 중에서

-중략-

가전 넘어 스마트 라이프 솔루션 기업으로 변화와 도약

LG전자가 중장기 미래구간에서 주목하는 변곡점은 서비스화(Servitization), 디지털화(Digitalization), 전기화(Electrification)로, 이 변곡점에서 LG전자는 '3C 2S(Connectivity, Care, Customization, Servitization, Sustainability)' 경험 영역에서의 고객가치 창출을 위한 새로운 접점을 모색하고 변화를 추구해 나가고자 합니다. 특히 고객 접점과 경험을 확장하기 위한 3대 축으로 Non-HW 사업모델 혁신, B2B 영역 성장, 신사업 동력 확보 등을 중점 추진함으로써, 재무적으로는 2030년 '트리플 7(연평균성장률 및 영업이익률 7% 이상, 기업가치(EV/EBITDA) 7배 이상)'을 달성하는 매출 100조원 기업으로 도약할 것입니다.

유형자산은 물리적 형체가 있는 자산으로, 1년을 초과하여 수익창출에 사용되는 자산을 말한다.

총자산에서 유형자산이 차지하는 비중은 기업의 업종에 따라 상이하나 대체로 유형자산은 기업이 보유하고 있는 자산 중 가장 비중이 크고 중요한 자산이다. 유형자산의 취득은 기업의 성공과 실패에 중요한 영향을 미친다. 기업의 생산능력이 시장의 수요를 초과한다면 설비의 상당부분이 가동되지 않을 것이고, 시장수요에 미달된다면 제품수요를 충족하지 못함으로써 경쟁자와의 경쟁에서 뒤떨어질 것이기 때문이다. 따라서 경영자는 자산의 필요수준과 취득 또는 처분에 대한 모니터링을 지속할 필요가 있다.

유형자산은 두 가지 점에서 다른 자산들과는 중요한 차이를 가지고 있다.

도표 9-1 유형자산에 대한 회계처리 문제

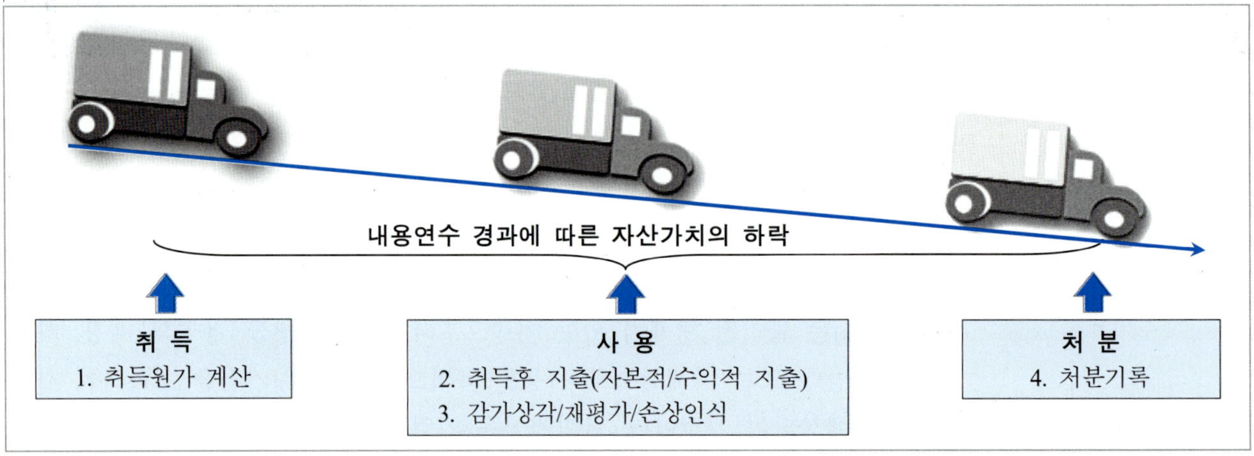

첫째, 유형자산은 영업활동(operation)에 사용된다는 것이다. 예를 들면, 재판매를 목적으로 구입한 컴퓨터는 영업활동에 사용되지 않기 때문에 재무상태표에 재고자산으로 보고된다. 그러나 동일 기업의 수익창출을 목적으로 컴퓨터를 구입했다면 이는 재무상태표에 유형자산으로 보고해야 한다. 둘째, 유형자산은 장기적인 사용을 전제로 취득한 고정자산이라는 것이다. 유형자산은 유동자산과 달리 미래 장기간에 걸쳐 경제적 효익을 제공할 것을 목적으로 한다. 기업회계기준서에서는 이러한 특징을 갖는 유형자산을 토지, 건물, 구축물(構築物, land improvements), 기계장치, 건설중인자산 및 기타의 유형자산으로 분류한다.

유형자산과 관련된 회계처리는 [도표 9-1]에서 보듯이 크게 네 가지 범주로 나눌 수 있다. ① 유형자산의 취득원가 결정, ② 유형자산의 유지 및 개량을 위한 지출, ③ 자산사용원가의 기간배분, 그리고 ④ 처분손익의 인식 등이다.

2. 유형자산의 취득원가 결정

기업이 유형자산을 취득하는 방법은 크게 두 가지가 있다. 하나는 기업 외부에서 구입하는 것이고 다른 하나는 자가제작 또는 건설하는 것이다. 이들 어느 경우에든 자산의 취득원가는 자산을 취득할 때 지출한 금액의 총액으로 측정한다.

유형자산 취득원가 = 구입가격 + 거래원가

유형자산의 취득원가(取得原價, acquisition cost)는 자산을 구입 혹은 제작하기 위해 소요되는 직접원가뿐만 아니라 해당자산을 기업이 본래 의도한 용도로 사용가능하도록 하기 위해 지출한 모든 거래원가를 포함한다. 유형자산의 취득원가로 기록되기 위해서는 자산취득과 관련한 지출이 정상적이고, 합리적이며 본래 의도한 용도로 사용하는 데에 필요한 것이어야 한다. 만약 그렇지 않은 지출이라면 그 비용은 유형자산의 취득원가에 포함되어서는 안 된다. 예를 들어, 공장에서 사용할 기계를 구입하는 경우에 기계의 구입가격, 공장까지의 운반비, 설치비, 가동준비를 위한 시운전비, 그리고 자산을 해체 및 제거하거나 부지를 복구하는 데 소요될 것으로 최초에 추정되는 원가 등을 모두 기계의 취득원가에 포함해야 한다. 그러나 유형자산이 경영진이 의도하는 방식으로 가동될 수 있는 장소와 상태에 이른 후에는 원가의 인식에 주의해야 한다.

유형자산(2021년)

한국회계기준원 회계기준위원회

> 유형자산과 관련된 모든 원가는 그 발생시점에 인식원칙을 적용하여 평가한다. 이러한 원가에는 유형자산을 매입하거나 건설할 때 최초로 드는 원가뿐만 아니라 후속적으로 증설, 부품 대체, 수선·유지와 관련하여 드는 원가를 포함한다. 유형자산의 원가는 유형자산의 건설, 증설, 부품 대체, 수선·유지에 사용되는 자산의 리스와 관련하여 드는 원가(예 : 사용권자산의 감가상각비)를 포함할 수 있다.

예제 9-1 유형자산의 취득원가

LG전자는 H&E 부문의 신제품 개발에 필요한 금형기계 1대를 구입하였다. LG전자는 금형기계 구입과 관련하여 금형기계 구입대금 ₩500,000, 공항까지의 운반비 ₩30,000, 운반과 관련된 보험료 ₩5,000, 시운전비 ₩10,000을 지출하였다.

LG전자는 금형기계 구입대금은 외상으로 하였으며, 운반비, 보험료, 시운전비는 모두 현금으로 지급하였다. 금형기계의 취득원가를 계산하고 거래를 분개하시오.

풀이

① 금형기계의 취득원가

금형기계 구입대금	₩500,000
공장까지의 운반비	30,000
운송보험료	5,000
시운전비	10,000
계	₩545,000

② 유형자산의 취득원가

기계 ································	545,000	
미지급금 ································		500,000
현금 ································		45,000

종종 유형자산을 하나씩 구입하는 것이 아니라 여러 종류의 자산을 일괄적으로 구입하는 경우가 있다. 이러한 거래를 일괄구입(lump-sum purchase 혹은 basket purchase)이라고 한다. 일괄구입한 자산들의 개별 매입가격이 표시되어 있지 않은 경우에는 일괄지급한 총원가를 개별 유형자산의 시장가격 혹은 감정가격에 비례하여 개별자산에 배분시키는 방법으로 개별 유형자산의 취득원가를 결정한다.

예제 9-2 유형자산의 일괄구입

LG전자는 현금 ₩900,000을 주고 토지, 구축물, 건물 등을 일괄하여 구입하였다. 각 자산의 개별가격은 모르나 이들 자산의 시장가격은 토지 ₩300,000, 구축물 ₩100,000 그리고 건물이 ₩600,000이었다. 이들 자산 각각의 취득원가를 계산하고, 거래를 분개하시오.

풀이

① 일괄구입 자산들의 취득원가

	시장가격	비 율	배분가격
토 지	₩300,000	30%(₩300,000/₩1,000,000)	₩270,000(₩900,000×30%)
구축물	100,000	10 (₩100,000/₩1,000,000)	90,000(₩900,000×10%)
건 물	600,000	60 (₩600,000/₩1,000,000)	540,000(₩900,000×60%)
	₩1,000,000	100%	₩900,000

② 유형자산의 취득원가 배분

	차변	대변
토지	270,000	
구축물	90,000	
건물	540,000	
현금		900,000

3. 취득 후의 지출 : 자본적 지출과 수익적 지출

유형자산을 취득하여 사용하는 중에도 그 자산과 관련된 여러 가지 지출이 발생한다. 이러한 지출 중에는 당기영업활동에 관련된 정상적인 수선비 또는 유지비의 성질을 띠는 것도 있고, 자산의 근본적인 기능 또는 성질에 중대한 변화를 야기하는 것도 있다. 이때 이 유형자산에 대한 추가적인 지출을 당기비용으로 볼 것인가 아니면 자본화하여 미래기간에 배분할 것인가 하는 회계적 문제가 발생한다.

자본적 지출은 유형자산의 취득 후 미래 경제적 효익을 증가시키기 위해 이루어진 지출을 말한다. 반면, 기존의 성능수준을 유지시켜주기 위한 지출을 수익적 지출이라고 한다.

유형자산을 취득한 후에 발생하는 지출에 대한 일반적인 회계처리에는 두 가지가 있다. 자산취득 후 발생하는 지출이 가장 최근에 평가된 성능수준을 초과하여 미래 경제적 효익을 증가시키는 경우에는 이를 자본화하여 미래기간에 배분하고, 그렇지 않은 경우에는 발생시점에서 당기비용으로 처리하는 것이다. 이때 미래 경제적 효익을 증가시키는 지출을 자본적 지출(資本的 支出, capital expenditure)이라고 한다. 예를 들면, 새로운 생산공정의 채택이나 기계부품의 성능개선을 통하여 생산능력 증대, 내용연수 연장, 상당한 원가절감이나 품질향상을 가져오는 경우에는 관련된 지출이 미래 경제적 효익을 증가시키므로 자본적 지출로 처리한다. 반면, 그렇지 못한 지출은 수익적 지출(收益的 支出, revenue expenditure)로 인식한다. 예를 들면, 자동차의 오일교환을 위한 지출은 자동차의 당초 예상되었던 성능수준을 향상시켜주기보다는 유지시켜주기 위한 지출이므로 수익적 지출에 해당한다.

♠ 자본적 지출과 수익적 지출

자본적 지출(capital expenditure)
1. 새로운 공정의 채택 또는 생산능력의 증대
2. 원가절감 또는 품질향상
3. 내용연수 연장

수익적 지출(revenue expenditure)
1. 수선 · 유지를 위한 경상적인 지출
2. 일정금액 이하의 소액지출
3. 비능률적이거나 비합리적인 지출

유형자산의 감가상각

1. 감가상각의 의의

감가상각은 자산의 취득원가에서 잔존가치를 차감한 금액을 자산의 내용연수 동안 체계적인 방법에 의해 각 회계기간에 배분하는 것을 말한다.

토지를 제외한 유형자산은 수명이 유한한 상태에서 이용된다. 감가상각(減價償却, depreciation)은 회계에서 사용되는 용어로서 유형자산의 시장가치가 감소한 것을 인식하는 과정이 아니라 수익과 비용의 적절한 대응을 위하여 유형자산의 원가를 효익이 발생하는 기간에 체계적이고 합리적인 방법으로 배분하는 과정이다. 감가상각의 목적은 수익을 창출하는 데 소비된 재화 및 용역 원가를 동일 회계기간의 수익에서 차감하는 데 있다. 따라서 감가상각은 자산평가과정이 아닌 원가배분과정을 의미한다. 다시 말해서 감가상각은 유형자산이 영업활동, 즉 수익획득과정에 이용됨에 따라 용역잠재력이 소멸하는 것을 인식하는 것으로 자산의 대체여부와는 무관하다.

용역잠재력이 무한하다고 간주되는 토지를 제외하고는 재무상태표에 유형자산으로 분류한 모든 자산은 감가상각을 한다. 즉, 감가상각은 유형자산의 취득원가에서 처분시 회수할 수 있는 잔존가치(殘存價値, residual value)를 차감한 감가상각대상금액(depreciable cost)을 그 자산의 내용연수 동안 체계적인 방법에 의해 각 회계기간에 배분하는 절차를 말한다. 한편, 유형자산을 구성하는 일부의

도표 9-2
유형자산과 감가상각

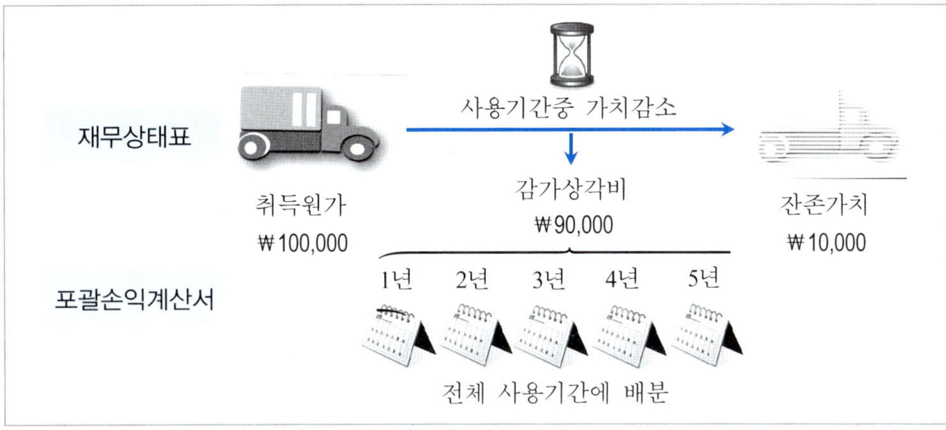

원가가 당해 유형자산의 전체원가에 비교하여 유의적이라면, 해당 유형자산을 감가상각할 때 그 부분은 별도로 구분하여 감가상각한다(예 : 항공기 동체와 엔진을 별도로 구분하여 감가상각할 수 있다).

감가상각은 재무상태표와 손익계산서 두 가지 관점에서 중요한 의미를 갖는다. 우선 재무상태표 관점에서 유형자산은 최초 취득원가로 기록한 후 사용 혹은 시간의 경과에 따른 용역잠재력의 감소부분인 감가상각을 차감하여 그 자산이 미래에 제공할 수 있는 순실현가치로 표시된다. 손익계산서 관점에서, 당기의 수익창출을 위해 희생된 모든 원가는 해당수익에 대응시켜 같은 회계연도의 비용으로 보고해야 한다. 따라서 자산이 수익창출에 기여한 용역잠재력의 감소부분을 감가상각비로 인식하고 비용으로 처리하여 수익과 비용을 적절하게 대응시킴으로써 정확한 기간손익을 산정할 수 있게 된다. [도표 9-2]는 유형자산과 감가상각의 관계를 나타낸 것이다.

유형자산의 감가상각은 물리적 요인과 경제적 요인에 의해 발생한다.

유형자산의 가치가 감소하는 원인에는 물리적 요인과 경제적 요인 두 가지가 있다. 물리적 요인(physical factor)은 자산의 사용 및 시간의 경과에 따라 자산의 가치가 감소하거나 물리적으로 마모 또는 훼손되는 경우를 말한다. 경제적 요인(economic factor)은 물리적 상태는 양호하나 기술의 혁신 혹은 새로운 발명품의 출현으로 인해 자산의 경제적 혹은 기능적 가치가 감소하는 경우를 말한다. 이에는 보다 효율적이고 개선된 대체품이 나타남에 따라 현존하는 자산이 구식화되는 과정을 의미하는 진부화(obsolescence), 회사가 급격히 성장하여 현재 보유중인 자산으로서는 업무를 수행할 수 없는 상태에 이르게 되는 부적합화(inadequacy) 그리고 물가상승, 에너지위기 및 소비자 기호의 변동 등 경제적 여건의 변동(changing economic conditions)에 의한 경제적 효익의 소멸 등이 있다.

2. 감가상각비의 회계처리와 보고

당기의 감가상각비가 결정되면 비용계정으로서 감가상각비(減價償却費, depreciation expense)계정 차변에 증가로 기록하고 대응계정으로서 관련자산의 평가계정인 감가상각누계액(accumulated depreciation)계정 대변에 증가로 기록한다.

분개장			
일 자	계 정	차 변	대 변
	감가상각비	×××	
	감가상각누계액		×××

감가상각누계액계정은 재무상태표상에서 관련자산의 차감항목으로 표시되는데, 관련자산의 취득원가에서 감가상각누계액을 차감한 후의 잔액을 유형자산의 장부가치(book value)라고 한다.

부분재무상태표(자산)		
현 금		
:		
차량운반구	₩15,000,000	
감가상각누계액	(3,000,000)	₩12,000,000

여기서 한 가지 중요한 것은 감가상각누계액은 관련 유형자산을 새로운 자산으로 대체하기 위한 적립금액을 나타내는 계정이 아니라는 것이다. 대변에 표시되는 감가상각누계액은 유형자산이 수익획득과정에 이용됨에 따라 그 자산이 가지고 있던 용역잠재력이 소멸된 것을 인식하여 누계해 놓은 것일 뿐이다. 이는 자산의 대체여부와는 무관하다. 따라서 특정자산이 대체될 것인가의 여부는 그 자산의 감가상각에 대한 회계처리에 영향을 미치지 않는다는 점에 주의해야 한다.

3. 감가상각비의 결정요소

매 회계기간의 감가상각비를 결정하는 데에는 자산의 취득원가, 내용연수 그리고 잔존가치 등의 세 가지 요인이 영향을 미친다.

- **취득원가**(acquisition cost) 앞에서 설명한 바와 같이 자산의 취득원가는 자산을 구입 혹은 제작하기 위해 소요되는 직접원가뿐만 아니라 해당자산을 기업이 본래 의도한 용도로 사용가능하도록 하기 위해 지출한 모든 부대비용을 포함한다.
- **내용연수**(useful year) 자산의 예상사용기간 또는 자산으로부터 획득할 수 있는 생산량이나 이와 유사한 단위를 말한다. 특정자산의 내용연수는 그 자산의 물리적 요인과 경제적 요인을 고려하여 결정한다.
- **잔존가치**(residual value) 자산의 내용연수가 종료하는 시점에 그 자산의 예상처분가액에서 예상처분비용을 차감한 금액을 말한다. 잔존가치는 회계실무상 중요하지 않으면 ₩0으로 처리하지만 잔존가치가 중요할 것으로 예상될 경우에는 잔존가치를 추정한다. 그러나 세법에서는 유형자산을 정액법으로 감가상각할 경우에는 잔존가치를 ₩0으로 하고 정률법으로 감가상각할 경우에는 법인의 경우 자산의 취득원가의 5% 혹은 ₩1,000을 잔존가치로 하도록 규정하고 있다.

감가상각대상금액
=취득원가−잔존가치

한편, 감가상각대상금액(depreciable cost)은 유형자산의 취득원가에서 잔존가치를 차감한 금액을 말한다. 이 금액은 상각해야 할 총금액으로서 자산의 내용연수 동안에 걸쳐서 배분된다. 또한 잔존가치와 내용연수는 적어도 매 회계연도말에 재검토한다. 재검토 결과 추정치가 종전 추정치와 다르다면 그 차이는 회계추정의 변경으로 회계처리한다.

4. 감가상각방법

유형자산의 취득원가가 결정되고 잔존가치 및 내용연수가 추정되면 내용연수 동안에 취득원가에서 잔존가치를 차감한 감가상각대상금액을 각 연도에 어떻게 배분할 것인가 하는 문제가 남게 된다. 감가상각방법은 해당자산으로부터 예상되는 미래 경제적 효익의 소멸행태에 따라 선택해야 하며, 소멸행태가 변하지 않는 한 한번 선택된 상각방법은 매 회계기간에 계속 적용되어야 한다. 현행 기업회계기준서에서 제시하고 있는 유형자산의 감가상각방법에는 정액법(straight-line method, SLD), 체감잔액법(혹은 가속상각법)으로서 정률법(constant percentage of declining balance method), 연수합계법(sum-of-the-years'-digits method, SYD), 그리고 생산량비례법(units-of-production method) 등이 있다.

LG전자 2023년 사업보고서 중에서

회계에 대한 중요한 정책

2.11 유형자산

유형자산은 역사적 원가에서 감가상각누계액과 손상차손누계액을 차감하여 표시하고 있습니다. 역사적 원가는 자산의 취득에 직접적으로 관련된 지출을 포함합니다. 후속원가는 자산으로부터 발생하는 미래 경제적 효익이 연결회사에 유입될 가능성이 높으며 그 원가를 신뢰성 있게 측정할 수 있는 경우에 한하여 자산의 장부금액에 포함되거나 적절한 경우 별도의 자산으로 인식하고 있습니다. 대체된 부분의 장부금액은 제거하고 있습니다. 그 외의 모든 수선 및 유지비는 발생한 기간의 비용으로 인식하고 있습니다. 토지를 제외한 자산은 취득원가에서 잔존가치를 제외하고, 다음의 추정 경제적 내용연수에 걸쳐 정액법으로 상각됩니다.

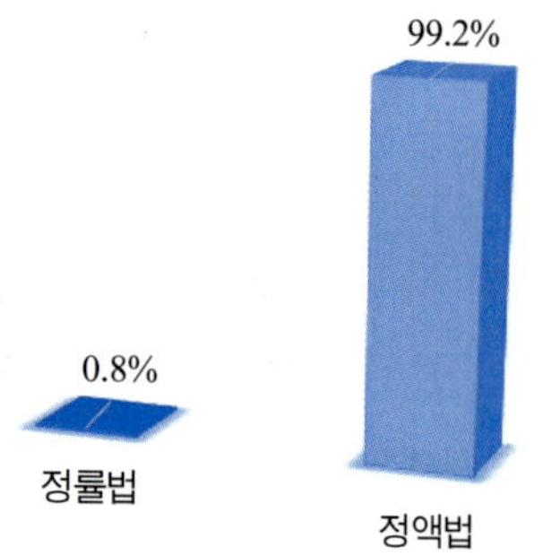

우리나라 기업의 감가상각방법 선택 비율 (2016년 기준)

자산의 내용연수 전체에 걸쳐 이루어지는 감가상각대상금액은 같으나 어떤 감가상각방법을 선택하느냐에 따라 매 회계기간에 인식하게 되는 감가상각비는 달라진다. 이는 경영자가 선택하는 감가상각방법에 따라 기간손익이 달라짐을 의미한다. 여기에 화폐의 시간가치를 고려하게 되면 이들 기간손익의 차이는 기업의 현금흐름에 중요한 영향을 미치게 된다. 일반적으로 많은 기업들은 수량은 많으나 금액이 적은 자산에 대해서는 정액법을 이용하고 수량은 적으나 금액이 큰 자산에 대해서는 가속상각법(accelerated depreciation method)에 의한 감가상각방법을 선택한다. 이하에서는 다음 예제를 이용하여 정액법, 정률법, 연수합계법 그리고 생산량비례법 등 다양한 감가상각방법에 대해 알아본다.

LG전자는 20×1년 1월 1일에 물류지원을 위해 최신 트럭 1대를 구입하였다. 트럭 구입과 관련한 정보는 다음과 같다.

취득원가	₩100,000
잔존가치	5,000
내용연수	5년
예상운행거리(km)	200,000km

정액법

정액법은 내용연수 기간 동안 매년 동일한 금액을 상각하는 방법으로 균등상각법 또는 직선법이라고도 한다.

정액법(straight-line method, SLM)은 내용연수 기간 동안 매년 동일한 금액을 상각하는 방법으로서 균등액상각법 또는 직선법이라고도 한다. 정액법은 특정 회계기간 동안의 생산이 그 기간의 감가상각비에 전혀 영향을 미치지 않는다. 정액법에서의 감가상각비는 오직 시간의 경과에 의해서만 영향을 받으며 그 자산이 제공하는 용역잠재력은 매 회계기간에 동일하다고 암묵적으로 가정한다. 정액법에서의 감가상각비는 취득원가에서 잔존가치를 차감한 감가상각대상금액을 내용연수로 나누어 계산한다.

$$\text{감가상각비} = \frac{(\text{취득원가} - \text{잔존가치})}{\text{내용연수}}$$

[도표 9-3]은 LG전자 트럭의 정액법에 의한 감가상각비 계산을 보여준다.

도표 9-3
정액법에 의한 감가상각

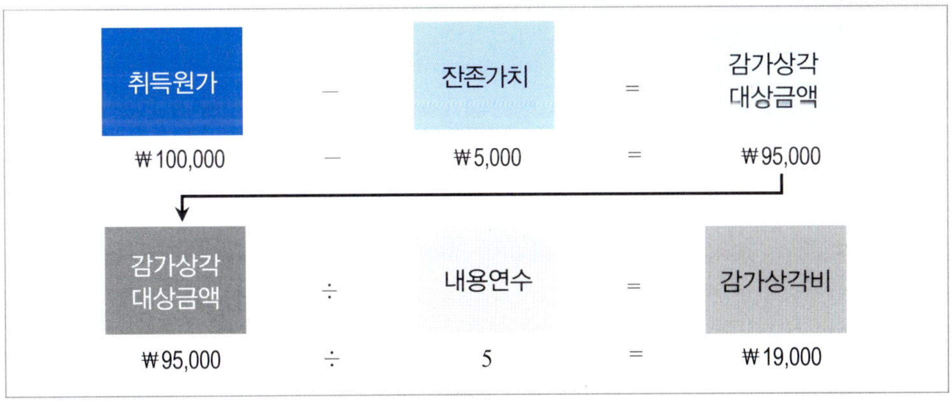

[도표 9-3]에서 보듯이 LG전자의 트럭 취득원가는 ₩100,000, 잔존가치 ₩5,000, 내용연수는 5년이다. 따라서 감가상각대상금액은 ₩95,000(=₩100,000−₩5,000)이 된다. 이 감가상각대상금액을 내용연수 5년으로 나누면 매년 인식해야 하는 감가상각비는 ₩19,000이 된다. [도표 9-4]는 LG전자의 트럭에 대한 감가상각표이다.

[도표 9-4]에서 보듯이 5년간의 감가상각액은 매년 ₩19,000으로 동일하다. 20×5년 감가상각이 다 이루어지고 나면 트럭의 장부가치는 잔존가치만 남게 된

도표 9-4

정액법에 의한 감가상각액

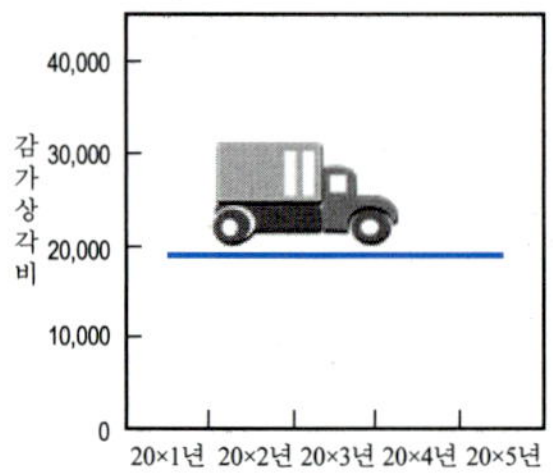

연도	감가상각비 계산 (감가상각대상금액÷내용연수)	감가상각액	감가상각 누계액	장부가치
				₩100,000
20×1년	₩95,000 × 1/5	₩19,000	₩19,000	81,000
20×2년	95,000 × 1/5	19,000	38,000	62,000
20×3년	95,000 × 1/5	19,000	57,000	43,000
20×4년	95,000 × 1/5	19,000	76,000	24,000
20×5년	95,000 × 1/5	19,000	95,000	5,000
		₩95,000		

다. 이렇듯 정액법은 계산이 매우 단순하기 때문에 많은 기업들에서 이용하며 특히 자산의 가치가 시간의 경과에 따라 일정하게 감소하고 기능적 진부화가 자산의 가치에 거의 영향을 미치지 않는 경우에 좋은 방법이다.

정률법

체감잔액법 또는 가속상각법은 감가상각비를 내용연수 초기에 많이 인식하고 후반기에는 적게 인식하는 방법이다.

체감잔액법(declining balance) 또는 가속상각법(accelerated depreciation method)은 감가상각비를 상각대상자산의 내용연수 초기에 많이 인식하고 후반기에는 보다 적게 인식하는 방법이다. 체감잔액법(혹은 가속상각법)의 사용에 대한 이론적 근거는 다음과 같다. 유형자산이 취득 초기에는 생산능률이나 서비스의 질이 높고 수선유지비용이 적게 들지만, 사용시간이 경과할수록 그 능률이 저하되고 수선유지비용이 점차 많이 지출된다. 따라서 순현금흐름이 상대적으로 많은 내용연수의 초기에는 더 많은 감가상각비를 인식하고, 순현금흐름이 적은 내용연수의 후반기에는 감가상각비를 보다 적게 인식하는 것이 수익·비용 대응에 부합한다는 점에서 가속상각법의 이론적 타당성을 찾을 수 있다.

정률법은 각 연도 초의 장부가치에 동일한 상각률을 곱하여 감가상각비를 결정하는 방법이다.

정률법(constant percentage of declining balance method)에서는 감가상각비를 각 연도 초의 **장부가치**(미상각잔액)에 동일한 상각률을 곱하여 계산한다. 따라서 정률법에서는 내용연수 동안 적용할 고정적인 상각률을 먼저 산출해야 한다. 그리고 각 연도 초의 **미상각잔액**(취득원가−감가상각누계액)에 상각률을 곱하여 감가상각비를 계산하는데, 내용연수가 진행됨에 따라 기초의 장부가치가 계속 감소하므로 매년 인식되는 감가상각비는 감소하게 된다. 내용연수가 종료하면 최종적인 장부가치는 추정잔존가치가 된다.

$$감가상각비 = 기초장부가치 \times 감가상각률$$

$$감가상각률 = 1 - \sqrt[n]{\frac{잔존가치}{취득원가}},\ n : 내용연수$$

한편, 최초 장부가치는 잔존가치를 차감하지 않은 금액이라는 점에 주의해야 한다. 왜냐하면 감가상각률을 구할 때 이미 잔존가치를 고려하였기 때문에 감가상각대상금액에서는 잔존가치를 차감하지 않은 것이다. LG전자의 트럭에 대한 감가상각비를 정률법으로 계산하면 [도표 9-5]와 같다.

도표 9-5 정률법에 의한 감가상각액

연도	감가상각비 계산 (감가상각대상액×상각률*)	감가상각액	감가상각 누계액	장부가치
				₩100,000
20×1년	₩100,000×0.451	₩45,100	₩45,100	54,900
20×2년	54,900×0.451	24,760	69,860	30,140
20×3년	30,140×0.451	13,593	83,453	16,547
20×4년	16,547×0.451	7,463	90,916	9,084
20×5년	9,084×0.451	4,084**	95,000	5,000
		₩95,000		

* $상각률 = 1 - \sqrt[5]{\frac{5,000}{100,000}} = 0.451$

** 내용연수 마지막 연도에는 잔존가치가 ₩5,000이 되도록 조정해준다(=₩9,084−₩5,000).

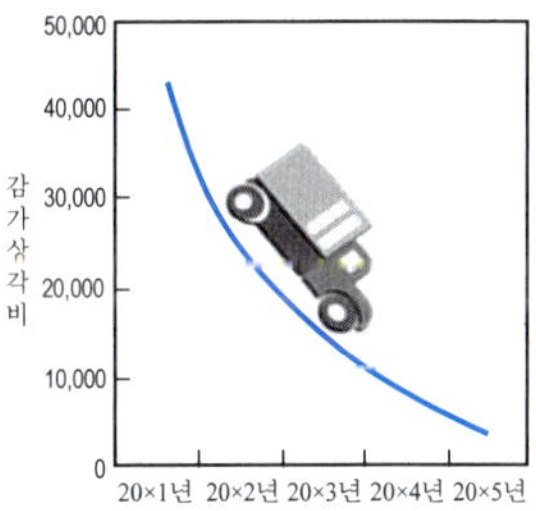

이중체감법의 상각률은 정액법의 상각률을 두 배로 하여 계산한다.

정률법과 유사한 감가상각방법으로는 이중체감법(double-declining-balance method)이 있다. 이 방법은 모든 것이 정률법과 동일하나 단지 상각률을 정액법 상각률의 두 배로 결정하는 점만이 다르다. 예를 들면 내용연수가 5년인 자산은 매년 40%(=1/5년×2배)의 상각률을 적용하여 상각액을 계산한다.

연수합계법

연수합계법은 내용연수의 합계를 분모로 하고 내용연수를 역순으로 표시한 수를 분자로 삼아 상각률을 계산하는 방법이다.

또 다른 체감잔액법의 하나로는 연수합계법(sum-of-years'-digits method, SYD)이 있다. 그러나 연수합계법은 매기 일정한 상각률을 곱하는 정률법과는 달리 내용연수의 합계를 분모로 하고 내용연수를 역순으로 표시한 수를 분자로 삼아 상각률을 계산한 후 이를 감가상각대상금액(장부가치−잔존가치)에 곱하여 감가상각비를 계산하는 방법이다. 예를 들면 내용연수가 5년일 경우 매년도의 상각률은 5/15, 4/15, 3/15, 2/15, 1/15이 된다. 여기서 분모는 내용연수의 합(1+2+3+4+5=15)이다. 보다 간단한 공식으로서 $n(n+1)/2$을 사용하여 $5(5+1)/2=15$와 같이 계산할 수도 있다.

$$\text{감가상각액}=(\text{장부가치}-\text{잔존가치})\times\frac{\text{잔여내용연수}}{\text{내용연수 합계}}$$

LG전자의 트럭에 대한 감가상각비를 연수합계법으로 계산하면 [도표 9-6]과 같다.

도표 9-6
연수합계법에 의한 감가상각액

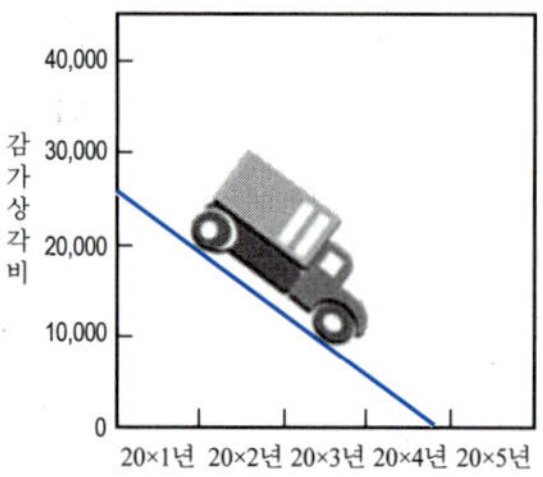

연도	감가상각비 계산 (감가상각대상액×상각률*)	감가상각액	감가상각 누계액	장부가치
				₩100,000
20×1년	₩95,000×5/15	₩31,667	₩31,667	68,333
20×2년	95,000×4/15	25,333	57,000	43,000
20×3년	95,000×3/15	19,000	76,000	24,000
20×4년	95,000×2/15	12,667	88,667	11,333
20×5년	95,000×1/15	6,333	95,000	5,000
		₩95,000		

생산량비례법

생산량비례법은 생산량 혹은 사용량에 비례하여 감가상각액을 계산하는 방법이다.

앞서 살펴본 정액법, 정률법, 연수합계법 등은 감가상각이 시간의 경과에 의해서 영향을 받으나 생산량비례법(units-of-production method)은 생산량 혹은 사용량에 비례하여 감가상각액을 계산하는 방법이다. 생산량비례법은 유형자산의 감가상각이 유형자산의 사용 정도에 따라 발생하는 것으로 가정할 때 적합한 방법이다. 삼림・유전・광산과 같은 천연자원(natural resources)의 경우에는 그 가치가 벌목량 혹은 채광량에 비례하여 감소하므로 추정총생산량에 대한 당기의 실제 생산량 비율을 기준으로 감가상각비를 계산함으로써 수익과 비용을 합리적으로 대응시킬 수 있게 된다. 천연자원을 생산량비례법에 의해 상각할 때에는 일반적인 감가상각(depreciation)이라는 용어와 구별하기 위해 감모상각(減耗償覺, depletion)이라는 표현을 사용하기도 하나 우리나라 기업회계기준서에서는 이러한 용어의 구분을 명확히 하고 있지는 않다.

생산량비례법으로 감가상각비를 계산할 때에는 다음 두 단계를 거친다. 첫째, 감가상각대상금액을 추정총생산량(또는 사용기간)으로 나누어 단위당 감가상각비를 계산한다. 둘째, 위에서 구한 단위당 감가상각비에 매기의 실제 생산량(또는 사용시간)을 곱하여 매기 감가상각비를 계산한다.

$$\text{단위당 감가상각비} = \frac{\text{감가상각대상금액}}{\text{추정총생산량(또는 총사용시간)}}$$

$$\text{매년 감가상각비} = \text{단위당 감가상각비} \times \text{당해연도 생산량}$$

LG전자의 트럭에 대한 감가상각비를 생산량비례법으로 계산하면 [도표 9-7]과 같다.

도표 9-7
생산량비례법에 의한 감가상각액

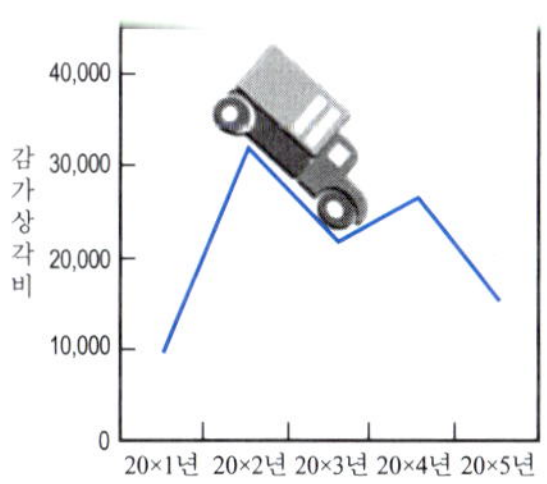

연도	운행거리		단위당 감가상각비	감가상각액	감가상각 누계액	장부가치
						₩100,000
20×1년	20,000km	×	₩0.475	₩9,500	₩9,500	90,500
20×2년	60,000	×	0.475	28,500	38,000	62,000
20×3년	40,000	×	0.475	19,000	57,000	43,000
20×4년	50,000	×	0.475	23,750	80,750	19,250
20×5년	30,000	×	0.475	14,250	95,000	5,000
	200,000km			₩95,000		

[도표 9-7]에서 보듯이 LG전자의 20×1년도 감가상각비는 감가상각대상금액 ₩95,000을 총예상운행거리 200,000km로 나누어 단위당 감가상각비 ₩0.475을 구한 후 20×1년 운행거리 20,000km에 단위당 감가상각비 ₩0.475을 곱하여 ₩9,500의 감가상각비를 구한다.

5. 감가상각방법 선택이 이익에 미치는 영향

[도표 9-8]은 LG전자의 트럭에 대한 감가상각을 정액법으로 했을 경우와 정률법

도표 9-8 감가상각방법의 비교 : 정액법과 정률법

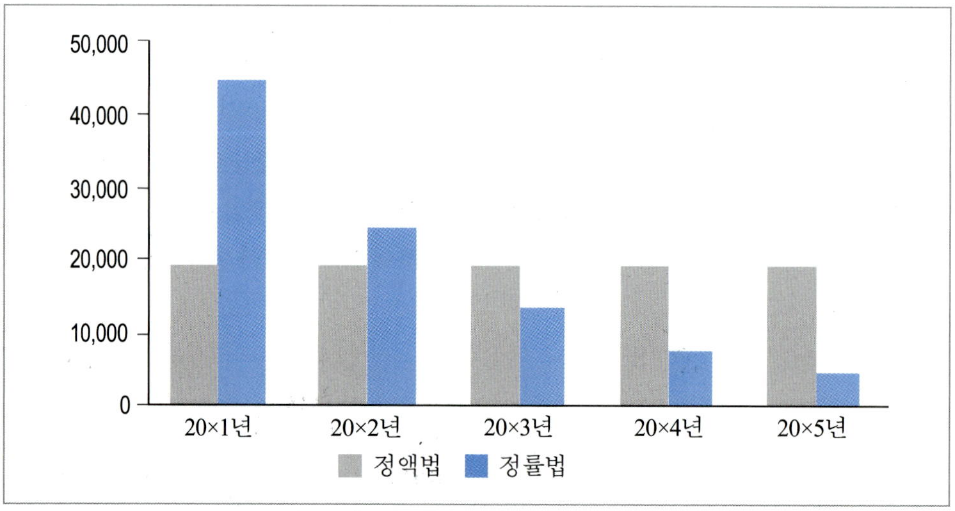

으로 했을 경우에 매년 인식한 감가상각비를 비교한 것이다. 감가상각을 하는 방법에 따라 매년 인식하는 감가상각비용은 다르나 내용연수 전체에 걸쳐서 인식하는 총감가상각비는 서로 같다. 정률법을 이용하면 정액법에 비해 초기에 감가상각비를 많이 보고하고 내용연수 말기에 가까울수록 감가상각비를 적게 보고하게 된다. 이러한 이익보고가 기업의 부에 차이를 가져오는가? 답은 '그렇지 않다'이다. 어떠한 방법으로 계산하든지간에 감가상각비는 단지 추정이기 때문이다. 이 추정치는 기업의 실제 재무건전성에 영향을 미치지 않는다. 따라서 기업이 감가상각에 정률법을 이용하는 것은 정액법에 의한 감가상각보다 단지 보수적으로 순이익을 측정하기 위한 것일 뿐이다.

그러나 세금을 목적으로 감가상각방법을 선택할 경우에는 다르다. 예를 들어 감가상각비를 많이 보고하면 이익은 적게 보고되고 적은 세금을 부담하게 된다. 적은 세금의 부담은 기업이 활용할 수 있는 직접적인 현금의 증가로 나타나기 때문이다. 따라서 재무제표 이용자들은 각기 다른 감가상각방법들이 기업이익에 미치는 영향을 명확히 이해해야 한다.

6. 기중에 구입한 유형자산의 감가상각

앞에서 우리는 유형자산을 회계연도 초에 구입한 것으로 가정하였지만 현실적으로는 기업의 유형자산 구입시점은 다양하게 나타난다. 이 경우 유형자산에 대

한 감가상각은 자산을 구입해서 운영활동에 사용된 시점부터 이루어져야 한다. 기중 구입한 유형자산의 초년도 상각액을 결정하는 방법에는 일년기준, 반년기준, 월할기준, 일할기준 네 가지가 있다. 기업회계기준서에서는 특정한 방법을 지정하고 있지 않으나 한 번 선택한 방법은 특별한 사유가 없는 한 해당자산과 유사한 자산에 대하여 계속적으로 적용해야 한다. 한편, 세법에서는 기중 취득한 자산에 대해 월할기준에 의해 감가상각을 하도록 하고 있다.

기중에 취득한 자산에 대해 월할기준으로 감가상각을 하는 경우에 먼저 회계연도에 상관없이 취득 1차년도와 2차년도의 감가상각비를 구한다. 여기서 1차년도는 자산의 구입시점부터 1년을 의미한다. 그 다음 계산된 감가상각비를 자산의 사용월수로 나누어 연간 감가상각비를 재산출한다. 예를 들면, 앞서 이용한 LG전자의 사례에서 트럭을 10월 1일에 구입하였다고 가정하자. 정률법에 의해 감가상각을 한다면 1차년도 감가상각비는 다음과 같이 계산된다.

$$₩100,000 \times 0.451 = ₩45,100$$

이 중 20×1년도에 인식해야 할 감가상각비는 1차년도 감가상각비 ₩45,100에서 3개월치인 ₩11,275이 된다.

$$₩45,100 \times \frac{3개월}{12개월} = ₩11,275$$

그 다음 20×2년도에 인식해야 할 감가상각비는 1차년도 감가상각비 중 9개월치인 ₩33,825과 2차년도 감가상각비 ₩24,760 중 3개월치인 ₩6,190을 가산한 ₩40,015이 된다.

$$₩45,000 \times \frac{9개월}{12개월} + ₩24,760 \times \frac{3개월}{12개월} = ₩40,015$$

도표 9-9

기중 취득 유형자산의 감가상각비 계산

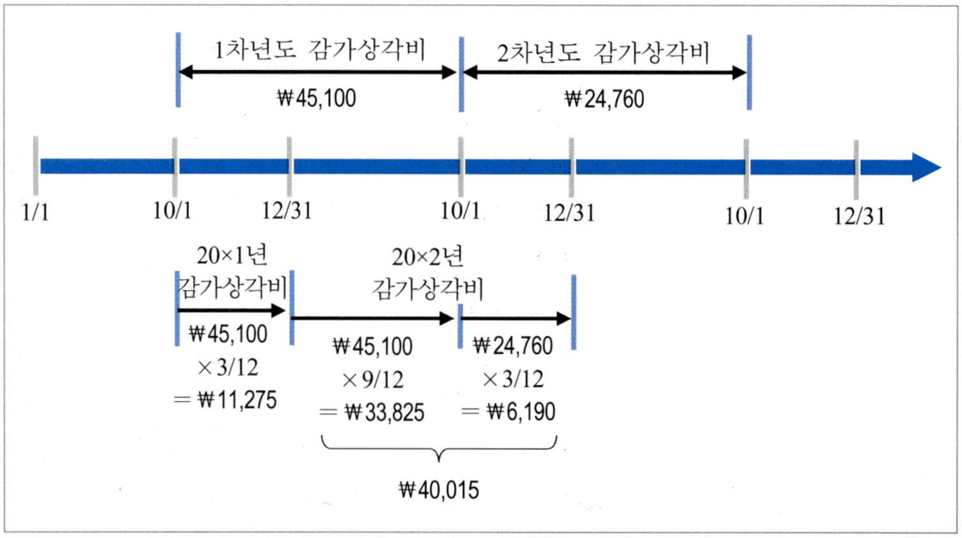

유형자산의 재평가 및 자산손상

유형자산은 사용함으로써 마모 등의 물리적 손상 또는 신제품 출현 등에 의한 기능적 진부화로 가치가 감소한다. 이런 가치변동을 유형자산의 장부가치에 반영하는 방법으로는 원가모형과 재평가모형이 있다. 기업은 이 중 하나를 선택하여 적용한다.

이때 선택한 방법은 유형자산 분류별로 동일하게 적용해야 한다. 예를 들어, 건물을 원가모형으로 평가한다면 회사의 모든 건물은 원가모형으로 평가해야 한다. 그러나 성격이 다른 자산들 간에는, 즉 건물은 원가모형으로 기계는 재평가모형으로 서로 다르게 적용할 수 있다.

원가모형

원가모형은 자산을 최초 취득시점에 취득원가로 인식한 이후에는 공정가치가 변화해도 재평가를 허용하지 않는 방법이다.

원가모형(cost model)은 전통적인 회계처리방법으로서 자산을 최초 취득시점에 취득원가로 인식한 이후에는 공정가치가 변화해도 재평가를 허용하지 않는 방법이다. 그러나 자산손상의 징후가 있는 경우에는 회수가능액과 장부가치의 차이를 손상차손으로 인식하여 당기비용에 반영하고, 그만큼 손상차손누계액으로 표시하여 유형자산의 장부가치에 반영한다.

유형자산을 취득한 후 원가모형을 적용하여 회계처리하는 경우에 유형자산의 진부화 또는 시장가치의 급격한 하락 등으로 인하여 유형자산의 미래 경제적 효익이 장부가치에 현저하게 미달할 가능성이 있는 경우에는 유형자산의 손상차손(loss on impairment) 인식여부를 검토해야 한다.

순공정가치는 공정가치에서 해당자산의 처분 부대원가를 차감한 금액이다.

사용가치는 자산이 벌어들일 미래현금흐름을 현재가치로 환산한 금액이다.

회계기간 말의 자산가치가 감가상각 후의 장부가치보다 작게 되면 손상이 발생한 것이다. 이때 자산의 가치는 회수가능액(recoverable amount)으로 측정하는데, 이는 자산을 처분하여 얻을 것으로 예상되는 금액인 순공정가치(net fair value)와 자산을 사용하여 창출할 수 있을 것으로 예상되는 금액인 사용가치(value in use) 중 큰 금액이다.

$$\text{손상차손} = \text{장부가치} - \text{회수가능액}$$
$$\text{회수가능액} = \max(\text{순공정가치, 사용가치})$$

합리적인 경영자는 이 두 가지를 비교하여 순공정가치가 크면 해당자산을 처분하고, 사용가치가 크면 계속 사용하는 결정을 하여 기업가치 극대화를 도모할 것이다. 따라서 특정자산의 가치는 두 가지 중 큰 금액을 회수가능액으로 보는 것이 합당하다고 할 수 있다.

회수가능액이 감가상각 후의 장부가치보다 작으면 그 차액을 유형자산손상차손이라는 영업외비용 항목으로 처리하는 동시에 손상차손누계액이라는 자산의 차감계정으로 표시하여 장부가치를 회수가능액으로 감소시킨다. 즉, 재무상태표의 유형자산의 장부가치는 취득원가에서 감가상각누계액 및 손상차손누계액을 차감한 금액으로 계상한다.

경제적 손실에 대한 적절한 평가는 기업의 가치를 올바르게 평가하게 해준다.

분개장			
일 자	계 정	차 변	대 변
	유형자산손상차손	×××	
	유형자산손상차손누계액		×××

그러나 차기 이후에 해당 유형자산의 가치가 증가하여 새로운 회수가능액이 이미 하향 조정된 장부가치를 초과하는 경우에는 그 초과액을 유형자산손상차손환입이라는 영업외수익 항목으로 처리하고 그 초과액만큼 유형자산손상차손누계액을 제거한다. 이 경우에 환입한도액은 손상차손을 인식하지 않았을 경우 장부가치의 감가상각 후 잔액을 초과할 수 없다. 환입분개는 다음과 같다.

분개장			
일 자	계 정	차 변	대 변
	유형자산손상차손누계액	×××	
	유형자산손상차손환입		×××

손상차손과 관련된 회계처리를 [예제 9-3]을 이용하여 살펴보자.

예제 9-3 유형자산의 손상차손

LG전자가 소유하고 있는 토지의 장부가치는 ₩560,000이다. 20×1년에 부동산 시세가 하락하여 토지의 회수가능액이 ₩420,000으로 평가되었다. 그리고 20×2년에 부동산 시세가 회복되어 토지의 회수가능액이 ₩620,000이 되었다. 이에 대한 회계처리를 하시오.

풀이

① 20×1년 말

계정	차변	대변
토지손상차손	140,000	
토지손상차손누계액		140,000

20×1년 말 재무상태표의 토지 표시

부분재무상태표(자산)		
현 금		
:		
토 지	₩560,000	
토지손상차손누계액	(140,000)	₩420,000

② 20×2년 말

계정	차변	대변
토지손상차손누계액	140,000	
토지손상차손환입		140,000

[예제 9-3]에서 한 가지 주의해야 할 것은 20×2년 말 재무상태표에는 토지 손상차손누계액이 전액 환입되어 잔액이 없으므로 토지가 ₩560,000으로 표시된다는 것이다. 이때 회수가능액이 비록 ₩620,000이라고 하더라도 손상차손 인식 전의 장부가치인 ₩560,000을 초과하여 환입할 수 없다는 데에 주의해야 한다.

LG전자 2023년 사업보고서 중에서

(2) 유형자산의 변동내역

연결회사는 정기 손상검사를 수행하여 향후 판매부진이 예상되는 HE, BS, VS사업부문의 일부 사업에서 3,334백만원의 손상을 '기타영업외비용'으로 인식하였습니다. 해당 손상금액은 현금창출단위의 기계장치 및 비품 등에 배분되었습니다. 현금창출단위의 회수가능액은 처분부대원가를 차감한 공정가치와 사용가치 중 큰 금액으로 측정되었으며, 이는 공정가치서열체계 수준 3에 해당합니다.

재평가모형

재평가모형은 자산을 취득시점 이후에 공정가치로 재평가하고 재평가된 금액을 장부가치로 수정하는 방법이다.

재평가모형(revaluation model)은 자산의 공정가치를 신뢰성 있게 측정할 수 있는 경우, 취득시점 이후에 자산을 공정가치로 재평가하고 재평가된 금액을 장부가치로 수정하는 방법이다. 재평가의 빈도는 자산의 공정가치 변동에 따라 달라진다.

재평가된 자산의 공정가치가 장부가치와 유의하게 차이가 나는 경우에는 추가적인 재평가가 필요하다. 따라서 유의적이고 급격한 공정가치 변동 때문에 매년 재평가가 필요한 유형자산이 있는 반면, 공정가치의 변동이 미미하여 빈번한 재평가가 필요하지 않은 유형자산도 있다. 이 경우에는 3년이나 5년마다 재평가하는 것만으로도 충분하다.

기업이 재평가모형을 적용하여 자산을 평가할 때에는 회계기말의 공정가치에 기초한다. 이때 공정가치와 기존의 장부가치 간의 차이를 재평가차액(revaluation difference)이라고 한다.

재평가차액 = 공정가치 − 장부가치

비상각대상자산의 재평가 : 공정가치가 장부가치보다 큰 경우

공정가치가 장부가치를 초과하면 그 차액을 재평가자산의 차변에 기록하여 장부가치를 공정가치로 수정하고, 반대로 대변에는 이 차이금액을 재평가이익으로 표시하여 포괄손익계산서의 기타포괄손익(OCI)에 기록한다. 이것은 결산시점에 마감분개를 통하여 재무상태표의 자본항목 중 하나인 기타포괄손익누계액(AOCI)에 자산재평가잉여금(asset revaluation reserve)이라는 계정과목으로 표시된다.

분개장			
일 자	계 정	차 변	대 변
	유형자산	×××	
	재평가이익(OCI)		×××
마감분개			
	재평가이익(OCI)	×××	
	재평가잉여금(AOCI)		×××

[예제 9-4]는 유형자산의 공정가치 변동에 따른 장부가치 조정방법에 대한 예를 설명하고 있다.

예제 9-4 자산재평가이익의 회계처리

LG전자는 20×1년 초에 토지를 ₩500,000에 구입했다. 이 토지는 20×1년 말에 ₩620,000, 20×2년 말에 ₩420,000으로 재평가되었다. 20×1년과 20×2년 말의 회계처리를 하시오.

풀이

① 20×1년 말

토지가 ₩620,000으로 재평가되어 ₩120,000의 재평가이익이 발생했으므로 이를 포괄손익계산서의 기타포괄손익(OCI)에 인식하고 결산시점에 마감분개를 통해 재무상태표에 기타포괄손익누계액(AOCI)의 재평가잉여금으로 대체한다.

계정	차변	대변
토지	120,000	
재평가이익(OCI)		120,000

20×1년 말 마감분개

계정	차변	대변
재평가이익(OCI)	120,000	
재평가잉여금(AOCI)		120,000

20×1년 말 재무제표의 표시

부분재무상태표(20×1년 12월 31일)	
비유동자산	
토지	₩620,000
자본 : 기타포괄손익누계액	
재평가잉여금	120,000

부분포괄손익계산서(20×1년)	
기타포괄이익	
재평가이익	₩120,000

② 20×2년 말

토지의 장부가치를 ₩620,000에서 ₩420,000으로 ₩200,000만큼 감소시켜야 한다. 재평가손실 ₩200,000 중 이전 재평가시에 인식한 재평가잉여금 ₩120,000을 한도로 재평가손실로 인식한 후에 마감분개를 통해 재평가잉여금으로 대체한다. 나머지 ₩80,000은 당기손익(PL)에 반영한다.

	차변	대변
재평가손실(OCI)	120,000	
재평가손실(PL)	80,000	
토지		200,000

20×2년 말 마감분개

	차변	대변
재평가잉여금(AOCI)	120,000	
재평가손실(OCI)		120,000

20×2년 말 재무제표의 표시

부분재무상태표(20×2년 12월 31일)	
비유동자산	
토지	₩420,000
자본 : 기타포괄손익누계액	
재평가잉여금	0

부분포괄손익계산서(20×2년)	
재평가손실(PL)	₩80,000
당기순이익	×××
기타포괄손익	
재평가손실(OCI)	120,000

공정가치가 장부가치보다 작은 경우

장부가치가 공정가치보다 크면 그 차이금액을 재평가자산의 대변에 기록하여 장부가치를 공정가치로 수정하고, 반대로 차변에는 이 차이금액을 재평가손실(PL)로 표시하여 포괄손익계산서의 영업외비용에 당기손실로 기록한다.

이후에 가치가 회복하여 공정가치가 장부가치를 초과하는 상황이 발생하면, 이전에 인식한 재평가손실을 먼저 당기이익으로 처리하고, 남은 금액은 재평가이익(OCI)으로 인식한 후 재평가잉여금(AOCI)으로 대체한다.

분개장			
일 자	계 정	차 변	대 변
	재평가손실(PL)	×××	
	유형자산		×××

[예제 9-5]는 유형자산의 공정가치 변동에 따른 장부가치 조정방법에 대한 예를 설명하고 있다.

예제 9-5 자산재평가손실의 회계처리

LG전자는 20×1년 초에 토지를 ₩500,000에 구입했다. 이 토지는 20×1년 말에 ₩420,000, 20×2년 말에 ₩620,000으로 재평가되었다. 20×1년과 20×2년 말의 회계처리를 하시오.

풀이

① 20×1년 말

토지가 ₩420,000으로 재평가되어 ₩80,000의 재평가손실이 발생했으므로 이를 포괄손익계산서의 당기손익에 인식한다.

계정	차변	대변
재평가손실(PL)	80,000	
토지		80,000

② 20×2년 말

토지의 장부가치를 ₩420,000에서 ₩620,000으로 ₩200,000만큼 증가시켜야 한다. 이전 재평가시에 당기손실로 인식한 ₩80,000은 당기이익으로 처리하고 나머지 금액은 재평가잉여금으로 인식한다.

계정	차변	대변
토지	200,000	
재평가이익(PL)		80,000
재평가이익(OCI)		120,000

상각대상자산의 재평가모형

앞서 설명한 바와 같이 감가상각을 하지 않는 자산에 대해 재평가모형을 적용한 것은 재평가 회계처리가 비교적 쉽다. 그러나 감가상각대상인 유형자산을 재평가할 때에는 이미 인식한 감가상각누계액을 고려하여 유형자산의 장부가치를 공정가치로 조정해야 한다.

자산재평가로 인하여 유형자산의 가치가 변동하는 경우에 새로운 장부가치로 수정하는 회계처리방법에는 기존의 감가상각누계액을 제거하는 방법(감가상각누계액 제거법)과 자산의 장부가치와 감가상각누계액을 비례적으로 수정하는 방법(비례수정법)이 있는데, 경영자는 이 두 가지 중에서 하나를 선택할 수 있다.

유형자산 제1016호 문단 35

한국회계기준원 회계기준위원회

> 유형자산을 재평가할 때, 그 자산의 장부금액을 재평가금액으로 조정한다. 재평가일에 그 자산을 다음 중 하나의 방법으로 회계처리한다.
>
> (1) 자산 장부금액의 재평가와 일치하는 방식으로 자산의 총장부금액을 조정한다. 예를 들어, 총장부금액은 관측가능한 시장 자료를 기초로 수정하거나 장부금액의 변동에 비례하여 수정할 수 있다. 재평가일의 감가상각누계액은 손상차손누계액을 고려한 후 총장부금액과 장부금액의 차이와 같아지도록 조정한다.
>
> (2) 자산의 총장부금액에서 감가상각누계액을 제거한다. 감가상각누계액의 조정금액은 문단 39와 40에 따라 회계처리되는 장부금액의 증감에 포함된다.

[예제 9-6]은 상각대상자산의 자산재평가에 대한 회계처리를 보여준다.

예제 9-6 상각대상자산의 자산재평가에 대한 회계처리

LG전자는 20×2년 1월 1일에 건물을 ₩500,000에 취득하였고, 20×2년 감가상각비 ₩100,000을 인식하였다. 20×2년 말 건물의 공정가치는 ₩500,000이다. LG전자가 재평가모형을 적용하여 건물을 평가할 때 비례수정법과 감가상각누계액 제거법을 적용하여 각각 회계처리하시오.

풀이

① 비례수정법

20×2년 말 건물의 장부가치는 ₩400,000이고, 이를 공정가치인 ₩500,000으로 조정해야 한다. 이를 위해서 취득원가와 감가상각누계액에 각각 (공정가치/장부가치)를 곱해주면, 재평가 후 자산의 장부가치가 재평가금액과 일치하게 된다.

계정과목	재평가 전	비례적 수정	재평가 후
건물	₩500,000	$\times \frac{₩500,000}{₩400,000}$	₩625,000
감가상각누계액	(100,000)		(125,000)
장부가치	₩400,000		₩500,000

	차변	대변
건물	125,000	
감가상각누계액		25,000
재평가이익(OCI)		100,000

마감분개

	차변	대변
재평가이익(OCI)	100,000	
재평가잉여금(AOCI)		100,000

② 감가상각누계액 제거법

이 방법에서는 먼저 20×2년 말에 설정되어 있는 감가상각누계액 ₩100,000을 제거하고 건물의 장부금액을 ₩400,000으로 수정한다. 그다음 재평가를 실시하여 건물의 장부가치를 공정가치인 ₩500,000으로 수정한다.

재평가 전 장부금액			재평가 후 장부금액		
건물	₩500,000		건물	₩500,000	
감가상각누계액	(100,000)	₩400,000	감가상각누계액	(0)	₩500,000

	차변	대변
감가상각누계액	100,000	
건물		100,000
건물	100,000	
재평가이익(OCI)		100,000

마감분개

	차변	대변
재평가이익(OCI)	100,000	
재평가잉여금(AOCI)		100,000

유형자산의 처분

유형자산을 처분하면 유형자산과 관련된 계정을 모두 제거해야 한다. 유형자산의 처분에 대한 회계처리는 다음과 같다.

- 처분된 자산의 취득원가 및 감가상각누계액을 장부에서 제거한다.
- 처분된 자산에 대한 대가로 받은 현금을 기록한다.
- 처분된 자산의 장부가치와 처분가격의 차이를 유형자산처분손익(gains or losses on disposal of tangible assets)으로 인식하고 손익계산서에 영업외수익 혹은 영업외비용으로 보고한다.

유형자산의 처분시 중요한 것은 처분시점의 장부가치를 정확히 파악하는 것이다. 회계기간 중에 유형자산을 처분하는 경우 처분시점까지 사용한 유형자산의 감가상각액을 인식하여 처분시점의 장부가치를 먼저 산출해야 한다. 그리고 난 후 처분시 받은 대금에서 장부가치를 차감하여 유형자산처분손익을 계산한다.

예제 9-7 유형자산의 처분

20×1년 1월 1일 LG전자는 업무용 트럭을 ₩15,000,000에 구입하였다. 트럭의 잔존가치는 ₩0이고 내용연수는 5년이며 정액법에 의해 감가상각을 한다. 20×2년 7월 1일에 LG전자는 사용하던 트럭을 ₩11,000,000에 처분하였다. 트럭의 처분에 따른 회계처리를 하시오.

풀이

① 20×1년 말 트럭의 장부가치

부분재무상태표(자산)		
현 금		
:		
차량운반구	₩15,000,000	
감가상각누계액*	(3,000,000)	₩12,000,000

* ₩15,000,000 × 1/5 = ₩3,000,000

② 20×2년 7월 1일 트럭처분시점까지의 감가상각비 인식액

계정	차변	대변
감가상각비	1,500,000*	
감가상각누계액		1,500,000

* ₩3,000,000(연간 감가상각비)×6/12=₩1,500,000

③ 20×2년 7월 1일 트럭처분에 대한 회계처리

계정	차변	대변
현금	11,000,000	
감가상각누계액	4,500,000	
차량운반구		15,000,000
유형자산처분이익		500,000

유형자산처분손익=유형자산처분가액−장부가치

무형자산

1. 무형자산의 의의

무형자산은 물리적 실체가 없는 자산으로 기업이 영업활동을 위하여 보유하고 있는 자산을 말한다.

무형자산(無形資産, intangible assets)은 물리적 실체가 없는 자산으로 식별가능하면서 장기간에 걸쳐 기업의 통제하에서 기업의 영업활동을 위하여 보유하고 있는 자산을 말한다. 유형자산에 근거한 제품 주도적 경제로부터 무형자산에 근거한 지식·서비스의 경제로 전환되는 산업 추세가 최근 몇십 년간 계속되고 있다. 조사에 의하면 1982년에는 기업가치 중 무형자산의 가치가 차지하는 비중

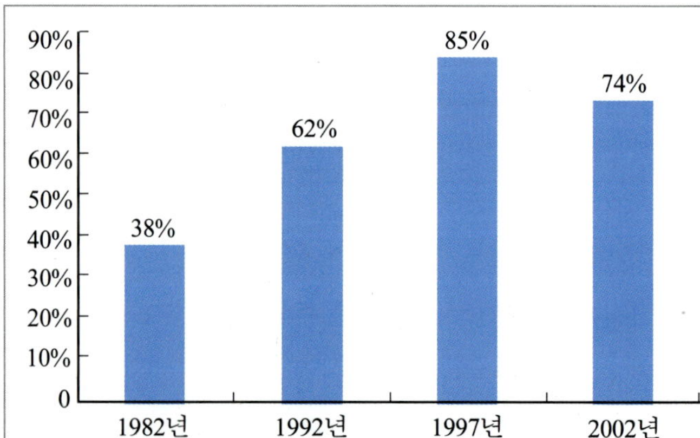

자료 : Robert S. Kaplan and David P. Norton, *Strategy Maps*, 2004, HBS Press, p.4.

이 38%였으나 2002년도에는 74%를 차지하고 있는 것으로 나타났다. 이렇듯 기업가치에서 무형자산의 중요성은 점점 더 커지고 있다.

실제로 재무상태표에는 많은 무형자산들이 보고되고 있지만, 이들이 기업의 중요한 무형자산들을 모두 보여주는 것은 아니다. 예를 들면, 삼성전자의 경우 2019년도 연결재무상태표에 표시된 순장부가치는 ₩262.9조인 반면, 같은 날의 시장가치(market value)는 약 ₩333.1조이었다. 따라서 삼성전자의 시장가치가 실제 연결재무상태표에 보고된 것보다 ₩70.2조 이상 큰 것으로 나타났다. 또한 영국의 브랜드파이낸스(www.brandfinance. com)에서는 2019년도 삼성전자의 브랜드자산가치를 913억 달러로 발표하였는데 이러한 수치는 재무상태표에 보고되지 않고 있다. 그 이유는 현행 재무상태표가 정확한 가치측정이 가능한 재무적인 요소들만을 기록하고 있기 때문이다. 그러나 이러한 극단적인 차이는 회계정보의 유용성을 심각하게 훼손할 수 있다. 따라서 지식산업화된 현대 경제환경하에서 무형자산에 대한 올바른 측정 및 보고는 매우 중요한 사항이다.

현행 기업회계기준서(K-IFRS 제1038호)에서는 다음 두 가지 조건을 모두 충족할 때에만 무형자산으로 인식하도록 하고 있다.

- 자산으로부터 발생하는 미래 경제적 효익이 기업에 유입될 가능성이 매우 높아야 하며,
- 자산의 취득원가를 신뢰성 있게 측정할 수 있어야 한다.

무형자산은 개별 식별가능 여부에 따라 개별적 식별이 불가능한 영업권과 개별적 식별이 가능한 일반적 무형자산으로 구분된다. 이들 무형자산의 특징은 다음 세 가지로 요약할 수 있다. 첫째, 무형자산에서 가장 중요한 개념인 식별가능성(specific identifiability)은 다른 자산과 분리가능하거나 별도로 측정될 수 있음을 의미한다. 자산이 분리가능하다는 것은 해당자산과 함께 동일한 수익창출활동에 사용되는 다른 자산에 영향을 미치지 않고 그 자산을 임대, 매각, 교환 또는 분배할 수 있는 것을 말한다. 둘째로 무형자산은 필요조건은 아니지만 가능한 한 법적 권리에 의해 보호됨으로써 기업의 통제하에 있어야 한다. 마지막으로 무형자산의 미래 경제적 효익은 재화의 매출이나 용역수익, 원가절감, 또는 자산의 사용에 따른 기타 효익의 형태로 발생한다.

2. 무형자산의 취득

연구활동의 예
1. 새로운 지식 탐구 활동
2. 지식을 탐색, 평가, 최종 선택, 응용하는 활동
3. 여러 가지 대체안을 탐색하는 활동
4. 여러 가지 대체안을 제안, 설계, 평가, 최종 선택하는 활동

개발활동의 예
1. 시제품과 모형의 설계, 제작, 시험 활동
2. 새로운 기술과 관련된 공구, 주형, 금형 등을 설계하는 활동
3. 시험공장을 설계, 건설, 가동하는 활동
4. 최종적으로 선정된 안을 설계, 제작, 시험하는 활동

무형자산의 취득원가는 자산을 취득하기 위하여 자산의 취득시점이나 생산시점에 지급한 현금 및 현금성자산 또는 제공하거나 부담할 기타 대가의 공정가치를 취득원가로 계상한다. 무형자산의 취득원가는 해당자산의 매입원가에 취득과 관련하여 발생한 모든 부대비용을 가산하여 결정한다.

무형자산의 취득은 기업 내부 창출에 의한 취득과 기업 외부로부터의 취득으로 구분할 수 있다. 기업 내부에서 창출되는 무형자산은 연구단계와 개발단계로 구분된다. 이 두 단계에 걸쳐서 지출된 비용과 관련하여 K-IFRS(제1038호, 무형자산)에서는 개발단계에서 지출된 비용을 무형자산으로 인식하도록 하고 있다. 개발단계는 연구단계보다 훨씬 더 진전되어 있는 상태이기 때문에 개발단계에서는 무형자산을 식별할 수 있으며, 그 무형자산의 미래 경제적 효익을 창출할 것임을 제시할 수 있기 때문이다. 반면, 연구단계에서 지출된 비용은 발생시점에 비용으로 인식한다. 연구단계에서는 미래 경제적 효익을 창출할 무형자산이 존재한다는 것을 제시할 수 없기 때문이다. 또한 무형자산을 창출하기 위한 활동을 연구단계와 개발단계로 구분할 수 없는 경우에는 그 프로젝트에서 발생한 지출은 모두 연구단계에서 발생한 것으로 보아 발생시점에 비용으로 인식한다.

영업권(營業權, goodwill)은 기업의 다른 자산과 개별적으로 식별하여 별도로 인식하는 것이 불가능하지만 미래 경제적 효익을 발생시키는 자산을 의미한다. 그러나 내부적으로 창출한 영업권의 경우 취득원가를 신뢰성 있게 측정할 수 없을 뿐만 아니라 기업과 분리할 수 없고 계약상 권리 혹은 법적 권리도 존재하지 않기 때문에 무형자산으로 인식하지 않는다. 반면, 사업결합거래에서 피취득자의 식별가능한 자산, 부채 및 우발부채의 공정가치를 초과하여 대가를 지급한 경우 그 초과금액을 영업권으로 인식한다.

3. 무형자산의 상각

무형자산은 취득원가로 보고되며 이 원가는 합리적이고 체계적인 방법으로 무형자산의 내용연수에 걸쳐서 비용화된다. 자산의 비용화에 있어서 유형자산의 경우에는 감가상각(depreciation)이라는 용어를 사용하였지만 무형자산에서는 상각

(amortization)이라는 용어를 사용하여 유형자산과 구별하고 있다. 무형자산도 유형자산의 감가상각과 마찬가지로 무형자산의 취득원가에서 잔존가치를 차감한 상각대상금액을 무형자산의 내용연수에 걸쳐서 배분한다.

현행 기업회계기준서에서는 무형자산의 상각방법으로 정액법, 정률법, 연수합계법, 생산량비례법 등을 적용하도록 하고 있다. 다만, 합리적인 상각방법을 정할 수 없는 경우에는 정액법을 사용하도록 규정하고 있다. 무형자산은 물리적 실체가 없어 내용연수가 경과되면 그 가치가 완전히 소멸되므로 잔존가치는 없는 것을 원칙으로 한다. 또한 무형자산의 상각비는 누계계정을 이용하지 않고 상각액을 무형자산에서 직접 차감하여 재무상태표에 보고한다. 이를 직접상각법(direct write-off method)이라고 한다. 직접상각법에 의해 무형자산을 상각하는 경우 재무상태표에는 무형자산의 미상각잔액만 보고되므로 충분한 정보를 제공할 수 있도록 무형자산의 종류별 상각누계액을 주석사항으로 공시한다.

직접상각법은 무형자산의 상각액을 무형자산에서 직접 차감하여 순액을 재무상태표에 보고하는 방법을 말한다.

분개장			
일 자	계 정	차 변	대 변
	특허권상각비	×××	
	특허권		×××

한편, 무형자산의 상각은 유한내용연수를 가진 무형자산에 대해서만 상각이 이루어지며, 상각기간은 독점적 또는 배타적 권리를 부여하고 있는 관계법령이나 계약에 정해진 경우를 제외하고는 20년을 초과할 수 없다. 반면, 무한내용연수를 가진 무형자산은 상각할 수 없는데, 일반기업회계기준(제11장 무형자산)에서는 사업결합에 의해 취득한 영업권에 대해서는 20년 이내의 기간에 정액법으로 상각하도록 하고 있다. 한편, 기업회계기준서(K-IFRS 제1038호)에서는 영업권에 대해 상각하지 않도록 규정하고 있다.

무형자산 제1038호 문단 89

한국회계기준원 회계기준위원회

무형자산의 상각

무형자산의 회계처리는 내용연수에 따라 다르다. 내용연수가 유한한 무형자산은 상각하고, 내용연수가 비한정인 무형자산은 상각하지 아니한다.

4. 무형자산의 종류

영업권

영업권은 특정기업의 초과 수익력을 화폐가치로 표시한 것을 말한다.

영업권(goodwill)이란 특정기업이 동종 산업에 종사하는 타기업과 비교하여 정상적인 투자수익률 이상의 이윤을 획득할 수 있는 초과이윤창출능력, 즉 초과수익력(earning power of excess return)을 화폐가치로 표시한 것이다. 기업회계기준서에서는 대가를 지급하고 다른 회사를 합병하거나 다른 회사의 영업 일부를 양수할 때 또는 전세권을 취득할 때 그 취득대상물의 가치를 초과하여 지급한 금액을 영업권으로 표시하도록 하고 있다. 우리가 보통 알고 있는 권리금이라는 것이 영업권에 해당한다. 한편, 기업회계기준서(K-IFRS 제1038호)에서는 유상으로 취득한 영업권만을 무형자산으로 인정하고 있으며 내부적으로 창출한 영업권은 기업과 개별적으로 식별이 불가능하므로 무형자산으로 인정하지 않고 있다.[1)]

산업재산권

산업재산권(industrial right)이란 저작권과 함께 지적재산권에 속하며 특허권, 실용신안권, 상표권, 의장권 등 4개 부문의 무형재산으로 구성된다. 이들 무형자산은 관계법률에 의해 해당기관에 등록함으로써 특정기업이 일정기간 동안 독점적·배타적으로 이용할 수 있는 법적 권리를 획득한 경우에 한하여 재무상태표에 무형자산으로 보고할 수 있다. 이들 자산의 취득원가에는 취득에 소요된 원가뿐만 아니라 등록과 관련하여 발생하는 제반 부대비용이 포함된다.

Focus On　연구개발비용

소희는 기술회사의 제품개발부서에서 일하고 있다. 그녀는 회사 경영진이 연구개발비용을 줄이려고 한다는 소식을 들었다. 그녀가 이유를 묻자 마케팅 팀장은 현재 연구개발비용으로 인해 당해연도의 순이익이 감소하고는 있지만 미래에는 알 수 없는 이점이 있으며, 경영진은 주가에 미치는 영향에 대해 우려하고 있다고 말했다. 소희는 연구개발비용이 미래수익과 일치하도록 자본화되지 않는 이유가 궁금했다. 연구개발비용이 자본화되지 않은 이유는 무엇일까?

1) K-IFRS에 따르면 영업권의 내용연수는 무한하므로 상각하지 않도록 규정하고 있으나, 최소 1년에 한 차례 손상검사를 통해 손상차손을 반영할 것을 명시하고 있다.

관계법령에서 특허권(patent)은 20년, 실용신안권(utility model right)은 10년, 의장권(design right)은 15년, 상표권(trademark right)은 10년, 그리고 저작권(copyright)은 저작자가 사망한 후 70년간 존속하는 것으로 정하고 있다. 이러한 법정내용연수와 이들 자산들의 경제적 내용연수를 고려하여 짧은 기간 내에 상각을 하되 20년을 넘을 수는 없다.

광업권과 어업권

광업권(mining right)은 광업법에 의해 허가와 등록으로써 성립하는 독점적 및 배타적인 권리로서, 등록을 한 일정한 토지구역(광구) 내에서 등록된 광물과 동일 광산 중에 부존하는 다른 광물을 채굴 및 취득할 수 있는 권리를 말한다. 광업법상 광업권은 25년을 초과할 수 없기 때문에 20년 이내에 상각해야 한다.

어업권(fishery right)은 행정관청의 면허에 의해 일정한 수면에서 배타적으로 일정한 어업을 할 수 있는 권리를 말한다. 어업권은 어업의 종류에 따라 최고 10년에서 최하 5년으로 되어 있다.

기타의 투자자산

투자유가증권을 제외한 투자자산으로는 장기금융상품, 장기대여금, 투자부동산 등이 있다. 장기금융상품이란 재무제표 작성시점인 재무상태표일로부터 1년 이내에 만기일이 도래하지 않거나 그 기간 동안에 인출할 계획이 없는 예금으로서 장기성예금과 특정예금 등을 말한다.

투자부동산은 기업이 장기 투자이익을 얻을 목적으로 보유하고 있는 토지나 부동산을 말한다. 기업이 주된 영업활동을 위해 보유하고 있는 토지나 부동산은 유형자산으로 분류되어야 한다. 그러나 장기간 보유에 따른 가격상승을 기대하며 보유하고 있는 비업무용 부동산의 경우는 투자부동산계정에 기록한다. 투자부동산은 원칙적으로 감가상각대상자산이 아니다. 다만 가격이 하락하는 경우에는 필요하다면 투자자산손상차손으로 당기손익에 반영해야 한다.

용어해설

감가상각(depreciation) 자산의 취득원가에서 잔존가치를 차감한 후 감가상각대상금액을 자산의 내용연수 동안 체계적인 방법에 의해 각 회계기간에 배분하는 것

감가상각누계액 제거법 재평가모형에서 기존의 감가상각누계액을 제거하는 방법

감가상각대상금액(depreciable cost) 유형자산의 취득원가에서 잔존가치를 차감한 금액

내용연수(useful year) 자산의 예상사용기간 또는 자산으로부터 획득할 수 있는 생산량이나 이와 유사한 단위

무형자산(intangible asset) 물리적 실체가 없는 자산으로 기업이 영업활동을 위하여 보유하고 있는 자산

비례수정법 재평가모형에서 자산의 장부가치와 감가상각누계액을 비례적으로 수정하는 방법

사용가치(value in use) 자산이 벌어들일 미래현금흐름을 현재가치로 환산한 금액

생산량비례법(units-of-production method) 생산량 혹은 사용량에 비례하여 감가상각액을 계산하는 방법

손상차손(loss on impairment) 유형자산을 취득한 이후 가치가 크게 감소되고 단기간 내에 회복될 수 없는 경우에 장부가치를 감소시키는 것

수익적 지출(revenue expenditure) 유형자산의 취득 후 기존의 성능수준을 유지하기 위한 지출금액을 당기비용으로 회계처리하는 것

순공정가치(net fair value) 공정가치에서 해당자산의 처분 부대원가를 차감한 금액

연수합계법(sum-of-years-digits method, SYD) 내용연수의 합계를 분모로 하고 내용연수를 역순으로 표시한 수를 분자로 삼아 감가상각비를 계산하는 방법

영업권(goodwill) 특정기업의 초과수익률을 화폐가치로 표시한 것

원가모형(cost model) 자산을 최초 취득시점에 취득원가로 인식한 이후에는 공정가치가 변화해도 재평가를 허용하지 않는 방법

유형자산(tangible asset 또는 property, plant, and equipment) 물리적 형체가 있는 자산으로, 1년을 초과하여 수익창출에 사용되는 자산

자본적 지출(capital expenditure) 유형자산을 취득 후 미래 경제적 효익을 증가시키기 위해 이루어진 지출금액을 자산의 원가에 포함시키는 것

잔존가치(residual value) 자산의 내용연수가 종료하는 시점에서 그 자산의 예상처분가액에서 예상처분비용을 차감한 금액

재평가모형(revaluation model) 취득시점 이후에 자산을 공정가치로 재평가하고 재평가된 금액을 새로운 장부가치로 수정하는 방법

정률법(constant percentage of declining balance method) 각 연도 초의 장부가치에 동일한 상각률을 곱하여 감가상각비를 결정하는 방법으로, 초기에 상각금액을 많이 인식하고 후기로 갈수록 상각금액을 적게 인식함

정액법(straight-line method, SLM) 자산의 내용연수 기간 동안 매년 동일한 금액을 상각하는 방법으로, 균등상각법 또는 직선법이라고도 함

체감잔액법 또는 가속상각법(declining balance ; accelerated depreciation method) 감가상각비를 내용연수 초기에 많이 인식하고 후반기에는 적게 인식하는 방법

회수가능액(recoverable amount) 자산의 순공정가치와 사용가치 중에서 큰 금액

연습문제

문제 A형

9-1 다음 자료는 시산표의 자산항목이다. 유형자산의 총잔액은 얼마인가?

현 금	₩10,000	설 비	₩60,000
외상매출금	3,000	저 작 권	4,000
재 고 자 산	16,000	특 허 권	10,000
건 물	100,000		

9-2 다음의 유형자산과 관련된 지출이 (a) 토지, (b) 구축물, (c) 건물, (d) 기계장치, (e) 기타 중 어디에 속하는 분류하시오.

(1) 종업원과 고객들이 이용하는 주차장에 대한 포장공사 원가
(2) 건물공사기간 동안의 보험료
(3) 건물공사기간 동안 대출로 인하여 발생한 이자
(4) 기계장치 할부구입에 대한 수수료
(5) 취득한 새로운 기계장치에 대한 특별기금에 의한 제작
(6) 운송중에 있는 새로운 기계장치에 대한 보험료
(7) 새로운 기계장치에 대한 운송비
(8) 설비를 설치하는 동안 고의적인 손상에 대한 수리원가
(9) 새로운 설비에 대한 부가가치세
(10) 새로운 기계를 설치하면서 발생한 손상에 대한 수리로부터 발생한 원가
(11) 새로운 건물을 짓기 위한 토지의 정지원가
(12) 기계장치의 정기적인 교환을 위해 구입한 윤활유의 원가
(13) 주차장 조명 설치원가
(14) 주차장 담장 설치원가
(15) 사용중인 건물의 정돈을 위한 페인트 공사원가
(16) 토지에 송수관을 확장하는 데 따라 시에서 부과된 특별부과금
(17) 건물을 짓기 위해 취득한 땅에 구건물을 제거하고 정지하는 데 따르는 원가
(18) 건물을 짓기 위해 취득한 땅에 대해 구입자가 부담한 체납부동산세

9-3 다음의 자료에 의하면 토지의 원가는 얼마인가?

토지구입가격	₩175,000
중개인 수수료	15,000
기존건물의 해체대가	5,000
건물의 해체로 인한 폐기물품에서 받은 현금	1,000

9-4 미소기업은 내용연수 8년, 잔존가치 ₩5,000으로 추정되는 기계장치를 송장가격 ₩50,000에 구입하였으며, 추가적으로 운송비 ₩1,300, 설치비 ₩2,200, 시험재료비 ₩700, 기계를 가동하기 위한 오일 등의 소모품을 구입하고 ₩500을 지급하였다. 또한, 이 기계장치를 화재보험에 가입하고 보험료 ₩1,400을 지급하였다.

(1) 이 기계장치의 취득원가는 얼마인가?
(2) 정액법을 사용하여 이 기계장치를 감가상각한다면 적용되는 상각률은 얼마인가?

9-5 아래의 기록에 대해 필요하다면 올바로 수정하는 분개를 제시하시오. 수정이 불필요한 경우에는 분개 없음으로 표시하시오.

(1) 프린터 수리비 ₩50을 현금으로 지출한 거래를 다음과 같이 기록하였다.

(차) 비　　품	50	(대) 현　　금	50

(2) 차량의 운영효율을 증가시킬 것으로 기대되는 정밀검사비 ₩5,500을 현금으로 지출하고 다음과 같이 기록하였다.

(차) 차량유지비	5,500	(대) 현　　금	5,500

(3) 토지의 취득과 관련하여 등기비 ₩6,000을 지출하고 다음과 같이 기록하였다.

(차) 등 기 비	5,500	(대) 현　　금	5,500

(4) 비품을 구입하면서 운송비 ₩400을 현금지출한 거래를 다음과 같이 기록하였다.

(차) 매 입 운 임	400	(대) 현　　금	400

9-6 20×1년 1월 2일 취득원가 ₩54,000의 기계장치를 취득하였다. 이 기계장치의 내용연수는 6년이 될 것으로 예측하고 있으며, 잔존가치는 ₩6,000으로 추정하고 있다. 정액법을 사용하여 각 연도의 감가상각비를 계산하시오.

9-7 10월 1일에 취득원가 ₩300,000, 내용연수 5년, 잔존가치 ₩40,000인 유형자산을 취득하였다. 다음의 방법에 따라 취득 첫해와 둘째 해의 감가상각비를 산출하시오. (1) 이중체감잔액법(이하 이중체감잔액법은 정액법 상각률의 두 배를 적용하는 정률법과 같다), (2) 정액법. 단, 회계연도는 1월 1일부터 12월 31일까지이다.

9-8 회계연도 초에 ₩150,000에 구입한 기계장치가 5년의 내용연수를 가질 것으로 기대되며, 총 15,000시간을 가동할 수 있을 것으로 기대하고 있다. 잔존가치는 ₩30,000이다. 다음의 방법을 사용하여 첫해와 둘째 해의 감가상각비를 산출하시오.

(1) 정액법
(2) 생산량비례법(첫해 2,500시간 가동; 둘째 해 3,250시간 가동)
(3) 이중체감잔액법

9-9 다음의 거래를 분개하시오.

(1) 건물의 창틀을 새로 바꾸는 데 ₩1,000,000이 들게 되어 은행에서 단기간 차입하여 수선하다.
(2) 생산능력을 향상시키기 위해 기계를 업그레이드하고, 현금 ₩10,000을 지급하다.
(3) 기계의 수리로 내용연수를 2년 증가시킬 것으로 예상되는 지출이 ₩5,000 발생하다.

9-10 사무용으로 사용하는 컴퓨터를 6년 6개월 전에 ₩170,000에 구입하였다. 이 컴퓨터의 내용연수는 8년이고, 잔존가치는 ₩10,000이다. 컴퓨터를 사용하던 중 7차년도 중간에 현금 ₩60,000을 받고 처분하였다(6차년도까지는 적절한 감가상각회계를 해왔다).

(1) 정액법을 사용하여 이 컴퓨터를 처분하기 직전 6개월간의 감가상각비를 기록하기 위한 분개를 하시오.
(2) 이 컴퓨터의 처분에 대한 분개를 하시오.
(3) 만약 이 자산이 현금 ₩30,000에 처분된 경우 처분을 기록하기 위한 분개를 하시오.

9-11 20×1년 1월 1일 성민기업은 기계 한 대를 취득하였다. 기계의 구입가격 이외에 다음과 같은 주가적인 비용이 발생하였다.

(1) 기계 구입대금에 대한 부가가치세
(2) 기계를 운송하는 데 소요된 운임과 보험료
(3) 기계를 처음 가동하기 위해 작업자를 훈련하는 데 소요된 훈련비
(4) 기계를 건물에 고정시키는 데 소요된 설치비
(5) 기계의 내용연수를 연장하는 데 소요되는 대규모 지출
(6) 기계를 사용장소에 설치하기 전 오일비용
(7) 기계를 사용장소에 정상 설치한 후 오일비용
(8) 매년 시에 납부하는 면허세

(1)부터 (8)까지의 지출이 자본적 지출인지 수익적 지출인지 구분하시오.

9-12 20×1년 1월 1일에 성지기업은 ₩20,000을 투입하여 컨베이어시스템을 구입하여 설치하였다. 이 장비는 내용연수가 5년, 잔존가치가 ₩3,000이 될 것으로 기대된다. 20×2년 1월 1일에 기존시설에 추가하기 위해 컨베이어시스템을 ₩8,000에 구입하여 설치하였다. 새로 취득한 설비는 내용연수가 4년이 될 것으로 기대한다. 그런데 회계담당자의 실수로 새로 취득한 설비를 수리비로 처리하였다. 성지기업은 감가상각방법으로 정액법을 사용한다.

성지기업이 새로운 시스템의 취득을 오류로 인하여 수리비로 처리함으로써 20×2년부터 시작하여 컨베이어시스템의 잔여내용연수 동안 수리비, 감가상각비, 순이익에 어떠한 영향을 미치는지를 설명하시오.

9-13 (주)대한은 20×1년 1월 1일 (주)민국으로부터 토지와 건물을 ₩2,400에 일괄 취득하였다. 구입 당시 토지의 공정가치는 ₩1,500이며 건물의 공정가치는 ₩1,000이다. (주)대한은 매년 말 토지를 재평가하여 측정하며 토지의 공정가치 변동에 대한 정보는 다음과 같다.

구 분	토지의 공정가치
20×1. 1. 1	₩1,500
20×1.12.31	1,400
20×2.12.31	1,500
20×3.12.31	400

20×1년 1월 1일, 20×1년 말, 20×2년 말, 20×3년 말 토지에 대한 분개를 하시오.

9-14 (주)세무는 20×1년 1월 1일 본사사옥으로 사용할 목적으로 건물(취득원가 ₩1,000,000, 잔존가치 ₩200,000, 내용연수 5년, 정액법 상각)을 취득하였다. (주)세무는 건물에 대해 재평가모형을 적용하고 있으며, 자산의 총장부금액에서 감가상각누계액을 제거하는 방법으로 재평가 회계처리를 한다. 동 건물의 각 연도 말 공정가치는 다음과 같다.

20×1.12.31	20×2.12.31
₩700,000	₩800,000

동 건물과 관련된 회계처리가 (주)세무의 20×1년도 당기순이익에 미치는 영향은? 단, 재평가잉여금은 이익잉여금으로 대체하지 않는다.

9-15 (주)대한은 20×1년 1월 1일에 기계장치 1대를 ₩600,000에 취득하고 해당 기계장치에 대해 재평가모형을 적용하기로 하였다. 동 기계장치의 내용연수는 5년, 잔존가치는 ₩50,000이며 정액법을 사용하여 감가상각한다. (주)대한은 동 기계장치에 대해 매년 말 감가상각 후 재평가를 실시하고 있다. 동 기계장치의 20×1년 말 공정가치는 ₩510,000이며, 20×2년 말 공정가치는 ₩365,000이다. 동 기계장치와 관련한 (주)대한의 20×1년도 및 20×2년도 자본의 연도별 증감액은 각각 얼마인가? 단, 재평가잉여금을 이익잉여금으로 대체하지 않으며, 손상차손은 고려하지 않는다. 또한 재평가모형을 선택하여 장부금액을 조정하는 경우 기존의 감가상각누계액 전부를 제거하는 방법을 적용한다.

문제 B형

9-16 송호기업은 공장부지에 있는 운송시설을 개선하기 위해 현재 공장이 있는 인근에 토지를 구입하였다. 토지구입과 관련된 자료는 다음과 같다. 토지의 취득원가는 얼마인가?

토지가격	₩40,000	중개인 수수료	₩7,000
등기수수료	6,000	구건물 철거비	3,700
정지비용	1,200	도로공사를 위한 굴착공사비	3,000
도로건설과 토장공사비	25,000	조명시설비	7,500
표지판 설치비	1,500		

9-17 아이언상사는 20×1년 1월 1일에 트럭 1대를 ₩400,000에 취득하였다. 이 트럭의 내용연수는 4년, 잔존가치는 ₩40,000으로 기대되며, 총 100,000km를 주행할 수 있을 것으로 예상된다. 두 번째 사용연도인 20×2년에 27,500km를 주행하였다. 아래의 각 방법에 따른 20×2년도의 감가상각비를 산출하시오.

(1) 정액법
(2) 생산량비례법
(3) 이중체감잔액법
(4) 정률법(단, 정률은 0.438로 함)

9-18 다음은 피자(pizza) 배달업체인 미각피자의 배달용 트럭 보유 자료이다. 미각피자는 세대의 배달용 트럭을 보유하고 있으며, 금년도 감가상각비를 계산하기 전의 보조원장의 자료가 다음과 같다.

트럭	취득원가	잔존가치	총추정 주행거리(km)	기초 감가상각누계액	금년도 주행거리(km)
1	₩18,000	₩3,000	50,000	₩2,100	20,000
2	15,000	2,400	60,000	1,890	22,000
3	20,000	2,500	70,000	2,000	19,000

(1) 각각의 트럭에 대한 주행거리(km)당 감가상각비를 계산하시오.
(2) 각각의 트럭에 대한 금년도의 감가상각비를 계산하시오.
(3) 금년도 감가상각비에 대한 분개를 하시오.

9-19 영주기업은 새로운 기계장치를 원가 ₩64,000에 취득하였다. 이 기계의 내용연수는 6년이며, 잔존가치는 ₩4,000이다. 또한, 이 기계의 총추정사용시간은 10,000시간으로 추정된다. 기계의 사용시간은 다음과 같다.

연 도	사용시간
1차년도	1,600시간
2차년도	2,100
3차년도	2,400
4차년도	1,400
5차년도	2,000
6차년도	500

(1) 각 방법에 따라 6개 연도의 감가상각비를 계산하시오.
  ① 정액법
  ② 생산량비례법
(2) 당신이 영주기업의 관리자라면 둘 중에서 어떤 방법이 더 적절할 것인지를 설명하시오.
(3) 첫해의 순이익을 낮게 보고하는 방법은 어떤 방법인가? 또한, 어떤 방법이 6년간의 감가상각비를 낮게 보고하게 되는가?

9-20 이번 회계연도 초에 ₩1,000,000을 들여서 건물의 주요 부분에 대한 구조적인 수선을 하였다. 이러한 지출로 당초 예상했던 내용연수보다 건물의 내용연수를 10년 더 연장할 수 있게 되었다. 최초 건물 취득원가는 ₩7,770,000이고, 정액법으로 50년 동안 상각해왔다. 이 건물의 추정잔존가치는 ₩0이며, 이번 회계연도 말 결산정리분개를 하기 전 건물에 대한 감가상각누계액은 ₩5,550,000이다.

(1) 과거 연도에 매년 감가상각비는 얼마이었겠는가?
(2) 최초에 이 건물의 추정내용연수는 몇 년이었겠는가?
(3) 차변에 ₩1,000,000의 수선비지출을 어떤 계정으로 기록해야 하는가?
(4) 이러한 건물의 수선 후, 건물의 새로운 장부가치는 얼마가 되는가?
(5) 이러한 건물의 수선 후, 잔여내용연수는 얼마가 남아 있는가?
(6) 수선이 연초에 이루어진 경우 정액법으로 당 회계연도의 감가상각비를 산출하면 얼마가 되는가?

9-21 미각피자는 배달트럭을 ₩200,000에 구입했다. 이 트럭의 잔존가치는 ₩8,000이며 10년 동안 운전할 것으로 예상된다. 미각피자는 정액법을 사용하여 감가상각한다.

(1) 연간 감가상각비를 계산하고 감가상각비에 대한 분개를 하시오.
(2) 5년 동안 감가상각을 기록한 후 미각피자는 배달트럭이 앞으로 5년(총 10년, 원래 예상대로) 동안 유용할 것이며 잔존가치가 ₩10,000으로 증가할 것이라고 판단했다. 트럭 수명의 마지막 5년에 대한 감가상각비를 결정하고 6～10년 동안 이루어질 분개를 하시오(항목은 5년마다 동일함).

9-22 오류기업은 20×1년 1월 1일 원가 ₩58,000의 기계를 취득하였다. 기계의 내용연수는 5년이고, 잔존가치는 ₩3,000으로 추정했다. 오류기업에서는 이 기계의 감가상각방법으로 이중체감잔액법을 사용하여 20×1년의 감가상각비를 산출하였다. 그런데 오류기업에서는 정책적으로 기계의 감가상각방법으로 정액법을 사용하도록 하고 있다. 그러나 회계담당자가 업무에 주의를 기울이지 않아 이중체감잔액법으로 감가상각을 하게 되었다. 그 결과 감가상각비를 잘못 계상한 20×1년 12월 31일 순이익이 ₩65,000이었다. 회사가 정상적으로 따라야 할 감가상각방법을 사용하여 올바른 분개를 제시하고, 올바른 순이익을 구하시오.

9-23 유명기업은 20×5년 두 가지 기계를 처분하였다. 다음은 두 기계에 대한 정보이다.

기계	취득원가	취득일	내용연수	잔존가치	감가상각방법	처분일	처분가격
#1	₩96,000	20×1. 7. 1	5년	₩6,000	정액법	20×5. 7. 1	₩20,000
#2	80,000	20×4. 7. 1	5년	5,000	이중체감법	20×5.12.31	30,000

(1) 처분시점의 감가상각비를 각각 계산하시오.
(2) 20×5년 감가상각과 처분에 대한 분개를 하시오.

9-24 (주)대한은 제조업을 영위하고 있으며, 20×1년 초에 재화의 생산에 사용할 목적으로 기계장치를 ₩5,000,000에 취득하였다(내용연수 : 9년, 잔존가치 : ₩500,000, 감가상각방법 : 정액법). (주)대한은 매년 말 해당 기계장치에 대해서 재평가모형을 선택하여 사용하고 있다. (주)대한의 각 연도 말 기계장치에 대한 공정가치는 다음과 같다.

	20×1년 말	20×2년 말
기계장치의 공정가치	₩4,750,000	₩3,900,750

(주)대한의 기계장치 관련 회계처리가 20×2년도 포괄손익계산서의 당기순이익에 미치는 영향은 얼마인가? 단, (주)대한은 기계장치를 사용하는 기간 동안 재평가잉여금을 이익잉여금으로 대체하지 않으며, 감가상각비 중 자본화한 금액은 없다.

9-25 다음 사항은 각각이 독립적이다. 주어진 자료를 이용하여 상황이 손상차손을 인식할 사항인지 아니면 인식할 필요가 없는지 예 혹은 아니오라 답하고, 손상차손을 인식해야 하면 적절한 금액을 표시하시오.

	장부가치	추정 미래 현금흐름	공정가치	손상차손인가?	손상차손금액은?
1. 기계	₩15,500	₩10,000	₩9,500		
2. 저작권	31,000	41,000	37,900		
3. 공장건물	58,000	29,000	27,000		
4. 건물	227,000	227,000	200,000		

9-26 LG전자는 20×1년 초에 기계장치 1대를 ₩100,000에 구입하였다. 동 기계장치의 내용연수는 5년이고, 잔존가치는 없으며, 감가상각방법은 정액법이다. LG전자는 기계장치에 대하여 재평가모형을 이용하여 회계처리하고 있으며 연도 말 LG전자의 기계장치의 공정가치는 다음과 같다.

20×1년	20×2년
₩120,000	₩45,000

LG전자는 재평가모형의 회계처리방법으로 비례수정법을 적용하고 있다. 이에 따라 각 연도 말의 회계처리를 하시오.

chapter

10

비유동부채

학습목표

10-1 사채의 정의와 종류

10-2 사채발행의 회계처리

10-3 퇴직급여채무

10-4 기타비유동부채

Non-Current Liabilities

계정명칭	분류기준	발행유형	최초 인식	보 유	상 환	
					만기상환	조기상환
사채	발행가액 > 액면가액	할증발행	(차) 현　금 ××× (대) 사　채 ××× 사채할증발행차금 ×××	(차) 이자비용 ××× 사채할증발행차금 ××× (대) 현　금 ×××	(차) 사　채 ××× (대) 현　금 ×××	(차) 사　채 ××× 사채할증발행차금 ××× 사채상환손익 ××× (대) 현　금 ××× 사채상환손익 ×××
	발행가액 = 액면가액	액면발행	(차) 현　금 ××× (대) 사　채 ×××	(차) 이자비용 ××× (대) 현　금 ×××	(차) 사　채 ××× (대) 현　금 ×××	(차) 사　채 ××× 사채상환손익 ××× (대) 현　금 ××× 사채상환손익 ×××
	발행가액 < 액면가액	할인발행	(차) 현　금 ××× 사채할인발행차금 ××× (대) 사　채 ×××	(차) 이자비용 ××× (대) 현　금 ××× 사채할인발행차금 ×××	(차) 사　채 ××× (대) 현　금 ×××	(차) 사　채 ××× 사채상환손익 ××× (대) 현　금 ××× 사채할증발행차금 ××× 사채상환손익 ×××

사채의 정의와 종류

1. 사채의 의의

기업들은 다양한 원천으로부터 기업운영에 필요한 자금을 조달한다. 자금의 조달원천은 크게 두 가지로 나눌 수 있는데, 하나는 기업 외부에서 필요한 자금을 차입해오는 것이고 다른 하나는 주주로부터 자금을 조달하는 것이다. 주주에 의한 자금조달에 대해서는 다음 제11장에서 설명하기로 한다. 기업 외부로부터 자금을 조달하는 방법에는 금융기관으로부터 조달하는 방법과 불특정 다수를 대상으로 사채의 발행을 통해 자금을 조달하는 방법이 있다.

사채란 주식회사가 거액의 장기자금을 모으기 위해 확정채무임을 표시해 발행한 증권을 말한다.

사채(社債, bond)란 주식회사가 불특정 다수를 대상으로 거액의 장기자금을 모으기 위해 확정채무임을 표시해 발행한 채무증권을 말한다. 사채를 발행한 회사는 사채약정서에 나타나 있는 계약에 따라 일정한 이자를 지급하고 일정한 시기에 원금을 상환해야 한다. 기업이 거액의 장기금액을 조달하는 방법에는 장기이자부지급어음(long-term interest bearing notes)이나 리스 등이 있다. 이는 자금제공자가 한 개인이나 혹은 하나의 금융기관과의 계약에 의해 자금지원이 이루어진다. 그러나 이들은 혼자 자금을 제공해주기 때문에 기업이 필요로 하는 자금

Focus On 정크본드

투기성 또는 고수익 채권이라고도 하는 정크본드(junk bonds)는 특정 투자자에게 매력적일 수 있는 특정유형의 채권이다. 정크본드는 평균시장이자율보다 훨씬 높은 이자를 지급하기 때문에 매력적이다. 한편, 채권은 발행회사가 채권에 대한 채무불이행 위험이 더 높은 것으로 간주되기 때문에 더 위험하다. 경제나 회사의 재정상태가 악화되면 회사는 빌린 돈을 상환할 수 없게 된다. 간단히 말해서 정크본드는 고위험 · 고수익 투자로 간주된다.

1970년대와 1980년대에 발생한 정크본드시장의 발전은 이른바 '정크본드 왕'인 Michael Milken의 탓이다. Milken은 기업 인수합병 자금조달수단으로 정크본드를 사용하여 큰 부를 축적했다. 1980년대에 Milken은 연간 2억~5억 5,000만 달러를 벌어들인 것으로 추산된다. 그러나 1990년에 Milken의 연승 행진은 New York Times에 따르면 "98건의 공갈, 증권사기, 우편사기 및 기타 범죄"로 기소되면서 끝이 났다.

그는 나중에 6건의 혐의에 대해 유죄를 인정하여 10년형을 선고받았고 그중 2건을 복역했으며 벌금과 합의금으로 6억 달러 이상을 지불해야 했다.

을 충분히 제공해주지 못하는 경우가 많다. 따라서 기업은 불특정 다수로부터 장기금액을 조달할 수 있는 사채의 발행을 통해 자금을 조달한다.

사채발행은 새롭게 주식을 발행하는 것이 아니기 때문에 경영권을 침해당할 우려가 없으며, 이익에 대한 배당도 할 필요가 없다. 또한 사채비용으로는 계약에 따른 일정한 이자만 지급하면 되는데, 이 이자지급액은 비용으로 인식되기 때문에 기업은 절세 혜택을 받을 수 있다. 그러나 기업이 손실을 보고한 때에도 이 이자비용은 지급되어야 하며 만기에는 원금을 상환해야 한다. 또한 사채발행이 증가하면 재무위험이 증가하고 그로 인해 채권자의 요구수익률이 커지므로 자본조달비용이 상승할 수 있다는 단점이 있다.

사채를 발행하면 발행회사는 미래에 특정액을 지급해야 할 의무가 발생한다. 따라서 사채는 미래에 지급될 것으로 기대되는 총현금유출액의 현재가치(present value)로 평가되어야 한다. 즉, 시장의 수요와 공급에 의해 형성되는 사채의 가격은 이론적으로 볼 때 사채로 인해 미래에 유출될 이자액 및 원금의 현가와 일치해야 한다. 현재가치에 대한 설명은 본장의 [보론 10A]에 기술한다.

한편, 사채는 발행회사의 입장에서 보면 장기차입부채에 해당하지만 매입회사의 입장에서 보면 만기까지 보유하고자 하는 의도에 따라 회계처리가 달라진다. 구입한 사채를 만기까지 보유할 의도가 있다면 투자자산 중 상각후원가측정금융자산으로 분류하고 만기까지 보유할 의도가 없다면 투자자산 중 기타포괄손익-공정가치측정금융자산이나 유동자산의 당기손익-공정가치측정금융자산으로 분류한다(제8장).

2. 사채의 종류

사채는 발행시 사채권에 표시되는 조건에 따라 여러 가지 형태로 구분된다.

담보유무에 따라

- **담보부사채**(secured bonds) 회사가 담보를 제공하고 발행한 사채
- **무담보부사채**(unsecured bonds) 회사가 담보를 제공하지 않고 발행한 사채

보증유무에 따라

- **보증사채**(guaranteed bonds) 발행회사가 사채의 원금상환 및 이자의 지급능력을 상실하였을 때 보증기관이 대신 변제해주는 사채
- **무보증사채**(debenture bonds) 발행회사가 사채의 원금상환 및 이자의 지급능력을 상실하였을 때 채권자가 손실을 감수해야 하는 사채

주식으로의 전환가능성에 따라

- **전환사채**(convertible bonds) 사채권자의 청구에 의하여 일정기간 내에 주식으로 전환할 수 있는 사채
- **신주인수권부사채**(bonds with stock warrants) 발행회사의 주식을 일정금액으로 일정기간 내에 매입할 수 있는 권리가 부여된 사채

송정자동차
2023년 사업보고서

당기 (단위 : 백만원)

	차입금명칭						차입금명칭 합계
	사채						
	무보증공모사채1	무보증공모사채2	무보증공모사채3	무보증공모사채4	무보증공모사채5	무보증공모사채6	
차입금, 발행일	'20.05.08	'20.05.08	'20.05.08	'21.02.09	'21.02.09	'21.02.09	
차입금, 만기	'23.05.08	'25.05.08	'27.05.08	'24.02.09	'26.02.09	'28.02.09	
차입금, 이자율	1.74%	1.81%	1.92%	1.21%	1.48%	1.73%	
사채, 명목금액		130,000	80,000	150,000	180,000	70,000	610,000
사채할인발행차금							(663)
유동성사채							(149,980)
사채							459,357

전기 (단위 : 백만원)

	차입금명칭						차입금명칭 합계
	사채						
	무보증공모사채1	무보증공모사채2	무보증공모사채3	무보증공모사채4	무보증공모사채5	무보증공모사채6	
차입금, 발행일	'20.05.08	'20.05.08	'20.05.08	'21.02.09	'21.02.09	'21.02.09	
차입금, 만기	'23.05.08	'25.05.08	'27.05.08	'24.02.09	'26.02.09	'28.02.09	
차입금, 이자율							
사채, 명목금액	390,000	130,000	80,000	150,000	180,000	70,000	1,000,000
사채할인발행차금							(1,340)
유동성사채							(389,837)
사채							608,823

만기 및 상환조건에 따라

- **일시상환사채**(term bonds) 만기에 일시불로 원금을 상환하는 일반적인 사채
- **수의상환사채**(callable bonds) 발행회사가 만기일 혹은 이전 어느 때라도 임의로 상환이 가능한 사채
- **연속상환사채**(serial bonds) 액면금액을 분할하여 상환하는 사채

사채발행의 회계처리

1. 사채의 발행금액

사채의 발행은 이사회의 의결을 거쳐 결정되며, 발행되는 사채의 권면에는 최소한 액면금액, 표시이자율(stated interest rate), 이자지급방법과 기한, 그리고 만기일 등이 명시되어 있어야 한다. 이러한 기초적인 자료는 사채투자로부터 발생하는 미래현금흐름에 대한 정보를 제공한다. 사채의 가치는 미래현금흐름(사채기간 동안 지급되는 사채 액면금액에 대한 표시이자와 원금을 합한 금액)을 시장이자율(market interest rate)로 할인한 현재가치(present value)의 합이다.

사채는 표시이자율과 시장이자율의 차이에 따라 액면발행, 할인발행, 그리고 할증발행된다. 액면발행(bonds issued at face, par value)이란 사채권면의 표시이자율과 시장이자율이 같은 경우에 발행된다. 표시이자율과 시장이자율이 같다는 것은 사채로 발생되는 미래현금흐름의 현재가치와 사채 액면금액이 같다는 것을 의미한다. 따라서 사채매입자는 사채의 취득으로부터 얻는 수익과 다른 자산에의 투자로부터 얻는 수익이 동일하다. 할인발행(bonds issued at a discount)이란 사채의 표시이자율이 시장이자율보다 낮을 때 발행된다. 예를 들어 사채권면의 표시이자율이 10%이고 시장이자율이 12%라면 사채매입자 입장에서 사채를 구입하는 것보다는 다른 자산에 투자하는 것이 더 높은 수익을 얻을 수 있다. 따라서 사채발행회사는 사채의 표시이자율과 시장이자율의 차이를 보상해주어야 하고 이를 위해 사채를 액면금액보다 낮은 금액으로 발행하게 되는 것이다. 반면, 할증발행(bonds issued at a premium)이란 사채의 표시이자율이 시장이자율보다

높은 경우에 발행된다. 예를 들어 사채권면의 표시이자율이 10%이고 시장이자율이 8%라면 사채를 구입하는 것이 다른 자산에 투자하는 것보다 유리하기 때문에 사채매입자들은 서로 사채를 구입하려고 할 것이다. 이런 경우에 사채발행회사는 프리미엄을 받고 사채를 팔 수 있으며 이를 위해 사채를 액면금액보다 높은 금액으로 발행하게 되는 것이다. [도표 10-1]은 이자율과 사채발행금액의 관계를 보여준다.

도표 10-1
이자율과 사채발행금액

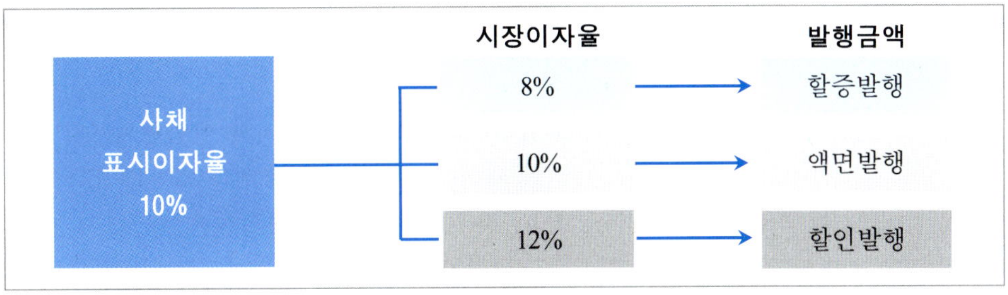

결국 사채발행회사가 사채의 발행을 통해 받을 수 있는 금액은 사채매입자가 사채투자를 통해 받을 수 있는 미래현금흐름의 현재가치와 같다. 따라서 사채의 발행금액은 사채로부터 발생하게 되는 미래현금흐름을 시장이자율로 할인한 현재가치가 된다. 즉, 사채권면의 표시이자액과 원금의 현재가치를 합한 금액이 사채의 발행금액이 된다.

사채의 발행금액 = 표시이자의 현재가치 + 원금의 현재가치

도표 10-2
사채의 발행금액 결정

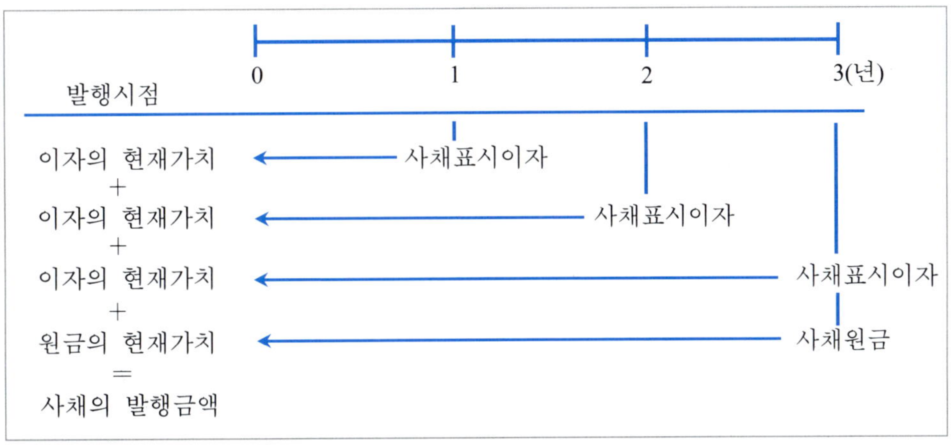

[예제 10-1]은 사채의 발행금액이 어떻게 결정되는지를 보여준다.

예제 10-1 사채의 발행금액 결정

청운항공은 20×1년 1월 1일에 액면금액 ₩100,000, 표시이자율 10%, 만기 3년인 사채를 발행하여 신규설비 투자에 필요한 자금을 조달하려고 한다. 사채발행 당시의 시장이자율이 10%, 12%, 8%일 때 사채의 발행금액은 각각 얼마인가?

풀이

① 시장이자율이 10%인 경우

사채의 발행금액

=액면금액의 현재가치+이자의 연금현재가치

=₩100,000×PV*(3년, 10%)+₩10,000×PVIF**(3년, 10%)

=₩100,000×0.75131+₩10,000×2.48685

=₩100,000

② 시장이자율이 12%인 경우

사채의 발행금액

=액면금액의 현재가치+이자의 연금현재가치

=₩100,000×PV(3년, 12%)+₩10,000×PVIF(3년, 12%)

=₩100,000×0.71178+₩10,000×2.40183

=₩95,196

③ 시장이자율이 8%인 경우

사채의 발행금액

=액면금액의 현재가치+이자의 연금현재가치

=₩100,000×PV(3년, 8%)+₩10,000×PVIF(3년, 8%)

=₩100,000×0.79383+₩10,000×2.57710

=₩105,154

* PV([보론 10A] 별표 : 단일금액 1원의 현재가치) 참조

** PVIF([보론 10A] 별표 : 단일금액 1원의 연금의 현재가치) 참조

[예제 10-1]에서 보듯이 시장이자율(12%)이 표시이자율(10%)보다 높은 경우에는 사채 액면금액보다 ₩4,804만큼 할인발행되었으며, 시장이자율(8%)이 표시이자율(10%)보다 낮은 경우에는 사채 액면금액보다 ₩5,154만큼 할증발행되었다. 반면, 시장이자율(10%)과 표시이자율(10%)이 같으면 사채는 액면금액으로 발행된다.

2. 사채발행시점의 회계처리

사채를 발행하게 되면 사채발행회사는 만기에 상환해야 할 금액을 비유동부채의 사채계정 대변에 기록한다. 만약 할인이나 할증 발행이 있는 경우에는 사채할인발행차금(discount on bonds payable)계정 차변 혹은 사채할증발행차금(premium on bonds payable)계정 대변에 기록한다. 이 두 계정은 사채의 평가계정으로서 재무상태표에는 사채계정을 차감 혹은 가산하는 형식으로 표시된다.

분개장

일 자	계 정	차 변	대 변
	사채를 액면발행한 경우		
	현금	×××	
	사채		×××

분개장

일 자	계 정	차 변	대 변
	사채를 할인발행한 경우		
	현금	×××	
	사채할인발행차금	×××	
	사채		×××

분개장

일 자	계 정	차 변	대 변
	사채를 할증발행한 경우		
	현금	×××	
	사채		×××
	사채할증발행차금		×××

사채를 발행한 직후 재무상태표에 사채계정을 표시하면 다음과 같다. 청운항공이 사채를 할인발행하거나 할증발행한 경우 사채계정에 사채할인발행차금을 차감 혹은 가산하여 사채의 장부금액으로 표시한다.

부분재무상태표(부채) : 할인발행

매 입 채 무		
⋮		
사　　채	₩100,000	
사채할인발행차금	(4,804)	₩95,196

부분재무상태표(부채) : 할증발행

매 입 채 무		
⋮		
사　　채	₩100,000	
사채할증발행차금	5,154	₩105,154

한편 사채를 매입하는 회사는 사채를 만기까지 보유할 것인지 아닌지에 따라 투자자산의 기타포괄손익-공정가치측정금융자산계정이나 상각후원가측정금융자산계정에 기록한다. [예제 10-1]을 사용하여 사채 발행 및 매입에 대한 회계처리를 하면 [예제 10-2]와 같다. 이때 사채를 매입한 (주)송정은 만기까지 보유할 의도와 능력이 있다고 가정한다.

예제 10-2 사채 발행 및 매입의 회계처리

[예제 10-1]의 내용을 청운항공과 (주)송정의 입장에서 각각 회계처리하시오.

풀이

발행회사 : 청운항공			매입회사 : (주)송정		
사채의 액면발행시			사채의 액면구입시		
현금	100,000		상각후원가측정금융자산	100,000	
사채		100,000	현금		100,000
사채의 할인발행시			사채의 할인구입시		
현금	95,196		상각후원가측정금융자산	95,196	
사채할인발행차금	4,804		현금		95,196
사채		100,000			
사채의 할증발행시			사채의 할증구입시		
현금	105,154		상각후원가측정금융자산	105,154	
사채		100,000	현금		105,154
사채할증발행차금		5,154			

3. 사채발행차금의 상각과 이자비용

사채를 할인발행하거나 할증발행할 때 나타나는 사채할인발행차금이나 사채할증발행차금은 사채의 상환기간 동안에 매 결산기마다 일정한 방법으로 상각이나 환입함으로써 만기일에는 사채할인발행차금이나 사채할증발행차금의 계정 잔액이 ₩0이 되어 사채의 액면금액과 장부금액이 일치하도록 회계처리해야 한다. 또한 사채매입회사도 할인 혹은 할증 매입한 금액을 매 결산기마다 일정한 방법으로 가감하여 만기일에 액면금액과 장부금액을 일치시키는 회계처리를 해야 한다.

사채할인발행차금은 사채의 발행금액이 액면금액에 미달하는 금액을 말한다.

사채할인발행차금(discount on bonds payable)은 사채발행시점의 시장이자율에 비해 낮은 표시이자율로 보상해주기 때문에 사채 액면금액보다 낮은 금액을 받고 사채를 발행함으로써 발생한 부분이다. 그러나 사채의 만기시점에 상환하는 금액은 발행금액이 아닌 액면금액이므로 결국 사채할인발행차금은 사채발행회사가 부담해야 하는 추가 이자비용인 셈이다. 그렇기 때문에 사채할인발행차금은 발생주의 원칙에 따라 당기의 비용으로 기간 배분된다. 사채기간에 걸쳐 추가적으로 인식될 이자비용으로 배분되는 과정을 사채할인발행차금의 상각이라고 한다. 사채할인발행차금 상각에 대한 회계처리는 다음과 같다.

분개장			
일 자	계 정	차 변	대 변
사채발행회사			
	사채이자비용	×××	
	현금		×××
	사채할인발행차금		×××

분개장			
일 자	계 정	차 변	대 변
사채매입회사			
	현금	×××	
	상각후원가측정금융자산	×××	
	이자수익		×××

사채할증발행차금은 사채의 발행금액이 액면금액을 초과한 금액을 말한다.

사채할증발행차금(premium on bonds payable)은 사채기간 동안 사채발행회사가 현금으로 지급하는 이자비용에서 차감해야 할 이자비용을 나타낸다. 사채발행시 시장이자율보다 높은 표시이자율로 인해 사채발행회사는 시장보다 더 높은 이자를 지급하게 된다. 이를 보상받기 위해 사채발행회사는 사채를 할증발행한다. 이 사채할증발행차금은 사채발행회사가 시장보다 이자를 더 많이 지급하는 대신에 수령하는 금액이기 때문에 액면이자에서 이 금액을 차감해야 이자비용이 과대계상되지 않는다. 사채할증발행차금도 발생주의 원칙에 따라 기간 배분되어 비용에서 차감된다. 사채기간에 걸쳐 이자비용에서 차감되도록 배분하는 과정을 사채할증발행차금의 환입이라고 한다.

분개장			
일 자	계 정	차 변	대 변
사채발행회사			
	사채이자비용	×××	
	사채할증발행차금	×××	
	현금		×××

분개장			
일 자	계 정	차 변	대 변
사채매입회사			
	현금	×××	
	이자수익		×××
	상각후원가측정금융자산		×××

사채할인발행차금의 상각이나 사채할증발행차금의 환입 방법에는 정액법(straight-line method)과 유효이자율법(effective interest rate method)이 있다. 기업회계기준서에서는 유효이자율법에 의해 사채할인발행차금이나 사채할증발행차금을 상각 또는 환입하고, 상각액이나 환입액을 이자비용에 가감하도록 규정하고 있다.

유효이자율이란 현 시점의 금액과 미래 현금지급액의 현재가치를 일치시켜주는 이자율을 말한다.

유효이자율법(effective interest rate method)이란 기업이 사채발행으로 현 시점에서 이용할 수 있게 된 금액과 미래 현금지급액(현금이자와 액면금액)의 현재가치를 일치하게 해주는 이자율을 말한다. 예를 들어 액면금액 ₩100,000, 표시이자율 10%, 만기 3년인 사채를 발행하고 현금 ₩95,196을 받았다면 유효이자율은 다음과 같이 계산된다.

$$95{,}196=\frac{10{,}000}{(1+r)^1}+\frac{10{,}000}{(1+r)^2}+\frac{10{,}000}{(1+r)^3}+\frac{100{,}000}{(1+r)^3}$$

위 식을 만족시켜주는 이자율 r이 유효이자율인데, 위 식을 풀면 $r=12\%$가 된다(이러한 이자율은 엑셀의 함수기능을 이용하면 간단하게 계산할 수 있다). 이는 기업이 ₩95,196의 현금을 이용하는 대가로 실질적으로 부담하는 이자율이 연 12%라는 의미이다.

[도표 10-3]은 유효이자율법에 의한 사채할인(할증)발행차금의 상각(환입)과정을 보여준다. [도표 10-3]에서 사채를 할인발행한 경우를 살펴보자. 사채발행회사는 액면금액이 ₩100,000인 증권을 발행해주고 현금 ₩95,196을 받았다. 즉, 사채의 발행으로 현금 ₩95,196을 차입한 것이다. 1년이 경과하여 사채발행회사가 자금

차입에 대한 대가를 지급하게 되는데, 이때 적용하는 이자율이 유효이자율이다.

사채발행회사가 20×1년도 사채발행을 통해 사용한 자금은 ₩95,196이므로 유효이자율 12%를 적용하여 사채매입자에게 ₩11,424(=₩95,196×12%)을 지급해야 한다. 그러나 사채발행회사는 사채 액면금액에 표시이자율을 적용하여 현금 ₩10,000(=₩100,000×10%)을 사채이자로 지급한다. 따라서 사채발행회사는 실제로 지급해야 할 이자보다 ₩1,424을 덜 지급한 것이 되며 이는 미지급된 부채로서 사채의 만기시점에 지급된다. 실제로 지급되어야 할 사채이자비용 ₩11,424에서 표시사채이자 ₩10,000을 차감한 ₩1,424만큼 사채의 장부금액은 증가하게 되며 이 금액을 사채할인발행차금의 상각이라고 한다. 이러한 과정은 만기시점까지 계속 이루어지며 [도표 10-3]에서 보듯이 20×3년 말의 사채의 장부금액은 ₩100,000이 된다. 결국 사채발행회사는 만기에 ₩100,000을 주고 사채를 상환하는 것이다.

도표 10-3 유효이자율법에 의한 사채할인(할증)발행차금 상각(환입)표

1. 유효이자율법에 의한 사채할인발행차금 상각표(유효이자율=12%)

일 자	현금 이자지급액 (1)=100,000×10%	유효이자비용 (2)=전기말(5)×12%	할인발행차금 상각액 (3)=(2)−(1)	할인발행차금 기말잔액 (4)=전기말(4)−(3)	기말장부금액 (5)=100,000−(4)
20×1. 1. 1				₩4,804	₩95,196
20×1.12.31	₩10,000	₩11,424	₩1,424	3,380	96,620
20×2.12.31	10,000	11,594	1,594	1,786	98,214
20×3.12.31	10,000	11,786	1,786	0	100,000
합 계	₩30,000	₩34,804	₩4,804		

2. 유효이자율법에 의한 사채할증발행차금 환입표(유효이자율=8%)

일 자	현금 이자지급액 (1)=100,000×10%	유효이자비용 (2)=전기말(5)×8%	할증발행차금 환입액 (3)=(2)−(1)	할증발행차금 기말잔액 (4)=전기말(4)−(3)	기말장부금액 (5)=100,000+(4)
20×1. 1. 1				₩5,154	₩105,154
20×1.12.31	₩10,000	₩8,412	₩1,588	3,566	103,566
20×2.12.31	10,000	8,285	1,715	1,851	101,851
20×3.12.31	10,000	8,149*	1,851	0	100,000
합 계	₩30,000	₩24,846	₩5,154		

* 단수정리

도표 10-4 사채발행유형

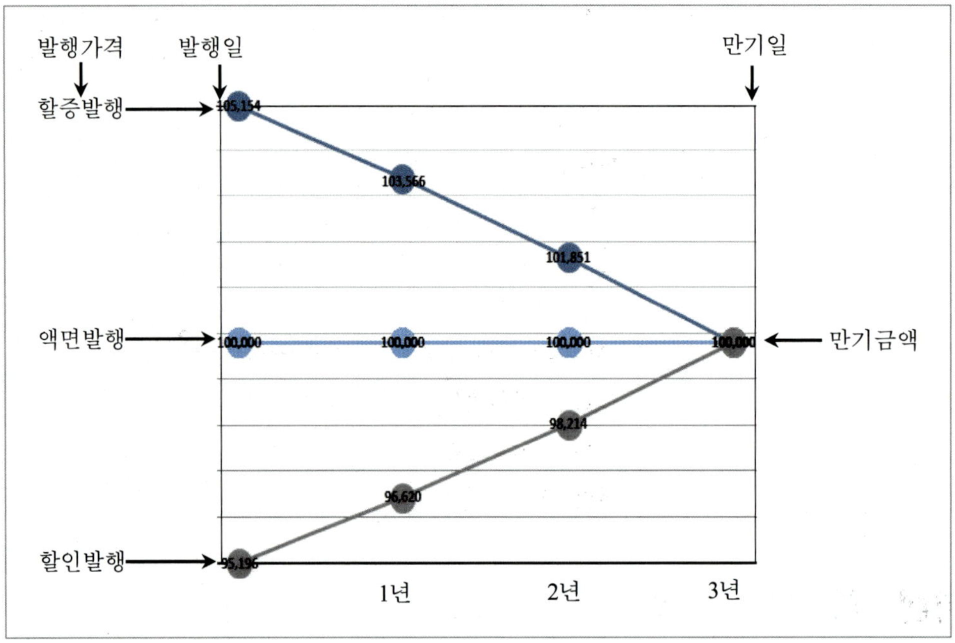

반면 사채매입자는 채권을 ₩95,196에 구입하였으므로 이에 대한 실질이자수익으로 ₩11,424(=₩95,196×12%)을 받아야 한다. 그러나 사채매입자가 사채발행회사로부터 받는 실제 금액은 사채 액면금액에 표시이자율을 적용한 현금 ₩10,000이다. 덜 받은 이자 ₩1,424은 미래에 채권을 상환하는 시점에 회수되므로 이 금액만큼 채권의 장부금액을 증가시킨다. 이러한 과정은 만기시점까지 계속 이루어지며 결국 사채매입자는 만기에 액면 ₩100,000짜리 채권을 반환하고 현금 ₩100,000을 받게 된다.

예제 10-3 유효이자율법에 의한 사채할인발행차금의 상각

청운항공은 20×1년 1월 1일에 3년 만기, 연이자율 10%, 액면 ₩100,000인 사채를 ₩95,198에 발행하였으며 동 사채를 (주)송정이 매입하였다. 단, 사채에 대한 유효이자율은 12%이다. 20×1년도 말 시점에 동 사채와 관련하여 청운항공과 (주)송정의 입장에서 각각 회계처리하시오.

풀이

발행회사 : 청운항공			매입회사 : (주)송정		
20×1년 1월 1일			20×1년 1월 1일		
현금	95,196		상각후원가측정금융자산	95,196	
사채할인발행차금	4,804		현금		95,196
사채		100,000			
20×1년 12월 31일			20×1년 12월 31일		
사채이자	11,424		현금	10,000	
현금		10,000	상각후원가측정금융자산	1,424	
사채할인발행차금		1,424	이자수익		11,424

청운항공이 20×1년도 사채할인발행차금을 상각한 후 사채의 새로운 장부금액은 재무상태표에 다음과 같이 표시된다.

부분재무상태표(부채) : 할인발행차금 상각 전		
매 입 채 무		
:		
사 채	₩100,000	
사채할인발행차금	(4,804)	₩95,196

부분재무상태표(부채) : 할인발행차금 상각 후		
매 입 채 무		
:		
사 채	₩100,000	
사채할증발행차금	(3,380)	₩96,620

4. 사채의 상환

기업은 발행한 사채를 만기에 상환할 수도 있고 필요에 따라서는 만기일 이전에 상환할 수도 있다. 이렇게 사채를 만기에 상환하는 것을 만기상환이라 하고, 만기 이전에 상환하는 것을 조기상환이라고 한다. 사채를 만기일에 상환하는 경우 사채발행회사는 사채 액면금액을 사채매입자에게 지급하고 사채권을 돌려받게 된다. 사채의 상환에 있어서 사채발행회사와 사채매입회사는 다음과 같이 분개한다.

분개장			
일 자	계 정	차 변	대 변
사채발행회사			
	사채	×××	
	현금		×××

분개장			
일 자	계 정	차 변	대 변
사채매입회사			
	현금	×××	
	상각후원가측정금융자산		×××

그러나 사채발행일의 시장이자율보다 상환일의 시장이자율이 더 높아지면 사채의 할인액이 더 많아지므로 사채의 가격은 하락한다. 이때 사채발행회사는 사채를 만기까지 보유하기보다는 조기에 상환함으로써 자신이 발행한 사채를 낮은 가격에 재취득할 수 있다. 여기서 사채의 재취득가격과 사채의 장부금액 사이에 차이가 발생하는데, 이를 사채상환손익이라고 한다. 즉, 사채의 재취득가격이 장부금액보다 낮으면 사채상환이익이 발생하며, 반대로 사채의 재취득가격이 장부금액보다 높으면 사채상환손실이 발생한다. 사채를 상환하면 사채와 관련된 계정(사채할인발행차금 혹은 사채할증발행차금)도 모두 제거된다. 이때 사채상환손익은 당기의 영업외손익으로 보고한다.

사채를 조기상환할 때 한 가지 주의해야 할 점은 사채의 상환이 이루어지는 시점까지는 사채를 통해 조달한 자금을 활용한 것이 되므로 사채상환시점까지 발생한 이자를 인식해야 하며, 동시에 사채할인발행차금이나 사채할증발행차금의 상각과 환입이 이루어져야 한다는 것이다. 따라서 사채상환시의 장부금액은 사채상환 직전까지 발생한 이자 및 사채할인발행차금의 상각과 사채할증발행차금 환입을 반영한 것이 된다. 이에 대한 회계처리는 다음과 같다.

사채발행회사 : 사채할인발행차금이 있는 경우

분개장			
일 자	계 정	차 변	대 변
사채상환 직전까지의 이자비용 및 사채할인발행차금 상각 인식			
	사채이자비용	×××	
	미지급사채이자		×××
	사채할인발행차금		×××

분개장			
일 자	계 정	차 변	대 변
사채상환			
	사채	×××	
	미지급사채이자	×××	
	현금		×××
	사채할인발행차금		×××
	사채상환이익		×××

[예제 10-4]는 사채상환에 따른 회계처리를 보여준다.

예제 10-4 사채의 상환

[예제 10-3]을 계속 이용한다. 청운항공은 20×2년 7월 1일에 동 사채를 액면금액의 97%에 조기상환하였으며, 6개월분 이자 ₩5,000을 포함하여 현금 ₩102,000을 지급하였다. 동 사채의 상환과 관련하여 청운항공과 (주)송정의 입장에서 각각 회계처리하시오.

풀이

발행회사 : 청운항공

이자비용 경과분 인식

계정	차변	대변
사채이자비용	5,797*	
미지급사채이자		5,000**
사채할인발행차금		797***

* ₩96,620 × 12% × 6/12
** ₩100,000 × 10% × 6/12
*** (₩11,594 − ₩10,000) × 6/12

사채상환

계정	차변	대변
사채	100,000	
미지급사채이자	5,000	
현금		102,000
사채할인발행차금		2,583
사채상환이익		417

매입회사 : (주)송정

이자비용 경과분 인식

계정	차변	대변
미수이자	5,000	
상각후원가측정금융자산	797	
이자수익		5,797

상각후원가측정금융자산 처분

계정	차변	대변
현금	102,000	
상각후원가측정금융자산처분손실	417	
미수이자		5,000
상각후원가측정금융자산		97,417

퇴직급여채무

퇴직급여제도(post-employment benefit plans)는 종업원이 퇴직할 때 일시불이나 혹은 연금의 형태로 일정금액을 지급하는 제도이다(기업회계기준서 제1026호). 일반적으로 기업이 종업원의 퇴직급여를 기업 내부 또는 외부의 기금에 적립하여 운용하고, 종업원이 퇴직한 후 일시금이나 연금의 형태로 지급한다.

1. 퇴직급여제도의 종류

기업회계기준서 제1026호(퇴직급여제도에 의한 회계처리와 보고)에서는 퇴직급여제도를 확정기여제도와 확정급여제도로 구분하고 있다.

확정기여제도는 기업이 별개의 실체인 퇴직기금에 고정기여금을 납부하는 퇴직급여제도이다.

- **확정기여제도**(defined contribution plans, DC) 기업이 별개의 실체인 퇴직기금에 고정기여금을 납부하는 퇴직급여제도이다. 확정기여제도에서는 종업원이 퇴직연금 운용방법에 대하여 책임을 지게 되어, 적립금의 운용방법을 잘못 선택하는 경우에는 종업원이 손실을 볼 수도 있다. 그리고 이 제도에서는 퇴직기금이 종업원의 퇴직급여를 지급해야 하는 충분한 자산을 보유하지 못하더라도 기업이 추가로 기여금을 납부해야 하는 의무가 없다. 즉, 기업은 당기에 결정된 기여금을 납부하기만 하면 그 밖에 아무런 책임이나 의무가 없다.

확정급여제도는 확정기여제도 이외의 모든 퇴직급여제도로 종업원이 받을 퇴직급여의 규모와 내용이 사전에 약정된다.

- **확정급여제도**(defined benefit plan, DB) 확정기여제도 이외의 모든 퇴직급여제도를 말하는데, 이 제도하에서는 종업원이 받을 퇴직급여의 규모와 내용이 기업과 사전에 약정된다. 그리고 기업이 퇴직급여와 관련된 기금 운용을 하게 된다. 기금의 운용실적이 양호하면 기업의 기여금이 줄어들지만 운용실적이 저조하면 기여금이 증가한다. 즉, 운용실적이 저조하여 기금이 부족한 경우에는 기업이 추가적으로 기여금을 납부해야 할 의무가 있다.

2. 퇴직급여제도의 회계처리

확정기여제도

확정기여제도의 회계처리는 비교적 단순하다. 이는 기업이 부담하는 채무가 당해기간의 기여금으로 결정되기 때문이다. 따라서 기업은 약정에 따라 출연해야 할 기여금만을 퇴직급여(비용)로 인식한다. 만약 출연해야 할 기여금과 이미 납부한 기여금의 차이가 있다면 이를 선급비용(자산) 또는 미지급비용(부채)으로 인식하면 된다. 기여금 전부나 일부의 납부기일이 종업원의 근무용역이 제공된 회계기간의 말부터 1년 이내에 도래하지 않는 경우에는 채무를 현재가치로 측정해야 한다. [예제 10-5]는 확정기여제도의 퇴직급여에 관한 회계처리를 보여준다.

예제 10-5 확정기여제도

20×1년 말 청운항공은 회사의 퇴직급여제도로 확정기여제도를 운영하고 있다. 회사의 총급여는 ₩10,000,000인데, 총급여의 2%를 매년 기금 기여금으로 납부한다. 청운항공은 기여금 납부의 편의상 매 연도 말에 1년분 기여금을 연금기관에 이체하고 있다. 전년 말까지 기여금 출연누계액은 ₩180,000이다.

다음 세 가지 상황에 대해 회계처리를 하시오. 각각의 상황은 서로 독립적이다.

① 기여금으로 현금 ₩20,000을 연금기관에 이체한 경우
② 기여금으로 현금 ₩15,000을 연금기관에 이체한 경우
③ 기여금으로 현금 ₩25,000을 연금기관에 이체한 경우

풀이

① ₩20,000을 이체한 경우

계정	차변	대변
퇴직급여	20,000*	
현금		20,000

* 출연의무액(₩10,000,000 × 2%) − 출연누계액 ₩180,000 = ₩20,000(출연액)

② ₩15,000을 이체한 경우

계정	차변	대변
퇴직급여	20,000	
현금		15,000
미지급퇴직급여		5,000

③ ₩25,000을 이체한 경우

퇴직급여	20,000	
선급퇴직급여	5,000	
현금		25,000

확정급여제도

확정급여제도에서 퇴직급여와 관련하여 표시되는 자산 또는 부채로는 퇴직급여부채(자산)(defined benefit liabilities(assets))가 있다. 순확정급여부채(자산)는 확정급여채무에서 사외적립자산을 차감한 순액으로 측정된다. 확정급여채무(defined benefit obligations)는 종업원이 당기와 그 이전기간의 근무 대가로서 퇴직 이후 받기로 약정되어 있는 미래지급의무액의 현재가치로 측정한다. 한편, 사외적립자산(plan assets)은 기업이 종업원의 퇴직급여를 지급하기 위해서 적립해 놓은 자산을 공정가치로 측정한다. 기업은 재무상태표에 매기말 확정급여채무(현재가치)에서 사외적립자산(공정가치)을 차감하여 순자산 또는 순부채의 금액을 퇴직급여부채로 표시한다. 퇴직한 종업원에게 지급되는 실제 퇴직급여는 사외적립자산에서 지급되므로 기업은 당기의 지급액만큼 사외적립자산과 확정급여채무를 각각 감소시킨다. 이를 재무상태표에 표시하면 다음과 같다.

부분재무상태표(부채) : 확정급여제도

퇴직급여부채		
확정급여채무의 현재가치	₩100,000	
사외적립자산의 공정가치	(95,000)	₩5,000

송정자동차
2023년 사업보고서

(2) 당기말 및 전기말 현재 확정급여형 퇴직급여제도와 관련하여 재무상태표에 인식된 금액은 다음과 같습니다.

당기 (단위 : 백만원)

		순확정급여부채(자산), 기말
순확정급여부채(자산)	확정급여채무의 현재가치	5,597,569
	사외적립자산	(5,997,728)
순확정급여부채(자산)		(400,159)

[예제 10-6]은 확정급여제도에서의 퇴직급여에 관한 회계처리를 보여준다.

예제 10-6 확정급여제도

20×1년 초 현재 송정자동차는 회사의 퇴직급여제도로 확정급여제도를 운영하고 있으며, 회사가 인식해야 할 확정급여채무의 현재가치는 ₩200,000이다. 한편, 회사는 기여금을 출연하여 운용하는 사외적립자산으로 ₩120,000을 보유하고 있다. 20×1년에 송정자동차에서 근무한 종업원들에 대한 당기근무원가는 ₩13,000이며, 송정자동차는 ₩10,000의 기여금을 추가로 출연하였다. 한편, 20×1년중 퇴직종업원에게 실제로 지급한 퇴직급여는 ₩11,000이다.

1. 퇴직급여제도와 관련된 분개를 하시오.
2. 20×1년 말 재무상태표에 퇴직급여자산(부채)을 표시하시오.

풀이

1. 분개

① 당기근무원가

퇴직급여	13,000	
퇴직급여채무		13,000

② 기여금의 출연

사외적립자산	10,000	
현금		10,000

③ 퇴직급여의 지급

퇴직급여채무	11,000	
사외적립자산		11,000

2. 부분재무상태표

부분재무상태표(부채) : 확정급여제도

퇴직급여부채		
확정급여채무의 현재가치	₩202,000	
사외적립자산의 공정가치	(119,000)	₩83,000

기타비유동부채

1. 장기차입금

장기차입금은 은행 등 금융기관으로부터 차입한 자금으로, 재무상태표 작성일로부터 1년 이후의 일정시점에 상환하게 되어 있는 채무를 말한다.

장기차입금(long-term debt)이란 은행 등 금융기관으로부터 차입한 자금으로 재무상태표 작성일로부터 1년 이후의 일정시점에 상환하게 되어 있는 채무를 말한다. 장기차입금은 일반적 상거래 이외에서 발생하는 부채이다. 장기차입금을 조달한 경우 기업은 이를 비유동부채의 장기차입금계정 대변에 증가로 기록하고 상환한 경우에는 차변에 기록하여 제거한다. 한편, 장기차입금의 상환기일이 결산일로부터 1년 이내로 다가오게 되면 이때는 장기차입금계정을 비유동부채에서 제거하고 대신 유동부채 중 유동성장기부채(current maturities of long-term debt)로 재분류하여 보고한다.

2. 장기매입채무

장기매입채무는 1년 이후에 지급기일이 도래하는 장기외상매입금과 장기지급어음을 말한다.

장기매입채무(long-term trade payable)는 1년 이후에 지급기일이 도래하는 장기외상매입금과 장기지급어음을 말한다. 단기성 채무의 경우 미래의 현금유출입액과 미래의 현금흐름의 현재가치의 차이가 중요하지 않기 때문에 명목금액으로 측정하지만, 장기매입채무의 경우에는 명목금액과 현재가치의 차이가 중요하기 때문에 현재가치로 평가해야 한다. 이때 장기매입채무액과 현재가치의 차이는 장기매입채무의 평가계정인 현재가치할인차금계정으로 처리한다.

현재가치할인차금은 장기매입채무의 상환기간에 걸쳐 상각하며 이는 이자비용으로 인식된다. 현재가치할인차금의 상각에 대한 회계처리는 앞서 사채에서 설명한 사채할인발행차금의 회계처리를 준용하면 된다. [예제 10-7]은 장기매입채무의 회계처리를 보여준다.

예제 10-7 장기지급어음(매입채무)의 회계처리

하이마트(주)는 20×1년 1월 1일에 판매를 목적으로 전자제품들을 구입하고 2년 만기, 액면 ₩100,000, 표시이자율 8%, 이자는 매년 말 지급하는 조건의 이자부 약속어음을 발행해주었다. 시장이자율은 10%이다. 동 어음의 가치를 계산하고 어음과 관련된 회계처리를 하시오.

풀이

① 장기지급어음의 가치

약속어음의 액면금액			₩100,000
약속어음의 현재가치	₩100,000 × 0.82645(PV, 2년, 10%)	82,645	
이자의 현재가치	₩8,000 × 1.73554(PVIF, 2년, 10%)	13,884	96,529
현재가치할인차금			₩3,471

② 장기지급어음에 대한 회계처리

20×1. 1. 1 상품구입시

	차변	대변
매입	96,529	
현재가치할인차금	3,471	
장기지급어음		100,000

20×1. 12. 31 이자지급시

	차변	대변
이자비용	9,653*	
현금		8,000
현재가치할인차금		1,653

* ₩96,529 × 10% = ₩9,653

20×2. 12. 31 만기일

	차변	대변
이자비용	9,818	
현금		8,000
현재가치할인차금		1,818

* ₩98,182 × 10% = ₩9,818

	차변	대변
장기지급어음	100,000	
현금		100,000

부분재무상태표(부채)

매 입 채 무		
:		
장기지급어음	₩100,000	
현재가치할인차금	(3,471)	₩96,529

3. 충당부채

충당부채는 장래에 지출될 것이 확실하나 그 금액이나 지출시기 혹은 지출대상이 확정되어 있지 않은 부채이다.

충당부채(provision)란 당기의 수익에 대응하는 비용으로서 장래에 지출될 것이 확실하나 그 금액이나 지출시기 혹은 지출대상이 확정되어 있지 않은 부채이다. 충당부채는 우발손실의 가능성이 있는 항목 중에서 부채의 인식요건 세 가지를 모두 충족한 경우에만 인식한다.

충당부채의 인식(기업회계기준서 제1037호 : 충당부채, 우발부채 및 우발자산)

충당부채는 다음의 요건을 모두 충족하는 경우에 인식한다.

(가) 과거사건의 결과로 현재의무가 존재한다.

(나) 당해의무를 이행하기 위하여 경제적 효익이 내재된 자원이 유출될 가능성이 높다.

(다) 당해의무의 이행에 소요되는 금액을 신뢰성 있게 추정할 수 있다.

충당부채는 아직 그 금액이나 시기 등이 확정되지 않았기 때문에 추정을 필요로 한다는 점에서 확정부채에 대응되는 개념이다. 충당부채를 설정할 때에는 최선의 추정치로 추정한 금액만큼 비용으로 인식하고, 충당부채를 설정한 이후에 실제로 이와 관련된 지출이 발생한 경우에는 설정된 충당부채금액을 한도로 하여 충당부채를 차감한다. 만약 설정한 충당부채보다 더 많이 지출했다면, 충당부채를 초과한 금액만큼은 실제 지출이 발생한 기간의 당기비용으로 인식한다. 충당부채는 세전금액으로 측정하며, 화폐의 시간가치 효과가 중요한 경우에는 충당부채의무를 이행하기 위하여 예상되는 지출액의 현재가치로 평가한다.

충당부채는 다양한 형태를 취할 수 있다. 그중 가장 대표적으로 발생하는 충당부채로 제품보증충당부채, 경품충당부채 그리고 고객충성제도(마일리지충당부채) 등이 있다. [예제 10-8]은 제품보증충당부채에 대한 사례로 이를 통해 충당부채에 대한 회계처리를 알아본다.

예제 10-8 제품보증충당부채의 회계처리

가정용 소형 냉장고를 생산 및 판매하는 (주)송정은 20×1년에 대당 가격이 ₩10,000인 냉장고 100대를 판매했다. 제품보증기간은 1년이며, 과거의 경험에 비추어 볼 때 대당 ₩1,000의 제품보증비가 발생할 것으로 추정된다. 20×1년에 실제로 ₩60,000의 제품보증비를 지출하였다. 이 사건에 대한 (주)송정의 회계처리를 하시오.

풀이

① 20×1년 판매시의 분개

현금	1,000,000	
매출		1,000,000

② 20×1년 제품보증비 추정

제품보증비	100,000	
제품보증충당부채		100,000*

* ₩1,000 × 100대 = ₩100,000

③ 20×1년 실제 제품보증비 지출

제품보증충당부채	60,000	
현금		60,000

4. 우발부채

우발부채는 충당부채와 비슷하나 발생가능성에 불확실성이 존재한다는 차이점이 있다.

우발부채(contingent liabilities)는 충당부채와 유사한 개념으로 두 부채 모두 금액의 추정을 필요로 한다는 점에서는 동일하다. 그러나 충당부채는 미래의 발생가능성이 확실한 데 비하여 우발부채는 그 발생가능성에 어느 정도 불확실성이 존재한다. 왜냐하면, 우발상황이란 미래의 다른 어떤 특정사건이 발생하느냐의 여부에 연계되어 당해부채의 발생여부도 결정되는 상황을 의미하기 때문이다.

우발부채는 잠재적인 부채로, 재무상태표에 부채로 인식하지 않고 주석으로 공시한다. 기업회계기준서(제1037호)에서는 다음 두 가지 상황 중 하나에 해당하는 경우에 우발부채로 인식하도록 하고 있다.

① 과거사건에 의하여 발생하였으나, 기업이 전적으로 통제할 수는 없는 하나 이상의 불확실한 미래사건의 발생여부에 의해서만 그 존재가 확인되는 잠재적 의무

② 과거사건에 의하여 발생하였으나, 그 의무를 이행하기 위하여 경제적 효익을 갖는 자원이 유출될 가능성이 높지 않거나, 그 의무를 이행해야 할 금액을 신뢰성 있게 측정할 수 없는 경우

충당부채와 우발부채의 인식은 자원의 유출가능성과 금액의 추정가능성에 따라서 구분표시된다(기업회계기준서 제1037호). 즉, 과거사건의 발생가능성에 따라 자원의 유출가능성을 가능성이 높음(probable), 가능성이 높지 않음(more than remote), 가능성이 아주 낮음(remote)으로 구분하고, 금액의 추정가능성에 따라 재무제표의 인식 및 공시의 정도가 다르게 나타난다([도표 10-5] 참조).

도표 10-5

충당부채와 우발부채의 인식 및 공시

금액추정 / 자원유출	신뢰성 있게 추정가능	신뢰성 있게 추정불가능
가능성이 높음(50% 이상)	충당부채로 인식	우발부채로 주석 공시
가능성이 높지 않음	우발부채로 주석 공시	
가능성이 아주 낮음	공시하지 않아도 됨	공시하지 않아도 됨

Focus On 채무보증 정보 '엉터리 기재' 수두룩… 사업보고서 잘 살펴야

채무보증 규모는 투자를 결정하는 중요한 정보 중 하나이지만 일반투자자들은 제대로 파악하기 어려운 게 사실이다. 보증은 회계상 부채에 포함되지 않기 때문에 재무제표에 숫자로 표시되지 않는다. 채무보증 규모를 확인하기 위해서는 사업보고서의 첨부자료를 들여다봐야 한다. 감사보고서의 '재무제표에 대한 주석'을 보면 지급보증 등 채무보증 항목을 찾을 수 있다. 예를 들면 삼성전자의 연결감사보고서에는 삼성전자 및 연결 회사가 제공한 보증내역이 실려 있다. 임대주택과 관련한 채무보증 금액이 2012년 말 1,518억원, 2012년 말 1,540억원 수준이다. 삼성전자 측은 직원들이 금융기관으로부터 받은 대출금을 회사 측이 채무보증한 약정 한도액이라고 설명하고 있다.

19. 우발부채와 약정사항

가. 지급보증한 내역

보고기간종료일 현재 연결회사가 제공한 채무보증내역은 다음과 같습니다.

(단위 : 백만원)

내역	당기말	전기말
임대주택 관련 채무보증(*)	151,817	153,989

(*) 직원용 임대주택 제공과 관련한 직원들의 금융기관 대출금에 대하여 제공한 채무보증 약정 한도액입니다.

일부 기업에선 채무보증 정보를 정확히 기재하지 않는 일도 있다. 금융감독원이 2014년 5월 말 발표한 자료에 따르면 12월 결산 상장법인 2,154곳 중 절반가량인 1,088곳이 비재무사항을 일부 빠뜨리거나 미흡하게 기재한 것으로 드러났다. 특히 건설사는 52곳 중 46곳(88.5%)의 사업보고서에서 앞으로 채무로 변할 가능성이 있는 지급보증 등의 기재가 미흡했던 것으로 조사됐다.

자료 : 이병희, 조선비즈 B10 (http://biz.chosun.com/site/data/html_dir/2014/07/08/2014070800099.html)

보론 10A 화폐의 시간가치

화폐는 동일한 금액이라 할지라도 시점에 따라 그 가치가 달라진다. 즉 오늘의 ₩100과 1년 후의 ₩100은 그 가치가 다르다. 또한 지금 ₩10,000을 투자하여 1년 후에 ₩12,000을 받을 수 있는 투자안 A와 지금 ₩10,000을 투자하여 2년 후에 ₩12,000을 받을 수 있는 투자안 B를 비교할 때 화폐의 시간가치를 고려하면 투자안 A는 투자안 B보다 좋은 투자안임을 쉽게 알 수 있다. 따라서 화폐의 시간가치를 고려하지 않는다면 올바른 의사결정을 수행하지 못하게 된다. 본 보론에서는 화폐의 시간가치에 대해 설명한다.

1. 미래가치

미래가치(future value, FV)란 현재의 일정금액을 미래의 일정시점에서 계산한 가치를 말하며 미래가치를 구하는 것을 복리계산이라고 한다. 현재의 일정금액(원금)을 P_0, 기간당 이자율을 i, 이자액을 I, 1기간 후의 미래가치를 P_n이라고 하면, 1기간 후의 미래가치 P_1은 다음과 같다.

$$P_1 = P_0 + I = P_0 + P_0 \times i = P_0(1+i)$$

또한 2기간 후의 미래가치 P_2는 다음과 같다.

$$P_2 = P_1(1+i) = P_0(1+i)(1+i) = P_0(1+i)^2$$

따라서 n기간 후의 미래가치 P_n은 다음과 같다.

$$P_n = P_0(1+i)^n$$

위의 식에서 $(1+i)^n$을 복리이자요소(compound value interest factor, CVIF)라고 부르며, 각기 다른 i와 n에 상응하는 복리이자요소를 미리 계산해둔 표를 복리표라고 한다([보론 10A] 별표 참조).

[도표 10A-1]은 지금 투자된 ₩1을 일정한 복리로 계산했을 때 일정한 기간 후에 원리금이 얼마가 될 것인가를 보여주고 있다. ₩10,000을 3년 동안 10%의 복리이율로 투자했을 때 그 원리금은 ₩13,310으로서 다음과 같이 계산된다.

도표 10A-1
미래가치

연 도	연간이자	복리이자	연도 말의 원리금
0	–	–	₩10,000
1	₩1,000	₩1,000	11,000
2	1,100	2,100	12,100
3	1,210	3,310	13,310

이를 위의 식으로 표현하면 다음과 같다.

$$P_1 = 10{,}000(1.1)^1$$
$$P_2 = 10{,}000(1.1)^2$$
$$P_3 = 10{,}000(1.1)^3$$

이를 다시 일반적인 형태로 표시하면 다음과 같다.

$$P_n = P_0(1+i)^n$$
$$P_3 = 10{,}000(1+0.1)^3 = 13{,}310$$

2. 현재가치

현재가치(present value, PV)란 미래에 발생할 일정금액을 현재의 시점에서 평가한 가치이다. 현재가치를 줄여서 현가라고도 한다. [도표 10A-1]에서 ₩10,000을 연간이자율 10%로 복리계산하면 3년 후에는 그 원리금이 ₩13,310이 된다. 즉, 3년 후의 ₩13,310의 현재가치는 ₩10,000인 것이다. 현재가치의 계산공식은 앞의 원리금 계산공식을 역으로 생각하면 된다. 만일, $P_n = P_0(1+i)^n$ 이라면,

$$P_0 = \frac{P_n}{(1+i)^n} = \frac{13{,}310}{(1+0.1)^3} = 10{,}000$$

이 된다. 여기서 $\left[\frac{1}{(1+i)^n}\right]$을 현재가치이자요소(present value interest factor, PVIF)라고 부른다.

3. 연금의 현재가치

연금(annuity)이란 일정기간 동안 일정금액을 계속적으로 지급(수령)하는 것을 말한다. 따라서 연금의 현재가치(present value of an annuity)는 매기당 수령액을 현재가치로 환산한 금액의 합계이다. 예를 들어 매년말에 ₩10,000씩 3년간 받을 금액을 연간할인율 10%로 할인하여 현재시점에서 일시불로 받을 경우, 이 연금의 현재가치는 [도표 10A-2]와 같이 계산할 수 있다.

도표 10A-2
연금의 현재가치

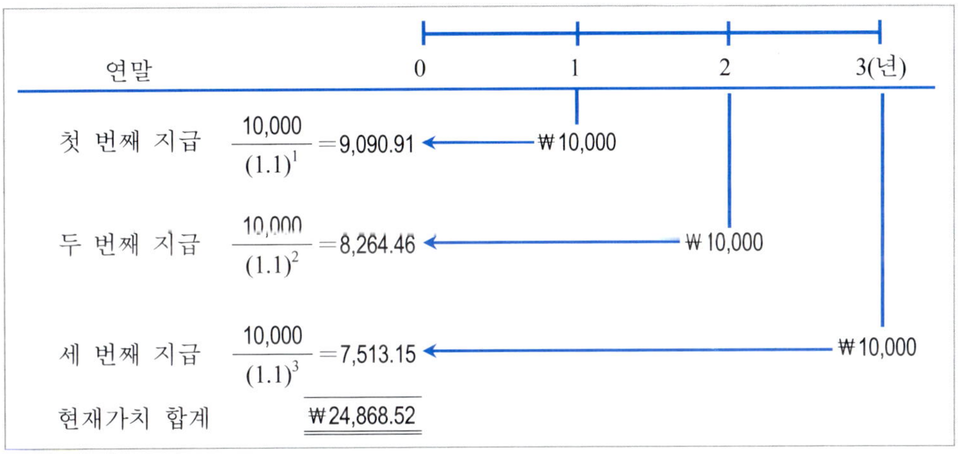

따라서 이 연금의 현재가치는 매년말에 받을 ₩10,000의 현재가치의 합계인 ₩24,868.52이 된다. 연금 R의 현가를 일반적인 형태로 표시하면 다음과 같다.

$$A_n = \frac{R}{(1+i)} + \frac{R}{(1+i)^2} + \cdots + \frac{R}{(1+i)^{n-1}} + \frac{R}{(1+i)^n} = R\left[\frac{1-\frac{1}{(1+i)^n}}{i}\right]$$

위 식에서 $\left[1-\frac{1}{(1+i)^n}\right]/i$를 연금의 현가이자요소(present value interest factor for an annuity, PVIF)라고 한다.

〈표 A-1〉 단일금액 1원의 미래가치

$F_n = (1+r)^n$

기간이자율(r)

기간수 (n)	1%	2%	3%	4%	5%	6%	7%	8%	9%	10%
1	1.0100	1.0200	1.0300	1.0400	1.0500	1.0600	1.0700	1.0800	1.0900	1.1000
2	1.0201	1.0404	1.0609	1.0816	1.1025	1.1236	1.1449	1.1664	1.1881	1.2100
3	1.0303	1.0612	1.0927	1.1249	1.1576	1.1910	1.2250	1.2597	1.2950	1.3310
4	1.0406	1.0824	1.1255	1.1699	1.2155	1.2625	1.3108	1.3605	1.4116	1.4641
5	1.0510	1.1041	1.1593	1.2167	1.2763	1.3382	1.4026	1.4693	1.5386	1.6105
6	1.0615	1.1262	1.1941	1.2653	1.3401	1.4185	1.5007	1.5869	1.6771	1.7716
7	1.0721	1.1487	1.2299	1.3159	1.4071	1.5036	1.6058	1.7138	1.8280	1.9487
8	1.0829	1.1717	1.2668	1.3686	1.4775	1.5938	1.7182	1.8509	1.9926	2.1436
9	1.0937	1.1951	1.3048	1.4233	1.5513	1.6895	1.8385	1.9990	2.1719	2.3579
10	1.1046	1.2190	1.3439	1.4802	1.6289	1.7908	1.9672	2.1589	2.3674	2.5937
11	1.1157	1.2434	1.3842	1.5395	1.7103	1.8983	2.1049	2.3316	2.5804	2.8531
12	1.1268	1.2682	1.4258	1.6010	1.7959	2.0122	2.2522	2.5182	2.8127	3.1384
13	1.1381	1.2936	1.4685	1.6651	1.8856	2.1329	2.4098	2.7196	3.0658	3.4523
14	1.1495	1.3195	1.5126	1.7317	1.9799	2.2609	2.5785	2.9372	3.3417	3.7975
15	1.1610	1.3459	1.5580	1.8009	2.0789	2.3966	2.7590	3.1722	3.6425	4.1772
16	1.1726	1.3728	1.6047	1.8730	2.1829	2.5404	2.9522	3.4259	3.9703	4.5950
17	1.1843	1.4002	1.6528	1.9479	2.2920	2.6928	3.1588	3.7000	4.3276	5.0545
18	1.1961	1.4282	1.7024	2.0258	2.4066	2.8543	3.3799	3.9960	4.7171	5.5599
19	1.2081	1.4568	1.7535	2.1068	2.5270	3.0256	3.6165	4.3157	5.1417	6.1159
20	1.2202	1.4859	1.8061	2.1911	2.6533	3.2071	3.8697	4.6610	5.6044	6.7275
21	1.2324	1.5157	1.8603	2.2788	2.7860	3.3996	4.1406	5.0338	6.1088	7.4002
22	1.2447	1.5460	1.9161	2.3699	2.9253	3.6035	4.4304	5.4365	6.6586	8.1403
23	1.2572	1.5769	1.9736	2.4647	3.0715	3.8197	4.7405	5.8715	7.2579	8.9543
24	1.2697	1.6084	2.0328	2.5633	3.2251	4.0489	5.0724	6.3412	7.9111	9.8497
25	1.2824	1.6406	2.0938	2.6658	3.3864	4.2919	5.4274	6.8485	8.6231	10.8347
26	1.2953	1.6734	2.1566	2.7725	3.5557	4.5494	5.8074	7.3964	9.3992	11.9182
27	1.3082	1.7069	2.2213	2.8834	3.7335	4.8223	6.2139	7.9881	10.2451	13.1100
28	1.3213	1.7410	2.2879	2.9987	3.9201	5.1117	6.6488	8.6271	11.1671	14.4210
29	1.3345	1.7758	2.3566	3.1187	4.1161	5.4184	7.1143	9.3173	12.1722	15.8631
30	1.3478	1.8114	2.4273	3.2434	4.3219	5.7435	7.6123	10.0627	13.2677	17.4494
35	1.4166	1.9999	2.8139	3.9461	5.5160	7.6861	10.6766	14.7853	20.4140	28.1024
40	1.4889	2.2080	3.2620	4.8010	7.0400	10.2857	14.9745	21.7245	31.4094	45.2593
45	1.5648	2.4379	3.7816	5.8412	8.9850	13.7646	21.0025	31.9204	48.3273	72.8905
50	1.6446	2.6916	4.3839	7.1067	11.4674	18.4202	29.4570	46.9016	74.3575	117.3909
60	1.8167	3.2810	5.8916	10.5196	18.6792	32.9877	57.9464	101.2571	176.0313	304.4816
70	2.0068	3.9996	7.9178	15.5716	30.4264	59.0759	113.9894	218.6064	416.7301	789.7470
80	2.2167	4.8754	10.6409	23.0498	49.5614	105.7960	224.2344	471.9548	986.5517	2048.4002

기간수 (n)	11%	12%	13%	14%	15%	16%	17%	18%	19%	20%
1	1.1100	1.1200	1.1300	1.1400	1.1500	1.1600	1.1700	1.1800	1.1900	1.2000
2	1.2321	1.2544	1.2769	1.2996	1.3225	1.3456	1.3689	1.3924	1.4161	1.4400
3	1.3676	1.4049	1.4429	1.4815	1.5209	1.5609	1.6016	1.6430	1.6852	1.7280
4	1.5181	1.5735	1.6305	1.6890	1.7490	1.8106	1.8739	1.9388	2.0053	2.0736
5	1.6851	1.7623	1.8424	1.9254	2.0114	2.1003	2.1924	2.2878	2.3864	2.4883
6	1.8704	1.9738	2.0820	2.1950	2.3131	2.4364	2.5652	2.6996	2.8398	2.9860
7	2.0762	2.2107	2.3526	2.5023	2.6600	2.8262	3.0012	3.1855	3.3793	3.5832
8	2.3045	2.4760	2.6584	2.8526	3.0590	3.2784	3.5115	3.7589	4.0214	4.2998
9	2.5580	2.7731	3.0040	3.2519	3.5179	3.8030	4.1084	4.4355	4.7854	5.1598
10	2.8394	3.1058	3.3946	3.7072	4.0456	4.4114	4.8068	5.2338	5.6947	6.1917
11	3.1518	3.4785	3.8359	4.2262	4.6524	5.1173	5.6240	6.1759	6.7767	7.4301
12	3.4985	3.8960	4.3345	4.8179	5.3503	5.9360	6.5801	7.2876	8.0642	8.9161
13	3.8833	4.3635	4.8980	5.4924	6.1528	6.8858	7.6987	8.5994	9.5964	10.6993
14	4.3104	4.8871	5.5348	6.2613	7.0757	7.9875	9.0075	10.1472	11.4198	12.8392
15	4.7846	5.4736	6.2543	7.1379	8.1371	9.2655	10.5387	11.9737	13.5895	15.4070
16	5.3109	6.1304	7.0673	8.1372	9.3576	10.7480	12.3303	14.1290	16.1715	18.4884
17	5.8951	6.8660	7.9861	9.2765	10.7613	12.4677	14.4265	16.6722	19.2441	22.1861
18	6.5436	7.6900	9.0243	10.5752	12.3755	14.4625	16.8790	19.6733	22.9005	26.6233
19	7.2633	8.6128	10.1974	12.0557	14.2318	16.7765	19.7484	23.2144	27.2516	31.9480
20	8.0623	9.6463	11.5231	13.7435	16.3665	19.4608	23.1056	27.3930	32.4294	38.3376
21	8.9492	10.8038	13.0211	15.6676	18.8215	22.5745	27.0336	32.3238	38.5910	46.0051
22	9.9336	12.1003	14.7138	17.8610	21.6447	26.1864	31.6293	38.1421	45.9233	55.2061
23	11.0263	13.5523	16.6266	20.3616	24.8915	30.3762	37.0062	45.0076	54.6487	66.2474
24	12.2392	15.1786	18.7881	23.2122	28.6252	35.2364	43.2973	53.1090	65.0320	79.4968
25	13.5855	17.0001	21.2305	26.4619	32.9190	40.8742	50.6578	62.6686	77.3881	95.3962
26	15.0799	19.0401	23.9905	30.1666	37.8568	47.4141	59.2697	73.9490	92.0918	114.4755
27	16.7386	21.3249	27.1093	34.3899	43.5353	55.0004	69.3455	87.2598	109.5893	137.3706
28	18.5799	23.8839	30.6335	39.2045	50.0656	63.8004	81.1342	102.9666	130.4112	164.8447
29	20.6237	26.7499	34.6158	44.6931	57.5755	74.0085	94.9271	121.5005	155.1893	197.8136
30	22.8923	29.9599	39.1159	50.9502	66.2118	85.8499	111.0647	143.3706	184.6753	237.3763
35	38.5749	52.7996	72.0685	98.1002	133.1755	180.3141	243.5035	327.9973	440.7006	590.6682
40	65.0009	93.0510	132.7816	188.8835	267.8635	378.7212	533.8687	750.3783	1051.6675	1469.7716
45	109.5302	163.9876	244.6414	363.6791	538.7693	795.4438	1170.4794	1716.6839	2509.6506	3657.2620
50	184.5648	289.0022	450.7359	700.2330	1083.6574	1670.7038	2566.2153	3927.3569	5988.9139	9100.4382
60	524.0572	897.5969	1530.0535	2595.9187	4383.9987	7370.2014	12335.3565	20555.1400	34104.9709	56347.5144
70	1488.0191	2787.7998	5193.8696	9623.6450	17735.720	32513.165	59293.942	107582.22	194217.03	348888.96
80	4225.1128	8658.4831	17630.941	35676.982	71750.879	143429.72	285015.80	563067.66	1106004.5	2160228.5

〈표 A-2〉 단일금액 1원의 현재가치

$$P_n = \frac{1}{(1+r)^n}$$

기간이자율(r)

기간수 (n)	1%	2%	3%	4%	5%	6%	7%	8%	9%	10%
1	0.9901	0.9804	0.9709	0.9615	0.9524	0.9434	0.9346	0.9259	0.9174	0.9091
2	0.9803	0.9612	0.9426	0.9246	0.9070	0.8900	0.8734	0.8573	0.8417	0.8264
3	0.9706	0.9423	0.9151	0.8890	0.8638	0.8396	0.8163	0.7938	0.7722	0.7513
4	0.9610	0.9238	0.8885	0.8548	0.8227	0.7921	0.7629	0.7350	0.7084	0.6830
5	0.9515	0.9057	0.8626	0.8219	0.7835	0.7473	0.7130	0.6806	0.6499	0.6209
6	0.9420	0.8880	0.8375	0.7903	0.7462	0.7050	0.6663	0.6302	0.5963	0.5645
7	0.9327	0.8706	0.8131	0.7599	0.7107	0.6651	0.6227	0.5835	0.5470	0.5132
8	0.9235	0.8535	0.7894	0.7307	0.6768	0.6274	0.5820	0.5403	0.5019	0.4665
9	0.9143	0.8368	0.7664	0.7026	0.6446	0.5919	0.5439	0.5002	0.4604	0.4241
10	0.9053	0.8203	0.7441	0.6756	0.6139	0.5584	0.5083	0.4632	0.4224	0.3855
11	0.8963	0.8043	0.7224	0.6496	0.5847	0.5268	0.4751	0.4289	0.3875	0.3505
12	0.8874	0.7885	0.7014	0.6246	0.5568	0.4970	0.4440	0.3971	0.3555	0.3186
13	0.8787	0.7730	0.6810	0.6006	0.5303	0.4688	0.4150	0.3677	0.3262	0.2897
14	0.8700	0.7579	0.6611	0.5775	0.5051	0.4423	0.3878	0.3405	0.2992	0.2633
15	0.8613	0.7430	0.6419	0.5553	0.4810	0.4173	0.3624	0.3152	0.2745	0.2394
16	0.8528	0.7284	0.6232	0.5339	0.4581	0.3936	0.3387	0.2919	0.2519	0.2176
17	0.8444	0.7142	0.6050	0.5134	0.4363	0.3714	0.3166	0.2703	0.2311	0.1978
18	0.8360	0.7002	0.5874	0.4936	0.4155	0.3503	0.2959	0.2502	0.2120	0.1799
19	0.8277	0.6864	0.5703	0.4746	0.3957	0.3305	0.2765	0.2317	0.1945	0.1635
20	0.8195	0.6730	0.5537	0.4564	0.3769	0.3118	0.2584	0.2145	0.1784	0.1486
21	0.8114	0.6598	0.5375	0.4388	0.3589	0.2942	0.2415	0.1987	0.1637	0.1351
22	0.8034	0.6468	0.5219	0.4220	0.3418	0.2775	0.2257	0.1839	0.1502	0.1228
23	0.7954	0.6342	0.5067	0.4057	0.3256	0.2618	0.2109	0.1703	0.1378	0.1117
24	0.7876	0.6217	0.4919	0.3901	0.3101	0.2470	0.1971	0.1577	0.1264	0.1015
25	0.7798	0.6095	0.4776	0.3751	0.2953	0.2330	0.1842	0.1460	0.1160	0.0923
26	0.7720	0.5976	0.4637	0.3607	0.2812	0.2198	0.1722	0.1352	0.1064	0.0839
27	0.7644	0.5859	0.4502	0.3468	0.2678	0.2074	0.1609	0.1252	0.0976	0.0763
28	0.7568	0.5744	0.4371	0.3335	0.2551	0.1956	0.1504	0.1159	0.0895	0.0693
29	0.7493	0.5631	0.4243	0.3207	0.2429	0.1846	0.1406	0.1073	0.0822	0.0630
30	0.7419	0.5521	0.4120	0.3083	0.2314	0.1741	0.1314	0.0994	0.0754	0.0573
35	0.7059	0.5000	0.3554	0.2534	0.1813	0.1301	0.0937	0.0676	0.0490	0.0356
40	0.6717	0.4529	0.3066	0.2083	0.1420	0.0972	0.0668	0.0460	0.0318	0.0221
45	0.6391	0.4102	0.2644	0.1712	0.1113	0.0727	0.0476	0.0313	0.0207	0.0137
50	0.6080	0.3715	0.2281	0.1407	0.0872	0.0543	0.0339	0.0213	0.0134	0.0085
60	0.5504	0.3048	0.1697	0.0951	0.0535	0.0303	0.0173	0.0099	0.0057	0.0033
70	0.4983	0.2500	0.1263	0.0642	0.0329	0.0169	0.0088	0.0046	0.0024	0.0013
80	0.4511	0.2051	0.0940	0.0434	0.0202	0.0095	0.0045	0.0021	0.0010	0.0005

기간이자율(r)

기간수 (n)	11%	12%	13%	14%	15%	16%	17%	18%	19%	20%
1	0.9009	0.8929	0.8850	0.8772	0.8696	0.8621	0.8547	0.8475	0.8403	0.8333
2	0.8116	0.7972	0.7831	0.7695	0.7561	0.7432	0.7305	0.7182	0.7062	0.6944
3	0.7312	0.7118	0.6931	0.6750	0.6575	0.6407	0.6244	0.6086	0.5934	0.5787
4	0.6587	0.6355	0.6133	0.5921	0.5718	0.5523	0.5337	0.5158	0.4987	0.4823
5	0.5935	0.5674	0.5428	0.5194	0.4972	0.4761	0.4561	0.4371	0.4190	0.4019
6	0.5346	0.5066	0.4803	0.4556	0.4323	0.4104	0.3898	0.3704	0.3521	0.3349
7	0.4817	0.4523	0.4251	0.3996	0.3759	0.3538	0.3332	0.3139	0.2959	0.2791
8	0.4339	0.4039	0.3762	0.3506	0.3269	0.3050	0.2848	0.2660	0.2487	0.2326
9	0.3909	0.3606	0.3329	0.3075	0.2843	0.2630	0.2434	0.2255	0.2090	0.1938
10	0.3522	0.3220	0.2946	0.2697	0.2472	0.2267	0.2080	0.1911	0.1756	0.1615
11	0.3173	0.2875	0.2607	0.2366	0.2149	0.1954	0.1778	0.1619	0.1476	0.1346
12	0.2858	0.2567	0.2307	0.2076	0.1869	0.1685	0.1520	0.1372	0.1240	0.1122
13	0.2575	0.2292	0.2042	0.1821	0.1625	0.1452	0.1299	0.1163	0.1042	0.0935
14	0.2320	0.2046	0.1807	0.1597	0.1413	0.1252	0.1110	0.0985	0.0876	0.0779
15	0.2090	0.1827	0.1599	0.1401	0.1229	0.1079	0.0949	0.0835	0.0736	0.0649
16	0.1883	0.1631	0.1415	0.1229	0.1069	0.0930	0.0811	0.0708	0.0618	0.0541
17	0.1696	0.1456	0.1252	0.1078	0.0929	0.0802	0.0693	0.0600	0.0520	0.0451
18	0.1528	0.1300	0.1108	0.0946	0.0808	0.0691	0.0592	0.0508	0.0437	0.0376
19	0.1377	0.1161	0.0981	0.0829	0.0703	0.0596	0.0506	0.0431	0.0367	0.0313
20	0.1240	0.1037	0.0868	0.0728	0.0611	0.0514	0.0433	0.0365	0.0308	0.0261
21	0.1117	0.0926	0.0768	0.0638	0.0531	0.0443	0.0370	0.0309	0.0259	0.0217
22	0.1007	0.0826	0.0680	0.0560	0.0462	0.0382	0.0316	0.0262	0.0218	0.0181
23	0.0907	0.0738	0.0601	0.0491	0.0402	0.0329	0.0270	0.0222	0.0183	0.0151
24	0.0817	0.0659	0.0532	0.0431	0.0349	0.0284	0.0231	0.0188	0.0154	0.0126
25	0.0736	0.0588	0.0471	0.0378	0.0304	0.0245	0.0197	0.0160	0.0129	0.0105
26	0.0663	0.0525	0.0417	0.0331	0.0264	0.0211	0.0169	0.0135	0.0109	0.0087
27	0.0597	0.0469	0.0369	0.0291	0.0230	0.0182	0.0144	0.0115	0.0091	0.0073
28	0.0538	0.0419	0.0326	0.0255	0.0200	0.0157	0.0123	0.0097	0.0077	0.0061
29	0.0485	0.0374	0.0289	0.0224	0.0174	0.0135	0.0105	0.0082	0.0064	0.0051
30	0.0437	0.0334	0.0256	0.0196	0.0151	0.0116	0.0090	0.0070	0.0054	0.0042
35	0.0259	0.0189	0.0139	0.0102	0.0075	0.0055	0.0041	0.0030	0.0023	0.0017
40	0.0154	0.0107	0.0075	0.0053	0.0037	0.0026	0.0019	0.0013	0.0010	0.0007
45	0.0091	0.0061	0.0041	0.0027	0.0019	0.0013	0.0009	0.0006	0.0004	0.0003
50	0.0054	0.0035	0.0022	0.0014	0.0009	0.0006	0.0004	0.0003	0.0002	0.0001
60	0.0019	0.0011	0.0007	0.0004	0.0002	0.0001	0.0001	0.0000	0.0000	0.0000
70	0.0007	0.0004	0.0002	0.0001	0.0001	0.0000	0.0000	0.0000	0.0000	0.0000
80	0.0002	0.0001	0.0001	0.0000	0.0000	0.0000	0.0000	0.0000	0.0000	0.0000

〈표 A-3〉 정상연금 1원의 미래가치

$$FA_n = \sum_{t=1}^{n}(1+r)^{n-t} = \frac{(1+r)^n - 1}{r}$$

기간이자율(r)

기간수 (n)	1%	2%	3%	4%	5%	6%	7%	8%	9%	10%
1	1.0000	1.0000	1.0000	1.0000	1.0000	1.0000	1.0000	1.0000	1.0000	1.0000
2	2.0100	2.0200	2.0300	2.0400	2.0500	2.0600	2.0700	2.0800	2.0900	2.1000
3	3.0301	3.0604	3.0909	3.1216	3.1525	3.1836	3.2149	3.2464	3.2781	3.3100
4	4.0604	4.1216	4.1836	4.2465	4.3101	4.3746	4.4399	4.5061	4.5731	4.6410
5	5.1010	5.2040	5.3091	5.4163	5.5256	5.6371	5.7507	5.8666	5.9847	6.1051
6	6.1520	6.3081	6.4684	6.6330	6.8019	6.9753	7.1533	7.3359	7.5233	7.7156
7	7.2135	7.4343	7.6625	7.8983	8.1420	8.3938	8.6540	8.9228	9.2004	9.4872
8	8.2857	8.5830	8.8923	9.2142	9.5491	9.8975	10.2598	10.6366	11.0285	11.4359
9	9.3685	9.7546	10.1591	10.5828	11.0266	11.4913	11.9780	12.4876	13.0210	13.5795
10	10.4622	10.9497	11.4639	12.0061	12.5779	13.1808	13.8164	14.4866	15.1929	15.9374
11	11.5668	12.1687	12.8078	13.4864	14.2068	14.9716	15.7836	16.6455	17.5603	18.5312
12	12.6825	13.4121	14.1920	15.0258	15.9171	16.8699	17.8885	18.9771	20.1407	21.3843
13	13.8093	14.6803	15.6178	16.6268	17.7130	18.8821	20.1406	21.4953	22.9534	24.5227
14	14.9474	15.9739	17.0863	18.2919	19.5986	21.0151	22.5505	24.2149	26.0192	27.9750
15	16.0969	17.2934	18.5989	20.0236	21.5786	23.2760	25.1290	27.1521	29.3609	31.7725
16	17.2579	18.6393	20.1569	21.8245	23.6575	25.6725	27.8881	30.3243	33.0034	35.9497
17	18.4304	20.0121	21.7616	23.6975	25.8404	28.2129	30.8402	33.7502	36.9737	40.5447
18	19.6147	21.4123	23.4144	25.6454	28.1324	30.9057	33.9990	37.4502	41.3013	45.5992
19	20.8109	22.8406	25.1169	27.6712	30.5390	33.7600	37.3790	41.4463	46.0185	51.1591
20	22.0190	24.2974	26.8704	29.7781	33.0660	36.7856	40.9955	45.7620	51.1601	57.2750
21	23.2392	25.7833	28.6765	31.9692	35.7193	39.9927	44.8652	50.4229	56.7645	64.0025
22	24.4716	27.2990	30.5368	34.2480	38.5052	43.3923	49.0057	55.4568	62.8733	71.4027
23	25.7163	28.8450	32.4529	36.6179	41.4305	46.9958	53.4361	60.8933	69.5319	79.5430
24	26.9735	30.4219	34.4265	39.0826	44.5020	50.8156	58.1767	66.7648	76.7898	88.4973
25	28.2432	32.0303	36.4593	41.6459	47.7271	54.8645	63.2490	73.1059	84.7009	98.3471
26	29.5256	33.6709	38.5530	44.3117	51.1135	59.1564	68.6765	79.9544	93.3240	109.1818
27	30.8209	35.3443	40.7096	47.0842	54.6691	63.7058	74.4838	87.3508	102.7231	121.0999
28	32.1291	37.0512	42.9309	49.9676	58.4026	68.5281	80.6977	95.3388	112.9682	134.2099
29	33.4504	38.7922	45.2189	52.9663	62.3227	73.6398	87.3465	103.9659	124.1354	148.6309
30	34.7849	40.5681	47.5754	56.0849	66.4388	79.0582	94.4608	113.2832	136.3075	164.4940
35	41.6603	49.9945	60.4621	73.6522	90.3203	111.4348	138.2369	172.3168	215.7108	271.0244
40	48.8864	60.4020	75.4013	95.0255	120.7998	154.7620	199.6351	259.0565	337.8824	442.5926
45	56.4811	71.8927	92.7199	121.0294	159.7002	212.7435	285.7493	386.5056	525.8587	718.9048
50	64.4632	84.5794	112.7969	152.6671	209.3480	290.3359	406.5289	573.7702	815.0836	1163.9085
60	81.6697	114.0515	163.0534	237.9907	353.5837	533.1282	813.5204	1253.2133	1944.7921	3034.8164
70	100.6763	149.9779	230.5941	364.2905	588.5285	967.9322	1614.1342	2720.0801	4619.2232	7887.4696
80	121.6715	193.7720	321.3630	551.2450	971.2288	1746.5999	3189.0627	5886.9354	10950.574	20474.002

기간이자율(r)

기간수 (n)	11%	12%	13%	14%	15%	16%	17%	18%	19%	20%
1	1.0000	1.0000	1.0000	1.0000	1.0000	1.0000	1.0000	1.0000	1.0000	1.0000
2	2.1100	2.1200	2.1300	2.1400	2.1500	2.1600	2.1700	2.1800	2.1900	2.2000
3	3.3421	3.3744	3.4069	3.4396	3.4725	3.5056	3.5389	3.5724	3.6061	3.6400
4	4.7097	4.7793	4.8498	4.9211	4.9934	5.0665	5.1405	5.2154	5.2913	5.3680
5	6.2278	6.3528	6.4803	6.6101	6.7424	6.8771	7.0144	7.1542	7.2966	7.4416
6	7.9129	8.1152	8.3227	8.5355	8.7537	8.9775	9.2068	9.4420	9.6830	9.9299
7	9.7833	10.0890	10.4047	10.7305	11.0668	11.4139	11.7720	12.1415	12.5227	12.9159
8	11.8594	12.2997	12.7573	13.2328	13.7268	14.2401	14.7733	15.3270	15.9020	16.4991
9	14.1640	14.7757	15.4157	16.0853	16.7858	17.5185	18.2847	19.0859	19.9234	20.7989
10	16.7220	17.5487	18.4197	19.3373	20.3037	21.3215	22.3931	23.5213	24.7089	25.9587
11	19.5614	20.6546	21.8143	23.0445	24.3493	25.7329	27.1999	28.7551	30.4035	32.1504
12	22.7132	24.1331	25.6502	27.2707	29.0017	30.8502	32.8239	34.9311	37.1802	39.5805
13	26.2116	28.0291	29.9847	32.0887	34.3519	36.7862	39.4040	42.2187	45.2445	48.4966
14	30.0949	32.3926	34.8827	37.5811	40.5047	43.6720	47.1027	50.8180	54.8409	59.1959
15	34.4054	37.2797	40.4175	43.8424	47.5804	51.6595	56.1101	60.9653	66.2607	72.0351
16	39.1899	42.7533	46.6717	50.9804	55.7175	60.9250	66.6488	72.9390	79.8502	87.4421
17	44.5008	48.8837	53.7391	59.1176	65.0751	71.6730	78.9792	87.0680	96.0218	105.9306
18	50.3959	55.7497	61.7251	68.3941	75.8364	84.1407	93.4056	103.7403	115.2659	128.1167
19	56.9393	63.4397	70.7494	78.9692	88.2118	98.6032	110.2846	123.4135	138.1664	154.7400
20	64.2028	72.0524	80.9468	91.0249	102.4436	115.3797	130.0329	146.6280	165.4180	186.6880
21	72.2651	81.6987	92.4699	104.7684	118.8101	134.8405	153.1385	174.0210	197.8474	225.0256
22	81.2143	92.5026	105.4910	120.4360	137.6316	157.4150	180.1721	206.3448	236.4385	271.0307
23	91.1479	104.6029	120.2048	138.2970	159.2764	183.6014	211.8013	244.4868	282.3618	326.2369
24	102.1742	118.1552	136.8315	158.6586	184.1678	213.9776	248.8076	289.4945	337.0105	392.4842
25	114.4133	133.3339	155.6196	181.8708	212.7930	249.2140	292.1049	342.6035	402.0425	471.9811
26	127.9988	150.3339	176.8501	208.3327	245.7120	290.0883	342.7627	405.2721	479.4306	567.3773
27	143.0786	169.3740	200.8406	238.4993	283.5688	337.5024	402.0323	479.2211	571.5224	681.8528
28	159.8173	190.6989	227.9499	272.8892	327.1041	392.5028	471.3778	566.4809	681.1116	819.2233
29	178.3972	214.5828	258.5834	312.0937	377.1697	456.3032	552.5121	669.4475	811.5228	984.0680
30	199.0209	241.3327	293.1992	356.7868	434.7451	530.3117	647.4391	790.9480	966.7122	1181.8816
35	341.5896	431.6635	546.6808	693.5727	881.1702	1120.7130	1426.4910	1816.6516	2314.2137	2948.3411
40	581.8261	767.0914	1013.7042	1342.0251	1779.0903	2360.7572	3134.5218	4163.2130	5529.8290	7343.8578
45	986.6386	1358.2300	1874.1646	2590.5648	3585.1285	4965.2739	6879.2907	9531.5771	13203.424	18281.310
50	1668.7712	2400.0182	3459.5071	4994.5213	7217.7163	10435.649	15089.502	21813.094	31515.336	45497.191
60	4755.0658	7471.6411	11761.950	18535.133	29219.992	46057.509	72555.039	114189.67	179494.58	281732.57
70	13518.356	23223.332	39945.151	68733.179	118231.47	203201.03	348782.01	597673.46	1022189.6	1744439.8
80	38401.025	72145.696	135614.93	254828.44	478332.53	896429.47	1676557.7	3128148.1	5821071.3	10801137.

〈표 A-4〉 정상연금 1원의 현재가치

$$PA_n = \sum_{t=1}^{n} \frac{1}{(1+r)^t} = \frac{1-(1+r)^{-n}}{r}$$

기간이자율(r)

기간수 (n)	1%	2%	3%	4%	5%	6%	7%	8%	9%	10%
1	0.9901	0.9804	0.9709	0.9615	0.9524	0.9434	0.9346	0.9259	0.9174	0.9091
2	1.9704	1.9416	1.9135	1.8861	1.8594	1.8334	1.8080	1.7833	1.7591	1.7355
3	2.9410	2.8839	2.8286	2.7751	2.7232	2.6730	2.6243	2.5771	2.5313	2.4868
4	3.9020	3.8077	3.7171	3.6299	3.5460	3.4651	3.3872	3.3121	3.2397	3.1699
5	4.8534	4.7135	4.5797	4.4518	4.3295	4.2124	4.1002	3.9927	3.8897	3.7908
6	5.7955	5.6014	5.4172	5.2421	5.0757	4.9173	4.7665	4.6229	4.4859	4.3553
7	6.7282	6.4720	6.2303	6.0021	5.7864	5.5824	5.3893	5.2064	5.0330	4.8684
8	7.6517	7.3255	7.0197	6.7327	6.4632	6.2098	5.9713	5.7466	5.5348	5.3349
9	8.5660	8.1622	7.7861	7.4353	7.1078	6.8017	6.5152	6.2469	5.9952	5.7590
10	9.4713	8.9826	8.5302	8.1109	7.7217	7.3601	7.0236	6.7101	6.4177	6.1446
11	10.3676	9.7868	9.2526	8.7605	8.3064	7.8869	7.4987	7.1390	6.8052	6.4951
12	11.2551	10.5753	9.9540	9.3851	8.8633	8.3838	7.9427	7.5361	7.1607	6.8137
13	12.1337	11.3484	10.6350	9.9856	9.3936	8.8527	8.3577	7.9038	7.4869	7.1034
14	13.0037	12.1062	11.2961	10.5631	9.8986	9.2950	8.7455	8.2442	7.7862	7.3667
15	13.8651	12.8493	11.9379	11.1184	10.3797	9.7122	9.1079	8.5595	8.0607	7.6061
16	14.7179	13.5777	12.5611	11.6523	10.8378	10.1059	9.4466	8.8514	8.3126	7.8237
17	15.5623	14.2919	13.1661	12.1657	11.2741	10.4773	9.7632	9.1216	8.5436	8.0216
18	16.3983	14.9920	13.7535	12.6593	11.6896	10.8276	10.0591	9.3719	8.7556	8.2014
19	17.2260	15.6785	14.3238	13.1339	12.0853	11.1581	10.3356	9.6036	8.9501	8.3649
20	18.0456	16.3514	14.8775	13.5903	12.4622	11.4699	10.5940	9.8181	9.1285	8.5136
21	18.8570	17.0112	15.4150	14.0292	12.8212	11.7641	10.8355	10.0168	9.2922	8.6487
22	19.6604	17.6580	15.9369	14.4511	13.1630	12.0416	11.0612	10.2007	9.4424	8.7715
23	20.4558	18.2922	16.4436	14.8568	13.4886	12.3034	11.2722	10.3711	9.5802	8.8832
24	21.2434	18.9139	16.9355	15.2470	13.7986	12.5504	11.4693	10.5288	9.7066	8.9847
25	22.0232	19.5235	17.4131	15.6221	14.0939	12.7834	11.6536	10.6748	9.8226	9.0770
26	22.7952	20.1210	17.8768	15.9828	14.3752	13.0032	11.8258	10.8100	9.9290	9.1609
27	23.5596	20.7069	18.3270	16.3296	14.6430	13.2105	11.9867	10.9352	10.0266	9.2372
28	24.3164	21.2813	18.7641	16.6631	14.8981	13.4062	12.1371	11.0511	10.1161	9.3066
29	25.0658	21.8444	19.1885	16.9837	15.1411	13.5907	12.2777	11.1584	10.1983	9.3696
30	25.8077	22.3965	19.6004	17.2920	15.3725	13.7648	12.4090	11.2578	10.2737	9.4269
35	29.4086	24.9986	21.4872	18.6646	16.3742	14.4982	12.9477	11.6546	10.5668	9.6442
40	32.8347	27.3555	23.1148	19.7928	17.1591	15.0463	13.3317	11.9246	10.7574	9.7791
45	36.0945	29.4902	24.5187	20.7200	17.7741	15.4558	13.6055	12.1084	10.8812	9.8628
50	39.1961	31.4236	25.7298	21.4822	18.2559	15.7619	13.8007	12.2335	10.9617	9.9148
60	44.9550	34.7609	27.6756	22.6235	18.9293	16.1614	14.0392	12.3766	11.0480	9.9672
70	50.1685	37.4986	29.1234	23.3945	19.3427	16.3845	14.1604	12.4428	11.0844	9.9873
80	54.8882	39.7445	30.2008	23.9154	19.5965	16.5091	14.2220	12.4735	11.0998	9.9951

기간수 (n)	11%	12%	13%	14%	15%	16%	17%	18%	19%	20%
1	0.9009	0.8929	0.8850	0.8772	0.8696	0.8621	0.8547	0.8475	0.8403	0.8333
2	1.7125	1.6901	1.6681	1.6467	1.6257	1.6052	1.5852	1.5656	1.5465	1.5278
3	2.4437	2.4018	2.3612	2.3216	2.2832	2.2459	2.2096	2.1743	2.1399	2.1065
4	3.1024	3.0373	2.9745	2.9137	2.8550	2.7982	2.7432	2.6901	2.6386	2.5887
5	3.6959	3.6048	3.5172	3.4331	3.3522	3.2743	3.1993	3.1272	3.0576	2.9906
6	4.2305	4.1114	3.9975	3.8887	3.7845	3.6847	3.5892	3.4976	3.4098	3.3255
7	4.7122	4.5638	4.4226	4.2883	4.1604	4.0386	3.9224	3.8115	3.7057	3.6046
8	5.1461	4.9676	4.7988	4.6389	4.4873	4.3436	4.2072	4.0776	3.9544	3.8372
9	5.5370	5.3282	5.1317	4.9464	4.7716	4.6065	4.4506	4.3030	4.1633	4.0310
10	5.8892	5.6502	5.4262	5.2161	5.0188	4.8332	4.6586	4.4941	4.3389	4.1925
11	6.2065	5.9377	5.6869	5.4527	5.2337	5.0286	4.8364	4.6560	4.4865	4.3271
12	6.4924	6.1944	5.9176	5.6603	5.4206	5.1971	4.9884	4.7932	4.6105	4.4392
13	6.7499	6.4235	6.1218	5.8424	5.5831	5.3423	5.1183	4.9095	4.7147	4.5327
14	6.9819	6.6282	6.3025	6.0021	5.7245	5.4675	5.2293	5.0081	4.8023	4.6106
15	7.1909	6.8109	6.4624	6.1422	5.8474	5.5755	5.3242	5.0916	4.8759	4.6755
16	7.3792	6.9740	6.6039	6.2651	5.9542	5.6685	5.4053	5.1624	4.9377	4.7296
17	7.5488	7.1196	6.7291	6.3729	6.0472	5.7487	5.4746	5.2223	4.9897	4.7746
18	7.7016	7.2497	6.8399	6.4674	6.1280	5.8178	5.5339	5.2732	5.0333	4.8122
19	7.8393	7.3658	6.9380	6.5504	6.1982	5.8775	5.5845	5.3162	5.0700	4.8435
20	7.9633	7.4694	7.0248	6.6231	6.2593	5.9288	5.6278	5.3527	5.1009	4.8696
21	8.0751	7.5620	7.1016	6.6870	6.3125	5.9731	5.6648	5.3837	5.1268	4.8913
22	8.1757	7.6446	7.1695	6.7429	6.3587	6.0113	5.6964	5.4099	5.1486	4.9094
23	8.2664	7.7184	7.2297	6.7921	6.3988	6.0442	5.7234	5.4321	5.1668	4.9245
24	8.3481	7.7843	7.2829	6.8351	6.4338	6.0726	5.7465	5.4509	5.1822	4.9371
25	8.4217	7.8431	7.3300	6.8729	6.4641	6.0971	5.7662	5.4669	5.1951	4.9476
26	8.4881	7.8957	7.3717	6.9061	6.4906	6.1182	5.7831	5.4804	5.2060	4.9563
27	8.5478	7.9426	7.4086	6.9352	6.5135	6.1364	5.7975	5.4919	5.2151	4.9636
28	8.6016	7.9844	7.4412	6.9607	6.5335	6.1520	5.8099	5.5016	5.2228	4.9697
29	8.6501	8.0218	7.4701	6.9830	6.5509	6.1656	5.8204	5.5098	5.2292	4.9747
30	8.6938	8.0552	7.4957	7.0027	6.5660	6.1772	5.8294	5.5168	5.2347	4.9789
35	8.8552	8.1755	7.5856	7.0700	6.6166	6.2153	5.8582	5.5386	5.2512	4.9915
40	8.9511	8.2438	7.6344	7.1050	6.6418	6.2335	5.8713	5.5482	5.2582	4.9966
45	9.0079	8.2825	7.6609	7.1232	6.6543	6.2421	5.8773	5.5523	5.2611	4.9986
50	9.0417	8.3045	7.6752	7.1327	6.6605	6.2463	5.8801	5.5541	5.2623	4.9995
60	9.0736	8.3240	7.6873	7.1401	6.6651	6.2492	5.8819	5.5553	5.2630	4.9999
70	9.0848	8.3303	7.6908	7.1421	6.6663	6.2498	5.8823	5.5555	5.2631	5.0000
80	9.0888	8.3324	7.6919	7.1427	6.6666	6.2500	5.8823	5.5555	5.2632	5.0000

〈표 A-5〉 선불연금 1원의 현재가치

기간이자율(r)

기간수 (n)	1%	2%	3%	4%	5%	6%	7%	8%	9%	10%
1	1.0000	1.0000	1.0000	1.0000	1.0000	1.0000	1.0000	1.0000	1.0000	1.0000
2	1.9901	1.9804	1.9709	1.9615	1.9524	1.9434	1.9346	1.9259	1.9174	1.9091
3	2.9704	2.9416	2.9135	2.8861	2.8594	2.8334	2.8080	2.7833	2.7591	2.7355
4	3.9410	3.8839	3.8286	3.7751	3.7232	3.6730	3.6243	3.5771	3.5313	3.4869
5	4.9020	4.8077	4.7171	4.6299	4.5460	4.4651	4.3872	4.3121	4.2397	4.1699
6	5.8534	5.7135	5.5797	5.4518	5.3295	5.2124	5.1002	4.9927	4.8897	4.7908
7	6.7955	6.6014	6.4172	6.2421	6.0757	5.9173	5.7665	5.6229	5.4859	5.3553
8	7.7282	7.4720	7.2303	7.0021	6.7864	6.5824	6.3893	6.2064	6.0330	5.8684
9	8.6517	8.3255	8.0197	7.7327	7.4632	7.2098	6.9713	6.7466	6.5348	6.3349
10	9.5660	9.1622	8.7861	8.4353	8.1078	7.8017	7.5152	7.2469	6.9952	6.7590
11	10.4713	9.9826	9.5302	9.1109	8.7217	8.3601	8.0236	7.7101	7.4177	7.1446
12	11.3676	10.7868	10.2526	9.7605	9.3064	8.8869	8.4987	8.1390	7.8052	7.4951
13	12.2551	11.5753	10.9540	10.3851	9.8633	9.3838	8.9427	8.5361	8.1607	7.8137
14	13.1337	12.3484	11.6350	10.9856	10.3936	9.8527	9.3577	8.9038	8.4869	8.1034
15	14.0037	13.1062	12.2961	11.5631	10.8986	10.2950	9.7455	9.2442	8.7862	8.3667
16	14.8651	13.8493	12.9379	12.1184	11.3797	10.7122	10.1079	9.5595	9.0607	8.6061
17	15.7179	14.5777	13.5611	12.6523	11.8378	11.1059	10.4466	9.8514	9.3126	8.8237
18	16.5623	15.2919	14.1661	13.1657	12.2741	11.4773	10.7632	10.1216	9.5436	9.0216
19	17.3983	15.9920	14.7535	13.6593	12.6896	11.8276	11.0591	10.3719	9.7556	9.2014
20	18.2260	16.6785	15.3238	14.1339	13.0853	12.1581	11.3356	10.6036	9.9501	9.3649
21	19.0456	17.3514	15.8775	14.5903	13.4622	12.4699	11.5940	10.8181	10.1285	9.5136
22	19.8570	18.0112	16.4150	15.0292	13.8212	12.7641	11.8355	11.0168	10.2922	9.6487
23	20.6604	18.6580	16.9369	15.4511	14.1630	13.0416	12.0612	11.2007	10.4424	9.7715
24	21.4558	19.2922	17.4436	15.8568	14.4886	13.3034	12.2722	11.3711	10.5802	9.8832
25	22.2434	19.9139	17.9355	16.2470	14.7986	13.5504	12.4693	11.5288	10.7066	9.9847
26	23.0232	20.5235	18.4131	16.6221	15.0939	13.7834	12.6536	11.6748	10.8226	10.0770
27	23.7952	21.1210	18.8768	16.9828	15.3752	14.0032	12.8258	11.8100	10.9290	10.1609
28	24.5596	21.7069	19.3270	17.3296	15.6430	14.2105	12.9867	11.9352	11.0266	10.2372
29	25.3164	22.2813	19.7641	17.6631	15.8981	14.4062	13.1371	12.0511	11.1161	10.3066
30	26.0658	22.8444	20.1885	17.9837	16.1411	14.5907	13.2777	12.1584	11.1983	10.3696
35	29.7027	25.4986	22.1318	19.4112	17.1929	15.3681	13.8540	12.5869	11.5178	10.6086
40	33.1630	27.9026	23.8082	20.5845	18.0170	15.9491	14.2649	12.8786	11.7255	10.7570
45	36.4555	30.0800	25.2543	21.5488	18.6628	16.3832	14.5579	13.0771	11.8605	10.8491
50	39.5881	32.0521	26.5017	22.3415	19.1687	16.7076	14.7668	13.2122	11.9482	10.9063
60	45.4046	35.4561	28.5058	23.5284	19.8758	17.1311	15.0219	13.3667	12.0423	10.9639
70	50.6702	38.2486	29.9971	24.3303	20.3098	17.3676	15.1516	13.4382	12.0820	10.9861
80	55.4371	40.5394	31.1068	24.8720	20.5763	17.4997	15.2175	13.4714	12.0988	10.9946

기간수 (n)	11%	12%	13%	14%	15%	16%	17%	18%	19%	20%
1	1.0000	1.0000	1.0000	1.0000	1.0000	1.0000	1.0000	1.0000	1.0000	1.0000
2	1.9009	1.8929	1.8850	1.8772	1.8696	1.8621	1.8547	1.8475	1.8403	1.8333
3	2.7125	2.6901	2.6681	2.6467	2.6257	2.6052	2.5852	2.5656	2.5465	2.5278
4	3.4437	3.4018	3.3612	3.3216	3.2832	3.2459	3.2096	3.1743	3.1399	3.1065
5	4.1024	4.0373	3.9745	3.9137	3.8550	3.7982	3.7432	3.6901	3.6386	3.5887
6	4.6959	4.6048	4.5172	4.4331	4.3522	4.2743	4.1993	4.1272	4.0576	3.9906
7	5.2305	5.1114	4.9975	4.8887	4.7845	4.6847	4.5892	4.4976	4.4098	4.3255
8	5.7122	5.5638	5.4226	5.2883	5.1604	5.0386	4.9224	4.8115	4.7057	4.6046
9	6.1461	5.9676	5.7988	5.6389	5.4873	5.3436	5.2072	5.0776	4.9544	4.8372
10	6.5370	6.3282	6.1317	5.9464	5.7716	5.6065	5.4506	5.3030	5.1633	5.0310
11	6.8892	6.6502	6.4262	6.2161	6.0188	5.8332	5.6586	5.4941	5.3389	5.1925
12	7.2065	6.9377	6.6869	6.4527	6.2337	6.0286	5.8364	5.6560	5.4865	5.3271
13	7.4924	7.1944	6.9176	6.6603	6.4206	6.1971	5.9884	5.7932	5.6105	5.4392
14	7.7499	7.4235	7.1218	6.8424	6.5831	6.3423	6.1183	5.9095	5.7147	5.5327
15	7.9819	7.6282	7.3025	7.0021	6.7245	6.4675	6.2293	6.0081	5.8023	5.6106
16	8.1909	7.8109	7.4624	7.1422	6.8474	6.5755	6.3242	6.0916	5.8759	5.6755
17	8.3792	7.9740	7.6039	7.2651	6.9542	6.6685	6.4053	6.1624	5.9377	5.7296
18	8.5488	8.1196	7.7291	7.3729	7.0472	6.7487	6.4746	6.2223	5.9897	5.7746
19	8.7016	8.2497	7.8399	7.4674	7.1280	6.8178	6.5339	6.2732	6.0333	5.8122
20	8.8393	8.3658	7.9380	7.5504	7.1982	6.8775	6.5845	6.3162	6.0700	5.8435
21	8.9633	8.4694	8.0248	7.6231	7.2593	6.9288	6.6278	6.3527	6.1009	5.8696
22	9.0751	8.5620	8.1016	7.6870	7.3125	6.9731	6.6648	6.3837	6.1268	5.8913
23	9.1757	8.6446	8.1695	7.7429	7.3587	7.0113	6.6964	6.4099	6.1486	5.9094
24	9.2664	8.7184	8.2297	7.7921	7.3988	7.0442	6.7234	6.4321	6.1668	5.9245
25	9.3481	8.7843	8.2829	7.8351	7.4338	7.0726	6.7465	6.4509	6.1822	5.9371
26	9.4217	8.8431	8.3300	7.8729	7.4641	7.0971	6.7662	6.4669	6.1951	5.9476
27	9.4881	8.8957	8.3717	7.9061	7.4906	7.1182	6.7831	6.4804	6.2060	5.9563
28	9.5478	8.9426	8.4086	7.9352	7.5135	7.1364	6.7975	6.4919	6.2151	5.9636
29	9.6016	8.9844	8.4412	7.9607	7.5335	7.1520	6.8099	6.5016	6.2228	5.9697
30	9.6501	9.0218	8.4701	7.9830	7.5509	7.1656	6.8204	6.5098	6.2292	5.9747
35	9.8293	9.1566	8.5717	8.0599	7.6091	7.2098	6.8541	6.5356	6.2489	5.9898
40	9.9357	9.2330	8.6268	8.0997	7.6380	7.2309	6.8695	6.5468	6.2572	5.9959
45	9.9988	9.2764	8.6568	8.1205	7.6524	7.2409	6.8765	6.5517	6.2607	5.9984
50	10.0362	9.3010	8.6730	8.1312	7.6596	7.2457	6.8797	6.5539	6.2621	5.9993
60	10.0717	9.3229	8.6866	8.1397	7.6649	7.2490	6.8818	6.5552	6.2630	5.9999
70	10.0841	9.3300	8.6906	8.1420	7.6662	7.2498	6.8822	6.5555	6.2631	6.0000
80	10.0885	9.3323	8.6918	8.1426	7.6666	7.2499	6.8823	6.5555	6.2632	6.0000

용어해설

담보부사채(secured bonds) 회사가 담보를 제공하고 발행한 사채

무담보부사채(unsecured bonds) 회사가 담보를 제공하지 않고 발행한 사채

무보증사채(debenture bonds) 발행회사가 사채의 원금상환 및 이자의 지급능력을 상실하였을 때 채권자가 손실을 감수해야 하는 사채

미래가치(future value) 현재의 일정금액을 미래의 일정시점에서 계산한 가치

보증사채(guaranteed bonds) 발행회사가 사채의 원금상환 및 이자의 지급능력을 상실하였을 때 보증기관이 대신 변제를 해주는 사채

사채(bond) 장기자금을 모으기 위해 확정채무임을 표시해 발행한 채무증권

사채할인발행차금(discount on bonds payable) 사채의 액면금액이 사채의 발행금액보다 클 때 발생

사채할증발행차금(premium on bonds payable) 사채의 액면금액이 사채의 발행금액보다 작을 때 발생

수의상환사채(callable bonds) 발행회사가 만기일 혹은 이전 어느 때라도 임의로 상환이 가능한 사채

신주인수권부사채(bonds with stock warrants) 발행회사의 주식을 일정금액으로 일정기간 내에 매입할 수 있는 권리가 부여된 사채

액면발행(bonds issued at face value) 사채의 액면금액으로 사채를 발행한 것으로 표시이자율과 시장이자율이 같을 때 발행

연금(annuity) 일정기간 동안 일정금액을 계속적으로 지급(수령)하는 것

연속상환사채(serial bonds) 액면금액을 분할하여 상환하는 사채

우발부채(contingent liabilities) 충당부채와 비슷하나 차이점은 발생가능성에 어느 정도 불확실성이 존재한다는 점임

유동성장기부채(current maturities of long-term debt) 비유동부채 중 상환기일이 결산일로부터 1년 이내로 다가오는 부채로 유동부채에 표시됨

유효이자율법(effective interest rate method) 기업이 사채발행으로 현 시점에서 이용할 수 있게 된 금액과 미래 현금지급액(현금이자와 액면금액)의 현재가치를 일치하게 해주는 이자율

일시상환사채(term bonds) 만기에 일시불로 원금을 상환하는 일반적인 사채

장기매입채무(long-term trade payable) 1년 이후에 지급기일이 도래하는 장기외상매입금과 장기지급어음

장기차입금(long-term debt) 은행 등 금융기관으로부터 차입한 자금으로 재무상태표 작성일로부터 1년 이후의 일정시점에 상환하게 되어 있는 채무

전환사채(convertible bonds) 사채권자의 청구에 의하여 일정기간 내에 주식으로 전환할 수 있는 사채

충당부채(provision) 장래에 지출될 것이 확실하나 그 금액이나 지출시기 혹은 지출대상이 확정되어 있지 않은 부채

퇴직급여제도(post-employment benefit plans) 종업원이 퇴직할 때 일시불이나 혹은 연금의 형태로 일정금액을 지급하는 제도

할인발행(bonds issued at a discount) 사채의 액면금액보다 낮은 금액으로 사채를 발행한 것으로 표시이자율이 시장이자율보다 낮을 때 발행

할증발행(bonds issued at a premium) 사채의 액면금액보다 높은 금액으로 사채를 발행한 것으로 표시이자율이 시장이자율보다 높을 때 발행

현재가치(present value, PV) 미래에 발생할 일정금액을 현재의 시점에서 평가한 가치

확정급여제도(defined benefit plans, DB) 확정기여제도 이외의 모든 퇴직급여제도로 종업원이 받을 퇴직급여의 규모와 내용이 기업과 사전에 약정됨

확정기여제도(defined contribution plans, DC) 기업이 별개의 실체인 퇴직기금에 고정기여금을 납부하는 퇴직급여제도

연습문제

문제 A형

10-1 다음의 사채발행에 대해 분개하시오.

(1) 액면 ₩200,000의 사채를 ₩195,000에 발행하였다.
(2) 액면 ₩200,000의 사채를 ₩204,000에 발행하였다.

10-2 두성(주)는 금년 5월 1일에 액면가 ₩10,000,000, 30년 만기, 연이자율 8%, 매년 5월 1일과 11월 1일 이자지급조건의 사채를 발행하였다. 두성(주)의 회계연도는 매년 1월 1일부터 12월 31일까지이다. 금년의 두성(주)에 대한 다음의 거래를 분개하시오.

5월 1일 위의 조건의 사채를 액면가에 발행하다.
11월 1일 사채에 대한 첫 번째 이자를 지급하다.
12월 31일 사채에 대한 두 달간의 발생이자에 대한 결산정리분개를 하다.

10-3 금년 1월 1일에 액면가 ₩1,500,000, 10년 만기, 연이자율 8%, 매년 7월 1일과 1월 1일 이자지급조건의 사채를 ₩1,225,000에 발행하였다. 사채발행연도에 다음의 거래를 기록하기 위한 분개를 하시오.

(1) 사채의 발행
(2) 첫 번째 이자지급

10-4 (주)세무는 20×1년 1월 1일 (주)대한에게 ₩500,000(만기 4년, 표시이자율 연 5%, 매년 말 지급)을 차입하였으며, 유효이자율은 연 5%이다. 20×2년 12월 31일 (주)세무는 경영상황이 악화되어 (주)대한과 차입금에 대해 다음과 같은 조건으로 변경하기로 합의하였다.

만기일 : 20×7년 12월 31일
액면이자율 : 연 2%, 매년 말 지급
유효이자율 : 연 8%

기간	단일금액 ₩1의 현재가치		정상연금 ₩1의 현재가치	
	5%	8%	5%	8%
2년	0.9070	0.8573	1.8594	1.7833
5년	0.7835	0.6806	4.3295	3.9927

20×2년 12월 31일 (주)세무가 재무상태표에 인식해야 할 장기차입금은 얼마인가?

10-5 (주)TDC는 20×1년 12월 31일 액면 ₩500,000, 액면이자율 10%, 3년 만기의 사채를 발행하였다. 발행 시의 시장이자율은 12%이다. 20×2년 1월 1일 (주)TDC는 시장가격대로 이 사채를 재취득하기로 하였다. 재취득시점에서 시장이자율 상황에 따른 사채상환손익을 구하시오.

(1) 시장이자율이 14%인 경우
(2) 시장이자율이 8%인 경우

10-6 칠곡주식회사는 20×1년 1월 1일 액면 ₩500,000, 연이자율 12%, 매년말 이자지급조건, 5년 만기 사채를 발행 당시의 시장이자율 10%를 감안하여 ₩537,908에 발행하였다.

(1) 20×1년 1월 1일 사채발행을 회계처리하시오.
(2) 20×1년 12월 31일 이자지급시 해야 할 분개는?
(3) 20×2년 12월 31일 이자지급시 해야 할 분개는?

10-7 Biomill(주)는 20×1년 1월 1일 액면 ₩500,000, 연이자율 10%, 매년말 이자지급조건, 3년 만기 사채를 발행 당시의 시장이자율 12%를 감안하여 ₩475,982에 발행하였다. 이후 자금사정이 좋아져서 20×2년 7월 1일 이 사채를 시장에서 ₩492,000에 현금으로 취득하여 상환하였다. 20×2년 7월 1일 필요한 분개를 하시오.

10-8 BTC(주)는 20×1년 1월 1일 액면 ₩500,000, 연이자율 12%, 매년말 이자지급조건, 5년 만기 사채를 발행 당시의 시장이자율 10%를 감안하여 ₩537,908에 발행하였다. 이후 자금사정이 좋아져서 20×2년 12월 31일 사채를 시장에서 ₩510,000에 현금으로 매입하여 상환하였다. 20×2년 12월 31일 필요한 분개를 하시오.

문제 B형

10-9 스튜어트(주)는 8월 1일에 액면가 ₩1,300,000, 20년 만기, 연이자율 9%의 사채를 ₩1,225,000에 발행하여 자금을 조달하였다. 이자는 매년 2월 1일과 8월 1일에 지급된다. 스튜어트(주)의 사채발행을 분개하시오.

10-10 20×1년 1월 1일 ETC(주)는 액면 ₩500,000, 연이자율 10%, 매년 7월 1일과 1월 1일 이자지급조건의 사채를 발행하였다.

(1) 20×1년 1월 1일 발행금액 ₩485,000에 사채를 발행한 경우 분개하시오.
(2) 20×1년 1월 1일 발행금액 ₩510,000에 사채를 발행한 경우 분개하시오.

10-11 미래(주)는 20×1년 4월 1일 액면 ₩2,000,000, 30년 만기, 연이자율 8%, 매년 4월 1일과 10월 1일 이자후급조건의 상환청구가능사채를 발행하였다. 미래(주)의 회계연도는 1월 1일부터 12월 31일까지이다. 다음의 거래를 분개하시오.

20×1년 4월 1일 사채를 액면발행하다.
20×1년 10월 1일 사채에 대한 이자를 현금으로 지급하다.
20×5년 10월 1일 사채발행약정서에 기재된 대로 103%에 현금으로 위의 사채를 매입상환하다(이자지급에 대한 분개는 생략한다).

10-12 발행주식회사는 20×1년 1월 1일 액면 ₩500,000, 연이자 10%, 매년말 이자지급조건, 3년 만기 사채를 발행 당시의 시장이자율 12%를 감안하여 ₩475,982에 발행하였다.

(1) 20×1년 1월 1일 사채발행을 회계처리하시오.
(2) 20×1년 12월 31일 이자지급시 해야 할 분개는?
(3) 20×2년 12월 31일 이자지급시 해야 할 분개는?

10-13 에이텍(주)는 20×1년 1월 1일 채권을 발행하고 발행금액 전액을 현금으로 받았다. 이자는 매년 말에 지급되며, 만기는 4년 후이다. 다음 자료는 발행된 채권에 대한 유효이자율상각표이다.

일 자	현 금	유효이자비용	할증발행차금 환입액	기말장부금액
20×1. 1. 1				₩48,808
20×1.12.31	₩3,600	₩3,417	₩183	48,625
20×2.12.31	3,600	?	?	48,429
20×3.12.31	3,600	?	?	?
20×4.12.31	3,600	?	?	48,000

(1) 유효이자율은 얼마인가?
(2) 표시이자율은 얼마인가?
(3) 채권의 발행금액은 얼마인가?
(4) 채권의 만기금액은 얼마인가?
(5) 유효이자율상각표를 완성하시오.

10-14 (주)UBC는 20×1년 4월 1일에 우리은행에서 현금 ₩5,000,000을 20×6년 3월 31일을 만기로 하여 자금을 차입하고, 연이자 12%를 매년 3월 31일에 지급하기로 하였다.

(1) 20×1년 4월 1일 자금을 차입할 때의 분개를 하시오.
(2) 20×1년 12월 31일 회계기말에 결산정리분개를 하시오.
(3) 20×2년 3월 31일 이자지급시의 분개를 하시오.
(4) 20×6년 3월 31일 만기상환시의 분개를 하시오.

10-15 미라클(주)는 20×1년 7월 1일에 액면 ₩2,500,000, 20년 만기, 연이자율 9%, 매년 6월 30일과 12월 31일 이자후급조건의 상환청구가능사채를 발행하였다. 미라클(주)의 회계연도는 1월 1일부터 12월 31일까지이다. 다음의 거래를 분개하시오.

20×1년 7월 1일	위의 사채를 액면발행하다.
20×1년 12월 31일	사채에 대한 이자를 현금으로 지급하다.
20×7년 12월 31일	사채발행약정서에 기재된 대로 위의 사채를 97%에 매입상환하다(사채의 이자지급에 대한 분개는 생략한다).

chapter

11

자 본

학습목표

11-1 주식회사와 자본

11-2 주식의 종류와 발행

11-3 자본잉여금

11-4 이익잉여금

11-5 자본조정과 기타포괄손익누계액

11-6 자본변동표

Reporting and Interpreting Owners' Equity

주식회사와 자본

1. 주식회사의 특징

우리나라 상법에서 구분하는 다섯 가지 법인기업 형태 중 가장 중요한 기업유형은 주식회사(corporations)이다. 물론 개인기업이나 조합 형태의 기업들도 많이 있지만 경제에 미치는 영향력은 주식회사가 훨씬 더 크다. 우리들이 잘 알고 있는 삼성전자, 현대자동차 등을 비롯하여 이 외에도 많은 주식회사들이 있다. 그럼 왜 기업들이 주식회사 형태로 운영되는가? 거기에는 몇 가지 이유가 있다. 주식회사가 갖는 특징을 살펴보자.

첫째, **독립된 법인격을 갖는다.** 주식회사는 특별한 법하에서 독립된 법인격을 가진 실체로 인정된다. 예를 들면, 주식회사 그 자체의 명의로 자산을 구입하거나, 보유하거나, 처분할 수 있다. 또한 회사는 개인과 마찬가지로 계약을 하고, 쟁송사건의 주체가 될 수도 있다. 따라서 회사의 모든 자산과 부채는 주주가 아닌 회사에 귀속된다.

Focus On 누구의 책임인가?

SK그룹에 있어서 2003년은 매우 암울한 시기였다. 2002년 129억원의 정치자금문제와 SK글로벌(현재 SK네트웍스)의 1조 5,587억원의 분식회계 문제는 SK그룹의 명성에 큰 흠집을 입혔으며 이로 인해 주요 경영진들이 법적 처벌을 받는 불명예를 안았다. 이러한 사건이 터지기 직전인 2003년 2월에 김민기 씨는 SK글로벌 주식을 3백만원어치 구입하였다. 그러나 이 사건으로 SK글로벌의 주가는 폭락하였고 결국 SK글로벌은 채권단에 의해 회생절차를 밟게 되었다. SK글로벌의 채권단은 회생절차로 대대적인 감자를 결정하고 2003년 10월 25일 소액주주의 소유주식을 7 : 1의 비율로 병합하였다. 그 후 2004년 12월 18일에 SK글로벌은 재감자를 결정하였는데, 소액주주의 소유주식을 7 : 2의 비율로 재병합하였다. 김민기 씨는 자신이 거래하는 증권계좌의 잔고를 보고 놀라지 않을 수 없었다. 자신은 분명히 3백만원어치 주식을 사고 아무런 매매도 하지 않았는데, 증권계좌의 잔고란에는 ₩22,000이라는 금액이 표시되어 있었기 때문이다. 감자가 이루어질 때 회사로부터 감자를 결정하기 위한 주주총회가 열린다는 통지는 받았지만 이러한 결과가 되어 있을 줄은 전혀 몰랐다. 이러한 결과에 대해 김민기 씨는 매우 화가 났다. 대주주가 저지른 불법행위에 대해 단지 주식을 구입했다는 이유만으로 자신의 투자금액이 거의 10분의 1로 줄어들었기 때문이다.

둘째, **주주의 책임이 유한하다.** 주주들은 주식회사의 채무에 대해 유한책임을 진다. 이는 주주 개인들이 주식회사의 채무에 대해 개인적인 의무를 이행할 필요가 없다는 것을 의미한다. 주주는 회사가 파산하는 경우에 자신이 투자한 금액 한도 내에서만 책임을 진다. 반면, 개인기업이나 조합기업 그리고 합명회사의 사원들은 회사의 채무에 대해 무한책임을 지게 된다.

셋째, **계속기업으로서 영구존속과 소유권의 자유로운 양도가 가능하다.** 주식회사의 소유지분은 주식수로 나누어진다. 주식회사는 주주들의 주식소유 여부와 관계없이 계속기업으로서 영구히 존속한다. 반면, 개인기업이나 조합기업 등은 소유권에 변경이 생기면 회사의 수명이 끝나게 된다. 그러나 주주들은 주식을 사고팔거나 혹은 상속할 수 있으며, 주식의 이전이 주식회사의 영속성에 영향을 미치지는 않는다.

SK네트웍스의 주주총회 소집공고

정기주주총회 소집공고

삼가 주주 여러분의 건승과 일익 번창을 기원합니다.
상법 제365조 및 당사 정관 제21조에 의거하여 아래와 같이 제71기 정기주주총회를 소집하오니 참석하여 주시기 바랍니다.

– 아　　래 –

1. 일시 : 2024년 3월 27일(수) 오전 10:00
2. 장소 : 서울 종로구 청계천로 85 삼일빌딩, SK네트웍스(주) 30층
3. 회의 목적 사항
   가. 보고 안건
      감사보고, 영업보고, 최대주주등과의 거래실적 보고, 내부회계관리제도 운영실태 보고
   나. 부의 안건
      제1호 의안 : 제71기(2023년도) 재무제표 승인의 건
      제2호 의안 : 정관 일부 변경의 건
      제3호 의안 : 이사 선임의 건 – 사외이사 장화진 후보
      제4호 의안 : 감사위원회 위원이 되는 사외이사 선임의 건 – 이문영 후보
      제5호 의안 : 사외이사인 감사위원회 위원 선임의 건 – 장화진 후보
      제6호 의안 : 이사 보수 한도액 승인의 건
      제7호 의안 : 임원 퇴직금 규정 개정의 건
4. 경영참고사항 등의 비치
   상법 제542조의4에 의거하여 주주총회 소집의 통지공고 사항을 전자공시시스템(DART) 및 당사의 인터넷 홈페이지에 게재하오니 참고하시기 바랍니다.

넷째, **자금 확보가 용이하다.** 주식회사는 필요시 신규 주식 발행을 통해 자금을 비교적 쉽게 마련할 수 있는데, 이는 주주에게 유한책임과 주식양도의 자유가 보장되기 때문이다. 또한 주식회사가 크고 안정적일수록 금융기관으로부터의 자금 확보는 수월해진다. 이러한 자금 확보의 용이성은 주식회사로 하여금 개인기업들에 비해 빠르게 팽창할 수 있게 해준다.

다섯째, **소유와 경영이 분리된다.** 비록 주주들이 주식 보유를 통해 회사를 소유하지만 회사에 대한 경영은 그들에 의해 선출된 이사회를 통해 간접적으로 이루어진다. 대부분의 기업들이 소유와 경영이 분리되어 있어 주주들이 직접 기업운영에 참여하지는 않지만, 주주는 채권자와는 달리 주주총회에 참석하여 보유한 주식수에 기초하여 자신의 의견을 표명할 수 있다.

위 주주총회 공고문에서 보듯이, 주주는 기업의 최종 권한을 갖고 있으며, 간접적이지만 이사회와 모든 종업원들은 주주들에게 해명해야 할 의무가 있다.

2. 자본의 의의

광의의 자본은 채권자지분인 타인자본과 소유주지분인 자기자본으로 구성된다. 반면, 협의의 자본은 소유주지분만을 의미하고 일반적으로 자본이라고 이야기할 때에는 소유주지분을 의미한다. 소유주지분인 자본은 주주들이 회사에 출자한 납입자본(納入資本, paid-in capital)과 이 납입자본을 이용하여 창출한 순이익에서 주주들에게 배당하고 사내에 유보된 자본인 이익잉여금(利益剩餘金, retained earnings)으로 구성된다.

자본은 기업의 개별자산에 대한 청구권을 의미하는 것이 아니라 순자산 전체에 대한 청구권을 의미한다. 또한 그 금액이 확정되어 있지 않으며, 회사의 수익에 따라 변화하게 된다. 즉 자본은 이익이 발생하면 증가하고 손실이 발생하면 감소한다.

3. 자본의 회계적 분류

기업회계기준서에서는 자본을 납입자본, 이익잉여금 그리고 기타자본으로 자본조정과 기타포괄손익누계액 등으로 구분하고 있다. 납입자본은 자본거래로 형성되며, 이익잉여금과 기타포괄손익누계액은 손익거래에서 발생한다. 이익잉여금에는 실현된 손익이 반영되고, 기타포괄손익누계액에는 미실현손익의 기말잔액이 나타난다. 기타포괄손익누계액은 나중에 관련되는 항목이 처분될 때 당기손익으로 재분류되는 기타포괄손익(기타포괄손익-공정가치측정금융자산평가손익(채무상품), 해외사업장환산손익, 현금흐름위험회피수단평가손익 등)과 재분류가 되지 않는 기타포괄손익(기타포괄손익-공정가치측정금융자산평가손익(지분상품), 재평가잉여금, 확정급여제도에서의 재측정요소 등)으로 구분하여 보고한다.

한편, 자본조정은 당해항목의 성격상 자본거래에 해당하나 최종 납입된 자본으로 볼 수 없거나 자본의 차감 성격의 항목으로 자본금이나 자본잉여금으로 분류할 수 없는 항목이다. 자본거래는 주주에 의한 투자와 주주에 대한 환원으로 구성되며, 손익거래는 수익·비용 또는 이익·손실을 발생시키는 거래이다. 배당은 자본거래로 볼 수 있지만 납입자본에는 영향을 미치지 않고, 이로 인해 이익잉여금이 감소된다. [도표 11-1]은 현재 자본의 분류를 보여준다.

도표 11-1
자본의 분류

납입자본	자본금	• 보통주자본금 • 우선주자본금
	자본잉여금	• 주식발행초과금 • 기타자본잉여금 : 자기주식처분이익, 감자차익, 주식선택권(행사되지 않고 만료된 경우)
자본조정		• 자기주식 • 기타자본조정 : 주식할인발행차금, 주식선택권(주식결제형 주식기준보상거래), 감자차손, 자기주식처분손실, 미교부주식배당금
기타포괄손익누계액		• 재평가잉여금, 확정급여제도 재측정요소, 기타포괄손익-공정가치측정금융자산평가손익, 당기손익-공정가치측정금융부채평가손익(자기신용변동 부분), 해외사업장외화환산차익, 현금흐름위험회피수단평가손익(효과적인 부분)
이익잉여금		• 법정적립금 : 이익준비금 • 임의적립금 : 배당평균적립금, 사업확장적립금, 감채적립금 • 미처분이익잉여금(또는 미처리결손금)

주식의 종류와 발행

1. 주식발행의 고려사항

주식은 주주가 출자자로서 회사에 대하여 갖는 지분을 말한다.

주식회사의 주주가 출자자로서 회사에 대하여 갖는 지분을 주식(株式, stock)이라고 하는데, 주식은 자본의 구성부분으로서의 의미와 주주가 회사에 대하여 갖는 주인으로서의 자격의 의미를 갖고 있다. 회사가 주식을 발행할 때에는 기본적으로 결정해야 할 몇 가지 문제가 있다. 첫째, 주식을 몇 주나 발행할 것인가? 둘째, 주식을 어떻게 발행할 것인가? 셋째, 주식을 얼마에 발행할 것인가? 이들에 대한 설명은 다음과 같다.

수권주식수

수권자본금(授權資本金, authorized capital)이란 회사가 가질 수 있는 최대자본금을 말한다. 이는 회사를 설립할 때 정관에 기재된다. 수권자본금을 회사가 발행한 주식의 액면금액으로 나누면 회사가 발행할 수 있는 주식총수가 되는데, 이를 수권주식수(authorized stock)라고 한다.

$$수권주식수 = \frac{수권자본금총액}{1주당\ 액면금액}$$

회사는 수권자본금의 범위 내에서 실제로 주식을 발행(issued stock)하여 주식대금을 납입받음으로써 자본금을 확정하게 되는데, 이를 납입자본금(paid-in capital)이라고 한다. 그리고 발행된 주식 중 투자자들이 사외에서 유통하고 있는 주식을 유통주식(outstanding stock)이라고 한다. 한편, 회사는 설립시점에 수권자본금을 정하고 이 액수의 4분의 1 이상을 주식으로 발행해 납입자본금으로 삼아야 한다. 한편 우리나라는 2009년 상법 개정을 통해 최소자본금 규정을 삭제

함으로써 최소 ₩100으로도 회사를 설립할 수 있다. 반면 인허가 업종은 최소자본금 제한이 있다.

주식의 발행

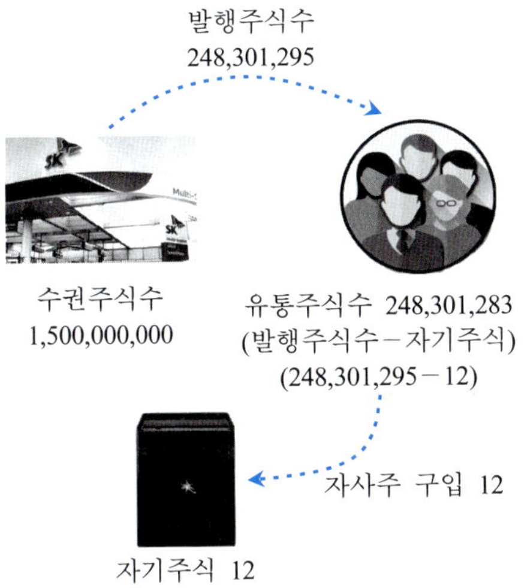

주식발행의 형태는 주식발행의 위험부담과 발행모집의 사무절차를 누가 부담하느냐에 따라 직접발행과 간접발행으로 구분된다. 직접발행은 회사가 발행주체가 되어 그 자체가 발행위험을 부담하고 발행모집에 관련된 일을 직접 처리하는 것인 반면에 간접발행은 주식발행의 모든 업무를 중개인(증권회사)이 대신한다. 한편 발행된 주식은 한국거래소(Korea Exchange, KRX)에서 거래되며 이는 거래되는 시장에 따라 유가증권(KOSPI)과 코스닥(KOSDAQ)으로 구분된다.

새로운 주식을 발행할 경우에는 ① 회사의 예상 미래이익, ② 주당 기대배당률, ③ 현행 재무상태, ④ 현행 경제상태, ⑤ 현행 주식시장의 상태 등을 고려하여 주식가격을 결정하게 된다.

액면주와 무액면주

액면주는 1주당 가격이 균일하게 주권에 권면액으로 표시된 주식이다.

무액면주는 주권에 액면금액이 표시되지 않은 주식이다.

액면주(par value stock)는 1주당 가격이 균일하게 일정한 금액 이상으로 결정된 주식으로서 주권에 주식의 권면액을 표시한 것이다. 우리나라는 액면주와 정관으로 정한 경우에는 주식의 전부를 무액면주(No-par value stock)로 발행할 수 있다. 이때 액면주식 1주의 금액은 ₩100 이상이어야 한다. 무액면주를 발행하는 경우에는 주식의 발행가액 중 자본금으로 계상되는 금액을 결정해야 한다.

2. 주식의 종류

주식회사는 주주들이 투자에 대한 위험과 수익에 대한 선호도가 서로 다르기 때문에 다양한 종류의 주식을 발행한다. 회사가 발행하는 주식은 크게 두 종류로 분류할 수 있는데, 하나는 우리가 일반적으로 주식이라고 부르는 보통주이며, 다른 하나는 주식에 다양한 권리를 추가로 부여한 우선주이다.

보통주

보통주는 주식회사가 발행하는 가장 일반적인 주식을 말한다.

보통주(common stock)는 주식회사가 발행하는 주식의 대다수를 차지하는 가장 일반적인 주식이다. 보통주를 소유한 주주들은 일반적으로 주주총회에서 의결권의 행사를 통해 경영에 참여하고, 회사의 손실에 대한 위험을 부담하며, 회사의 영업성과에 따라 배당수익을 얻는다. 그러나 회사가 청산하는 경우에는 기업의 자산에 대한 채권자의 청구권을 차감한 잔여재산에 대한 분배청구권만을 갖는다.

우선주

우선주는 이익배당과 청산분배에 있어서 보통주에 보다 우선적인 권리를 부여한 주식이다.

우선주(preferred stock)란 이익배당과 청산분배에 있어서 보통주에 보다 우선적인 권리를 부여한 주식이다. 우선주는 보통주와는 달리 의결권을 부여받지 않기 때문에 보통주보다 통상 낮은 가격으로 거래된다. 우리나라 기업들의 경우 우선주를 그리 많이 발행하고 있지는 않다.

3. 주식의 발행

납입자본금이란 발행주식수에 발행금액을 곱한 금액을 말한다.

발행된 액면주 주식수에 발행금액을 곱한 금액을 납입자본금(納入資本金, paid-in capital)이라고 한다. 자본금계정은 반드시 액면금액으로 기록해야 하는데, 이것은 상법에서 정하는 법정자본금(legal capital)이 된다. 기업회계기준서에서는 서로 다른 두 종류 이상의 주식을 발행한 경우 이를 별도로 구분하여 표시하도록 하고 있다. 이에 대한 예시는 SK네트웍스의 재무상태표에 나타나 있다.

SK네트웍스	**부분재무상태표**(자본)	(단위 : 천원)
자본금		₩648,653,775
1. 보통주자본금	₩620,469,118	
2. 우선주자본금	28,184,657	

주식의 납입대금과 액면금액의 차이에 따라 액면발행, 할증발행, 할인발행으로 구분된다.

주식의 발행은 주식발행으로부터 수취하는 금액에 따라 액면발행, 할증발행, 할인발행으로 구분된다.

액면발행

액면발행은 주식의 납입금액과 액면금액이 동일한 경우를 말한다.

액면발행(issue at par)이란 주식에 대한 대가로 주주가 납입한 현금 및 현물의 가치가 주식의 액면금액과 동일한 경우를 말한다. 이 경우 주주가 현금으로 주식대금을 납입하였으면 현금계정 차변에 증가로 기록하고 현물로 출자하였다면 유형자산 및 무형자산 중 적합한 계정 차변에 증가로 기록한다. 반면, 대변에는 자본금계정에 증가로 기록한다. 이에 대한 회계처리는 다음과 같다.

분개장			
일 자	계 정	차 변	대 변
	현금	×××	
	보통주자본금		×××

[예제 11-1]은 주식의 액면발행에 대한 회계처리 예를 보여준다.

예제 11-1 주식의 액면발행

20×1년 1월 1일 SK네트웍스는 액면금액 ₩2,500인 보통주 100주를 액면금액으로 발행하였다. 청약자들이 주당 ₩2,500의 현금을 납부하였다. 주식발행에 대한 분개를 하시오.

풀이

20×1년 1월 1일 액면발행

계정	차변	대변
현금	250,000	
보통주자본금		250,000

할증발행

할증발행은 주식의 발행금액이 액면금액보다 높게 발행된 경우를 말한다.

할증발행(issue on premium)이란 주식에 대한 대가로 주주가 납입한 현금 및 현물의 가치가 주식의 액면금액을 초과한 경우를 말한다. 시장이 회사의 미래가치를 높게 평가하는 경우에 주식의 발행금액은 액면금액보다 높게 결정된다. 이때 액면금액을 초과하는 금액은 주식발행초과금(paid-in capital in excess of par value)으로 회계처리한다. 이에 대한 회계처리는 다음과 같다.

분개장			
일 자	계 정	차 변	대 변
	현금	×××	
	보통주자본금		×××
	주식발행초과금		×××

위 분개에서 보듯이 자본금(=액면금액×발행주식수)을 초과한 주식납입대금은 주식발행초과금계정에 기록하며 이는 자본잉여금의 일부로 보고된다. [예제 11-2]는 주식의 할증발행에 대한 회계처리의 예를 보여준다.

예제 11-2 주식의 할증발행

20×1년 1월 1일 SK네트웍스는 액면금액 ₩2,500인 보통주 100주를 주당 ₩2,700에 발행하였다. 청약자들은 이를 현금으로 납부하였다. 주식발행에 대한 분개를 하시오.

풀이

20×1년 1월 1일 할증발행

계정	차변	대변
현금	270,000	
보통주자본금		250,000*
주식발행초과금		20,000**

* 보통주자본금 = ₩2,500 × 100 = ₩250,000

** 주식발행초과금 = ₩270,000 − ₩250,000 = ₩20,000

할인발행

할인발행은 주식의 발행금액이 액면금액보다 낮게 발행된 경우를 말한다.

할인발행(issue on discount)이란 주식에 대한 대가로 주주가 납입한 현금 및 현물의 가치가 주식의 액면금액에 미달한 경우를 말한다. 회사의 미래에 대해 시장에서 낮게 평가되는 경우에 회사는 액면금액보다 낮게 주식의 발행금액을 결정하게 된다. 이때 액면금액에 미달하는 금액은 주식할인발행차금(paid-in capital in short of par value)으로 회계처리한다. 주식할인발행차금계정의 잔액은 차변에 나타나지만 재무상태표에 보고할 때에는 자본의 차감항목으로 분류하여 자본조정항목에 (−)로 표시한다. 주식할인발행차금은 주식발행연도로부터 3년 이내의 기간에 매기 균등액을 상각하되, 그 상각액은 손익계산서상의 당기비용으로 계상하지 않고 이익잉여금의 처분항목으로 회계처리한다. 할인발행에 대한 회계처리는 다음과 같다.

분개장			
일 자	계 정	차 변	대 변
	현금	×××	
	주식할인발행차금	×××	
	보통주자본금		×××

위 분개에서 보듯이 자본금(=액면금액×발행주식수)에 미달한 주식납입대금은 주식할인발행차금계정에 기록하며 이는 자본조정항목으로 보고된다. [예제 11-3]은 주식의 할인발행에 대한 회계처리 예를 보여준다.

예제 11-3 주식의 할인발행

20×1년 1월 1일 SK네트웍스는 액면금액 ₩2,500인 보통주 100주를 주당 ₩2,300에 발행하였다. 청약자들이 이를 현금으로 납부하였다. 주식발행에 대한 분개를 하시오.

풀이

20×1년 1월 1일 할인발행

계정	차변	대변
현금	230,000	
주식할인발행차금	20,000*	
보통주자본금		250,000**

* 주식할인발행차금 = ₩230,000 − ₩250,000 = −₩20,000

** 보통주자본금 = ₩2,500 × 100 = ₩250,000

4. 자본금의 증가와 감소

자본금의 증가

기업이 회사설립 이후에 추가로 자본금을 조달할 필요가 있을 때에는 주식을 발행한다. 주식을 발행하면 자본금이 증가하는데, 이를 증자라고 한다. 증자는 주주가 현금이나 현물을 출자함으로써 실질적으로 기업의 순자산이 증가하면서 실질적 증자는 기업의 순자산의 증가를 가져오게 하는 자본금의 증가이며, 형식적 증자는 자본금이 증가하였으나 기업의 순자산의 증가를 가져오지 않는 자본금의 증가이다.

그 대가로 주식을 발행하는 실질적 증자와 주주가 현금이나 현물을 출자하지 않아 기업의 순자산의 증가가 없으면서 자본금이 증가하는 형식적 증자 두 가지가 있다. 형식적 증자의 재원은 자본잉여금의 자본금전입이나 주식배당에 기초한다.

실질적 증자와 형식적 증자에 대한 회계처리는 다음과 같이 이루어진다.

분개장

일 자	계 정	차 변	대 변
실질적 증자 : 현금의 출자가 있는 경우			
	현금	×××	
	보통주자본금		×××

분개장

일 자	계 정	차 변	대 변
형식적 증자 : 주식발행초과금을 자본금으로 전입하는 경우			
	주식발행초과금(자본잉여금)	×××	
	보통주자본금		×××

자본금의 감소

실질적 감자는 기업의 순자산의 감소를 가져오는 자본금의 감소이며, 형식적 감자는 기업의 순자산의 감소를 가져오지 않는 자본금의 감소이다.

기업설립 이후에 회사 전략상의 이유로 혹은 결손의 누적으로 인한 문제를 해결하기 위해 흔하지는 않지만 자본금을 감소시키는 경우가 있다. 자본금의 감소를 감자라고 하며, 상법에서는 자본의 감소가 주주나 일반대중에게 미치는 영향이 크기 때문에 그 방법과 절차를 엄격히 규정하고 있다. 자본의 감소에는 주주에게 현금 등을 지급하여 주식을 사들여 소각함으로써 기업 순자산이 실질적으로 감소하는 실질적 감자와 주주에게 주식소각의 대가를 지급하지 않아 실제로 회사의 순자산의 변동 없이 명목상으로만 자본금이 감소하는 형식적 감자가 있다.

감자의 경우 주주에게 지급하는 환급금액이 주식의 액면금액보다 작을 때에는 감자차익계정 대변에 기입하고, 반대인 경우에는 감자차손계정 차변에 기입한다. 한편, 형식적 감자의 방법으로는 주식수를 일정비율로 감소시키는 방법 혹은 주식수는 그대로 두고 주당 액면금액을 일괄적으로 감액시키는 방법 등이 있다.

실질적 감자와 형식적 감자에 대한 회계처리는 다음과 같이 이루어진다.

분개장			
일 자	계 정	차 변	대 변
실질적 감자 : 현금지급에 의한 감자			
	보통주자본금	×××	
	현금		×××
	감자차익		×××

분개장			
일 자	계 정	차 변	대 변
형식적 감자 : 이월결손금 보전을 위한 감자의 실행			
	보통주자본금	×××	
	이월결손금		×××
	감자차익		×××

주식분할과 주식병합

주식분할은 하나의 주식을 여러 개의 주식으로 분할하는 것으로 자본금의 변동은 없다.

주식분할(stock split)이란 하나의 주식을 여러 개의 주식으로 분할하는 것을 말한다. 주식분할의 주요 목적은 시장에 유통되는 주식수를 증가시켜 주식의 단위당 시장가격을 감소시키는 데 있다. 이는 자본금의 변동 없이 주식수는 증가하고 주식가격은 감소함에 따라 주식거래가 활성화된다.

주식병합은 여러 개의 주식을 하나의 주식으로 합치는 것으로 자본금의 변동은 없다.

(주)송정은 액면금액 ₩100의 주식 10,000주를 발행했고 이 주식은 현재 시장에서 1주당 ₩150에 거래되고 있다. 이사회는 다음 조건으로 주식을 분할하기로 결정했다.

① 유통주식 1주를 새로이 5주와 교환하기로 하였다. 따라서 (주)송정의 발행주식은 10,000주에서 50,000주(=10,000×5)로 증가한다.

② 주식의 액면금액은 ₩20(=₩100/5)으로 감소한다.

주식분할 전 **주식분할 후**

10,000주 1주당 ₩100 50,000주 1주당 ₩20

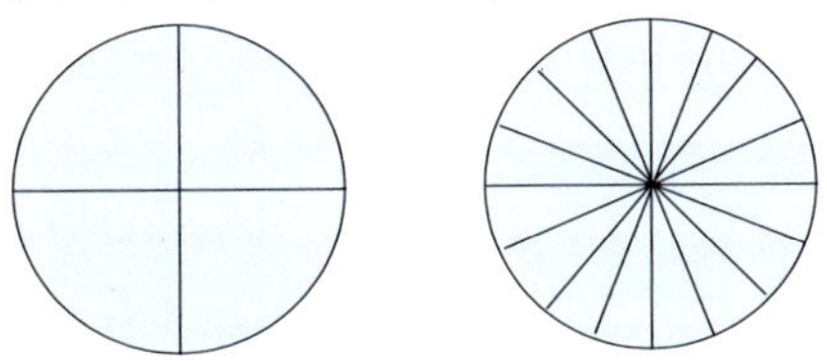

자본금 ₩1,000,000 자본금 ₩1,000,000

주식분할이 이루어져도 자본금은 ₩1,000,000으로 변화가 없다.

	주식분할 전	주식분할 후
주식수	10,000주	50,000주
액면금액	₩100	₩20
합계	₩1,000,000	₩1,000,000

반대로 주식병합(reverse stock split)이란 여러 개의 주식을 하나의 주식으로 통합하는 것을 말한다. 주식의 액면금액을 증가시키면서 비례적으로 발행주식 수를 줄이기 때문에 자본금의 변동이 없다.

자본잉여금

자본잉여금은 자본금의 증자나 감자 등 주주와의 거래에서 발생하여 자본을 증가시키는 잉여금을 말한다. 자본잉여금은 주식발행초과금과 기타자본잉여금으로 구분된다. 자본잉여금은 누적된 결손의 전보를 위해 이월결손금에 대체하거나 형식적 증자를 위해 자본금으로 전입시키는 경우를 제외하고는 다른 목적으로는 사용될 수 없다.

1. 주식발행초과금

주식발행초과금은 주식발행금액이 액면금액을 초과하는 것을 말한다. 이에 대한 회계처리는 [예제 11-1]에서 설명하였다.

2. 기타자본잉여금

기타자본잉여금으로는 자기주식처분이익, 감자차익 등이 있다. 자기주식처분이익은 기업이 이미 발행하여 사외에서 유통되고 있는 주식을 발행회사가 매입하거나 또는 증여를 통해 재취득한 자기주식(treasury stock)을 재매각할 때 처분가격이 취득원가보다 높은 것을 말한다. 감자차익은 자본이 감소하는 경우에 자본의 감소액이 주식의 소각, 주금의 반환에 소요된 금액을 초과하는 것을 말한다.

이익잉여금

1. 이익잉여금

기업은 이익이 생기면 회사의 주인인 주주들에게 배당을 통해서 이익을 분배해야 한다. 이것은 회사의 존립 목적이기도 하다. 그런데 발생한 이익을 모두 주주들에게 배당하게 되면 기업이 자금을 필요로 할 경우 채무자에게서 차입을 하거나 주주로부터 자금을 조달받아야 한다. 그러나 주주로부터 자금을 조달받기 위해서는 복잡한 법적 절차를 거쳐야 하며 많은 시간이 소요된다. 따라서 기업은 이러한 번거로움을 피하기 위해 발생한 이익 중 일부를 배당을 통해 주주에게 분배해주고 일부는 사내에 유보하게 된다. 이렇게 기업이 이익을 사내에 유보하는 이유는 사업의 확장이나 채무변제에 사용할 자금을 마련하는 등 여러 가지 목적으로 여유자금을 보유하기 위함이다. 이렇게 사내에 유보된 금액을 이익잉여금(retained earnings)이라고 한다.

이익잉여금이란 이익 중 사내에 유보된 금액을 말한다.

2. 이익잉여금의 처분

이익잉여금은 처분이익잉여금과 처분전이익잉여금으로 구분된다. 처분이익잉여금은 이익잉여금 중에서 특정목적을 위하여 사내에 유보된 이익으로서 그 적립목적에 따라 이익준비금, 기타법정적립금, 임의적립금으로 분류된다. 이익준비금과 기타법정적립금은 법정적립금으로 분류되는 것으로서 이들은 그 설정을 요구한 관련 법규에 의거하여 배당이 금지되고 결손보전과 자본전입의 목적으로만 사용할 수 있다. 이들 이외의 처분이익잉여금인 임의적립금은 기업의 필요에 따라 설정된 목적을 이루기 위하여 적립한 금액이다. 이익잉여금의 발생과 처분은 [도표 11-2]와 같다.

처분전이익잉여금이 있으면 이를 배당금으로 주주에게 돌려주거나 다른 여러 가지 목적으로 사용할 수 있도록 용도를 지정할 수 있다. 이를 이익잉여금의 처분(appropriation)이라고 하는데, 처분전이익잉여금은 전기이월이익잉여금과 당기순이익의 합계로 측정된다.

도표 11-2 이익잉여금의 발생과 처분

<table>
<tr><td rowspan="2">처분전이익잉여금
(미처분이익잉여금)</td><td colspan="3">전기이월이익잉여금</td><td rowspan="2">발생</td></tr>
<tr><td colspan="3">당기순이익</td></tr>
<tr><td rowspan="9">처분이익잉여금</td><td rowspan="3">법정적립금</td><td colspan="2">이익준비금</td><td rowspan="9">처분</td></tr>
<tr><td rowspan="2">기타법정적립금</td><td>기업합리화적립금</td></tr>
<tr><td>재무구조개선적립금</td></tr>
<tr><td rowspan="5">임의적립금</td><td colspan="2">사업확장적립금</td></tr>
<tr><td colspan="2">감채적립금</td></tr>
<tr><td colspan="2">배당평균적립금</td></tr>
<tr><td colspan="2">결손보전적립금</td></tr>
<tr><td colspan="2">별도적립금</td></tr>
<tr><td colspan="3">차기이월이익잉여금</td></tr>
</table>

처분전이익잉여금을 처분하면 배당에서와 같이 실질적으로 기업의 현금유출을 동반하는 경우도 있지만, 대개의 경우는 현금유출을 동반하지 않는다. 이익잉여금의 처분은 최종적으로 주주총회에서 확정되므로 처분전이익잉여금과 처분이익잉여금의 구분기준은 주주총회일이 된다.

당기의 이익잉여금에 대한 처분은 다음 기의 초에 개최되는 주주총회에서 확정되므로 이익잉여금의 처분내용을 당기말 재무상태표에는 표시하지 않는다. 예를 들어 회계연도가 매년 1월 1일부터 12월 31일까지인 경우 재무상태표를 작성하는 기준이 되는 날은 12월 31일이다. 그런데 이익잉여금의 처분이 확정되는 날은 이보다 후인 주주총회일이다. 따라서 회계기말 일자로 보고되는 재무상태표에는 이익잉여금의 처분이 반영되지 않은 상태로 보고하게 된다.

적립금

적립은 이익잉여금의 총액은 변동하지 않고 이익잉여금의 세부항목간에 상호 증가시키는 거래를 말한다.

이익잉여금 처분의 다른 하나는 '적립'이다. 적립(reserves)은 이익잉여금의 총액은 변동하지 않고 이익잉여금의 세부항목간에 재분류하는 것에 불과하다. 여기서 적립은 실제로 현금을 별도로 쌓아두는 것을 의미하는 것이 아니라 이익잉여금의 배당을 제한하는 이익잉여금 세부항목 상호간의 이전거래에 불과하다.

적립금에는 법에서 정하고 있는 법정적립금과 기업이 과도한 배당의 억제나 특정사업을 위하여 재원을 마련할 목적으로 적립하는 임의적립금 등이 있다.

법정적립금

이익준비금은 상법의 규정에 의해 현금배당액의 10분의 1 이상을 적립하는 금액을 말한다.

법정적립금(legal reserves)은 이익잉여금의 처분항목 중 하나로 각종 법규에 의해 적립이 강제된다. 이익준비금(earned plus reserves)은 〈상법〉의 규정에 의하여 매 결산기마다 현금배당액의 10분의 1 이상을 자본금의 2분의 1에 달할 때까지 적립하는 금액을 말한다. 이익준비금을 적립하는 이유는 장래의 결손에 대비하기 위해서이다. 이익준비금의 적립으로 배당을 제한함으로써 자금의 유출을 방지하여 자본구조를 건실하게 하자는 데 그 뜻이 있다.

이익준비금 이외에 기타법정적립금으로 기업합리화적립금과 재무구조개선적립금 등이 있다. 기업합리화적립금은 〈조세특례제한법〉에 의해 조세를 감면받는 경우 감면받은 금액을 적립하여 배당으로 유출되는 것을 제한하기 위해 적립되고, 재무구조개선적립금은 〈상장회사재무관리규정〉에 의하여 유형자산의 처분차익이 유형자산의 처분손실과 법인세비용의 합계액을 초과하는 경우 그 초과액의 30% 이상을 적립하여 배당유출을 제한할 목적으로 적립한다.

임의적립금

임의적립금은 주주총회의 결의에 따라서 임의로 설정한 적립금이다.

임의적립금(voluntary reserves)은 법적 강제성은 없으나 기업이 장래에 발생할지도 모르는 위험에 대비하거나, 또는 기업이 설정한 특정목적에 사용하기 위하여 정관의 규정이나 주주총회의 결의에 따라서 임의로 설정한 적립금을 말한다.

임의적립금에는 사업확장을 위하여 적립하는 사업확장적립금, 거액의 부채를 상환하는 데 필요한 자금을 적립하는 감채적립금, 매기 일정한 배당을 보장하기 위하여 적립하는 배당평균적립금, 만일의 결손을 대비하여 적립하는 결손보전적립금 등이 있다.

배당금

배당은 이익을 주주에게 배분하는 것으로, 배당과 관련해서는 배당기준일, 배당선언일, 배당지급일 등이 중요한 사건일이다.

배당(dividends)이란 주주가 출자한 자본을 토대로 회사가 영업활동을 수행하여 획득한 이익을 주주의 자본출자에 대한 보상의 형식으로 주주에게 분배하는 것이다. 배당금은 이익잉여금의 범위 내에서 이루어지는 것이 보통이며, 일반적으로 현금배당의 형태로 이루어지나 주식배당도 가능하다. 지나친 현금배당은 운전자본에 압박을 주게 되므로 현재 보유하고 있는 현금의 수준과 미래의 현금흐름을 예측하여 배당수준을 결정해야 한다. 배당과 관련해서는 각각의 발생사건을 구분하는 것이 중요하다. 배당의 지급과 관련하여 중요한 날은 배당기준일, 배당선언일 그리고 배당지급일이다. 이들 일자와 관련된 배당의 회계처리는 다음과 같다. [도표 11-3]은 배당과 관련된 주요 사건의 순서를 보여주고 있다.

도표 11-3
배당관련 사건의 발생순서

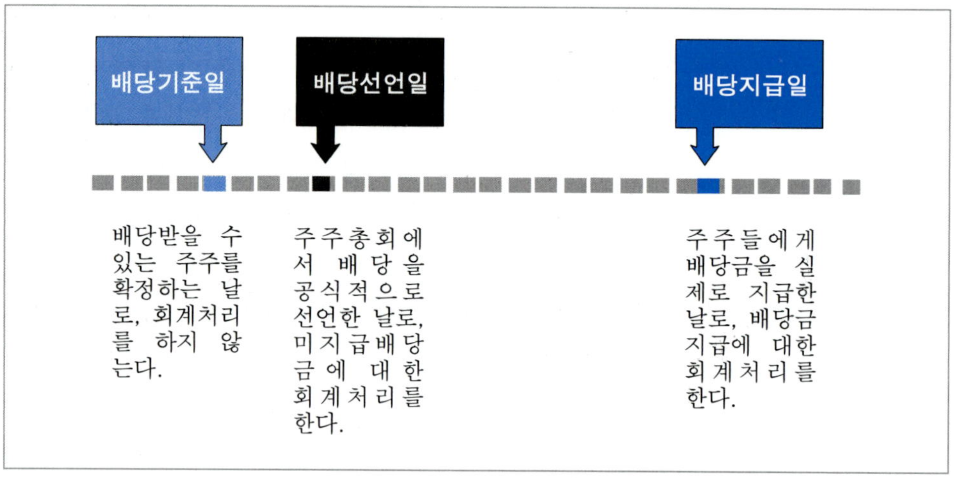

배당기준일

배당기준일은 배당받을 수 있는 권리를 행사할 수 있는 주주로 확정되는 일정한 날이다.

배당기준일(date of record)은 주주명부에 기재되어 배당받을 수 있는 권리를 행사할 수 있는 주주로 확정되는 일정한 날이다. 이 기준일에 주주로서 명부에 기재된 자를 배당받을 권리자로 간주하게 된다. 이 시점에는 배당을 실시할 것인지에 대한 결정이 없으므로 관련되는 회계처리는 없다.

배당선언일

배당선언일은 주주총회에서 배당의 지급을 선언한 날이다.

배당선언일(date of declaration)은 주주총회에서 배당의 지급을 공식적으로 선언한 날로서 현금배당 결의금액을 처분전이익잉여금계정에서 미지급배당금계정으로 대체시키는 분개는 다음과 같다.

분개장			
일 자	계 정	차 변	대 변
	미처분이익잉여금	×××	
	미지급배당금		×××

배당지급일은 주주에게 배당금을 현금으로 지급한 날이다.

배당지급일

배당지급일(date of payment)은 회사가 주주에게 배당금을 현금으로 지급한 날로서 배당금지급액을 미지급배당금계정의 차변과 현금계정의 대변에 기입하는 분개는 다음과 같다.

분개장			
일 자	계 정	차 변	대 변
	미지급배당금	×××	
	현금		×××

[예제 11-4]는 현금배당에 대한 회계처리의 예를 보여준다.

예제 11-4 현금배당의 회계처리

SK네트웍스는 20×1년 결산결과 당기 말 배당가능액이 ₩600,000으로 확인되었다. 20×1년 12월 31일 현재를 기준일로 하여 보통주 주당 ₩1,500의 배당금을 현금으로 지급할 것을 이사회에서 의결하였다. 20×2년 3월 3일 주주총회에서 이를 추인하고 동일한 금액으로 배당지급할 것을 선언하였다. 배당금지급일은 20×2년 3월 24일이며, 20×1년 말 현재 보통주 발행주식수는 250주이다. SK네트웍스의 배당금 지급과 관련하여 배당기준일, 배당선언일, 배당지급일의 회계처리를 하시오.

풀이

① 배당기준일 : 20×1년 12월 31일

– 분개 없음 –

② 배당선언일 : 20×2년 3월 3일

계정	차변	대변
미처분이익잉여금	375,000	
미지급배당금		375,000*

* 미지급배당금 = ₩1,500 × 250주 = ₩375,000

③ 배당지급일 : 20×2년 3월 24일

계정	차변	대변
미지급배당금	375,000	
현금		375,000

배당금 지급수준은 기업의 배당가능액과 현금지급능력을 고려하여 결정해야 한다. 높은 수준의 순이익을 보고하였다 하더라도 현금흐름이 원활하지 못한 경우에는 높은 수준의 배당금을 지급할 수 없을 것이다. 또한 미래 투자가 예정되어 있다면 가능한 한 현금을 사내에 유보할 필요가 있으므로 배당은 적게 이루어지게 된다.

SK네트웍스의 2023년 주주총회 소집공고에 제시된 이익잉여금처분계산서(안)

2) 이익잉여금처분계산서

당기 및 전기의 당사의 이익잉여금처분계산서는 다음과 같습니다.

이 익 잉 여 금 처 분 계 산 서

제 71(당) 기	2023년 01월 01일 부터 2023년 12월 31일 까지	제 70(전) 기	2022년 01월 01일 부터 2022년 12월 31일 까지
처분예정일	2024년 03월 27일	처분확정일	2023년 03월 29일

(단위: 백만원)

구 분	당 기		전 기	
I. 미처분이익잉여금(미처리결손금)		514,906		591,658
전기이월미처분이익잉여금	562,783		579,858	
확정급여제도의 재측정요소	(8,287)		5,710	
자기주식의 소각	(68,363)		-	
당기순이익	28,773		6,090	
II. 이익잉여금처분액		(44,552)		(28,875)
이익준비금	(4,050)		(2,625)	
배당금	(40,502)		(26,250)	
III. 차기이월미처분이익잉여금		470,354		562,783

Focus On 배당금 지급에 대한 제한

기업이 배당금을 지불할 수 있는 능력에 영향을 미치는 두 가지 제약사항으로는 대출 약정과 연체된 우선주 배당금의 존재이다. 추가적인 안전을 위해 일부 채권자는 대출을 하는 과정에 기업이 지불할 수 있는 배당금을 제한하는 대출 약정을 포함한다. 이 채무 약정에는 종종 차입에 대한 한도가 포함되며 현금 또는 운전자본의 최소 잔액을 정한다. 만일 채무 약정을 위반하는 경우 채권자는 즉각적인 채무 상환을 요구할 수 있다. 완전공시원칙은 대출 약정을 대개 재무제표와 별도로 공개하도록 한다.

우선주에 대한 연체 배당금의 존재는 일반 주주에 대한 배당금 지급능력을 제한할 수 있으며 회사의 미래 현금흐름에 영향을 미칠 수 있다. 이사회가 배당금 지급을 선언할 때까지 배당금은 실질적인 부채가 아니므로 연체된 배당금은 재무상태표에는 보고되지 않는다. 대신 재무제표의 주석에 공개된다. 재무분석가들은 회사의 배당 정책 및 미래현금흐름에 미칠 영향으로 인해 이러한 제한 사항을 고려한 정보에 관심을 갖는다.

자본조정과 기타포괄손익누계액

1. 자본조정

자본조정은 임시적인 자본 항목이거나 자본에 차감 또는 가산되어야 하는 항목이다.

자본조정(capital adjustment accounts)은 자본금, 자본잉여금, 이익잉여금 중 어느 것에 가감해야 하는지 확정되지 않은 임시적인 자본항목이거나 그 특성상 자본에 차감 또는 가산되어야 하는 항목을 말한다. 자본조정항목은 두 가지 집단으로 구분될 수 있다. 하나는 손익거래에 기인한 자산이나 부채의 가치변동으로 발생한 것이고, 다른 하나는 자본거래(소유주와의 거래)에 기인한 것이다. 전자는 포괄이익의 개념에 부합되나 후자는 포괄이익의 개념에 부합되지 않는다. 따라서 기업회계기준서에서는 전자를 기타포괄손익누계액으로 분류하고, 후자만을 자본조정으로 분류하고 있다. 자본조정항목으로는 앞서 설명한 주식할인발행차금이 있으며, 이 외에도 배당건설이자, 주식선택권 등이 있으나 회계원리의 수준을 넘어서므로 이에 대한 설명은 생략한다. 다음에서는 자본조정 중에서 실무에서 가장 중요한 항목이며 빈번하게 다루는 자기주식에 대해서 설명한다.

자기주식

자기주식이란 자기회사의 주식을 재취득한 것을 말한다.

자기주식(treasury stock)이란 기업이 이미 발행하여 사외에서 유통되고 있는 주식을 발행회사가 매입하거나 또는 증여를 통하여 재취득한 주식을 말한다. 기업이 자기주식을 재취득하는 이유는 다음과 같다.

① 직원들에게 주식을 재판매하기 위해
② 직원들에게 보너스로 재발행하기 위해
③ 주식의 시장가격을 올리기 위해

자기주식의 회계처리방법으로는 원가법(cost method)과 액면금액법(par value method)이 있으나 우리나라에서는 보편적으로 원가법을 사용하므로 이에 대해서만 설명한다. 원가법에서는 자기주식을 취득원가로 기록하며, 이를 재매각할 경우에 처분가격이 취득원가보다 높으면 그 차액을 자기주식처분이익(자본잉여금)으로 기록한다. 반대로 자기주식을 취득원가 이하로 처분한 경우에는 그 차액을 자기주식처분손실로 처리하여 자본조정항목으로 분류한다. 그러나 이전에 인식한 자기주식처분이익이 있는 경우에는 먼저 자기주식처분이익을 제거한 후 부족한 부분에 대해서만 자기주식처분손실로 기록하면 된다. [예제 11-5]는 원가법에 의한 자기주식의 취득 및 처분에 관한 회계처리 예를 보여주고 있다.

예제 11-5 자기주식의 회계처리 : 원가법

20×1년 2월 5일 SK네트웍스는 (주)위커힐과의 합병과정에서 단주 대금지급을 목적으로 액면금액 ₩5,000인 자사주 50주를 주당 ₩10,000에 취득하였다. 20×1년 3월 5일 자기주식 중 20주를 주당 ₩12,000에 매각하였다. 그리고 20×1년 5월 6일 나머지 주식 30주를 주당 ₩8,500에 매각하였다. SK네트웍스의 자기주식과 관련한 거래를 일자별로 회계처리하시오.

풀이

① 자기주식 취득일 : 20×1년 2월 5일

계정	차변	대변
자기주식*	500,000	
현금		500,000

* 자기주식은 자본조정에 포함하며, (−)금액으로 표시되어 자본을 감소시킨다.

② 자기주식 1차 처분일 : 20×1년 3월 5일

계정	차변	대변
현금	240,000	
자기주식		200,000
자기주식처분이익**		40,000*

* (₩12,000 − ₩10,000) × 20주 = ₩40,000

** 자기주식처분이익은 자본잉여금에 포함된다.

③ 자기주식 2차 처분일 : 20×1년 5월 6일

계정	차변	대변
현금	255,000	
자기주식처분이익	40,000	
자기주식처분손실**	5,000*	
자기주식		300,000

* (₩10,000 − ₩8,500) × 30주 − ₩40,000 = ₩5,000

** 자기주식처분이익을 먼저 제거하고 부족한 금액을 자기주식처분손실로 기록한다. 이는 자본조정에 기록한 후에 이익잉여금 처분으로 없어진다.

2. 기타포괄손익누계액

포괄손익이란 일정기간 동안 소유주와의 거래를 제외한 모든 거래나 사건의 결과로 인식된 순자산의 변동액을 말한다.

포괄손익(comprehensive income)이란 일정기간 동안 소유주와의 거래를 제외한 모든 거래나 사건의 결과로 인식된 순자산의 변동액을 말한다. 이러한 순자산의 변동 중 당기순이익을 결정하는 항목은 재무상태표에 이익잉여금의 증감을 가져온다. 당기순손익에서는 제외되지만 포괄손익에는 포함되는 손익항목을 기타포괄손익(other comprehensive income)이라고 한다. 이는 재무상태표의 기타포괄손익누계액을 증감시킨다.

포괄손익을 보고하는 목적은 순자산의 변동 중 주주와의 자본거래를 제외한 모든 거래와 기타 경제적 사건을 측정하기 위한 것이다. 기타포괄손익누계액은 후속적으로 당기손익으로 순환되어 이익잉여금에 반영되는 재순환조정이 가능한 것(예 : 기타포괄손익-공정가치측정금융자산(지분증권 제외)평가손익, 해외사업장의 재무제표 환산으로 인한 손익, 현금흐름위험회피수단평가손익 중 효과적인 부분)과 당기손익으로 재순환되지 못하고 필요에 따라 이익잉여금으로 바로 전입되는 것(예 : 자산재평가차익, 확정급여제도의 재측정요소, 기타포괄손익-공정가치측정금융자산(지분증권)평가손익, 당기손익-공정가치측정금융부채의 자기신용위험 변동효과)으로 구분된다.

한편, 재순환조정으로 기타포괄손익누계액으로 계상되었던 금액이 당기손익에 반영되면 포괄손익에 이중으로 계상되지 않도록 이를 당해기간의 기타포괄손익에 반대로 반영해야 한다. 이에 따라 재순환조정 전후로 자본총액은 변동하지 않게 된다.

자본변동표

자본변동표는 기업실체에 대한 자본의 크기와 그 변동에 관한 정보를 나타내는 재무보고서이다.

자본변동표(statement of changes in equity)는 기업실체에 대한 자본의 크기와 그 변동에 관한 정보를 나타내는 재무보고서로, 자본을 구성하고 있는 자본금, 자본잉여금, 자본조정, 기타포괄손익누계액 그리고 이익잉여금(또는 결손금)의 변동에 대한 포괄적인 정보를 제공한다.

자본의 변동을 나타내는 재무보고서로는 이익잉여금처분계산서가 있다. 그러나 이익잉여금처분계산서는 이익잉여금의 변동내용만을 나타내고 있어 이익잉여금을 제외한 자본구성항목의 변동내용을 정확하게 파악하기 위해서는 다른 재무제표, 주석 또는 부속명세서 등을 참고해야 한다. 이에 반해 자본변동표는 자본을 구성하고 있는 모든 항목의 변동내용에 대한 정보를 제공한다.

자본변동표는 재무제표간의 연계성을 제고시키며 재무제표의 이해가능성을 높인다. 자본변동표는 재무상태표에 표시되어 있는 자본의 기초잔액과 기말잔액을 모두 제시함으로써 재무상태표와 연결할 수 있으며, 포괄손익계산서를 거치지 않고 재무상태표의 자본에 직접 가감되는 항목에 대한 정보를 제공함으로써 포괄손익계산서로는 전부 나타낼 수 없는 포괄적인 경영성과에 대한 정보를 직접적 또는 간접적으로 제공한다.

[도표 11-4]는 자본변동표의 기본적인 양식을 보여주고 있다. [도표 11-4]에서 보듯이 납입자본의 변동은 유・무상증자(감자)와 주식배당에 의해 발생한다. 자본조정의 변동은 자기주식 취득에 의해 나타난다. 기타포괄손익누계액의 변동은 기타포괄손익-공정가치측정금융자산평가손익, 해외사업장환산손익에 의해

도표 11-4 자본변동표 양식

자본변동표

제×기 20×2년 1월 1일부터 20×2년 12월 31일까지
제×기 20×1년 1월 1일부터 20×1년 12월 31일까지

회사명 (단위 : 원)

	납입자본	자본조정	기타포괄손익누계액	이익잉여금	비지배지분	총자본
20×2년 1월 1일 현재 잔액	×××	×××	×××	×××	×××	×××
회계정책의 변경				×××	×××	×××
재작성된 금액				×××	×××	×××
20×2년 자본의 변동						
총포괄손익				×××		×××
유상증자(감자)	×××					×××
배당				(×××)	(×××)	(×××)
자기주식 취득		(×××)				(×××)
기타포괄손익-공정가치측정금융자산평가이익(손실)			×××			×××
20×2년 12월 31일 현재 잔액	×××	×××	×××	×××	×××	×××

영향을 받으며, 이익잉여금의 변동은 중대한 전기오류수정손익, 배당, 총포괄손익 등에 의해 발생한다.

SK네트웍스의 2023년 자본변동표를 살펴보면 SK네트웍스의 자본총계는 2023년 1월 1일 ₩1,998,260(백만)에서 ₩1,896,546(백만)으로 ₩101,714(백만)이 감소하였다. 이 감소는 자기주식취득 ₩100,430(백만)과 배당금 ₩26,250(백만)이 크게 영향을 미친 것으로 나타났다.

SK네트웍스의 2023년 사업보고서

자본변동표

제 71(당) 기 : 2023년 1월 1일부터 2023년 12월 31일까지

제 70(전) 기 : 2022년 1월 1일부터 2022년 12월 31일까지

SK네트웍스 주식회사 (단위: 백만원)

과목	자본금	기타불입자본	이익잉여금	기타자본구성요소	총계
2022.01.01 (전기초)	648,654	619,628	724,758	52,781	2,045,821
총포괄손익 :					
당기순이익	–	–	6,090	–	6,090
순확정급여부채의 재측정요소	–	–	5,710	–	5,710
기타포괄손익-공정가치 측정 금융자산 평가손익	–	–	–	(36,056)	(36,056)
파생상품평가이익	–	–	–	350	350
자본에 직접 반영된 소유주와의 거래 :					
연차배당	–	–	(26,237)	–	(26,237)
자기주식의 처분	–	1,348	–	–	1,348
주식보상비용	–	1,234	–	–	1,234
2022.12.31 (전기말)	648,654	622,210	710,321	17,075	1,998,260
2023.01.01 (당기초)	648,654	622,210	710,321	17,075	1,998,260
총포괄손익 :					
당기순이익	–	–	28,773	–	28,773
순확정급여부채의 재측정요소	–	–	(8,287)	–	(8,287)
기타포괄손익-공정가치 측정 금융자산 평가손익	–	–	–	2,037	2,037
파생상품평가손실	–	–	–	(171)	(171)
자본에 직접 반영된 소유주와의 거래 :					
연차배당	–	–	(26,250)	–	(26,250)
자기주식의 취득	–	(100,430)	–	–	(100,430)
자기주식의 처분	–	1,700	–	–	1,700
자기주식의 소각	–	68,363	(68,363)	–	–
주식보상비용	–	914	–	–	914
2023.12.31 (당기말)	648,654	592,757	636,194	18,941	1,896,546

용어해설

납입자본금(paid-in capitale) 실제로 주식을 발행하여 납입받은 주식대금으로 발행주식수×1주당 발행금액으로 계산됨

무액면주(no-par value stock) 주권에 주식의 액면금액을 표시하지 않고 회사의 자본금에 대한 비율만을 표시한 주식

배당(dividends) 이익을 주주에게 배분하는 것

배당기준일(date of record) 주주명부에 기재되어 배당을 받을 수 있는 권리를 행사할 수 있는 주주로 확정되는 일정한 날

배당선언일(date of declaration) 주주총회에서 배당의 지급을 공식적으로 선언한 날

배당지급일(date of payment) 배당금을 현금으로 지급한 날

법정적립금(legal reserves) 각종 법규에 의해 적립이 강제되는 적립금

보통주(common stock) 주식회사가 발행하는 가장 일반적인 주식

수권자본금(authorized capital) 회사가 가질 수 있는 최대자본금으로 회사를 설립할 때 정관에 기재됨

수권주식수(authorized stock) 수권자본금을 주식의 액면금액으로 나누어 계산된 주식수로 회사가 발행할 수 있는 주식총수

액면발행(issue at par) 주식의 액면금액과 발행금액이 같은 주식

액면주(par value stock) 1주당 가격이 균일하게 일정한 금액 이상으로 결정된 주식

우선주(preferred stock) 보통주에 우선하여 이익과 청산분배에 우선적인 권리를 부여한 주식

유통주식수(outstanding stocks) 발행된 주식 중 사외에서 유통되고 있는 주식

이익잉여금(retained earnings) 이익 중 사내에 유보된 금액

이익준비금(earned plus reserves) 상법의 규정에 의하여 현금배당액의 10분의 1 이상을 자본금의 2분의 1에 달할 때까지 적립하는 금액

임의적립금(voluntary reserves) 법적 강제성이 없이 주주총회의 결의에 따라서 임의로 설정한 적립금

자기주식(treasury stock) 사외에서 유통되고 있는 주식을 발행회사가 재취득한 주식

자본변동표(statement of changes in equity) 기업실체에 대한 자본의 크기와 변동에 관한 정보를 나타내는 재무보고서

자본조정(capital adjustment accounts) 자본금, 자본잉여금, 이익잉여금 중 어느 것에 가감해야 하는지 확정되지 않은 임시적인 자본항목이거나 그 특성상 자본에 차감 또는 가산되어야 하는 항목

적립(reserves) 이익잉여금의 총액은 변동하지 않고 세부항목간의 이전거래에 불과하며, 이는 이익잉여금의 배당을 제한하는 데 목적이 있음

주식(stock) 주주가 출자자로서 회사에 대하여 갖는 지분

주식병합(reverse stock split) 여러 개의 주식을 하나의 주식으로 통합하는 것으로 자본금의 변동은 없음

주식분할(stock split) 하나의 주식을 여러 개의 주식으로 분할하는 것으로 자본금의 변동은 없음

포괄손익(comprehensive income) 일정기간 동안 소유주와의 거래를 제외한 모든 거래나 사건의 결과로 인식된 순자산의 변동액

할인발행(issue on discount) 주식의 발행금액이 액면금액보다 더 낮게 발행된 경우

할증발행(issue on premium) 주식의 발행금액이 액면금액보다 더 높게 발행된 경우

연습문제

문제 A형

11-1 다음의 특징이 주식회사제도의 장점에 속하면 A, 단점에 속하면 D, 해당사항이 없으면 N으로 표시하시오.

(1) 독립적인 법적 실체
(2) 부가적인 세금을 과세받는 과세대상 실체
(3) 영속적인 실체
(4) 소유주의 무한책임
(5) 정부규제
(6) 소유와 경영의 분리
(7) 자본을 조달하는 능력
(8) 소유권의 이전이 자유로움

11-2 주식회사제도의 장점을 세 가지 이상 쓰시오.

11-3 하우리(주)는 정관에 최대 발행주식수를 액면 ₩1,000, 2,500주로 규정하고 있다. 설립 후 3년 동안 하우리(주)는 1,300주를 ₩15,000에 발행하였다.

(1) 수권자본주식수를 계산하시오.
(2) 총발행주식수를 계산하시오.
(3) 총유통주식수를 계산하시오.
(4) 자본금계정 잔액을 계산하시오.
(5) 주식발행초과금계정 잔액을 계산하시오.

11-4 BBB(주)의 신입사원인 김미숙은 재학시절 회계학 공부를 소홀히 하여 다음과 같이 분개하였다.

		차변	대변
7월 1일	현 금	180,000	
	보통주자본금		180,000
	(액면 ₩500, 200주의 주식을 현금 ₩900에 발행)		

분개에 대한 설명을 참조하여 올바른 분개를 하시오.

11-5 BKC(주)는 사업 첫해에 다음과 같은 주식거래가 있었다. 보통주의 액면금액은 ₩400이다.

2월 1일 300주의 주식을 주당 ₩440에 발행하고 현금으로 납입받다.
7월 1일 200주의 주식을 주당 ₩430에 발행하고 현금으로 납입받다.

(1) 위의 거래를 분개하시오.
(2) 회계기말 ① 보통주자본금과 ② 주식발행초과금을 각각 구하시오.

11-6 (주)바이크의 20×1년 12월 31일 재무상태표의 자본부분이 다음과 같이 표시되어 있다.

자 본		
납입자본		
(수권주식수 : 액면 ₩100, 40,000주, 30,000주 발행)		
보통주자본금	₩3,000,000	
주식발행초과금	1,200,000	
납입자본 합계		₩4,200,000
이익잉여금		800,000
자기자본 총계		₩5,000,000

20×2년 다음과 같은 주식관련 거래가 있었다.

1월 18일 주당 ₩250에 5,000주의 주식을 발행하고 현금으로 납입받다.

(1) 위의 1월 18일 주식거래를 분개하시오.
(2) 20×2년 당기순이익이 ₩150,000이고, 배당선언은 없었다. 20×2년 12월 31일 재무상태표의 자본부분을 표시하시오.

11-7 (주)송도의 20×1년 12월 31일 재무상태표의 자본의 일부분이 다음과 같다.

보통주자본금 (액면 ₩100, 20,000주 발행)	₩2,000,000
주식발행초과금	4,000,000

20×2년 3월 15일 주주총회에서 주당 ₩20의 배당을 선언하고, 20×2년 4월 20일 현금으로 지급하였다. 위의 배당관련 사건을 분개하시오.

11-8 도화(주)의 정관에 수권주식수는 100,000주(액면 ₩200)이다. 20×1년 6월 30일 현재 50,000주의 주식이 발행되어 유통되고 있다. 20×1년 6월 30일 이사회에서는 20×1년 7월 5일 주주명부에 등재되어 있는 주주를 대상으로 주당 ₩40의 현금배당을 결의하여 선언하였다. 이 배당은 20×1년 8월 1일 현금으로 지급되었다. (1) 배당선언일, (2) 주주명부등재일, (3) 배당지급일에 필요한 분개를 하시오.

11-9 코오롱(주)는 20×1년 1월 1일 액면 ₩100인 보통주 6,000주를 발행하여 유통하고 있다. 20×1년 동안 다음과 같은 거래가 발생하였다.

3월 1일	주당 ₩150에 4,000주의 주식을 발행하여 현금으로 납입받고 증자를 하다.
6월 1일~6월 15일	주주명부에 등재된 주주를 대상으로 주당 ₩30의 현금배당을 선언하다.
6월 30일	주당 ₩30의 현금배당을 지급하다.
12월 15일~12월 31일	주주명부에 등재된 주주를 대상으로 주당 ₩30의 현금배당을 선언하다.

20×1년 당기순이익은 ₩951,000이다. 위의 거래를 분개하시오.

11-10 다음 자료에 의해 이익잉여금 처분에 관한 분개를 하고 이익잉여금처분계산서를 작성하시오.

(1) 전기이월이익잉여금 ₩700,000
(2) 당기순이익 ₩1,500,000
(3) 이익잉여금 처분내역

현 금 배 당	₩1,200,000	이익준비금	₩40,000
배당평균적립금	₩10,000	기업합리화적립금	₩20,000

11-11 20×1년 1월 1일 BBQ(주)는 액면 ₩100인 보통주자본금 ₩2,000,000과 이익잉여금 ₩1,000,000으로만 구성되어 있다. 20×1년 7월 1일 보통주 10,000주를 주당 ₩130에 추가로 발행하여 증자를 하였으며, 20×1년 11월 15일에 20×1년 12월 31일 주주명부에 등재되어 있는 주주를 대상으로 주당 ₩10의 현금배당을 선언하였다. 20×1년 11월 및 12월 31일 BBQ(주)의 주가는 시장에서 각각 주당 ₩160과 ₩150이었으며, 배당은 20×2년 1월 15일에 현금으로 지급되었다. 또한, 20×1년의 당기순이익은 ₩500,000이었다.

(1) 20×1년 7월 1일 주식발행과 11월 15일의 배당선언에 대한 분개를 하시오.
(2) 20×1년 12월 31일 BBQ(주) 재무상태표의 자본부분을 표시하시오.

11-12 다음 사건의 결과 자산, 부채, 자본에 미치는 효과를 표시하시오. 증가(+), 감소(−), 영향 없음(0)

	자산	부채	자본
(1) 주식분할에 의한 주식발행			
(2) 주식배당의 선언			
(3) (2)의 주식배당 선언에 대한 주식의 발행			
(4) 현금배당의 선언			
(5) (4)의 현금배당 선언에 대한 배당금 지급			

11-13 세계적인 휴양 리조트를 지향하는 (주)숲리조트는 20×1년도 3월 8일에 보통주 13,000주를 주당 ₩42에 재취득하였다. 5월 16일에 (주)숲리조트는 9,500주를 주당 ₩45에 재판매하였다. 8월 30일에는 나머지 3,500주를 주당 ₩30에 판매했다. 3월 8일, 5월 16일, 8월 30일의 거래를 분개하시오

문제 B형

11-14 모토(주)는 다음과 같은 거래를 하였다. 각각의 거래를 분개하시오.

(1) 액면 ₩1,000인 보통주 400주를 주당 ₩1,060에 발행하고 대금은 현금으로 받았다.
(2) 액면 ₩1,000인 보통주 500주를 주당 ₩1,050에 발행하고 대금은 현금으로 받았다.

11-15 20×1년 8월 9일에 (주)미송은 보통주 100주(주당 액면금액 ₩5,000)를 발기인들에게 주당 ₩5,500에 발행하여 현금 ₩550,000을 조달하고 설립되었다. 이 중 주식발행비로 ₩10,000을 현금으로 지급하였다. 설립시의 분개를 하시오.

11-16 다음은 (주)세스코의 20×1년 12월 31일 재무상태표의 자본부분이다.

자 본		
납입자본		
(수권자본 : 보통주액면 ₩500, 5,000주)		
보통주자본금	₩1,300,000	
주식발행초과금	120,000	
납입자본 합계		₩1,420,000
이익잉여금		500,000
자기자본 총계		₩1,920,000

(1) 발행주식총수를 계산하시오.
(2) 유통주식총수를 계산하시오.
(3) 보통주의 총발행가격을 계산하시오.
(4) 보통주의 평균발행가격을 계산하시오.

11-17 불스원(주)의 정관에 수권주식수는 보통주 액면 ₩100, 10,000주이다. 20×1년 한 해 동안에 다음과 같은 주식 관련 거래가 있었다. 다음의 거래를 분개하시오.

1월 15일 주당 ₩700의 현금을 받고 5,000주의 보통주를 발행하다.
12월 6일 12월 20일 주주명부에 기재된 주주에게 주당 ₩50의 현금배당을 선언하다. 배당금 지급일은 20×2년 1월 3일이다.

11-18 (주)송정의 20×1년도 당기순이익이 손익계정에서 ₩1,000,000으로 계산되었다. 당기순이익 반영 전의 기말 재무상태표는 다음과 같다.

재무상태표

(주)송정 20×1. 12. 31 현재

차변	금액	대변	금액
현　　　금	₩3,200,000	외상매입금	₩800,000
상　　　품	8,600,000	자본금(1주당 ₩5,000)	50,000,000
건　　　물	34,000,000	주식발행초과금	10,000,000
기 계 장 치	45,000,000	이익준비금	9,000,000
		처분전이익잉여금	20,000,000
자산합계	₩90,800,000	부채 및 자본합계	₩89,800,000

(1) 당기순이익을 대체하는 분개를 하여 대차합계가 일치하는 재무상태표를 작성하시오.

(2) 20×2년 2월 28일 주주총회에서 5%의 현금배당을 선언하였다. 이에 따라 20×1년 12월 31일 현재의 주주명부에 기재된 주주에게 20×2년 3월 30일 주당 ₩250씩 현금으로 배당금을 지급하였다. 배당기준일, 배당선언일, 배당지급일의 분개를 하시오.

11-19 기린(주)의 20×1년도 당기순이익이 손익계정에서 ₩500,000으로 계산되었다. 당기순이익 반영 전의 기말 재무상태표는 다음과 같다.

재무상태표

기린(주) 20×1. 12. 31 현재

차변	금액	대변	금액
현　　　금	₩100,000	외상매입금	₩800,000
상　　　품	1,100,000	자　본　금	1,000,000
건　　　물	2,000,000	주식발행초과금	200,000
		이익준비금	200,000
		처분전이익잉여금	500,000
자산합계	₩3,200,000	부채 및 자본합계	₩2,700,000

(1) 당기순이익을 대체하는 분개를 하여 대차합계가 일치하는 재무상태표를 작성하시오.

(2) 20×2년 2월 28일 주주총회에서 처분전이익잉여금을 다음과 같이 처분하기로 하였다. 이익잉여금 처분계산서를 작성하고, 필요한 분개를 하시오.

이익준비금	₩50,000	기업합리화적립금	₩90,000
현 금 배 당	500,000	배당평균적립금	110,000

11-20 CKK(주)는 20×1년 2월 26일에 미처분이익잉여금 ₩1,200,000을 다음과 같이 처분하기로 하였다. 이익잉여금 처분에 대한 분개를 하시오.

이익준비금	₩50,000
현 금 배 당	500,000
배당평균적립금	50,000
감채적립금	30,000
나머지는 차기로 이월함	

11-21 (주)송정은 현재 보통주 100,000주가 유통되고 있다. 최근 (주)송정은 구주 1주에 신주 5주로 주식분할하기로 결정하였다.

(1) 주식분할 후에 (주)송정의 주식수는 몇 주가 되는가?
(2) 주식분할 전 주가가 ₩20,000이라면 주식분할 후의 주가는 얼마가 되는가?

11-22 SK네트웍스는 20×1년 4월 27일에 보통주 15,000주를 주당 ₩60에 재취득하였다. 7월 13일에 SK네트웍스는 9,000주를 주당 ₩72에 재판매하였다. 10월 8일에는 나머지 6,000주를 주당 ₩59에 판매했다.

(1) 4월 27일, 7월 13일, 10월 8일의 거래를 분개하시오.
(2) 20×1년 12월 31일에 자기주식 거래와 관련하여 자본잉여금에 표시되는 금액은 얼마인가?
(3) SK네트웍스가 자기주식을 취득하는 이유는 무엇 때문인가?

11-23 (주)송정은 20×1년 6월 19일에 보통주 24,000주를 주당 ₩64에 재취득하였다. 8월 30일에 (주)송정은 19,000주를 주당 ₩68에 재판매하였다. 9월 6일에는 3,000주를 주당 ₩70에 판매했다.

(1) 6월 19일, 8월 30일, 9월 6일의 거래를 분개하시오.
(2) 20×1년 12월 31일에 자기주식 거래와 관련하여 자본잉여금에 표시되는 금액은 얼마인가?
(3) 20×1년 12월 31일 (주)송정의 자기주식의 잔액은 얼마인가?

11-24 오물처리기업인 ECS(주)의 최고경영자인 이하수는 최근 탈진과 심장질환으로 병원에 입원하였다. 이하수가 입원하기 전에 ECS(주)는 주가가 급락하였으며, 주식거래량도 거의 없었다. 이러한 시장반응의 주된 이유는 ECS(주)가 실행하고 있는 검증되지 않은 오물처리시스템에 대한 언론의 우려표명이었다. 이하수는 새로운 시스템의 실행 전에 검증하는 절차를 거치는 것을 원하지 않았었다. 그러나 시스템을 가동한 후에 마지못해 제한된 검증에 동의했다. 지금까지는 검증을 통해 문제가 발견되지는 않았다.

다른 경영진들은 해야 할 일들을 결정하기 위해 회의를 소집하였다. 마케팅 담당이사인 김시장은 회사가 시장에서 대량의 자기주식을 취득해야 한다고 제안했다. 이러한 자기주식의 취득을 통해 투자자들에게 기업의 활동을 신호하고 투자자들로 하여금 더 많은 주식을 취득하도록 할 수 있다는 것이다. 그렇게 하면 ECS(주)는 이전 10년 동안 매분기마다 현금배당을 실시해왔는데 현금배당에 이용할 현금이 사라지게 된다.

(1) 김시장의 제안이 윤리적인지를 설명하시오.
(2) 현금배당을 중지하는 것이 윤리적인지를 설명하시오.

chapter

12

현금흐름표

학습목표

Statement of Cash Flows

현금흐름표의 의의와 유용성

1. 현금흐름표의 의의

재무상태표는 기업의 재무상태를 보고해주며, 두 회계기간 동안의 재무상태표를 통해 기업의 현금이 증가했는지 혹은 감소했는지를 알 수 있다. 예를 들면, 오성음료의 비교재무상태표에는 다음과 같이 보고되어 있다.

	20×2년	20×1년	증가(감소)
현금 및 현금성자산	₩292,607	₩169,804	₩122,803

20×2년 동안 오성음료의 현금은 ₩122,803이 증가하였다. 그러나 재무상태표는 왜? 현금이 증가했는지는 보여주지 못한다. 따라서 왜 현금이 증가했는지 혹은 감소했는지를 알려줄 재무보고서가 필요한데, 이 문제를 해결해준 보고서가 바로 현금흐름표이다(기업회계기준서 제1007호).

현금흐름표는 재무제표이용자에게 현금 및 현금성자산의 창출능력과 현금흐름의 사용 용도를 평가하는 데 유용한 기초를 제공하는 재무제표이다.

현금흐름표(statement of cash flows)는 재무제표이용자에게 현금 및 현금성자산의 창출능력과 현금흐름의 사용 용도를 평가하는 데 유용한 기초를 제공하는 재무제표이다. 현금흐름표에서 표시하는 영업활동 현금흐름(cash flow from operating activities)은 현금주의에 의한 당기순이익을 나타내는 정보로 포괄손익계산서에 있는 발생주의 당기순이익에 대한 보충적인 정보로 사용된다. [도표 12-1]은 재무상태표의 기초현금과 기말현금의 관계에서 현금흐름표의 역할을 보여준다.

도표 12-1 재무상태표와 현금흐름표의 연계관계

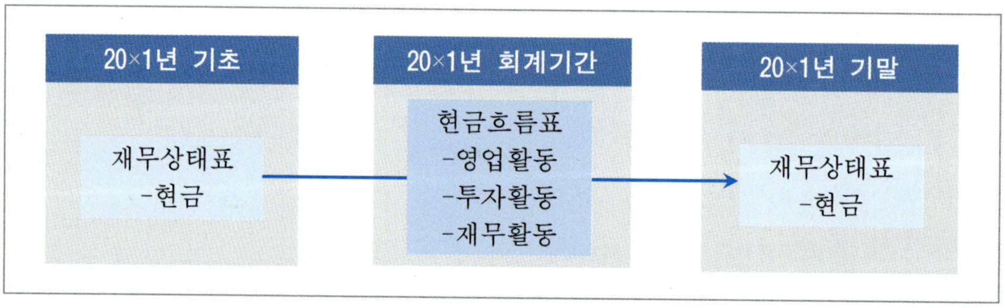

2. 현금흐름표의 유용성

현금흐름표는 다른 재무제표와 같이 사용되는 경우 순자산의 변화, 재무구조(유동성과 지급능력 포함), 그리고 변화하는 상황과 기회에 적응하기 위하여 현금흐름의 금액과 시기를 조절하는 능력을 평가하는 데 유용한 정보를 제공한다. 현금흐름정보는 그중에서도 특히 다음과 같은 정보를 파악하는 데 유용하게 사용될 수 있다.

- **미래현금흐름 창출능력을 예측하는 데 유용하게 사용할 수 있다** 회계의 기본 목적은 정보이용자들에게 유용한 정보를 제공하는 데 있다. 그중에서도 투자자나 채권자들은 기업이 창출한 현금의 양과 시기 및 불확실성을 예측해야 자신들의 경제적 의사결정을 잘할 수 있다.
- **미래배당지급능력과 이자지급능력을 예측하는 데 유용하게 사용될 수 있다** 기업이 보유한 현금이 영업활동에서 창출되어 투자활동에 사용하고도 충분히 남는다면 배당과 이자를 지급하는 데에 무리가 없을 것이다.
- **당기순이익과 영업활동 현금흐름 간에 차이가 발생하는 이유를 알 수 있다** 포괄손익계산서의 당기순이익은 발생주의에 의해 계산되고, 현금흐름표에 나타나는 영업활동 현금흐름은 현금주의에 의하여 계산되는데, 현금흐름표를 통해 이러한 차이를 유발한 사건들을 알 수 있다.

현금흐름의 분류와 표시방법

1. 현금흐름표에서 현금의 의미

현금흐름표에서 말하는 현금은 통화만을 의미하는 좁은 개념이 아니다. 현금흐름표상의 현금은 현금 및 현금성자산을 말하는 것으로 현금, 요구불예금, 현금성자산을 포괄하는 개념이다. 현금성자산은 유동성이 매우 높은 단기투자자산으로서 확정된 금액의 현금으로 전환이 용이하고 가치변동의 위험이 경미한 자산을 말한다. 기업회계기준서에서는 취득 당시에 만기가 3개월 이내에 도래하는 사채, 환매조건부 환매채, 상환우선주 등을 현금성자산의 예로 들고 있다. 따라서 단기투자목적으로 타사가 발행한 사채를 취득하였을 때 만기가 3개월 이내이면 현금성자산으로 분류되며, 만기가 3개월보다 길면 당기손익-공정가치측정금융자산으로 분류해야 한다.

증권을 취득한 시점을 기준으로 분류하므로 3년 전에 타사가 발행한 사채를 취득하여 보유하고 있다가 당해연도의 재무상태표를 작성하는 시점에 만기가 3개월보다 짧은 기간이 남은 경우에는 본래 해당증권을 분류한 기타포괄손익-공정가치측정금융자산이나 상각후원가측정금융자산으로 기재하고 있어야 한다. 또한 상환조건이 없는 보통주나 우선주는 당연히 현금성자산으로 분류할 수 없다.

2. 경영활동에 따른 현금흐름의 분류

기업에서 현금의 유입과 유출은 영업활동, 투자활동 그리고 재무활동 등 세 가지 경영활동에 의해 이루어진다.

기업에서의 현금의 유입과 유출은 크게 세 가지 활동에 의해서 이루어진다. 첫째는 영업활동 현금흐름(cash flow from operating activities)으로, 기업의 수익창출활동에서 발생한다. 즉, 상품의 판매, 제품의 제조와 판매 활동 전반에 걸쳐 발생하는 현금흐름으로, 상품의 판매대금뿐만 아니라 거래처에 원재료의 구입대금을 지급한 것이나 종업원에게 지급한 급여 등을 포함한다.

둘째는 투자활동 현금흐름(cash flow from investing activities)으로, 자산을 취득하거나 처분하는 활동 때문에 발생하는 현금을 말한다. 투자활동으로 인한 현금의 유입은 주로 비유동자산의 처분으로 인해 발생하며 유동자산과 관련하여 당기손익-공정가치측정금융자산의 처분이나 단기대여금을 회수하는 경우에도 발생한다. 반대로 비유동자산을 취득하거나 단기적으로 현금을 대여하는 경우에는 투자활동으로 인한 현금의 유출이 발생한다.

셋째는 재무활동 현금흐름(cash flow from financing activities)으로, 주로 비유동부채의 조달이나 주식의 발행과 같은 자본조달과 관련하여 현금유입이 발생하며, 사채의 상환 등으로 현금유출이 발생한다. [도표 12-2]는 경영활동에 의한 현금흐름과 재무상태표의 관계를 보여준다.

도표 12-2 영업활동, 투자활동, 재무활동 현금흐름과 재무상태표

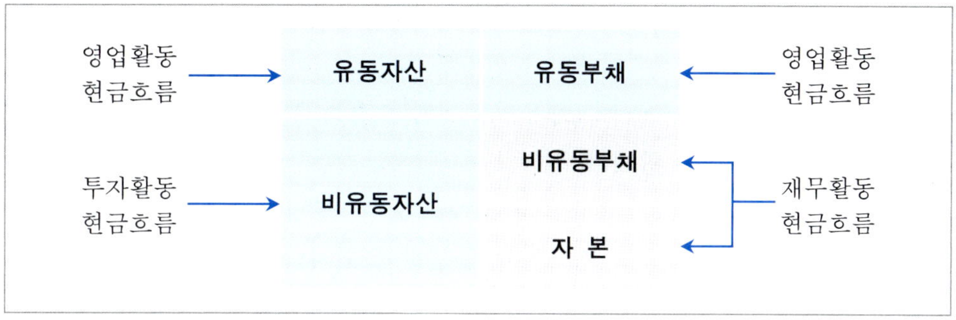

3. 영업활동 현금흐름의 표시방법

영업활동 현금흐름의 중요성

회계정보이용자들이 영업활동 현금흐름을 중요하게 생각하는 이유는 무엇일까? 투자자나 채권자 등은 좋은 기업에 투자를 하고자 한다. 그러면 좋은 기업이란 어떤 기업일까? 아마도 위험은 낮고, 수익성은 높은 기업이 좋은 기업이다. 좋은 기업은 기업 본연의 설립목적인 영업활동에서 충분한 현금을 창출하는 기업이다. 영업활동에서 충분한 현금을 창출하지 못하는 기업은 유형자산과 같은 비유동자산에 대한 투자자금을 마련하거나 만기가 도래하는 채무의 상환자금을 마련하기 위해 허둥대게 되고, 그로 인해 본연의 목적달성을 위한 활동은 소홀해져 결국 수익성은 악화되어간다. 이러한 상태가 지속되면 결국은 기업의 존속이 어려워진다.

영업활동에서 창출하는 현금이 충분치 못한 기업은 수익성도 낮을 뿐만 아니라 기업 존속에 대한 위험도 높은 것으로 볼 수 있으며, 이러한 기업은 투자자들에게 좋은 투자대상이 되지 못한다. 따라서 투자자들은 기업의 현금흐름표에 표시되는 영업활동 현금흐름을 매우 중요한 정보로 간주하게 된다.

영업활동 현금흐름

현금흐름표를 작성하는 방법에는 간접법과 직접법 두 가지가 있다.

영업활동 현금흐름을 표시하는 방법에는 간접법과 직접법이라는 두 가지가 있다. 이 중 어느 방법으로 영업활동 현금흐름을 구하든 그 금액은 항상 일치하며, 나머지 투자활동 현금흐름이나 재무활동 현금흐름을 현금흐름표에 표시할 때에는 방법상의 차이가 없다.

간접법(indirect method)은 당기순손익에 현금을 수반하지 않는 거래, 과거 또는 미래의 영업활동 현금유입이나 현금유출의 이연 또는 발생, 투자활동 현금흐름이나 재무활동 현금흐름과 관련된 손익항목의 영향을 조정하여 표시하는 방법이다.

직접법(direct method)은 영업활동에서 발생하는 총현금유입과 총현금유출을 주요 항목별로 구분하여 표시하는 방법이다. 직접법은 간접법에 비해 작성하기가 번거롭다는 단점이 있으나 정보이용자들이 보다 쉽게 현금흐름을 이해할 수 있다. 따라서 영업활동 현금흐름을 보고하는 경우에는 직접법을 사용할 것을 권장한다. 간접법과 직접법의 차이를 간략히 표시하면 [도표 12-3]과 같다.

도표 12-3
영업활동 현금흐름 : 간접법과 직접법

간접법	직접법
당기순이익	영(0)
+현금유출이 없는 비용	+영업활동상 현금유입이 있는 수익계정
−현금유입이 없는 수익	−영업활동상 현금유출이 있는 비용계정
=영업활동 현금흐름	=영업활동 현금흐름

금액의 일치

일반적으로 영업활동 현금흐름의 예는 다음과 같다.

현금유입	현금유출
다음 활동으로 인한 현금수령	다음 활동으로 인한 현금지급
재화의 판매와 용역의 제공	재화의 판매와 용역의 구입
로열티, 수수료, 중개료 및 기타수익	종업원과 관련하여 발생하는 현금유출
법인세의 환급	법인세의 납부
단기매매목적으로 보유하는 계약에서 발생하는 현금유입	단기매매목적으로 보유하는 계약에서 발생하는 현금유출
단기매매목적으로 보유하는 유가증권의 판매	단기매매목적으로 보유하는 유가증권의 취득
임대할 목적으로 보유하다가 이후 판매할 목적으로 보유하는 자산의 판매로 수취하는 현금수령	임대할 목적으로 보유하다가 이후 판매할 목적으로 보유하는 자산의 제조 및 취득하기 위한 현금지급

간접법과 직접법에 의해 작성된 현금흐름표의 간략한 양식인 [도표 12-4]를 참조하면 차이점과 유사점을 쉽게 이해할 수 있을 것이다.

도표 12-4

현금흐름표 양식 : 간접법과 직접법

현금흐름표(간접법)

시원음료	20×1년 1월 1일부터 12월 31일까지	
Ⅰ. 영업활동 현금흐름		₩1,500
1. 당기순이익	1,600	
2. 현금의 유출이 없는 비용 등의 가산	600	
3. 현금의 유입이 없는 수익 등의 차감	(400)	
4. 영업활동으로 인한 자산·부채의 변동		
－외상매출금의 증가	(300)	
Ⅱ. 투자활동 현금흐름		(300)
Ⅲ. 재무활동 현금흐름		100
Ⅳ. 현금의 증가		1,300
Ⅴ. 기초의 현금		1,800
Ⅵ. 기말의 현금		₩3,100

현금흐름표(직접법)

시원음료	20×1년 1월 1일부터 12월 31일까지	
Ⅰ. 영업활동 현금흐름		₩1,500
1. 매출 등 수익활동으로부터의 유입액	21,000	
2. 매입 및 종업원에 대한 유출액	(19,000)	
3. 임대수익 수입액	200	
4. 법인세비용 지출액	(700)	
Ⅱ. 투자활동 현금흐름		(300)
Ⅲ. 재무활동 현금흐름		100
Ⅳ. 현금의 증가		1,300
Ⅴ. 기초의 현금		1,800
Ⅵ. 기말의 현금		₩3,100

(기말의 현금: 금액일치)

20×2년 오성음료의 현금흐름표를 보면 당기순이익은 ₩9,389(백만)인데 영업활동 현금흐름은 ₩174,974(백만)이다. 이러한 차이의 발생은 포괄손익계산서가 현금주의가 아닌 발생주의에 의해 기록되기 때문이다.

오성음료
20×2년 사업보고서

현금흐름표

제52기 20×2. 1. 1부터 20×2.12.31까지
제51기 20×1. 1. 1부터 20×1.12.31까지

오성음료 (단위 : 백만원)

과 목	제52기		제51기	
영업활동 현금흐름		174,974		271,802
당기순이익(손실)	9,389		86,494	
당기순이익조정을 위한 가감	237,150		212,019	
조정항목	297,368		199,639	
순운전자본의 변동	(60,218)		12,380	
이자수취	4,819		3,773	
이자지급	(28,014)		(26,765)	
배당금수취	7,515		8,076	
법인세지급액	(55,885)		(11,795)	
투자활동 현금흐름		(318,981)		(306,798)

투자활동 현금흐름

투자활동 현금흐름은 비유동자산(유형자산, 무형자산 그리고 기타 증권)의 구입 또는 매각과 관련된 현금의 유입과 유출을 말한다. 일반적으로 투자활동으로 인한 전형적인 현금 유입과 유출의 유형은 다음과 같다.

현금유입	현금유출
다음 활동으로 인한 현금수령 유형자산의 매각 투자증권의 처분 혹은 만기상환 제3자에 대한 선급금 및 대여금의 회수	다음 활동으로 인한 현금지급 유형자산의 구입 투자증권의 구입 제3자에 대한 선급금 및 대여금의 지급

현금 유입과 유출 간의 차이는 투자활동으로 인한 순현금유입(유출)(net cash inflow(outflow) from investing activities)이라고 부른다.

20×2년 오성음료의 투자활동 순현금흐름이 ₩318,981(백만)으로 나타났다. 투자활동의 대부분은 유형자산의 취득과 관계기업 투자로 인한 현금유출이었으며, 금융상품의 회수에 의한 현금유입이 있었으나 현금유출이 현금유입을 훨씬 초과한 상태이다.

오성음료
20×2년 사업보고서

현금흐름표

제52기 20×2. 1. 1부터 20×2.12.31까지
제51기 20×1. 1. 1부터 20×1.12.31까지

오성음료 (단위 : 백만원)

과 목	제52기		제51기	
투자활동 현금흐름		(318,981)		(306,798)
단기금융상품의 증가	(605,000)		(192,000)	
단기금융상품의 감소	662,000		115,000	
장기금융상품의 증가	(10,000)			
장기금융상품의 감소	1			
만기보유금융증권의 증가	(39)		(266)	
만기보유금융증권의 감소	31		846	
매도가능금융증권의 증가	(28,932)		(7,274)	
매도가능금융증권의 감소				
유형자산의 처분	3,267		2,204	
유형자산의 취득	(314,827)		(232,173)	
무형자산의 처분				
무형자산의 취득	(346)		(471)	
종속기업 및 관계기업 투자 취득	(22,057)		(197)	
종속기업 및 관계기업 투자 처분			16,800	
기타금융자산의 감소	13,069		4,186	
기타금융자산의 증가	(17,852)		(13,453)	
사업결합으로 인한 현금증가	1,704			

재무활동 현금흐름

재무활동 현금흐름은 채권자나 주주 등과의 자금거래에 의한 현금유입과 현금유출을 말한다. 일반적으로 재무활동으로 인한 현금 유입과 유출의 유형은 다음과 같다.

현금유입	현금유출
다음 활동으로 인한 현금수령 채권자로부터 차입 주식의 발행	다음 활동으로 인한 현금지급 채권자에게 원금 및 이자의 지급 자기주식의 취득 배당금의 지급

현금 유입과 유출 간의 차이는 재무활동으로 인한 순현금유입(유출)(net cash inflow(outflow) from financing activities)이라고 부른다.

오성음료
20×2년 사업보고서

현금흐름표

제52기 20×2. 1. 1부터 20×2.12.31까지
오성음료　　제51기 20×1. 1. 1부터 20×1.12.31까지　　(단위 : 백만원)

과 목	제52기		제51기	
재무활동 현금흐름		266,809		151,080
단기차입금의 순증감	230,131		78,044	
장기차입금의 순증가			20,000	
금융리스부채의 상환	(381)			
유동성장기차입금의 상환			(20,000)	
사채의 발행	149,551		459,053	
사채의 상환	(100,000)		(382,487)	
위험회피목적 파생상품거래의 정산			3,126	
배당금 지급	(12,492)		(6,656)	

20×2년 오성음료의 재무활동 순현금흐름이 ₩266,809(백만)으로 나타났다. 오성음료는 사채 및 금융리스부채의 상환 그리고 배당금 지급에 각각 ₩100,000(백만)과 ₩381(백만) 그리고 ₩12,492(백만)을 지출한 반면, 새로이 사채를 ₩149,551(백만)을 발행했다.

간접법에 의한 현금흐름표 작성

[도표 12-5]와 [도표 12-6]은 간접법에 의해 현금흐름표를 작성하는 과정에서 포괄손익계산서 항목을 영업활동 현금흐름으로 조정하는 방법과 현금흐름표 작성 절차를 요약한 것이다.

도표 12-5

포괄손익계산서 항목을 영업활동 현금흐름으로 조정

포괄손익계산서 계정	+/− 재무상태표 계정의 변화	=영업활동 현금흐름
매출액	+ 매출채권계정의 감소(A) − 매출채권계정의 증가(A)	=고객으로부터 회수된 현금
이자/배당 수익	+ 이자수익/배당수익계정의 감소(A) − 이자수익/배당수익계정의 증가(A)	=투자에 따른 이자 및 배당금의 현금회수액
매출원가	+ 재고자산의 증가(A) − 재고자산의 감소(A) − 매입채무의 증가(L) + 매입채무의 감소(L)	=재고자산 구입대금의 현금지급액
기타비용	+ 선급비용의 증가(A) − 선급비용의 감소(A) − 미지급비용의 증가(L) + 미지급비용의 감소(L)	=용역대가의 현금지급액 (예 : 임차료, 급여, 이자 등)

* A : 자산계정; L : 부채계정

도표 12-6

간접법에 의한 현금흐름표 작성절차

비유동계정의 기초잔액 전기

↓

영업활동계정, 투자활동계정, 재무활동계정 설정

↓

당기순이익의 전기(이익잉여금계정 대변 및 영업활동계정 차변에)

↓

추가자료 거래분석 및 계정전기
- 비유동계정 ⟶ 비유동계정에 전기
- 현금계정 ⟶ 영업, 투자, 재무 활동 계정에 전기
- 포괄손익계산서계정 ⟶ 영업활동계정에 전기

↓

비유동계정 중 설명되지 않은 부분 점검

↓

유동자산, 유동부채의 점검(영업활동계정에 기록)
- 당기손익-공정가치측정금융자산, 단기대여금 증감은 투자활동에
- 단기차입금 증감은 재무활동에

↓

영업활동계정 순유입액, 투자활동계정 순유입액, 재무활동계정 순유입액의 합계가 기중현금증가와 일치하는지 확인

↓

영업활동계정, 투자활동계정, 재무활동계정을 정리하여 현금흐름표 작성

다음은 실제 사례를 이용하여 현금흐름표를 작성해보도록 한다.

(주)송천의 사례

(주)송천의 20×1년과 20×2년의 비교재무상태표와 20×2년의 포괄손익계산서 및 추가자료를 기초로 간접법에 의한 현금흐름표를 작성해보자.

도표 12-7
현금흐름표 작성을 위한 정보

재무상태표

(주)송천 20×2년 12월 31일 현재

	20×2년	20×1년	증가(감소)	관련 현금흐름 영역
자 산				
현금 및 현금성자산	₩102	₩40	₩62	현금
외상매출금	81	94	(13)	영업활동
재고자산	182	166	16	영업활동
선급비용	31	22	9	영업활동
설비	120	84	36	투자활동
감가상각누계액	(47)	(31)	(16)	영업활동
무형 및 기타자산	18	16	2	투자활동
자산총계	₩487	₩391		
부 채				
외상매입금	₩72	₩55	₩17	영업활동
미지급비용	61	41	20	영업활동
장기차입금	23	14	9	재무활동
자 본				
자본금	175	163	12	재무활동
이익잉여금	156	118	38	영업활동
부채와 자본총계	₩487	₩391		

〈추가자료〉

① 20×2년중에 배당금을 지급하지 않았다.
② 설비나 무형자산의 처분이나 손상은 발생하지 않았다.
③ 설비를 ₩36에, 무형자산을 ₩2에 현금으로 구입했다.
④ 장기차입금 ₩7을 상환하고 신규로 장기차입금 ₩16을 차입하였다.
⑤ 보통주자본금 ₩12을 유상증자하였다.

포괄손익계산서

(주)송천 20×2년 1월 1일부터 12월 31일까지

매 출 액	₩725
매 출 원 가	370
매출총이익	355
판매비와관리비	262
감가상각비	16
총영업비용	278
영 업 이 익	77
이 자 비 용	7
법인세비용차감전계속사업이익	70
법인세비용	32
당기순이익	₩38

[도표 12-7]의 정보에서 영업활동으로 표시된 각 계정의 변화 금액을 선택함으로써 [도표 12-8]의 (주)송천에 대한 영업활동 현금흐름을 준비할 수 있다. 각 유동자산과 유동부채의 증가 혹은 감소의 이유를 이해하는 것은 현금흐름표 항목 이면의 논리를 이해하는 열쇠이다. 천천히 다음 설명을 읽고 각 항목에 대한 이유를 이해했는지 확인하기 바란다.

당기순이익+감가상각비 당기순이익과 감가상각비는 간접법을 이용해 현금흐름표를 작성할 때 항상 맨 처음에 나타난다. 이 부분은 당기순이익에서 영업활동 현금흐름으로 전환되는 과정의 처음부분이다. 이 부분은 또한 재무상태표 계정들의 변동을 설명함으로써 현금의 변동을 설명하는 과정의 출발점이다. (주)송천의 경우 ₩38의 당기순이익은 이익잉여금의 변동으로 연결된다(회사는 배당금의 지급이 없었다). 이와 유사하게, ₩16의 감가상각비는 감가상각누계액의 변동을 설명한다.

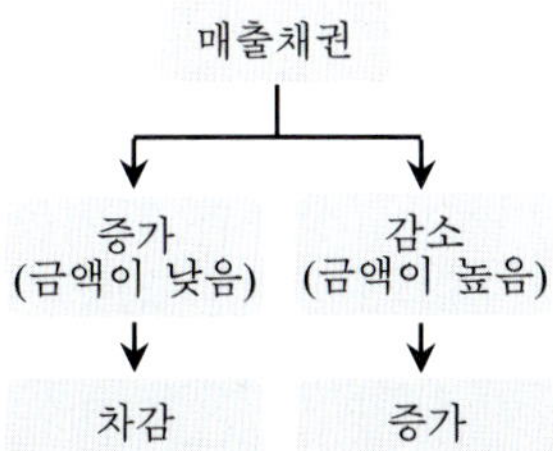

매출채권의 감소 매출액이 발생하면 매출채권계정은 증가하고 고객으로부터 현금을 회수하면 매출채권계정은 감소한다. 따라서 이 계정의 감소는 매출보다 더 크게 현금이 회수되었음을 의미한다. 따라서 당기순이익에 포함된 낮은 매출액에서 고객으로부터 회수된 높은 현금으로 전환하기 위해 차액 ₩13을 가산한다.

도표 12-8
영업활동 현금흐름표의 조정항목

항 목	금 액	설 명
순이익	₩38	손익계산서로부터 출발점
당기순이익에 포함된 항목 중 현금과 관련이 없는 항목		
+감가상각비	16	감가상각비는 비현금비용
유동자산과 유동부채 변화		
+매출채권의 감소	13	매출액보다 큰 현금회수
−재고자산의 증가	(16)	매출원가보다 큰 구입액
−선급비용의 증가	(9)	관련 비용보다 많은 선급액
+매입채무의 증가	17	지급한 금액보다 많은 구입액
+미지급부채의 증가	20	발생비용보다 적은 현금지불
영업활동 순현금흐름	₩79	영업활동으로 인한 전반적인 현금증가액

차액을 가산할지 혹은 차감할지 계산하는 또 다른 방법은 계정의 전반적인 변동을 차변이나 대변으로 설명하는 것이다. 계정 변동이 차변으로 나타나면 현금흐름표의 조정은 현금계정 대변(차감)에 기록하듯이 보고된다. (주)송천에서는 매출채권의 감소는 대변에 나타나며, 따라서 현금흐름표에서 조정은 현금계정 차변(증가)에 보고된다.

영업활동 현금흐름	
당기순이익	38
+매출채권 감소	13
......	......
순현금흐름	

매출채권			
기초잔액	94		
		감소	13
기말잔액	81		

재고자산의 증가 손익계산서는 일정 회계기간 동안 판매된 상품의 매출원가를 보고하지만, 영업활동 현금흐름은 재고자산의 현금구입을 보고한다. 다음의 T-계정에서 보듯이 상품의 구입은 재고자산계정 잔액이 증가하며, 상품의 판매는 재고자산 잔액이 감소한다.

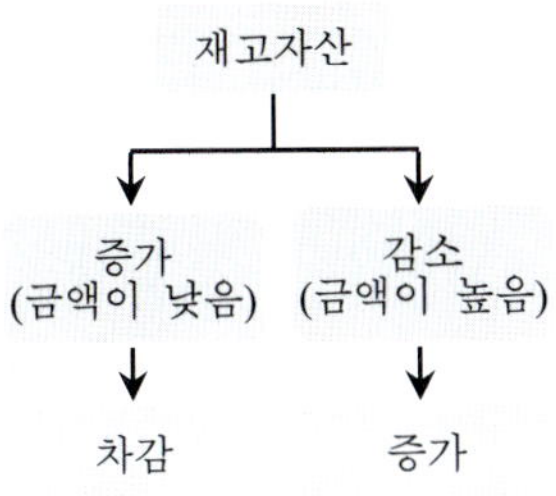

재고자산	
기초잔액	
구입	매출원가
기말잔액	

재고자산		
기초잔액	166	
증가	16	
기말잔액	182	

(주)송천의 재고자산 ₩16의 증가는 구입액이 매출원가보다 크다는 것을 의미한다. 재고자산의 추가구입에 따른 증가는 [도표 12-8]의 당기순이익에서 영업활동 현금흐름으로 전환하기 위해 차감해야 한다(만약 감소한 경우에는 가산해야 한다).

선급비용의 증가 손익계산서는 해당 회계기간의 비용을 보고하지만, 영업활동 현금흐름은 회계기간의 현금지급을 반영해야 한다. 선급비용에 대한 현금지급은 잔액을 증가시키고, 비용으로 기록하면 선급비용의 잔액이 감소한다.

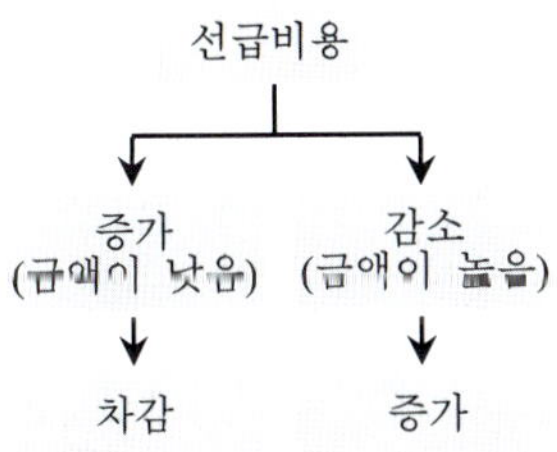

선급비용	
기초잔액	
현금 선급지급	사용/비용
기말잔액	

선급비용		
기초잔액	22	
증가	9	
기말잔액	31	

(주)송천의 선급비용 ₩9의 증가는 한 회계기간에 비용으로 인식해야 할 금액보다 더 많이 현금으로 지급했음을 의미한다. 이들 현금의 초과지급액은 [도표 12-8]에서 보듯이 차감해야 한다(감소로 나타나면 가산해야 한다).

매입채무의 증가 영업활동 현금흐름은 현금 구입금액을 반영하지만 모든 구입이 현금인 것은 아니다. 공급업자에게 매입채무에 대한 현금지급은 매입채무계정을 감소시킨다.

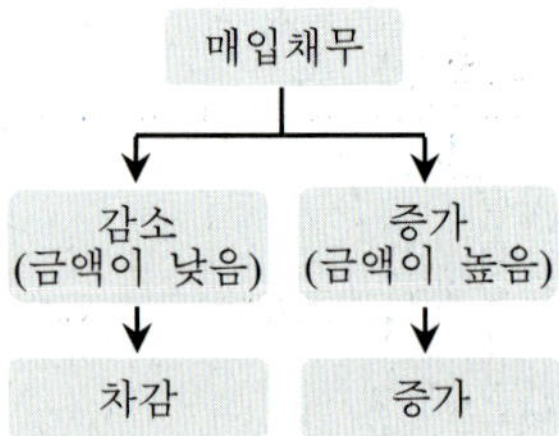

매입채무	
	기초잔액
현금지급	구입
	기말잔액

매입채무		
	기초잔액	55
	증가	17
	기말잔액	72

매입채무 ₩17의 증가는 공급업자에게 지급한 현금이 외상으로 구입한 금액보다 적음을 의미한다. 매입채무계정의 증가(현금지급액이 외상구입액보다 적다)는 [도표 12-8]에서 가산으로 표시된다(감소는 차감한다).

미지급부채의 증가 손익계산서에는 모든 발생비용을 보고해야 하지만 현금흐름표에는 비용의 실제 지급액만을 보고한다. 발생한 비용을 기록하면 미지급부채의 잔액이 증가하고, 그 비용에 대한 현금지급은 미지급부채의 감소로 나타난다.

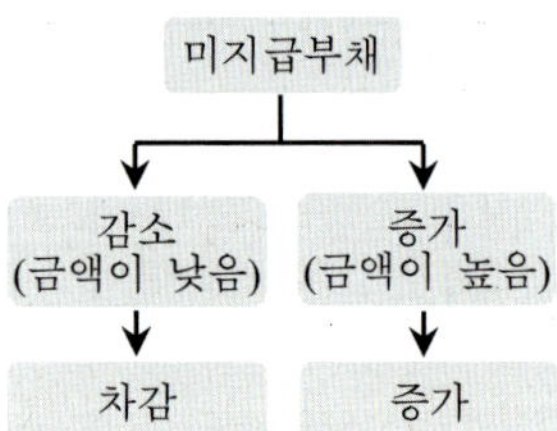

미지급부채	
	기초잔액
현금지급	발생비용
	기말잔액

미지급부채		
	기초잔액	41
	증가	20
	기말잔액	61

(주)송천에서 미지급부채 ₩20이 증가했는데 이는 현금지급액보다 더 많은 비용이 발생했음을 가리킨다. 결과적으로, 이 차이(지불된 현금이 적음을 표시하는)는 [도표 12-8]에서 보듯이 가산되어야 한다(감소는 차감해야 한다). [도표 12-7]을 보면 영업활동과 관련된 재무상태표의 모든 계정의 변경 사항이 네 번째에 표시되어 있음을 알 수 있다(다섯 번째 칸에 영업활동으로 표시됨). 영업활동 순현금흐름을 결정하는 마지막 단계는 합계를 계산하는 것이다. [도표 12-8]에서 보듯이 모든 영업활동 현금흐름의 결합 효과는 ₩79의 순현금유입이다.

(주)송천의 투자활동 현금흐름의 결정

현금흐름표의 투자부분을 준비하기 위해서는 유형자산 및 무형자산과 관련된 계정을 분석해야 한다. 선택된 재무상태표 계정의 순변동에만 관심이 있었던 영업활동의 분석과는 달리, 투자활동 분석에서는 계정잔액의 증가와 감소의 원인을 별도로 보고해야 한다. (주)송천의 재무상태표([도표 12-7])의 추가자료에는 회계기간 동안 변경된 두 개의 투자자산(설비와 무형자산)이 표시되어 있다.

설비 설비계정의 변동 이유를 알기 위해서는 설비에 대한 회계기록을 자세히 조사해야 한다. 설비를 구입하면 계정은 증가하고, 설비계정의 감소는 설비의 처분을 의미한다. [도표 12-7]의 추가자료에서 (주)송천은 현금 ₩36으로 설비를 구입했다. 이 구입은 현금유출로 [도표 12-9]의 투자활동 현금흐름표에서 차감한다. 우리 예에서, 이 구입은 설비계정에서 보듯이 설비 잔액의 변화를 충분히 설명한다. (주)송천은 한 해 동안 어떤 설비도 폐기하지 않았다고 가정한다.

설 비

기초잔액	84		
구입	36	폐기	0
기말잔액	120		

도표 12-9
투자활동 현금흐름표

항 목	금 액	설 명
설비구입	(36)	현금지급
무형자산 및 기타자산의 구입	(2)	현금지급
투자활동 순현금흐름	(38)	현금흐름표에서 차감

무형자산과 기타자산 무형자산과 관련된 현금흐름을 결정하는 데에도 비슷한 접근법을 사용할 수 있다. (주)송천의 상세한 기록을 분석한 결과, 그해 동안 처분, 손상 또는 상각으로 인한 무형자산의 감소가 없었던 것으로 나타났다. 그러

나 (주)송천은 [도표 12-7]의 추가자료에서 제시된 바와 같이 무형자산을 ₩2에 현금을 지급하고 구입하였다. 이 현금흐름은 [도표 12-9]의 투자활동 현금흐름표에서 차감한다.

(주)송천의 재무활동 현금흐름의 결정

현금흐름표의 재무활동 현금흐름 부분에서는 소유주와 금융기관에 대한 부채의 변동뿐만 아니라 주주들의 지분계정의 변동도 포함된다. 이자는 영업활동으로 간주되므로 자금조달에서 제외된다. 재무활동 현금흐름을 계산하기 위해서는 모든 채무 및 주주지분 계정의 변동을 검토해야 한다. [도표 12-7]의 (주)송천의 재무상태표에는 자금조달에 의한 현금흐름의 결과로 장기부채와 자본이 그 기간에 변경되었음을 나타낸다.

장기부채 [도표 12-7]의 추가자료에서는 아래의 T-계정에서 볼 수 있듯이 장기부채가 현금 유입과 유출 모두에 의해 영향을 받았음을 나타낸다. 이들 현금흐름은 [도표 12-10]에서 재무활동 현금흐름표로 분리해서 보고한다.

장기부채			
		기초잔액	14
상환	7	차입	16
		기말잔액	23

도표 12-10
재무활동 현금흐름표

항 목	금 액	설 명
장기부채의 추가차입	16	신규 차입에 의한 현금수령
장기부채의 상환	(7)	차입금 현금상환
주식발행대금	12	신주발행에 의한 현금수령
재무활동 순현금흐름	21	현금흐름표에 대한 소계

자본금 (주)송천은 신주를 발행하고 현금 ₩12을 받았다. 다음 T-계정에서 볼 수 있듯이 이 주식발행은 자본금의 변동을 자세히 설명한다. 이 현금유입은 [도표 12-10]의 재무활동 현금흐름표에 기록된다.

자본금

		기초잔액	163
		신주발행	12
		기말잔액	175

이익잉여금 순이익은 이익잉여금을 증가시키고 배당금은 이익잉여금을 감소시킨다. 순이익은 이미 영업활동 현금흐름으로 회계처리되었다. (주)송천의 경우 [도표 12-7]의 추가자료에서 보듯이 20×2년 중에 배당을 하지 않을 것으로 선언했다. T-계정에서 보듯이 배당금 지급이 선언되었다면 이익잉여금의 감소되었을 것이며, 현금흐름표의 재무활동부문에서 현금유출로 보고되었을 것이다.

이익잉여금

		기초잔액	118
배당금	0	순이익	38
		기말잔액	156

도표 12-11

(주)송천 현금흐름표 (간접법)

현금흐름표(간접법)

(주)송천 20×2년 1월 1일부터 12월 31일까지

Ⅰ. 영업활동 현금흐름			79
1. 당기순이익		₩38	
2. 현금유출이 없는 비용 등의 가산			
가. 감가상각비		16	
3. 영업활동으로 인한 자산, 부채의 변동			
가. 상품의 증가	(16)		
나. 매출채권의 감소	13		
다. 선급비용의 감소	(9)		
라. 매입채무의 증가	17		
마. 미지급부채의 증가	20	25	
Ⅱ. 투자활동 현금흐름			
1. 투자활동으로 인한 현금유입액		0	
2. 투자활동으로 인한 현금유출액			
가. 설비의 취득	(36)		
나. 무형자산 및 기타자산의 취득	(2)	(38)	(38)
Ⅲ. 재무활동 현금흐름			
1. 재무활동으로 인한 현금유입액			
가. 장기부채의 추가차입	16		
나. 신주발행	12	28	
2. 재무활동으로 인한 현금유출액			
가. 장기부채 상환		(7)	21
Ⅳ. 현금의 증가			62
Ⅴ. 기초의 현금			40
Ⅵ. 기말의 현금			₩102

추가 공시

이자지급	7
법인세 납부	32

직접법에 의한 현금흐름표 작성

앞서 우리는 간접법에 의해 현금흐름표를 작성하는 방법에 대해 설명하였다. 이 방법은 순이익에서 항목을 추가하고 빼서 간접적으로 영업활동 현금흐름을 계산한다. 이와는 대조적으로, 직접법은 전체 영업활동 현금흐름의 각 투입변수에 대한 더 자세한 정보를 제공하므로 분석가들은 더 상세한 분석을 수행할 수 있다.

직접법은 또한 재무제표이용자에게 현금 유입과 유출 사이의 잠재적 관계를 식별하기 위한 더 많은 정보를 제공한다. 매출과 같은 일부 활동의 증가는 일반적으로 고객으로부터의 현금유입과 재고자산 공급업체로의 현금유출을 증가시킨다. 영업활동 현금흐름의 상세한 구성요소를 알면 분석가들은 기업의 미래현금흐름을 보다 신뢰성 있게 예측할 수 있다.

나머지 부분에서는 직접법을 사용하여 현금흐름표를 작성하는 방법을 설명한다. 투자활동 현금흐름과 재무활동 현금흐름에 대한 내용은 앞서 설명한 직접법과 같기 때문에 여기서는 영업활동 현금흐름 작성에 대해서만 초점을 맞춘다.

(주)송천의 영업활동 현금흐름의 결정

직접법은 현금이 차변 또는 대변에 기록되는 모든 영업거래의 요약을 제공한다. 직접법은 발생주의에서 현금주의로 손익계산서의 각 수익과 비용을 조정하여 작성한다. 우리는 [도표 12-7]의 (주)송천의 손익계산서에 보고된 모든 수익과 비용을 이용하여 작성한다.

매출액을 현금유입으로 전환 매출을 기록할 때 매출채권이 증가하며, 현금을 회수하면 매출채권은 감소한다. 만약 매출채권의 잔액이 ₩13 감소한다면 현금수취는 매출액보다 ₩13 더 많다는 것을 의미한다. 매출액을 회수된 현금으로 전환하려면 매출액에 ₩13을 더해야 한다.

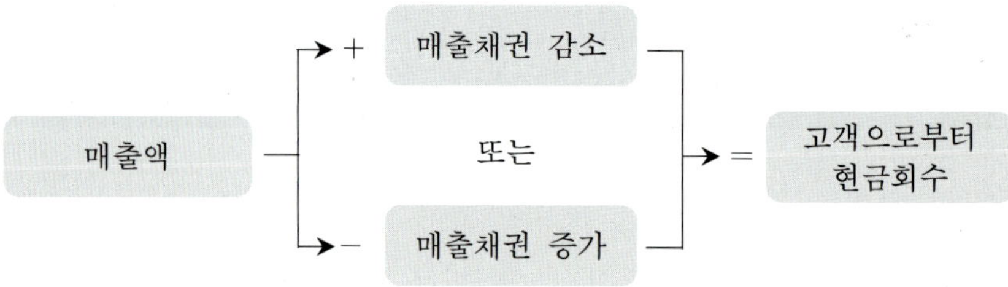

[도표 12-7]에 제시된 (주)송천의 재무상태표 및 손익계산서 정보를 사용하여 고객으로부터 회수한 현금을 다음과 같이 계산한다.

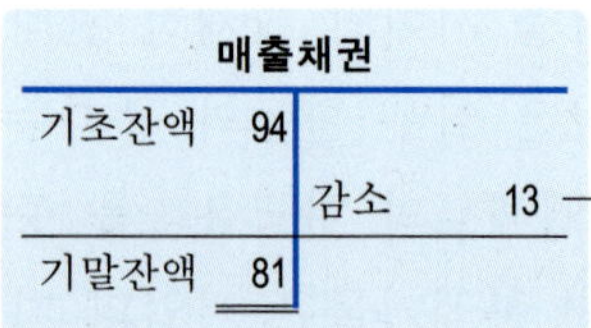

매출액	725
+매출채권 감소	13
고객으로부터 회수한 현금	738

매출원가 중 공급자에게 현금으로 지급된 금액 매출원가는 회계기간에 판매된 상품의 원가를 나타내며, 이는 해당기간 동안 공급자에게 지급된 현금 금액보다 많거나 적을 수 있다. (주)송천의 경우, 판매한 상품보다 더 많은 상품을 구매했기 때문에, 그해 동안 재고는 증가했다. 상품 공급자에게 현금을 지급했다면 매출원가 금액보다 더 많은 현금을 공급자에게 지급했을 것이다. 따라서 공급자에게 지급되는 현금을 계산하기 위해 매출원가에 재고의 증가를 추가해야 한다.

일반적으로 기업들은 공급자로부터 재고자산을 구입한다. 결과적으로, 판매된 상품의 원가를 공급자에게 지급된 현금으로 바꾸기 위해서는 재고자산의 변화 이상의 것을 고려해야 한다. 즉 매입채무계정에 기록된 신용구입액과 지급액도 고려되어야 한다. 신용구입은 매입채무계정이 증가하고 현금지급은 매입채무계정이 감소한다. (주)송천이 [도표 12-7]에서 보고한 전체 계정 지급액 증가는 현금지급액이 신용구입액보다 적으므로 공급업체에 대한 총현금지급액 계산에서 차이를 빼야 함을 의미한다. 즉, 매출원가를 현금기준으로 완전히 전환하기 위해서는 재고자산과 매입채무 모두의 변경을 고려해야 한다.

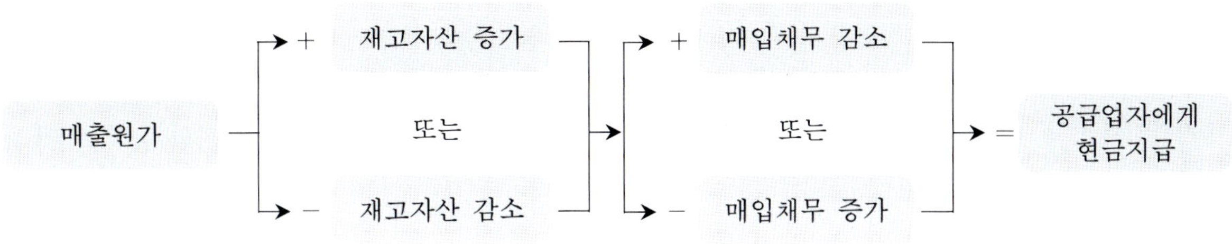

[도표 12-7]의 정보를 이용하여 공급업자에게 지급한 현금을 계산하면 다음과 같다.

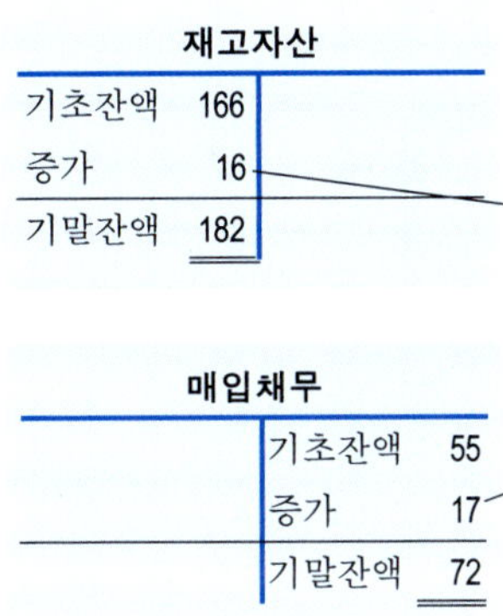

매출원가	370
+재고자산 증가	16
−매입채무 증가	(17)
고객으로부터 회수한 현금	369

운영비용의 현금유출 계산 손익계산서의 총비용은 그 활동과 관련된 현금유출과 다를 수 있다. 선급보험료와 같은 일부 금액은 비용으로 인식하기 전에 지불된다. 비용에 대한 선급이 이루어지면, 자산인 선급비용의 잔액이 증가한다. 비용이 기록될 때 선급비용은 감소된다. (주)송천의 선급비용 증가액이 연간 ₩9인 것을 볼 때 그것은 회사가 운영비로 기록된 것보다 더 많은 현금을 지불했다는 것을 의미한다. 이 금액은 서비스 공급업체에 운영비를 현금으로 지불한 금액 계산에 추가되어야 한다.

일반적으로, 판매관리비용과 같은 운영비용은 발생주의에서 현금주의로 다음과 같이 전환할 수 있다.

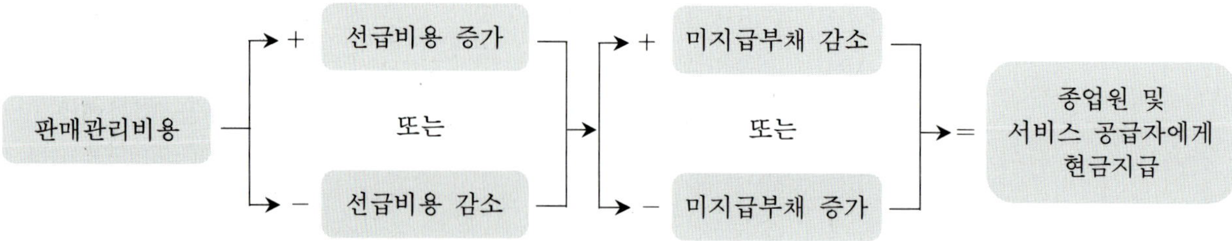

[도표 12-3]의 정보를 이용하여 운영비용에 대한 현금지급액을 계산하면 다음과 같다.

선급비용		
기초잔액	22	
증가	9	
기말잔액	31	

미지급부채		
	기초잔액	41
	증가	20
	기말잔액	61

판매비와 일반관리비	262
+선급비용의 증가	9
−미지급부채의 증가	(20)
종업원 및 서비스 공급자에게 현금지급	251

감가상각비에는 현금이 포함되어 있지 않기 때문에 손익계산서의 감가상각비를 현금흐름표의 현금기준으로 전환할 필요가 없다. 그것은 단지 이전에 발생한 원가를 당기에 비용으로 보고하는 것이다. 현금흐름표를 직접법을 사용하여 작성할 때 감가상각비와 같은 비현금비용(또는 이와 유사하게 현금흐름에 영향을 미치지 않는 수익)은 생략한다. 따라서 판매비와 관리비에 포함될 수 있는 감가상각비는 제외한다.

[도표 12-7]의 손익계산서에 보고된 다음 계정은 ₩7의 이자비용이다. 재무상태표에 이자비용이 보고되지 않기 때문에 우리는 이자가 현금으로 지급되었다고 가정한다. 따라서 이자비용은 지급한 이자와 같다.

이자비용	7
이자비용 변동 없음	0
현금지급 이자비용	7

같은 논리를 법인세비용에도 적용할 수 있다. (주)송천의 법인세비용은 ₩32이다. [도표 12-7]은 납부해야 할 세금 잔액을 보고하지 않았으므로 우리는 납부한 법인세가 법인세비용과 동일하다고 가정한다.

법인세비용	32
이연법인세 변동 없음	0
현금지급 법인세비용	32

도표 12-12
(주)송천 현금흐름표 (직접법)

현금흐름표(직접법)

(주)송천 20×2년 1월 1일부터 12월 31일까지

Ⅰ. 영업활동 현금흐름			₩79
가. 매출 등 수익활동으로부터 유입액		₩738	
나. 매입에 따른 유출액		(369)	
다. 종업원 및 운영비용에 대한 유출액		(251)	
라. 이자비용에 대한 유출액		(7)	
마. 법인세비용 유출액		(32)	
Ⅱ. 투자활동 현금흐름			
1. 투자활동으로 인한 현금유입액		0	
2. 투자활동으로 인한 현금유출액			
가. 설비의 취득	(36)		
나. 무형자산 및 기타자산의 취득	(2)	(38)	(38)
Ⅲ. 재무활동 현금흐름			
1. 재무활동으로 인한 현금유입액			
가. 장기부채의 추가차입	16		
나. 신주발행	12	28	
2. 재무활동으로 인한 현금유출액			
가. 장기부채 상환		(7)	21
Ⅳ. 현금의 증가			62
Ⅴ. 기초의 현금			40
Ⅵ. 기말의 현금			₩102

Focus On 회계부정과 영업활동 현금흐름

현금흐름표는 종종 외부인들에게 재무제표에 오류와 부정이 있을지도 모른다는 첫 번째 힌트를 제공한다. 예측변수로서 이 지표의 중요성은 많은 관심을 받고 있다. 투자자 크로니클이 최근 상업신용회사의 회계부정에 대해 보고했는데, 이 점에 대한 좋은 시사점을 제공한다.

> "… 베르사유의 현금흐름표를 보면(창의적인 회계를 발견하는 데 귀중한 도구) 이에 대한 우려가 촉발되었다. 회사측의 마지막 회계보고서에 따르면 … 베르사유는 2,500백만달러의 영업이익을 기록했지만 2,400만달러의 영업활동으로 인한 현금유출은 … 그러한 수치는 경고로 작용해야 한다. 결국 현금으로 전환되지 않는 회계이익만 보고한다면 무슨 소용이 있겠는가?"

종종 비윤리적인 경영자는 이익을 늘리기 위해 수익 및 비용의 발생 및 이연을 조작하여 이익목표를 달성하려고 시도하기도 한다. 이러한 조정항목은 현금계정에는 영향을 미치지 않으므로 현금흐름표에 아무런 영향을 미치지 않는다. 당기순이익과 영업현금흐름의 차이가 커지는 것은 그러한 조작의 징후일 수 있다. 이 같은 조기경보 신호는 1975년의 W.T. Grantin과 같은 유명한 파산을 알려준다. 회사는 회수불능채권과 쓸모없는 재고자산에 대한 비용 발생액을 적절히 회계처리하지 않음으로써 이익을 부풀렸다. 순이익과 영업현금흐름의 차이가 커지는 것을 파악한 기민한 분석가들은 회사가 파산하기 전에 주식을 팔 것을 권고했다.

용어해설

간접법(indirect method) 당기순이익에 조정항목들의 가감을 통해 영업활동 현금흐름을 결정하는 방법

영업활동 현금흐름(cash flow from operating activities) 기업 본연의 목적을 영위하면서 발생한 현금흐름

재무활동 현금흐름(cash flow from financing activities) 비유동부채의 조달이나 주식의 발행과 같은 자본조달과 관련하여 발생된 현금흐름

직접법(direct method) 영업활동에서 발생하는 현금유입수익계정과 현금유출비용계정들을 열거하여 영업활동 현금흐름을 결정하는 방법

투자활동 현금흐름(cash flow from investing activities) 자산을 취득하거나 처분하는 활동 때문에 발생하는 현금흐름

현금흐름표(statement of cash flows) 재무제표이용자에게 현금 및 현금성자산의 창출능력과 현금흐름의 사용 용도를 평가하는 데 유용한 기초를 제공하는 재무제표

연습문제

문제 A형

12-1 다음은 MKK(주)에서 발생한 거래 중 일부분이다. 다음 물음에 답하시오.

(1) 보통주를 액면금액보다 높은 금액으로 현금을 받고 발행하다.
(2) 사채를 할인발행하고 현금을 받다.
(3) 받을어음의 대금을 현금으로 수취하다.
(4) 상품을 고객에게 판매하고 대금은 현금으로 받다.
(5) 상품을 구매하고 대금은 현금으로 지급하다.
(6) 비품을 구입하고 대금은 3년 만기, 이자율 10%의 약속어음을 발행해주다.
(7) 보통주에 대해 현금배당을 선언하고 지급하다.
(8) 단기투자목적으로 XYZ(주)의 보통주 100주를 현금으로 취득하다.
(9) 토지를 장부가에 현금을 받고 처분하다.
(10) 전환사채를 보통주로 전환해주다.

위의 거래를 (a) 영업활동, (b) 투자활동, (c) 재무활동, (d) 비현금 투자활동 및 비현금 재무활동으로 구분하시오.

12-2 아래는 현금흐름표에 나타나는 항목들이다. 이들 항목이 현금흐름표의 어떠한 부분에 표시되어야 하는지를 다음의 기호를 사용하여 나타내시오.

	기호
영업활동 현금흐름	
당기순이익에 가산	A
당기순이익에서 차감	D
투자활동 현금흐름	IA
재무활동 현금흐름	FA

(1) 보통주를 액면가보다 높은 가격으로 발행하여 현금을 받았다.
(2) 당기중에 상품이 증가하였다.
(3) 당기분의 감가상각비를 계상하였다.
(4) 건물을 현금을 주고 취득하였다.
(5) 사채를 취득하여 상환하였다.
(6) 당기중에 매입채무가 감소하였다.

(7) 당기중에 선급비용이 감소하였다.
(8) 현금을 주고 자기주식을 취득하였다.
(9) 토지를 장부가에 처분하고 현금을 받았다.
(10) 특허권에 대한 당기분 감가상각비를 계상하였다.

12-3 최근 미림상사의 매출원가는 ₩10,680이었다. 재무상태표의 상품계정과 매입채무계정의 잔액은 다음과 같다.

	12월 31일	1월 1일
상　　품	₩2,923	₩2,799
매 입 채 무	2,374	1,827

상품계정의 현금지급액은 얼마인가?

12-4 DMC(주)의 20×1년 1월 1일부터 12월 31일까지 회계기간의 총영업비용은 ₩140,000이다. 이 영업비용에는 감가상각비 ₩20,000이 포함되어 있다. 또한, 20×1년 동안 선급비용은 ₩5,000 증가하였고, 미지급비용은 ₩6,700 감소하였다. 직접법을 사용하여 20×1년 회계기간의 영업비용 현금지급액을 계산하시오.

12-5 다음의 각 물음에 대한 답을 하시오.

(1) 매출액이 ₩804,420이고, 매출채권의 증가가 ₩49,700일 때, 매출로 인한 현금수취액은 얼마인가?
(2) 매출원가가 ₩1,520,000이고, 재고자산의 감소액이 ₩78,000이며, 매입채무 감소액이 ₩28,500일 때, 매입으로 인한 현금지급액은 얼마인가?
(3) 포괄손익계산서에서 법인세비용은 ₩12,500이다. 재무상태표의 미지급법인세가 전기에 비해 ₩2,525 증가되었을 때 당기 법인세비용에 대한 현금유출액은 얼마인가?
(4) 총영업비용이 ₩104,750, 감가상각비가 ₩37,200, 선급비용 증가액이 ₩17,400, 미지급비용 감소액이 ₩5,600일 때 영업비용으로 인한 현금유출액은 얼마인가?

12-6 PCC(주)는 당기순이익 ₩260,000을 보고하였다. 당기의 건물과 비품에 대한 감가상각비는 ₩80,000이다. 기초와 기말의 유동자산과 유동부채는 다음과 같다.

	기말	기초
현　　금	₩20,000	₩15,000
매 출 채 권	19,000	32,000
상　　품	50,000	65,000
선 급 비 용	7,500	5,000
매 입 채 무	12,000	18,000
미지급법인세	1,600	1,200

간접법을 사용하여 영업활동 현금흐름을 계산하시오.

12-7 아프로상사는 토지를 ₩510,000에 구입하였다. 후에 회사는 장부가치 ₩217,500인 이 토지를 ₩165,000에 매각했다. 이들 거래의 효과를 현금흐름표에 어떻게 보고해야 하는가?

12-8 미림(주)의 20×2년 1월 1일부터 12월 31일 회계기간의 요약 손익정보가 다음과 같다.

용 역 수 익	₩600,000
영 업 비 용	360,000
영 업 이 익	240,000
법인세비용	60,000
당기순이익	₩180,000

미림(주)의 20×2년 12월 31일 비교재무상태표 정보는 다음과 같다.

	20×2년	20×1년
매 출 채 권	₩50,000	₩45,000
미 지 급 금	35,000	41,000
미지급법인세	6,000	3,000

미림(주)는 감가상각 대상자산이 없으며, 미지급금은 영업비용과 관련된다. 직접법을 사용하여 현금흐름표의 영업활동 현금흐름 부분을 작성하시오.

12-9 다음은 삼미(주)의 비교재무상태표이다. 아래의 자료를 사용하여 간접법으로 20×2년 회계기간의 현금흐름표를 작성하시오.

비교재무상태표

삼미(주) 20×2년 12월 31일 및 20×1년 12월 31일

〈자 산〉	20×2년	20×1년	〈부 채〉	20×2년	20×1년
현 금	₩23,000	₩15,000	매 입 채 무	₩21,000	9,000
매 출 채 권	18,000	14,000	사 채	37,000	45,000
선 급 비 용	6,000	9,000			
재 고 자 산	27,000	15,000			
기타포괄손익-공정가치측정금융자산	0	18,000	〈자 본〉		
기 계 장 치	60,000	30,000	자 본 금	40,000	23,000
감가상각누계액	(18,000)	(14,000)	이익잉여금	18,000	10,000
자산총계	₩116,000	₩87,000	부채와 자본총계	₩116,000	₩87,000

〈추가자료〉

① 20×2년 1월 1일부터 12월 31일까지 회계기간에 대한 당기순이익은 ₩20,000이다.

② 당기중에 ₩12,000의 현금배당이 선언되어 지급되었다.

③ 장부가가 ₩18,000인 기타포괄손익-공정가치측정금융자산을 ₩16,000에 처분하였다.

문제 B형

12-10 다음은 에코(주)에서 발생한 거래 중 일부분이다. 다음 거래를 (a) 영업활동, (b) 투자활동, (c) 재무활동, (d) 비현금활동으로 구분하시오.

(1) 외상매출금을 현금으로 회수하다.
(2) 보통주에 대한 현금배당을 선언하다.
(3) 장기투자목적으로 보유하고 있던 주식을 현금을 받고 처분하다.
(4) 기계장치를 취득한 대가로 보통주를 발행해주다.
(5) 은행에서 5년 만기로 현금을 차입하다.
(6) 종업원에 대한 급여를 현금으로 지급하다.
(7) 전환사채를 보통주로 전환해주다.
(8) 장기투자목적으로 타사가 발행한 사채를 현금으로 취득하다.
(9) 건물을 현금을 받고 처분하다.
(10) 상품을 현금을 받고 판매하다.

12-11 간접법을 사용하여 현금흐름표를 작성할 때 다음의 항목들이 영업활동 현금흐름을 계산하는 과정에서 당기순이익에 미치는 영향을 다음의 기호를 사용하여 나타내시오.

	기호
영업활동 현금흐름	
당기순이익에 가산	A
당기순이익에서 차감	D

(1) 매출채권의 증가
(2) 재고자산의 증가
(3) 선급비용의 감소
(4) 매입채무의 감소
(5) 미지급비용의 증가
(6) 미지급법인세의 증가
(7) 감가상각비
(8) 기타포괄손익-공정가치측정금융자산처분손실
(9) 유형자산처분이익
(10) 무형자산상각비

12-12 다음은 유통업을 영위하는 (주)대한의 20×1년 현금흐름표를 작성하기 위한 자료이다. (주)대한은 간접법으로 현금흐름표를 작성하며, 이자지급 및 법인세납부는 영업활동 현금흐름으로 분류한다.

법인세비용차감전순이익	₩534,000
건물 감가상각비	62,000
이자비용(유효이자율법에 의한 사채할인발행차금상각액 ₩10,000 포함)	54,000
법인세비용	106,800
매출채권 감소	102,000
재고자산 증가	68,000
매입채무 증가	57,000
미지급이자 감소	12,000
당기법인세부채 증가	22,000

(주)대한이 20×1년 현금흐름표에 보고할 영업활동 순현금흐름은 얼마인가?

12-13 다음의 각 물음에 대한 답을 하시오.

(1) 매출액이 ₩930,000이고, 당기중 매출채권 감소액이 ₩40,000일 때, 매출로 인한 현금유입액은 얼마인가?

(2) 매출원가가 ₩650,000, 당기중 재고자산 증가액이 ₩15,000, 매입채무 증가액이 ₩28,000일 때 매입으로 인한 현금유출액은 얼마인가?

(3) 포괄손익계산서상에서 법인세비용은 ₩25,500이다. 재무상태표에서 미지급법인세가 당기중에 ₩2,500만큼 증가하였다면 당기중에 법인세비용으로 현금이 유출된 금액은 얼마인가?

(4) 당기 총영업비용이 ₩100,000이고, 감가상각비가 ₩4,000, 선급비용 감소액이 ₩13,000, 미지급비용 증가액이 ₩6,000인 경우 당기중 영업비용으로 인한 현금유출액은 얼마인가?

12-14 (주)한국은 20×1년도 현금흐름표를 작성중이다. 기계장치 관련 내역은 다음과 같으며, 당기중 취득 및 처분 거래는 모두 현금으로 이루어졌다.

	기초금액	기말금액
기계장치	₩300,000	₩320,000
감가상각누계액	55,000	60,000

(주)한국은 당기중 기계장치를 ₩100,000에 취득하였으며, 포괄손익계산서에는 기계장치처분이익 ₩5,000과 감가상각비(기계장치) ₩35,000이 보고되었다. (주)한국의 기계장치 관련 거래가 20×1년도의 투자활동 현금흐름에 미치는 영향은?

12-15 효성(주)의 20×1년 1월 1일부터 12월 31일까지의 영업활동 현금흐름과 관련된 자료가 다음과 같다.

당기순이익		₩380,000
영업활동 조정사항 :		
	감가상각비	₩35,000
	매출채권의 증가	75,000
	재고자산의 감소	13,000
	특허권상각비	4,000
	매입채무의 증가	5,600
	미수이자의 감소	4,000
	선급비용의 증가	6,000
	미지급법인세의 감소	1,500
	유형자산처분이익	5,000
	영업활동 순현금흐름	?

각각의 활동이 현금흐름표에서 어떻게 보고되어야 하는지를 나타내시오.

12-16 단양(주)의 20×2년 1월 1일부터 12월 31일 회계기간 동안의 다음과 같은 자료를 입수하였다.

공급업자에게 장기간 대여해준 원금의 회수	₩35,000
현금으로 비품의 취득	10,000
장부가로 기타포괄손익-공정가치측정금융자산을 처분하여 현금수취	27,000
보통주를 발행하여 현금수취	20,000
감가상각비	25,000
장부가로 사채의 상환	24,000
현금배당의 지급	9,000
당기순이익	35,000
사채를 발행하여 토지를 취득	40,000

추가적으로 다음과 같은 비교재무상태표가 이용가능하다.

비교재무상태표

단양(주) 20×2년 12월 31일 및 20×1년 12월 31일

〈자 산〉	20×2년	20×1년	〈부 채〉	20×2년	20×1년
현 금	₩107,000	₩14,000	매 입 채 무	₩25,000	₩19,000
매출채권(순액)	20,000	15,000	미지급비용	4,000	7,000
선 급 비 용	17,000	13,000			
유동자산합계	₩144,000	₩42,000	유동부채합계	₩144,000	₩42,000

단양(주)의 20×2년 1월 1일부터 12월 31일 회계기간 동안의 현금흐름표를 간접법을 이용하여 작성하시오.

12-17 웅주(주)의 20×1년 1월 1일부터 12월 31일 회계기간의 포괄손익계산서가 다음과 같다.

포괄손익계산서

웅주(주) 20×1년 1월 1일부터 12월 31일까지

매 출 액		₩8,200,000
매 출 원 가		5,400,000
매출총이익		2,800,000
영 업 비 용		
판 매 비	₩500,000	
관 리 비	700,000	
감가상각비	90,000	
무형자산상각비	30,000	1,320,000
당기순이익		₩1,480,000

〈추가정보〉

① 당기중에 매출채권이 ₩400,000 증가하였다.
② 당기중에 재고자산이 ₩250,000 증가하였다.
③ 당기중에 선급비용이 ₩200,000 증가하였다.
④ 당기중에 매입채무가 ₩100,000 증가하였다.
⑤ 당기중에 미지급비용이 ₩180,000 증가하였다.

직접법을 사용하여 현금흐름표의 영업활동 현금흐름 부분을 작성하시오.

12-18 항공산업(주)의 재무제표가 아래와 같다.

비교재무상태표

항공산업(주) 20×2년 12월 31일 및 20×1년 12월 31일

〈자 산〉	20×2년	20×1년	〈부 채〉	20×2년	20×1년
현 금	₩72,000	₩35,000	매 입 채 무	₩93,000	₩75,000
매 출 채 권	85,000	53,000	미지급비용	29,000	24,000
상 품	120,000	132,000	사 채	130,000	160,000
선 급 비 용	19,000	25,000			
기타포괄손익-공정가치측정금융자산	90,000	75,000	〈자 본〉		
기 계 장 치	310,000	250,000	자 본 금	245,000	170,000
감가상각누계액	(65,000)	(60,000)	이익잉여금	134,000	81,000
자산총계	₩631,000	₩510,000	부채와 자본총계	₩631,000	₩510,000

포괄손익계산서

항공산업(주) 20×2년 1월 1일부터 12월 31일까지

매 출 액	₩480,000
매출원가	290,000
영업비용(감가상각비 제외)	60,000
감가상각비	17,000
법인세비용	15,000
이 자 비 용	18,000
유형자산처분손실	3,000
당기순이익	₩77,000

〈추가정보〉

① 당기중에 원가 ₩85,000의 기계장치가 새로이 현금을 주고 취득되었다.

② 취득원가 ₩25,000, 처분 당시 장부금액이 ₩13,000인 기계장치를 현금 ₩10,000을 받고 처분하였다.

③ 액면가 ₩30,000의 사채가 보통주 ₩30,000으로 전환되었다.

④ 당기중에 현금배당으로 ₩24,000이 선언되어 지급되었다.

⑤ 매입채무는 모두 상품의 구입과 관련된 것이다.

직접법을 사용하여 항공산업(주)의 20×2년 현금흐름표를 작성하시오.

12-19 다음은 (주)미래로의 재무제표에 관련된 자료이다. 자료를 사용하여 간접법으로 현금흐름표를 작성하시오.

(주)미래로 **비교재무상태표** (단위 : 원)

	계정과목	20×2년	20×1년
자 산	현금 및 현금성자산	₩134,000	₩50,000
	외상매출금	112,000	86,000
	상 품	100,000	24,000
	기 계 장 치	228,000	188,000
	감가상각누계액	(114,000)	(72,000)
	〈자산총계〉	₩460,000	₩276,000
부 채	외상매입금	46,000	84,000
	미지급배당금	30,000	22,000
	사 채	200,000	0
자 본	자 본 금	90,000	90,000
	이익잉여금	94,000	80,000
	〈부채와 자본총계〉	₩460,000	₩276,000

〈추가자료〉

① 20×2년의 당기순이익은 ₩44,000이다.

② 20×2년 중에 기계장치의 처분은 없었고, 신규로 취득한 기계장치는 현금으로 취득한 것이다.

③ 20×2년 1월 1일에 사채를 액면발행하였고, 사채이자는 연 10%를 매년 말에 지급한다.

④ 20×2년 4월에 배당금 ₩22,000을 현금으로 지급하였다.

12-20 다음의 (주)SKC의 자료를 이용하여 간접법 및 직접법으로 현금흐름표를 작성하시오.

(주)SKC **비교재무상태표**

계정과목		20×2년	20×1년	증감
자 산	현금 및 현금성자산	₩250	₩300	(₩50)
	외상매출금	420	500	(80)
	손실충당금	(90)	(50)	(40)
	상 품	700	300	400
	기타포괄손익-공정가치측정금융자산	800	500	300
	건 물	900	800	100
	감가상각누계액	(220)	(300)	80
	기 계 장 치	300	400	(100)
	감가상각누계액	(60)	(150)	90
	〈자산총계〉	₩3,000	₩2,300	₩700
부 채	매 입 채 무	400	200	200
	단기차입금	200	580	(380)
	사 채	900	600	300
	사채할인발행차금	(60)	(80)	20
자 본	자 본 금	600	500	100
	주식발행초과금	480	200	280
	이익잉여금	480	300	180
	〈부채와 자본총계〉	₩3,000	₩2,300	₩700

포괄손익계산서

(주)SKC 20×2년 1월 1일부터 12월 31일까지

과목		금액
매 출 액		₩3,400
매 출 원 가		(2,430)
매출총이익		970
판매비와관리비		(665)
급 여	₩350	
감가상각비	180	
손 상 차 손	70	
보 험 료	65	
영 업 이 익		305
영업외수익		580
배당금수익	120	
유형자산처분이익	400	
사채상환이익	60	
영업외비용		(285)
이 자 비 용	135	
유형자산처분손실	150	
법인세비용차감전계속사업이익		600
법인세비용		(200)
계속사업이익(=당기순이익)		₩400

〈추가자료〉

① 20×2년중에 현금배당 ₩220을 지급하였다.

② 건물(취득원가 ₩600, 감가상각누계액 ₩200)을 현금 ₩800에 처분하고 종류가 다른 새로운 건물을 현금 ₩700에 취득하였다.

③ 기계장치(취득원가 ₩400, 감가상각누계액 ₩150)를 현금 ₩100에 처분하고 종류가 다른 새로운 기계장치를 현금 ₩300에 취득하였다.

④ 보유한 기타포괄손익-공정가치측정금융자산을 발행한 기업으로부터 ₩120의 현금배당금을 수령하였으며, 추가로 ₩300의 기타포괄손익-공정가치측정금융자산을 현금으로 취득하였다.

⑤ 단기차입금 ₩580을 모두 현금으로 상환하였으며, 새로운 단기차입금 ₩200을 현금으로 차입하였다.

⑥ 사채(액면금액 ₩300, 사채할인발행차금 잔액 ₩40)를 현금 ₩200에 상환하고, 새로운 사채(액면금액 ₩600)를 현금 ₩550에 발행하였다.

⑦ 20×2년중에 ₩30의 외상매출금이 손상차손이 확정되었다.

⑧ 이익잉여금계정을 제외한 자본계정의 변동은 20×2년중에 실시된 유상증자 때문이다.

chapter

13

재무제표분석

학습목표

13-1 재무제표분석의 필요성 : 기업전략의 이해

13-2 재무제표의 수평적 분석

13-3 공통형 재무제표 : 수직적 분석

13-4 재무비율분석 : 재무비율의 계산 및 활용

Analyzing Financial Statement

재무비율 측정치 요약

재무비율	계산식	측정 내용
유동성비율		
순운전자본	유동자산－유동부채	
유동비율	$\frac{\text{유동자산}}{\text{유동부채}}$	유동부채에 대한 지급능력
당좌비율(산성시험비율)	$\frac{\text{유동자산}-\text{재고자산}}{\text{유동부채}}$	유동부채를 바로 상환할 수 있는 능력
매출채권회전율	$\frac{\text{순매출액}}{\text{평균매출채권}}$	채권회수 및 신용관리 효율성을 측정
매출채권회전일수	$\frac{365}{\text{매출채권회전율}}$	
재고자산회전율	$\frac{\text{매출원가}}{\text{평균재고자산}}$	재고관리의 효율성을 측정
재고자산회전일수	$\frac{365}{\text{재고자산회전율}}$	
수익성비율		
매출액이익률	$\frac{\text{순이익}}{\text{순매출액}}$	매출액의 이익창출능력을 측정
총자산이익률(ROA)	$\frac{\text{영업이익}}{\text{평균총자산}}$	자산 이용의 유효성 측정
자기자본이익률(ROE)	$\frac{\text{당기순이익}}{\text{평균자기자본}}$	자기자본의 효율적 이용을 측정
재무레버리지비율	ROE－ROA	ROE와 ROA 차이의 장단점을 측정
주당순이익(EPS)	$\frac{\text{당기순이익}-\text{우선주배당금}}{\text{가중평균유통보통주식수}}$	보통주에 의한 투자 수익성 평가
이익의 질	$\frac{\text{영업활동 현금흐름}}{\text{당기순이익}}$	이익의 현금창출능력을 측정
비유동자산회전율	$\frac{\text{순매출액}}{\text{평균비유동자산}}$	비유동자산의 운영효율성을 측정
지불능력비율		
부채비율	$\frac{\text{부채총계}}{\text{자본총계}}$	자본구조의 안정성을 측정
이자보상비율	$\frac{\text{이자비용}+\text{세전이익}}{\text{이자비용}}$	부채사용에 따른 이자비용을 지급할 능력을 측정
시장측정비율		
주가수익률(PER)	$\frac{\text{현재 시장주가}}{\text{주당순이익}}$	보통주 시장가치와 이익 사이의 관계에 기초해 미래의 이익을 예측하는 지표
배당수익률	$\frac{\text{1주당 현금배당금액}}{\text{1주당 시장주가}}$	투자자에 대한 배당수준을 측정
배당성향	$\frac{\text{현금배당 총금액}}{\text{당기순이익}}$	배당금에 대한 일반 주주의 수익률을 측정

재무제표분석의 필요성 : 기업전략의 이해

재무제표분석(財務諸表分析, financial statement analysis)에는 단순히 “수치 계산” 이상의 것이 포함되어야 한다. 재무제표를 분석하는 사람은 숫자를 보기 전에 자신이 무엇을 찾고 있는지를 알아야 한다. 회사의 거래 결과가 재무제표에 보고되지만 각각의 거래는 회사의 전략을 실행하는 운영결정의 결과이기 때문이다.

기업전략 ⟶ 운영결정 ⟶ 거래 ⟶ 재무제표

기업은 다양한 전략의 실행을 통해 많은 이익을 성취하고자 한다. 기업이 수행하는 전략 중 기본적인 전략으로 제품 차별화와 원가 차별화 등 두 가지 전략이 있다. 제품 차별화 전략(product differentiation strategy)하에서 회사는 고품질 또는 독특한 스타일이나 기능과 같은 고유한 이점을 가진 제품을 제공한다. 이러한 고유한 이점을 이용해 기업은 높은 가격을 설정할 수 있다. 일반적으로, 가격이 높을수록 수익률은 높아져 자본이익률(returns on equity, ROE)이 높아진다. 반면, 원가 차별화 전략(cost differentiation strategy)하에서 회사는 경쟁사보다 더 효율적으로 운영하려고 노력하며, 이는 경쟁사보다 더 낮은 가격을 고객에게 제공할 수 있게 해준다. 자원의 효율적인 사용은 자산회전율로 포착되며 자산회전율이 높을수록 투자이익률(return on investment, ROI)도 높아진다. 이는 듀폰 모델(DuPont Model)을 통해 확인할 수 있다.

재무분석의 가장 좋은 출발은 회사의 경영전략에 대해 확실히 이해하는 것에서부터 시작한다. 회사가 얼마나 잘하고 있는지 평가하려면 경영자가 무엇을 하려고 하는가를 알아야 한다. 이에 대한 정보는 재무제표 이외의 다양한 보고서(예를 들면, 사업보고서, 감사보고서, 연차보고서, 지속가능보고서, CSR보고서, 환경경영보고서 등)에서 찾을 수 있으며, 특히 연차보고서(annual report)의 대표이사 서한에는 회사의 현재 및 미래의 사업전략에 대해 많은 것을 언급하고 있다. 또한 신문이나 경제잡지에서 회사에 대한 기사도 유용한 자료원이 되기도 한다.

♠ **듀폰 모델(DuPont Model)**

듀폰 모델은 사업의 수익성을 분석하는 데 도움이 되며 다양한 전략을 통해 높은 수익성을 달성할 수 있음을 보여준다. 듀폰 모델은 다음과 같이 표현된다.

자본수익률(ROE) = 매출액이익률 × 자산회전율 × 재무레버리지

$$\frac{\text{순이익}}{\text{평균자기자본}} = \frac{\text{순이익}}{\text{순매출액}} \times \frac{\text{순매출액}}{\text{평균총자산}} \times \frac{\text{평균총자산}}{\text{평균자기자본}}$$

듀폰 모델이 제공하는 핵심 통찰력은 기업이 높은 수익률이나 빠른 자산회전율(또는 두 가지를 조합한)을 달성함으로써 수익을 올릴 수 있다는 것이다.

재무제표의 수평적 분석

1. 수평적 분석의 이해

재무상태표와 포괄손익계산서의 계정 잔액은 회사의 재무상태가 전년도와 어떻게 달라졌는지를 보여준다. 현행 회계기준(K-IFRS 제1001호)에서는 당해연도와 전년도를 모두 포함하는 비교재무제표를 제시할 것을 요구한다. [도표 13-1]과 [도표 13-2]에 제시된 솔샘자동차(주)의 재무상태표와 손익계산서는 각 계정의 잔액만 보여주는 것이 아니라 약간의 작업을 통해 시간 경과에 따른 계정 잔액의 변화를 살펴보는 데 도움이 되는 정보를 제공해준다. 이러한 유형의 분석을 수평적 분석(horizontal analysis)이라고 한다.

수평적 분석은 재무제표 각 계정의 잔액뿐만 아니라 시간 경과에 따른 계정 잔액의 변화에 대한 정보를 제공한다.

기업의 재무제표에 대한 수평적 분석을 위한 준비의 첫 번째 단계는 최소한 2년 치 이상의 재무제표를 준비하는 것이다. 그다음 각 계정의 현재 연도와 이전 연도의 잔액의 차이와 변화율을 계산한다. 솔샘자동차(주) 재무상태표에서 현금계정의 잔액 변화를 보면 20×1년 ₩583에서 20×2년 ₩88으로 ₩495이 감소

도표 13-1 솔샘자동차(주)의 재무상태표 수평적 분석

재무상태표 (수평적 분석)

솔샘자동차(주)

	20×2년 말	20×1년 말	차이	변화%
자산				
유동자산	₩24,175	₩22,098	₩2,077	9.40%
현금 및 현금성자산	88	583	(495)	(84.91%)
단기금융자산	16,592	14,470	2,122	14.66%
매출채권	4,116	3,668	448	12.21%
재고자산	2,136	2,253	(117)	(5.19%)
선급비용	1,243	1,124	119	10.59%
비유동자산	45,675	44,880	795	1.77%
유형자산	21,401	20,922	479	2.29%
기타자산	24,274	23,958	316	1.32%
자산총계	₩69,850	₩66,978	₩2,872	4.29%
부채				
유동부채	₩11,209	₩12,173	(₩964)	(7.92%)
매입채무	3,637	3,617	20	0.55%
유동성장기부채	0	300	(300)	(100.00%)
선수수익	7,572	8,256	(684)	(8.28%)
비유동부채	6,062	5,108	954	18.68%
사채	299	0	299	0.00%
기타장기부채	5,763	5,108	655	12.82%
부채총계	17,271	17,281	(10)	(0.06%)
자본			0	
자본금	1,488	1,488	0	0.00%
이익잉여금	48,405	45,405	3,000	6.61%
기타자본항목	2,686	2,804	(118)	(4.21%)
자본총계	52,579	49,697	2,882	5.80%
부채와 자본총계	₩69,850	₩66,978	₩2,872	4.29%

한 것으로 나타났다. 그러나 절대 금액의 변화만으로는 전체적인 그림을 보여주지 못하는 경우가 있으므로 비율의 변화를 분석에 포함하는 것이 좋다. 전년도 잔액 대비 금액 변화를 나타내는 비율변화는 다음과 같이 계산된다.

$$\left(\frac{\text{당해연도 계정 잔액} - \text{전년도 계정 잔액}}{\text{전년도 계정 잔액}}\right) \times 100$$

도표 13-2 솔샘자동차(주)의 손익계산서 수평적 분석

손익계산서 (수평적 분석)

솔샘자동차(주)

	20×2년 말	20×1년 말	차이	변화 %
매출액	₩41,713	₩44,439	(₩2,726)	(6.13%)
매출원가	32,001	33,394	(1,393)	(4.17%)
매출총이익	9,712	11,045	(1,333)	(12.07%)
판매비와관리비	7,013	6,778	235	3.47%
영업이익	2,699	4,267	(1,568)	(36.75%)
금융수익	2,160	1906	254	13.33%
금융비용	262	183	79	43.17%
기타수익	905	1,082	(177)	(16.36%)
기타비용	559	392	167	42.60%
법인세비용차감전순이익	4,943	6,680	(1,737)	(26.00%)
법인세비용	842	1,245	(403)	(32.37%)
당기순이익	₩4,101	₩5,435	(₩1,334)	(24.54%)

20×2년과 20×1년 현금계정 잔액의 변화비율을 계산하면 현금이 84.91% 감소한 것으로 나타난다.

$$\left(\frac{₩88 - ₩583}{₩583}\right) \times 100 = -84.91\%$$

재무상태표 및 손익계산서의 나머지 계정에 대해서도 유사하게 계산하면 된다.

2. 수평적 분석의 해석

수평적 분석을 위한 각 계정의 계산은 매우 쉬운 작업이다. 진짜 어려운(도전적인) 것은 결과를 해석하고 그 기간 동안 일어난 일에 대한 이해를 높이는 것이다.

[도표 13-1]의 재무상태표를 보면 현금 및 현금성자산이 84.91% 감소한 것으로 나타났다. 현금 및 현금성자산의 감소에는 여러 가지 이유가 있을 수 있으나 우선 두 가지 이유를 생각해볼 수 있다. 첫째로 가장 좋은 방법은 현금흐름표를 통해 현금 및 현금성자산에서 어떤 일이 일어났는지 찾는 것이다.

도표 13-3 솔샘자동차(주)의 현금흐름표(일부)

	20×2년 말	20×1년 말
영업활동 현금흐름	₩4,970	₩7,608
영업으로부터 창출된 현금흐름	4,763	6,747
당기순이익	4,101	5,435
조정	2,477	2,167
영업활동으로 인한 자산부채의 변동	(1,815)	(855)
이자의 수취	278	484
이자의 지급	(98)	(47)
배당금의 수취	1,486	1,479
법인세의 지급	(1,459)	(1,055)

[도표 13-3]의 현금흐름표에서 보듯이 솔샘자동차(주)는 순이익은 매년 발생하고 있으나 규모가 감소하고 있는 상황이며, 회사는 운영에 충당할 수 있는 충분한 현금을 창출하고는 있으나 이 또한 금액이 줄어들고 있는 상황이다. 재고자산은 5.19%가 감소했으나 매출채권이 12.21% 증가했다. 매출채권과 재고자산이 정상적인 현금순환의 부분이지만, 경영진은 재고자산과 채권을 적시에 현금으로 전환되도록 관리해야 한다. 현금 및 현금성자산 증가의 두 번째 이유는 비유동부채가 18.68% 증가한 데에 따른 것으로 보인다.

[도표 13-1]에서 선급비용이 10.59% 증가한 것을 볼 수 있다. 이 증가한 금액이 크지는 않지만 이 항목 또한 현금사용에 문제를 가져올 수 있는 부분이다. 왜냐하면 선급비용 등은 편익을 제공받기 전에 먼저 대가를 현금으로 지급한 것이기 때문이다. 또한 단기금융자산이 14.66% 증가했는데 영업활동에서 창출된 현금의 상당부분을 투자하고 있는 것으로 보인다.

부채 및 자본과 관련해서, 매입채무가 0.55% 증가하였으나 선수수익은 8.28% 감소한 것으로 나타났다. 선수수익 등은 거래당사자에게 편익을 제공하기 전에 먼저 대가를 현금으로 수취한 것인데 이 계정의 감소는 솔샘자동차(주)의 현금 문제에 영향을 미칠 수 있다. 또한 유동부채는 감소했는데 이는 유동성장기부채가 상환된 데에 따른 것으로 향후 유동성 확보에는 다소 여유가 있을 것으로 보인다. 그리고 이익잉여금의 증가는 당기순이익에서 배당금을 지급하고 남은 금액에 기인한 것이다.

[도표 13-2]의 손익계산서에서 보듯이 매출액의 감소보다 매출원가의 감소가 적었으며 판매비와관리비는 오히려 증가한 것으로 나타났다. 이러한 차이는 당기순이익이 감소하게 된 원인이다.

수평적 분석은 솔샘자동차(주)에 대해 완벽한 이야기를 들려주지는 않지만 솔샘자동차(주)의 경영자에게 무엇을 조사해야 하는지 중요한 질문을 제공한다. 재무제표에 대한 다양한 분석을 시도함으로써 솔샘자동차(주)의 재무상태를 보다 잘 파악할 수 있게 된다.

3. 추세분석

추세분석은 각 연도의 계정 잔액을 기준연도 계정 잔액의 백분율로 표시

수평적 분석의 다른 형태가 추세분석(trend analysis)인데 각 연도의 계정 잔액은 기준연도(가장 오래된 연도) 계정 잔액의 백분율로 표시한다. 이는 다음과 같이 계산된다.

$$\left(\frac{\text{현행 연도 계정 잔액}}{\text{기준연도 계정 잔액}}\right)\times 100$$

솔샘자동차(주)의 지난 3년간의 매출액은 20×0년 ₩43,045, 20×1년 ₩44,439, 그리고 20×2년 ₩41,713이다. 분석에서 가장 이른 연도인 20×0년을 기준연도로 설정하고 3년 치의 추세비율을 계산하면 다음과 같다.

20×2년	20×1년	20×0년
$\frac{₩41,713}{₩43,045}=96.91\%$	$\frac{₩44,439}{₩43,045}=103.24\%$	$\frac{₩43,045}{₩43,045}=100.00\%$

추세분석을 통해 재무분석가(financial analyst)는 1년 동안의 변화보다 현재까지 운영성과에 대해 더 많은 것을 알 수 있다. 추세분석은 기업의 연차보고서(annual reports)에 보고된 보충 정보와 같은 기타 정보를 분석하는 데도 유용하다. 예를 들면, 현대자동차(주)의 사업보고서에는 3개년 치의 부문별 매출액 자료가 제공되는데, 이들 자료의 추세분석은 특정부문의 매출액 증가율에 대한 정보를 제공해준다. [도표 13-4]는 현대자동차(주)의 차량부문의 매출액이 기타부문과 금융부문의 매출액보다 6년 동안 더 크게 증가했음을 보여준다.

도표 13-4 현대자동차(주)의 사업부문별 매출액 (2018년~2023년)

	2023	2022	2021	2020	2019	2018
차량부문	172.92%	151.09%	125.08%	107.06%	109.60%	100.00%
금융부문	149.76%	133.96%	112.19%	112.64%	107.14%	100.00%
기타부문	153.48%	133.13%	101.47%	99.74%	109.77%	100.00%

추세비율을 이용하는 또 다른 방법은 관련 계정의 변화를 비교하는 것이다. 현대자동차(주)는 매출액과 영업이익에 대한 부문별 추세비율을 비교할 수 있다. 이러한 계정은 함께 움직일 것으로 기대하며, 추세의 차이점은 비용의 추세 때문이다. [도표 13-5]는 2018년부터 2023년까지의 이들 두 계정에 대한 추세비율을 비교한 것이다. 이 도표에서 알 수 있는 것은 매출액은 2018년부터 완만하게 증가하고 있으며, 영업이익은 증가와 감소를 하다가 2020년부터 빠르게 증가하고 있음을 알 수 있다.

도표 13-5 현대자동차(주)의 매출액 및 영업이익 비교 (2018~2023년)

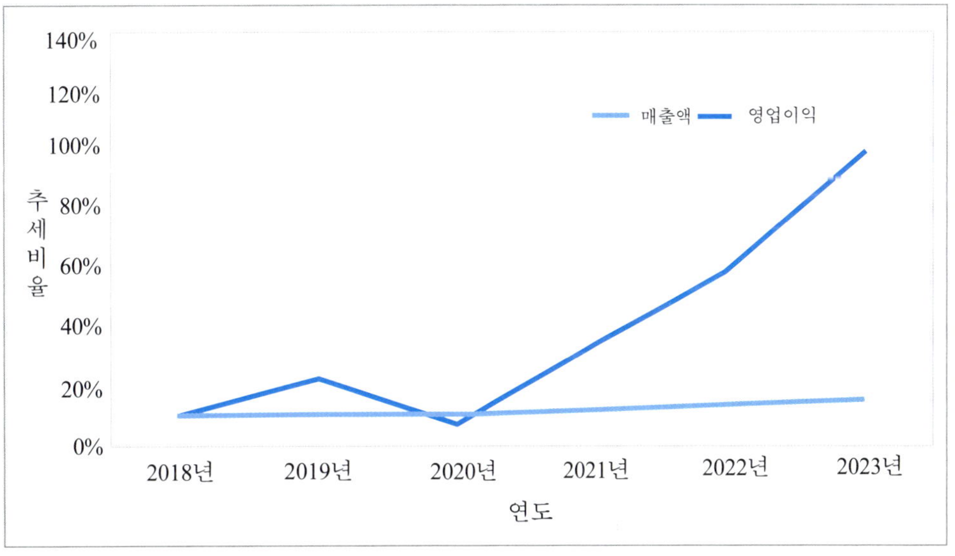

공통형 재무제표 : 수직적 분석

1. 공통형 재무상태표

공통형 분석은 수직적 분석이라고도 하며 재무제표 내 계정 잔액의 상대적 크기 변화를 조사하는 방법이다.

수평적 분석이 기업의 재무건전성을 분석하는 데 유용하지만, 전체적인 이야기는 해주지 않는다. 재무분석의 또 다른 유용한 방법은 요소구성비율(component ratio)분석으로 재무제표 내 계정 잔액의 상대적 크기 변화를 조사하는 것이다. 이러한 분석의 유형을 공통형 분석(common-size analysis) 혹은 수직적 분석(vertical analysis)이라고 한다.

공통형 재무제표는 다른 규모의 기업을 비교하는 데에 특히 유용하다. [도표 13-6]은 솔샘자동차(주)의 20×2년과 20×1년의 공통형 재무상태표를 보여준다.

두 회사의 규모의 차이가 있는 상황에서 절대 금액을 기준으로 비교하는 것은 무의미한 일이다. 그러나 이 문제는 공통형 재무제표를 이용하여 기업들의 상대적 성과를 비교함으로써 해결할 수 있다.

공통형 재무상태표는 모든 계정의 잔액을 총자산의 백분율로 나타낸다.

공통형 재무상태표(common-size statement of financial position)는 모든 계정의 잔액을 총자산의 백분율로 나타낸다. 예를 들면, 자산계정의 백분율은 다음과 같이 계산할 수 있다.

$$\left(\frac{\text{개별 자산계정의 잔액}}{\text{총자산}}\right)\times 100$$

[도표 13-6]의 솔샘자동차(주)의 재무상태표의 매출채권계정은 20×2년 매출채권계정 잔액을 총자산으로 나누면 공통형 비율이 다음과 같이 계산된다.

$$20\times2\text{년} : \left(\frac{₩4,116}{₩69,850}\right)\times 100 = 5.89\%$$

매출채권은 솔샘자동차(주) 자산의 5.89%로 나타났다.

이 공통형 크기로 표현된 매출채권은 일부 정보를 자체적으로 제공하지만 이전 연도의 공통형 크기 수치와 비교할 때 추가 정보를 제공할 수 있다. 이러

도표 13-6 솔샘자동차(주)의 공통형 재무상태표

	20×2년 말	%	20×1년 말	%
자산				
유동자산	₩24,175	34.61%	₩22,098	32.99%
현금 및 현금성자산	88	0.13%	583	0.87%
단기금융자산	16,592	23.75%	14,470	21.60%
매출채권	4,116	5.89%	3,668	5.48%
재고자산	2,136	3.06%	2,253	3.36%
선급비용	1,243	1.78%	1,124	1.68%
비유동자산	45,675	65.39%	44,880	67.01%
유형자산	21,401	30.64%	20,922	31.24%
기타자산	24,274	34.75%	23,958	35.77%
자산총계	₩69,850	100.00%	₩66,978	100.00%
부채				
유동부채	11,209	16.05%	12,173	18.17%
매입채무	3,637	5.21%	3,617	5.40%
유동성장기부채	0	0.00%	300	0.45%
선수수익	7,572	10.84%	8,256	12.32%
비유동부채	6,062	8.68%	5,108	7.63%
사채	299	0.43%	0	0.00%
기타장기부채	5,763	8.25%	5,108	7.63%
부채총계	17,271	24.73%	17,281	25.80%
자본		0.00%		0.00%
자본금	1,488	2.13%	1,488	2.22%
이익잉여금	48,405	69.30%	45,405	67.79%
기타자본항목	2,686	3.84%	2,804	4.19%
자본총계	52,579	75.27%	49,697	74.20%
부채와 자본총계	₩69,850	100.00%	₩66,978	100.00%

한 분석은 솔샘자동차(주)의 자산기준 구성의 경향을 나타낸다. 20×1년 말 솔샘자동차(주)의 매출채권은 ₩3,668이며, 이는 공통형 크기로 표시하면 자산의 5.48%가 된다. 따라서 솔샘자동차(주)의 매출채권 잔액은 절대 금액의 크기뿐만 아니라 상대적인 크기도 약간 증가했다. 매출채권의 이러한 증가는 매출채권 관리 능력의 약화로 인해 발생할 수 있다. 또는 시장점유율 확대를 위해 외상거래의 확대를 위한 결과일 수도 있다.

부채와 자본에 대한 공통형 비율은 총자산의 비율로서 자산에서 계산했던 방법과 같이 계산하면 된다.

$$\left(\frac{\text{개별 부채 또는 자본 계정 잔액}}{\text{총자산}}\right)\times 100$$

이들 비율은 자산의 어떤 부분이 특정 부채와 자본에 의해 조달되었는지를 알려준다. 솔샘자동차(주)의 20×2년 매입채무는 기업의 총자산의 5.21%로 나타났다.

$$20\times2\text{년} : \left(\frac{₩3,637}{₩69,850}\right)\times 100 = 5.21\%$$

이 비율은 20×1년 매입채무계정의 5.40%보다 적다.

2. 공통형 손익계산서

공통형 손익계산서는 모든 수익과 비용 계정을 순매출액 비율로 표현한다.

공통형 손익계산서에서 모든 수익과 비용 계정은 순매출액 비율로 표현된다. 이는 다음과 같이 계산된다.

$$\left(\frac{\text{개별 수익 또는 비용 계정 잔액}}{\text{순매출액}}\right)\times 100$$

솔샘자동차(주)의 20×2년과 20×1년의 매출원가율을 보면 다음과 같다.

20×2년	20×1년
$\frac{₩32,001}{₩41,713} = 76.72\%$	$\frac{₩33,394}{₩44,439} = 75.15\%$

이 수치는 무슨 의미일까? 20×1년에는 솔샘자동차(주)는 매출액 ₩1을 벌기 위해서 생산비용 ₩0.7515이 사용되었으나, 20×2년에는 그 금액보다 많은 금액이 사용되었음을 보여준다. 솔샘자동차(주)는 비용을 줄이지 못했는데 이는 고객에게 가격 인상을 통해 전가시키지 못했거나 혹은 비용을 보다 효율적으로 관리하지 못했음을 의미한다. 어느 쪽이든, 매출에 대해 이익이 감소하는 데 영

향을 미쳤을 것이다.

3. 공통형 재무제표의 해석

[도표 13-6]에서 보았듯이 총자산에 대한 유동자산 비율이 다소 증가한 것으로 나타났는데 이는 매출채권과 단기금융자산의 증가에 의한 것이다. 수평적 분석에 따르면 이들 계정은 총자산의 증가와 함께 증가했음을 말해준다. 우리는 회사가 성장함에 따라 계정의 잔액이 증가하는 경향이 있다는 것을 알고 있다. 그러나 공통형 재무제표분석을 통해 총자산보다 매출채권과 단기금융자산이 크게 증가했음을 알 수 있다.

총부채의 비율은 감소하였으나 절대금액은 큰 변화가 없는 것으로 나타났으며 부채비율의 감소는 이익잉여금의 증가에 따른 것으로 나타났다. 20×2년 말 솔샘자동차(주)의 자산의 약 25%가 부채에 의해 조달되었으며 나머지는 자본에 의해 조달된 것으로 나타났다.

마지막으로, [도표 13-7]의 공통형 손익계산서에서는 20×1년보다 20×2년에 비용 관리가 잘되지 않은 것으로 나타났다. 순이익 비율이 매우 감소하기 때문에 회사는 가격 인상이나 비용 절감 방법을 찾아야 한다.

도표 13-7 솔샘자동차(주)의 공통형 손익계산서

	20×2년 말	%	20×1년 말	%
매출액	₩41,713	100.00%	₩44,439	100.00%
매출원가	32,001	76.72%	33,394	75.15%
매출총이익	9,712	23.28%	11,045	24.85%
판매비와관리비	7,013	16.81%	6,778	15.25%
영업이익	2,699	6.47%	4,267	9.60%
금융수익	2,160	5.18%	1,906	4.29%
금융비용	262	0.63%	183	0.41%
기타수익	905	2.17%	1,082	2.43%
기타비용	559	1.34%	392	0.88%
법인세비용차감전순이익	4,943	11.85%	6,680	15.03%
법인세비용	842	2.02%	1,245	2.80%
당기순이익	₩4,101	9.83%	₩5,435	12.23%

오늘날의 세계 경제에서 경쟁 업체와 비교하여 회사의 위치를 평가할 때 한 가지 주의할 점은 자국화폐와 다른 통화로 표시된 재무제표를 이용할 때 이를 직접적으로 비교할 수 없다는 점이다. [도표 13-7]은 공통형 손익계산서를 이용함으로써 이러한 문제를 해결할 수 있음을 보여준다. 또한 한 가지 더 주의할 점은 회사마다 사용하는 회계기준에 차이가 있을 수 있으므로 동일한 항목이 다르게 분류될 수도 있다. 따라서 결과를 해석할 때 이 부분에 대해 주의를 해야 한다.

재무비율분석 : 재무비율의 계산 및 활용

앞서 우리는 재무제표분석이 조직의 재무건전성에 대한 많은 정보를 제공한다는 것에 대해서 학습했다. 재무비율분석(財務比率分析, financial ratio analysis)은 재무제표 계정들간의 관계를 조사하는 데 이용되는 또 다른 유용한 도구이다. 유용한 재무비율은 의미 있는 관계에 기초해야 한다. 예를 들어, 유동자산과 유동부채의 관계는 회사가 적시에 자금을 지불할 수 있는 능력을 평가하는 데 의미가 있다. 그러나 매입채무와 감가상각누계액 간에는 관계가 없으며 이들 계정 잔액에 대한 비율을 조사하는 것은 무의미한 일이다.

비율분석에 이용되는 비율측정치는 매우 다양하고 많다. 그 많은 것을 본 책에서 다룬다는 것은 우리의 학습범위를 벗어난다. 따라서 본장에서는, 국내외의 여러 문헌을 종합하여 유동성, 수익성, 지불능력, 시장측정비율로 구분하여 기본적인 비율을 중심으로 분석하는 방법에 대해서 학습한다. 비율분석을 사용하는 것은 우리가 의사로부터 건강에 대해 진단을 받는 것과 같다. 비율분석은 회사의 근본적인 강점과 약점의 증상을 알려줌으로써 문제에 대한 진단을 할 수 있게 해준다.[1]

1) 재무비율분석에 대한 자세한 내용은 한국은행에서 매년 발간하는 기업경영분석을 참고하면 많은 정보를 얻을 수 있다(http://ecos.bok.or.kr).

1. 유동성비율

기업의 유동부채에 대한 지급능력을 파악할 수 있는 분석을 유동성분석이라고 한다. 이는 단기채권자의 지급능력에 대한 측정치로서 다음 분석을 포함한다.

- 운전자본
- 유동비율
- 당좌비율(산성시험비율)
- 매출채권회전율
- 재고자산회전율

운전자본

순운전자본은 유동자산에서 유동부채를 차감하여 계산된다.

운전자본(working capital)은 두 가지 의미로 사용된다. 하나는 유동자산을 의미하며, 다른 하나는 유동자산에서 유동부채를 뺀 순운전자본(net working capital)을 의미한다. 이를 식으로 표현하면 다음과 같다.

순운전자본 = 유동자산 − 유동부채

운전자본을 유동자산으로 정의하면 운전자본의 관리대상은 현금, 매출채권, 단기금융자산, 재고자산 등이 된다. 그러나 운전자본을 순운전자본으로 정의하면 운전자본관리에는 유동자산뿐만 아니라 유동부채도 포함해야 한다.

유동자산의 보유수준은 매출액이 늘어남에 따라 증가하는데, 그 증가율은 기업의 유동자산투자정책에 따라 달라진다. 보수적 정책을 채택할 경우 자산의 대부분을 유동자산의 형태로 보유한다. 유동자산에 대한 투자수익률은 비유동자산에 대한 투자수익률보다 낮기 때문에 보수적 정책은 기업의 수익성을 떨어트릴 가능성이 있다. 그러나 유동부채가 일정하다고 가정한다면 기업의 순운전자본을 증가시켜 지급불능위험을 감소시킬 것이다. 반면, 공격적 정책은 유동자산을 상대적으로 적게 보유한다. 따라서 기업은 수익률이 높은 비유동자산을 상대적으로 많이 보유함으로써 수익률을 높일 수는 있지만 순운전자본을 감소시켜 지급불능위험을 증가시킬 수 있다. 따라서 기업은 유동자산에 대한 투자수익률과 지급불능위험을 고려하여 유동자산에 대한 투자규모를 결정해야 한다.

유동비율

유동비율은 단기채무를 충당할 수 있는 유동자산이 얼마나 되는가를 나타내는 비율이다.

유동비율(current ratio)은 유동자산을 유동부채로 나눈 비율로서 단기채무를 충당할 수 있는 유동자산이 얼마나 되는가를 나타내는 비율이다. 유동비율은 다음과 같이 계산된다.

$$\text{유동비율} = \left(\frac{\text{유동자산}}{\text{유동부채}}\right) \times 100$$

솔샘자동차(주)의 20×2년과 20×1년의 유동비율은 다음과 같이 계산된다.

	20×2년	20×1년
유동자산	₩24,175	₩22,098
유동부채	11,209	12,173
유동비율	215.67%	181.53%

유동비율은 기업이 자금흐름에서 발생하는 불균형을 운전자본계정을 통해 관리할 수 있는 완충의 정도를 측정하는 데 이용된다. 솔샘자동차(주)는 20×2년 말 유동부채 ₩1에 대해 ₩2.15의 유동자산을 보유하고 있다. 이 수치는 솔샘자동차(주)의 현금창출능력에 비추어 볼 때 적정한 수준임을 알 수 있다.

일반적으로 재무분석가들은 유동비율이 200%는 되어야 보수적으로 안정적이라고 생각한다. 그러나 실제로 대부분의 회사는 유동비율이 200% 미만을 유지하고 있다. 유동비율의 최적 수준은 회사가 운영되고 있는 경영환경에 따라 다르다. 만일 기업의 현금흐름이 예측가능하고 안정적이라면 유동비율은 100%보다 작을 수도 있다. 회사의 유동비율이 동종 업계의 다른 회사의 비율보다 높으면 좋은 것일까? 그렇지는 않다. 재고자산을 많이 가지고 있다는 것은 너무 많은 돈이 비효율적으로 운영되고 있음을 의미한다. 예를 들어, 한 달에 10대의 자동차를 판매하는 자동차 대리점이 100대의 자동차를 보유할 이유는 없기 때문이다.

당좌비율

당좌비율은 (현금 및 현금성자산+단기금융자산+매출채권(=당좌자산))을 유동부채로 나눈 비율이다.

당좌비율(quick ratio)은 (현금 및 현금성자산+단기금융자산+매출채권(=당좌자산))을 유동부채로 나눈 비율이다. 이를 식으로 표현하면 다음과 같다.

$$당좌비율 = \left(\frac{현금\ 및\ 현금성자산+단기금융자산+매출채권}{유동부채}\right) \times 100$$

재고자산은 판매과정을 거쳐야 현금화할 수 있으므로 현금, 예금 또는 외상매출금과 같은 당좌자산과 비교할 때 유동성이 낮다고 할 수 있다. 또한 재고자산은 평가방법에 따라 그 가치가 다르게 나타날 수 있다. 따라서 재고자산을 포함한 유동자산으로 기업의 단기채무지급능력을 측정하는 것보다 현금화가 용이한 당좌자산만으로 단기채무지급능력을 평가하는 것이 보다 합리적일 수 있다. 당좌비율은 기업의 단기채무지급능력을 엄격하게 평가하기 때문에 산성시험비율(酸性試驗比率, acid test ratio)이라고도 한다.

솔샘자동차(주)의 20×2년과 20×1년의 당좌비율은 다음과 같이 계산된다.

	20×2년	20×1년
현금 및 현금성자산	₩88	₩583
단기금융자산	16,592	14,470
매출채권	4,116	3,668
유동부채	11,209	12,173
당좌비율	185.52%	153.79%

당좌비율은 회사의 유동부채를 상환하는 데 사용할 수 있는 안전여유의 측정치이다. 솔샘자동차(주)는 유동부채 ₩1에 대해 현금 및 현금성자산을 ₩1.85 가지고 있으며 이 수치는 영업활동으로부터 창출되는 현금의 양으로 봤을 때 충분한 여유를 갖는 것으로 간주된다. 반면, 이는 투자수익률이 낮은 자산에 투자하고 있을 가능성이 있음을 의미한다. 일반적으로 세계 자동차산업에서의 당좌비율은 100% 이하로 나타나고 있다.

매출채권회전율

매출채권회전율은 매출채권이 일정기간 동안에 현금으로 변화하는 속도를 나타낸다.

매출채권은 단기 지급능력과 운영효율성과 밀접한 관계를 갖는 측정치로 고객으로부터 신속하게 채권을 회수할 수 있는 회사는 유동성이 풍부하고 불필요하게 비생상적인 자산으로 자금을 묶어두지 않는다. 매출채권회전율(receivables turnover ratio)은 매출액을 평균매출채권으로 나눈 비율로서 매출채권의 회전속도, 즉 매출채권이 일정기간 동안에 현금 등 당좌자산으로 변화하는 속도를 나타낸다. 이를 식으로 표현하면 다음과 같다.

$$\text{매출채권회전율} = \frac{\text{순매출액}}{\text{평균매출채권}(=(\text{기초매출채권}+\text{기말매출채권})/2)}$$

솔샘자동차(주)의 20×2년과 20×1년의 매출채권회전율은 다음과 같이 계산된다.

	20×2년	20×1년
순매출액	₩41,713	₩44,439
평균매출채권		
기초매출채권(A)	3,668	3,484
기말매출채권(B)	4,116	3,668
(A+B)/2	3,892	3,576
매출채권회전율	10.71회	12.43회

솔샘자동차(주)의 매출채권회전율이 20×1년 12.43회에서 20×2년 10.71회로 감소한 것은 채권 회수가 20×2년 동안에 악화되었음을 나타낸다. 매출채권회전율이 낮다는 것은 회사의 신용관리 및 채권회수 활동이 효과적이지 않다는 것을 의미한다. 매우 낮은 매출채권회전율이 문제가 되기도 하지만 매우 높은 회전율도 문제가 되는데 지나치게 엄격한 신용정책은 매출액과 이익에 부정적인 영향을 미치는 원인이 되기도 한다.

매출채권회전율이 높을수록 매출채권의 회수가 빨리 이루어진다는 것을 의미한다. 매출채권회전율이 높다는 것은 회수된 자금을 수익을 창출하는 데에 투자하거나 혹은 추가적인 자금 차입을 줄여줌으로써 이자비용의 지출을 막아주

매출채권회전일수는 매출채권이 일정기간 동안에 현금으로 변화되는 일수를 나타낸다.

는 효익을 제공한다. 경영자와 분석가들은 매출채권회전율과 함께 매출채권회전일수(number of days' sales in receivables)를 이용한다. 이 측정치는 연간 일수 365일을 매출채권회전율로 나누어서 계산한다.

$$\text{매출채권회전일수} = \frac{365\text{일}}{\text{매출채권회전율}}$$

솔샘자동차(주)의 매출채권회전일수는 다음과 같다.

	20×2년	20×1년
일수	365일	365일
매출채권회전율	10.71	12.43
매출채권회전일수	34.08일	29.36일

매출채권 관리가 효과적으로 이루어지고 있는지에 대한 판단은 경험적으로 판단했을 때 채권의 회수기일은 신용공여기간의 약 1.5배를 초과하지 않는 것이 좋은 것으로 알려져 있다. 매출채권의 관리에 있어서 지나친 관대함은 낮은 매출채권회전율을 갖게 만든다. 매출채권회전율의 급격한 하락은 회사가 채무자의 지속적인 거래관계를 유지하기 위해 채권의 지불기한을 연장하거나 또는 고객으로부터 나중에 반품된 것까지 매출로 기록하고 있음을 의미할 수 있으므로 재무분석가는 이 비율을 주의 깊게 봐야 한다. 솔샘자동차(주)의 매출채권회전일수는 20×1년 29.36일에서 20×2년 34.08일로 증가하고 있는데 이는 솔샘자동차(주)가 채권을 현금으로 변환하는 데 과거보다 더 많은 시간을 소비하고 있음을 의미한다.

재고자산회전율

재고자산회전율은 재고자산이 일정기간 동안에 현금 등 당좌자산으로 변화하는 속도를 나타낸다.

매출채권회전율과 같이 재고자산회전율도 단기 지급능력과 운영효율성을 측정하는 척도로 활용된다. 재고자산회전율(inventory turnover ratio)은 매출원가를 평균재고자산으로 나눈 비율로서 재고자산의 회전속도, 즉 재고자산이 일정기간 동안에 현금 등 당좌자산으로 변화하는 속도를 나타낸다. 이를 식으로 표현하면 다음과 같다.

$$재고자산회전율 = \frac{매출원가}{평균재고자산(=(기초재고자산+기말재고자산)/2)}$$

일반적으로 이 비율이 높을수록 상품의 재고손실방지 및 보험료, 보관료의 절약 등 재고자산의 관리가 효율적으로 이루어지고 있음을 나타낸다. 그러나 재고를 정상적인 영업활동에 필요한 적정수준 이하로 유지하여 수요변동에 적절히 대처하지 못하는 경우에도 이 비율은 높게 나타날 수가 있으므로 해석에 유의할 필요가 있다.

재고자산회전율이 높다는 것은 재고자산이 생산 혹은 구매 과정을 통해 최종적으로 고객에게 빨리 전달됨을 의미하는 것으로 이는 재고자산의 보관 및 진부화 비용 등을 감소시킨다. 재고자산에 묶인 돈이 적기 때문에 여유자금은 투자를 통해 이자수익을 얻을 수 있으며 혹은 차입금을 상환함으로써 이자비용의 발생을 줄일 수도 있다. 높은 재고자산회전율은 효율적인 구입과 생산기법(예를 들면, 적시생산방식에 의한 재고관리)에 의해서 나타날 뿐만 아니라 높은 제품수요에 의해서도 나타난다. 반면, 재고자산회전율의 급격한 하락은 기업이 예상하지 못한 수요하락에 직면하고 있거나 혹은 생산관리가 잘 안 되고 있음을 의미할 수 있기 때문에 분석가나 채권자들은 재고자산회전율을 분석함에 있어서 유의해야 한다.

솔샘자동차(주)의 20×2년과 20×1년의 재고자산회전율은 다음과 같이 계산된다.

	20×2년	20×1년
매출원가	₩32,001	₩33,394
평균재고자산		
기초재고자산(A)	2,253	2,186
기말재고자산(B)	2,136	2,253
(A+B)/2	2,194	2,219
재고자산회전율	14.58회	15.05회

솔샘자동차(주)의 매출채권회전율이 20×1년 15.05회에서 20×2년 14.58회로 약간 감소하였으나 20×2년 중 재고자산 관리에는 큰 변화가 없었음을 나타낸다. 재고자산회전율은 산업마다 크게 다르다. 식품산업의 경우 재고가 급속한 품질

저하를 가져오기 때문에 높은 재고자산회전율을 갖는다. 그러나 자동차 산업과 같이 고가의 상품을 판매하는 기업은 판매가 드물게 이루어지기 때문에 훨씬 낮은 재고자산회전율을 갖는다. 따라서 특정기업의 비율은 전년도의 비율과 비교하거나 동종 업계의 다른 기업에 대한 수치와 비교해야 한다.

재고자산회전일수는 재고자산의 취득 후 판매까지 걸리는 일수를 나타낸다.

재고자산회전율은 재고자산회전일수(number of days' sales in inventory)로 변환되어 측정되는데 이 측정치는 재고자산의 취득 후 판매까지 걸리는 일수를 나타내는 것으로 연간 일수 365일을 매출채권회전율로 나누어서 계산한다.

$$\text{재고자산회전일수} = \frac{365\text{일}}{\text{매출채권회전율}}$$

솔샘자동차(주)의 재고자산회전일수는 다음과 같다.

	20×2년	20×1년
일수	365일	365일
재고자산권회전율	14.58	15.05
재고자산회전일수	25.03일	24.25일

재고자산회전일수는 재고자산을 구매, 판매 및 대체하는 데 걸리는 시간의 대략적인 측정치이다. 솔샘자동차(주)의 재고자산이 매출액으로 회전되는 기간이 20×1년 24.25일에서 20×2년 25.03일로 약간 증가한 것으로 나타났다.

2. 수익성비율

수익성비율(profitability ratio)은 기업의 전반적인 성공을 측정하는 기본적인 측정치이다. 이 측정치는 회사의 손익계산서에 보고된 영업 실적을 반영한다. 수익을 올릴 수 있는 능력은 재무상태표에 보고된 바와 같이 회사가 운영에 사용할 수 있는 자산에 따라 다르다. 따라서 손익계산서와 재무상태표의 관계가 수익성 평가에 사용된다. 일반적으로 수익성분석에는 다음의 것들이 있다.

• 매출액이익률
• 총자산이익률
• 자기자본이익률
• 재무레버리지비율
• 주당순이익
• 이익의 질
• 비유동자산회전율(총자산회전율)

매출액이익률

매출액이익률은 매출과 비용이 얼마나 효율적으로 관리되고 있는가를 나타내는 지표이다.

기업의 경영정책과 의사결정 및 경영활동 등의 종합적 결과로 나타난 일정기간 동안의 경영성과를 나타내는 것이 수익성이다. 그중 매출액이익률(return on sales)은 매출과 비용이 얼마나 효율적으로 관리되고 있는가를 나타내는 중요한 지표이다.

매출액순이익률은 회계기간 동안의 매출액이 이익을 얼마나 창출하는지를 나타내는 측정치이다. 순매출이익의 증가는 매출과 비용이 효율적으로 관리되고 있음을 나타낸다. 그러나 보고되는 매출액순이익률은 모든 산업에 일정하지 않으며 산업간에 차이를 보이는데, 이는 산업에서 제공하는 재화 및 용역의 성격과 경쟁의 강도에 영향을 받는다. 동일 산업 내에서 경쟁업체간의 매출액순이익률 차이는 개별 기업들이 경쟁에 어떻게 대응하는지에 따라, 그리고 판매량, 판매가격, 원가 등에 대한 관리방식에 따라 영향을 받는다. 매출액순이익률에 대한 재무분석에서의 초점은 기업이 미래에도 순이익을 얼마나 잘 유지할 수 있는지 또는 개선시킬 수 있는지를 전망하는 데에 있다.

매출액순이익률은 다음과 같이 계산된다.

$$\text{매출액순이익률} = \left(\frac{\text{순이익}}{\text{순매출액 또는 영업수익}}\right) \times 100$$

솔샘자동차(주)의 20×2년과 20×1년의 매출액이익률은 다음과 같이 계산된다.

	20×2년	20×1년
당기순이익	₩4,101	₩5,435
순매출액	41,713	44,439
매출액이익률	9.83%	12.23%

20×2년 솔샘자동차(주)는 매출액 ₩1이 ₩0.0983의 이익을 창출하고 있는데 20×1년 ₩0.1223보다는 ₩0.024이 떨어진 것으로 나타났다. 이는 솔샘자동차(주)의 운영의 효율성이 악화되었음을 의미한다.

매출액이익률은 영업 효율성을 측정하는 데에는 좋은 측정치이지만 이익을 얻는 데 필요한 자원(즉, 총투자)을 고려하지 않기 때문에 분석을 하는 데에는 주의를 기울여야 한다. 특히 다른 산업의 기업과 이익률을 비교하는 것은 좋은 일이 아니다. 예를 들어, 현대자동차와 이마트의 이익률을 비교하는 것은 의미가 없다. 왜냐하면 현대자동차와 이마트의 수익과 비용구조가 다르기 때문이다.

총자산이익률

총자산이익률은 총자산을 얼마나 효율적으로 이용하고 있는지 나타내는 비율이다.

총자산이익률(return on assets, ROA)은 수익을 창출하기 위해 조달한 총자산을 얼마나 효율적으로 이용하고 있는지 나타내는 재무비율이다. 많은 애널리스트들은 총자산이익률이 자기자본이익률(ROE)와 비교했을 때 자산을 효율적으로 활용하는 경영자의 능력을 측정하는 데 더 나은 척도라고 생각한다. 왜냐하면 자산에 대한 자금조달방법이 영향을 미치지 않기 때문이다. 예를 들면, 동일한 자산 금액에 대해 동일한 수익을 얻었지만 적은 돈을 빌린 회사에 비해 많은 금액의 부채를 빌린 회사의 ROE는 매우 높을 수 있기 때문이다. 총자산이익률은 다음과 같이 계산된다.

$$\text{총자산이익률} = \left(\frac{\text{영업이익}}{\text{평균총자산}(=(\text{기초총자산}+\text{기말총자산})/2)}\right) \times 100$$

분모의 총자산은 주주뿐 아니라 채권자로부터 조달된 자금의 합계를 말하므로 분자의 이익도 채권자에게 귀속되는 이자비용을 차감하기 전의 영업이익을 이용하는 것이 타당하다.

솔샘자동차(주)의 20×2년과 20×1년의 ROA는 다음과 같이 계산된다.

	20×2년	20×1년
영업이익	₩2,699	₩4,267
평균총자산		
기초총자산(A)	66,978	61,343
기말총자산(B)	69,850	66,978
(A+B)/2	₩68,414	₩64,160
총자산이익률(ROA)	3.94%	6.65%

솔샘자동차(주)의 20×2년 ROA는 3.94%로 20×1년보다 큰 폭으로 떨어진 것으로 나타났다. 이러한 결과는 솔샘자동차(주)가 자산의 효율적인 활용도가 지난해보다 떨어져 시장 상황에 잘 대응하지 못했다는 또 다른 증거이다.

자기자본이익률

자기자본이익률은 소유자들에 의해 출자된 자본을 얼마나 효율적으로 이용하고 있는지 나타내는 비율이다.

자기자본이익률(return on equity, ROE)은 소유자들에 의하여 출자된 자본을 얼마나 효율적으로 이용하고 있는지 나타내는 재무비율이다. ROE는 두 종류로 계산할 수 있는데 하나는 순이익을 평균소유지분으로 나누어서 계산하는 것이고, 다른 하나는 순이익과 소유지분에서 우선주배당금과 우선주지분을 차감하여 계산하는 방법이다. 보통은 보통주소유지분을 이용한 방법을 많이 이용한다. 이를 식으로 표현하면 다음과 같다.

$$\text{자기자본이익률}_{(\text{소유주})} = \left(\frac{\text{당기순이익}}{\text{평균자기자본}(=(\text{기초자본}+\text{기말자본})/2)}\right) \times 100$$

$$\text{자기자본이익률}_{(\text{보통주})} = \left(\frac{\text{당기순이익}-\text{우선주배당금}}{\text{평균자기자본}(=(\text{기초자본}_{(\text{보통주})}+\text{기말자본}_{(\text{보통주})})/2)}\right) \times 100$$

솔샘자동차(주)의 20×2년과 20×1년의 ROE는 다음과 같이 계산된다.

	20×2년	20×1년
당기순이익	₩4,101	₩5,435
평균자기자본		
기초자기자본(A)	49,697	45,662
기말자기자본(B)	52,579	49,697
(A+B)/2	₩51,138	₩47,679
자기자본이익률(ROE)	8.02%	11.40%

솔샘자동차(주)는 소유주의 투자로 20×2년 8.02%, 20×1년 11.40%를 벌었다. 그러나 솔샘자동차(주)의 ROE는 성과가 저하되고 있음을 보인다. 솔샘자동차(주)의 실적은 부정적인 경제적 요인의 영향을 받은 것으로 보인다. 이 비교는 이러한 요소가 상당한 시간 동안 영향을 미쳤음을 나타낸다.

재무레버리지비율

재무레버리지비율은 회사의 ROE가 ROA와 다른 경우에 발생하는 장점 또는 단점을 측정하는 척도이다.

재무레버리지비율(financial leverage percentage)은 회사의 ROE가 ROA와 다른 경우에 발생하는 장점 또는 단점을 측정하는 척도이다. 재무레버리지비율은 ROE와 ROA 간의 관계를 나타낸다. 회사 자신에 대해 ROE가 차입한 자금의 평균세후이자율을 초과할 때 레버리지는 양(+)의 값을 갖는다. 기본적으로 기업은 차입금의 이자율보다는 높은 수익률이 나는 곳에 투자한다. 대부분의 회사는 양(+)의 레버리지를 갖는다. 재무레버리지비율은 다음과 같이 계산되며 이를 레버리지 효과(effect of leverage)라고 한다.

재무레버리지비율(레버리지 효과)=ROE−ROA

솔샘자동차(주)의 20×2년과 20×1년의 레버리지 효과는 다음과 같이 계산된다.

	20×2년	20×1년
ROE	8.02%	11.40%
ROA	3.94%	6.65%
레버리지 효과(ROE−ROA)	4.08%	4.75%

회사가 세후이자율로 자금을 차입하고 높은 세후수익률을 얻기 위해 그 자금을 투자할 때 그 차이는 소유주의 이익에 귀속된다. 이러한 레버리지 효과의 이점은 대부분의 회사가 주식발행을 통한 자금조달보다는 채권자로부터의 차입을 하게 하는 주요한 이유이다. 여기서 유의할 점은 레버리지 효과는 효과적인 투자나(즉, 높은 ROA의 달성) 또는 효과적인 차입에(즉, 낮은 이자율의 지급) 의해 향상시킬 수 있다. 솔샘자동차(주)는 20×2년의 레버리지 효과가 20×1년보다는 감소한 것으로 나타났다. 이는 회사가 효과적인 투자를 못했거나 또는 효과적인 차입을 하지 못했음을 의미한다.

주당순이익

주당순이익은 주식 1주가 만들어내는 이익의 크기를 나타내는 지표이다.

주당순이익(earnings per share, EPS)은 주식 1주가 만들어내는 이익의 크기를 나타내는 지표로서 순이익에서 우선주배당금을 차감한 금액을 가중평균유통보통주식수로 나누어서 계산한다. 이를 식으로 표현하면 다음과 같다.

$$\text{주당순이익} = \frac{\text{당기순이익} - \text{우선주배당금}}{\text{가중평균유통보통주식수}}$$

솔샘자동차(주)의 20×2년과 20×1년의 주당순이익은 다음과 같이 계산된다.

	20×2년	20×1년
당기순이익	₩4,101	₩5,435
가중평균유통보통주식수	284	284
주당순이익(EPS)	₩14.44	₩19.14

솔샘자동차(주)는 우선주를 발행하고 있지 않아 당기순이익에서 우선주배당금을 차감하지 않았으며, 20×2년 동안 추가적인 보통주 발행은 없었다. 솔샘자동차(주)의 주당순이익은 ₩19.14에서 ₩14.44로 감소한 것으로 나타났다. 솔샘자동차(주)는 보통주만을 발행하는 단순한 자본구조를 갖고 있어 주당순이익의 계산이 간단하다. 그러나 많은 기업들은 다양한 형태의 주식(즉, 전환우선주, 스톡옵션, 신주인수권 등)을 발행하고 있어 복잡한 자본구조를 갖는 경우가 있다. 이러한 경

우에는 그 증권들이 보통주로 전환될 경우의 효과를 고려한 주당순이익을 보고 할 필요가 있다. 이를 희석주당이익(*diluted earnings per share*)이라고 한다.

이익의 질

이익의 질은 현금을 창출해내는 이익 부분을 측정하는 지표이다.

이익의 질(quality of income)은 현금을 창출해내는 이익 부분을 측정하는 지표이다. 다른 모든 것이 같다면, 이익의 질 비율이 높다는 것은 영업활동에서의 현금 유입이 운영 및 기타활동에 필요한 현금을 조달하는 데 큰 어려움이 없음을 나타낸다. 또한 이 비율이 높으면 회사가 순이익을 증가시키기 위한 적극적인 수익인식 정책을 사용하고 있는 경우가 적다. 따라서 미래의 이익이 감소할 가능성이 적다. 이 비율은 영업활동 현금흐름을 순이익으로 나누어서 계산한다. 이를 식으로 표현하면 다음과 같다.

$$\text{이익의 질} = \frac{\text{영업활동 현금흐름}}{\text{당기순이익}}$$

솔샘자동차(주)의 20×2년과 20×1년의 이익의 질은 다음과 같이 계산된다.

	20×2년	20×1년
영업활동 현금흐름	₩4,970	₩7,608
당기순이익	4,101	5,435
이익의 질	1.21	1.40

이 비율이 1.0이 안 될 때 분석가들은 이 차이의 의미를 명확히 해야 한다. 일반적으로 이들 차이의 원인으로는 기업의 제품수명주기의 상황, 계절적 요인, 수익과 비용 인식의 변경, 그리고 운영자산과 부채 관리의 변경 등이 있다. 솔샘자동차(주)의 이익의 질 비율은 20×1년 1.40에서 20×2년 1.21로 다소 감소하였으나 안정적인 범위에 있다. 1.0보다 높은 이익의 질 비율은 이익 ₩1이 ₩1 이상의 현금흐름에 의해 지원되기 때문에 높은 이익의 질을 갖고 있는 것으로 간주된다. 1보다 작은 비율은 낮은 이익의 질을 갖고 있음을 나타낸다.

이익의 질 비율은 기업의 경영전략을 이해한 상태에서만 의미를 잘 해석할 수 있다. 예를 들면, 분기별 낮은 비율은 정상적인 계절적 변화에 기인한 것으로 볼 수 있다. 그러나 이는 또한 재고자산의 진부화, 매출 둔화, 혹은 확장 계획의 실패 때문일 수도 있다. 이러한 가능성은 매출채권회전율이나 재고자산회전율과 연계해서 분석하면 알 수 있다.

비유동자산회전율

비유동자산회전율은 운영효율성을 측정하는 척도로 비유동자산 ₩1이 창출해 내는 매출액을 의미한다.

비유동자산회전율(non-current asset turnover ratio)은 운영효율성을 측정하는 척도로 고정자산회전율(fixed asset turnover ratio)이라고도 한다. 비유동자산회전율은 순매출액을 평균비유동자산으로 나누어서 계산한다. 비유동자산회전율은 매출액을 평균비유동자산으로 나눈 값으로 비유동자산 ₩1당 창출되는 매출액을 의미한다. 여기서 비유동자산이란 유형자산을 의미한다. 이를 식으로 표현하면 다음과 같다.

$$\text{비유동자산회전율} = \frac{\text{순매출액}}{\text{평균비유동자산}(=(\text{기초비유동자산}+\text{기말비유동자산})/2)}$$

솔샘자동차(주)의 20×2년과 20×1년의 비유동자산회전율은 다음과 같이 계산된다.

	20×2년	20×1년
매출액	₩41,713	₩44,439
평균자기자본		
기초비유동자산(A)	20,922	14,911
기말비유동자산(B)	21,401	20,922
(A+B)/2	₩21,161	₩17,916
비유동자산회전율	1.97회	2.48회

20×2년 솔샘자동차(주)의 비유동자산회전율은 1.97회로 비유동자산에 대한 ₩1의 투자액은 매출액 ₩1.97을 벌어들이는 것으로 나타났다. 그러나 이는 20×1년 ₩2.48보다 낮아진 것으로 비유동자산의 효과적인 활용도가 전년도보다 떨어

진 것으로 나타났다. 자산의 효율적인 운영은 수익성에 중요한 영향을 미치므로 이 비교는 기업 활동에 대한 매우 중요한 정보를 제공한다. 한편, 비유동자산회전율은 자본집약적인 회사를 분석하는 데 광범위하게 사용되는데 많은 재고자산과 매출채권을 보유하고 있는 기업에 대해서 재무분석가는 종종 비유동자산이 아닌 총자산을 기준으로 자산회전율을 계산한다.

3. 지불능력비율

지불능력비율(solvency ratio)은 기업이 장기간 생존할 수 있는 능력을 나타내는 측정치이다. 이 비율이 높다는 것은 기업이 채권자에 의해 제공된 자금에 크게 의존하고 있다는 것을 의미한다. 신용에 의한 의존도가 높으면 기업이 경기침체기에 들어가는 경우 채무를 이행하지 못할 수 있으며, 이는 기업의 위험을 증가시키는 요인으로 작용하게 된다. 자본구성의 안정성과 지불능력을 파악하기 위한 측정치로는 다음의 것들이 있다.

- 부채비율
- 이사보상비율

부채비율

부채비율은 자본구조의 안정성을 측정하기 위한 척도이다.

부채비율(debt-to-equity ratio)은 자본구조의 안정성을 측정하기 위한 척도로 일반적으로 1.0 이하가 되는 것이 좋은 것으로 제시되고 있다. 그러나 이는 채권자 입장에서의 시각이다. 소유주 입장에서는 채무변제의 압박을 받지 않는 한 높은 부채비율을 선호할 것이다. 그 이유는 기업의 소유주가 타인자본을 조달, 운용해서 얻을 수 있는 수익률이 이자율을 상회하면 타인자본을 사용함으로써 자기자본이익률을 확대시킬 수 있기 때문이다. 부채비율은 총부채(타인자본)를 자본(자기자본)으로 나누어서 계산한다. 이를 식으로 표현하면 다음과 같다.

$$\text{부채비율} = \left(\frac{\text{부채총계}}{\text{자본총계}}\right) \times 100$$

솔샘자동차(주)의 20×2년과 20×1년의 부채비율은 다음과 같이 계산된다.

	20×2년	20×1년
부채총계	₩17,271	₩17,281
자본총계	52,579	49,697
부채비율	32.85%	34.77%

솔샘자동차(주)의 20×2년 부채비율은 32.85%로 총자본 ₩1당 ₩0.3285의 부채를 가졌으며 20×1년 34.77%보다도 개선되었다. 솔샘자동차(주)의 부채는 전년도에 비해 감소하고 있으며 자본은 증가하고 있다. 부채비율이 1.0보다도 훨씬 작은 값을 보이고 있는데 이는 기업의 자금압박으로부터는 벗어나 있음을 의미한다. 이 비율은 동종 업계의 비슷한 기업과 비교할 때 유용성을 갖는다. 그러나 이 비율을 이용할 때 주의할 점은 부채비율은 부채와 관련된 위험에 대한 이야기의 일부만을 알려준다는 것이다. 이 비율은 회사의 운영활동이 이 채무를 상환할 수 있게 해주는지를 이해하는 데에는 도움을 주지 못한다. 여기서 기억할 것은 채무를 이행한다는 것은 차입금에 대한 이자와 원금을 현금으로 갚는다는 것을 의미한다. 따라서 부채비율을 올바르게 평가하기 위해서는 기업에 필요한 현금이 영업활동으로부터 창출될 수 있는가에 기초해야 한다.

이자보상비율

이자보상비율은 이자 및 세차감전이익이 이자비용의 몇 배에 해당하는가를 나타내는 비율이다.

이자보상비율(times interest earned)은 기업의 지불능력을 살펴볼 수 있는 중요한 측정치의 하나이다. 이 비율은 이자 및 세차감전이익이 부채사용으로부터 발생하는 이자비용의 몇 배에 해당하는가를 나타내는 비율로서 기업이 부채사용에 따른 이자비용을 지급할 능력을 갖고 있느냐를 파악하는 데 이용된다. 이를 식으로 표현하면 다음과 같다.

$$\text{이자보상비율} = \left(\frac{\text{이자비용} + \text{세전이익}}{\text{이자비용}}\right) \times 100$$

솔샘자동차(주)의 20×2년과 20×1년의 이자보상비율은 다음과 같이 계산된다.

	20×2년	20×1년
세전이익	₩4,943	₩6,680
이자비용	262	183
이자지급에 활용가능한 금액	₩5,205	₩6,863
이자보상비율	1,986.64%	3,750.27%

이자보상비율은 낮은 것보다는 높은 것이 좋다. 이 비율은 이자비용 지불에 필요한 자원을 회사가 충분히 만들어냈는지를 보여주는 지표이다. 높은 이자보상비율은 수익성이 저하되는 상황에서도 버틸 수 있는 추가여력을 의미한다. 솔샘자동차(주)는 이자보상비율이 20×1년 3,750.27%에서 20×2년 1,986.64%으로 급격히 떨어진 것으로 나타났다. 물론 솔샘자동차(주)의 현재 이자보상비율 수준이 이자지급과 관련해 자금압박을 받고 있는 상황은 아니나 이 비율이 큰 폭의 감소를 보이고 있으므로 영업활동 현금흐름 창출에 문제가 없는지 신중하게 조사할 필요가 있다.

이자보상비율을 분석에 이용할 때 주의할 점은, 신규 기업이나 혹은 급격히 성장하는 기업의 경우에는 미래 운영을 위한 투자활동에 잘못된 판단을 하게 할 수도 있다. 이러한 경우에 이자보상비율은 신규 투자에 대한 이자비용을 반영할 뿐만 아니라 이 투자에 의한 이익까지도 반영하기 때문이다. 따라서 분석가들이 이 비율을 이용할 때에는 회사의 장기 전략을 고려해야 한다. 일부 분석가들은 이자비용과 기업이 창출할 수 있는 현금의 크기를 비교하는 것을 더 선호하는 경우가 있다. 왜냐하면 채권자들은 이익에서 지급받는 것이 아니라 회사가 만들어낸 현금으로부터 지급받기 때문이다.

4. 시장측정비율

투자자들의 수익에 대한 몇몇 비율들은 현재 주가와 관련이 있으며 이들 비율을 시장측정비율(market measure ratio)이라고 한다. 투자자들은 주식의 잠재력을 평가하기 위해 이들 비율을 이용한다. 투자자들이 많이 이용하는 시장측정비율로는 주가수익률, 배당률, 그리고 배당성향 등이 있다.

- 주가수익률
- 배당수익률
- 배당성향

주가수익률

주가수익률은 현재 시장주가를 주당이익으로 나눈 것으로 PER라고도 한다.

주가수익률(price/earnings ratio, PER)은 현재 시장주가를 주당이익으로 나눈 것으로 PER라고도 한다. PER가 높다는 것은 첫째, 주당이익은 평균수준이지만 주가가 높은 경우와 둘째, 주가는 평균수준이지만 주당이익이 낮은 경우로 나누어 생각할 수 있다. 전자는 장래성이 좋고 성장하는 기업의 경우이고 후자는 단지 이익이 낮아져서 PER가 높아진 경우이다. 반대로 PER가 낮다는 것은 역시 주가가 낮은 경우와 주당이익이 높은 경우를 들 수 있다. 따라서 PER가 너무 높거나 낮아도 좋지 않기 때문에 PER를 이용하여 기업의 가치를 측정할 때에는 주당이익과 주가를 동시에 고려해야 한다. PER를 식으로 표현하면 다음과 같다.

$$\text{주가수익률(PER)} = \frac{\text{현재 시장주가}}{\text{주당순이익(EPS)}}$$

솔샘자동차(주)의 20×2년과 20×1년의 PER는 다음과 같이 계산된다.

	20×2년	20×1년
주가	₩156	₩146
주당순이익(EPS)	14.44	19.14
주가수익률(PER)	10.80배	7.62배

솔샘자동차(주)의 PER는 20×2년 10.80배로 20×1년 7.62배보다 증가했다. 다시 말해 솔샘자동차(주)의 주가는 20×2년 EPS에 10.80배로 매매되었으며, 20×1년에는 7.62배로 매매되었다. 이는 시장이 솔샘자동차(주)가 미래에 유리한 이익을 올릴 것으로 기대하고 있음을 나타낸다.

경제적 측면에서 주식의 가치는 기업의 미래 이익의 현재가치와 관련이 있다. 그러므로 미래 이익이 증가할 것으로 기대되는 기업의 가치는 그렇지 않은 기업보다 더 크게 평가된다(다른 요인들이 같다고 가정하면). 그러나 높은 PER와 좋은 전망이 기업에 유리한 것으로 간주되지만 한편으로는 이것들이 위험이 되기도 한다. 높은 PER를 갖는 회사가 시장에서 기대 수준의 이익을 달성하지 못하면 주식에 부정적인 영향을 미칠 수 있기 때문이다.

배당수익률

배당수익률은 주당 액면금액에 대한 1주당 배당금 지급액의 비율로 투자자에 대한 배당수준을 나타낸다.

배당수익률(dividend yield)은 주당 액면금액에 대한 1주당 배당금 지급액의 비율로서 투자자에 대한 배당수준을 나타내는 지표이다. 투자자에게는 수익률에 해당하는 것이 되므로 투자결정에 중요한 지표로 이용된다. 시가배당을 하는 경우에는 분포에 연말 주가를 이용하여 계산한다. 이를 식으로 표현하면 다음과 같다.

$$\text{배당수익률} = \left(\frac{\text{1주당 현금배당금액}}{\text{1주당 시장주가(=액면 배당시에는 액면금액)}} \right) \times 100$$

솔샘자동차(주)의 20×2년과 20×1년의 배당수익률은 다음과 같이 계산된다.

	20×2년	20×1년
주당 배당금액	₩4	₩4
주당 시장주가	156	146
배당수익률	2.56%	2.74%

솔샘자동차(주)의 배당수익률은 20×1년 2.74%에서 20×2년 2.56%로 감소하였다. 20×2년 배당수익률이 감소한 이유는 1주당 배당금 지급액은 같으나 시장주가가 증가했기 때문이다. 대부분의 주식에 대한 배당수익률은 대체 투자에 비해 높지 않은데 이는 투자자들은 자신이 소유한 주식이 상승할 것으로 기대되는 경우 낮은 배당수익률을 기꺼이 받아들일 수 있기 때문이다. 분명한 것은 투자자들이 솔샘자동차(주)의 주가가 상승할 것이라고 기대하고 있다는 것이다. 반면, 저성장 가능성이 있는 주식인 경우 높은 성장 잠재력을 가진 주식보다 훨씬 높은 배당금을 제공하는 경향이 있다. 이러한 주식은 미래의 투자 잠재력보

다는 현재의 소득이 필요한 투자자들이 선호한다.

배당성향

배당성향은 당기순이익 중 어느 정도를 배당금으로 지급하였는가를 나타내는 지표이다.

배당성향(dividends to net income)은 배당수익률과 더불어 투자자들이 관심을 갖는 비율이다. 기업이 당기순이익 중 어느 정도를 배당금으로 지급하였는가를 나타내는 지표로 사외배당률(payout ratio)이라고도 한다. 배당수익률만으로는 기업의 배당지급능력의 대소를 알 수 없기 때문에 배당수익률의 보조지표로 이용된다. 이를 식으로 표현하면 다음과 같다.

$$\text{배당성향} = \left(\frac{\text{현금배당 총금액}}{\text{당기순이익}}\right) \times 100$$

다음은 솔샘자동차(주)의 배당과 관련한 자료이다.

	20×2년	20×1년
현금배당 총금액	₩1,079	₩1,079
당기순이익	4,101	5,435
배당성향	26.31%	19.85%

솔샘자동차(주)는 전년도보다 다소 증가한 배당성향을 보이고 있다. 그 이유는 당기순이익이 감소하였음에도 불구하고 배당금은 전년도와 동일한 수준을 유지하고 있기 때문이다. 투자자들에게 있어서 기업의 배당금 규모의 변화는 두 가지 신호를 제공한다. 하나는 기업의 배당금 지급능력의 변화를 의미하며, 다른 하나는 기업이 미래를 위한 투자 여력의 변화를 의미한다. 이는 투자자들에게 긍정적인 신호나 부정적인 신호로 읽힌다. 낮은 배당수익률과 배당성향이 기업의 성장을 위한 재투자일 때 투자자들은 미래 수익을 위해 기다릴 수도 있으나, 경영이 악화된 상황에서 발생한 문제일 때 투자자들은 주의 깊은 분석을 해야 한다.

5. 재무제표분석의 한계

비율분석은 재무건전성을 평가하는 데 강력한 도구이지만 몇 가지 한계가 있다. 분석에 사용된 계정 잔액과 마찬가지로 계산된 비율은 회사의 일정시점에서의 상태(snapshot)만을 보여준다. 재무제표가 보고된 다음 날에는 비율분석에 사용된 계정 잔액이 크게 변경되어 비율이 변경될 수 있다. 재무제표분석은 활용가능한 재무제표에 기초하기 때문에 현재의 현실을 반영하지 않을 수도 있음을 기억해야 한다.

동일한 회계처리방법을 사용하지 않는 두 개 이상의 회사를 비교할 때에는 하나의 회계정책을 선택해 분석할 필요가 있다. 재고자산에 대해서 선입선출법을 사용하는 회사는 후입선출법을 사용하는 회사와는 회사의 기본적인 운영성과에 차이가 없더라도 매우 다른 재고자산 및 매출원가 금액을 보고할 수 있다. 감가상각방법에 대한 회계처리방법의 선택도 또한 회사의 비율에 영향을 미칠 수 있다. 이들 기업의 성과차이는 단지 회계정책의 차이일 뿐이다.

마지막으로, 한 해의 단일 비율은 기업의 재무건전성을 충분히 나타내지 못한다. 회사에 대해 정확하게 이해하기 위해서는 여러 해에 걸친 회사의 성과를 분석하고 추세를 발견할 수 있어야 한다. 또한 동일한 산업에서의 다른 기업과 비교할 필요가 있으며 산업평균 혹은 표준과도 비교할 필요가 있다. 이러한 기업간 분석은 경쟁자와는 분리해서 회사만 잘 볼 수 있도록 해준다.

용어해설

공통형 분석(common-size analysis) 재무제표 내 계정 잔액의 상대적 크기 변화를 조사하는 것

당좌비율(quick ratio) (현금 및 현금성자산+단기금융자산+매출채권(=당좌자산))을 유동부채로 나눈 비율로 산성시험비율(acid test ratio)이라고 함

매출액이익률(return on sales) 회계기간 동안의 매출액이 이익을 얼마나 창출하는지를 나타내는 측정치로 순이익을 순매출액으로 나눈 비율

매출채권회전율(receivables turnover ratio) 매출액을 평균매출채권으로 나눈 비율로서 매출채권이 일정기간 동안에 현금 등 당좌자산으로 변화하는 속도를 나타냄

매출채권회전일수(number of days' sales in receivables) 연간 일수 365일을 매출채권회전율로 나눈 비율

배당성향(dividends to net income, payout ratio) 현금배당 총금액을 당기순이익으로 나누어서 계산함

배당수익률(dividend yield) 주당 액면금액에 대한 1주당 배당금 지급액의 비율로 투자자에 대한 배당수준을 나타내는 지표임. 1주당 현금배당금액을 1주당 시장주가(액면 배당시에는 액면금액)로 나누어서 계산함

부채비율(debt-to-equity ratio) 자본구조의 안정성을 측정하기 위한 척도로 총부채를 자본으로 나누어서 계산함

비유동자산회전율(non-current asset turnover ratio) 운영효율성을 측정하는 척도로 순매출액을 평균비유동자산으로 나누어서 계산함

수직적 분석(vertical analysis) 공통형 분석 참조

수평적 분석(horizontal analysis) 재무제표 각 계정의 잔액뿐만 아니라 시간 경과에 따른 계정 잔액의 변화를 알 수 있게 해줌

순운전자본(net working capital) 유동자산에서 유동부채를 차감한 금액

유동비율(current ratio) 유동자산을 유동부채로 나눈 비율로서 단기채무를 충당할 수 있는 유동자산이 얼마나 되는가를 나타내는 비율

이익의 질(quality of income) 현금을 창출해내는 이익부분을 측정하는 지표로 영업활동 현금흐름을 당기순이익으로 나누어 계산함

이자보상비율(times interest earned) 이자 및 세차감전이익이 부채사용으로부터 발생하는 이자비용의 몇 배에 해당하는가를 나타내는 비율로 (이자비용+세전이익)을 이자비용으로 나누어서 계산함

자기자본이익률(return on equity, ROE) 소유자들에 의하여 출자된 자본을 얼마나 효율적으로 이용하고 있는지 나타내는 비율로 순이익을 평균소유지분으로 나누어 계산함

재고자산회전율(inventory turnover ratio) 매출원가를 평균재고자산으로 나눈 비율로 재고자산이 일정기간 동안에 현금 등 당좌자산으로 변화하는 속도를 나타냄

재고자산회전일수(number of days' sales in inventory) 연간 일수 365일을 매출채권회전율로 나눈 비율

재무레버리지비율(financial leverage percentage) 회사의 ROE가 ROA와 다른 경우에 발생하는 장점 또는 단점을 측정하는 척도로 ROE-ROA로 계산됨

주가수익률(price/earnings ratio, PER) 현재 시장주가를 주당이익으로 나누어서 계산함

주당순이익(earnings per share, EPS) 주식 1주가 만들어내는 이익의 크기를 나타내는 지표로서 (당기순이익-우선주배당금)을 가중평균유통보통주식수로 나누어 계산함

총자산이익률(return on assets, ROA) 수익을 창출하기 위해 조달한 총자산을 얼마나 효율적으로 이용하고 있는지 나타내는 비율로 영업이익을 평균총자산으로 나누어 계산함

추세분석(trend analysis) 수평적 분석의 다른 형태로 각 연도의 계정 잔액은 기준연도 계정 잔액의 백분율로 표시

연습문제

문제 A형

13-1 회사의 매입채무 및 장기차입금의 잔액은 아래와 같다.

	20×2년	20×1년
매입채무	₩114,000	₩100,000
장기차입금	143,000	130,000

이 정보를 바탕으로 수평적 분석을 통해 재무상태표에 표시될 증가 또는 감소의 크기와 백분율은 얼마인가?

13-2 솔샘(주)의 손익계산서 정보가 다음과 같다.

매출액	₩680,000
매출총이익	231,200
당기순이익	74,800

솔샘(주)의 손익계산서의 수직적 분석을 위한 자료를 준비하시오.

13-3 다음은 아이언(주)의 재무상태표의 일부이다.

현금	₩200,000
단기투자금융	100,000
매출채권	60,000
재고자산	100,000
매입채무	200,000

(1) 유동비율을 계산하시오. 소수점 2자리까지 표시하시오.
(2) 당좌비율(산성비율)을 계산하시오. 소수점 2자리까지 표시하시오.

13-4 다음은 테크원(주)의 재무제표 자료의 일부이다.

순매출액	₩1,600,000
매출원가	880,000
매출채권(평균)	100,000
재고자산(평균)	110,000

(1) 매출채권회전율을 계산하시오.
(2) 매출채권회전일수를 계산하시오.
(3) 재고자산회전율을 계산하시오.
(4) 재고자산회전일수를 계산하시오.

13-5 다음은 솔샘(주)의 재무상태표와 손익계산서의 일부이다.

비유동자산	₩1,000,000
비유동부채	625,000
부채 총계	840,000
자본 총계	600,000
매출액	2,500,000

(1) 부채비율을 계산하시오.
(2) 비유동자산회전율을 계산하시오.

13-6 다음은 송정(주)의 재무제표 자료의 일부이다.

세금차감전 이익	₩100,000
이자비용	80,000
순매출액	1,200,000
평균총자산	750,000

(1) 이자보상비율을 계산하시오.
(2) 자산회전율을 계산하시오.

13-7 다음은 재무제표 자료의 일부이다.

당기순이익	₩620,000
이자비용	45,000
평균총자산	5,000,000
자기자본	2,450,000

(1) 총자산이익률을 계산하시오.
(2) 자기자본이익률을 계산하시오.
(3) 재무레버리지비율은 얼마인가?

13-8 다음은 재무제표 자료의 일부이다.

당기순이익	₩440,000
보통주배당금	120,000
우선주배당금	50,000
가중평균유통보통주식수	50,000
1주당 시장주가	55

(1) 주당순이익을 계산하시오.
(2) 주가수익률을 계산하시오.
(3) 배당수익률을 계산하시오.
(4) 보통주 배당성향을 계산하시오.

문제 B형

13-9 다음은 패밀리 레스토랑인 청운(주)의 20×2년과 20×1년 재무상태표의 일부이다.

	20×2년	20×1년
유동자산		
현금 및 현금성자산	₩473,342	₩116,061
단기금융자산	10,511	503,878
재고자산	294,928	286,485
매출채권	41,471	31,920
선급비용	59,660	35,486
기타유동자산	45,447	47,004
	₩925,359	₩1,020,834

상기 자료를 이용하여 청운(주)의 수평적 분석을 위한 자료를 준비하시오. 소수점 2자리까지 표시하시오.

13-10 다음은 대아(주)의 20×4년 사업보고서에 보고된 부문별 수익관련 자료이다.

	20×4년	20×3년	20×2년	20×1년
광고수익	₩4,145,592	₩4,937,159	₩5,275,650	₩5,065,380
출판수익	1,216,637	1,252,356	1,279,530	1,236,406
디지털 미디어 수익	281,378	70,347	52,773	25,383
방송수익	772,533	789,297	854,821	736,452
기타	351,510	390,301	384,839	371,015

대아(주)의 추세분석을 위한 자료를 준비하시오. 소수점 한 자리까지 표시하며, 자료가 의미하는 중요한 동향에 대해서 설명하시오.

13-11 다음은 프랜차이즈 회사인 (주)본식당의 20×2년과 20×1년 손익계산서에 대한 자료이다.

	20×2년	20×1년
총수익	₩41,001	₩40,183
비용		
매출원가	11,125	11,066
프랜차이즈 운영비	16,898	16,726
일반관리비	6,818	5,280
광고비	2,547	2,652
감가상각비	2,206	2,096
유형자산 손상차손	986	0
비용합계	40,580	37,820
영업이익	₩421	₩2,363

(1) (주)본식당의 공통형 손익계산서를 작성하시오. 소수점 한 자리까지 표시하시오.
(2) 20×2년에 영업이익이 크게 감소한 이유 중 하나는 유형자산의 손상이다. 영업이익의 감소에 영향을 미친 다른 운영문제는 무엇 때문인가?

13-12 다음은 24시간 편의점 프랜차이즈 회사인 SCH24와 스타필드24의 20×1년 손익계산서 자료이다. SCH24의 매출액과 순이익은 스타필드24보다 3배 이상이다.

	SCH24	스타필드24
매출액	₩4,664.9	₩1,302.9
매출원가	3,052.7	791.0
매출총이익	1,612.2	511.9
판매비와 관리비	1,226.4	498.9
영업이익	385.8	13.0
기타비용	6.7	.4
세금차감전 이익	379.1	12.6
법인세	129.6	4.1
당기순이익	₩249.5	₩8.5

(1) SCH24와 스타필드24의 공통형 손익계산서를 작성하시오. 소수점 한 자리까지 표시하시오.
(2) 어느 회사가 비용 관리에서 더 나은 업무를 수행했는가?

13-13 다음은 컴퓨터 제조업체인 티아이(주)와 아이언(주)의 연차보고서 자료의 일부이다.

	티아이(주)	아이언(주)
매출액	₩55,908	₩88,898
평균매출채권	3,826	6,974

(1) 각 회사의 매출채권회전율과 매출채권회전일수를 계산하시오.
(2) 어떤 회사가 매출채권관리를 더 잘하고 있는가?
(3) 회사의 매출채권관리를 평가할 때 어떤 추가 정보가 도움이 되는가?

13-14 다음은 회사 A와 회사 B의 연차보고서 자료의 일부이다.

	회사 A	회사 B
매출원가	₩27,303.1	₩26,558.0
평균재고자산	2,758.1	4,949.5

(1) 각 회사의 재고자산회전율과 재고자산회전일수를 계산하시오.
(2) 두 회사는 식품 및 약 소매업체인 (주)삼진과 중장비 건설장비 제조업체인 송정(주)이다. 이 두 회사 중 회사 A는 어느 회사인가? 회사 B는 어느 회사인가?

13-15 다음은 반 조리된 치킨을 공급하는 프랜차이즈 회사의 20×2년 연차보고서 자료의 일부이다. 회사는 우선주 5,000주를 발행할 수 있으나 아직 발행하고 있지는 않다.

	20×2년	20×1년
순이익	₩2,214	₩2,849
총자산	44,106	44,560
보통주 주주지분	13,712	15,307

(1) 20×2년 총자산이익률을 계산하시오.
(2) 20×2년 보통주 자기자본이익률을 계산하시오.
(3) 회사의 재무레버리지비율은 양(+)의 값인가 음(−)의 값인가?

13-16 건설장비를 제조하는 민철(주)는 부품 공급업체의 하나인 (주)정민 케이블을 인수하려고 고려중이다. 민철(주)의 이사회는 인수에 대한 예비 승인을 했으며, 두 회사의 경영진간에 몇 차례에 걸쳐 논의가 이루어졌다. 논의를 위한 준비를 하면서, (주)정민 케이블은 지난 3년간의 재무자료와 향후 3년에 대한 재무 예측치 자료를 제공했다. 민철(주)의 인수팀은 (주)정민 케이블의 자료를 분석하여 다음과 같이 (주)정민 케이블의 성과와 업계 평균을 비교한 비율분석 자료를 준비했다.

	20×3년	20×2년	20×1년	산업평균
자산이익률(ROA)	13.03%	13.02%	12.98%	12.96%
재고자산회수일	51.16일	47.29일	42.15일	44.63일
이자보상비율	3.87	3.46	3.28	3.56
주가수익률(PER)	10.96	11.23	11.39	11.54
부채비율	49.66	46.32	48.24	57.14
매출채권회전율	6.98	7.23	7.83	7.78
유동비율	2.05	2.35	2.10	2.30
매출총이익률	30.11	30.18	29.67	29.85

(1) (주)정민 케이블의 유동성을 평가하고 강점 혹은 문제점에 대해 설명하시오.
(2) (주)정민 케이블의 수익성을 평가하고 강점 혹은 문제점에 대해 설명하시오.
(3) (주)정민 케이블의 레버리지를 평가하고 강점 혹은 문제점에 대해 설명하시오.
(4) (주)정민 케이블의 시장지위를 평가하고 강점 혹은 문제점에 대해 설명하시오.
(5) (1)~(4)의 평가를 기초로 했을 때 민철(주)가 (주)정민 케이블의 인수를 추진할 것을 권장하는가?

부 록

연습문제 해답

CHAPTER 1 현대사회와 회계

〈연습문제 없음〉

CHAPTER 2 재무제표의 이해

문제 A형

2-1 **재무상태표**(statement of financial position)는 일정시점(snapshot)에 있어서 기업의 재무상태를 나타내는 재무보고서이다. 재무상태표는 자산(assets), 부채(liabilities), 자본(stockholders' equity) 등 세 가지 요소로 구성된다. 재무상태표를 작성할 때에는 보고서의 명칭, 회사명 그리고 작성일자를 꼭 표시해야 한다. 재무상태표는 일정시점의 재무상태를 표시하므로 일자 뒤에는 현재라는 표시를 해야 한다.

2-2 **자산**(assets)은 과거 거래나 사건의 결과로서 현재 기업이 보유하고 있고 미래에 경제적 효익을 창출할 것으로 기대되는 자원이다. 즉, 자산은 기업이 독점적이고 배타적인 권리를 소유한 상태에서 이를 이용함으로써 기업의 미래 용역잠재력을 제공해줄 수 있는 능력을 가지고 있어야 한다. 자산으로 인식되기 위한 요건은 다음과 같다.

첫째, 경제적 자원일 것
둘째, 특정기업이 소유 또는 지배하고 있는 것일 것
셋째, 자원의 가치는 이를 취득할 때 객관적으로 추정이 가능할 것

2-3 **유동자산**(current assets)은 1년 이내에 현금화가 가능한 자산을 말하고, **비유동자산**(non-current assets)은 1년 이내에 현금화가 어려운 자산을 말한다.

비유동자산은 다시 장기적인 투자목적으로 취득한 투자자산(investment assets), 영업활동에 장기적으로 사용하면서 물리적인 형체가 있는 유형자산(tangible assets), 영업활동에 장기적으로 사용되나 물리적인 형체가 없는 무형자산(intangible assets)으로 분류된다.

2-4 부채(liabilities)는 과거의 거래나 사건의 결과로 미래에 특정실체가 다른 실체(채권자)에게 재화나 용역을 제공해야 하는 현재의 채무 또는 의무를 말한다. 즉, 부채는 자산에 대한 채권자의 청구권으로서 기업은 채권자에 대해 채무 및 의무가 존재해야 하며, 채무 및 의무를 이행함으로써 기업의 미래 용역잠재력의 감소를 가져와야 한다. 부채가 되기 위한 특성으로는 첫째, 기업이 미래에 현금 또는 다른 자산을 이전하거나 용역을 제공할 의무가 있을 것, 둘째, 자산의 이전의무나 용역의 제공의무가 특정기업에만 관련된 것일 것, 셋째, 기업에 의무를 발생시키는 거래나 사건이 이미 발생했을 것, 넷째, 상환해야 할 금액과 그 상환시기를 합리적으로 예측할 수 있을 것 등이다.

2-5 자본(stockholders' equity 또는 capital)은 기업이 보유하고 있는 총자산에 대한 주주의 청구권으로 주주지분 또는 소유주지분(owners' equity)이라고도 한다. 자본은 총자산에서 총부채를 차감한 부분이므로 순자산(net assets)이라고 하기도 하고, 기업의 경제적 자원에 대한 청구권(equities) 중에서 채권자 청구권(creditors' equity)을 제외한 나머지 부분이라는 의미로 잔여지분(residual equity)이라고도 한다. 자본은 독립적으로 측정할 수 있는 성질의 것이 아니라 먼저 자산총계와 부채총계를 각각 측정하고, 자산총계에서 부채총계를 차감하여 측정된다.

2-6 기업회계기준서에서는 정보이용자의 이해가능성을 높이고자 다음과 같이 재무상태표의 작성기준을 규정하고 있다. 이들을 간략히 소개하면 다음과 같다.

- **자산, 부채, 자본을 구분 표시한다** 자산은 유동자산과 비유동자산으로 구분하고 부채는 유동부채와 비유동부채로 구분하며, 자본은 자본금, 자본잉여금, 자본조정, 기타포괄손익누계액, 이익잉여금으로 구분하여 표시해야 한다.
- **자산, 부채, 자본은 총액으로 표시한다** 자산, 부채, 자본은 총액으로 기재함을 원칙으로 한다. 자산항목과, 부채 또는 자본 항목을 서로 상계함으로써 그 전부 또는 일부를 재무상태표에서 제외해서는 안 된다.
- **1년 기준으로 구분한다** 유동자산과 비유동자산, 유동부채와 비유동부채의 구분은 1년을 기준으로 해야 한다.
- **유동성 배열 기준에 의해 기록한다** 재무상태표에 기재하는 자산과 부채의 항목배열은 유동성 배열법에 따라 유동성이 높은 것을 먼저 기재한다. 이는 보다 짧은 시간 안에 현금화될 자산이나 만기일이 보다 빨리 도래하는 부채를 먼저 기재하고, 장시간 후에 현금화될 자산이나 만기일이 보다 나중에 도래하는 부채를 뒤에 기재해야 한다는 것이다.
- **자본잉여금과 이익잉여금은 구분 표시한다** 자본거래에서 발생한 자본잉여금과 손익거래에서 발생한 이익잉여금은 구분해서 표시해야 한다. 이들을 구분 표시하는 이유는 자본잉여금과 이익잉여금의 발생원천이 서로 다르기 때문이다.
- **미결산 항목을 표시해서는 안 된다** 가지급금 또는 가수금 등의 미결산 항목은 그 내용을 나타내는 적절한 과목으로 표시하고, 대조계정 등의 비망계정은 재무상태표에 자산 또는 부채 항목으로 표시해서는 안 된다.

2-7 기업회계기준서에서는 다음과 같이 포괄손익계산서의 작성기준을 규정하고 있다. 이들을 간략히 소개하면 다음과 같다.

- **수익과 비용은 발생주의 기준에 의한다** 모든 수익과 비용은 그것이 발생한 기간에 배분되어야 한다. 다만, 수익은 실현시기를 기준으로 계산하고 미실현수익은 당기의 손익계산에 포함시키지 않는다.
- **수익과 비용은 대응 표시해야 한다** 수익과 비용은 그 발생원천에 따라 명확하게 분류하고 각 수익항목과 이와 관련되는 비용항목을 대응 표시해야 한다.
- **수익과 비용은 총액으로 표시한다** 수익과 비용은 각각 총액으로 표시함을 원칙으로 한다. 따라서 수익과 비용을 서로 상계해서 표시해서는 안 된다.
- **이익은 구분 표시한다** 포괄손익계산서는 매출총손익, 영업손익, 법인세비용차감전순손익, 당기순손익으로 구분 표시해야 한다. 이익의 구분 표시는 기업이 이익을 얻기 위해 수행한 다양한 노력들을 정보이용자들에게 상세하게 알려줌으로써 기업의 미래 이익창출능력을 예측하는 데 실질적인 도움을 줄 수 있기 때문이다.

2-8 현금흐름표(statement of cash flow)는 일정기간 동안 기업 현금흐름, 즉 현금의 유입과 유출을 나타내는 보고서이다. 현금흐름표는 포괄손익계산서와 보완적으로 사용함으로써 기업의 미래 현금창출능력을 보다 잘 평가할 수 있으며, 기업의 부채상환능력, 배당지급능력, 자금조달에 대한 필요성 등에 대한 정보를 알게 해준다. 또한, 당기순이익과 현금흐름 사이에 차이가 발생한 원인에 대해서도 설명해준다.

2-9

현금 (A)	외상매입금 (L)	건물 (A)	차입금 (L)
대여금 (A)	외상매출금 (A)	미지급금 (L)	비품 (A)
토지 (A)	선급금 (A)	선수금 (L)	받을어음 (A)

2-10 ① ₩29,000 ② ₩22,000 ③ ₩28,000

2-11

재무상태표

그린마트 20×1. 1. 5 현재

자산:		부채 및 자본:	
현금	₩13,300	매입채무	₩5,000
재고자산	1,800	자본금	10,000
		이익잉여금	100
합계	₩15,100	합계	₩15,100

2-12 ①, ④, ⑥

2-13

손익계산서

디즈니여행사	20×1. 1. 1부터 20×1. 9. 30까지	
용역수익(매출)		₩950,000
비용 :		
임 금	₩478,000	
임 차 료	222,000	
잡 비	16,000	
비용 계		716,000
순이익		₩234,000

2-14 (1) 투자활동 (2) 영업활동 (3) 재무활동 (4) 영업활동
(5) 재무활동 (6) 투자활동 (7) 재무활동

2-15

현금흐름표

디즈니여행사	20×1년 8월 1일부터 9월 30일까지	
영업활동 현금흐름		
고객으로부터의 현금유입	₩920,000	
영업비용에 대한 현금유출	710,000	
영업활동 순현금흐름		₩210,000
투자활동 현금흐름		
토지구입으로 인한 현금유출		(208,000)
재무활동 현금흐름		
소유주의 추가투자에 의한 현금유입	₩60,000	
현금배당에 의한 현금유출	36,000	
재무활동 순현금흐름		24,000
현금의 증가		₩26,000
20×1년 8월 31일 현금		130,000
20×1년 9월 30일 현금		₩156,000

문제 B형

2-16

[손익계산서]	Set A	Set B	Set C
수익	₩1,100	g ₩6,800	₩240
비용	a 800	5,200	m 160
순이익	b ₩300	h ₩1,600	₩80
[자본변동표]			
기초잔액	₩2,900	₩24,400	₩340
순이익	c 300	1,600	n 80
배당금	200	I 0	o 40
기말잔액	₩3,000	j ₩26,000	p ₩380
[재무상태표]			
총자산	d ₩4,600	₩31,000	q ₩380
부채	₩1,600	₩5,000	r ₩0
자본	e 3,000	k 26,000	380
부채와 자본	f ₩4,600	I ₩31,000	₩380

2-17 (1) ₩5,000 (2) ₩1,000 (3) ₩24,000

2-18

손익계산서

제리서비스 20×1년 10월 1일부터 10월 31일까지

수 익		
용역수익		₩25,000
비 용		
급 여	₩7,000	
소모품비	3,500	
임차비용	2,000	
수도광열비	700	
비용총계		13,200
순이익		₩11,800

제리서비스의 기말이익잉여금＝기초이익잉여금＋당기순이익－배당금

＝₩15,000＋₩11,800－₩6,000＝₩20,800

재무상태표

제리서비스	20×1년 10월 31일 현재		
〈자 산〉		〈부채와 자본〉	
현 금	₩11,000	외상매입금	₩7,000
외상매출금	14,000	자 본 금	30,000
소 모 품	2,800	이익잉여금	20,800
비 품	30,000		
자산총계	₩57,800	부채와 자본총계	₩57,800

CHAPTER 3 회계거래의 분석과 기록

문제 A형

3-1 (1) ₩162,000 (₩260,000 − ₩98,000)

(2) ₩105,000 (₩178,000 − ₩73,000)

(3) ₩512,000 (₩202,000 + ₩310,000)

3-2

	자산	=	부채	+	자기자본
(1)	+				+
(2)	+		+		
(3)	−				−
(4)	+, −				
(5)	−				−
(6)	−		−		
(7)	+		+		
(8)	−				−
(9)	+		+		
(10)	+				+

3-3

번호	항목	Dr. 또는 Cr.
①	사채의 감소	Dr.
②	배당금의 증가	Dr.
③	자본금의 증가	Cr.
④	선수용역수익의 증가	Cr.
⑤	이자비용의 감소	Cr.
⑥	선급보험료의 증가	Dr.
⑦	급여의 감소	Cr.
⑧	소모품의 감소	Cr.
⑨	용역수익의 증가	Cr.
⑩	외상매출금의 감소	Cr.

3-4

	증가	감소	정상잔액
〈재무상태표〉			
자산	(1) 차변	대변	(2) 차변
부채	대변	(3) 차변	(4) 대변
자본			
자본금	대변	(5) 차변	(6) 대변
이익잉여금	(7) 대변	(8) 차변	(9) 대변
〈손익계산서〉			
수익	대변	(10) 차변	(11) 대변
비용	(12) 차변	대변	차변

3-5

번호	항목	(1) 기록	(2) 정상잔액
①	자본금의 증가	Cr.	Cr.
②	배당금의 증가	Dr.	Dr.
③	외상매출금의 감소	Cr.	Dr.
④	지급어음의 증가	Cr.	Cr.
⑤	외상매입금의 증가	Cr.	Cr.
⑥	소모품의 감소	Cr.	Dr.
⑦	급여의 증가	Dr.	Dr.
⑧	외상매출금의 증가	Dr.	Dr.
⑨	현금의 증가	Dr.	Dr.
⑩	토지의 감소	Cr.	Dr.

3-6 (1) ⑤ (2) ④ (3) ⑧ (4) ⑥ (5) ⑦ (6) ①

3-7

(1) 자산 +, 자본 +
(2) 자산 +, 자산 −, 부채 +
(3) 자산 +, 자산 −
(4) 비용 +, 자산 −
(5) 자산 +, 수익 +
(6) 부채 −, 자산 −
(7) 자산 +, 자산 −
(8) 배당금 +, 자산 −

3-8

번호	항목	(1) 계정유형	(2) 차변 또는 대변	(3) 정상잔액
①	현 금	자산계정	차변증가, 대변감소	차변
②	미지급금	부채계정	차변감소, 대변증가	대변
③	외상매출금	자산계정	차변증가, 대변감소	차변
④	자 본 금	자본계정	차변감소, 대변증가	대변
⑤	배 당 금	자본계정	차변증가, 대변감소	차변
⑥	용역수익	수익계정	차변감소, 대변증가	대변
⑦	보 험 료	비용계정	차변증가, 대변감소	차변
⑧	단기차입금	부채계정	차변감소, 대변증가	대변
⑨	비 품	자산계정	차변증가, 대변감소	차변

3-9

(1)	(차) 현 금	35,000	(대) 자 본 금	35,000
(2)	(차) 소 모 품	400	(대) 미지급금	400
(3)	(차) 비 품	6,000	(대) 현 금	2,500
			미지급금	3,500
(4)	(차) 외상매출금	4,000	(대) 용역수익	4,000
(5)	(차) 임차비용	700	(대) 현 금	700
(6)	(차) 미지급금	200	(대) 현 금	200
(7)	(차) 광고선전비	500	(대) 미지급금	500
(8)	(차) 급 여	2,200	(대) 현 금	2,200
(9)	(차) 배 당 금	1,200	(대) 현 금	1,200
(10)	(차) 현 금	3,000	(대) 외상매출금	3,000

3-10

	차변	금액	대변	금액
(1)	(차) 현 금	30,000	(대) 자 본 금	30,000
(2)	(차) 비 품	35,000	(대) 현 금	10,000
			미 지 급 금	25,000
(3)	(차) 임 차 비 용	1,000	(대) 현 금	1,000
(4)	(차) 소 모 품	8,500	(대) 미 지 급 금	8,500
(5)	(차) 외상매출금	2,500	(대) 용 역 수 익	2,500
(6)	(차) 현 금	11,000	(대) 용 역 수 익	11,000
(7)	(차) 미 지 급 금	200	(대) 현 금	200
(8)	(차) 급 여	1,250	(대) 현 금	1,250
(9)	(차) 현 금	1,150	(대) 외상매출금	1,150
(10)	(차) 인 출 금	1,850	(대) 현 금	1,850

3-11

(1) ₩45,750 (₩7,000 + ₩42,500 − ₩3,750)

(2) ₩30,250 (₩11,500 + ₩27,000 − ₩8,250)

문제 B형

3-12

	자산				= 부채	+ 자본	
	현금	외상매출금	소모품	비품	단기차입금	자본금	이익잉여금
1일	+ ₩3,000					+ ₩3,000	
5일	− 400			+ ₩400			
	2,600			400		3,000	
9일	+ 400				+ ₩400		
	3,000			400	400	3,000	
12일	− 600		+ ₩600				
	2,400		600	400	400	3,000	
17일		+ 700					+ ₩700
	2,400	700	600	400	400	3,000	700
25일	− 300						− 300
	₩2,100	₩700	₩600	₩400	₩400	₩3,000	₩400
	₩3,800				₩3,800		

3-13 (1)

1. 현금 ₩15,000을 출자하여 사업을 시작하였다.
2. 3개월 후에 갚기로 하고 어음을 발행하여 현금 ₩75,000을 빌렸다.
3. 토지를 ₩16,000에 구입하고 대금 중 ₩5,000은 현금으로 지급하고 잔액은 3개월 후에 상환하기로 하고 어음을 발행해주었다.
4. 6개월 후에 회수하기로 하고 현금 ₩4,000을 빌려주었다.
5. 비품을 구입하고 대금 ₩9,500은 현금으로 지급하였다.
6. 토지를 구입하고 대금 ₩4,000은 3개월 만기의 어음을 발행해주었다.

(2)

계정	6개의 거래효과						잔액
	1	2	3	4	5	6	
현금	₩15,000	₩75,000	(₩5,000)	(₩4,000)	(₩9,500)		₩71,500
대여금(6개월)				₩4,000			₩4,000
비품					₩9,500		₩9,500
토지			₩16,000			₩4,000	₩20,000
지급어음(3개월)		₩75,000	₩11,000			₩4,000	₩90,000
자본금	₩15,000						₩15,000

3-14

거래	차변 유형	차변 효과	대변 유형	대변 효과
(1)	자산	+	자본	+
(2)	자산	+	자산	−
(3)	자산	+	자산	−
(4)	비용	+	자산	−
(5)	자산	+	수익	+
(6)	부채	−	자산	−
(7)	자산	+	자산	−
(8)	비용	+	자산	−
(9)	자본	−	자산	−

3-15 〈계정에의 전기〉

현 금

9/1	15,000	9/4	10,000
9/18	2,500	9/8	1,000
		9/15	400
		9/20	500
		9/30	750

외상매출금

9/30	1,000		

자본금

		9/1	15,000

선급보험료

9/15	400		

차량운반구

9/4	30,000		

미지급금

		9/4	20,000
		9/25	100

용역수익

9/18	2,500		
9/30	1,000		

임차비용

9/8	1,000		

배당금

9/30	750		

급 여

9/20	500		

수도광열비

9/25	100		

〈시산표 작성〉

시 산 표

멜론서비스 20×1년 9월 30일

계정과목	차변	대변
현 금	₩4,850	
외상매출금	1,000	
선급보험료	400	
차량운반구	30,000	
미 지 급 금		₩20,100
자 본 금		15,000
배 당 금	750	
용 역 수 익		3,500
임 차 비 용	1,000	
급 여	500	
수도광열비	100	
합 계	₩38,600	₩38,600

3-16

거래	차변계정		대변계정	
	계정유형	영향	계정유형	영향
(1)	자산	+	자본	+
(2)	자산	+	부채	+
(3)	자산	+	자산	−
(4)	자산	+	수익	+
(5)	부채	−	자산	−
(6)	비용	+	자산	−
(7)	자산	+	수익	+
(8)	자본	−	자산	−
(9)	자산	+	자산	−

3-17

시 산 표

파브코서비스 20×1년 6월 30일

계정과목	차변	대변
현 금	₩14,000	
외상매출금	200	
소 모 품	7,500	
비 품	4,500	
미 지 급 금		₩1,900
자 본 금		20,000
배 당 금	2,000	
용 역 수 익		11,800
영 업 비 용	5,500	
합 계	₩33,700	₩33,700

3-18

시 산 표

S&T컨설팅(주) 20×1년 6월 30일

계정과목	차변	대변
현 금	₩5,375	
외상매출금	1,450	
소 모 품	1,125	
선급보험료	1,400	
비 품	13,500	
미 지 급 금		₩2,100
자 본 금		15,800
배 당 금	13,500	
용 역 수 익		46,600
급 여	13,000	
임 차 비 용	10,500	
수도광열비	4,400	
잡 비	250	
합 계	₩64,500	₩64,500

3-19

번호	(1) 합계일치 유무	(2) 차이금액	(3) 더 큰 쪽
①	일치	—	—
②	일치	—	—
③	일치	—	—
④	불일치	₩270	차변
⑤	불일치	1,030	대변
⑥	불일치	19,000	차변
⑦	불일치	5,000	차변
⑧	불일치	800	대변
⑨	불일치	100	대변

3-20 (1) ① 보고서의 머리 부분에 기간이 아니라 작성되는 날짜가 표시되어야 한다.
② 현금은 자산이므로 잔액이 차변에 기재되어야 한다.
③ 자본금은 자본이므로 대변에 기재되어야 한다.
④ 소모품은 자산이므로 차변에 기재되어야 한다.
⑤ 선급보험료는 자산이므로 차변에 기재되어야 한다. 그리고 외상매출금 다음에 나와야 한다.
⑥ 인출금은 자본의 차감계정이므로 차변에 기재되어야 한다.
⑦ 임차비용은 비용계정이므로 차변에 기재되어야 한다.
⑧ 합계가 일치하지 않는다.

(2) 새로운 대변 잔액 = 미지급금 ₩2,500 + 용역수익 ₩49,600 + 자본 ₩17,000
= ₩69,100

외상매출금 = ₩69,100(대변합계) − ₩66,025(수정된 차변합계) = ₩3,075

3-21

시 산 표

프로이드서비스 20×1년 6월 30일

계정과목		차변	대변
현 금	[2,600 − 180 (2)]	₩2,420	
외상매출금	[7,600 + 180 (2)]	7,780	
소 모 품		600	
비 품	[8,300 + 700 (5)]	9,000	
미 지 급 금	[9,766 − 466 (7)]		₩9,300
자 본 금			1,941
배 당 금	[1,500 + 300 + 300 (3)]	2,100	
용 역 수 익	[15,200 + 459 (6)]		15,659
급 여	[3,800 + 300 (4)]	4,100	
수 선 비	[1,600 − 700 (5)]	900	
합 계		₩26,900	₩26,900

3-22 (1) 시산표의 합계액이 일치하지 않는다. 대변의 금액이 ₩540만큼 크게 된다.
(2) 시산표의 합계액은 일치하나 합계금액이 잘못될 것이다.
(3) 시산표의 합계액이 일치하지 않는다. 차변의 금액이 ₩4,000만큼 크게 된다.
(4) 시산표의 합계액은 일치하나 합계금액이 잘못될 것이다.

CHAPTER 4

회계순환과정의 종료

문제 A형

4-1

(1) (차) 보 험 료	18,000	(대) 선급보험료	18,000
(2) (차) 감가상각비	4,800	(대) 감가상각누계액	4,800
(3) (차) 급 여	1,200	(대) 미지급급여	1,200

4-2

(1) 임차비용으로 지출한 현금= ₩6,100

임 차 비 용	₩5,500
(−)선급임차비용(20×1)	200
	5,300
(+)선급임차비용(20×2)	800
현금지출액	₩6,100

(2) 급여로 지출한 현금= ₩5,800

급 여	₩5,600
(+)미지급급여(20×1)	400
	6,000
(−)미지급급여(20×2)	200
현금지출액	₩5,800

4-3

	영 향
(1) 용역제공을 완료하였으나 아직 받지 않은 금액을 기록하지 않음	U
(2) 선급임차비용이 소멸된 부분을 기록하지 않음	O
(3) 은행예금에 대한 발생이자를 기록하지 않음	U
(4) 감가상각비를 기록하지 않음	O
(5) 발생된 급여를 기록하지 않음	NA
(6) 선수용역수익 중에서 용역제공이 완료된 부분을 기록하지 않음	NA

4-4

	계정분류	연관관계	수정분개 관련계정
1. 소 모 품	선 급 비 용	비용/자산	소 모 품 비
2. 외상매출금	미 수 수 익	자산/수익	용 역 수 익
3. 선급보험료	선 급 비 용	비용/자산	보 험 료
4. 감가상각누계액-비품	선 급 비 용	비용/자산	감가상각비
5. 미지급이자	미지급비용	비용/부채	이 자 비 용
6. 미지급급여	미지급비용	비용/부채	급 여
7. 선수용역수익	선 수 수 익	수익/부채	용 역 수 익

4-5

수정전 순이익 (₩9,000 − ₩4,400)		₩4,600
(+)선수수익 중 용역제공 완료부분	₩3,500	
미수용역수익	2,800	6,300
		10,900
(−)감가상각비	1,300	
이 자 비 용	700	
보 험 료	400	2,400
수정후 순이익		₩8,500

4-6

항목	순이익	자산	부채	자본
수정전 금액	₩40,000	₩120,000	₩50,000	₩70,000
영향 : 감가상각	(7,000)	(7,000)		(7,000)
급여	(8,000)		8,000	(8,000)
임차비용	6,000	6,000		6,000
수정후 금액	₩31,000	₩119,000	₩58,000	₩61,000

4-7

		오류 (a)		오류 (b)	
번호	물음	과대평가	과소평가	과대평가	과소평가
(1)	12월 31일의 자산	₩2,500	₩0	₩0	₩750
(2)	12월 31일의 부채	₩0	₩0	₩0	₩0
(3)	당 연도의 순이익	₩2,500	₩0	₩0	₩750
(4)	12월 31일의 자기자본	₩2,500	₩0	₩0	₩750

4-8

(1) 포괄손익계산서 : ②, ⑤, ⑪, ⑫

(2) 재무상태표 : ①, ③, ④, ⑥, ⑦, ⑧, ⑨, ⑩

4-9

(1) 유동자산 : ①, ③, ⑥
(2) 유동부채 : ②, ⑦
(3) 수익 : ⑧
(4) 비용 : ④, ⑤

4-10

(차) 외상매출금	500	(대) 용 역 수 익	500
(차) 소 모 품 비	1,600	(대) 소 모 품	1,600
(차) 보 험 료	1,600	(대) 선급보험료	1,600
(차) 감가상각비	1,500	(대) 감가상각누계액	1,500
(차) 선수용역수익	4,500	(대) 용 역 수 익	4,500
(차) 급 여	4,000	(대) 미지급급여	4,000

4-11

포괄손익계산서

브로드　　20×1년 1월 1일부터 12월 31일까지

용역수익		₩85,000
비용 :		
임 차 비 용	₩44,000	
감가상각비	9,500	
소 모 품 비	2,500	
비용총계		56,000
순이익		₩29,000

4-12

재무상태표

클레이톤　　20×1년 12월 31일

〈자 산〉			〈부 채〉	
유동자산 :			유동부채 :	
현금및현금성자산	₩2,000		미 수 수 익	₩4,300
소 모 품	500			
선 급 비 용	4,000			
유동자산총계		₩6,500		
비유동자산 :				
차량운반구	₩29,000		〈자 본〉	
감가상각누계액	(25,000)	4,000	자 본 금	6,200
자산총계		₩10,500	부채와 자본총계	₩10,500

4-13 (1)

정 산 표

랜드서비스 20×1년 1월 1일부터 12월 31일까지

계정과목	수정전시산표		수정분개		수정후시산표		포괄손익계산서		재무상태표	
	차변	대변	차변	대변	차변	대변	차변	대변	차변	대변
현 금	8,500				8,500				8,500	
소 모 품	4,150			3,150	1,000				1,000	
선급보험료	8,700			900	7,800				7,800	
비 품	42,000				42,000				42,000	
감가상각누계액		10,200		1,500		11,700				11,700
자 본 금		30,000				30,000				30,000
인 출 금	2,900				2,900				2,900	
기초이익잉여금		4,000				4,000				4,000
용 역 수 익		55,550				55,550		55,550		
급 여	26,600		1,000		27,600		27,600			
임 차 비 용	5,000				5,000		5,000			
잡 비	1,900				1,900		1,900			
합 계	99,750	99,750								
소 모 품 비			3,150		3,150		3,150			
보 험 료			900		900		900			
감가상각비			1,500		1,500		1,500			
미지급급여				1,000		1,000				1,000
합 계			6,550	6,550	102,250	102,250	40,050	55,550		
당기순이익							**15,500**			**15,500**
합 계							55,550	55,550	62,200	62,200

(2) ①

포괄손익계산서

랜드서비스 20×1년 1월 1일부터 12월 31일까지

용 역 수 익		₩55,550
영 업 비 용 :		
급 여	₩27,600	
임 차 비 용	5,000	
소 모 품 비	3,150	
감가상각비	1,500	
보 험 료	900	
잡 비	1,900	
총영업비용		40,050
순 이 익		₩15,500

② 기말자본=기초자본+당기순이익-기중 인출금

=₩34,000+₩15,500-₩2,900=₩46,600

③

재무상태표

랜드서비스		20×1년 12월 31일 현재		
〈자 산〉			〈부 채〉	
유동자산 :			유동부채 :	
현 금	₩8,500		미지급비용	₩1,000
소 모 품	1,000		〈자 본〉	
선 급 비 용	7,800		자 본 금	30,000
유동자산총계		₩17,300	이익잉여금	16,600
비유동자산 :			기초이익잉여금	4,000
비 품	₩42,000		당기순이익	15,500
감가상각누계액	(11,700)	30,300	인 출 금	(2,900)
자산총계		₩47,600	부채와 자본총계	₩47,600

(3) 마감분개

(차) 용 역 수 익	55,550	(대) 집 합 손 익	55,550
(차) 집 합 손 익	40,050	(대) 급 여	27,600
		임 차 비 용	5,000
		잡 비	1,900
		소 모 품 비	3,150
		보 험 료	900
		감가상각비	1,500
(차) 집 합 손 익	15,500	(대) 자 본 금	15,500
(차) 자 본 금	2,900	(대) 인 출 금	2,900

4-14 〈결산정리분개〉

① (차) 매 입	700	(대) 상 품	700
상 품	300	매 입	300
② (차) 당기손익-공정가치측정금융자산평가손실	100	(대) 당기손익-공정가치측정금융자산	100
③ (차) 감가상각비	100	(대) 감가상각누계액	100
④ (차) 미 수 이 자	100	(대) 이 자 수 익	100
⑤ (차) 미수임대수익	50	(대) 임 대 수 익	50
⑥ (차) 급 여	30	(대) 미지급급여	30
⑦ (차) 보 험 료	420	(대) 선급보험료	420

정 산 표

(주)파워블랙　　　　　　　　20×1년 1월 1일부터 12월 31일까지

계정과목	수정전시산표		결산정리분개		수정후시산표		포괄손익계산서		재무상태표	
	차변	대변	차변	대변	차변	대변	차변	대변	차변	대변
현 금	500				500				500	
당기손익-공정가치측정금융자산	900			100	800				800	
외상매출금	500				500				500	
받 을 어 음	300				300				300	
선급보험료	600			420	180				180	
상 품	700		300	700	300				300	
건 물	1,000				1,000				1,000	
감가상각누계액		200		100		300				300
외상매입금		800				800				800
지 급 어 음		600				600				600
자 본 금		500				500				500
이익잉여금		600				600				600
매 출		4,500				4,500		4,500		
이 자 수 익		200		100		300		300		
임 대 수 익		300		50		350		350		
매 입	2,600		700	300	3,000		3,000			
급 여	600		30		630		630			
합 계	7,700	7,700								
당기손익-공정가치측정금융자산평가손실			100		100		100			
감가상각비			100		100		100			
미 수 이 자			100		100				100	
미수임대수익			50		50				50	
미지급급여				30		30				30
보 험 료			420		420		420			
합 계			1,800	1,800	7,980	7,980	4,250	5,150		
당기순이익							**900**			**900**
합 계							5,150	5,150	3,730	3,730

문제 B형

4-15

(1) 이자수익으로 받은 현금= ₩9,100

이 자 수 익	₩15,400	
(－)미 수 이 자	6,300	
현금수취액	₩9,100	

(2) 소모품으로 지급한 현금= ₩10,200

소 모 품 비	₩8,700	
(－)소 모 품(20×1)	3,500	
	5,200	
(＋)소 모 품(20×2)	5,000	
현금지출액	₩10,200	

(3) 급여로 지급한 현금= ₩37,200

급 여	₩37,000	
(＋)미지급급여(20×1)	3,800	
	40,800	
(－)미지급급여(20×2)	3,600	
현금지출액	₩37,200	

(4) 수익으로 받은 현금= ₩68,700

용 역 수 익	₩72,700	
(－)선수용역수익(20×1)	4,000	
현금수취액	₩68,700	

4-16

(1)	(차) 선수수수료	3,000	(대) 수입수수료	3,000
(2)	(차) 소 모 품 비	2,150	(대) 소 모 품	2,150
(3)	(차) 지 급 이 자	125	(대) 미지급이자	125

4-17 (1)

번호	① 분류	② 연관관계	③ 영향
①	선 수 수 익	수익/부채	수익-과대, 부채-과소
②	미지급비용	비용/부채	비용-과소, 부채-과소
③	선 급 비 용	비용/자산	비용-과소, 자산-과대
④	선 급 비 용	비용/자산	비용-과소, 자산-과대
⑤	미 수 수 익	자산/수익	자산-과소, 수익-과소
⑥	미지급비용	비용/부채	비용-과소, 부채-과소
⑦	미지급비용	비용/부채	비용-과소, 부채-과소

번호	④ 결산정리분개			
①	(차) 용 역 수 익	800	(대) 선수용역수익	800
②	(차) 급 여	600	(대) 미지급급여	600
③	(차) 임 차 비 용	450	(대) 선급임차비용	450
④	(차) 소 모 품 비	550	(대) 소 모 품	550
⑤	(차) 미수용역수익	750	(대) 용 역 수 익	750
⑥	(차) 수도광열비	200	(대) 미지급수도광열비	200
⑦	(차) 이 자 비 용	250	(대) 미지급이자	250

(2)

수정전 순이익		₩16,500
(+) 선수수익 ①	₩800	
미수수익 ⑤	750	1,550
		18,050
(−) 미지급급여 ②	600	
선급임차비용소멸 ③	450	
사용된 소모품비 ④	550	
소도광열비발생액 ⑥	200	
이자비용발생액 ⑦	250	2,050
수정후 순이익		₩16,000

4-18 (1) 선수수익 (2) 선급비용 (3) 선수수익 (4) 미수수익 (5) 미지급비용
(6) 미수수익 (7) 선급비용 (8) 미지급비용

4-19 기말자본＝기초자본＋당기순이익－기중 순추가출자
＝₩20,000＋₩45,000－₩15,000
＝₩50,000

4-20

	차변	금액		대변	금액
(차)	용역수익	404,500	(대)	집합손익	404,500
(차)	집합손익	397,000	(대)	급 여	300,500
				임차비용	60,000
				감가상각비	25,000
				소모품비	9,500
				잡 비	2,000
(차)	집합손익	7,500	(대)	자 본 금	7,500
(차)	자 본 금	30,000	(대)	인 출 금	30,000

4-21

	차변	금액		대변	금액
(차)	용역수익	151,000	(대)	집합손익	151,000
(차)	집합손익	123,000	(대)	감가상각비	23,500
				보 험 료	8,600
				임차비용	21,400
				급 여	66,000
				소모품비	3,500
(차)	집합손익	28,000	(대)	자 본 금	28,000
(차)	자 본 금	28,000	(대)	인 출 금	28,000

4-22 〈결산정리분개〉

	차변	금액		대변	금액
(차)	당기손익-공정가치측정금융자산	400	(대)	당기손익-공정가치측정금융자산평가이익	400
(차)	감가상각비	125	(대)	감가상각누계액	125
(차)	임대수익	65	(대)	선수임대수익	65
(차)	미수이자	15	(대)	이자수익	15
(차)	광고선전비	60	(대)	미지급광고선전비	60
(차)	이자비용	33	(대)	미지급이자	33
(차)	선급급여	70	(대)	급 여	70

정 산 표

(주)NC서비스　　　　　20×1년 1월 1일부터 12월 31일까지

계정과목	수정전시산표		결산정리분개		수정후시산표		포괄손익계산서		재무상태표	
	차변	대변	차변	대변	차변	대변	차변	대변	차변	대변
현 금	954				954				954	
당기손익-공정가치측정금융자산	1,000		400		1,400				1,400	
외상매출금	4,500				4,500				4,500	
단기대여금	2,972				2,972				2,972	
비 품	1,200				1,200				1,200	
감가상각누계액-비품		430		125		555				555
토 지	1,600				1,600				1,600	
외상매입금		2,916				2,916				2,916
단기차입금		2,484				2,484				2,484
선 수 금		186				186				186
자 본 금		1,000				1,000				1,000
이월이익잉여금		100				100				100
용 역 매 출		7,000				7,000		7,000		
임 대 수 익		735	65			670		670		
이 자 수 익		100		15		115		115		
급 여	819			70	749		749			
복리후생비	591				591		591			
광고선전비	669		60		729		729			
임 차 비 용	469				469		469			
이 자 비 용	177		33		210		210			
합 계	14,951	14,951								
당기손익-공정가치측정금융자산평가이익				400		400		400		
감가상각비			125		125		125			
선수임대수익				65		65				65
미 수 이 자			15		15				15	
미지급광고선전비				60		60				60
미지급이자				33		33				33
선 급 급 여			70		70				70	
합 계			768	768	15,584	15,584	2,873	8,185		
당기순이익							**5,312**			**5,312**
합 계							8,185	8,185	12,711	12,711

포괄손익계산서

(주)NC서비스 20×1년 1월 1일부터 12월 31일까지

매 출 액		₩7,000
매 출 원 가		–
매출총이익		7,000
판매비와 관리비		(2,663)
급 여	₩749	
감가상각비	125	
복리후생비	591	
광고선전비	729	
임 차 비 용	469	
영 업 이 익		4,337
영업외수익		1,185
임 대 수 익	670	
이 자 수 익	115	
당기손익-공정가치측정금융자산평가이익	400	
영업외비용		(210)
이 자 비 용	210	
법인세비용차감전계속사업이익(=당기순이익)		₩5,312

재무상태표

(주)NC서비스 20×1년 12월 31일 현재

〈자 산〉		〈부 채〉	
현금및현금성자산	₩954	매 입 채 무	₩2,916
당기손익-공정가치측정금융자산	1,400	단기차입금	2,484
매 출 채 권	4,500	선 수 금	186
단기대여금	2,972	선 수 수 익	65
미 수 수 익	15	미지급비용	93
선 급 비 용	70	〈자 본〉	
비 품	645	자 본 금	1,000
토 지	1,600	이익잉여금 (당기순이익 : 5,312)	5,412
합 계	₩12,156	합 계	₩12,156

4-23

재무상태표(부분)

미래시스템(주) 20×1. 12. 31

자 본(20×1. 1. 1)		₩398,500
순 손 실	(₩42,000)	
배 당 금(인출금)	(10,000)	
자본감소분		(₩52,000)
자본총계		₩346,500

4-24 〈결산정리분개〉

①	(차) 매 입	500	(대) 상 품	500
	상 품	400	매 입	400
②	(차) 당기손익-공정가치측정금융자산	400	(대) 당기손익-공정가치측정금융자산평가이익	400
③	(차) 감가상각비	125	(대) 감가상각누계액	125
④	(차) 임 대 수 익	65	(대) 선수임대수익	65
⑤	(차) 미 수 이 자	15	(대) 이 자 수 익	15
⑥	(차) 광고선전비	60	(대) 미지급광고선전비	60
⑦	(차) 이 자 비 용	33	(대) 미지급이자	33
⑧	(차) 선 급 급 여	70	(대) 급 여	70
⑨	(차) 보 험 료	30	(대) 미지급보험료	30
⑩	(차) 소 모 품	41	(대) 소 모 품 비	41

정 산 표

케이플러스(주) 20×1년 1월 1일부터 12월 31일까지

계정과목	수정전시산표		결산정리분개		수정후시산표		포괄손익계산서		재무상태표	
	차변	대변	차변	대변	차변	대변	차변	대변	차변	대변
현 금	954				954				954	
당기손익-공정가치측정금융자산	1,000		② 400		1,400				1,400	
외상매출금	4,500				4,500				4,500	
단기대여금	2,972				2,972				2,972	
상 품	500		① 400	① 500	400				400	
비 품	1,200				1,200				1,200	
감가상각누계액-비품		430		③ 125		555				555
토 지	1,600				1,600				1,600	
외상매입금		2,000				2,000				2,000
단기차입금		5,000				5,000				5,000
장기차입금		1,602				1,602				1,602
자 본 금		1,000				1,000				1,000
이월이익잉여금		100				100				100
매 출		7,000				7,000		7,000		
임 대 수 익		735	④ 65			670		670		
매 입	2,516		① 500	① 400	2,616		2,616			
이 자 수 익		100		⑤ 15		115		115		
급 여	819			⑧ 70	749		749			
소 모 품 비	591			⑩ 41	550		550			
광고선전비	669		⑥ 60		729		729			
보 험 료	469		⑨ 30		499		499			
이 자 비 용	177		⑦ 33		210		210			
합 계	17,967	17,967								
당기손익-공정가치측정금융자산평가이익				② 400		400		400		
감가상각비			③ 125		125		125			
선수임대수익				④ 65		65				65
미 수 이 자			⑤ 15		15				15	
미지급광고선전비				⑥ 60		60				60
미지급이자				⑦ 33		33				33
선 급 급 여			⑧ 70		70				70	
미지급보험료				⑨ 30		30				30
소 모 품			⑩ 41		41				41	
합 계			1,739	1,739	18,630	18,630	5,478	8,185		
당기순이익							**2,707**			**2,707**
합 계							8,185	8,185	13,152	13,152

4-25 〈기말결산정리분개〉

①	(차) 매　　입	500	(대) 상　　품	500
	상　　품	400	매　　입	400
②	(차) 당기손익-공정가치측정금융자산	100	(대) 당기손익-공정가치측정금융자산평가이익	100
③	(차) 감가상각비	200	(대) 감가상각누계액	200
④	(차) 이 자 수 익	50	(대) 선 수 이 자	50
⑤	(차) 임 대 수 익	50	(대) 선수임대수익	50
⑥	(차) 선 급 급 여	20	(대) 급　　여	20
⑦	(차) 보　험　료	470	(대) 선급보험료	470

정 산 표

아프로마트(주)　　　　20×1년 1월 1일부터 12월 31일까지

계정과목	수정전시산표		결산정리분개		수정후시산표		손익계산서		재무상태표	
	차변	대변	차변	대변	차변	대변	차변	대변	차변	대변
현　　금	300				300				300	
당기손익-공정가치측정금융자산	600		100		700				700	
외상매출금	500				500				500	
선급보험료	500			470	30				30	
상　　품	500		400	500	400				400	
건　　물	1,000				1,000				1,000	
감가상각누계액		400		200		600				600
외상매입금		600				600				600
자 본 금		300				300				300
이익잉여금		600				600				600
매　　출		4,000				4,000		4,000		
이 자 수 익		200	50			150		150		
임 대 수 익		300	50			250		250		
매　　입	2,500		500	400	2,600		2,600			
급　　여	500			20	480		480			
합 계	6,400	6,400								
당기손익-공정가치측정금융자산평가이익				100		100		100		
감가상각비			200		200		200			
선 수 이 자				50		50				50
선수임대수익				50		50				50
선 급 급 여			20		20				20	
보 험 료			470		470		470			
합 계			1,790	1,790	6,700	6,700	3,750	4,500		
당기순이익							**750**			**750**
합 계							4,500	4,500	2,950	2,950

4-26 (1) 회계담당자는 다음과 같은 대안을 선택할 수 있다.

① 관리자의 지시사항을 따른다.

② 관리자의 지시사항을 따를 수 없는 이유를 설명한다.

③ 보다 상급자에게 관리자의 행동을 보고한다.

④ 사퇴한다.

(2) 선택대안 중에서 ①은 비윤리적이다. 왜냐하면 재무제표의 왜곡을 가져오기 때문이다. 대안 ③과 ④는 잘 나타날 수 없는 과격한 수단이다. 따라서 대안 ②가 최선이라고 할 수 있다.

CHAPTER 5 재고자산

문제 A형

5-1 (차) 손　　익　512,500　(대) 매 출 원 가　512,500

5-2 (1) 순매출액－매출원가＝매출총이익

₩800,000－매출원가＝₩320,000

매출원가＝₩480,000

(2)

기초상품재고금액			₩100,000
당기상품매입액		₩520,000	
차감 : 매입할인	₩15,000		
매입에누리와 환출	8,000	23,000	
순매입액		497,000	
가산 : 매입운임		10,000	
상품매입원가			507,000
판매가능상품액			₩607,000

(3) 판매가능상품액－기말상품재고금액＝매출원가

₩607,000－기말상품재고금액＝₩480,000

기말상품재고금액＝₩127,000

5-3

(1) (차) 외상매출금	12,500	(대) 매 출	12,500
매 출 원 가	6,250	상 품	6,250
(2) (차) 현 금	6,125	(대) 외상매출금	6,250
매 출 할 인	125		
(3) (차) 현 금	6,250	(대) 외상매출금	6,250

5-4

(부분)포괄손익계산표

(주)EGG 20×1년 11월 1일부터 11월 30일까지

매 출 수 익				
순 매 출 액				
매 출 액			₩65,000	
차감 : 매출할인			(1,800)	₩63,200
매 출 원 가				
기초상품재고금액			30,000	
순 매 입 액				
당기상품매입액	₩28,000			
차감 : 매입에누리와 환출	(3,500)	24,500		
가산 : 매입운임		2,000	26,500	
판매가능상품			56,500	
기말상품재고금액			(22,000)	(34,500)
매출총이익				₩28,700

5-5

(부분)포괄손익계산표

(주)HMR 20×1년 11월 1일부터 11월 30일까지

매 출 수 익				
순 매 출 액				
매 출 액			₩50,000	
차감 : 매출할인			(750)	₩49,250
매 출 원 가				
기초상품재고금액			1,500	
순 매 입 액				
당기상품매입액	₩25,000			
차감 : 매입에누리와 환출	(1,500)	₩23,500		
가산 : 매입운임		2,500	26,000	
판매가능상품			27,500	
기말상품재고금액			(2,000)	(25,500)
매출총이익				₩23,750
영 업 비 용				17,500
영 업 이 익				₩6,250

5-6 (1) ₩827 (₩900 − ₩100 − ₩8 + ₩35)

(2) ₩5,100 (₩5,600 − ₩500)

(3) ₩2,279 (₩2,500 − ₩200 − ₩46 + ₩25)

(4) ₩7,920 (₩8,000 − ₩80)

5-7 ₩1,725 (15개 @₩60과 15개 @₩55)

5-8 (1)

10개	@₩75	₩750
5개	@₩74	370
	합 계	₩1,120

(2)

6개	@₩73	₩438
9개	@₩72	648
	합 계	₩1,086

(3) 평균단가 = ₩3,240 ÷ 44개 = ₩73.64
기말재고금액 = ₩73.64 × 15개 = ₩1,104.60

5-9 (1) FIFO : 기말재고 ₩2,750

수량	단가	금액
300개	₩8	₩2,400
50개	7	350
350개		₩2,750

(2) 평균법 : 기말재고 ₩2,100
₩6,000 ÷ 1,000 = ₩6.00
₩6.00(단위당) × 350개 = ₩2,100

(3) LIFO : 기말재고 ₩1,650

수량	단가	금액
100개	₩4	₩400
250개	5	1,250
350개		₩1,650

(4) FIFO : 매출원가 ₩3,250

수량	단가	금액
100개	₩4	₩400
500개	5	2,500
50개	7	350
650개		₩3,250

LIFO : 매출원가 ₩4,350

수량	단가	금액
300개	₩8	₩2,400
100개	7	700
250개	5	1,250
650개		₩4,350

후입선출법에서 매출원가 = ₩4,350
선입선출법에서 매출원가 = ₩3,250
선입선출법에서 매출총이익이 ₩1,100만큼 높다.

문제 B형

5-10 20×1년 12월 31일 재고자산 = ₩1,000,000 + ₩200,000 + ₩400,000 + ₩500,000 = ₩2,100,000

5-11 (1) 10월 8일 ₩784 [매출 ₩800 − 매출할인 ₩16 (₩800 × 0.02)]
16일 ₩679 [매출 ₩1,200 − 매출환입 ₩500 = ₩700 ;
₩700 − 매출할인 ₩21 (₩700 × 0.03)]
29일 ₩5,800 [매출 ₩7,000 − 매출환입 ₩1,200 = ₩5,800 ; (할인기간 경과)]
27일 ₩1,274 [매출 ₩1,700 − 매출환입 ₩400 = ₩1,300 ;
₩1,300 − 매출할인 ₩26 (₩1,300 × 0.02)]
28일 ₩1,960 [매출 ₩2,500 − 매출환입 ₩500 = ₩2,000 ;
₩2,000 − 매출할인 ₩40 (₩2,000 × 0.02)]

(2)

① 10월 17일	(차)	외상매출금	7,000	(대)	매 출	7,000
	(차)	매 출 원 가	3,500	(대)	상 품	3,500
② 10월 23일	(차)	매출에누리와 환입	400	(대)	외상매출금	400
	(차)	상 품	200	(대)	매 출 원 가	200
③ 10월 28일	(차)	현 금	1,960	(대)	외상매출금	2,000
		매 출 할 인	40			

5-12 (1) FIFO : 기말재고 ₩237

수량	단가	금액
45개	₩4.80	₩216
5개	4.20	21
50개		₩237

(2) 평균법 : 기말재고 ₩222

₩666 ÷ 150 = ₩4.44

₩4.44(단위당) × 50개 = ₩222

(3) LIFO : 기말재고 ₩214

수량	단가	금액
15개	₩4.00	₩60
35개	4.40	154
50개		₩214

(4) FIFO : 매출원가 ₩429

수량	단가	금액
15개	₩4.00	₩60
60개	4.40	264
25개	4.20	105
100개		₩429

5-13

일자	적요	매입		매출	
		수량	단가	수량	단가
3월 1일	기초재고	100	₩60		
3일	매입	60	75		
4일	매출			70	₩120
10일	매입	200	82		
16일	매출			80	130
19일	매출			80	130
25일	매출			50	130
30일	매입	40	90		
		400		280	

(1) FIFO :

일자	수량	단가	금액
3월 1일	100개	₩60	₩6,000
3월 3일	60개	75	4,500
3월 10일	120개	82	9,840
매출원가	280개		₩20,340

(2) 평균법 : ₩30,500÷400=₩76.25

₩76.25×기말재고수량 (400개−280개=120개)

₩76.25×120=₩9,150

(3) LIFO :

일자	수량	단가	금액	
3월 1일	100개	₩60	₩6,000	
3월 3일	20개	75	1,500	
	120개		₩7,500	=기말재고

5-14 (1) FIFO : 기말재고수량=400개

일자	수량	단가	금액	
10월 24일	200개	₩11.60	₩2,320	
10월 16일	200개	10.80	2,160	
	400개		₩4,480	=기말재고

(2) 평균법 : 기말재고수량=400개

평균단가=₩21,120÷2,000개=₩10.56

400개×₩10.56=₩4,224

(3) LIFO : 기말재고수량=400개

10월 1일 400개×@₩10.00=₩4,000

5-15 (1)

상품재고장

(선입선출법) 품명 : ××상품

월	일	적요	입고 수량	입고 단가	입고 금액	출고 수량	출고 단가	출고 금액	잔고 수량	잔고 단가	잔고 금액
9	1	전월이월	300	480	144,000				300	480	144,000
	2	상품매입	700	510	357,000				300	480	144,000
									700	510	357,000
	6	상품매출				300	480	144,000			
						300	510	153,000	400	510	204,000
	8	상품매입	300	540	162,000				400	510	204,000
									300	540	162,000
	23	상품매출				400	510	204,000	300	540	162,000
	24	상품매입	200	550	110,000				300	540	162,000
									200	550	110,000

기말상품재고금액=₩272,000

매출원가 ₩773,000−₩272,000=₩501,000

(2)

상품재고장

(후입선출법) 품명 : ××상품

월일		적요	입고			출고			잔고		
			수량	단가	금액	수량	단가	금액	수량	단가	금액
9	1	전월이월	300	480	144,000				300	480	144,000
	2	상품매입	700	510	357,000				300	480	144,000
									700	510	357,000
	6	상품매출				600	510	306,000	300	480	144,000
									100	510	51,000
	8	상품매입	300	540	162,000				300	480	144,000
									100	510	51,000
									300	540	162,000
	23	상품매출				300	540	162,000	300	480	144,000
						100	510	51,000			
	24	상품매입	200	550	110,000				300	480	144,000
									200	550	110,000

기말상품재고금액＝₩144,000＋₩110,000＝₩254,000

매출원가＝₩773,000－₩254,000＝₩519,000

(3)

상품재고장

(이동평균법) 품명 : ××상품

월일		적요	입고			출고			잔고		
			수량	단가	금액	수량	단가	금액	수량	단가	금액
9	1	전월이월	300	480	144,000				300	480	144,000
	2	상품매입	700	510	357,000				1,000	501	501,000
	6	상품매출				600	501	300,600	400	501	200,400
	8	상품매입	300	540	162,000				700	517.71	362,400*
	23	상품매출				400	517.71	207,084	300	517.71*	155,316
	24	상품매입	200	550	110,000				500	530.63	265,316

기말재고금액＝₩265,316

매출원가＝₩507,684

* 단수정리

(4) 판매가능상품액＝300×@₩480＋700×@₩510＋300×@₩540＋200×@₩550
＝₩773,000

기말재고금액＝300×@₩540＋200×@₩550＝₩272,000

매출원가＝₩773,000－₩272,000＝₩501,000

(5) 기말재고금액＝300×@₩480＋200×@₩510＝₩246,000

매출원가＝₩773,000－₩246,000＝₩527,000

(6) 총평균단가 = ₩773,000 ÷ 1,500개 = ₩515.33
기말재고금액 = 500 × @₩515.33 = ₩257,667*
매출원가 = ₩773,000 − ₩257,667 = ₩515,333
* 단수정리

5-16 수정전 기말상품재고금액 ₩95,000

(1) 영향 없음(FOB 도착지인도조건이므로 운송중에 있는 상품은 판매자의 소유이다)
(2) − ₩500(이 상품은 고객의 소유이므로 기말상품재고금액에서 제외되어야 한다)
(3) + ₩4,000(FOB 선적지인도조건으로 구매하였으므로 이 상품은 (주)EGR의 것이다. 따라서 (주)EGR의 재고자산에 포함시켜야 한다)
(4) 영향 없음(FOB 선적지인도조건으로 판매하였으므로 운송중에 있는 상품은 구매자의 것이다. 따라서 (주)EGR의 기말상품재고금액에서 제외되는 것이 타당하다)
(5) + ₩2,500(FOB 도착지인도조건으로 판매하였으므로 고객이 상품을 받을 때까지 소유권이 (주)EGR에 있다. 따라서 (주)EGR의 기말상품재고에 포함되어야 한다)
(6) − ₩3,000(이 상품의 소유권은 위탁자에게 있다. 따라서 수탁자인 (주)EGR의 재고자산에서 제외되어야 한다)

올바른 기말상품재고금액 ₩98,000

5-17 (1) LIFO를 사용하여 정보를 다시 계산하면 다음과 같다.

매 출 액	₩1,600,000
매 출 원 가*	900,000
매출총이익	700,000
영 업 비 용	300,000
법인세차감전순이익	₩400,000

* 기말재고는 후입선출법을 사용하면 선입선출법에 비해 ₩100,000이 낮아질 것이다(₩250,000 − ₩150,000 = ₩100,000). 따라서 매출원가는 후입선출법에서 ₩100,000이 증가하게 된다.

(2) FIFO를 사용하는 경우 법인세비용과 순이익
₩500,000 × 0.30 = ₩150,000
세후순이익
₩350,000 (₩500,000 − ₩150,000 = ₩350,000)
LIFO를 사용하는 경우 법인세비용과 순이익
₩400,000 × 0.30 = ₩120,000
세후순이익
₩280,000 (₩400,000 − ₩120,000 = ₩280,000)

재고자산평가방법을 LIFO로 변경하는 경우 법인세비용과 세후순이익은 각각 ₩30,000, ₩70,000 낮아진다. 현금흐름은 ₩30,000(₩150,000 − ₩120,000 = ₩30,000)이 절약된다.

(3) 소유주 입장에서는 현금흐름이 절약되는 LIFO가 유리하다. 즉, 세금유출의 절약으로 절약된 현금을 사용할 수 있게 된다.

5-18 (1) 새로운 시스템은 재고상품이 없어졌다는 것을 알려줄 뿐 누가 가져갔는지에 대해서는 알려주지 않는다. 따라서 이행복의 태도는 정당화되지 않는다.

(2) 이행복은 즉시 상급자에게 보고해야 한다. 이행복은 그러한 행위가 범죄행위임을 알고 있고, 이행복은 그러한 행위의 당사자와 밀접하게 연관되어 있다. 이행복은 자신의 이미지 때문에 승진을 못할 것이라는 두려움은 정당화될 수 없다. 이행복이 비윤리적인(불법적인) 행동을 거부하는 것은 다른 사람들이 그를 보다 가치 있는 관리자로 볼 수 있을 것이다. 만약에 다른 누군가가 김가정의 행위를 보고한다면 선진백화점에서 이행복이 가질 수 있는 직장에서의 경력은 다른 사람에 의해 위협받게 될지도 모른다. 최종적인 조사결과 이행복이 적절한 시간에 적절한 보고대상자에게 보고를 하지 않았으므로 그를 연루시킬 수도 있다.

CHAPTER 6 현금과 내부통제

문제 A형

6-1 (1) 약화 (2) 강화 (3) 약화 (4) 약화 (5) 강화

6-2

	차변	금액	대변	금액
(1)	(차) 현 금	1,500,000	(대) 외상매출금	1,500,000
(2)	(차) 현금과부족	26,000	(대) 현 금	26,000
(3)	(차) 여비교통비	20,000	(대) 현금과부족	20,000
(4)	(차) 잡 손 실	6,000	(대) 현금과부족	6,000

6-3

	차변	금액	대변	금액
(1)	(차) 매 입 운 임	19,400	(대) 당 좌 예 금	106,400
	통 신 비	40,000		
	소 모 품 비	17,000		
	접 대 비	25,000		
	현금과부족	5,000		
(2)	(차) 소 액 현 금	50,000	(대) 당 좌 예 금	50,000

6-4

10월 1일	(차) 소액현금	150,000	(대) 당좌예금	150,000
10월 31일	(차) 매입운임	25,000	(대) 당좌예금	144,000
	소모품비	35,000		
	접대비	60,000		
	통신비	20,000		
	현금과부족	4,000		

6-5

6월 1일	(차) 당좌예금	700,000	(대) 현금	700,000
6월 6일	(차) 매입	600,000	(대) 당좌예금	600,000
6월 10일	(차) 매입	300,000	(대) 당좌예금	100,000
			당좌차월	200,000
6월 22일	(차) 당좌차월	200,000	(대) 매출	300,000
	당좌예금	100,000		
6월 25일	(차) 당좌예금	150,000	(대) 현금	150,000

당좌예금

6/ 1	현금	700,000	6/ 6	매입	600,000
22	매출	100,000	10	매입	100,000
25	현금	150,000			

당좌차월

6/22	매출	200,000	6/10	매입	200,000

6-6

은행계정조정표

(주)MTB 20×1년 12월 31일

은행명세서상 잔액		₩2,306
가산 : (4) 미기록예금		1,175
		3,481
차감 : (3) 미인출수표		585
수정후 은행측 잔액		₩2,896
장부상 잔액		₩2,930
차감 : (6) 기장오류	₩9	
(5) 은행수수료	25	34
수정후 장부상 잔액		₩2,896

6-7

은행계정조정표

(주)JHC 20×1년 9월 31일 현재

회사측 예금잔액	₩252,000	은행측 예금잔액	₩310,000
가산 :		가산 :	
미기장예입	60,000	미기장예입수표	62,000
차감 :		차감 :	
미기장이자비용	1,000	미인출수표	77,000
오기정정액	16,000		
수정후의 잔액	₩295,000	수정후의 잔액	₩295,000

〈수정분개〉

9월 18일	(차) 당 좌 예 금	60,000	(대) 외상매출금	60,000
30일	(차) 이 자 비 용	1,000	(대) 당 좌 예 금	1,000
31일	(차) 외상매출금	16,000	(대) 당 좌 예 금	16,000

6-8

거래	은행 증가	은행 감소	회사 증가	회사 감소
미결제수표		✓		
이자수익			✓	
부도수표				✓
대출금 상환		✓		
고객 입금	✓			
은행수수료				✓

문제 B형

6-9 (1) B (2) A (3) C (4) B (5) D (6) E (7) F

6-10

(1)	(차) 현 금	2,500,000	(대) 외상매출금	2,500,000
(2)	(차) 현 금	36,000	(대) 현금과부족	36,000
(3)	(차) 현금과부족	30,000	(대) 외상매출금	30,000
(4)	(차) 현금과부족	6,000	(대) 잡 수 익	6,000

6-11

9월 1일	(차) 소액현금	250,000	(대) 당좌예금	250,000
9월 30일	(차) 매입운임	25,000	(대) 당좌예금	238,000
	소모품비	75,000		
	접 대 비	58,000		
	통 신 비	80,000		

6-12

(1)	(차) 매 입	850,000	(대) 당좌예금	500,000
			당좌차월	350,000
(2)	(차) 당좌차월	350,000	(대) 외상매출금	600,000
	당좌예금	250,000		
(3)	(차) 통 신 비	75,000	(대) 당좌예금	150,000
	여비교통비	50,000		
	소모품비	25,000		

6-13

거래	분개 불필요	분개 필요	차변	대변
미결제수표	✓			
이자수익		✓	당좌예금	이자수익
부도수표		✓	외상매출금	당좌예금
차입금 상환		✓	차입금	당좌예금
고객 입금	✓			
은행수수료		✓	지급수수료	당좌예금

6-14 (1)

은행계정조정표

(주)JHC 20×1년 12월 31일

은행의 명세서상의 잔액	₩2,400,000	기업의 당좌예금계정 잔액	₩2,390,000
가산 :		가산 :	
미기록예금	650,000	어음추심액	200,000
차감 :		차감 :	
미인출수표	550,000	기장의 오기	90,000
수정후의 잔액	₩2,500,000	수정후의 잔액	₩2,500,000

(2)	(차) 외상매출금	90,000	(대) 당좌예금	90,000
	(차) 당좌예금	200,000	(대) 받을어음	200,000

6-15 (1)

은행계정조정표

(주)PCC 20×1년 11월 30일

은행명세서상 잔액		₩7,000
가산 : ① 미기록예금		5,200
		12,200
차감 : ③ 미인출수표		5,800
수정후 잔액		₩6,400
회사장부상 잔액		₩5,659
가산 : ④ 외상매입금 기장 오류	₩81	
⑥ 받을어음과 이자	1,260	1,341
		7,000
차감 : ② 은행수수료	40	
⑤ 부도수표	560	600
수정후 잔액		₩6,400

(2)

11월 30일	(차) 보 통 예 금	81	(대) 외상매입금	81
11월 30일	(차) 보 통 예 금	1,260	(대) 받 을 어 음	1,200
			이 자 수 익	60
11월 30일	(차) 수수료비용	40	(대) 보 통 예 금	40
11월 30일	(차) 외상매출금	560	(대) 보 통 예 금	560

6-16 내부통제제도는 대부분의 사람들을 신뢰할 수 없기 때문이 아니라 신뢰할 수 없는 소수의 사람들로부터 기업의 자산을 보호하기 위해서 존재한다. 세상이 완전하다면 모든 사람은 신뢰할 수 있고 내부통제제도는 더 이상 필요치 않게 된다. 그러나 내부통제제도가 그 반대의 상황을 의미하지는 않는다.

동기와 기회가 존재한다면 어떤 사람이라도 어떤 행동을 취할 수 있다는 것은 사실이다. 그러한 동기가 회사에 어떠한 해를 끼치는지를 직・간접적으로 측정하는 것은 매우 어려우므로 기업이 선택할 수 있는 최선책은 동기의 변화를 관찰하고 기회를 막는 것이다.

정직한 사람들은 내부통제의 측정에 위협을 느끼기보다는 오히려 감사함을 느껴야 한다. 모든 활동에 대한 책임이 명확히 정해지고 기업의 자산에 대한 접근이 철저히 통제될 때 정직한 종업원들은 그들의 정직성을 보여줄 수 있다. 반면 모든 종업원들이 정직한 것으로 생각될 때에는 더 이상 통제는 존재하지 않는다. 종업원들 중 어떤 이라도 정직하지 않을 때 모든 종업원들이 부당하게 대접을 받게 된다.

CHAPTER 7

금융자산(Ⅰ) : 수취채권과 지급채무

문제 A형

7-1 (1) 6월 4일 (2) ₩15,200

(3)

①	(차) 받을어음	15,000	(대)	매출	15,000
②	(차) 현금	15,200	(대)	받을어음	15,000
				이자수익	200

7-2 기린(주)－매입자

일자	차변	금액	대변	금액
6월 1일	(차) 매입	60,000	(대) 외상매입금	60,000
6월 30일	(차) 외상매입금	60,000	(대) 지급어음	60,000
8월 29일	(차) 지급어음	60,000	(대) 현금	60,500
	이자비용	500		

유화(주)－매출자

일자	차변	금액	대변	금액
6월 1일	(차) 외상매출금	60,000	(대) 매출	60,000
6월 30일	(차) 받을어음	60,000	(대) 외상매출금	60,000
8월 29일	(차) 현금	60,500	(대) 받을어음	60,000
			이자수익	500

7-3
(1) 대여금
(2) 매출채권(받을어음)
(3) 미수금
(4) 매출채권(외상매출금)
(5) 미수수익
(6) 대여금

7-4

재무상태표

세기미디어(주) 20×1년 12월 31일 현재

〈자 산〉		
유동자산 :		
현 금		₩125,000
당기손익-공정가치측정금융자산		50,000
매 출 채 권	₩275,000	
손실충당금	(25,000)	250,000
미 수 수 익		1,000
유동자산 총계		₩426,000

7-5 (1) 직접상각법 (2) 채무불이행 발생확률접근법

7-6

1월 1일	(차) 외상매출금	400	(대) 매 출	400
2월 1일	(차) 현 금	200	(대) 외상매출금	200
7월 1일	(차) 손실충당금	200	(대) 외상매출금	200
9월 1일	(차) 외상매출금	200	(대) 손실충당금	200
	(차) 현 금	200	(대) 외상매출금	200

7-7

(1)

(차) 외상매출금 (상품의 외상판매)	1,450,000	(대) 매 출	1,450,000
(차) 매출에누리와 환입 (반품의 기록)	100,000	(대) 외상매출금	100,000
(차) 현 금 (외상매출금의 회수)	1,300,000	(대) 외상매출금	1,300,000
(차) 손실충당금 (손상차손확정)	30,000	(대) 외상매출금	30,000
(차) 외상매출금 (손상차손취소)	4,000	(대) 손실충당금	4,000
(차) 현 금 (현금의 회수)	4,000	(대) 외상매출금	4,000

(2)

외상매출금

20×1년 12월 31일	500,000	100,000
	1,450,000	1,300,000
	4,000	30,000
		4,000

손실충당금

30,000	20×1년 12월 31일 33,000
	4,000

20×2년 12월 31일 외상매출금 기말잔액 ₩520,000

손상차손예상액 ₩520,000 × 0.06 = ₩31,200

20×2년 12월 31일 손상차손 = ₩31,200 − ₩7,000 = ₩24,200

12월 31일 (차) 손 상 차 손 24,200 (대) 손실충당금 24,200

7-8

인명계정	만기일	경과일수
알파자동차	5월 15일	77일 (16+30+31)
베스트 드라이버	7월 8일	23일 (31−8)
오토그로스 정비소	3월 18일	135일 (13+30+31+30+31)
한독자동차	6월 1일	60일 (29+31)
신창정비소	6월 3일	58일 (27+31)
애니콜서비스	4월 12일	110일 (18+31+30+31)
SK스피드메이트	5월 31일	61일 (30+31)
오토 큐	3월 2일	151일 (29+30+31+30+31)

7-9 (1)

인명계정	만기일	경과일수
플러스마트	7월 10일	143일 (21+31+30+31+30)
동북프라자	9월 20일	71일 (10+31+30)
승인(주)	10월 17일	44일 (14+30)
우성(주)	11월 4일	26일
자연나라	12월 31일	미경과

(2)

	A	B	C	D	E	F	G
1				회수기일 경과일수			
2	고객	잔액	미경과	1-30	31-60	61-90	90초과
3	신창(주)	3,000	3,000				
4	미림(주)	4,500		4,500			
21	델타기업	5,000			5,000		
22	소계	950,000	550,000	210,000	90,000	55,000	45,000
23	플러스마트	12,000					12,000
24	동북프라자	8,000				8,000	
25	승인(주)	17,000			17,000		
26	우성(주)	10,000		10,000			
27	자연나라	23,000	23,000				
28	합계	1,020,000	573,000	220,000	107,000	63,000	57,000

7-10 (1) (차) 손 상 차 손 4,560 (대) 손실충당금* 4,560

* ₩5,160－600＝₩4,560

(2) (차) 손 상 차 손 4,660 (대) 손실충당금* 4,660

* ₩5,160－500＝₩4,660

(3) (차) 손실충당금 340 (대) 손실충당금환입* 340

* ₩5,160－5,500＝－₩340

7-11 (1) 8월 10일 (차) 손실충당금 500 (대) 외상매출금 500

9월 12일 (차) 손실충당금 3,000 (대) 외상매출금 3,000

10월 10일 (차) 외상매출금 500 (대) 손실충당금 500

현　　금 500 　외상매출금 500

(2) 12월 31일 (차) 손 상 차 손 * 3,900 (대) 손실충당금 3,900

* (₩100,000×4.5%)－₩600#＝₩3,900

₩3,600－₩500－₩3,000＋₩500＝₩600

(3) 20×2년 12월 31일 손실충당금 잔액＝₩4,500(₩100,000×4.5%)

7-12 (1) (차) 당 좌 예 금 1,950,000 (대) 외상매출금 2,000,000

매출채권처분손실 50,000

(2) -분개 없음-

문제 B형

7-13 12월 1일 (차) 단기대여금 12,000 (대) 현　　금 12,000

12월 15일 (차) 받 을 어 음 2,400 (대) 매　　출 2,400

12월 31일 (차) 미 수 이 자 112 (대) 이 자 수 익* 112

* 이자수익

12월 1일 어음 : ₩12,000×10%×30/360＝₩100

12월 15일 어음 : ₩2,400×12%×15/360＝　12

발생이자 합계　₩112

7-14 8월 15일 (차) 현　　금 15,680 (대) 외상매출금 16,000

매출채권처분손실* 320

* ₩16,000×2%＝₩320

8월 25일 (차) 외상매출금 768 (대) 매　　출 800

카드수수료* 32

* ₩800×4%＝₩32

	8월 28일 (차) 현 금	768	(대) 외상매출금	768

7-15

6월 1일 (차) 받을어음	6,000	(대) 매 출	6,000
11월 1일 (차) 외상매출금	7,000	(대) 매 출	7,000
11월 5일 (차) 매출에누리와 환입	1,000	(대) 외상매출금	1,000
11월 9일 (차) 현 금	5,880	(대) 외상매출금	6,000
매출할인*	120		

* ₩6,000 × 0.02 = ₩120

12월 31일 (차) 현 금	6,300	(대) 받을어음	6,000
		이자수익	300

7-16

(1) (차) 손상차손 11,000 (대) 손실충당금* 11,000

* ₩150,000 × 0.10 − ₩4,000 = ₩11,000

(2) (차) 손실충당금 1,000 (대) 손실충당금환입* 1,000

* ₩150,000 × 0.02 − ₩4,000 = − ₩1,000

7-17

1월 5일 (차) 외상매출금	1,000	(대) 매 출	1,000
4월 15일 (차) 현 금	300	(대) 외상매출금	300
8월 21일 (차) 손실충당금	700	(대) 외상매출금	700
10월 5일 (차) 외상매출금	350	(대) 손실충당금	350
현 금	350	외상매출금	350

7-18

(1) (차) 손상차손 4,300 (대) 손실충당금* 4,300

* ₩4,800 − ₩500 = ₩4,300

(2)

재무상태표(부분)

매출채권	₩120,000	
손실충당금	(4,300)	₩115,700

(3) (차) 손실충당금 1,000 (대) 외상매출금 1,000

재무상태표(부분)

	〈손상차손확정 전〉		〈손상차손확정 후〉	
매출채권	₩160,000		₩159,000	
손실충당금	(3,000)	₩157,000	(2,000)	₩157,000

7-19

12월 17일 (차) 외상매출금 50 (대) 매출할인 50

(할인기간의 경로로 인한 매출할인 기록오류의 수정)

12월 27일 (차) 외상매출금 1,000 (대) 손실충당금 1,000

(상각한 채권의 회복 분개)

12월 27일 (차) 손 상 차 손 1,000 (대) 외상매출금 1,000
(회수분개의 오류에 대한 수정)

12월 31일 (차) 손 상 차 손 10,800 (대) 손실충당금 10,800
(손상추산액 ₩12,000이므로 잔액을 수정하는 분개)

7-20 (1) 손상차손 추산액 = ₩54,000 × 1% + ₩30,000 × 3% + ₩13,000 × 10% + ₩3,000 × 20% + ₩5,000 × 50% = ₩5,840

(2)	(차) 손 상 차 손	4,040	(대)	손실충당금	4,040
(3)	(차) 손실충당금	2,000	(대)	외상매출금	2,000
(4)	(차) 외상매출금	2,000	(대)	손실충당금	2,000
	현 금	2,000		외상매출금	2,000

7-21 (1)

인명계정	만기일	경과일수
AAA 스포츠	20×1년 6월 14일	200일 (16+31+31+30+31+30+31)
불랙몬 파일	20×1년 8월 30일	123일 (1+30+31+30+31)
해양 낚시	20×1년 9월 30일	92일 (31+30+31)
필라스포츠	20×1년 10월 17일	75일 (14+30+31)
동강스포츠	20×1년 11월 7일	54일 (23+31)
설악(주)	20×1년 11월 28일	33일 (2+31)
K2	20×1년 12월 1일	30일
자연나라	20×2년 6월 6일	미경과

(2)와 (3)

	A	B	C	D	E	F	G	H
1								
2	고객	잔액	미경과	1-30	31-60	61-90	90-120	120초과
3	크랙	15,000	15,000					
4	알프스	5,500			5,500			
5								
9								
10	네파	2,900		2,900				
11	소계	850,000	422,850	247,250	103,850	33,300	25,000	18,150
12	AAA 스포츠	2,850						2,850
13	불랙몬 파일	1,200						1,200
14	해양 낚시	1,800					1,800	
15	필라스포츠	600				600		
16	동강스포츠	950			950			
17	설악㈜	2,200			2,200			
18	K2	2,250		2,250				
19	자연나라	6,550	6,550					
20	합계	868,400	429,400	249,500	107,000	33,900	26,800	22,200
21	채무불이행률		2%	5%	10%	25%	45%	90%
22	손실충당금 추정액	72,278	8,588	12,475	10,700	8,475	12,060	19,980

(4) 12월 31일 (차) 손 상 차 손 58,578 (대) 손실충당금 58,578
(₩72,278 − ₩13,700)

7-22

		차변	금액		대변	금액
(1)	(차)	미 수 금	600,000	(대)	비 품	600,000
(2)	(차)	현 금	600,000	(대)	미 수 금	600,000
(3)	(차)	차량운반구	1,000,000	(대)	미 지 급 금	1,000,000
(4)	(차)	미 지 급 금	1,000,000	(대)	당 좌 예 금	1,000,000
(5)	(차)	당 좌 예 금	600,000	(대)	가 수 금	600,000
(6)	(차)	가 수 금	600,000	(대)	외상매출금	600,000
(7)	(차)	가 지 급 금	100,000	(대)	당 좌 예 금	100,000
(8)	(차)	여비교통비	80,000	(대)	가 지 급 금	100,000
		현 금	20,000			
(9)	(차)	종업원대여금	200,000	(대)	당 좌 예 금	200,000
(10)	(차)	급 여	800,000	(대)	현 금	525,000
					종업원대여금	200,000
					소득세예수금	60,000
					건강보험료예수금	15,000
(11)	(차)	소득세예수금	60,000	(대)	현 금	75,000
		건강보험료예수금	15,000			

7-23

		차변	금액		대변	금액
(1)	(차)	현 금	475,000	(대)	단기차입금	500,000
		이 자 비 용	25,000			
(2)	(차)	현 금	960,000	(대)	단기차입금	1,000,000
		이 자 비 용	40,000			

7-24 결론적으로 재무서점에 대한 매출채권을 회복시키는 것은 윤리적인 행동에 위배되지 않는다고 볼 수 있다. 왜냐하면 특히, 재무서점과 채권 · 채무에 대해 감면하거나 면제한다고 협상한 증거도 없을 뿐만 아니라 경영출판사가 재무서점에 대한 채권을 상각한 사실을 재무서점 측에서는 모르고 있기 때문이다. 경영출판사는 상각한 채권 중 하나가 회수가능하게 되었다고 하여 다른 상각채권 모두를 회수하려고 시도할 의무는 없다. 따라서 다른 상각채권을 회복시킬 필요는 없다.

채무에 대한 이자의 부과는 다른 문제이다. 이자를 회수할 수 있는가는 법적인 문제에 달려 있고, 이자의 부과는 채무가 발생했을 때 이미 정해진다. 경영출판사가 분명히 채권을 상각하기 전 청구서를 보냈을 때 이자를 포함시키지 않았고, 얼마간의 기간 동안 청구서를 보내는 것도 중단했기 때문에 이자를 회수할 수 있는지는 의문이다.

이 사례는 재무서점이 파산하여 매출채권을 손상처리한 경우와는 다르다. 만약, 재무서점이 파산하여 매출채권을 손상처리했다면 경영출판사는 재무서점이 미래에 지급가능한 상태가 되더라도 상각한 매출채권을 회복시킬 수는 없다.

CHAPTER 8

금융상품(Ⅱ) : 증권형 금융자산

문제 A형

8-1

	차변	금액	대변	금액
(1)	(차) 당기손익-공정가치측정금융자산	800,000	(대) 당 좌 예 금	820,000
	수수료비용	20,000		
(2)	(차) 현　　금	450,000	(대) 당기손익-공정가치측정금융자산	400,000
			당기손익-공정가치측정금융자산처분이익	50,000
(3)	(차) 당기손익-공정가치측정금융자산	980,000	(대) 당 좌 예 금	980,000

8-2

(주)KPC　₩450,000 − ₩470,000 = ₩20,000(평가이익)

(주)ODC　₩1,200,000 − ₩900,000 = ₩300,000(평가손실)

평가손실　₩300,000 − ₩20,000 = ₩280,000

차변	금액	대변	금액
(차) 당기손익-공정가치측정금융자산	280,000	(대) 당기손익-공정가치측정금융자산평가손실	280,000

8-3

(1)

일자	차변	금액	대변	금액
1월 1일	(차) 당기손익-공정가치측정금융자산	30,000	(대) 현　　금	30,400
	수수료비용	400		
7월 1일	(차) 현　　금	1,500	(대) 이 자 수 익*	1,500

* ₩30,000 × 10% × 1/2 = ₩1,500

일자	차변	금액	대변	금액
9월 1일	(차) 현　　금	15,950	(대) 당기손익-공정가치측정금융자산	15,000
			이 자 수 익*	250
			당기손익-공정가치측정금융자산처분이익	700

* ₩15,000 × 10% × 2/12 = ₩250

(2)

차변	금액	대변	금액
(차) 미 수 이 자	750	(대) 이 자 수 익*	750

* ₩15,000 × 10% × 1/2 = ₩750

8-4

(1)

일자	차변	금액	대변	금액
1월 1일	(차) 당기손익-공정가치측정금융자산	9,600	(대) 현　　금	11,040
	수수료비용	1,440		
6월 1일	(차) 현　　금	4,000	(대) 배당금수익	4,000
9월 15일	(차) 현　　금	5,400	(대) 당기손익-공정가치측정금융자산*	4,800
			당기손익-공정가치측정금융자산처분이익	600

* 400 × (₩9,600 ÷ 800) = ₩4,800

12월 1일 (차) 현 금 2,000 (대) 배당금수익* 2,000

* 400 × ₩5 = ₩2,000

(2) 영업외수익으로 배당금수익 ₩6,000, 영업외비용으로 당기손익-공정가치측정금융자산처분이익 ₩600 이 발생하여 당기순이익에 미치는 영향은 ₩6,600의 순이익이 증가한다.

8-5 (1) 20×1년 12월 31일

(차) 당기손익-공정가치측정금융자산평가손실 3,000 (대) 당기손익-공정가치측정금융자산 3,000

(2) 재무상태표의 유동자산에 당기손익-공정가치측정금융자산은 공정가치인 ₩70,000에 보고되며, 손익계산서의 영업외비용에 당기손익-공정가치측정금융자산평가손실 ₩3,000이 보고된다.

(3) 20×2년 1월 22일

(차) 현 금 29,000 (대) 당기손익-공정가치측정금융자산 28,000
당기손익-공정가치측정금융자산처분이익 1,000

8-6 (1) 기타포괄손익-공정가치측정금융자산은 공정가치로 평가하고 그 평가손익을 포괄손익계산서에는 포괄손익에 반영하고, 재무상태표에는 기타포괄손익누계액에 포함시킨다.

① 20×1년말

(차) 기타포괄손익-공정가치측정금융자산평가손실 800,000 (대) 기타포괄손익-공정가치측정금융자산* 800,000

* (₩7,000 − ₩6,800) × 4,000주 = ₩800,000

② 20×2년말

(차) 기타포괄손익-공정가치측정금융자산 1,600,000 (대) 기타포괄손익-공정가치측정금융자산평가이익* 1,600,000

* (₩7,200 − ₩6,800) × 4,000주 = ₩1,600,000
* 평가이익은 기타포괄손익-공정가치측정금융자산평가이익계정으로 처리하며, 재무상태표상 기타포괄손익-공정가치측정금융자산이익누계액을 감소(증가)시킨다.

(2) (차) 현 금 14,800,000 (대) 기타포괄손익-공정가치측정금융자산 14,400,000
기타포괄손익-공정가치측정금융자산처분이익* 400,000

* 동 금융자산은 주식을 취득하였고 이를 기타포괄손익-공정가치측정금융자산으로 분류하였으므로 기타포괄손익누계액 ₩800,000(=평가이익 ₩1,600,000−평가손실 ₩800,000)은 당기손익(금융자산처분이익)으로 재순환되지 않는다. 따라서 처분된 금융자산의 공정가치(₩14,800,000)에서 장부가치(₩14,400,000)를 차감한 ₩400,000을 기타포괄손익-공정가치측정금융자산처분이익으로 인식하여 당기손익에 반영한다. 한편, 기타포괄손익누계액 ₩800,000은 자본의 다른 계정으로는 재순환될 수 있다. 예를 들면,

(차) 기타포괄손익누계액 800,000 (대) 이익잉여금 800,000

8-7 (1)

증 권	취득원가	공정가치	
MCC(주)의 주식	₩82,000	₩72,000	(2,000주 × ₩36)
HKK(주)의 주식	90,000	96,000	(1,500주 × ₩64)
합 계	₩172,000	₩168,000	

(2) 12월 31일 (차) 기타포괄손익-공정가치측정금융자산평가손실 4,000 (대) 기타포괄손익-공정가치측정금융자산 4,000

8-8

(1) 취득시 (차) 기타포괄손익-공정가치측정금융자산 100,000 (대) 현 금 100,000

20×1년말 (차) 기타포괄손익-공정가치측정금융자산 30,000 (대) 기타포괄손익-공정가치측정금융자산평가이익 30,000

20×2년말 (차) 기타포괄손익-공정가치측정금융자산평가손실 40,000 (대) 기타포괄손익-공정가치측정금융자산 40,000

20×3년말 (차) 기타포괄손익-공정가치측정금융자산 30,000 (대) 기타포괄손익-공정가치측정금융자산평가이익 30,000

(2) 20×4년중 (차) 현 금 110,000 (대) 기타포괄손익-공정가치측정금융자산 120,000

기타포괄손익누계액 20,000 기타포괄손익-공정가치측정금융자산처분이익* 10,000

* 동 금융자산은 채권을 취득하였고 이를 기타포괄손익-공정가치측정금융자산으로 분류하였으므로 기타포괄손익누계액 ₩20,000(=평가이익 ₩60,000-평가손실 ₩40,000)은 당기손익(금융자산처분이익)으로 재순환한다. 따라서 처분된 금융자산의 공정가치(₩110,000)에서 장부가치(₩120,000)를 차감한 -₩10,000에 기타포괄손익누계액 ₩20,000을 금융자산처분이익으로 인식하여 당기손익 ₩10,000에 반영한다.

8-9

(1) 1월 1일 (차) 상각후원가측정금융자산 89,183 (대) 현 금 89,183

(2) 12월 31일 (차) 현 금 9,000 (대) 이 자 수 익 10,702

상각후원가측정금융자산* 1,702

* (₩89,183×12%)-(₩100,000×9%)=₩1,702

8-10

(1) 1월 1일 (차) 관계기업투자주식 300,000 (대) 현 금 300,000

12월 31일 (차) 현 금 5,000 (대) 관계기업투자주식* 5,000

* ₩20,000×25%=₩5,000

12월 31일 (차) 관계기업투자주식 25,000 (대) 관계기업투자이익* 25,000

* ₩100,000×25%=₩25,000

(2)

1월 1일	관계기업투자주식	₩300,000
	차감 : 배당금수취	(5,000)
	가산 : 관계기업투자이익	25,000
12월 31일	관계기업투자주식	₩320,000

8-11

1월 1일 (차) 당기손익-공정가치측정금융자산* 300,000 (대) 현 금 300,000

* 250,000주×15%×₩8=₩300,000

7월 1일 (차) 현 금 75,000 (대) 배당금수익* 75,000

* 37,500주×₩2=₩75,000

12월 31일 분개 없음

1월 1일 (차) 관계기업투자주식* 720,000 (대) 현 금 720,000

* 100,000주×30%×₩24=₩720,000

6월 15일 (차) 현 금 45,000 (대) 관계기업투자주식* 45,000

* 30,000주×₩1.50=₩45,000

12월 31일 (차) 관계기업투자주식 90,000 (대) 관계기업투자이익* 90,000

* ₩300,000×30%=₩90,000

문제 B형

8-12

일자	차변	금액	대변	금액
3월 15일	(차) 당기손익-공정가치측정금융자산	39,000,000	(대) 당 좌 예 금	39,000,000
5월 12일	(차) 당기손익-공정가치측정금융자산	83,200,000	(대) 현 금	83,200,000
9월 6일	(차) 당기손익-공정가치측정금융자산	27,000,000	(대) 당 좌 예 금	27,000,000
10월 5일	(차) 현 금	18,000,000	(대) 당기손익-공정가치측정금융자산	26,000,000
	당기손익-공정가치측정금융자산처분손실	8,000,000		
12월 16일	(차) 당 좌 예 금	6,240,000	(대) 배당금수익	6,240,000
12월 26일	(차) 현 금	500,000	(대) 배당금수익	500,000
12월 31일	(차) 당기손익-공정가치측정금융자산평가손실	2,100,000	(대) 당기손익-공정가치측정금융자산	2,100,000

8-13

(1) 20×1년 12월 31일

(차) 당기손익-공정가치측정금융자산 2,000 (대) 당기손익-공정가치측정금융자산평가이익 2,000

(2) 2월 5일 (차) 현 금 9,000 (대) 당기손익-공정가치측정금융자산 7,500
당기손익-공정가치측정금융자산처분이익 1,500

9월 9일 (차) 당기손익-공정가치측정금융자산 2,000 (대) 현 금 2,000

(3)

증 권	주식수	취득원가	공정가치
MJC(주)	150주	₩22,500	₩22,200
GMC(주)	400	6,000	5,600
FPC(주)	350	11,000	8,750
합 계	900주	₩39,500	₩36,550

12월 31일 (차) 당기손익-공정가치측정금융자산평가손실 2,950 (대) 당기손익-공정가치측정금융자산 2,950

(4) 당기손익-공정가치측정금융자산의 공정가치인 ₩36,550으로 보고한다.

8-14

(1) 20×1년 1월 5일

(차) 기타포괄손익-공정가치측정금융자산 33,450 (대) 현 금 33,450

(2) 20×1년 6월 30일

(차) 현 금 2,475 (대) 배당금수익* 2,475

* 300 × ₩2 = ₩600 ; 500 × ₩1 = ₩500 ; 550 × ₩2.5 = ₩1,375
₩600 + ₩500 + ₩1,375 = ₩2,475

(3) 20×1년 11월 15일

(차) 현 금	4,000	(대) 기타포괄손익-공정가치측정금융자산	3,500
		기타포괄손익-공정가치측정금융자산처분이익	500

(4) 20×1년 12월 31일

(차) 기타포괄손익-공정가치측정금융자산평가손실	4,550	(대) 기타포괄손익-공정가치측정금융자산	4,550

(기타포괄손익-공정가치측정금융자산 포트폴리오)

증권	주식수	취득원가	공정가치
MRC(주)	300주	₩4,200	₩3,000
TCC(주)	500	10,000	8,000
SOC(주)	450	15,750	14,400
합 계	1,250주	₩29,950	₩25,400

8-15

재무상태표(일부)

송정(주) 20×2년 12월 31일

보통주 자본금	₩50,000
주식발행초과금	350,000
이익잉여금	375,000*
기타포괄손익누계액 : 기타포괄손익-공정가치측정금융자산평가손익	(25,000)**
합계	₩750,000

* ₩265,000 + ₩110,000

** ₩40,000 + (₩150,000 − ₩215,000)

8-16 유효이자율법에 의한 사채할인발행차금상각표 작성

	① 기초장부금액	② 유효이자	③ 액면이자	④ 상각액	⑤ 기말장부금액	공정가치
20×1년	₩900,508	₩90,051	₩60,000	₩30,051	₩930,559	₩912,540
20×2년	930,559	93,056	60,000	33,056	963,615	935,478
20×3년	963,615	96,385#	60,000	36,385	1,000,000	

(1) 20×2년 기타포괄이익에 미치는 영향

= ₩935,478 − (₩912,540 + ₩33,056) = − ₩10,118 감소

(2) 20×3년 당기순이익에 미치는 영향

=처분시점 기타포괄손익누계액

=평가손실(₩18,019 + ₩10,118) − 평가이익(₩14,522)* = ₩13,615 감소

* 20×2년 평가이익 = ₩950,000 − ₩935,478

단수정리

8-17 (1) 기타포괄손익-공정가치측정금융자산-가치평가기법을 사용하여 공정가치 결정(활성시장이 없음)

① (차) 기타포괄손익-공정가치측정금융자산	1,000,000	(대) 현 금		1,000,000
② (차) 현 금	30,000	(대) 배당금수익*		30,000

* ₩200,000 × 15% = ₩30,000

③ 기타포괄손익-공정가치측정금융자산의 기말잔액 = ₩1,000,000

(2) 관계기업투자주식-지분법

① (차) 관계기업투자주식	1,000,000	(대) 현 금	1,000,000
② (차) 관계기업투자주식	50,000	(대) 관계기업투자이익*	50,000

* ₩200,000 × 25% = ₩50,000

(차) 현 금	50,000	(대) 관계기업투자주식*	50,000

* ₩200,000 × 25% = ₩50,000

③ 회계기말 관계기업투자주식의 기말잔액 = ₩1,000,000 (₩1,000,000 + ₩50,000 − ₩50,000)

CHAPTER 9 비유동자산 : 유형자산과 무형자산

문제 A형

9-1 설비(₩60,000) + 건물(₩100,000) = ₩160,000

9-2 (1) b (2) c (3) c (4) d (5) d (6) d (7) d (8) e (9) d (10) e
(11) a (12) e (13) b (14) b (15) e (16) a (17) a (18) a

9-3 ₩194,000

9-4 (1)

송 장 가 격	₩50,000
운 송 비	1,300
설 치 비	2,200
시험재료비	700
기계장치의 취득원가	₩54,200

(2) 정액법에 의한 상각률 = 1 ÷ 8 = 12.5%

9-5

(1) (차) 수 리 비	50	(대) 비 품	50
(2) (차) 차량운반구	5,500	(대) 차량유지비	5,500
(3) (차) 토 지	6,000	(대) 등 기 비	5,500
		현 금	500
(4) (차) 비 품	400	(대) 매 입 운 임	400

9-6 (₩54,000 − ₩6,000) ÷ 6년 = ₩8,000(매년)

9-7

(1) 이중체감법	취득연도 : ₩30,000 = (₩300,000 × 0.40) × 3/12 다 음 해 : ₩108,000 = (₩300,000 − 30,000) × 0.40
(2) 정액법	취득연도 : ₩13,000 = (₩300,000 − 40,000) ÷ 5 × 3/12 다 음 해 : ₩52,000 = (₩300,000 − 40,000) ÷ 5

9-8 첫해

(1) 정액법	₩24,000	(₩150,000 − 30,000) ÷ 5
(2) 생산량비례법	₩20,000	(₩150,000 − 30,000) ÷ 15,000시간 = ₩8/시간 ₩8/시간 × 2,500
(3) 이중체감법	₩60,000	(₩150,000 × 0.40)

둘째 해

(1) 정액법	₩24,000	(₩150,000 − 30,000) ÷ 5
(2) 생산량비례법	₩26,000	(₩150,000 − 30,000) ÷ 15,000시간 = ₩8/시간 ₩8/시간 × 3,250
(3) 이중체감법	₩36,000	(₩150,000 − 60,000) × 0.40

9-9

(1) (차) 건 물	1,000,000	(대) 단기차입금	1,000,000
(2) (차) 기 계 장 치	10,000	(대) 현 금	10,000
(3) (차) 기 계 장 치	5,000	(대) 현 금	5,000

9-10

	차변	금액		대변	금액
(1)	(차) 감가상각비-비품	10,000		(대) 감가상각누계액-비품	10,000
(2)	(차) 현금	60,000		(대) 비품	170,000
	감가상각누계액-비품	130,000		유형자산처분이익	20,000
(3)	(차) 현금	30,000		(대) 비품	170,000
	감가상각누계액-비품	130,000			
	유형자산처분손실	10,000			

9-11

(1) 자본적 지출 (2) 자본적 지출 (3) 자본적 지출 (4) 자본적 지출
(5) 자본적 지출 (6) 자본적 지출 (7) 수익적 지출 (8) 수익적 지출

9-12

연도	수리비 과대계상(과소계상)	감가상각비 과대계상(과소계상)	순이익 과대계상(과소계상)
20×2	₩8,000	(₩2,000)	(₩6,000)
20×3	–	(₩2,000)	₩2,000
20×4	–	(₩2,000)	₩2,000
20×5	–	(₩2,000)	₩2,000
합계	₩8,000	(₩8,000)	₩0

9-13

일자	차변	금액	대변	금액
20×1. 1. 1	(차) 토지*	1,440	(대) 현금	2,400
	건물**	960		

* ₩2,400 × [₩1,500 ÷ (₩1,500 + ₩1,000)] = ₩1,440

** ₩2,400 − ₩1,440 = ₩960

일자	차변	금액	대변	금액
20×1. 1. 1 (구입후 재평가)	(차) 토지	60	(대) 재평가잉여금(OCI)	60
20×1년 말	(차) 재평가손실(OCI)	60	(대) 토지	100
	재평가손실(PL)	40		
20×2년 말	(차) 토지	100	(대) 재평가이익(PL)	40
			재평가잉여금(OCI)	60
20×3년 말	(차) 재평가잉여금(OCI)	60	(대) 토지	1,100
	재평가손실(PL)	1,040		

9-14

일자	차변	금액	대변	금액
20×1년 말	(차) 감가상각비(PL)*	160,000	(대) 건물	160,000
	(차) 재평가손실(PL)**	140,000	(대) 건물	140,000

* 20×1년 감가상각비 = (₩1,000,000 − ₩200,000) ÷ 5년 = ₩160,000

** 20×1년 재평가손실 = ₩700,000 − (₩1,000,000 − ₩160,000) = − ₩140,000

그러므로 20×1년 당기순이익에 미치는 영향은 ₩300,000(= ₩160,000 + ₩140,000)이 감소한다.

9-15 (1) 20×1년 장부가치 = ₩600,000 − ₩110,000* = ₩490,000
재평가잉여금 = ₩510,000 − ₩490,000 = ₩20,000 (재평가이익)
20×1년 자본 증감액 = ₩110,000 − ₩20,000 = ₩90,000 (감소)
* 감가상각비 = (₩600,000 − ₩50,000) ÷ 5 = ₩110,000

(2) 20×2년 장부가치 = ₩510,000 − ₩115,000* = ₩395,000
재평가잉여금 = ₩365,000 − ₩395,000 = − ₩30,000 (재평가손실)
20×2년 자본 증감액 = ₩115,000 + ₩30,000 = ₩145,000 (감소)
* 감가상각비 = (₩510,000 − ₩50,000) ÷ 4 = ₩115,000

문제 B형

9-16

토지구입가격	₩40,000
중개인 수수료	7,000
등기수수료	6,000
구건물 철거비	3,700
정지비용	1,200
토지의 취득원가	₩57,900

9-17 (1) 정액법 (₩400,000 − ₩40,000) ÷ 4 = ₩90,000
(2) 생산량비례법 (₩400,000 − ₩40,000) ÷ 100,000 × 27,500 = ₩99,000
(3) 이중체감잔액법
1차년도 : ₩400,000 × 0.5 = ₩200,000
2차년도 : (₩400,000 − ₩200,000) × 0.5 = ₩100,000
(4) 정률법

	기초장부가치	상각률	감가상각비	감가상각누계액	기말장부가치
1차년도	₩400,000	0.438	₩175,200	₩175,200	₩224,800
2차년도	224,800	0.438	98,462	273,662	126,338
3차년도	126,338	0.438	55,336	328,998	71,002
4차년도	71,002	0.438	31,002*	360,000	40,000

* 기말장부가치는 잔존가치를 초과할 수 없으므로 마지막 연도 감가상각비는 조정한 금액임
1차년도 : ₩400,000 × 0.438 = ₩175,200
2차년도 : (₩400,000 − ₩175,200) × 0.438 = ₩98,462

9-18 (1) 트럭 1 : (₩18,000 − ₩3,000)/50,000km = ₩0.30/km
트럭 2 : (₩15,000 − ₩2,400)/60,000km = ₩0.21/km
트럭 3 : (₩20,000 − ₩2,500)/70,000km = ₩0.25/km

(2) 트럭 1 : 20,000km × ₩0.30 = ₩6,000

트럭 2 : 22,000km × ₩0.21 = ₩4,620

트럭 3 : 19,000km × ₩0.25 = ₩4,750

(3) (차) 감가상각비 15,370 (대) 감가상각누계액-트럭 1 6,000

감가상각누계액-트럭 2 4,620

감가상각누계액-트럭 3 4,750

9-19 (1) ① 정액법 : (₩64,000 − ₩4,000)/6년 = ₩10,000/년

② 생산량비례법 : (₩64,000 − ₩4,000)/10,000시간 = ₩6/시간

1차년도 : 1,600시간 × ₩6 = ₩9,600

2차년도 : 2,100시간 × ₩6 = ₩12,600

3차년도 : 2,400시간 × ₩6 = ₩14,400

4차년도 : 1,400시간 × ₩6 = ₩8,400

5차년도 : 2,000시간 × ₩6 = ₩12,000

6차년도 : 500시간 × ₩6 = ₩3,000

연도	정액법	생산량비례법
1차년도	₩10,000	₩9,600
2차년도	10,000	12,600
3차년도	10,000	14,400
4차년도	10,000	8,400
5차년도	10,000	12,000
6차년도	10,000	3,000
합계	₩60,000	₩60,000

(2) 기계의 사용시간이 한정되어 있으므로 사용시간에 따라 내용연수가 달라진다. 따라서 생산시간에 비례하여 감가상각하는 생산량비례법이 보다 적합할 것으로 생각된다.

(3) 정액법에서 첫해의 감가상각비가 더 높으므로 보고이익이 생산량비례법에 비해 낮아지게 된다. 그러나 어떤 방법을 선택하든지 관계없이 6년간의 감가상각비는 ₩60,000으로 같다.

9-20 (1) ₩111,000 (₩5,550,000 ÷ 50년)

(2) 70년 (₩7,770,000 ÷ ₩111,000)

(3) 건물

(4) ₩3,220,000 (₩7,770,000 + ₩1,000,000 − ₩5,550,000)

(5) 30년 (70 − 50 + 10)

(6) ₩107,333 (₩3,220,000 ÷ 30)

9-21 (1) (차) 감가상각비* 19,200 (대) 감가상각누계액-트럭 19,200

* (₩200,000 − ₩8,000) ÷ 10년 = ₩19,200

(2) (차) 감가상각비* 18,800 (대) 감가상각누계액-트럭 18,800

* (₩200,000 − ₩19,200 × 5 − ₩10,000) ÷ 5년 = ₩18,800

9-22 이중체감잔액법의 감가상각비 : (₩58,000 − ₩0) × 0.40 = ₩23,200

정액법의 감가상각비 : (₩58,000 − ₩3,000) ÷ 5년 = 11,000

감가상각비 과대계상 ₩12,200

(차) 감가상각비누계액-기계 12,200 (대) 감가상각비 12,200

순이익 수정 :

보고된 순이익	₩65,000
가산 : 감가상각비 과대계상분	12,200
수정된 순이익	₩77,200

9-23 (1) −기계 1

연도	감가상각대상액	상각률	감가상각비	감가상각누계액
20×1	₩90,000	20%	₩9,000*	₩9,000
20×2	90,000	20%	18,000	27,000
20×3	90,000	20%	18,000	45,000
20×4	90,000	20%	18,000	63,000
20×5	90,000	20%	9,000*	72,000

* 6개월분의 감가상각비

−기계 2

연도	기초장부금액	상각률	감가상각비	감가상각누계액
20×4	₩80,000	40%	₩16,000*	₩16,000
20×5	64,000	40%	25,600	41,600

* 6개월분의 감가상각비

(2) 〈처분시점까지 감가상각비 계상〉

(차)	감가상각비	9,000	(대)	감가상각누계액-기계 1	9,000
	감가상각비	25,600		감가상각누계액-기계 2	25,600

〈처분에 대한 분개〉

(차)	현 금	20,000	(대)	기 계 장 치 1	96,000
	감가상각누계액-기계 1	72,000			
	유형자산처분손실	4,000			
(차)	현 금	30,000	(대)	기 계 장 치 2	80,000
	감가상각누계액-기계 2	41,600			
	유형자산처분이익	8,400			

9-24 20×1년 감가상각비 = (₩5,000,000 − ₩500,000) ÷ 9 = ₩500,000

20×1년 재평가손익 = ₩4,750,000 − (₩5,000,000 − ₩500,000) = ₩250,000 (재평가이익)

20×2년 감가상각비 = (₩4,750,000 − ₩500,000) ÷ 8 = ₩531,250

20×2년 재평가손익 = ₩3,900,750 − (₩4,750,000 − ₩531,250) = − ₩318,000 (재평가손실)

20×2년 포괄손익계산서 당기순이익에 미치는 영향

₩531,250 + ₩68,000* = ₩599,250 (감소)

* ₩318,000 − ₩250,000 = ₩68,000

9-25

	장부가치	추정 미래현금흐름	공정가치	손상차손인가?	손상차손금액은?
1. 기계	₩15,500	₩10,000	₩9,500	예	₩5,500
2. 저작권	31,000	41,000	37,900	아니오	−
3. 공장건물	58,000	29,000	27,000	예	29,000
4. 건물	227,000	227,000	200,000	아니오	−

9-26 20×1년 말 (차) 감가상각비* 20,000 (대) 감가상각누계액 20,000

* ₩100,000 ÷ 5년 = ₩20,000

(차) 기 계 장 치 50,000 (대) 감가상각누계액 10,000

재평가잉여금 40,000

계정과목	재평가 전	상각누계액 조정	재평가 후
기계장치	₩100,000		₩150,000
감가상각누계액	(20,000)	$\times \frac{₩120,000}{₩80,000}$	(30,000)
장부금액	₩80,000		₩120,000

20×2년 말 (차) 감가상각비* 30,000 (대) 감가상각누계액 30,000

* ₩120,000 ÷ 4년 = ₩30,000

(차) 감가상각누계액 30,000 (대) 기 계 장 치 75,000

재평가손실(OCI)* 40,000

재평가손실(PL) 5,000

* 20×1년 재평가잉여금으로 남아 있는 ₩40,000을 한도로 기타포괄손익에 재평가손실(OCI)로 인식하고 마감분개를 통해 재평가잉여금(AOCI)으로 대체한다. 나머지 ₩5,000은 당기손익에 반영한다.

마감분개 (차) 재평가잉여금(AOCI) 40,000 (대) 재평가손실(OCI) 40,000

계정과목	재평가 전	상각누계액 조정	재평가 후
기계장치	₩150,000		₩75,000
감가상각누계액	(60,000)	$\times \frac{₩45,000}{₩90,000}$	(30,000)
장부금액	₩90,000		₩45,000

CHAPTER 10 비유동부채

문제 A형

10-1

		차변	금액		대변	금액
(1)	(차)	현 금	195,000	(대)	사 채	200,000
		사채할인발행차금	5,000			
(2)	(차)	현 금	204,000	(대)	사 채	200,000
					사채할증발행차금	4,000

10-2

일자		차변	금액		대변	금액
5월 1일	(차)	현 금	10,000,000	(대)	사 채	10,000,000
11월 1일	(차)	이 자 비 용	400,000	(대)	현 금	400,000
12월 31일	(차)	이 자 비 용	133,333	(대)	미지급이자	133,333

10-3

		차변	금액		대변	금액
(1)	(차)	현 금	1,225,000	(대)	사 채	1,500,000
		사채할인발행차금	275,000			
(2)	(차)	이 자 비 용	60,000	(대)	미지급이자	60,000

10-4 액면이자의 현재가치 = ₩10,000 × 3.9927 = ₩39,927

원금의 현재가치 = ₩500,000 × 0.6806 = ₩340,300

20×2년 말 사채가격 = ₩39,927 + ₩340,300 = ₩380,227

10-5 발행시의 사채가격(시장이자율 12%)

이자의 현재가치 + 원금의 현재가치 = ₩120,090 + ₩355,900 = ₩475,990

(1) 시장이자율이 14%인 경우

이자의 현재가치 + 원금의 현재가치 = ₩116,080 + ₩337,500 = ₩453,580

따라서 사채상환이익 ₩475,990 − ₩453,580 = ₩22,410

(2) 시장이자율이 8%인 경우

이자의 현재가치 + 원금의 현재가치 = ₩128,855 + ₩396,900 = ₩525,755

따라서 사채상환손실 ₩475,990 − ₩525,755 = − ₩49,765

10-6 (1) (차) 현　　금 537,908　(대) 사　　채 500,000
사채할증발행차금 37,908

(2) 사채할증발행차금 상각표

일자	이자비용	현금이자	사채할증발행 차금상각액	사채할증발행 차금잔액	사채의 장부금액
20×1. 1. 1				₩37,908	₩537,908
20×1. 12. 31	₩53,791	₩60,000	₩6,209	31,699	531,699
20×2. 12. 31	53,170	60,000	6,830	24,869	524,869
20×3. 12. 31	52,487	60,000	7,513	17,356	517,356
20×4. 12. 31	51,736	60,000	8,264	9,091	509,091
20×5. 12. 31	50,909	60,000	9,091	0	500,000

(차) 이 자 비 용 53,791　(대) 현　　금 60,000
사채할증발행차금 6,209

(3) (차) 이 자 비 용 53,170　(대) 현　　금 60,000
사채할증발행차금 6,830

10-7 사채할인발행차금 상각표

일자	이자비용	현금이자	사채할인발행 차금상각액	사채할인발행 차금잔액	사채의 장부금액
20×1. 1. 1				₩24,018	₩475,982
20×1. 12. 31	₩57,118	₩50,000	₩7,118	16,900	483,100
20×2. 12. 31	57,972	50,000	7,972	8,928	491,072
20×3. 12. 31	58,928	50,000	8,928	0	500,000

20×2년 7월 1일 발생이자에 대한 분개

(차) 사채이자비용 28,986　(대) 미지급사채이자 25,000
사채할인발행차금 3,986

20×2년 7월 1일 사채상환에 대한 분개

(차) 사　　채 500,000　(대) 현　　금 517,000
미지급사채이자 25,000　사채할인발행차금* 12,914
사채상환손실 4,914

* ₩16,900 − (₩7,972 × 6/12) = ₩12,914

10-8 사채할증발행차금 상각표

일자	이자비용	현금이자	사채할증발행 차금상각액	사채할증발행 차금잔액	사채의 장부금액
20×1. 1. 1				₩37,908	₩537,908
20×1. 12. 31	₩53,791	₩60,000	₩6,209	31,699	531,699
20×2. 12. 31	53,170	60,000	6,830	24,869	524,869
20×3. 12. 31	52,487	60,000	7,513	17,356	517,356
20×4. 12. 31	51,736	60,000	8,264	9,091	509,091
20×5. 12. 31	50,909	60,000	9,091	0	500,000

20×2년 12월 31일 발생이자에 지급에 대한 분개

(차) 사채이자비용	53,170	(대) 현 금	60,000
사채할증발행차금	6,830		

20×2년 12월 31일 사채상환에 대한 분개

(차) 사 채	500,000	(대) 현 금	510,000
사채할증발행차금	24,869	사채상환이익	14,869

문제 B형

10-9

(차) 현 금	1,225,000	(대) 사 채	1,300,000
사채할인발행차금	75,000		

10-10

(1)	(차) 현 금	485,000	(대) 사 채	500,000
	사채할인발행차금	15,000		
(2)	(차) 현 금	510,000	(대) 사 채	500,000
			사채할증발행차금	10,000

10-11

20×1. 4. 1	(차) 현 금	2,000,000	(대) 사 채	2,000,000
20×1.10. 1	(차) 이 자 비 용	80,000	(대) 현 금	80,000
20×5.10. 1	(차) 사 채	2,000,000	(대) 현 금	2,060,000
	사채상환손실	60,000		

10-12

(1)	(차) 현 금	475,982	(대) 사 채	500,000
	사채할인발행차금	24,018		

(2) 사채할인발행차금 상각표

일자	이자비용	현금이자	사채할인발행 차금상각액	사채할인발행 차금잔액	사채의 장부금액
20×1. 1. 1				₩24,018	₩475,982
20×1. 12. 31	₩57,118	₩50,000	₩7,118	16,900	483,100
20×2. 12. 31	57,972	50,000	7,972	8,928	491,072
20×3. 12. 31	58,928	50,000	8,928	0	500,000

(차) 이 자 비 용 57,118 (대) 현 금 50,000
사채할인발행차금 7,118

(3) (차) 이 자 비 용 57,972 (대) 현 금 50,000
사채할인발행차금 7,972

10-13 (1) $\frac{₩3,417}{₩48,808}=7.0\%$

(2) $\frac{₩3,600}{₩48,000}=7.5\%$

(3) ₩48,808

(4) ₩48,000

(5)

일자	현금	유효이자비용	할증발행차금 환입액	기말장부금액
20×1. 1. 1				₩48,808
20×1.12.31	₩3,600	₩3,417	₩183	48,625
20×2.12.31	3,600	3,404	196	48,429
20×3.12.31	3,600	3,390	210	48,219
20×4.12.31	3,600	3,375	219*	48,000

* 단수정리

10-14 20×1. 4. 1 (차) 현 금 5,000,000 (대) 장기차입금 5,000,000
20×1.12.31 (차) 이 자 비 용 450,000 (대) 미지급이자 450,000
20×2. 3.31 (차) 이 자 비 용 150,000 (대) 현 금 600,000
미지급이자 450,000
20×6. 3.31 (차) 장기차입금 5,000,000 (대) 현 금 5,600,000
이 자 비 용 150,000
미지급이자 450,000

10-15 20×1. 7. 1 (차) 현 금 2,500,000 (대) 사 채 2,500,000
20×1.12.31 (차) 이 자 비 용 112,500 (대) 현 금 112,500
20×7.12.31 (차) 사 채 2,500,000 (대) 현 금 2,425,000
사채상환이익 75,000

CHAPTER
11 자 본

문제 A형

11-1 (1) A (2) D (3) A (4) N (5) D (6) A와 D (7) A (8) A

11-2 ① 분리된 법적 실체 ② 주주의 유한책임 ③ 소유권의 양도가 용이함
④ 영속적인 실체 ⑤ 자본조달의 용이성

11-3 (1) 2,500주 (2) 1,300주 (3) 1,300주 (4) ₩1,300,000 (5) ₩18,200,000

11-4

7월 1일	(차) 현 금	180,000	(대)	보통주자본금	100,000
				주식발행초과금	80,000

11-5

(1) 2월 1일	(차) 현 금	132,000	(대)	보통주자본금	120,000
				주식발행초과금	12,000
7월 1일	(차) 현 금	86,000	(대)	보통주자본금	80,000
				주식발행초과금	6,000

(2) ① 보통주자본금 : ₩120,000 + ₩80,000 = ₩200,000
② 주식발행초과금 : ₩12,000 + ₩6,000 = ₩18,000

11-6

(1) 1월 18일	(차) 현 금	1,250,000	(대)	보통주자본금	500,000
				주식발행초과금	750,000

(2) 자 기 자 본
납 입 자 본
(수권주식수 : 액면 ₩100, 40,000주, 35,000주 발행,
유통주식수 : 35,000주)

보통주자본금	₩3,500,000	
주식발행초과금	1,950,000	
납입자본합계		₩5,450,000
이익잉여금		950,000
자기자본총계		₩6,400,000

11-7

	(차)		(대)	
3월 15일	이익잉여금	400,000	미지급배당금	400,000
4월 20일	미지급배당금	400,000	현 금	400,000

11-8

(1) (차) 이익잉여금 2,000,000 (대) 미지급배당금* 2,000,000

* 50,000주 × ₩40 = ₩2,000,000

(2) -분개 없음-

(3) (차) 미지급배당금 2,000,000 (대) 현 금 2,000,000

11-9

	(차)		(대)	
3월 1일	현 금	600,000	보통주자본금	400,000
			주식발행초과금	200,000
6월 1일	이익잉여금	300,000	미지급배당금*	300,000

* 10,000주 × ₩30 = ₩300,000

	(차)		(대)	
6월 30일	미지급배당금	300,000	현 금	300,000
12월 15일	이익잉여금	300,000	미지급배당금*	300,000

* 10,000주 × ₩30 = ₩300,000

11-10

(차)		(대)	
이월이익잉여금	1,270,000	미지급배당금	1,200,000
		이익준비금	40,000
		배당평균적립금	10,000
		기업합리화적립금	20,000

이익잉여금처분계산서

××주식회사 처분확정일 20××.××.×× (20××.1.1~12.31)

1. 처분전이익잉여금		
1) 전기이월이익잉여금	₩700,000	
2) 당기순이익	1,500,000	₩2,200,000
2. 이익잉여금의 처분		
1) 이익준비금	₩40,000	
2) 배당금(현금배당)	1,200,000	
3) 배당평균적립금	10,000	
4) 기업합리화적립금	20,000	(1,270,000)
3. 차기이월이익잉여금		₩930,000

11-11

	(차)		(대)	
(1) 7월 1일	현 금	1,300,000	보통주자본금	1,000,000
			주식발행초과금	300,000
11월 15일	이익잉여금	300,000	미지급배당금*	300,000

* 30,000 × ₩10 = ₩300,000

(2) 자 본

자 본 금(액면 ₩100, 30,000주 발행)		
보통주자본금	₩3,000,000	
주식발행초과금	300,000	₩3,300,000
이익잉여금		1,200,000
자본총계		₩4,500,000

11-12

	자산	부채	자본
(1) 주식분할에 의한 주식발행	0	0	0
(2) 주식배당의 선언	0	0	0
(3) (2)의 주식배당 선언에 대한 주식의 발행	0	0	0
(4) 현금배당의 선언	0	+	−
(5) (4)의 현금배당 선언에 대한 배당금 지급	−	−	0

11-13

날짜	차변	금액	대변	금액
3월 8일	(차) 자 기 주 식	546,000	(대) 현 금	546,000
5월 16일	(차) 현 금	427,500	(대) 자 기 주 식*	399,000
			자기주식처분이익	28,500

* 9,500주 × ₩42 = ₩399,000

날짜	차변	금액	대변	금액
8월 30일	(차) 현 금	105,000	(대) 자 기 주 식	147,000
	자기주식처분이익	28,500		
	자기주식처분손실	13,500		

문제 B형

11-14

	차변	금액	대변	금액
(1)	(차) 현 금	424,000	(대) 보통주자본금	400,000
			주식발행초과금	24,000
(2)	(차) 현 금	525,000	(대) 보통주자본금	500,000
			주식발행초과금	25,000

11-15

차변	금액	대변	금액
(차) 현 금	540,000	(대) 보통주자본금	500,000
		주식발행초과금	40,000

11-16 (1) ₩1,300,000 ÷ ₩500 = 2,600주

(2) 2,600주

(3) 총발행가격

보통주 자본금	₩1,300,000
가산 : 주식발행초과금	120,000
발행가격총계	₩1,420,000

(4) ₩1,420,000 ÷ 2,600주 = ₩546

11-17 1월 15일 (차) 현　　금 3,500,000 (대) 자 본 금 500,000
주식발행초과금 3,000,000
12월 6일 (차) 이익잉여금 250,000 (대) 미지급배당금* 250,000
* 5,000주 × ₩50 = ₩250,000

11-18 (1) (차) 손　　익 1,000,000 (대) 처분전이익잉여금 1,000,000

재무상태표

(주)송정　　20×1년 12월 31일 현재

현　　금	₩3,200,000	외상매입금	₩800,000
상　　품	8,600,000	자 본 금(@₩5,000)	50,000,000
건　　물	34,000,000	주식발행초과금	10,000,000
기 계 장 치	45,000,000	이익준비금	9,000,000
		처분전이익잉여금	21,000,000
		(당기순이익 ₩1,000,000)	
자산합계	₩90,000,000	부채 및 자본합계	₩90,800,000

(2) • 배당기준일(20×1년 12월 31일) : 「회계처리 없음」
• 배당선언일(20×2년 2월 28일)
(차) 처분전이익잉여금 2,500,000 (대) 미지급배당금 2,500,000
• 배당지급일(20×2년 3월 30일)
(차) 미지급배당금 2,500,000 (대) 현　　금 2,500,000

11-19 (1) (차) 손　　익 500,000 (대) 처분전이익잉여금 500,000

재무상태표

기린(주)　　20×1년 12월 31일 현재

현　　금	₩100,000	외상매입금	₩800,000
상　　품	1,100,000	자 본 금	1,000,000
건　　물	2,000,000	주식발행초과금	200,000
		이익준비금	200,000
		처분전이익잉여금	1,000,000
		(당기순이익 ₩500,000)	
자산합계	₩3,200,000	부채 및 자본합계	₩3,200,000

(2)

이익잉여금처분계산서

기린(주)	처분확정일 20×2.2.28		(20×1.1.1～12.31)
1. 처분전이익잉여금			
1) 전기이월이익잉여금		₩500,000	
2) 당기순이익		500,000	₩1,000,000
2. 이익잉여금의 처분			
1) 이익준비금		₩50,000	
2) 기업합리화적립금		90,000	
3) 배당금(현금배당)		500,000	
4) 배당평균적립금		110,000	(750,000)
3. 차기이월이익잉여금			₩250,000

(차) 처분전이익잉여금	750,000	(대)	이익준비금	50,000
			기업합리화적립금	90,000
			미지급배당금	500,000
			배당평균적립금	110,000

11-20

(차) 미처분이익잉여금	630,000	(대)	이익준비금	50,000
(20×1년 2월 26일)			미지급배당	500,000
			배당평균적립금	50,000
			감채적립금	30,000

11-21 (1) 500,000주 (100,000×5주)

(2) ₩4,000 주당 (₩20,000÷5주)

11-22 (1)

4월 27일	(차) 자 기 주 식	900,000	(대)	현 금	900,000
7월 13일	(차) 현 금	648,000	(대)	자 기 주 식*	540,000
				자기주식처분이익	108,000

* 9,000주×₩60=₩540,000

10월 8일	(차) 현 금	354,000	(대)	자 기 주 식	360,000
	자기주식처분이익	6,000			

(2) ₩102,000 (₩108,000－₩6,000)

(3) SK네트웍스가 자기주식을 취득하는 이유는 주가를 유지하거나 높이고자 하는 이유가 있으며, 혹은 종업원에게 판매하기 위해서 구입할 수 있다. 마지막 이유로는 종업원과의 보상계약에 의해 주식을 제공하기 위해서이다.

11-23 (1) 6월 19일 (차) 자 기 주 식 1,536,000 (대) 현　　금 1,536,000

8월 30일 (차) 현　　금 1,292,000 (대) 자 기 주 식* 1,216,000

자기주식처분이익 76,000

* 19,000주 × ₩64 = ₩1,216,000

9월 6일 (차) 현　　금 210,000 (대) 자 기 주 식 192,000

자기주식처분이익 18,000

(2) ₩94,000 (₩76,000 + ₩18,000)

(3) ₩128,000 (2,000 × ₩64)

11-24 (1) 김시장의 제안이 윤리적인지에 대한 명쾌한 답은 없다. 김시장이 윤리적이라는 것을 지지할 수 있는 두 가지 이유를 들 수 있다. 첫째, 최고경영자의 부재시에 대량의 거래를 하고 주가를 완전히 부추길 수 있다. 그러나 이것이 성공한다고 해도 장기적으로 기업에 도움이 될지는 모른다. 따라서 학생들은 충분히 큰 잠재적인 보상 없이 기업에 입힐지도 모르는 잠재적인 위험 때문에 보유한 현금을 다 소모하여 대규모로 자기주식을 취득하는 행위가 비윤리적이라고 주장할 수 있다.

둘째, 이러한 대규모 자기주식의 취득을 통해 주가가 오른다면 기업은 높은 주가를 유지함으로써 미래의 사업확장에 대한 자금을 추가적인 주식발행을 통해 조달하는 등의 효익을 얻을 수 있다. 학생들은 행위의 합법성이 행위의 윤리성의 절대적인 결정요소가 아니라는 개념을 연결할 수 있기를 희망한다.

(2) 기업은 의지에 따라 배당을 중단할 수 있다. 보통주를 소유한 주주들은 이전에는 배당을 선언하고 지급했다고 하더라도 배당을 하지 않을 수 있다는 사실을 알아야 한다. 보통주를 소유한 주주들에게 배당을 지급해야 하는 명시적이거나 묵시적인 계약은 없다. 따라서 배당을 중단하는 것은 윤리적으로 문제가 되지 않는다. 그러나 대규모로 자기주식을 취득하는 것으로부터 얻는 이득보다 더 크게 장기적인 배당의 중단으로 인해 주식가격이 더 낮아질 수도 있다.

CHAPTER 12 현금흐름표

문제 A형

12-1 (1) 재무활동 (2) 재무활동 (3) 영업활동

(4) 영업활동 (5) 영업활동 (6) 비현금 투자활동

(7) 재무활동 (8) 투자활동 (9) 투자활동

(10) 비현금 재무활동

12-2 (1) FA (2) D (3) A (4) IA (5) FA
(6) D (7) A (8) FA (9) IA (10) A

12-3

매출원가	₩10,680
가산 : 상품재고의 증가	124
차감 : 매입채무의 증가	(547)
상품에 대한 현금지급액	₩10,257

12-4

영업비용	₩140,000
차감 : 비현금비용 감가상각비	(20,000)
가산 : 선급비용의 증가	5,000
가산 : 미지급비용의 감소	6,700
영업활동에 대한 현금지급	₩131,700

12-5 (1) ₩754,720 (2) ₩1,470,500 (3) ₩9,975 (4) ₩90,550

12-6

당기순이익	₩260,000
조정사항	
감가상각비	80,000
매출채권의 감소	13,000
재고자산의 감소	15,000
선급비용의 증가	(2,500)
매입채무의 감소	(6,000)
미지급법인세의 증가	400
영업활동 순현금흐름	₩359,900

12-7 토지 매각에 따른 손실을 순이익에 가산해야 한다.

유형자산처분손실	₩52,500

토지의 구입 및 매각은 투자활동 현금흐름 부분에 보고한다.

토지의 매각	165,000
토지의 취득	(510,000)

12-8

현금흐름표

미림(주) 20×2년 1월 1일부터 12월 31일까지		
영업활동 현금흐름		
고객으로부터 현금의 수취 (₩600,000 − ₩5,000)		₩595,000
현금의 지급 :		
영업비용 지급 (₩360,000 + ₩6,000)	₩366,000	
법인세비용 지급 (₩60,000 − ₩3,000)	57,000	423,000
영업활동 순현금흐름		₩172,000

12-9

현금흐름표

삼미(주) 20×2년 1월 1일부터 12월 31일까지		
영업활동 현금흐름		
당기순이익		₩20,000
영업활동의 조정사항 :		
감가상각비	₩4,000	
기타포괄손익-공정가치측정금융자산처분손실	2,000	
매출채권의 증가	(4,000)	
선급비용의 감소	3,000	
재고자산의 증가	(12,000)	
매입채무의 증가	12,000	5,000
영업활동 순현금흐름		₩25,000
투자활동 현금흐름		
기타포괄손익-공정가치측정금융자산의 처분	16,000	
기계장치의 취득	(30,000)	
투자활동 순현금흐름		(₩14,000)
재무활동 현금흐름		
주식의 발행	17,000	
사채의 상환	(8,000)	
현금배당의 지급	(12,000)	
재무활동 순현금흐름		(₩3,000)
현금의 증가		8,000
기초의 현금		15,000
기말의 현금		₩23,000

문제 B형

12-10 (1) 영업활동 (2) 재무활동 (3) 투자활동
(4) 비현금활동 (5) 재무활동 (6) 영업활동
(7) 투자활동 (8) 투자활동 (9) 투자활동
(10) 영업활동

12-11 (1) D (2) D (3) A (4) D (5) A
(6) A (7) A (8) A (9) D (10) A

12-12

법인세비용차감전순이익	₩534,000	
건물 감가상각비	62,000	+
사채할인발행차금상각액	10,000	+
법인세비용	106,800	−
매출채권 감소	102,000	+
재고자산 증가	68,000	−
매입채무 증가	57,000	+
미지급이자 감소	12,000	−
당기법인세부채 증가	22,000	+
영업활동 순현금흐름	₩600,200	

12-13 (1) ₩970,000 (2) ₩637,000 (3) ₩28,000 (4) ₩77,000

12-14 기계장치 처분(장부가치) = ₩300,000 + ₩100,000 − ₩320,000 = ₩80,000
기계장치 처분에 의한 감가상각누계 제거액 = ₩55,000 + ₩35,000 − ₩60,000 = ₩30,000
기계장치 처분에 의한 현금 수령액 = ₩80,000 + ₩5,000 − ₩30,000 = ₩55,000
투자활동 현금흐름 효과 = ₩55,000 − ₩100,000 = − ₩45,000 (현금유출)

12-15

당기순이익		₩380,000
영업활동 조정사항 :		
감가상각비	₩35,000	
매출채권의 증가	(75,000)	
재고자산의 감소	13,000	
특허권상각비	4,000	
매입채무의 증가	5,600	
미수이자의 감소	4,000	
선급비용의 증가	(6,000)	
미지급법인세의 감소	(1,500)	
유형자산 처분이익	(5,000)	(25,900)
영업활동 순현금흐름		₩354,100

12-16

현금흐름표

단양(주) 20×2년 1월 1일부터 12월 31일까지

영업활동 현금흐름		
당기순이익		₩35,000
영업활동 조정사항 :		
감가상각비	₩25,000	
매출채권의 증가	(5,000)	
선급비용의 증가	(4,000)	
매입채무의 증가	6,000	
미지급비용의 감소	(3,000)	19,000
영업활동 순현금흐름		54,000
투자활동 현금흐름		
장기대여금의 회수	35,000	
기타포괄손익-공정가치측정금융자산의 처분	27,000	
비품의 취득	(10,000)	
투자활동 순현금흐름		52,000
재무활동 현금흐름		
주식의 발행	20,000	
사채의 상환	(24,000)	
현금배당의 지급	(9,000)	
재무활동 순현금흐름		(13,000)
현금의 증가		93,000
기초의 현금		14,000
기말의 현금		₩107,000

12-17

현금흐름표

웅주(주) 20×1년 1월 1일부터 12월 31일까지

영업활동 현금흐름		
매출로 인한 현금의 수취*		₩7,800,000
현금의 지급 :		
매입으로 인한 현금의 지급**	₩5,550,000	
영업비용의 지급***	1,220,000	6,770,000
영업활동 순현금흐름		₩1,030,000

* 매출액	₩8,200,000
차감 : 매출채권의 증가	400,000
매출로 인한 현금의 수취	₩7,800,000
** 매출원가	₩5,400,000
가산 : 재고자산의 증가	250,000
매입액	5,650,000
차감 : 매입채무의 증가	100,000
매입으로 인한 현금 지급액	₩5,550,000
*** 감가상각비 및 무형자산상각비를 제외한 영업비용	₩1,200,000
가산 : 선급비용의 증가	200,000
차감 : 미지급비용의 증가	(180,000)
영업비용 현금지급액	₩1,220,000

12-18

현금흐름표

항공산업(주) 20×2년 1월 1일부터 12월 31일까지

영업활동 현금흐름		
매출로 인한 현금수취 (₩480,000 − ₩32,000)		₩448,000
현금의 지급 :		
매입으로 인한 현금지급*	₩260,000	
영업비용의 현금지급**	49,000	
법인세비용의 현금지급	15,000	
이자비용의 현금지급	18,000	342,000
영업활동 순현금흐름		106,000
투자활동 현금흐름		
기타포괄손익-공정가치측정금융자산의 취득	(15,000)	
기계장치의 취득	(85,000)	
기계장치의 처분	10,000	
투자활동 순현금흐름		(90,000)
재무활동 현금흐름		
주식의 발행	45,000	
현금배당의 지급	(24,000)	
재무활동 순현금흐름		21,000
현금의 증가		37,000
기초의 현금		35,000
기말의 현금		₩72,000

* 매출원가	₩290,000
차감 : 재고자산의 감소	(12,000)
매입	278,000
차감 : 매입채무의 증가	(18,000)
매입으로 인한 현금지급액	₩260,000
** 영업비용	₩60,000
차감 : 선급비용의 감소	(6,000)
차감 : 미지급비용의 증가	(5,000)
영업비용의 현금지급액	₩49,000

12-19

현금흐름표(간접법)

(주)미래로	20×2년 1월 1일부터 12월 31일까지		(단위 : 원)
Ⅰ. 영업활동 현금흐름			(54,000)
1. 당기순이익		44,000	
2. 현금유출이 없는 비용 등의 가산			
가. 감가상각비	42,000	42,000	
3. 현금유입이 없는 수익 등의 차감		0	
4. 영업활동 자산·부채의 변동			
가. 상품의 증가	(76,000)		
나. 외상매출금의 증가	(26,000)		
다. 외상매입금의 감소	(38,000)	(140,000)	
Ⅱ. 투자활동 현금흐름			(40,000)
1. 투자활동 현금유입액		0	
2. 투자활동 현금유출액			
가. 기계장치의 취득	(40,000)	(40,000)	
Ⅲ. 재무활동 현금흐름			178,000
1. 재무활동 현금유입액			
가. 사채의 발행	200,000	200,000	
2. 재무활동 현금유출액			
가. 배당금 지급	(22,000)	(22,000)	
Ⅳ. 현금의 증가			84,000
Ⅴ. 기초의 현금			50,000
Ⅵ. 기말의 현금			134,000

12-20

현금흐름표(간접법)

(주)SKC 20×2년 1월 1일부터 12월 31일까지

Ⅰ. 영업활동 현금흐름			220
1. 당기순이익		400	
2. 현금유출이 없는 비용 등의 가산			
가. 감가상각비	180		
나. 손상차손	70		
다. 이자비용	30		
라. 유형자산처분손실	150	430	
3. 현금유입이 없는 수익 등의 차감			
가. 유형자산처분이익	(400)		
나. 사채상환이익	(60)	(460)	
4. 영업활동 자산·부채의 변동			
가. 상품의 증가	(400)		
나. 외상매출금의 감소	50		
다. 외상매입금의 증가	200	(150)	
Ⅱ. 투자활동 현금흐름			(400)
1. 투자활동 현금유입액			
가. 건물의 처분	800		
나. 기계장치의 처분	100	900	
2. 투자활동 현금유출액			
가. 건물의 취득	(700)		
나. 기계장치의 취득	(300)		
다. 기타포괄손익-공정가치측정금융자산의 취득	(300)	(1,300)	
Ⅲ. 재무활동 현금흐름			130
1. 재무활동 현금유입액			
가. 단기차입금의 증가	200		
나. 사채의 발행	550		
다. 주식의 발행	380	1,130	
2. 재무활동 현금유출액			
가. 단기차입금의 상환	(580)		
나. 사채의 상환	(200)		
다. 배당금의 지급	(220)	(1,000)	
Ⅳ. 현금의 증가			(50)
Ⅴ. 기초의 현금			300
Ⅵ. 기말의 현금			250

현금흐름표(직접법)

(주)SKC 20×2년 1월 1일부터 12월 31일까지

Ⅰ. 영업활동 현금흐름			220
가. 매출 등 수익활동으로부터 유입액		3,450	
나. 매입 및 종업원에 대한 유출액		(2,980)	
다. 배당금수익 유입액		120	
라. 보험료 유출액		(65)	
마. 이자비용 유출액		(105)	
바. 법인세비용 유출액		(200)	
Ⅱ. 투자활동 현금흐름			(400)
1. 투자활동 현금유입액			
가. 건물의 처분	800		
나. 기계장치의 처분	100	900	
2. 투자활동 현금유출액			
가. 건물의 취득	(700)		
나. 기계장치의 취득	(300)		
다. 기타포괄손익-공정가치측정금융자산의 취득	(300)	(1,300)	
Ⅲ. 재무활동 현금흐름			130
1. 재무활동 현금유입액			
가. 단기차입금의 증가	200		
나. 사채의 발행	550		
다. 주식의 발행	380	1,130	
2. 재무활동 현금유출액			
가. 단기차입금의 상환	(580)		
나. 사채의 상환	(200)		
다. 배당금의 지급	(220)	(1,000)	
Ⅳ. 현금의 증가			(50)
Ⅴ. 기초의 현금			300
Ⅵ. 기말의 현금			250

CHAPTER 13

재무제표분석

문제 A형

13-1

	20×2년	20×1년	차이	비율
매입채무	₩114,000	₩100,000	₩14,000	14.00%
장기차입금	143,000	130,000	13,000	10.00

13-2

		%
매출액	₩680,000	100.00
매출총이익	231,200	34.00
당기순이익	74,800	11.00

13-3

(1) 유동비율 $= \frac{₩460,000}{₩200,000} \times 100 = 230.00\%$

(2) 당좌비율(산성비율) $= \frac{₩360,000}{₩200,000} \times 100 = 180.00\%$

13-4

(1) 매출채권회전율 $= \frac{₩1,600,000}{₩100,000} = 16.00$회

(2) 매출채권회전일수 $= \frac{365}{16} = 22.81$일

(3) 재고자산회전율 $= \frac{₩880,000}{₩110,000} = 8.00$회

(4) 재고자산회전일수 $= \frac{365}{8} = 45.62$일

13-5

(1) 부채비율 $= \frac{₩840,000}{₩600,000} \times 100 = 140.00\%$

(2) 비유동자산회전율 $= \frac{₩2,500,000}{₩1,000,000} = 2.5$회

13-6 (1) 이자보상비율 $= \dfrac{₩100,000 + ₩80,000}{₩80,000} \times 100 = 225.00\%$

(2) 자산회전율 $= \dfrac{₩1,200,000}{₩750,000} = 1.60$회

13-7 (1) 총자산이익률(ROA) $= \dfrac{₩620,000 + ₩45,000}{₩5,000,000} \times 100 = 13.30\%$

이익을 당기순이익으로 정의하는 경우

총자산이익률 $= \dfrac{₩620,000}{₩5,000,000} \times 100 = 12.40\%$

(2) 자기자본이익률(ROE) $= \dfrac{₩620,000}{₩2,450,000} \times 100 = 25.31\%$

(3) 재무레버리지비율 $= 25.31\% - 12.40\% = 12.91\%$

13-8 (1) 주당순이익(EPS) $= \dfrac{₩440,000 - ₩50,000}{₩50,000} = ₩7.8$

(2) 주가수익률(PER) $= \dfrac{₩55}{₩7.8} = 7.05$

(3) 배당수익률 $= \dfrac{₩2.4^{*}}{₩55} \times 100 = 4.36\%$

* 1주당 현금배당금액을 구하면 ₩2.4(=₩120,000/50,000주)이다.

(4) 보통주 배당성향 $= \dfrac{₩440,000 - ₩50,000}{₩120,000} \times 100 = 325\%$

문제 B형

13-9

	20×2년	20×1년	차이	%
유동자산				
현금 및 현금성자산	₩473,342	₩116,061	₩357,281	307.84%
단기금융자산	10,511	503,878	(493,367)	(97.91%)
재고자산	294,928	286,485	8,443	2.95%
매출채권	41,471	31,920	9,551	29.92%
선급비용	59,660	35,486	24,174	68.12%
기타유동자산	45,447	47,004	(1,557)	(3.31%)
	₩925,359	₩1,020,834	(₩95,475)	(9.35%)

13-10

	20×4년	20×3년	20×2년	20×1년
광고수익	81.8%	97.5%	104.2%	100.0%
출판수익	98.4%	101.3%	103.5%	100.0%
디지털 미디어 수익	1,108.5%	277.1%	207.9%	100.0%
방송수익	104.9%	107.2%	116.1%	100.0%
기타	94.7%	105.2%	103.7%	100.0%

- 디지털 미디어 수익은 20×4년 급격히 증가하였으나 다른 수익들은 감소하고 있다.
- 광고수익, 출판수익, 그리고 방송수익 등은 20×2년 증가한 이후 3년간 지속적으로 감소하고 있다.
- 기타수익의 경우 20×4년 수익이 감소하기 전 2개년 동안에는 수익이 증가했다.

13-11 (1)

	20×2년	20×1년
총수익	100.0%	100.0%
비용		
매출원가	27.1%	27.5%
프랜차이즈 운영비	41.2%	41.6%
일반관리비	16.6%	13.1%
광고비	6.2%	6.6%
감가상각비	5.4%	5.2%
유형자산 손상차손	2.4%	0.0%
비용합계	99.0%	94.1%
영업이익	1.0%	5.9%

(2) 일반관리비의 3.5% 증가는 영업이익 감소에 크게 영향을 미쳤다.

13-12 (1)

	SCH24	스타필드24
매출액	100.0%	100.0%
매출원가	65.4%	60.7%
매출총이익	34.6%	39.3%
판매비와 관리비	26.3%	38.3%
영업이익	8.3%	1.0%
기타비용	0.2%	0.0%
세금차감전 이익	8.1%	1.0%
법인세	2.8%	0.3%
당기순이익	5.3%	0.7%

(2) SCH24는 판매비와 관리비에 대한 관리에서 우위를 보인 반면, 스타필드24는 매출원가에 대한 관리에서 우위를 보이고 있다. SCH24는 전체 매출액에 대해 4.9%의 비용관리의 효율성을 보인 반면, 스타필드24는 0.7%의 비용관리의 효율성을 보이고 있다.

13-13 (1)

	티아이(주)	아이언(주)
매출채권회전율	$\frac{₩55,908}{₩3,826}$=14.6회	$\frac{₩86,696}{₩6,974}$=12.4회
매출채권회전일수	$\frac{365}{14.6}$=25일	$\frac{365}{12.4}$=29.4일

(2) 비율을 보면 티아이(주)가 아이언(주)보다 매출채권회전율이 더 높고 매출채권회수기간이 4.4일 짧은 것으로 나타나 더 나은 채권관리 업무를 수행하는 것으로 보인다.

(3) 회사의 신용조건은 채권회수가 적시에 이루어지고 있는지 확인하는 데 도움이 된다.

13-14 (1)

	회사 A	회사 B
재고자산회전율	$\frac{₩27,303.1}{₩2,758.1}$=9.9회	$\frac{₩26,558}{₩4,949.5}$=5.37회
재고자산회전일수	$\frac{365}{9.9}$=36.9일	$\frac{365}{5.37}$=68일

(2) 회사 A가 회사 B보다 재고자산회전율이 더 높기 때문에 회사 A는 (주)삼진이고 회사 B는 송정(주)이다. 음식 및 약은 건설 장비보다 더 빨리 팔린다.

13-15 (1) 총자산이익률 $=\frac{₩2,214}{(₩44,106+₩44,560)/2}=5.0\%$

(2) 자기자본이익률 $=\frac{₩2,214}{(₩13,712+₩15,307)/2}=15.3\%$

(3) 재무레버리지비율은 ROE(15.3%)−ROA(5.0%)=10.3%로 양(+)의 값을 갖는다.

13-16 (1) (주)정민 케이블의 유동성은 업계 평균과 비교할 때 그리 좋지는 않다. 20×3년 현재 비율은 업계 평균보다 낮다. 매출채권회전율은 감소 추세를 보이고 있으며 평균보다 낮다. 재고자산회수기일은 증가 추세를 보이고 있으며 업계 평균보다 회수기일이 길다.

(2) (주)정민 케이블의 수익성은 업계 평균보다 약간 더 좋다. (주)정민 케이블의 자산이익률 및 매출총이익률은 증가하고 있으며 산업 평균보다 조금 나아졌다.

(3) 부채비율은 업계 평균보다 낮으며, 이자보상비율은 점차 개선되고 있으면서 20×3년 현재 업계 평균보다 낮다.

(4) PER 비율이 감소하고 있고 업계 평균보다 낮으며 시장지위는 그다지 강하지 못하다.

(5) 비율분석의 결과 긍정적인 부분이 부정적인 부분보다 약간 큰 것 같다. 유동성은 문제이지만, 이는 새롭고 다양한 경영전략으로 처리될 수 있을 것이다.

찾아보기

ㅇ

a

b

c

d

e

f

g

i

j

k

l

m

n

저자소개

김 진 환 홍익대학교(경영학 석사 / 박사)

현, 순천향대학교 경영학과 대우교수

[저서 및 논문] "전략적 성과측정시스템과 종업원 성과 간의 경로모형 분석 : 리더 및 조직문화의 변화에 의한 전략적 달성", "BSC 도입기업의 인과관계 검증 연구: LG 디스플레이(LGD) 사례", "Supply chain information capabilities and performance outcomes: An empirical study of Korean steel suppliers", "Green supply chain management orientation and firm performance: evidence from South Korea", 『한국형 BSC 성공사례 11』, 『경영과 회계』, 『관리회계』, 『원가회계』, 『회계학원론』, 『현대전산회계』

유 성 용 홍익대학교(경영학 석사 / 박사) / 한국국제회계학회 부회장 / 한국전산회계학회 부회장 역임

현, 순천향대학교 경영학과 교수

[저서 및 논문] "이연법인세부채와 자산의 변화에 따른 이익지속성 및 이익구성요소에 대한 시장반응", "외국인 투자자의 역할에 따른 이익지속성과 시장의 반응", "기업의 투자기회와 자본투자규모가 자본비용 및 외부금융 의존도에 미치는 영향", "소유괴리도가 기업의 자본투자에 미치는 영향", 『경영학』, 『관리회계』, 『원가회계』, 『회계학원론』, 『현대전산회계』

전 성 일 경희대학교(경영학 석사 / 박사) / 한국국제회계학회 회장 역임 / 광주지방국세청 국세심사위원 / 관세사 및 세무직 출제위원 / 정부산하기관 경영평가위원

현, 전남대학교 경영대학 교수

[저서 및 논문] "The Effect of Investor Relations on Corporate Bond Credit Rating", "정치적 관계가 회계이익의 질과 주가붕괴 위험의 관련성에 미치는 영향", "Does Digital Transformation Alleviate Stock Price Delays", "특수관계자 거래가 주가붕괴 위험에 미치는 영향", 『IFRS 중급회계』, 『SAS를 통한 회계학연구 방법론의 이해와 활용』, 『경영교육 뉴 패러다임』

황 선 필 홍익대학교(경영학 석사 / 박사)

현, 순천향대학교 산업경영공학과 조교수

[저서 및 논문] "조세회피와 세무위험이 가치평가오류에 미치는 영향", "지능정보사회의 공공부문 회계감사", "Business Strategy and Overvaluation: Evidence from Korea", "Study on the effect of taxation on investment in funds with indirect investment structure: Evidence from Korean Market", 『현대전산회계』

제 4 판 IFRS **회계원리**

2015년 8월 25일 제 1 판 1쇄 발행
2025년 2월 5일 제 4 판 1쇄 인쇄
2025년 2월 10일 제 4 판 1쇄 발행

저 자 김진환 · 유성용 · 전성일 · 황선필
발 행 인 권 영 섭
발 행 처 (주)신 영 사

(주)신영사

경기도 파주시 심학산로 12(출판문화단지)
등 록 : 1988. 5. 2 / 제406-1988-000020호
전 화 : 031-946-2894(代)
F A X : 031-946-0799
e - mail : sys28945@naver.com
홈페이지 : http://www.shinyoungsa.co.kr

정가 35,000원 ISBN 978-89-5501-874-5

辛의 한 수

전기전자공학 길라잡이

신윤기 지음

GS인터비전